U0929778

北京科技年鉴

BEIJING ALMANAC OF SCIENCE AND TECHNOLOGY

2010

北京市科学技术委员会　组编

北京科学技术出版社

1月7日，由市科委和市农委共同举办的“2009科技促进北京新农村建设展览会”在北京展览馆举行。展会以“新科技、新农村、新北京”为主题，以突出变化、体现成效、案例验证和技术推广为主线，展示、宣传和推介北京市科技促进新农村建设取得的丰硕成果

1月19日，北京市首批创新型科普社区命名仪式在大兴区清源街道兴华园社区举行，大兴区清源街道兴华园社区、丰台区南墙缝社区、西城区月坛街道三里河一区、平谷区北寨村等21个社区（行政村或街道）被市科委授予创新型科普社区的称号

2月27日，“北京市科委深入学习实践科学发展观活动总结大会”召开，会议总结了市科委按照中央和市委的统一部署，在第四指导检查组的具体指导下，认真开展学习实践活动的情况。市委第四指导检查组成员、市科委领导班子成员及机关全体干部、直属单位领导班子成员、民主党派代表、老干部代表、共青团代表、流动党员代表、企业代表等出席大会

3月25日，“血凝酶类药物临床研究最新进展暨一类新药‘苏灵’上市发布会”召开。“苏灵”是市科委支持的重大科技项目，于3月完成国家GMP的现场检查，可替代占据我国巨大市场份额的进口同类药品

3月27日，市科委与中科院合作完成了“北京奥运村科技园科普教育平台建设”项目。该项目实现了科研与科普的结合，推动科研成果转化为科普资源、科研工作者转化为科普志愿者、科研机构转化为科普场所等三个转化

5月5日，由市委宣传部、市中国特色社会主义理论体系研究中心、市社科联、市科委、市科协共同主办的“科技北京”论坛举行。来自首都科技界和社会科学界的专家学者、管理工作者等150余人参加了论坛

5月13日，“北京市重大疾病临床数据和样本资源库建设”项目启动。项目以北京丰富的临床病例资源为基础，在开展“十类重大疾病防治研究”的同时，同步搭建面向首都医疗卫生科技工作全局的支撑性科技条件平台，最终形成“一个平台、十个样本库”

5月14日，市科委、北京经济技术开发区管委会共同启动了“科技人员进企业‘十百千’行动——亦庄行”活动。活动围绕北京市重点区域的科技需求，组织10个“科技人员进企业”服务小分队，组织300余家科研院所、高校和科技服务机构，动员超过2000名专家和科技人员，深入企业开展服务

5月19日，国内最大的沼气发电厂——德青源沼气发电厂竣工，并向华北电网并网发电。该发电厂除每年向电网提供1400万千瓦时的绿色电能外，还产生相当于4500吨标准煤的余热用于供暖，同时减少了8万多吨的温室气体排放。这一沼气发电项目被列为“全球大型沼气发电技术示范工程”

6月11—13日，在第十三届中国国际软件博览会上，北京展区展示了软件联盟标准及奥运会中使用的先进软件，如长风、闪联标准，奥运会RFID电子门票查验服务系统，奥运红外幕墙，奥运多语言综合信息服务系统，移动通讯及数字娱乐等技术成果

6月12日，代表新能源产业技术整体水平的“首都新能源产业技术联盟”成立。中共中央政治局委员，北京市委书记刘淇，市委副书记、市长郭金龙为首都新能源产业技术联盟揭牌

6月12日，中科院与北京市共建中科院北京怀柔科教产业园

6月18日，由市科委发起，中冶京诚工程技术有限公司、钢铁研究总院、首钢总公司等钢铁服务与生产单位共同组建的“首都钢铁服务产业联盟”成立暨重大工程技术服务项目签约仪式”举行，市委常委赵凤桐、副市长苟仲文出席签约仪式

6月29日，“新型疫苗国家工程研究中心奠基典礼”在北京经济技术开发区举行。新型疫苗国家工程研究中心项目规划建筑面积22749平方米，总投资2.09亿元，计划2010年12月前全面竣工

7月9日，“中关村国家自主创新示范区首批股权激励试点单位试点方案实施启动仪式”举行。首批通过联合审批的6家市属试点单位分别采用科技成果入股、科技成果收益分成、分红权激励等方式对核心研发团队和管理人员进行激励

7月13日，由食品安全科技服务联盟、农产品加工科技创新服务联盟、籽种产业发展科技服务联盟、设施农业技术创新服务联盟、北京农村污水处理创新服务联盟几个分联盟组成的“首都新农村建设科技创新服务联盟”揭牌仪式举行，市委常委牛有成、赵凤桐等出席仪式并为联盟揭牌

7月24日，“首都高校科研成果落地区县对接会”共组织来自19所高校的33个项目参加对接活动，这些项目涉及先进制造与新材料、医疗卫生、现代农业、资源环境与新能源、电子信息等五大领域

7月28日，由市科委支持的“妙想进社区”流动科普站正式启动。这是目前北京地区唯一以“进社区”为活动形式的电视科普节目，它改变了传统的单向式传播局面，增加了科普活动的互动性

9月3日，北京科兴生物制品有限公司生产的甲型H1N1流感病毒裂解疫苗“盼尔来福.1”获得由国家食品药品监督管理局颁发的药品批准文号，这也是全球首支获得生产批号的甲型H1N1流感疫苗

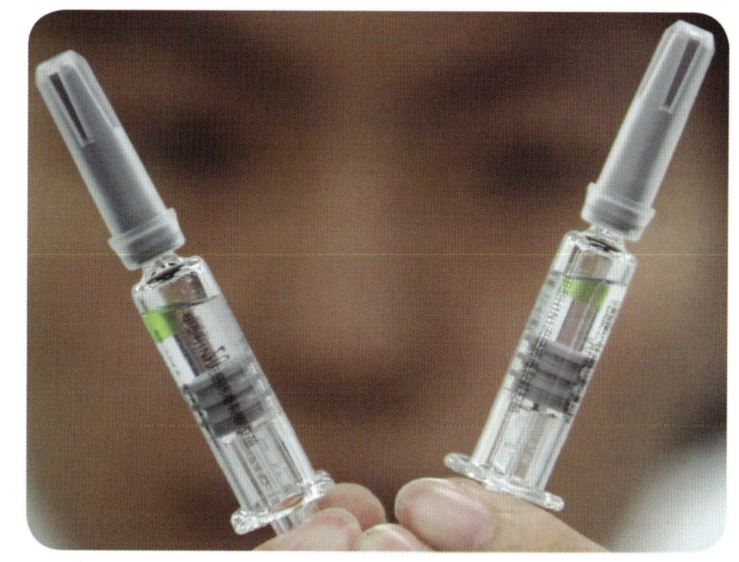

9月9日，市科委农村发展中心与首都食品安全科技创新服务联盟共同召开“新发地国际绿色物流区签约授牌仪式暨新闻发布会”。新发地国际绿色物流区是市科委立项实施的“北京新发地农产品安全科技示范工程”项目的核心内容，通过引进京郊“十区百社”(京郊10个区县和100个农民专业合作社)的有机、绿色认证农产品，着力打造京郊高品质农产品的集中展示交易窗口

9月12日，在北京非晶科技产业园签约暨揭牌仪式上，市科委主任闫傲霜与顺义区区长刘剑签署了委区共建“北京非晶科技产业园”战略合作协议，共同推进非晶产业园的建设

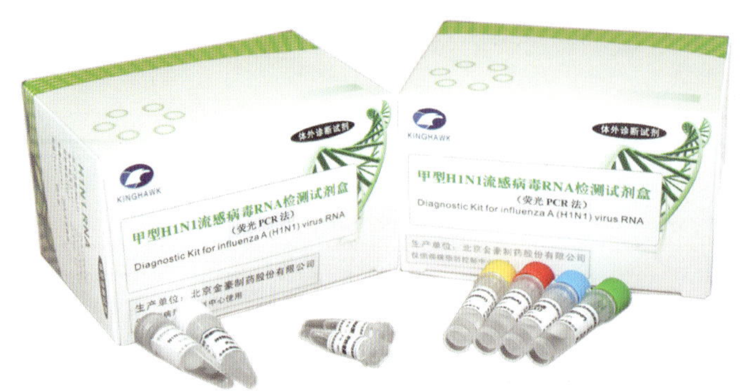

9月27日，由中国疾病预防控制中心与中国生物技术创新服务联盟联合开发的甲型H1N1流感病毒核酸检测试剂盒正式获得国家食品药品监督管理局颁发的批准文号〔国食药监械(准)字2009第3400712号〕，成为我国首批获准的甲型流感诊断试剂盒

11月14日，市科委和大兴区政府共建的“北京新能源汽车科技产业园”揭牌仪式隆重举行。中共中央政治局委员，北京市委书记刘淇，全国政协副主席、科技部部长万钢，北京市委副书记、市长郭金龙出席揭牌仪式。产业园将以北京汽车新能源汽车有限公司为核心，吸引国内外纯电动轿车关键零部件企业落户园区，形成纯电动轿车整车及电机、电控和电池产业链

11月27日，“第十二届北京技术市场金桥奖颁奖会”召开。本次金桥奖对技术市场贡献大、成交额大的机构和项目给予表彰，共颁发集体奖46个、项目奖32个、个人奖37个

中低速磁浮实用型样车研制成功并试验运行

一个投资2.6亿元的地源热泵与地热利用综合供暖系统在北京国际鲜花港投入使用，改变了以往温室采用煤、电、气供暖的状况，使花卉栽培、种植、研发过程实现零排放、低耗能

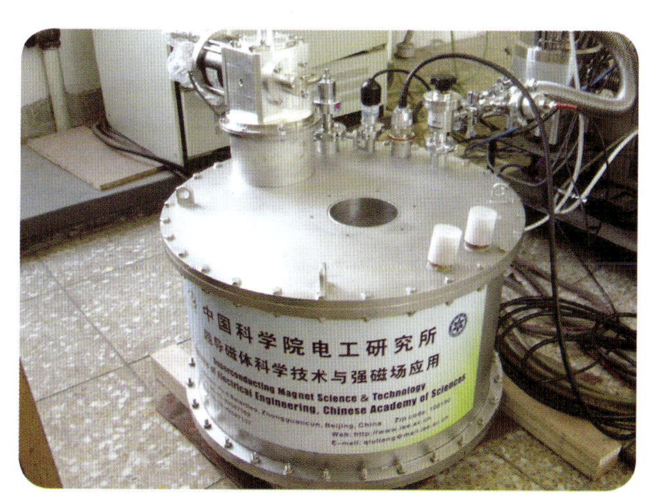

由中科院电工所、隆基磁电设备有限公司、武汉工程大学承担完成的“高热容材料保护的无液氦复杂磁场分布的超导磁体技术”项目获得北京市科学技术奖一等奖

由市公安局公安交通管理局、清华大学承担完成的“奥运交通指挥控制系统”项目获得北京市科学技术奖一等奖

由北京城建集团有限责任公司、国华国际工程承包公司、北京城建精工钢结构工程有限公司等单位承担完成的“国家体育场钢结构工程关键施工技术研究与应用”项目获得北京市科学技术奖一等奖

由中国农科院作物科学研究所、茶叶研究所，北京市农林科学院蔬菜研究中心等单位承担完成的“中国农作物种质资源技术规范研制与应用”项目获得北京市科学技术奖一等奖

由首钢总公司、北京科技大学、钢铁研究总院承担完成的“转炉流程生产优质特殊钢工艺技术的开发与创新”项目获得北京市科学技术奖一等奖

由中科院理化技术研究所、中科院福建物质结构研究所、中科院物理研究所承担完成的“KBBF族深紫外非线性光学晶体的发现、生长和应用”项目获得北京市科学技术奖一等奖

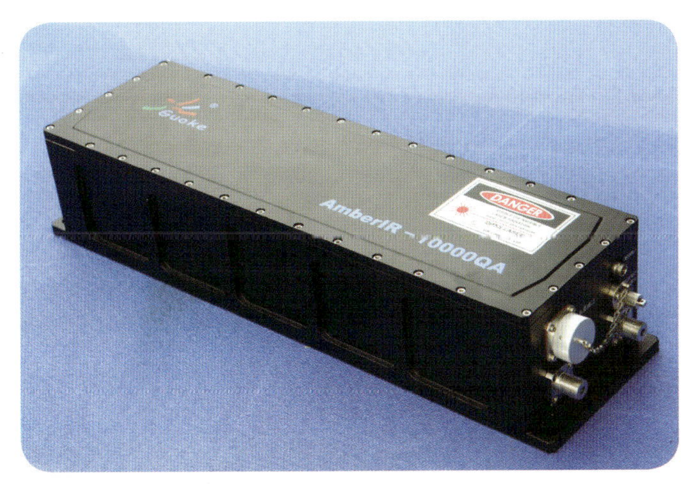

由北京国科世纪激光技术有限公司、中科院光电研究院、北京大学承担完成的“大功率全固态激光器开发及产业化”项目获得北京市科学技术奖一等奖

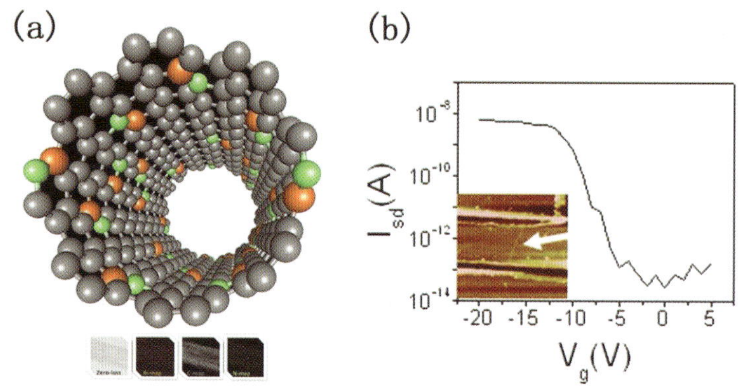

由中科院物理研究所承担完成的“轻元素新纳米结构的构筑、调控及其物理特性研究”项目获得北京市科学技术奖一等奖

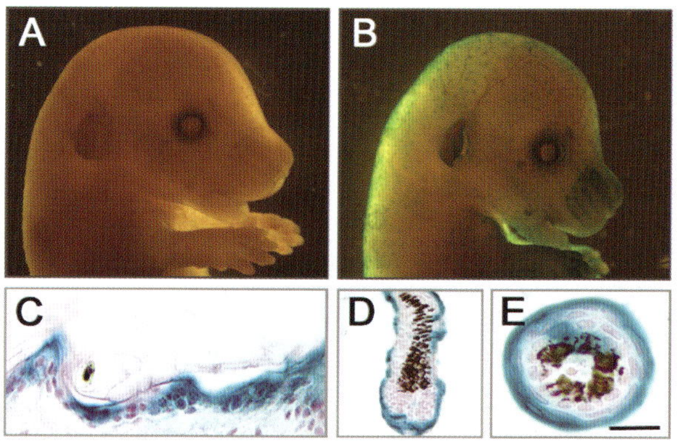

由解放军军事医学科学院生物工程研究所承担完成的“转化生长因子-β和雌激素信号途径在肿瘤发生中的功能和机理研究”项目获得北京市科学技术奖一等奖

市科委立项支持“基于循环农业内涵的百合产业科技示范工程”项目，实施期间建成节能日光温室1299栋，种植处于不同生长发育时期的百合切花358栋。此外，建成300平方米的百合切花加工车间，为各基地生产的切花提供一个集中分级包装环境，严格控制切花的分级、包装及贮藏，保证昌平百合切花的质量

遍布京郊的创新型乡镇在经济发展、生态建设、村镇治理、乡风乡貌、农民生活等方面都发生了显著变化，探索出了文化创意、生态经济、特色产业三种乡镇创新发展模式

小汤山国家精准农业研究示范基地建立了以3S技术为核心和智能化农业机械为支撑的节水、节肥、节能的资源节约型精准农业技术体系

在市科委支持下，由市科委人才交流中心搭建的北京第一个针对在校大学生的公共事业服务机构——北京市大学生校外就业实习服务平台，经过3年的探索，逐渐发展成为促进北京市应往届大学生实习就业、培养发掘高新技术服务人才的重要服务组织

“怀柔生态环境科技示范走廊建设”项目是市科委支持的重点工程。项目通过节能景观建设、湿地治理、建筑节能改造等方式，应用综合的生态、节能关键技术成果，带动当地民俗旅游业和地方经济的快速发展

大唐移动通信设备有限公司在第四代移动通信（TD-LTE）重要增强型技术——8天线双流赋形技术及TD-SCDMA和TD-LTE共天馈解决方案方面取得进展。这些核心技术对于3G向4G标准演进和网络平滑升级具有重要意义，成为大唐移动推动TD-LTE发展的一个重要里程碑

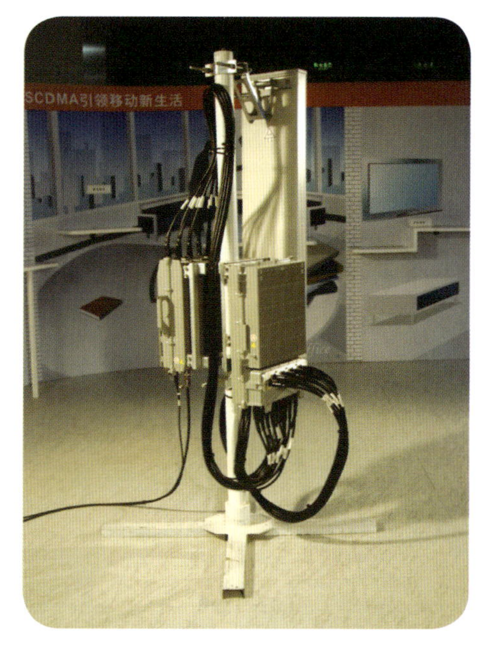

北京农业科技成果转化资金项目“水禽脱羽关键技术设备中试示范”开发了QT25Ⅲ水禽浸烫机和TY16/4水禽脱羽机两台水禽脱羽关键设备，使水禽脱羽率达到99%，禽体破损率小于2%，解决了我国水禽脱羽加工的技术瓶颈

编 辑 说 明

一、《北京科技年鉴》是一部反映北京地区科技事业发展变化的综合性资料工具书和史料文献。在北京市科学技术委员会、北京市教育委员会、北京市质量技术监督局、北京市知识产权局、中关村科技园区管理委员会、北京市科学技术协会共同参与下，由北京市科学技术委员会主持编纂。

二、本年鉴以邓小平理论和“三个代表”重要思想为指导，深入贯彻落实科学发展观，遵循实事求是的原则，科学、客观地反映实际情况。

三、本年鉴采用文章和条目两种体裁，以条目体为主，用规范的语体、记述体，直陈其事，文字力求言简意赅。

四、本年鉴从1987年开始，逐年编纂。至2003年出版时均是标注当年年度，自2004年起循通行做法改为标注出版时间，即：当年出版的年鉴，记述上一年度北京地区科技系统所发生的重大事件和新的情况，为领导决策提供可资参考的依据，为社会各界了解、研究北京地区科技事业提供权威的信息，为开展科技交流、对外宣传提供基础资料。

五、本年鉴以记述北京市属科技系统各单位的情况为主，对境域内国家部门所属单位情况也适当记述，使主体突出而又概括全貌。

六、本年鉴所载为北京地区科技事业的基本情况，采用分类编纂法。根据年鉴的文字内容，设有特载、大事记、科技管理与服务、研究与开发、高新技术及其产业、中关村国家自主创新示范区、知识产权、质量技术监督、高校科技、合作与交流、科学技术普及、区县科技、重大科技成果、政策法规选、统计资料、附录、索引等17个基本栏目。

七、本年鉴收有北京市科学技术委员会、中关村科技园区管理委员会、北京市科学技术协会、北京市知识产权局的主要负责人的名录。

八、选入本年鉴的文章和条目，均通过在北京市科学技术委员会、北京市教育委员会、北京市质量技术监督局、北京市知识产权局、中关村科技园区管理委员会、北京市科学技术协会确定的专人负责撰写或提供，并经主要负责人审核。统计资料由北京市科技统计部门提供。

九、为便于读者查阅，卷首设有“目录”，卷末设有“索引”。“索引”采用主题索引法（也称内容索引法）编纂。主题词以本年鉴正文中出现的专业名词、名词词组、机构名称、表格名称等为主。

十、本年鉴反映2009年1月1日至12月31日期间北京地区科技事业发展变化情况，凡2009年事情，均直书月、日，不再写年份。

《北京科技年鉴》指导委员会

主　任　赵凤桐　苟仲文

副主任　闫傲霜　刘利民　赵长山　刘振刚　郭　洪　田小平

《北京科技年鉴 2010》编辑部

主　编　闫傲霜

副主编　朱世龙　伍建民　王建新　郭广生　姚　娉
杨久明　廖国华　罗忠仁

编　委　（按姓氏笔画排序）
王　军　王觅时　王筱华　刘静平　牟相军
张　星　张　信　张长宇　张宇蕾　赵　清
谢强华

执行编辑　王　锦　石　军　李晓萍　杨　政　张　岚
张　亮　张年武　张京成　张思遥　柳　堤
梁廷政　谢　佳

目　　录

CONTENTS

特载

Special Issue

加快建设“科技北京”　推动首都科学发展

中共中央政治局委员、中共北京市委书记　刘　淇

2009年是极不寻常的一年。成功应对国际金融危机的冲击，圆满完成新中国成立60周年庆祝活动的筹备任务，首都的经济发展上了一个新水平，人均GDP超过10000美元，标志着首都经济社会发展进入了新的阶段。新形势下，我们在深刻总结奥运成功经验的基础上，按照科学发展观的要求，提出了建设“人文北京、科技北京、绿色北京”的战略任务。建设“科技北京”是这一战略的重要组成部分，基本的任务就是通过充分发挥科技创新的作用，实现发展方式的转变，优化产业结构，切实把首都经济社会发展转移到依靠科技进步、提高劳动者素质和管理创新的轨道上来，把首都建成创新型城市。为了推进“科技北京”建设，市委市政府制定了《“科技北京”行动计划（2009—2012年）》。总的设想就是，加快推进以中关村国家自主创新示范区为龙头的科技创新体系建设，积极对接国家重大科技专项和国家重大科技基础设施建设，通过实施8大科技振兴产业工程和12项科技支撑工程，全面提高首都的自主创新能力，发挥科技对首都经济社会发展的支撑引领作用。

第一，全力抓好中关村国家自主创新示范区建设。要认真贯彻落实国务院批复精神，紧紧围绕着把中关村建设成为具有全球影响力的科技创新中心这个目标，加大改革创新的力度。一是充分发挥中关村科技、教育、智力资源密集的优势，集中力量在一批重大关键领域积极开展原始创新、集成创新和引进消化吸收再创新，力争取得更多、更大的突破性成果。要抓住国际上加速技术转移的机遇，善于通过技术引进在更高的起点上推动创新。二是深化各项先行先试的改革试点工作，积极推动股权激励、国家重大科技专项经费使用以及民营科技企业和新型产业组织参与国家重大科技项目等方面的改革，搭建有利于自主创新的平台，更好地为企业和研发机构服务。不断深化科技金融改革创新，落实政府采购政策，2009年要力争完成40亿元采购任务。同时大力推动中关村企业上市，争取在创业板形成“中关村板块”。三是创新管理体制机制，下放市级权力，整合行政区划资源，为先进生产力的大发展创造更好的条件。

第二，充分发挥首都科技资源的优势。发挥首都科技资源的优势，一要全力做好为中央在京科研单位的服务工作，大力支持中科院北京分院等一批中央在京科研单位的建设，吸引更多的中央企业在北京建设研发中心，让这些中央科研机构和科技人才在北京更好地开展科技创新。二要鼓励高新技术企业联合科研院所、高等院校等各类创新主体，成立产学研用结合的标准联盟、技术联盟和产业联盟，开展关键共性技术的合作研发、推广、应用，加大保护知识产权的力度，制定和推广技术标准。三要推动“中关村开放实验室”建设，充分发挥北京地区现有的国家工程中心、国家重点实验室、国家工程实验室、大型仪器设备等公共科技资源密集的优势，通过市场化运作，促进科技条件资源的开放、共享，整合形成面向社会开放的技术创新服务平台，解决企业、科研单位的创新难题。

第三，充分发挥科技创新对首都经济社会发展的推动作用。在新的发展阶段，推动新一轮的科

学发展，特别是推动绿色经济、低碳经济、循环经济的发展，迫切需要加大自主创新的力度。从首都发展看，当前要聚焦在新能源、电子信息、生物医药、环境保护等战略性新兴产业领域，加大自主创新的力度，争取拿出一批具有重大技术突破、产业引领作用和规模化前景的科技成果。要建设好科技成果产业化综合服务平台，抓紧建立促进重大科技成果在本地转化和产业化的保障机制，支持重大科技成果转化和产业化项目，使这些科技成果更好地服务经济社会发展。

第四，不断创新体制机制和政策，增强自主创新的动力。要积极改进政府部门的审批服务工作，提高服务效率，创造更富活力和效率的宽松环境。要积极营造有利于区域创新的法律政策环境，在科技金融、知识产权保护等方面制定出台一系列鼓励和促进科技创新及其应用的公共政策。要大力扶持有前景的企业做大做强。要强化政府采购政策，通过采用首购、订购、首台（套）重大技术装备试验和示范项目、推广应用等方式进行政府采购，支持企业自主创新。要制定更有吸引力的政策，吸引和集聚更多的高端人才到北京创业。

在建设中关村国家自主创新示范区动员大会上的讲话

刘　淇

（2009 年 3 月 20 日）

这次会议非常重要，标志着中关村进入了加快推进国家自主创新示范区建设的新阶段。下面，我就贯彻落实国务院批复讲几点意见。

一、深刻认识国务院批复的重大意义

中关村是世界上少有的科技智力聚集区。党中央、国务院十分重视中关村的建设和发展。从1988 年国务院批准成立北京市新技术产业开发试验区以来的 20 多年中，在党中央、国务院的领导下，在各相关部门的大力支持下，经过广大科技工作者和中关村企业员工的共同努力，中关村取得了令人瞩目的巨大成就。在信息、网络通信、生物工程、环境、新能源等领域拥有了一大批具有自主知识产权的新技术、新产品，在软件、集成电路、计算机和网络、通信、生物工程、能源环保等重点领域形成了具有较强优势的产业集群，聚集了一大批高素质的科技创新、创业人才，初步具备了有利于推动科技创新的技术环境、人才环境、体制环境。去年，中关村园区的经济规模突破 1 万亿元，相当于 20 年前的 700 多倍，是全国最大的科技园区，对促进首都经济社会发展发挥了巨大的推动作用。面对新的形势和任务，中关村的发展面临新的机遇和挑战，存在着中关村如何适应科学发展观的要求，进一步发展的问题。需要明确发展方向，克服发展瓶颈。最近，国家一些研究单位对全国高技术产业化存在的问题作了深入分析。去年年底，国务院办公厅组织有关部门对中关村科技园区的调查报告也明确指明了中关村发展需要解决的问题。当前突出的问题是对自主创新成果产业化工作总体支持力度还不够大，大型高科技企业的骨干作用尚未充分发挥，关键领域拥有自主知识产权的成果较少，技术成果转移机制没有完全建立，仍然存在科技与经济、科技与企业脱节的现象，科研和技术平台的作用发挥得不够，科研机构和大学主要是选择自己办企业来产业化科技成果；与此同时，创业风险投资体系、产学研用相结合的创新支撑体系、产业化政策环境都需要进一步完善。这些问题的存在制约了中关村的发展，从某种意义上讲，国务院批复同意中关村建设国家自主创新示范区，目的就在于通过深化改革解决这些制约我国提高自主创新能力的瓶颈问题。

认真学习和贯彻落实国务院的批复精神，要深刻理解中央在当前形势下批复同意中关村建设国家自主创新示范区的重大意义。首先，这是中央适应形势要求，以自主创新来提升经济结构，提高克服金融危机影响的能力，实现经济平稳较快发展的需要，具有重大的现实意义和深远的历史意义。经济萧条往往孕育和催生重大科技创新。要紧紧围绕着提高自主创新能力，营造更好的环境，充分发挥中关村的科技智力优势，掌握更多的自主知识产权，依靠自主创新，战胜国际金融危机，为提高国家核心竞争力、建设创新型国家战略服务。二是批复是国务院经过慎重研究决定的事关全局的重大战略决策。为中关村的发展指明了方向，明确了目标和任务。把中关村建成国家自主创新示范区，对于提高自主创新能力，推动发展方式转变，提高经济发展的整体素质和国际竞争力，完成建设创新型国家的战略任务，对于建设“人文北京、科技北京、绿色北京”，都具有十分重要的意义。三是深刻理解国务院批复是深化改革开放，以体制机制创新来消除影响自土创新深层次制约因素的重要举措。关于开展股权激励改革的决定，强化了激励机制，将进一步调动高等院校、科研院所、国有高新技术企业的科技人员和经营管理人员产业化的积极性，有利于尽快提高自主创新能力。批复中推出的关于金融、财政、税收等政策措施，有利于在中关村搭建起推动自主创新的平台，使更多的科技创新成果得到有效快速转化，使更多自主创新企业能够得到更好的发展。我们务必要从全局和战略的高度，认真领会国务院批复精神，进一步统一认识，扎实工作，努力把中关村国家自主创新示范区建设这件大事抓紧抓实抓好。

二、全力以赴建设好中关村国家自主创新示范区

国务院批复提出的任务很重，要求很高。我们必须以改革创新的精神，全力以赴抓好中关村国家自主创新示范区的建设。

一是明确目标。要按照国务院的要求，力争用 10 年左右的时间，在中关村生产和转化一批国际领先的科技成果，聚集一批国际化的高端领军人才，培育一批国际化的企业家，做强做大一批高新技术企业，使中关村成为全球高端人才创新创业的集聚区、世界前沿技术研发和先进标准创制的引领辐射区、国际性领军企业和高技术产业的发展区、我国体制改革与机制创新的试验区。确立这样的目标，符合中关村的实际，符合科技创新的规律，符合建设创新型国家自主创新战略的要求，经过努力是完全可以实现的。要用这个目标来激励我们的工作，要通过各类工作规划，落实这个目标。

二是发挥优势。中关村科技园区是世界上少有的科技智力资源的聚集区，蕴藏着巨大的知识智力优势。这里拥有超过 2 万家高新技术企业、40 多所高等院校、140 多家国家各类科研院所、65 个国家级重点实验室、29 个国家工程研究中心、31 个国家工程技术研究中心、20 多家国家大学科技园。经过 20 多年的发展，中关村已经形成了一定规模，积累了丰富的经验，为推动自主创新奠定了坚实的基础。我们一定要以落实国务院批复为契机，加大投入，完善政策，健全机制，创新体制，搭建自主创新的平台。我相信，有了丰富的科技资源优势，再加上不断完善的创新体制机制，就一定能使中关村再创新的辉煌。中关村的企业和广大科技工作者也要牢记责任使命，切实增强危机感、紧迫感，始终保持奋发有为的精神状态，紧紧抓住建设国家自主创新示范区的重大机遇，扎扎实

实搞创新，实实在在出成果，脚踏实地促发展，在新的发展中，切实发挥好自主创新的龙头带动作用。

三是创新体制。要抓住贯彻落实国务院批复精神的机遇，推动中关村改革，完善推动自主创新的环境，特别是有利于大型骨干企业、高等院校、科研院所开展自主创新的环境，以及高技术成果产业化的环境。要搭建有利于推动自主创新的条件平台、技术平台、转化平台和鼓励各类企业创新的参与平台。同时，要通过完善体制机制，使更多的科技人才能够在中关村创造出更多的自主创新成果，使更多的企业在自主创新中做大、做强，使中关村高新技术产业的链条延伸、产业聚集、实力增强。

四是重点突破。要按照有所为、有所不为的要求，围绕着落实"科技北京"行动计划，积极组织园区内企业和科研单位承接国家重大科技专项和重大科技基础设施建设，以此带动一批关系国家和首都经济社会发展的关键技术实现重点突破。要发挥中关村产业技术联盟、实验室、专利创造、标准创造的作用，在软件与集成电路、新一代移动通信、计算机与网络、数字音视频、光电显示、生物医药等领域，积极开展原始创新、集成创新和引进消化吸收再创新，力争取得更多、更大的突破性成果。同时，要充分发挥中关村科技创新的辐射效应、溢出效应和带头示范效应，不断创造更多的科技创新成果，加快推动科技成果产业化，全面提升各个产业的科技含量和拥有自主知识产权。特别是要以落实中央十大产业振兴规划为契机，加快研究制定北京的六大产业振兴规划，加快实施科技振兴产业工程，重点推动电子信息、汽车、装备制造、生物工程与新医药、新能源和环保、都市工业、都市型现代农业等产业优化升级，推进产业结构优化升级，进一步夯实首都科学发展的产业基础。

三、加强领导，狠抓落实

建设好中关村国家自主创新示范区是全市的大事，是推进"人文北京、科技北京、绿色北京"建设的重大战略任务。各级党委政府都要高度重视、全力支持、主动配合，切实做好服务。

一是要加强组织协调服务。为加快中关村的建设发展，国务院已批复成立由科技部牵头的部际协调小组。市委、市政府已经成立了建设中关村国家自主创新示范区领导小组，由郭金龙同志任组长，市委、市政府的有关负责同志任副组长，市政府有关委办局和区县的负责同志参加。领导小组要加大领导力度，加强工作协调，统筹推动示范区建设。这里要强调的是，各区县、各部门都要结合深入学习实践科学发展观活动，认真开展作风建设年活动，牢固树立服务意识，转变作风，提高效率，采取"一站式服务"、"绿色通道"、联审联批的办法，提高服务效率和服务水平。在市区两级政府、政府各个职能部门之间建立高效畅通的协调工作机制，形成推动中关村发展的强大合力。

二是要进一步加大政府投入力度。推动自主创新，需要有政府的支持。要根据财政的状况，不断加大这方面的投入。不断优化中关村园区的基础设施，不断增加对自主创新项目的财政投入。同时要注意加强工作整合，运用市场经济的办法，充分发挥科技联盟的作用，完善政府投资方式，提高政府投资效益。要适当集中财力，加大政府采购力度，通过首购、订购、实施首台（套）重大技术装备试验和示范项目等措施，推广应用自主创新产品，支持企业自主创新。这些政策要优先向中关村倾斜。

三是要制定规划，完善法制和政策环境。国务院批复中包含有许多政策创新点。要认真组织力量研究，逐一抓紧落实。要抓紧编制发展规划，按照规划有序推动示范区的建设。要根据新的形势和任务，抓紧研究修订《中关村科技园区条例》，为中关村国家自主创新示范区建设提供更加有力的法制保障。国务院批复所确定的各项任务，包括科技金融、技术转移、重大项目、政府采购和税收政策等工作，都要组织力量，细化、具体化为相应的配套实施办法，明确工作责任、明确时间要求，使这些新政策、好政策尽快落到实处。会上，印发了市委、市政府《关于中关村科技园区建设国家自主创新示范区的若干意见（讨论稿）》，请同志们提出意见。

四是要推进科技金融体系创新。落实国务院批复中建设中关村科技金融体系的任务十分繁重。包括建立多层次的资本市场体系，开展授信尽职免责等试点工作，创新的内容很多，要积极开展工作，有序推动这些任务的落实。市委市政府以及各相关部门都要加强与中央主管部门的沟通，主动配合相关部门做好这些任务的落实工作。

五是要进一步提高为中央在京研发机构服务的水平。中关村集聚了一大批中央在京科研机构。这是国家自主创新的主力军。全市各级党委政府都要牢固树立首都意识、服务意识，积极主动地为他们服务。近年来，市委市政府不仅建立了相应的机构，而且建立了定期听取汇报的工作机制，取得了一些成效。中关村园区也要加大这方面的工作力度，建立信息沟通机制，通过发布信息、沟通情况，解决信息不对称问题，帮助中央在京科研机构发挥自身优势，开展科技创新。要根据首都的特点，发挥产学研用合作机制的重要作用，加强服务平台建设，积极创造条件，为中央在京科研机构开展自主创新创造条件、搞好服务。

六是要进一步加强高层次创新型人才的引进和培养力度。科技创新靠的是人才，中关村的生命力在于人才。为了吸引更多的高端人才，市委市政府已经建立了海外学人中心，并且研究制定了海外人才集聚工程，目的就是吸引更多的科技领军人才。要根据中关村建设的实际，进一步充实和丰富相关政策，创新人才引进、使用机制，使更多的优秀人才能够在中关村更好地发挥他们的聪明才智。要加强海外高层次人才创新创业基地和留学人员创业园、孵化器的建设，依托重大科研和建设项目、重点学科和实验室、国际交流合作项目，培养高层次创新型人才。同时，要进一步改善高层次创新型人才的创新创业环境和生活环境，解除他们的后顾之忧，使高端人才愿意到中关村发展，能够在中关村创新。要高度重视对年轻科技人才的支持。大力完善对大学毕业生创业活动的支持。从创业场地、资金、孵化器进入、仪器条件使用等方面更加便利地为年轻创业者服务。

七是要进一步实施知识产权战略。要鼓励和引导企业申请和取得国内外专利，支持企业通过知识产权战略提升技术创新能力和市场开拓能力，加大对重点企业形成专利池和产业技术联盟构建专利群的支持力度。要加强知识产权深度开发与经营，引导技术转移服务机构通过市场化运作机制，对具有推广价值的专利技术进行深度开发和集成推广，促进专利成果产业化。要加大对知识产权保护力度，完善知识产权保护政策法规体系，加强执法协调，努力把北京建设成为保护知识产权的首善之区。

建设中关村国家自主创新示范区，离不开党中央、国务院的领导，离不开中央国家机关的大力支持和帮助，市委市政府和各有关部门一定要多沟通、多请示、多汇报。在落实国务院批复中需要解决的问题，特别是一些重大问题，必须及时沟通、上报，争取支持、理解和帮助，共同完成建设好中关村国家自主创新示范区的任务。

北京市科学技术委员会 2009 年主要工作和 2010 年工作重点的报告

增强自主创新能力，发挥科技支撑作用，全面推进“科技北京”建设

一、2009 年科技工作总结

2009 年，党中央、国务院和北京市委、市政府高度重视科技创新在应对国际金融危机、保持首都经济平稳较快发展和社会和谐稳定中的重要支撑作用。3 月，国务院批复同意支持中关村科技园区建设国家自主创新示范区。4 月，市委、市政府正式发布《“科技北京”行动计划（2009—2012 年）》和《关于建设中关村国家自主创新示范区的若干意见》。市委、市政府主要领导亲自带队，就加强自主创新、振兴重点产业和中关村国家自主创新示范区建设，深入区县、园区、企业和高校院所，开展专题调研、举行座谈会，多次研究部署科技工作。市人大履行法律监督和工作监督职能，开展了“科技创新与结构调整”专题调研，审议了市政府关于推动高新技术在本市经济社会发展中应用情况的报告，监督和促进政府科技工作。市政协履行政治协商、民主监督和参政议政职能，就促进高新技术企业发展和中关村自主创新发展进行了专题调研，为市政府推进科技工作提供了决策参考。

北京的科技工作得到了科技部等国家部委的大力支持。全国政协副主席、科技部部长万钢，科技部党组书记、副部长李学勇等领导多次来到北京，深入基层调研指导工作。

全市各部门、各区县和科技界坚定信心，开拓创新，克服困难，扎实工作，以体制机制改革为动力，全面落实“科技北京”行动计划，加快推进中关村国家自主创新示范区建设，将服务国家创新战略和推动首都建设发展紧密结合起来，充分发挥科技创新对于经济社会发展的支撑引领作用，推动首都科技事业取得了新的进展。

初步核算，2009 年全市高新技术产业、科技服务业和信息服务业实现增加值超过 2800 亿元，约占地区生产总值的 23.7%。其中，科技服务业实现增加值 793.7 亿元，比上年增长 16.4%，约占地区生产总值的 6.7%；软件和信息服务业实现增加值 1107.5 亿元，增长 14.5%，约占地区生产总值的 9.3%。中关村科技园区高新技术产业总收入达到 12600 亿元，同比增长 23.7%。全年专利申请量 50236 件，同比增长 15.5%，其中发明专利申请量占 58.4%；全市专利授权量 22921 件，同比增长 29.1%，其中发明专利授权量占 40%。市级财政用于支持自主创新和产业化的资金投入超过 130 亿元。全社会研发经费投入超过 700 亿元，占地区生产总值的比例达到 5.9%。全年技术合同成交额 1236 亿元，同比增长 20.4%。

（一）创新体制机制，中关村国家自主创新示范区建设取得重要进展

按照国务院批复精神，制定实施了中关村示范区建设意见，市相关部门与国务院主管部门对接工作，抓紧推进先行先试的改革试点工作，加快建设中关村示范区核心区，营造有利于自主创新的

良好环境。

组织202家单位参加股权激励试点。选择82家试点单位开展国家科技重大专项项目经费列支间接费用试点。中关村企业在代办股份转让系统挂牌61家,创业板上市公司13家,占全国的四分之一,初步形成了创业板中的“中关村板块”。向国家部委推荐30余项由产业技术联盟承担的重大科技项目。中关村的产业技术联盟和企业承担了近150项国家重大科技计划项目。在全国率先推进政府采购自主创新产品试点工作,3557个产品被认定为自主创新产品,51个产品入选国家首批自主创新产品,占全国的21%。全年签约256个政府采购示范项目,采购中关村自主创新产品33亿元。启动了工商管理改革创新试点措施,开展了9个重大课题的战略研究以及中关村发展规划纲要的起草工作。

(二)“实施2812科技北京建设工程”,科技支撑经济社会发展的能力进一步提高

各部门、各区县围绕《“科技北京”行动计划2009年度折子工程》的组织实施,抓住提高自主创新能力、加快科技成果产业化和推动科技惠及民生等三个关键环节,加强协调配合,扎实推进工作,97项折子工程全面完成。

一是对接国家科技重大专项和国家重大科技基础设施建设,一批重大成果获国家奖励。建立主管市领导牵头、市相关部门参加的联席会议制度,统筹协调重大专项对接工作。加强制度建设,制定《国家科技重大专项北京市配套管理办法》,突出对在北京实现产业化项目的配套支持。统筹使用政府安排的专项资金,用于对接国家重大专项和重大科技成果产业化。2009年度北京地区76个项目获得国家科学技术奖励,占全国获奖通用项目总数的25.6%。“城市智能交通管理指挥控制系统”项目获得国家科技进步一等奖,“100纳米高密度等离子刻蚀机研发与产业化”、“非牛顿流体流变学特性测试技术研究及应用”等项目获得国家科技进步二等奖。

二是实施“科技振兴产业工程”,强化重点产业发展的科技支撑。制定实施了电子信息、新能源、汽车、生物和医药、装备制造、都市型工业等重点产业调整振兴规划,集中支持一批产学研用项目,努力突破一批核心关键技术,推动一批科技园区和产业基地建设。

TD－LTE技术方案成功入围4G国际标准候选技术。北京数字电视产业园暨京东方第8代TFT－LCD生产线奠基建设。实施了交互式高清数字电视示范推广工程。新能源产业基地和绿色能源产业基地投入建设。“设计创新提升计划”引导企业通过工业设计提高产品竞争力。制定实施促进影视动画、网络游戏、出版发行等文化创意产业发展的政策措施,启动中国动漫游戏城建设项目。

启动建设“新能源汽车科技产业园”,以北京汽车新能源汽车有限公司为核心,努力打造涵盖整车和电机、电控、电池等关键零部件的纯电动汽车产业链。北汽福田新能源汽车产业基地、北京汽车产业研发基地奠基建设,重点推进自主品牌乘用车、越野车和混合动力新能源汽车的研发。中航工业园、光机电一体化基地、三一重工北京制造中心等积极发展具有自主知识产权的高端制造业装备。

从一个持续支持多年的科技成果,到推动“非晶科技产业园”成为全球第二个万吨级非晶带材生产基地,非晶变压器、非晶电机、非晶铁芯在内的非晶产业链正在形成。启动石化新材料科技产业基地建设。国内唯一的国家级新型疫苗工程研究中心、国内规模最大的生物疫苗产业化基地、“新药创制”重大专项项目“北京生物医药创新孵化基地”等陆续投入建设,生物医药和医疗器械产业不断向高端领域发展。

三是实施“科技支撑工程”,推动科技成果惠及民生。在食品安全、农业科技、医疗卫生与健康、科技交通、节能与新能源、环境保护等方面,推广一批新技术和新产品。

开展食品添加剂和食品中非食用物检测技术研究,建立食品添加剂质量安全监控体系。加强

检测标准与技术在农产品生产、加工和流通领域的应用，建设首都食品安全监控系统和商品质量监控系统。加强农业科技攻关以及农村科技成果的集成示范和推广应用，完善以农村科技协调员为主体的农村科技服务体系建设，促进生态涵养发展区产业发展。

推进脑血管疾病、心血管疾病等重大危险疾病的临床数据信息库和样本资源库、重大慢性疾病流行病学综合调查和重点疾病防治研究等科技攻关与支撑平台建设。紧急启动应对甲型H1N1流感的科技项目，支持检测、疫苗、药物及治疗研究。北京科兴甲型H1N1流感疫苗获准批量生产并投放市场1000万人份。成功优选出世界上首个专门针对甲型H1N1流感治疗的中药方剂“金花清感方”。国家一类新药“苏灵”历经十年研发后正式投放市场，填补了我国自主知识产权蛇毒血凝酶的空白。

国内首列具有自主知识产权的轨道交通B型车研制成功，基于通信的列车控制系统（CBTC）将在地铁亦庄线上示范应用，标志着北京已经掌握了国际最先进地铁列车的制造技术和控制技术。中低速磁浮列车研制成功并将在城市轨道交通线上示范运营，标志着我国形成了中低速磁浮交通技术工程化实施能力。

对接科技部“十城千辆”节能和新能源汽车推广应用工程，1000辆新能源汽车投入运营。在公共服务领域和部分区县推广高效照明产品1370万只，支持研发大功率LED灯具并将首次应用于舞台剧场。加强大气污染治理技术的研发和推广，建立机动车污染控制动态管理决策系统，开展北京和近周边区域大气复合污染形成机制和防控措施研究，为实施第十五阶段控制大气污染措施、完成空气质量改善目标提供了科技支撑。

启动“永定河生态构建与修复技术研究和示范”科技项目，为永定河绿色生态走廊建设提供支撑。加强现有污水处理厂、污水及再生水管网技术改造。推广餐厨垃圾资源化处理、垃圾填埋场处理等技术，推进垃圾减量化、资源化、无害化。开展高层建筑消防灭火救援关键技术研究和示范应用，保障城市安全运行。

以北京科技周、全国科普日等大型科普活动为重点，实施“科普惠农兴村计划”和“社区科普益民计划”。加强科普基地、创新型科普社区等科普基础设施建设，完成了市政府直接关系群众生活方面拟办的重要实事和新中国成立60周年国庆游园展览展示工作。

（三）优化创新环境，企业自主创新能力进一步提高

积极落实《国家技术创新工程总体实施方案》，发挥政府调控职能，运用市场机制，支持创新要素向企业集聚，完善以企业为主体、市场为导向、产学研用相结合的技术创新体系，提高企业自主创新能力和产业核心竞争力。

一是加强科技政策的贯彻落实力度。积极落实市政府帮扶企业应对国际金融危机的66条措施，制定实施了《贯彻落实国务院促进生物产业加快发展若干政策的实施意见》、《关于动员广大科技人员服务企业的实施意见》、《关于科技促进生态涵养发展区产业发展的意见》、《中关村国家自主创新示范区重大科技成果转化和产业化股权投资暂行办法》等20余项政府规范性文件。年内新认定2591家高新技术企业，全市高新技术企业达到5225家，占全国总数的22%，企业享受税收减免超过30亿元。实施“科技人员进企业‘十百千’行动”，组织了240所高等院校、170所科研院所、5000人次的科技人员深入基层服务企业。全年支持68项高新技术成果转化项目、300个科技型中小企业技术创新项目和50个产学研合作项目，财政科技经费支持3亿元。

二是推动产业技术联盟的构建和发展。直接推动成立了首都工程技术创新产业联盟、首都新能源产业技术联盟、北京新药创制产学研联盟等30余个产业技术联盟，使北京地区产业技术联盟数量超过100家。长风软件、闪联、TD－SCDMA、半导体照明等6家联盟入选科技部“产业技术创新战略联盟试点工程”。

三是完善首都科技条件平台建设。与中国科学院、清华大学、北京大学等12家中央单位合作共建“首都科技条件平台研发实验服务基地”，投入5800万元科技经费，撬动了264个重点实验室、1.3万台(套)、价值约76.3亿元的科研仪器设备，面向社会开放共享和市场化运营服务，对接企业实际需求，积极探索科技资源共享利用的“北京模式”，得到了科技部和社会各界的肯定。

四是开展创新型企业试点、吸引高层次人才创新创业。累计三批共305家企业参加创新型企业试点，56家企业已经完成了试点任务，被命名为首批创新型企业，为培育一批具有全球影响力的创新型企业和国际知名品牌奠定了基础。落实国家“千人计划”，15名中关村人才通过国家“千人计划”海外高层次创业人才评审；实施了“北京海外人才聚集工程”，50名高层次人才入选；启动了“科技北京百名领军人才培养工程”和“中关村高端领军人才聚集工程”。推动神华集团、中国电网等14家中央企业建设“未来科技城”，作为海外人才创新创业基地和研发机构集群。

(四)加强对接服务，一批重大科技成果在北京落地转化

采取签订战略合作协议、搭建服务平台、共建科技园区和产业基地、组织实施重大工程和重大项目等形式，深化与中央部委、中央企业和在京高等院校、科研院所及驻京部队的联系沟通，建立联合工作机制，推进科技成果的转化和产业化。

一是建设科技成果产业化服务平台。启动建设“科技成果转化服务平台”和“科技成果情报系统”。推动“中国技术交易所”和“北京国家技术交易中心”落户，中国技术交易所成为首家全国性的技术交易机构，在促进资本要素与科技成果的融合方面实现了新的突破。

二是建立支持科技成果产业化的资金保障机制。探索政府资金使用新模式，设立重大科技成果转化和产业化投资专项资金，采取政府直接投入或股权投资的方式，体现政策引导性，支持重大科技成果在京转化和产业化。

三是推动一批重大科技成果在北京落地转化。推动绿色制版、龙芯CPU芯片、分布式智能电网、兆瓦级垂直轴风力发电、抗肿瘤蛋白质药物、抗肿瘤药物和疫苗等重大科技成果在北京落地转化和产业化，加快科技成果向现实生产力转化，培育新的经济增长点。

(五)加强作风建设和制度建设，为做好全市科技工作提供保障

认真开展深入学习实践科学发展观活动，落实领导干部作风建设年活动各项部署，加强科技系统自身建设，加强依法行政，转变政府职能，注重决策落实，提高了管理效能和服务水平。

一是加强组织协调，建立健全科技工作统筹协调机制。参加科技部牵头的中关村国家自主创新示范区部际协调小组，成立9个部市联合工作组，全面推进中关村示范区建设。成立了中关村示范区领导小组和“科技北京”建设协调工作小组，建立市级层面的联席会议制度，健全纵向联动、横向协同的工作机制。

二是加强调查研究，梳理重大科技需求。市领导带头，相关部门深入区县、企业、高等院校、科研院所、科技园区和产业基地，开展调研座谈和分析研究，对科技成果和人才团队、重点产业链关键环节和技术“瓶颈”、经济社会发展科技需求进行了系统梳理，找准科技工作的着力点，为实施重大科技计划提供了支撑。

三是加强制度建设，推进科技计划管理改革。在广泛调研的基础上，深化行政论证与专家论证相结合的科技计划立项机制，紧密结合重点产业振兴、战略性新兴产业、城乡区域协调发展、城市建设管理和保障改善民生等方面的重大科技需求，加快实施一批科技计划项目，充分发挥政府科技资金的放大引导作用。推进“三效一创”绩效管理，建立科技经费全程风险防控体系，完善行政监察和审计监督，有效地保障科技资金的安全，努力提高科技资金的使用效率。

对于做好全市科技工作，有四点体会：

第一，必须将服务国家创新战略和支撑区域经济社会发展密切结合起来，全面落实国家科技发

展部署,结合北京的发展需求和资源优势,创造性地推进科技工作,把首都科技创新融入到国家创新体系建设的总体部署中去,探索推进自主创新和成果转化的新型机制和模式,着力优化发展环境,使科技创新成果大量涌现,科技成果快速推广应用,极大地释放科技能量。

第二,必须紧紧围绕首都发展大局,深入调查研究,掌握重大需求,超前部署,引领发展,抢占经济科技竞争制高点,培育新的经济增长点,充分发挥科技创新对于产业结构调整、经济发展方式转变的驱动作用,在促进首都经济又好又快发展、推动城乡区域协调发展、提高城市建设和管理水平、保障和改善民生中切实发挥科技的支撑作用。

第三,必须充分发挥首都科技、教育和智力资源优势,加强联络协调,主动做好服务工作,积极争取中央单位的科技成果、建设资金、政策措施和科技人才的支持,建立重大科技研发和产业化项目的推动工作体系,培育和建设市场经济条件下新型的首都科技合作新机制,形成推动首都科技发展的强大合力。

第四,必须深化科技管理体制机制改革,充分发挥政府推进科技创新的主导作用、市场配置科技创新资源的基础作用、企业组织实施科技创新的主体作用和科技人员探索科技创新的主观能动作用,为科技创新提供完善的体制机制保障。

二、2010年科技工作主要任务

2010年是实施"十一五"科技发展规划的最后一年,也是在新的起点上全面推进"科技北京"建设的重要一年。做好2010年的科技工作,要紧紧围绕建设"人文北京、科技北京、绿色北京"的战略任务,以提高自主创新能力为核心,以支撑经济发展方式转变和产业结构调整为主线,加快突破关键技术、振兴重点产业,加快培育战略性新兴产业,加快发展民生科技,加快建设区域创新体系,推动首都经济走上创新驱动、内生增长的发展轨道,为首都科学发展提供强大的动力。

要着重抓好以下六个方面的工作:

(一)加强首都科技发展战略研究,深化科技管理体制机制改革

进一步提升科技创新在首都经济社会发展全局中的战略地位,完善政府对科技工作的组织模式和管理方式,更好地发挥政府在科技创新中的规划、组织、协调和服务职能。

建立首都科技创新合作新机制。发挥和整合首都科技资源优势,探索研究建立由全市和国家有关部门共同组成的首都科技创新协调机构,在做好为中央单位服务的同时,充分利用中央在京资源和地方各类资源,形成目标统一、协同配合、分工协作的科技工作新格局。

完善科技创新的法规与政策体系。围绕"科技北京"行动计划的组织实施,加强对政策落实情况的跟踪和评估研究,加强政策措施的贯彻落实力度。做好《中关村国家自主创新示范区条例》制定工作和《北京市技术创新条例》立法前调研工作。围绕战略性新兴产业、节能减排和低碳经济等主题,开展前瞻性科技及产业政策研究。

完善国家科技重大专项对接的组织管理体系。建立领导协调机制,实行重大项目领导责任制,加强专项之间的协调衔接,加强各关键技术之间的系统集成和产品创新,加强应用示范和市场推广。充分发挥企业自主创新的主体作用,鼓励企业和产业技术联盟承担专项的产品开发和产业化任务,促进产学研用相结合。

开展"十二五"科技发展规划的制订工作。在调查研究和深入分析的基础上,对"十一五"科技发展规划实施情况进行科学客观的检查评估,形成关于首都科技发展情况的基本判断。围绕国家科技发展总体部署和首都经济社会发展需求,开展重大专题研究,确定科技创新的战略重点和路径选择,充分发挥战略研究对于科技发展的决策支撑作用。高水平完成"十二五"科技发展规划编制

工作。

(二)全面推进中关村国家自主创新示范区建设,充分发挥示范带动效应

注重体制机制创新的针对性和实效性,加强政策衔接和部门联动,强化政策创新和金融支持,强化自主创新和成果转化,把中关村建设成为国际一流的自主创新示范区。

深化先行先试的改革试点工作。争取部际协调小组各成员单位将相关政策的先行先试放在中关村示范区,开展探索、总结经验和示范推广。深化股权激励、科技金融、工商管理、社会组织等改革试点,积极争取更多企业在创业板上市,打造"中关村板块"。加大政府采购自主创新产品试点工作力度,全年完成40亿元政府采购任务。支持天使投资、创业投资、股权投资聚集发展,发挥好创业投资基金的作用,逐步完善覆盖技术创新全过程的金融服务体系。

吸引和集聚更多的高端人才创新创业。及时了解和掌握重点领域、重点行业的人才情况,积极吸引更多的优秀创新人才尤其是产业领军人才到中关村创新创业,重点吸引一批一流的战略科学家、科技领军人才、科技企业家和高科技创业团队,建设一批世界一流水平的新型研究机构,力争通过引进一批优秀人才团队,带回一批高科技专利,造就一批拥有自主知识产权的高端项目,带动相关产业的跨越发展。

(三)推动一批科技成果研发和产业化,建设一批科技产业化基地,加快培育一批新兴产业。

抓好一批具有重大技术突破、产业引领作用和规模化前景的科技创新成果,深化科技资源招商工作,加快建设"两个聚集区",即:北部研发服务和高新技术产业聚集区、南部高技术制造业和战略性新兴产业聚集区,推动一批高新技术产业化基地建设,加快培育发展纯电动汽车、生物医药、新能源、新材料、物联网、高端制造业等新兴产业,尽快形成产业化规模。

加快纯电动汽车关键技术研发和示范运营。重点开发纯电动小轿车、纯电动环卫车、纯电动大客车及混合动力大客车四类新能源汽车。围绕纯电动汽车整车和电机、电控、电池、电动转向、电动制动、电动空调等关键零部件,加快样车研发、试制和可靠性试验,确定生产工艺流程,建立关键部件的标准和测试规范,形成上下游的产业链。加强充电站等配套基础设施建设,逐步形成区域化的纯电动汽车能源供给网络。选择纯电动出租车示范运营区,探索市场运营模式。

加快生物医药重大品种产业化和高端诊疗设备制造。加快编制和实施"北京生物医药产业跨越发展工程",努力形成以创新药物研发和先进医疗设备制造为龙头的产业链条。推动恩度Ⅱ、脑起搏器、电磁刀等一批重大医药产品的产业化,做强一批重点企业,吸引一批优秀品种(企业)在北京落地。围绕搭建研发技术平台、构建研发服务体系、创新药物研发和产业化、大品种工艺改造和提升等重点任务,加快建设北京生物医药创新孵化基地。攻克大功率高频X射线机、三维彩色超声诊断仪等诊疗器械产业化关键技术,建设医疗器械研发检测验证与信息服务平台。

加快新能源关键成套装备的产业化开发。开展太阳能电池制造成套装备产业化关键技术研究,突破太阳能电池重大设备产业化关键技术,形成100兆瓦太阳能电池装备产业化能力。开展大功率风机整机产业化关键技术研究,完成5兆瓦风电整机制造关键技术与系统集成研究,形成年产200套以上风电整机的产业化能力。开展生物质资源在新农村应用中瓶颈技术研究与示范,提高生物质资源利用水平。

加快节能环保新型材料的产业化开发。开展基于纳米技术的绿色制版产业化联合攻关,形成具有自主知识产权的绿色制版成套生产技术,建成年产150万升纳米复合转印材料、600万平方米亲水版材产业化生产线。在万吨级非晶带材产业化关键技术取得突破的基础上,以安泰科技为龙头,围绕国产非晶带材的应用,整合上下游优势资源,建设年产2万吨非晶铁芯、3万台非晶变压器的生产线以及年产500台非晶电机的中试生产线,加速拓展非晶产业链。

通过示范应用培育发展物联网产业。推进"感知北京"示范建设,以公共安全、城市管理、食品

安全、社区服务等领域的应用为先导，开展一批示范应用，建设物联网关键技术研发基地和产业化基地，促进 RFID、传感器、IPV6、云计算等一批关键技术的研发和成果产业化，产生一批传感网、物联网相关技术专利和重要标准。

加快高端制造业关键设备的研发和产业化。面向高速铁路建设市场需求，开发重型轨道龙门镗铣加工中心和大型车轴磨床。继续支持北控磁浮公司突破整车集成、悬浮控制等磁浮关键技术，完善中低速磁浮车辆和系统的测试标准和规范，开展示范线技术支撑体系建设。依托“三一重工北京制造中心”，开展地下基础工程施工装备关键技术开发及产业化。突破降耗节能、电子墨水、显示、安全环保等关键技术，研发面向教辅应用的电子书包终端产品。基于龙芯 CPU，研发面向教育信息化和政府办公的计算机解决方案等关键技术。开展新一代移动通信核心芯片技术研究，形成 3G 基带芯片批量生产能力。

(四)解决民生关键问题，推动科技成果惠及民生

食品安全和农业科技方面，支持食品安全检测技术设备研发和农产品质量快速检测试剂研发和产业化，开展安全农产品科技应用示范工程，加强农产品全过程质量控制技术在生产、加工、运输和流通中的应用。开展安全高效育种技术研究、品种选育及育种条件建设和籽种产业科技成果示范应用。推动乳制品、果蔬加工、安全投入品、服装纺织等农产品加工业发展，深化农村科技服务体系建设。

新能源和节能环保方面，对接“十城千辆”节能和新能源汽车示范推广工程，采购 1000 辆纯电动环卫车和 200 辆新能源公交车。推广高效照明产品 1200 万只。开展地下水资源安全评价和污染防控技术研究，建立地下水水质和水量监控网络。推广应用“仁创生泰砂基透水砖和砂基雨水回收利用系统”，推动永定河绿色生态发展带建设。实施城乡结合部污水处理技术推广应用工程，建立 10 个不同类型的工程示范。推进生活垃圾处理关键技术在循环经济园区的应用研究与示范。开展机动车排放污染控制关键技术研究和应用示范。完成国内外首个舞台剧场 LED 灯具照明示范工程建设。

医疗卫生和健康方面，全面推进“首都十大危险疾病科技攻关与管理实施方案”，以肝炎、结核病、心血管和糖尿病、脑血管疾病等十大疾病为对象，覆盖健康教育、预防、诊断、治疗、康复等疾病防治各个环节，中西医并重，研究临床诊疗技术规范和标准，搭建疾病防控科技支撑体系，并在全市推广应用研究成果，降低医疗成本，提升临床诊疗规范化水平，提高市民对十大疾病防控的知晓率。

城市建设与管理方面，开展公交城市建设、特大城市新一代智能交通等关键技术的研发和应用。完善首都社会治安防控技术体系，加强科技创安工程建设。开展地下管线及地下空洞综合探测技术研究和应用示范，实现地下管线及空洞的实时监控和综合预警，为开展地下管线隐患排查整改提供科技支撑。开展超高层建筑消防综合救援指挥系统研究，研发专用设备，为高层建筑火灾救援提供有效手段。

(五)集成政府资源，营造有利于自主创新和成果转化的良好环境

充分发挥政府在规划引导、组织协调、政策集成、资金支持、平台搭建、示范应用等方面的公共服务职能，引导创新要素向企业聚集，推动企业成为创新主体，加快构建产学研用相结合的技术创新体系。

推动产业技术联盟加快发展。制定实施促进产业技术联盟加快发展的政策措施。支持联盟成员单位开展联合攻关，制定技术标准，共享知识产权，建立技术平台，联合培养人才，实现创新成果产业化。支持联盟承担国家和北京市的重大科技计划，带动联盟成员提高技术创新能力。推动联盟建立和完善技术成果扩散机制，向中小企业辐射和转移先进技术，带动中小企业产品和技术创新。

深化技术创新服务平台建设。突出资源整合与开放服务功能，力争科研仪器设备开放共享总量达到100亿元，5000家科技企业享受研发实验服务，服务收入达到5亿元。成立“北京生产力促进服务联盟”、“首都研发实验服务联盟”等一批服务联盟。深化实施“设计创新提升计划”，做强“中国创新设计红星奖”品牌，提升企业的设计创新能力，增强工业企业技术和产品的核心竞争力。

发挥创新型企业示范带动效应。依托企业联合院校共同建设一批国家级和市级重点实验室、国家工程技术研究中心和国际科技合作示范基地。以建设产业基地、发展产业集群为方向，支持领军企业做强做大。支持在战略性新兴产业领域形成一批具有国际影响力的骨干企业。

深化推进与中央单位的科技合作。创新服务方式，搭建合作平台，完善合作机制，做好服务中央部委、在京企业、高等院校和科研院所工作，全面落实北京市与中央单位的科技合作协议，共同确定“十二五”时期科技发展重点，共同开展科技研发攻关，共同筛选科技成果产业化项目，共同建设科技园区和产业基地，推动一批重大科技成果在北京转化和产业化。

完善科技成果产业化服务平台。建设好“中国技术交易所”和“北京国家技术交易中心”，加强重大项目和中央投资项目落地的对接服务，加速科技成果的推广应用。全年新认定高新技术企业2000余家，累计超过7500家。深化技术市场发展，2010年北京技术市场技术合同成交额达到1400亿元，同比增长近20%。

加大对科技成果产业化的投入力度。健全项目跟踪和筛选机制，建立促进重大科技成果在京转化和产业化的保障机制，统筹使用市相关部门的专项资金，自2010年至2014年，在5年内共安排不少于100亿元的资金，集中支持一批重大科技成果产业化项目。

加强科技创新人才队伍建设。依托国家和北京市人才培养计划、重大科技计划和创新基地建设，落实国家“千人计划”，深化实施“北京海外人才聚集工程”、“中关村高端领军人才聚集工程”和“科技北京百名领军人才培养工程”，以更好的创业条件吸引高层次人才，以事业的发展留住高层次人才，促进科技领军人才加快聚集，打造人才创新创业高地。

提升国际科技合作水平。加强与相关部委的沟通，争取一批国家级国际科技合作重大项目落户北京。拓展国际科技合作的渠道和网络体系，支持一批高水平、有品牌的国际合作交流平台和国际合作示范基地建设。推进与美国、英国、奥地利等国在节能环保、新能源汽车等低碳技术领域的国际科技合作。

进一步做好科学技术普及工作。办好北京科技周、全国科普日等科普品牌活动。以市级科普基地、创新型科普社区和社区服务科技应用示范区等为载体，加强科普能力建设。引导社会力量兴办科普，将科技创新成果转化为科普资源，面向社区、学校和农村开展科学传播。推进科技与旅游相结合，推出一批科技旅游基地，打造一批科技旅游品牌。

（六）转变政府职能，提高科技管理的科学化水平

按照市委、市政府的统一部署，深化作风建设，着力转变政府职能，改进管理方式、改善工作作风、完善组织模式，健全科学决策机制，提高公共服务能力和科技管理水平。

提高科技管理的效率和效能。深入开展“三效一创”绩效管理，全面推进重大任务实施运行系统、智力支持系统、服务管理系统、勤政廉洁保障系统等“四大系统”建设，推广廉洁奥运经验，加强科技经费使用监管，认真落实党风廉政建设责任制，扎实推进廉政风险防范管理工作，确保全市落实“科技北京”行动计划的重大活动、重点工程和重要工作公开透明、廉洁高效。

加强科技管理干部队伍建设。加强培训教育工作，强化科技管理干部队伍的大局意识、责任意识、服务意识、依法行政意识、廉洁自律意识，提高学习能力、调研能力、履职能力和合作能力，培养“勤于学习、勇于创新、善于合作、甘于奉献”的精神，努力造就一支作风正派、业务过硬、高效廉洁的科技管理干部队伍。

加强科技宣传工作。充分发挥新闻媒体的重要作用,统筹做好重大主题和活动宣传,充分展示"科技北京"建设的做法、经验、机制和成效,着力提高舆论引导能力,在全社会营造有利于自主创新的良好氛围。

市科委要努力转变政府职能,加强统筹协调,积极推进科技北京建设,为首都现代化和创新型国家建设作出更大的贡献! 在市委、市政府的坚强领导下,在科技部等国家部委的有力指导下,不断创新管理体制、运行机制和工作方式,以科技创新为驱动,真正把保持经济平稳较快发展和转变经济发展方式、调整经济结构有机统一起来,为加快建设世界城市、推动首都科学发展提供强大的动力,努力将北京建设成为我国创新发展的核心引领区和具有全球影响力的科技创新中心,为全面推进"人文北京、科技北京、绿色北京"建设,建设繁荣、文明、和谐、宜居的首善之区,作出更大的贡献!

北京市教育委员会 2009 年工作总结

发挥高校优势　服务科技创新

《中华人民共和国科技进步法》要求,学校及其他教育机构应当坚持理论联系实际,注重培养受教育者的独立思考能力、实践能力、创新能力,以及追求真理、崇尚创新、实事求是的科学精神。国家鼓励科学技术研究开发与高等教育、产业发展相结合。在建设创新型国家和创新型城市的战略任务中,集人才培养、科学研究、社会服务三大功能为一身的高校,负有义不容辞的神圣使命。在贯彻《中华人民共和国科技进步法》的相关要求中,现将北京高校科技工作基本情况和北京支持高校科技创新的主要举措汇报如下。

一、北京高校科技工作的基本情况

目前,北京共有普通高校 88 所,其中本科院校 64 所,专科院校 24 所;中央部委所属高校 36 所,市属高校 37 所,民办高校 15 所。截至 2009 年底,普通高校共有在校生 57.71 万人; 2009 年本专科招生录取 15.90 万人,高考升学率 89%;普通高校毕业生 15.23 万人,就业率 95%。北京已率先进入了高等教育普及化阶段,特别是在教育部和科技部的领导下,近年来北京高校的科技工作和研究生教育取得了长足的进步,主要表现在以下五个方面。

(一)人才培养和学科建设取得丰硕成果

截至 2009 年底,北京具有博士和硕士授予权的高校分别为 37 所、52 所,分别占全国高校的 15% 和 11%。进入"985 工程"和"211 工程"建设的高校分别为 8 所、26 所,各占全国高校的 21% 和 25%。共有 212 个学科被列为国家级重点学科,占全国高校的 23%。共获得全国优秀博士学位论文 5 篇,占全国高校的 33%。在校研究生为 16 万人,占全国高校的 15%,其中博士生为 4.1 万人,占全国高校的 20%。

（二）科技实力显著增强

截至2009年底，北京高校共有两院院士191人，占全国高校的32%；国家杰出青年基金获得者242人，占全国高校的25%；长江学者509人，占全国高校的33%；获得国家基础研究创新群体72个，占全国高校的31%；入选教育部创新团队36个，占全国高校的27%；有41个项目被教育部评为中国高校十大科技进展项目，占全国高校35%。2008年，北京高校共承担科研课题32909项，科技经费总量达112.5亿元，“十一五”期间各年科技经费增长速度保持在15%以上；共有10216篇论文被SCI检索，11925篇论文被EI检索，6977篇论文被ISTP检索；申请专利5641项；获得国家级奖励70项，占全国高校的25.6%。

（三）科技创新基地建设迅速发展

截至2009年底，北京高校有国家实验室3.5个，占全国高校的30%；国家重点实验室39个，占全国高校的28%；国家工程研究中心8个，占全国高校的21%；教育部重点实验室67个，占全国高校的17%；教育部工程研究中心50个，占全国高校的18%。此外，市教委还建设了71个北京市重点实验室，26个北京市工程研究中心。

（四）科技为国家与北京经济建设服务成果显著

北京高校的科技成果为服务北京经济建设和社会发展取得了显著成绩。北京理工大学的“数字模拟仿真”圆满完成了“2008北京奥运会开闭幕式大型广场文艺表演全景式智能仿真编排及管理系统”的研制开发工作，并将该技术应用于国庆60周年阅兵彩排，为北京市办好60周年国庆活动发挥了重大作用。中国科学院大气物理研究所的“大气物理学”自2008年初被遴选为北京市重点学科以来，强化为首都服务意识，参加北京2008年奥运开幕式天气预测与控制项目，并负责60周年国庆庆典天气预测与控制项目总体方案的设计和实施。中国人民大学的北京市哲学社会科学重点研究基地——奥运研究基地，在人文奥运行动计划、北京奥运会培训工作等方面给政府决策提供了大量的咨询服务。其决策咨询报告多次得到李长春、习近平、刘淇等中央和北京市领导的重要批示。中央美术学院建设的奥运中心文化产业基地，先后出色完成北京奥运会奖牌、北京残奥会奖牌、奥运会体育图标、北京残奥体育图标等设计，在国际上产生了强烈反响。北京交通大学奥运电动汽车项目的研究成果配合奥运零排放工程，成功应用在奥运会50辆纯电动大客车上，成为绿色奥运、科技奥运和人文奥运理念的集中体现，产生了良好的社会和经济效益。在2008年北京奥运会期间，清华大学20多个院系的百余位专家承担了涉及环境监测、建筑节能、场馆景观设计、场馆风险评估等百余项奥运课题，研究成果在北京奥运的多个环节得到应用。在四川发生特大地震后，首都师范大学迅速成立了“基于多元遥感数据的汶川特大地震灾害监测”项目组，结合重点区域地震以及次生或伴生灾害的风险评估技术，构建地震灾害地区的灾情评估模型，为国家减灾救灾工作提供决策支持，得到中央领导的充分肯定。北京高校孵化了北大方正、清华同方、清华紫光等一批高科技企业，成功转移了一批先导型产业项目。如清华阳光的“真空太阳能集热管”引领了我国新兴的太阳能热利用产业的形成；威视股份公司的“集装箱检测系统”使我国成为国际上能生产此种大型高科技装备的第三个国家，国际市场的占有率已超过60%。截至2008年底，北京地区高校共签订技术转让合同1204项，总金额9.23亿元，实际收入7.85亿元；专利出售192项，合同金额1.28亿元，实际收入0.41亿元；申请专利5641项，授权2779项，其中申请发明专利4831项，授权1655项。北京共有大学科技园24家，其中13家为国家级大学科技园，占全国的18.8%。

（五）哲学社会科学研究迈出新步伐

截至2009年底，北京高校拥有教育部人文社科重点研究基地46个，占全国高校的33%；北京市哲学社会科学研究基地31个。2008年，北京高校承担哲学社会科学课题16570项，出版专著5003部，发表论文31178篇。北京高校在哲学社会科学方面取得了很多突出成果，如北京大学发布了较大影响的《中国教育发展指数》;北京师范大学发布了《中国市场经济发展报告》,为我国争取欧盟承认中国市场经济地位发挥了重要作用;清华大学的《国情报告》已成为影响中央及有关部门决策的重要参考文献之一。在人类文明进程、人类精神遗产研究方面,北京高校出版了如北京大学的《中华文明史》、中国人民大学的《清史编年》、北京师范大学的《全元文》等一批具有重要价值的传世文献和学术精品。

二、北京支持高校科技创新的主要举措

高校是传播、扩散和创造知识的重要基地,是知识创新的主要动力和源泉。高校在国家创新体系建设中起着基础性、战略性的作用。高校应充分发挥其在人才培养知识创新、技术创新、区域创新、文化引领等多方面的重要作用,为国家创新体系的建设作出贡献。

北京高校的科技人才资源和综合条件位居全国前列,为贯彻《中华人民共和国科技进步法》,更加充分地发挥好北京高校的科技教育优势,更好地服务于国家和北京区域的经济社会发展,北京市制定并实施了《北京高校科学技术与研究生教育创新工程》。实施创新工程,是北京高校坚持内涵发展,促进科技创新,提升高层次人才培养质量,为建设创新型国家与创新型城市服务的重要举措。创新工程的实施紧密围绕"人文北京、科技北京、绿色北京"的建设目标,贯彻市委市政府建设"世界城市"的发展战略,整合高校科技与研究生教育资源,推进北京高校科学技术进步,服务首都经济建设和社会发展。主要涉及以下六方面内容。

(一)优化学科专业,搭建产学研支撑平台,培养原始创新人才

一是学科群建设,在重点学科建设的基础上,针对单个学科服务领域较窄,不能与国家和北京经济社会发展进行有效对接的问题,在北京高校中实施学科群建设项目。学科群的建设打破二级学科的界限,打破高校间的界限,以项目为引导,整合高校的资源,围绕国家和北京经济社会发展重点,培养高层次创新人才,开展科学研究,进行科技成果转化与产业化,架起北京高校为国家和北京服务的桥梁。重点建设了10个学科群。二是北京市重点学科的建设,为加强学科建设,在北京高校中形成结构和布局更加合理,特色和优势更加明显的重点学科体系,在北京高校中实施北京市重点学科建设项目。重点建设了347个北京市重点学科。三是交叉学科的建设,充分发挥北京高校多学科综合优势和特色,建立具有高度灵活性和适应性的交叉学科研究基地,促进学科间相互渗透和交叉,培养新的学科生长点,增强原始创新和集成能力,重点建设了29个交叉学科。

(二)研究生教育注重科学精神培养,搭建创新创业实践平台

一是建立产学研联合和国内外联合的研究生培养基地。推进研究生培育模式的改革,突破壁垒,打破束缚,改革培养模式,创新培养机制,支持北京高校与企业建立产学研联合培养研究生基地,为研究生创新创业提供实践平台,支持北京高校以联合培养方式选送研究生到国外学习,提高研究生的国际视野,推进研究生培养的国际化进程。重点建立了10个产学研联合基地和12个国内外联合研究生培养基地。二是开展北京市优秀博士学位论文评选工作。以评选优秀博士学位论文为契机,引导北京高校切实把研究生教育的工作重点放到提高质量上来,将质量作为研究生教育的行为准则和价值理念,在北京高校中逐渐形成注重质量、崇尚优秀、追求卓越、勇于创新的新气象。"十一五"期间,每年评选50篇左右的北京市优秀博士学位论文。三是实施"研究生创新创业计划"。坚持育人为本,德育为先,实施素质教育,支持北京高校开设研究生创业课程,支持研究生参加各种学术组织和学术活动,拓展学术视野,了解科学前沿,增强创新意识。重点建设研究生交流平台。

（三）科研专项加大重点项目支持力度，提升科技创新能力

一是实施科研计划项目。市教委科研计划项目，主要资助北京市属高校科学研究。“十一五”期间，每年资助600个左右的市教委科技计划项目与社科计划项目。二是支持中央在京高校研究紧密结合国家和北京经济建设和社会发展的项目，每年大概100项左右。

（四）科研基地建设集中投入，提升科研基地整体水平

一是北京市重点实验室建设。为构建北京高校重点实验室体系，加强基础研究，做出原创性科技成果，在北京高校中实施北京市重点实验室建设项目。2009年11月，市教委对68个北京市重点实验室三年建设进行了全面验收和总结，主要成绩体现在三个方面。首先，高校将“北京市重点实验室”纳入到学校整体建设规划中，从资金、场地、人员等各方面支持实验室的建设，加强实验室规范管理。其次，实验室建设与北京经济社会发展更加紧密结合，诸多科研成果为建设“人文北京、科技北京、绿色北京”提供技术支持。再者，实验室争取国家项目和获国家奖的数量大幅度增加，进一步提升了高校争取国家重大科研项目的能力，在提高自主创新能力上实现新突破。2010年，市教委计划新增10个北京市重点实验室。二是北京市高校工程研究中心建设。工程研究中心通过搭建科技成果工程化研究平台，进行知识创新与技术创新成果的转移和扩散。围绕国家及北京市颁发的《产业振兴行动计划》建设了26个北京市工程研究中心，主要涉及电子信息、节能环保、新材料、先进制造、生物医药等领域，在动力电池及化学能源材料、轨道交通CBTC系统、中药质量控制技术、传感器网络、激光先进制造、污染水体源控制与生态修复等方向上重点进行研究，各高校与北汽福田、北京建工集团、金隅集团、三元集团、同仁堂药业集团等北京市大型企业合作，为实现企业产业结构的优化升级提供技术服务，探索了高校科技与经济结合的新机制。三是北京市哲学社会科学重点研究基地建设。为繁荣和发展北京高校人文社会科学的研究，在北京高校中实施北京市哲学社会科学重点研究基地建设项目。“十一五”期间，重点建设了31个北京市哲学社会科学重点研究基地。

（五）引导高校科技成果转化与产业化，强化校企合作，服务中关村国家自主创新示范区的建设

一是北京市大学科技园建设。依托北京高校兴办大学科技园，是推动北京高校科技成果转化与产业化的有效途径。为拓展大学科技园的综合服务功能，培育中小企业的发展，加快建立以企业为主体、市场为导向、产学研相结合技术创新体系，引导和支持创新要素向企业集聚，促进科技成果向现实生产力转化，“十一五”期间，市教委继续支持了14家大学科技园的建设，并新增10家北京市大学科技园。二是北京市技术转移中心建设。为构建北京工业发展智力支撑平台，引导北京高校资源与企业需求的对接，促进北京高校科技和人才优势与北京市重点行业、重点企业的结合，推动传统产业改造提升和高新技术产业化的进程，加快企业自主创新能力的培育，在北京高校中实施北京市技术转移中心建设项目。“十一五”期间，重点建设了9个北京市技术转移中心。三是实施校企合作项目。中关村科技园区建设是北京区域创新体系建设的核心内容。按照国务院、市委、市政府关于做强中关村重要决策的要求，支持北京高校与中关村科技园区企业共建实验室、共建研究开发机构和共同承担科技项目。“十一五”期间，每年重点实施了20项左右的校企合作项目。在市政府领导下，和其他委办局沟通合作，市教委积极动员北京高校科技人员和专家教授进入基层，进入企业，帮助中小企业应对国际金融危机，推荐高校参与中关村国家自主创新示范区股权激励试点工作。支持大学科技园与中关村科技园区企业进行产学研合作，围绕行业需求开展联合攻关，为行业搭建智力支撑平台。支持高校与中关村科技园区企业合作，建立北京高校工程技术研究中心，为关键性和共性技术的突破作出贡献。将中关村科技园区作为北京高校高层次创新人才培养的重要基地，支持高校与中关村科技园区企业联合，推进产学研联合培养研究生。

（六）科学管理，增强财政投入实效，保障创新工程顺利实施

2007年以来，北京市对科研项目管理进行了一系列改革与完善，加强宏观管理，使财政投入的科技资金发挥更大的作用和效益。一是提出创新工程，突出重点，促进科学研究与经济的结合和科技资源的高效配置与综合集成。二是通过机制创新和制度建设来促进绩效的提高。市教委进一步建立和完善科研项目管理制度，先后印发了《北京市属高等学校科学研究项目管理办法》、《北京市与中央在京高校共建项目管理办法》、《关于进一步加强北京市与中央在京高校共建项目管理的若干意见》等规章制度。三是建立完善科研项目经费评审和绩效考评制度，加强科技经费的管理和监督。前期对科研经费进行经费评审，项目进行过程中定期对项目进度和科研经费使用进行督查，项目完成后对项目进行绩效考评和经费的审计监督等。

虽然北京高校近年来发展很快，也取得了较大的成绩，但也清醒地看到存在的困难和问题。北京高校科技的发展希望国家能够更多关注：

一是在国家的整体规划中统筹考虑高校、科研院所、企业的地位和作用，充分发挥好高校的独特优势；

二是充分利用北京的科教资源和区位优势，将更多的国家重大项目、重大创新基地、重要科技平台落户北京；

三是在区域创新体系建设中，注重调动中央高校和地方高校两个方面的积极性，发挥各自所长形成联合和互动，为区域的经济社会发展服务。

北京高校汇集了大量的创新资源要素，在国家创新体系的建设中具有不可替代的重要作用，有基础、有条件、有责任走在全国前列，为服务科技创新，为国家创新体系的建设作出更大的贡献！

2009年北京知识产权保护状况

北京市知识产权局

2009年是北京知识产权事业发展的关键一年。《北京市人民政府关于实施首都知识产权战略的意见》正式颁布实施，标志着北京知识产权事业进入科学发展的新阶段。在北京市委市政府的正确领导和国家有关部门的指导下，北京市知识产权保护工作紧紧围绕“人文北京、科技北京、绿色北京”建设的战略部署，深入贯彻落实科学发展观，全面实施国家和首都知识产权战略，不断将知识产权保护融入首都经济社会发展。

一年来，北京的知识产权数量显著增加，知识产权质量进一步提高，全社会知识产权意识普遍增强，知识产权保护的社会基础得以巩固。全年专利申请量为50236件，历史上首次超过5万件；注册商标总量累计达20.4万余件，中国驰名商标98件，北京市著名商标达377件；审定植物新品种50余件；著作权作品自愿登记303526件，引进版权合同登记8298件；专利技术交易合同登记项目达到974项，成交额达到118.13亿元。

知识产权拥有数量的积累为知识产权保护工作的深入开展奠定了基础，一年来保护工作成效显著。知识产权保护组织体系不断健全，首都知识产权战略扎实推进；知识产权保护统筹协调体系

日臻完善，工作部门整体合力充分发挥；知识产权保护政策法规体系科学构建，政策导向作用日趋强化；知识产权保护防御体系筑牢稳固，整体保护环境日益改善；知识产权保护宣传普及广泛深入，知识产权文化建设取得初步成果。首都知识产权保护工作呈现出全面协调可持续发展的良好局面。

一、建立健全知识产权保护组织体系，扎实推进首都知识产权战略

2009年4月，《北京市人民政府关于实施首都知识产权战略的意见》正式颁布，明确提出实施首都知识产权保护工程，为我市加强知识产权保护统筹协调提供了总的纲领。知识产权保护工程主要围绕"三个体系建设"，即明确了建立和完善适应首都社会经济发展特点的知识产权保护政策法规体系；构建和完善满足首都知识产权保护环境建设需要的行政执法统筹体系，提高执法能力；构建和完善首都知识产权保护的防御体系，注重规范经济活动的知识产权管理，明确管理环节中的知识产权责任等三个体系建设。实现"一个目标"，即努力做到面上不出现群发性侵权，点上不出现规模性侵权，侵权事件不断减少，净化首都的知识产权发展环境，维护首都的良好形象。

2009年北京市政府机构改革中，市知识产权局由市政府直属事业单位调整为市政府直属机构，增加了"组织协调本市知识产权保护工作"的重要职责，加大了知识产权保护的统筹协调力度，对于贯彻落实首都知识产权保护工程具有非常重要的作用。职能调整近一年来，市知识产权局重点在全市知识产权保护规划、计划的制定，工作机制的建立和完善以及部门间案件的转移衔接机制的建设等方面开展工作，统筹协调作用进一步发挥，全市知识产权综合保护能力不断增强。

在司法领域，经最高人民法院批准，在崇文区、宣武区、石景山区、昌平区法院新建了四个知识产权庭，使我市基层法院知识产权庭数量达到九个，知识产权审判力量得到显著增强。

二、不断完善知识产权保护统筹协调体系，发挥部门资源整体合力

为加强部门协作，增强工作合力，北京市从机制入手，不断完善知识产权保护统筹协调，进一步健全情况通报、执法协作、应急联动、议事会商、沟通对话和新闻发布等知识产权保护协调工作机制，促进了工作联动。一是对于重大、疑难、突发知识产权事件，按照职责明确、协调联动、反应快速、高效稳妥的原则，专题会商，形成共识，提高综合处理能力和效率；二是统筹协调各执法部门通过定期沟通、预约沟通和新闻发布等方式开展知识产权保护对外沟通工作，增进了解，保障公开，加强保护工作透明度；三是各执法部门共同推动行政执法、刑事司法的顺畅衔接与有效配合；四是发挥知识产权举报投诉维权援助平台的公共服务职能，根据实际需要提供必要的援助服务。

一年来，统筹协调工作有效运行。比如，市知识产权局联合各执法部门先后多次接待了美国、日本、韩国、越南等国政府机构、行业组织和企业的代表来访，向外宾全面介绍我市知识产权保护状况；举办了与在京外商投资企业的知识产权保护沟通对话会，妥善解决外资企业关心的知识产权保护问题；专题会商秀水街知识产权保护状况、日本漫画家藤岛康介著作权侵权投诉等案件，切实维护国内外知识产权权利人的合法利益。

三、科学构建知识产权保护政策法规体系，规制引导作用得以强化

2009年，北京市加强知识产权保护的政策引导作用，着力推动保护关口前移，保护工作重心呈现从事后处置向事前防范转化的新趋势。市知识产权局制定了《北京市大型商业零售经营单位知

识产权保护指导规范》及示范文本，与市工商局联合下发了《北京市展会知识产权保护示范合同》；市工商局拟定了《商标授权经营制度的意见》、《北京市工商局保护世界博览会标志专有权行动方案》、《无假冒商标示范商场检查办法》等指导规范；市版权局制定了《2009 年北京市推进企业使用正版软件工作方案》；北京海关制定了《北京海关保护知识产权工作方案》；市文化执法总队起草了《文化立法调研报告》，向市政府提出了《北京市文化市场集中行政处罚权办法》立项报告等。

在政策引领下，不断强化专业规范，拓展工作领域。市高级法院下发了《关于执行〈最高人民法院关于专利、商标等授权确权类知识产权行政案件审理分工的规定〉的意见》；市知识产权局制定《北京市知识产权维权援助管理办法》，《保护知识产权志愿者及市场信息员管理办法》等。

四、筑牢稳固知识产权保护防御体系，整体保护环境日益改善

2009 年，市知识产权各执法部门在深入开展知识产权执法专项行动的同时，着重正面示范、加强事前预防，采取了一系列有效措施。市知识产权局、市工商局、市版权局继续深化“无冒充专利示范单位”、“无假冒商标示范单位”、“正版产品销售示范单位”等示范工作，进一步加大对流通领域的监管力度。市知识产权局进驻、巡视重大展会，启用“北京市专利商品动态监控系统”，有效减少了侵权商品制售渠道。市工商局深化商标授权经营制度，拓宽授权经营制度适用范围，完善系统监管模式，引导有形市场健康发展。市版权局积极开展网络著作权侵权信息监控，启动重点版权企业护航工程。

过去一年，市知识产权各执法部门深入开展知识产权执法专项行动，加大保护力度，严查侵权违法行为。市知识产权局开展“天网”、“雷雨”执法专项行动；市工商局继续以有形市场为重点，严厉打击商标侵权行为，尤其是对侵犯国际知名品牌的行为，进一步加大监管力度，打假打源；北京海关组织开展针对海关邮递快件渠道的知识产权保护专项行动；市公安局开展了净化春节等重点时间段首都文化市场专项整治行动；市文化执法局开展了“迎国庆 60 周年净化首都文化市场环境专项行动”；市农委组织开展了“杂交玉米品种权执法专项行动”等。

五、深入开展知识产权保护宣传工作，知识产权文化建设取得初步成果

结合“3. 15”国际消费者权益日、“4. 26”世界知识产权日、“12. 4”全国法制宣传日等，组织开展了“面向千家专利试点示范企业系列宣讲活动”、“3. 15 商标保护宣传活动”、“2009 中国（北京）国际版权论坛”、“中国国际版权博览会”、首届“十佳版权维权律师”评选、“北京海关知识产权保护知识竞赛”、“北京海关重大案件新闻发布会”、“北京市品种知识产权保护论坛”等宣传活动，进一步提高了全社会保护知识产权的意识。

市知识产权局结合重点区域新建维权工作站开展宣传工作，并继续推动开展知识产权进中小学宣传普及活动。市工商局结合示范园区国家商标局代办处工作，强化园区企业知识产权意识。市版权局组织开展“保护版权，打击盗版”、“百城联动、千家网站”等宣传活动。城管执法部门开展走进工地、走进社区、走进商家、走进学校“四走进、四服务”活动，并组织开展了“拒绝盗版，从我做起”主题教育活动。市文化执法总队组织开展甜水园图书批发商户反盗版承诺签名仪式。市农业局组织了“北京市授权玉米品种展示观摩会”。北京海关公开销毁海关查扣的侵权商品。市高级法院举办了全市法院知识产权“精品案件”交流会，公布了年度“十大知识产权典型案例”，并首次通过互联网文字直播了一起典型专利侵权案件的开庭审理。

六、2009年知识产权行政执法和司法保护主要情况

专利管理部门共受理专利纠纷案件22件，包括原有受理案件在内共审结案件32件；共立案查处假冒专利案件14件，办结假冒专利案件17件。通过"北京市专利商品动态监控系统"检查标注专利标识商品4334种，发现并纠正不规范标注行为涉及商品231种。执法人员进驻、巡视由政府主办或者具有国际、国内重大影响的展会37个，解决展会中发生的知识产权侵权投诉100余件。

商标监管部门立案查处商标假冒侵权案件1641件，罚没款3318万余元；其中涉外假冒侵权商标案件772件，罚没款1496万余元。向公安机关移送案件16件，涉嫌犯罪人员48人。2009年全市已有356家有形市场实行了"商标授权经营制度"，建立商标档案37265个，实现"商标公示制度"的市场达106家，建立"电子授权台账"的市场达127家，共建立电子档案25113件。

文化执法部门共出动文化执法人员135745人次、执法车辆29629台次；检查各类文化经营单位61496家次；依法受理举报1705件，回复率94%；立案调查433件，办结315件，移交案件14件；没收违法所得8160元，罚款1079370元，停业整顿6家，取消经营资格2家，刑事拘留373人，行政拘留1169人；收缴非法出版物近120万册、非法音像制品50万余张。

城管执法机关组织专项督察26次，对122处重点点位进行了56次日常检查，共发现问题295件；累计出动执法力量167826人次，动用执法车辆5.1万余台次，查缴非法图书27009册，查缴非法音像制品95487张，查缴电脑软件1.6万余张，罚款13.8万余元。

公安机关查处非法侵权案件2057件，收缴各类非法出版物14万余张(册)，抓获违法犯罪嫌疑人2229人(其中刑事拘留534人，行政拘留1533人)。配合文化执法等行政部门执法600余人次，配合外地公安机关查证相关线索300余次。

北京海关共计查获侵权商品3558批次，查获侵权商品约19万余件，侵权货物案值约8806万元。在邮递渠道累计截获3502批次侵权商品，累计164204件侵权商品，价值约5349.8万元。在快件渠道累计截获12批次侵权商品，累计2868件侵权商品，价值约157.4万元。

检察机关共批捕案件381件436人，提起公诉291件395人。

全市法院知识产权庭共受理一审知识产权案件6262件，审结一审案件6115件；市高、中级法院知识产权庭还受理二审知识产权案件1448件，审结二审案件1424件。

市保护知识产权举报投诉服务中心接收举报、投诉、咨询等共2630件，其中，举报、投诉134件，咨询592件。发现有价值违法线索100余条。

2010年，我市知识产权保护工作要深入推进首都知识产权战略，细化落实知识产权保护工程，切实维护权利人的合法权益，营造良好的知识产权保护环境，服务首都经济社会可持续发展和世界城市建设。重点工作如下：

一是完善知识产权保护政策。要针对当前知识产权保护中的主要问题，完善有关政策法规，增强可操作性，加大保护调控力度。

二是建立高效的执法协调机制。进一步健全跨部门的联合执法机制，建立跨地区的案件移送、信息通报、配合调查等工作机制，实现执法协调机构、行政执法部门和公安、司法机关工作的有机衔接。

三是提高企业知识产权保护能力和水平。提供信息咨询服务，加强风险规避管理，在企业并购、技术交易等经济活动中强化知识产权审查机制建设。

四是充分发挥行业协会和知识产权服务组织的作用。支持知识产权服务组织依法拓展服务领域、提高服务水平。充实、规范首都保护知识产权志愿者队伍。

五是营造知识产权保护的良好环境。通过营造良好的知识产权法制环境、市场环境、文化环境,全方位提升公众的知识产权保护意识。

中关村科技园区管理委员会2009年工作总结

解放思想　抢抓机遇
加快建设中关村国家自主创新示范区

一、2009年中关村示范区发展建设情况

2009年,党中央、国务院和北京市委、市政府始终高度重视中关村在提升自主创新能力、建设创新型国家中的示范引领和辐射带动作用。刘淇同志、刘延东同志、万钢副主席多次到中关村调研并做出重要指示。万钢副主席主持召开了中关村示范区部际协调小组第一次会议。

科技部、国家发改委、财政部等部际协调小组成员单位结合自身职责,与北京市组成了部市联合工作组,采取多种措施,积极建设中关村示范区。北京市举全市之力建设中关村示范区,召开了全市动员大会,组成了郭金龙市长为组长的中关村示范区领导小组,市委常委赵凤桐同志兼任海淀区委书记和中关村管委会党组书记,还成立了落实有关先行先试政策的10个专项工作组。国务院有关部门和北京市已经出台了支持中关村示范区建设的政策文件30多项。

中关村的企业、高等院校、科研院所、社会组织和全市各部门、各区县认真贯彻国务院批复精神,落实建设"人文北京、科技北京、绿色北京"和世界城市的战略部署,积极应对国际金融危机,加快转变经济发展方式,推动中关村示范区建设取得了阶段性成果,中关村的自主创新能力不断提升,发展势头良好。

2009年,中关村企业实现总收入超过12995.1亿元,同比增长23.7%;实现增加值2182亿元,占全市地区生产总值的18.4%,比上年提高了1个百分点;专利授权6362件,同比增长47.8%;企业从业人员超过100万人。中关村的技术交易额达到全国的四分之一以上,其中60%以上输出到北京以外地区。

(一)深化体制机制创新,各项先行先试的改革取得显著进展

一是启动了股权激励试点,极大地调动了科技人员创新和成果转化的积极性。财政部、科技部制订了《中关村国家自主创新示范区企业股权和分红权激励实施办法》。目前已有263家单位参加试点,其中中央属单位113家,市属单位150家。

二是深化科技金融创新试点,中关村初步形成了"一个基础、六项机制、十条渠道"的投融资体系。"一个基础"是以企业信用体系建设为基础;"六项机制"包括信用激励、风险补偿、以股权投资为核心的投保贷联动、分阶段连续支持、银政企多方合作、市场选择聚焦重点等机制;"十条渠道"包括天使投资、创业投资、代办股份转让、境内外上市、并购重组、集合发债、担保贷款、信用贷款、小额贷款、信用保险和贸易融资。国务院批准了新的中关村股份报价转让试点制度,证监会、科技部

和北京市积极组织实施，在代办系统挂牌的中关村企业达到66家；支持中关村企业到境内外资本市场上市，2009年新增上市公司23家，融资额超过240亿元，创历史新高，上市公司总数达到135家，其中境内创业板上市公司19家，占全国五分之一左右；北京银行、中国银行、交通银行等设立了12家专营机构，为科技企业提供信用贷款、股权质押贷款、认股权贷款、知识产权质押贷款以及信用保险和贸易融资等创新产品，累计提供的融资额超过300亿元；设立了100亿元的北京股权投资发展基金，国家发改委支持中关村的股权投资机构进行备案，中关村的投资案例和投资金额占全国的三分之一左右，活跃的创业投资机构超过100家。

三是开展重大科技专项经费列支间接费用的试点，改进了科技经费的管理方式，促进了高校院所和企业吸引高素质人才、提高科研水平。财政部、科技部、发改委出台了《民口科技重大专项资金管理暂行办法》，北京市制订了中关村示范区重大科技专项资金管理和间接费用列支管理办法，选择了两批71家试点单位及其承担的101个国家及北京市科技重大项目开展试点工作。

四是支持中关村的新型产业组织和民营科技企业参与、承担国家重大科技项目，建立了产学研用结合的协同创新机制，着力培育和发展战略性新兴产业。中关村的产业技术联盟达到42家。长风软件、TD－SCDMA等9家联盟纳入科技部产业技术创新战略联盟试点。2009年，中关村企业承担的国家科技重大专项有128项。

五是研究制订支持创新创业的税收政策。财政部、国家税务总局和北京市组成了部市联合工作组，研究提出了支持中关村的创新创业的税收政策，目前已经国务院批准。

六是组织编制发展规划纲要。国家发改委牵头，组成了由14个部门、北京市、专业研究机构参加的发展规划纲要编制领导机构和工作机构，开展了9个重大课题的战略研究，起草了《中关村示范区发展规划纲要（2010—2020年）》，近期将报送国务院审批。

七是实施了工商管理改革政策试点，创造良好的市场秩序。工商总局在企业登记、商标战略、信用体系建设、市场管理等方面出台了43条试点政策，工商总局商标局专门设立了驻中关村办事处，这是全国第一个派驻的商标办事机构。北京市专门设立了中关村示范区工商分局。

八是深化政府采购自主创新产品的试点，拓展自主创新产品的应用空间。北京市制订了首台（套）重大技术装备试验和示范、首购、订购、资金审计监督等一批政策文件；51项中关村的自主创新产品入选首批国家自主创新产品目录，居全国之首；北京市组织认定了6批《北京市自主创新产品目录》和5批《北京市自主创新产品政府首购目录》，组织了5批政府采购中关村自主创新产品的签约大会，采购中关村自主创新产品47亿元。

九是在中关村聚集高端领军人才，建设世界一流水平的新型研究机构。有29名中关村人才入选中央“千人计划”，其中创业类人才27名，占全国总数的17.6%，位居全国第一。43名中关村人才被认定为北京首批海外高层次人才，占北京市总数的86%。中央组织部等单位组织14家中央企业在中关村集中建设“未来科技城”，其中神华集团的北京低碳清洁能源研究所已开工建设。北京市实施了中关村高端领军人才聚集工程，大力吸引高端领军创新创业人才和创业投资家，有57名个人或团队被认定为2009年中关村高端领军人才。

十是启动了中关村示范区的地方立法工作，进一步优化中关村创新创业的法治环境。完成了《中关村国家自主创新示范区条例》的起草工作，努力在企业设立、社会组织发展、产学研用协同创新、科技成果转化、投融资、政府行为规范等方面做出创新性的规定。

（二）加快促进科技成果转化，扶持企业做强做大，中关村的自主创新能力和整体发展水平持续提升

一是积极帮扶企业应对国际金融危机。落实市政府关于帮扶企业应对国际金融危机的66条措施，针对中关村企业的特点，组建帮扶的工作机构和机制，在资金支持、高新技术企业认定、支持

承接重大建设工程、开拓市场等17个方面制订专门的帮扶措施和工作任务，对重点企业采取“一对一”的帮扶方案。圆满完成了年度高新技术产业增加值增长18%的目标。

二是大力扶持创新型企业做强做大。继续推进由科技部、中科院和北京市共同领导的中关村百家创新型企业试点工作。试点企业总数达到305家，有56家企业完成了试点任务，被命名为首批创新型企业。试点企业的创新能力持续增强，市场竞争力大幅提升，有三分之一企业的收入同比增长超过50%。

三是着力推动重大科技成果研发和产业化。经国务院批准，北京市与科技部、国家知识产权局联合在中关村成立了中国技术交易所，成为首家国家级技术交易机构。国家标准委批准开展中关村标准创新试点工作。以中关村的企业为主体，研发了全球第一个甲型H1N1流感疫苗、国内单机功率最大海上风电机组、大容量锰酸锂动力电池等一批新的自主创新成果，LED显示屏、智能终端设备、信息安保系统等中关村的技术和产品在国庆60周年庆典中应用。重点推进了中科院龙芯芯片、中科院纳米绿色打印、纯电动车电池隔膜、清华大学抗肿瘤药物等一批重大科技成果在北京落户和产业化。

四是继续推进各类创新服务平台建设。民政部支持在中关村开展社会组织管理的改革试点。以高校院所的重点实验室为基础，中关村开放实验室挂牌的总数达到59家，通过检测、咨询、联合研发等方式为企业服务。中关村的国家级企业技术中心达到18家。企业信用体系建设不断深入，信用促进会会员已达3000家，累计使用信用报告近1万份。留学人员创业园达到29家，新型协会组织达到43家，创业服务体系向社会化、网络化和专业化发展的趋势明显。

五是专业园和产业基地建设取得新进展。按照产业功能区和行政区协调发展、集约利用资源、发展高端产业的原则，完善中关村“一区多园”的产业空间布局。充分调动和优化市区两级资源，成立了中关村发展集团，统筹重大科技成果转化和落户。核心区进一步聚集创新要素，加快业态调整和综合环境整治，率先开展了行政审批制度改革。以核心区为依托，启动建设北部研发服务和高新技术产业聚集区。统筹大兴区和北京经济技术开发区的行政资源，启动建设南部高技术制造业和战略性新兴产业聚集区。加快建设一批国家级产业基地、生态型园区和低碳经济示范区。

六是开展多层次交流，加大宣传力度。进一步深化与法国索菲亚、台湾新竹等世界知名科技园区的交流。举办了2009年中关村论坛，以“创新创业能力与企业家精神”为主题，引起了广泛关注。硅谷银行集团等国际知名投资机构积极在中关村拓展业务。围绕中关村新的战略定位和发展目标，大力宣传中关村的自主创新成果、创新型企业、机制体制创新试点等，累计播发各类报道近5000篇次。

总结一年来的工作，中关村示范区建设和发展所取得的成果，是党中央、国务院高度重视和亲切关怀的结果，是国务院各部门、市委市政府直接领导和大力支持的结果，是中关村示范区企业、高等院校、科研院所、中介组织以及各级政府部门、单位共同参与、埋头苦干的结果。在此，我们向参与和支持中关村示范区建设的各界人士表示衷心的感谢！

在肯定成绩的同时，我们也清醒地看到，建设中关村示范区的工作仍然面临着一些困难和问题。一是解放思想还不够，面对建设具有全球影响力的科技创新中心和世界城市的新目标和新形势，我们要进一步拓宽思路，勇于创新，在机制体制创新方面需要不断取得新突破；二是中关村的创新资源优势还需要进一步挖掘并转化为产业竞争优势，中关村的辐射带动作用还需要进一步强化；三是需要加快推进重大科技成果产业化和企业做强做大，特别是要进一步发挥政府的引导和推动作用。

二、2010 年建设中关村示范区的主要任务

2010 年是集中精力推动科学发展、加快转变经济发展方式的重要之年，是全面推动“人文北京、科技北京、绿色北京”和世界城市建设的重要之年，是全面完成“十一五”规划任务并谋划“十二五”时期发展的关键之年，也是中关村示范区建设的深入推进之年。当前的发展环境和形势，既有良好的机遇，也有重大的考验。我们要深刻分析后国际金融危机时期面临的国内外环境和中关村的内在条件，加深对加快转变经济发展方式的理解和认识，加强对“人文北京、科技北京、绿色北京”和世界城市发展战略的贯彻实施，提高培育自主创新能力、推动战略性新兴产业发展的能力。

面对新形势和新要求，2010 年中关村示范区建设的总体要求是：以科学发展观为统领，全面落实国务院关于建设中关村国家自主创新示范区的重大战略决策，进一步解放思想、抢抓机遇，以提高自主创新能力为中心，以加快转变经济发展方式为主线，加强统筹协调，加快建设步伐，深入开展体制机制改革创新，坚持高起点谋划和高标准建设，在战略性新兴产业领域，继续培养和聚集一批优秀创新人才特别是产业领军人才，研发和转化一批国际领先的科技成果，做强做大一批具有全球影响力的创新型企业，培育一批国际知名品牌，保持在自主创新和产业化方面的领头和先行地位。争取全年企业总收入在 2009 年基础上再增长 15% 以上。

要重点抓好以下任务：

（一）立足国家战略高度，制订、实施 4 项重大政策和文件

一是抓紧组织实施国务院批准的支持中关村示范区创新创业的税收政策。

二是国务院批准中关村示范区发展规划纲要后，研究制订创新能力、产业发展、科技金融、人才资源、创业服务等方面的专项规划和年度实施方案。争取将中关村示范区的建设纳入国家“十二五”发展规划纲要。

三是制定《中关村国家自主创新示范区条例》，研究起草有关的配套实施文件，完善示范区的法规体系。

四是编制“十二五”时期中关村示范区发展规划纲要，作为北京市的“十二五”重点专项规划。

（二）大力实施“中关村示范区行动计划”的 6 大工程

为加快转化重大科技成果、扶持企业做强作大和发展战略性新兴产业，从 2010 年到 2012 年，要制订“中关村示范区行动计划”，重点实施 6 大工程。

一是“十百千工程”。实行“一企一策”的支持方式，集成市场开拓、技术创新、人才激励、上市并购、知识产权等多方面的措施，探索形成支持企业快速做强做大的支持模式，培育一批具有全球影响力的千亿元规模企业、产业带动力大的百亿元规模企业和高成长的十亿元规模企业。

二是重大科技成果产业化工程。建立重大项目的发现和筛选、政府股权投资和股权激励、后续服务等机制，转化或引进一批具有国际领先水平、产业引领作用和规模化前景的成果，促进重大科技成果在中关村落地和产业化。加快中国技术交易所的建设和发展，力争年内带动北京技术市场合同成交额达到 1400 亿元。

三是关键技术示范工程，围绕城市应急、轨道交通、污水处理、社区医疗等首都城市管理和低碳经济发展中的关键问题，以应用为导向，以产学研用结合为手段，发挥政府的统筹、协调和示范作用，组织开展一批具有标志性和影响力的关键技术的应用和示范项目。

四是高端领军人才聚集工程。围绕重点发展的战略性新兴产业领域，制订有吸引力的政策措施，引进世界水平的科学家和研究团队到中关村开展重大创新研究，建设具有国际一流水平的新型研究机构；引进掌握前沿技术、有成功创业经历的高端人才到中关村创业；引进国际知名的天使投

资家和创业投资家，到中关村设立创业投资机构和开展投资业务。通过吸引和认定中关村高端领军人才，为中央“千人计划”和北京市“海聚工程”推荐人选，为建设具有全球影响力的科技创新中心提供人才支撑。力争通过引进一个高端领军人才团队，带回一批高科技专利，造就一批拥有自主知识产权的高端项目，带动一个战略性新兴产业的发展。

五是高端产业聚集工程。按照建设世界城市的总体要求，进一步完善中关村示范区“一区多园”的空间布局。统筹产业发展和空间布局，加强配套设施建设和生态环境保护，建立严格的项目准入标准和程序，按照布局集中、用地集约、产业集聚的原则，重点建设南北两个高技术产业聚集区，未来产业规模超过1万亿元。立足于北京市各区县的资源特色，引导高技术产业链和价值链细分环节的合理布局和辐射，建设若干定位明确、分工合理的专业化产业基地，形成一批百亿级的产业集群。

六是科技金融创新工程。扩大和完善中关村代办股份试点，并在此基础上争取在北京建设全国场外交易市场，聚集一大批天使投资人、股权投资机构和股权投资管理公司，进一步扩大科技企业担保规模和贷款规模，大力推动为科技企业服务的银行信贷专营机构和小额贷款机构发展，建立科技保险保障机制，制订针对“十百千工程”企业、高端领军人才创办企业、承接国家重大建设工程企业的综合融资支持方案，努力形成政府资金与社会资金、股权融资与债权融资、直接融资与间接融资有机结合的科技金融体系。争取上市公司总数达到160家左右，在境内创业板形成“中关村板块”。

（三）重点推进8项体制机制改革试点，不断完善创新创业环境

一是继续深入开展股权激励工作。加快推进中关村示范区高等院校、科研院所、企业的股权和分红权激励试点，探索科技成果类国有资产管理的新模式。

二是启动社会组织改革创新试点。在中关村示范区设立协会、自然科学类的研究会和民办非企业单位、公益性非公募基金会等社会组织，可以直接向市民政部门申请登记，不再需要业务主管部门，并可以吸收外地会员开展活动。

三是落实工商管理改革试点政策。研究制订债权出资、股权激励试点企业工商登记等实施办法，加快落实国家工商总局关于促进示范区建设的有关工商管理改革政策。同时，通过地方立法，推动开展企业筹建、简化验资手续等改革试点工作。

四是深化科技重大专项项目经费列支间接费用的试点。总结试点工作经验并扩大试点范围，加大试点力度，研究列支人员费用的试点办法，进一步提高财政投资科技项目的资金使用效率。

五是加大政府采购自主创新产品的力度。在政府投资类项目、国防建设等方面扩大对自主创新产品的采购和应用，今年市区政府采购中关村自主创新产品的金额争取超过40亿元，充分发挥政府采购对自主创新的促进作用。

六是支持新型产业组织参与国家重大科技项目。聚焦战略性新兴产业领域，明确产业联盟的法律地位，研究制订实施细则，建立对接和对话机制，探索新型产业组织参与国家重大科技项目的有效途径和机制。

七是深化知识产权促进工作。加快中关村国家知识产权制度示范园区建设。开展标准创新试点，支持企业、产业技术联盟等创制国家和国际技术标准。大力实施名牌战略，支持企业开展品牌培育和自律活动。

八是完善行政管理。总结核心区行政审批制度改革的做法和经验，向其他区县推广。设立专门的示范区统计机构，完善统计调查、统计分析工作体系，编制和发布反映中关村自主创新的指标体系。建立北京市与国家部门的联动机制，健全市政府有关部门之间的协同机制。按照全市“作风建设年”的部署，加强示范区政府部门的作风建设，提高政府服务的水平和效率。

建设中关村国家自主创新示范区是提升自主创新能力、建设创新型国家的重要部署，是我国调整产业结构、转变发展方式的重要举措，是发展创新文化、创新体制机制的一项重大改革。中关村示范区建设才刚刚起步，把中关村建成具有全球影响力的科技创新中心的任务，既光荣又艰巨。为此，我们要在新的一年里，进一步深入贯彻落实科学发展观，继续解放思想，坚定信心，抢抓机遇，狠抓作风建设，提高管理效率和效能，努力推动中关村示范区发展取得新成绩。

北京市科学技术协会2009年工作总结

发挥枢纽型社会组织作用，团结科技工作者服务人文北京、科技北京、绿色北京建设

2009年，在市委市政府的领导下，在中国科协的指导下，市科协切实巩固学习实践科学发展观活动成果，全面落实胡锦涛总书记在纪念中国科协成立50周年大会上的讲话精神，按照七届三次全委会议对全年工作的部署，团结和动员首都广大科技工作者，较好地完成了全年各项工作任务。

（一）充分发挥首都科技团体优势，为应对国际金融危机冲击、庆祝新中国成立60周年贡献力量

2009年，面对国际金融危机的严峻挑战，团体在常委会的领导下，把运用科技手段应对金融危机作为全年的首要任务，围绕保增长、扩内需、调结构开展了大量富有团体特色的工作，为推动首都经济又好又快发展发挥了积极作用。

深入开展危机应对主题的学术研讨和咨询论证活动，为依靠科技创新率先走向繁荣提供智力支持。第12届北京科技交流学术月围绕保增长、促发展主题，引导广大学术团体关注经济发展难点和自主创新的关键环节，“数字电视技术国际研讨会”等一批密切结合技术创新实践的学术交流活动，有力促进了新技术的研究和开发。两界联席会议高峰论坛以“保增长、调结构、促发展——首都高端产业发展”为主题，倪光南、杨开忠等知名院士、专家建言首都信息服务业、高端制造业发展，得到刘淇等市领导的充分肯定，为政府科学决策提供了借鉴。组织专家参与“科技北京行动计划”制定。联合市政协科技委举办“首都农业科技推广体系建设论坛”，着力提升农业技术推广实效，增强农业应对危机挑战的能力。

支持和服务企业自主创新，应对金融危机挑战。企业院士专家工作站在燕山石化公司等5家企业中成立，以院士为核心的创新团队为企业关键技术攻关、技术带头人培养以及转化科技成果注入了活力。首都创新论坛全年举办8期，累计受众达3000余人次，刘燕华、邬贺铨等高层专家、政府官员以及企业界精英、众多知名经济学家的精彩演讲，为增强企业创新能力提供了经验和重要指导。创新方法培训活动开展5期，2500人次参训，有效地传播了创新理念、创新思路和创新方法。广泛开展企业科技工作者“讲理想、比贡献”活动，参与人员15000人，提出合理化建议120余条，增收节支数千万元。“金桥工程”促进新技术成果转化，全年申报项目共计136项。

深入实施科技套餐配送工程，为“三农”发展提供科技支撑。全年扶植新建科技服务套餐示范点20个，实验、推广科技成果百余项。组织30多个涉农科技团体深入调研，收集农民科技需求400

多项，增强了农业科技服务的准确性、及时性。实施农民素质提升计划，由专家对农业生产全过程给予技术指导，直接培养乡土人才1100多名，辐射带动3万多农户增收致富。

2009年是新中国成立60周年，科协团体广泛动员，精心组织，开展了一系列科技特色鲜明、公众参与度高的庆祝活动，充分体现了团体心系大局、拼搏向上的良好风貌，为营造首都和谐稳定的社会氛围发挥了重要作用。编辑出版《北京科技社团与首都科学发展》、《中国十大科技传播人物画传》，记录团体发展历程，为祖国生日献礼。西单科普画廊升级改造后在国庆前夕向公众开放，集中展示了西单60年的变迁，浓缩体现了首都60年来改革发展的成就。百万家庭数字生活技能大赛、北京科普之夏等活动将喜迎国庆和展示科学魅力、营造和谐氛围紧密结合起来，公众参与踊跃。科学应对甲型H1N1流感，支持学会策划出版《甲型H1N1流感中医药防治》，获新中国成立60周年中医药科普著作特别奖。

（二）汇聚首都科技资源，全力筹建北京科学中心、蝌蚪五线谱网站

建设北京科学中心、蝌蚪五线谱网站是市委交由市科协承担的全市性科普任务，对于团体更好地发挥科普工作主要社会力量的作用具有基础性意义。市科协充分依靠常委、专家，面向公众、以公众为本、开放共享，力求在策划运行的各个环节体现首都特色、达到国际先进水准。

北京科学中心坚持“自主创新”与“对外开放”相结合的筹建技术路线，突出低碳概念，在马国馨副主席的举荐、支持下，北京市建筑设计研究院已初步完成规划、建筑改建方案。围绕前沿科技的定位，以展陈设计为核心，市科协经反复论证、征询意见建议，确定以“我·在·未来”为建设理念，以“小主题、大内容”为设计原则，以“生命、生活、生存”为主题脉络，以高新科技为手段，以参与探索体验为方式，融合生命与健康、能源与环境、信息与通讯等8大领域的内容，突出低碳技术，形成有机的展陈整体。

按照“一个平台、三件精品、五问北京”的内容规划，遵循网络科普特点，蝌蚪五线谱网站整体架构已初步搭建完成。优质的网络科普产品是科普网站实现设计功能、发挥社会效益的根本，经前期磋商，已与中科院、北京交通大学、首都博物馆等20余家单位达成资源合作意向，并面向社会征集了300多项科普资源，完成了精品栏目小样的前期研发、制作。根据信息化项目立项流程及政府采购法的要求，待立项批复后，网站将进入全面开发建设阶段。

（三）履行枢纽型社会组织职责，积极探索推进科技类社会团体持续健康发展

加强对科技社团的服务、引导和管理。编制《科技类社会团体组织管理工作手册》，规范组织运行。进一步完善学会评估指标体系，开展量化评估，帮助学会完善治理结构、提高服务品质。召开企业科协工作会，全面总结、科学部署，加强对基层组织建设的指导，促进组织发展和发挥作用。年内新成立科技团体6个，在中科院（京区）、中关村昌平园等成立基层组织5个，为有效利用中央在京科技资源打好了组织基础。科协“会员日”（12月15日）团体积极性高，策划开展重点活动20余项，团体凝聚力进一步增强。

支持和指导学会承担社会职能，参与社会管理体制创新。广泛调查摸底，明确所属科技社团承担社会公共服务职能的主要领域和完成情况。积极争取政策、编制、经费等方面支持，推动以“购买服务”方式，优先鼓励在专业技术职称评定与管理、项目评审和科技成果鉴定、规划与决策咨询论证、科普社会服务等领域符合条件的科技社团承担相应职能。

积极为科技工作者服务，维护权益、反映诉求，团体的群体利益代表性不断增强。强化对现有19个科技工作者状况调查站点的考核管理，较好地完成了科技工作者心理卫生状况调查工作。积极参政议政，组织提交并督促办结3项市政协科协界团体提案。承办2项市政协提案和1项市人大代表建议，代表科技人员群体，对整合利用全市科普资源、加强科普设施建设提出思路和办法。聘请赵小鲁律师务所担任团体法律顾问，在维护群体权益方面迈出关键一步。深入开展“迎国庆

讲文明 树新风”系列活动，科协系统10个单位、20名个人受到首都文明委表彰。在《光明日报》、《北京日报》等媒体开设专栏，大力宣传50余位优秀科技人物，展示了科技工作者孜孜探索、无私奉献的精神境界和群体形象。

按照全市关于社会领域党建试点工作的总体部署，依托较为健全的组织网络体系，市科协先行一步，提出科技社团党建工作的6种模式。在全面调查了解所属社会团体党员、支部建设现状的基础上，取得学会理事长、秘书长的理解与支持，为部分学会率先开展党建试点工作打下了基础。

（四）围绕首都经济社会发展大局，广泛开展学术交流和咨询服务活动

学术交流日益繁荣，学会的学术能力持续增强。全年立项资助学术交流412项，重点支持了6项学科联盟层面及13项大型国际学术交流活动。学术月期间，97项重点学术交流集中举行，针对能源资源、生态环保、农业与现代工业等经济社会发展的关键领域，广大科技工作者踊跃交流研讨。学会策划组织学术交流的能力显著提升，全年累计开展不同层次的学术交流近千项，体现出了选题前沿、密切结合生产生活实际以及综合性、跨领域等多种特点。

决策咨询活动关注社会、关注民生，实效性进一步增强。第34次科技专家季谈会围绕食品安全议题，中日相关领域院士、专家集中研讨，刘淇、郭金龙等市领导高度重视，有力地促进了全市食品安全体系建设。京津冀三地科协、社科联联合举办“区域协调发展研讨会”，首次以学术共同体方式为区域发展出谋划策。初步完成专家建议库建设工作，全年整理报送专家建议150余项，大多数交转政府部门作为决策参考，9项建议被市领导批示。

贯彻执行科技部等十部委《关于加强我国科研诚信建设的意见》和中国科协《学会道德规范（试行）》，推动科技类团体加强学术道德自律，维护科学尊严。

（五）全面推进公众科学素质建设工作，科普服务能力和实效进一步增强

搭平台、订规划，科普资源共建共享工作成效逐步显现。完成“科普资源开发与共享五年规划”，网上科普超市集成各类资源近2000项。资助创作出版《全民科学素质系列读本》等11项优秀科普图书和音像制品并通过多种媒介延伸推广，征集科普动漫作品2000余项并通过网络、媒体发挥效益。引进、开发青少年科普展教资源100余项，配送社区、学校。西单科普画廊升级扩容为占地500余平方米的多媒体展厅，户外科普园地、社区主题科普工作室纷纷建成使用，科普设施建设方兴未艾。诺贝尔奖获得者北京论坛主题展成功举办，诺奖得主走进首都科学讲堂。1831流动科技馆赴西藏、香港巡展，社会影响不断提升。

协调推动市各相关部门实施《北京市全民科学素质建设工作方案》，指导区县科协落实“纲要”任务。联合市财政局实施“科普惠农兴村”计划和“社区科普益民”计划，分别投入789万元、1300万元，着力增强基层科普能力。认真检查验收计划实施情况，确保财政投入资金切实发挥效益。联合市人力资源和社会保障局开办“北京市公务员科学素质大讲堂”，12000余名公务员现场听讲，北京继续教育网开通公务员科学素质在线培训，2.8万人学习课件，成功举办了全市公务员科学素质知识竞赛，科学素质教育列入公务员公共知识培训长期规划。配合反邪教工作，编创反邪教科普丛书，崇尚科学，抵御邪教。组织开展明天小小科学家、科技馆进校园等活动，促进了青少年爱科学、学科学、用科学。大学生科普志愿服务走进社区、农村和学校，为公众提供了新颖、活泼的科普服务。组队参加全国公众科学素质电视大赛并获得冠军。

精心策划组织大型活动，科普社会化水平不断提升。全国科普日活动期间，18个区县开展基层科普活动193项。第15届北京科技周，社会各界广泛参与，举办大型标志性活动6项，重点活动46项，基层活动近3千项，5万余人参观主会场活动。第29届北京青少年科技创新大赛成功举办，选拔出的项目在全国比赛中获奖情况名列第一。高质量完成第26届全国青少年信息学奥赛承办工作，来自全国31个省市的500名中学生和指导教师参加了活动。

（六）全面实施科技人才计划，大力发现、培养、举荐优秀科技人才

促进青年科技人才成长和发挥作用。全年立项资助青年学术活动66项、青年学者出版学术专著11部、10位优秀青年科学家赴境外参加国际学术交流。北京青年优秀科技论文评选活动征集论文2100余篇，500余名青年学者竞相参与学术演讲比赛，部分获奖者走进牛栏山一中演讲，推动了学术成果的普及。总结北京优秀青年工程师评选活动20年的经验，表彰、鼓励更多青年科技人员投身生产一线。茅以升北京青年科技奖评出获奖者15名。举荐12名优秀青年学者参评中国青年科技奖，其中2人已入围公示。

实施青少年科技后备人才早期培养计划，发挥青少年科学俱乐部作用，1万余名青少年参与名家讲座、野外科学考察等各类培养活动。全年230名中学生走进114个国家级、市级科学实验室，王绶琯、陈佳洱等130余位院士、专家指导青少年科研探索、科学实践活动。科技创新市长奖及提名奖分别奖励5名极富探索精神的优秀中学生，促进了科技后备人才的发现和培养。

深入实施海外智力为首都建设服务计划，全年接待海智人员155人次，组织海智活动40余次。结合全市"海外人才聚集工程"的实施，市科协海智工作基地和海智网服务平台积极发挥作用，促进80余项海智科技项目交流对接，为海外科技智力资源进一步聚集北京发挥了积极作用。

牵头办结市政协主席会议关于发挥离退休专业技术人员作用的建议案，代拟《关于发挥离退休专业技术人员作用的意见》。依托老科技工作者总会，全年举办科普报告会近300场，组织撰写科普文章90余篇，资助离退休科技人才项目20项，促进了离退休科技人员老有所学、老有所为。

（七）积极巩固拓展民间对外科技交流成果，不断提升团体对外开放水平

严格规范因公出国（境）管理工作，全年接待13个国（境）外科技团体，派出团组17个，签署合作协议4项。与意大利科学城合作举办北京—坎帕尼亚科技经贸周活动，90余家机构、企业参加，开展对接洽谈30余场，签订合作备忘录5项。促进对外科技交流服务经济发展，为青海省引进瑞典太阳能提水灌溉改造天然草场项目牵线搭桥。

大力开展国际及双边学术交流，"第四届北京实验动物科学国际论坛"、"新电子节能技术国际研讨会"等众多国际化学术平台，吸引了大批外籍专家学者来京交流，极大地活跃了首都学术交流氛围，促进了相关学科的发展。京台青年科学家论坛、京港数字娱乐产业界交流等活动成功举办，巩固了科协与港澳台科技团体的往来关系。

青少年科技教育工作国际化程度日益加深。引进美国"玩具中的科学"互动展览，深受青少年欢迎和喜爱。科技创新大赛中，国（境）外代表占参赛选手的1/3以上，中外青少年的互通了解持续增强。组团参加英特尔国际科学与工程大奖赛、欧盟青少年科学竞赛等国际竞赛和交流活动，青少年的科学视野进一步拓宽。

2009年，按照市委关于开展作风建设年工作的部署和要求，市科协机关结合深入学习实践科学发展观活动，针对前期调研、分析中发现的科技工作者之家建设力度不够、主要业务工作影响力较低等问题，认真整改，着力办实事、解决实际问题，以良好的工作作风推动了事业发展。面对新形势、新任务的需要，在反复研究讨论的基础上，市科协科学合理地调整了机关及事业单位的职责分工，进一步健全机制、理顺关系、密切合作，并按照岗位需求，合理配置干部，加强后备干部队伍建设，充分调动和激发了干部职工的工作积极性，增强了团体运行的效率。

大事记

Chronicle

2009年北京市科学技术大事记

一 月

7日　由市科委和市农委共同主办的“科技促进北京新农村建设展览”在北京展览馆举行，其内容涉及北京市新农村建设，展示了科技促进农业生产、改善农村环境、造就新型农民的思路、举措和成果。市委常委牛有成为展览会揭幕。

是日　“长风联盟SOA套件发布与应用大会”举行。长风开放标准平台软件联盟发布了神州数码、清华同方等企业集成创新成果——“长风联盟SOA套件”和《长风联盟SOA应用指南》。

9日　“2008年度国家科学技术奖励大会”在人民大会堂举行。中国工程院院士、北京天坛医院王忠诚，中国科学院院士、北京大学化学学院徐光宪获国家最高科学技术奖。

13日　“第五届北京青少年科技博览会”在中华世纪坛举行，重点展示了全市70余件高校及中小学生科技作品。

16日　“北京协同创新服务联盟2008年度年会”召开。来自100余家联盟成员、相关企业、科研院所和高校的150余名代表参加了会议。

19日　市科委授予大兴区清源街道兴华园社区、丰台区南墙缝社区、西城区月坛街道三里河一区、平谷区北寨村等21个社区（行政村或街道）为首批创新型科普社区。

二 月

21日　市委书记刘淇参观了中国生物技术外包服务联盟（ABO联盟）的创新能力展，听取了ABO联盟及北京诺赛基因组研究中心有限公司、京天成（北京）生物技术有限公司、北京微谷生物医药有限公司等9家成员代表的汇报。市委副书记王安顺和市领导吕锡文、李士祥、赵凤桐、苟仲文等陪同调研。

26日　由北京发明协会主办的以“创新引领未来”为主题的“‘aigo爱国者杯’第三届北京发明创新大赛颁奖典礼”举行。

是日　首家果蔬食用菌深加工项目奠基仪式在北京凯达恒业农业技术开发有限公司豆类产业园举行。

27日　市科委召开“深入学习实践科学发展观活动总结大会”。

三 月

6日　北京市科技资源招商重大项目“北京修正医药科技产业基地”正式在昌平区宏福创业园奠基开工。

25日　市科委重大项目“血凝酶类药物临床研究”课题取得重大进展，一类新药“苏灵”上市。

26 日　市科委召开“2009 年北京市科普工作通报会”。

30 日　长风开放标准平台软件联盟《长风联盟软件服务运营推进战略白皮书》在京正式发布，提出软件服务运营推进战略。

四　月

1 日　由市人事局组织的“2009 年度北京市高级人才奖励管理工作联席会议”举行。

22 日　市科委召开“市属科研院所改革与发展经验交流会”。

25 日　市轨道交通建设指挥部科技进步领导小组成立，以统领全市轨道建设科技创新和科技成果应用推广。市科委副主任朱世龙作为科技进步领导小组成员出席新一届专家委员会成立大会暨第一次全体会议。

28 日　由市科委主办的“第二届生物技术与农业峰会”召开。

30 日　中国生物技术外包服务联盟举行合作开发治疗 EV71 高效价特免球蛋白签约仪式，并与中国疾病预防控制中心病毒病预防控制所、成都蓉生药业有限公司签订战略合作框架协议。

五　月

5 日　由市委宣传部、市中国特色社会主义理论体系研究中心、市社会科学界联合会、市科委、市科协共同主办的“科技北京”论坛举行。

11 日　“2009 年北京市科普工作联席会议”召开。市委常委赵凤桐出席了会议并讲话。

是日　市重大科技项目“液压混合驱动技术的研究”的研发成果——装有再生能量装置的一汽底盘和京华客车整车均列入国家新能源汽车生产公告。

12 日　市科委启动“北京重大疾病临床数据和样本资源库建设”项目，开展“十类重大疾病防治研究”，搭建面向首都医疗卫生科技工作的支撑性科技条件平台，形成“一个平台、十个样本库”。

14 日　市科委、市经济技术开发区管委会共同在博大大厦召开“科技人员进企业‘十百千’行动——亦庄行”活动启动仪式。市科委针对企业在工业设计提升等十个方面的需求，组织 10 个“科技人员进企业”服务小分队，组织 300 家以上的科研院所、高校和科技服务机构，动员 2000 人以上的专家和科技人员，深入企业开展服务。

是日　由市总工会、市科委、市人社局共同主办的“第三届北京市职工数控技能大赛”启动。

18 日　由市科委与奥地利财政部欧洲一体化与经济发展署共同主办的“中国—奥地利节能环保合作研讨会”举行。会上，市科委与奥地利财政部欧洲一体化与经济发展署签署了《北京市科委—欧洲一体化与经济发展署关于节能环保合作的谅解备忘录》，确定了双方开展合作的意向领域。

是日　由北京创投协会和北京协同创新服务联盟共同主办的、以“倾听资本声音 · 引领产业崛起”为主题的“2009 中国医疗器械投资发展论坛”举行。

22 日　市发改委、市科委、市经信委、市财政局、市卫生局、中关村管委会共同召开“中关村医疗器械及诊断试剂自主创新产品推介会”。

26 日　副市长苟仲文听取北京生物技术和新医药产业促进中心的工作汇报，并对该中心的发展提出要求。

27—31 日　以“增强自主创新能力，加快发展方式转变”为主题的“第十二届中国北京国际科技产业博览会”举行。北京市科技合作项目协议金额112.8亿元、12个项目落户北京。

六　月

1日　ABO联盟与中国疾病预防控制中心合作研制的甲型H1N1流感检测试剂取得成功，首批荧光PCR核酸检测试剂盒产品正式装备中国CDC 214家流感监测实验室。

3日　市科委与12家高校院所及大型企业联合共建首都科技条件平台研发实验服务基地，并向社会发布《首都科技条件平台科技资源开放服务目录》。

4日　由中国生物技术集团公司、中国药品生物制品检定所、中国疾病预防控制中心病毒所等22家流感疫苗生产和研发单位发起的“流感疫苗技术创新战略联盟”在北京成立。联盟对甲型H1N1疫苗生产质量作出承诺。

5日　副市长苟仲文到市农林科学院蔬菜中心四季青展示园调研，考察了新品种展示园内展示的露地和设施大棚栽培的100多个名特优新蔬菜品种。

是日　市科委组织乐普（北京）医疗器械股份有限公司等8家机构，共同倡议发起成立“北京医疗器械产业创新联盟”，全方位推动北京医疗器械产业发展。

9日　北京青年创业园石景山园正式揭牌成立，成为全市首家以文化创意为特色的市级青年创业园。

11—13日　由工信部、国家发改委、科技部、国家外国专家局、北京市政府等单位主办的“第十三届中国国际软件博览会”在北京展览馆举行。以“科技北京 引领发展”为主题的北京馆全面展示了“北京——中国软件之都”的科技实力。

17日　“北京数控装备创新联盟2008年度总结暨换届大会”召开。联盟吸纳了清华大学精密仪器与机械学系、市电加工研究所等9家单位入盟。

18日　以“携手应对危机，合作共赢未来”为主题，“首都钢铁服务产业联盟成立暨重大工程技术服务项目签约仪式”举行。市委常委赵凤桐、副市长苟仲文出席签约仪式。

20日　由市科委与北京新能源汽车产业联盟主办的“北京新能源汽车签约及交车仪式”在北京新能源汽车制造设计基地举行。台湾成云汽车公司和福田汽车股份有限公司正式签订采购75台欧Ⅴ混合动力新能源客车的购买意向合同，北京生产的新能源客车将首次销往台湾地区。

29日　“新型疫苗国家工程研究中心在北京经济技术开发区奠基。该中心针对“病毒性疫苗（灭活）”、“病毒性疫苗（减毒）”、“细菌性疫苗”、“昆虫细胞”、“基因工程酵母”建立五大拥有多项国际先进技术和工艺的中试平台。副市长苟仲文出席奠基仪式。

七　月

9日　中关村国家自主创新示范区首批股权激励试点单位试点方案启动实施。首批6家单位接牌参加试点，分别采用科技成果入股、科技成果收益分成、分红权激励等方式对核心研发团队和管理人员进行激励。

13日　由市科委组织农村领域的骨干企业、科研院所、高等院校、相关政府部门以及服务机构等100余家单位组成的“首都新农村建设科技创新服务联盟”正式成立。市委常委牛有成、赵凤桐为联盟揭牌，副市长夏占义讲话。北京新发地农副产品批发市场中心与北京普析通用仪器设备有限公司、京粮集团与市农林科学院、北京绿富隆农业股份有限公司、北京蟹岛集团、机械科学研究总院先进制造技术研究中心等举行了服务签约。

16日　由中国科技馆、北京自然博物馆等10家单位发起的“北京科普基地联盟”正式成立。当日举行了北京科普基地联盟第一届理事会第一次会议，推选出本届理事会理事长单位及理事长，建立了联盟活动策划专业委员会、传媒专业委员会、产品研发专业委员会3个专委会和联盟秘书处。

22日　由机械科学研究总院、北京工业大学和北京信息科技大学联合北汽福田汽车股份有限公司组建的“汽车与装备轻量化技术研发基地”揭牌，并正式启动了研发基地的建设工作。机械科学研究总院和北汽福田汽车股份有限公司签订了战略合作协议。

28日　“北京新药创制产学研联盟”揭牌启动仪式举行。市委副秘书长李福祥、市政协副主席马大龙等领导出席。北京大学与联盟企业分别签署了《新药中试平台共建协议》、《成果转化合作协议》及《人才培训基地共建协议》，北京大学还与北大维信公司、北京世桥公司分别签署了3个品种的合作开发协议和5个品种的合作意向书。

八　月

13日　“中国技术交易所揭牌仪式”在清华科技园举行。中共中央政治局委员、北京市委书记刘淇，全国政协副主席、科技部部长万钢，市委副书记、市长郭金龙等领导出席揭牌仪式。中国技术交易所是首家全国性技术交易机构。

是日　“非晶产业创新示范基地揭牌暨重大科技计划项目启动仪式”举行，市委常委赵凤桐、副市长苟仲文出席仪式。9家单位分别就非晶配电变压器、非晶电机的开发签署了一系列战略合作协议。同时，市科委与相关单位签署“非晶带材应用技术开发与产业化”科技计划项目委托书。

17日　由北京科兴生物制品有限公司生产的甲型H1N1流感疫苗临床试验揭盲会举行。临床试验结果显示疫苗对人体安全有效。这是全球首个完成初步评价的甲流疫苗临床试验。

九　月

11日　北京天坛生物制品股份有限公司的甲型H1N1流感疫苗获得新药证书及药品注册批件。

12日　“北京非晶科技产业园签约暨揭牌仪式”在顺义区举行。仪式上，市科委主任闫傲霜与顺义区区长刘剑签署委区共建“北京非晶科技产业园”战略合作协议。市委常委赵凤桐出席仪式并讲话。

16日　市科委、市知识产权局、中关村管委会、市科协、市科研院、市农林科学院联合举办“欢歌迎国庆，创新铸辉煌”首都科技界大型红歌演唱活动，来自科技管理部门，中央在京研究院所、高校，北京市科研院所、高校和高新技术企业347家单位的2500人参加了演唱活动。

17日　市科委实施的“北京新发地农产品安全科技示范工程”项目正式启动。其中，新发地国际绿色物流区将通过引进京郊“十区百社”（京郊10个区县和100家农民专业合作社）的有机、绿色认证农产品，配合现代化的检测技术和信息追溯手段，着力打造京郊高品质农产品的集中展示交易窗口。

是日　市重点投资项目之一“健赞北京研发及实验室生产基地”项目奠基典礼在昌平区中关村生命科学园举行。市委常委赵凤桐、副市长程红等领导出席了奠基典礼。

18日　市科委召开“我与新中国60年”离退休干部座谈会。市科委主任闫傲霜、党组书记杨伟光等领导与到会的40多位老同志互致问候，一起畅谈、回顾新中国60年来取得的伟大成就。

22日 市科委启动的绿色通道项目“西长安街重点区域国庆综合保障科技示范研究”的部分成果“北京西单客流预警系统”正式启用。

27日 由中国疾病预防控制中心与中国生物技术创新服务联盟联合开发的甲型H1N1流感病毒核酸检测试剂盒正式获得国家食品药品监督管理局颁发的批准文号——国食药监械(准)字2009第3400712号，成为我国首批获准的甲型流感诊断试剂盒。

十月

13日 市科委和中关村管委会共同举行“推动中关村国家自主创新示范区建设——重大科技成果产业化”签约仪式。中科院化学所绿色制版技术、清华大学“聚乙二醇重组人血管内皮抑制素”、北京大学抗肿瘤药物及疫苗、龙芯CPU芯片、清华大学脑起搏器、威讯紫晶“无线传感网”等6项重大科技成果落户北京。市委常委赵凤桐、副市长苟仲文、中科院副院长白春礼、中国工程院院士王忠诚等出席签约仪式。

19日 “北京材料分析测试服务联盟厦门服务基地揭牌仪式”在厦门国际会议展览中心举行。基地作为测试联盟在厦门以及周边地区开展检测认证服务的平台。

29日 由市科委、中关村管委会和香港贸易发展局共同主办的“第十三届北京香港经济合作研讨洽谈会”主题论坛举行。论坛主题为“科技振兴经济，创新促进发展”，京港两地有关领导及资本界、产业界、科技界等社会各界人士近700人出席。

30日 科技部对市科委申报的3个农业工程中心给予批复。市农林科学院为国家农业智能装备工程技术研究中心，北京德青源农业科技股份有限公司为国家蛋品工程技术研究中心，中国皮革和制鞋工业研究院为国家皮革及制品工程技术研究中心。

十一月

5日 由市科委、市经信委、市发改委、房山区政府、燕山石化公司共同举办的“北京石化新材料科技产业基地揭牌仪式及基地发展论坛暨项目推介会”在燕山区举行。市政协主席阳安江、副市长苟仲文及中石化总裁王天普为基地揭牌。

是日 市经信委、市发改委和市科委联合论证批准设立的“北京工程机械产业基地”在昌平区揭牌。副市长苟仲文出席揭牌仪式。

14日 由市科委和大兴区政府共建的“北京新能源汽车科技产业园、北京汽车新能源汽车有限公司揭牌仪式”在北京采育经济技术开发区举行。中共中央政治局委员、北京市委书记刘淇，全国政协副主席、科技部部长万钢，市委副书记、市长郭金龙，市委常委赵凤桐，副市长苟仲文及市政府相关部门负责人参加揭牌仪式。

25—26日 由市科委主办的“2009年度科技宣传通讯员培训会暨新闻媒体座谈会”在顺义区举行。市科委各处室、直属单位、京郊18个区县科委负责科技宣传工作的主管领导和通讯员，以及30余家新闻媒体的代表100余人参加了会议。

27日 “第十二届北京技术市场金桥奖颁奖会”召开。副市长苟仲文出席会议并讲话。共评选出集体奖46个、项目奖32个、个人奖37个。

是日 “中国创新设计红星奖颁奖典礼暨2010年启动仪式”举行。来自中国电信、康佳集团、香港贤信堂等103家企业的191件产品分享红星奖至尊金奖、最具创意奖、最佳团队奖等8项大奖，首次增设的“红星奖国庆60周年特别奖”颁发给优秀国庆彩车设计作品。

是日　由市科委、北京科学仪器装备协作服务中心主办的“第七次环渤海区域大型科学仪器设备协作共用网建设工作会”在京召开。会上讨论修改了《环渤海区域科学仪器共享平台建设发展计划(2010—2012年)》。

30日　市科委副主任朱世龙与奥地利欧洲一体化和经济发展局的代表、首席科学家皮特鲁教授就进一步深化双方合作举行了会谈。双方讨论并确定了《北京市科学技术委员会与欧洲一体化和经济发展局科技合作框架协议》文本。

十二月

2日　由市科委主办，九个国防科技工业集团公司、相关区县和开发区参加的“国防科技产业在京合作发展座谈会”召开。会议就进一步落实北京市政府与国防科技工业集团公司签署的战略合作框架协议进行沟通。

3日　“北京生产力促进服务联盟”筹备会召开。19家联盟倡议发起单位选举中机生产力促进中心作为联盟第一届理事长单位，推荐北京生产力促进中心作为联盟第一届秘书长单位，并对《北京生产力促进服务联盟章程(草案)》提出了修改完善意见。

8日　北京新材料发展中心与中国可再生能源学会太阳能建筑专业委员会联合主办的“2009北京太阳能建筑一体化发展论坛”举行。

9日　“北京科技成果情报系统工作汇报及2010年领域中心工作要求沟通会”召开。市科委就2010年北京科技成果情报系统与各直属中心的合作问题达成初步意向。

11—13日　市科委组织北汽福田汽车公司、北京新能源汽车公司、北京理工大学、北京交通大学等9家单位的欧Ⅴ混合动力大客车、北京牌BE701纯电动轿车、迷迪纯电动车、路霸混合动力SUV等四款车，整体亮相“2009中国智能交通年会暨第六届国际节能与新能源汽车创新发展论坛和展览会”。

12—13日　由北京技术交易促进中心、北京协同创新服务联盟等单位共同主办的“2009中国医药产业科技发展高峰论坛暨海峡两岸医药技术项目合作洽谈会”举行，会上发布了近30个项目。

14—15日　市科委、首都科研院所思想政治工作研究会共同主办的“市属科研院所科技创新高层研讨会”举行。

15日　由市科委和市市政市容委共同主办的“推广科技奥运成果，促进垃圾分类处理研讨会”召开。

17日　中国首家外资农业生物技术研究机构——先正达生物科技(中国)有限公司暨先正达全球生物技术研究中心正式落户昌平。市委常委赵凤桐等领导共同为建设项目模拟沙盘揭幕，并为企业建设项目奠基。

20日　由市科委、市科协、北京科普基地联盟在新闻大厦举行“走进科普场馆 感受多彩科技”新中国成立六十周年科普作品有奖征集活动颁奖典礼。

24日　“北京协同创新服务联盟2009年度年会”召开。

30日　中科院北京分院与市科委联合成立科技合作工作小组。

31日　市科委在北京创业大厦举行“北京国家技术交易中心”揭牌仪式，市委常委赵凤桐，科技部党组成员、科技日报社社长张景安出席仪式并共同为“北京国家技术交易中心”揭牌。

科技管理与服务

Management and Service of Science and Technology

综合管理

【王忠诚院士荣获2008年度国家最高科学技术奖】 1月9日,国家科学技术奖励大会在京举行,2008年度国家最高科学技术奖揭晓,共有两位科学家获得这一荣誉。天坛医院王忠诚院士获得这一殊荣,胡锦涛主席出席大会并为王忠诚院士颁发了获奖证书。

(市科委办公室)

【红星奖通过国际工业设计联合会国际认证】 1月,由北京工业设计促进中心主办的中国创新设计红星奖获得国际工业设计联合会(Icsid)认证,标志着奖项组织工作已经得到了国际权威设计组织的认可,达到国际标准。Icsid在今年的宣传中跟踪报道了2009红星奖各阶段的进展情况,为红星奖开设了专题宣传网页,使世界各国都能通过这一窗口及时获得关于红星奖的资讯。通过Icsid世界性交流平台和网络,红星奖进一步提高了在国际上的知名度和影响力。

(左　倩)

【全市股权激励改革试点单位突破100家】 1—7月,全市累计参与股权激励改革试点工作的试点单位已达104家,其中中央单位40家,市属单位64家。中央单位包括高等院校及其下属企业16家,科研院所及其下属企业7家,国有高新技术企业17家;市属单位包括科研院所21家,国有高新技术企业26家,高等院校7家,院所转制企业10家。

(市科委办公室)

【北京市成为节能与新能源汽车示范推广试点城市】 2月17日,财政部、科技部、国家发改委、工信部在京召开"关于节能与新能源汽车示范推广试点工作会议",北京市被列为全国13个"节能与新能源汽车示范推广试点"省市之一。未来4年,国家将以财政补贴方式,鼓励支持试点城市率先在公交、出租等公共服务领域推广节能与新能源汽车,以促进城市节能减排,保障能源安全,推动城市生态文明建设。

(市科委办公室)

【刘淇调研市科委深入学习实践科学发展观情况】 2月21日,市委书记刘淇对市科委深入学习实践科学发展观情况进行调研。在学习实践科学发展观活动中,市科委以"全力推进科技北京建设"为主线,以科技服务为抓手,为建设"三个北京"提供有力支撑。刘淇认为市科委学习实践科学发展观活动开展得很认真,抓住了核心问题,有继承、有创新、目标明确、措施具体,取得了明显的成效。同时希望市科委各级干部无论是在整合资源的过程中、跟中央单位和其他单位的工作联系中,还是在服务基层的过程中,或者遇到难题攻坚克难等方面,都要表现出良好的作风,真正在"落实科学发展观"上走在前列。

(市科委办公室)

【"2008信息北京十大应用评选成果奖"揭晓】 2月26日,由市委宣传部、市科委、市信息办、市工促局主办,北京信息化协会承办的评选"2008信息北京十大应用成果奖"揭晓。十大入选成果是:奥运多语言综合信息服务系统、奥运交通指挥控制系统、北京奥运会安保科技信息系统、"志愿北京"北京志愿服务综合信息平台、北京电缆网运行监控系统、北京市旅游局综合信息服务系统、北京市血液管理信息系统、北京市应急指挥技术系统、"北京一号"小卫星遥感信息系统、首都食品安全追溯系统。其中,奥运多语言综合信息服务系统和"北京一号"小卫星遥感信息系统为市科委科技计划项目成果。这些入选成果代表了北京市信息化建设的最新科技成果。

(市科委办公室)

【"十一五"国家科技支撑计划移动多媒体广播项目落户北京】 4月,科技部与北京泰美世纪科技有限公司正式签署《移动多媒体广播传输系统技术研究及设备开发项目任务书》,计划总投资5098万元,其中获专项科技拨款1698万元,支持我国自主创新的CMMB移动多媒体广播传输技术标准研究及产业化开发。项目实施将对扩大"科技奥运"成果、促进国家自主知识产权标准应用以及带动北京数字电视设备产业发展起到重要的推动作用。

（市科委办公室）

【"科技北京"论坛举行】 5月4日，由市委宣传部、市中国特色社会主义理论体系研究中心、市社科联、市科委、市科协联合主办的"科技北京"论坛举行，来自首都科技界和社会科学界的专家学者、管理工作者150余人参加了论坛。"科技北京"论坛旨在加强对建设"科技北京"的理论研究，探索推进"科技北京"建设的有效途径。与会专家学者就信息产业和技术创新模式、科技发展战略和建设中关村国家自主创新示范区等问题各抒己见，提出了许多建设性的意见和建议。

（市科委办公室）

【国家"重大新药创制"重大专项"北京新药创新孵化基地建设"项目通过专家评审】 5月6日，市科委组织的"北京新药创新孵化基地建设"项目顺利通过国家"重大新药创制"重大专项"创新药物孵化基地"的专家答辩。该基地将依托亦庄科技园、大兴生物医药基地等，打造国际化程度高、服务全国的新药集成公共服务平台，强化园区孵化及成果承接转化能力，形成创新药物研发、转化、产业化生态体系，开发一批创新药物，打造一批骨干企业，汇聚一批高素质人才，实现创新能力显著提升，成为全国专业园区的典范，发挥示范、引领、带动作用。到2012年，园区医药总产值将实现484亿元，利润达60亿元，新产品产值达145亿元。

（市科委办公室）

【液压混合动力客车列入国家新能源汽车公告】 5月11日，由北京嘉捷博大汽车节能技术有限公司承担的北京市重大科技项目"液压混合驱动技术的研究"顺利通过专家组验收。配备该项目研发的再生能量装置的一汽底盘和京华客车整车均已列入国家新能源汽车生产公告，是国内第一家同时获得国家发改委新能源汽车生产公告的液压混合动力客车底盘和整车产品。

（韦 瑾　许宏霞）

【北京市新农村科技服务热线12396专家团成立】 5月，市科委建立12396北京新农村科技服务热线专家团。专家团包括固定坐席专家和流动服务专家，整合了市农林科学院13个所88名专家资源，既建立起一支能够通过语音通话、视频诊断、手机短信、网上在线答疑等方式快速解决问题的固定坐席专家队伍，同时建立起一支活跃在农民周围、可以下乡服务的流动服务专家队伍。12396星火服务热线是科技部与工信部在全国统一开通的农村科技信息服务公益热线。北京市被科技部批准为全国首批启动星火科技12396信息服务的12个试点省市之一。目前，通过凝聚已有服务信息资源和多方农业科技力量，已经将原有的12396星火科技服务热线和北京农技110（51503939）整合为12396北京新农村科技服务热线。

（市科委办公室）

【首都钢铁服务产业联盟在京成立】 6月18日，由市科委发起，中冶京诚工程技术有限公司、钢铁研究总院、首钢总公司、北京矿冶研究总院、北京冶金设备研究院、冶金工业规划研究院、金自天正股份有限公司、北京科技大学和北京新材料发展中心等9家钢铁服务与生产单位共同成立"首都钢铁服务产业联盟"。联盟的成立是北京市科委以科技帮扶企业渡难关，以科技驱动产业促发展的一项重要举措。联盟将以重大科技项目为载体，凝聚多方优质资源，提升首都钢铁服务产业的核心竞争力，加快首都钢铁产业的高端化发展，推动首都钢铁服务产业做大做强，并以此为契机带动首都科技服务业的全面发展。联盟成员单位2008年技术服务总收入超过220亿元。

（市科委办公室）

【北京市成为生产力促进中心体系建设重点省行动试点省市】 6月25日，科技部正式认定北京市为国家第二批生产力促进中心体系建设重点省行动试点省市。生产力促进中心体系建设重点省行动试点工作是《生产力促进中心"十一五"发展规划纲要》确定的任务，对试点工作进展良好、保证措施落实到位、成效明显的省份，科技部将在国家科技计划和相关工作中给予重点支持。

（市科委高新处）

【中关村国家自主创新示范区启动首批股权激励试点】 7月9日，中关村国家自主创新示范区首批股权激励试点单位试点方案实施启动仪式举行。市理化分析测试中心、北京科学学研究中心、北京建筑工程学院、北京信息科技大学、市农林科学院蔬菜研究中心和北京机电研究院高技术股份有限公司等6家单位成为首批通过审批的试点单位。还有27家市属单位和33家中央单位也积极申请参与试点工作。

（市科委办公室）

【北京市与国防科技工业集团公司签订战略合作框架协议】 7月17日，“北京市人民政府与国防科技工业集团公司战略合作框架协议签约仪式”举行。双方围绕电子信息、汽车、生物医药、装备制造、新能源和环保、科技服务等重点产业，充分利用在京国防科技产业的优势资源，发挥国防科技产业战略价值、高科技优势和辐射带动作用，依托北京丰富的创新资源和区位优势，合作共建研发中心、总部基地和科技产业园区，加快开展一系列重大产业化项目建设，加快“军转民”、“军民两用”重大科技成果在北京实现推广应用和产业化。

（市科委办公室）

【北京新药创制产学研联盟成立】 7月28日，由市科委组织，北京大学、北京医药集团有限责任公司等16家机构共同发起成立的北京新药创制产学研联盟成立。联盟旨在建立以企业为主体的创新体系，加快科技成果在京的转化和落地，提升北京生物医药产业水平，为北京生物医药产业的健康、可持续发展积蓄力量。

（市科委办公室）

【新型疫苗国家工程研究中心落户北京经济技术开发区】 7月，全国唯一的国家级新型疫苗研发和产业化的基地及服务平台——新型疫苗国家工程研究中心落户北京经济技术开发区。该中心规划建筑面积22749平方米，总投资2.09亿元，计划2010年12月前竣工。该中心致力于应用现代生物技术改进传统疫苗和解决新型疫苗在研发及产业化中的重大技术难题，同时将在重大传染病疫苗的应急规模化制备技术等方面展开研究，这对提升北京乃至我国疫苗研发和生产水平、加强疾病预防具有重要作用。

（市科委办公室）

【市科委三项举措促进首都新能源汽车产业发展】 7月，市科委通过以下三个方面的措施，推动本市在新能源汽车研究开发、示范应用和产业化等方面的工作，更好地实现科研成果向产业化的转化，实现北京节能及新能源汽车产业跨越式发展。一是着力提升生产企业自主创新能力，引导和促进整车企业对引进技术实现消化吸收再创新。二是重点培育和支持关键核心零部件实现产业化，完善产业链。三是建立技术支撑与服务体系，加强新能源汽车研发和测试公共平台建设。

（市科委办公室）

【发布《北京市关于科技促进生态涵养发展区产业发展的意见》】 8月，市政府办公厅转发市科委制定的《北京市关于科技促进生态涵养发展区产业发展的意见》。《意见》通过政策支持，推动涵养区“一产出特色、二产上水平、三产增比重”，形成以都市型现代农业、高新技术产业、文化创意产业为主导的生态友好型新兴产业集群，促进生态涵养发展区经济社会持续快速发展。

（市科委高新处）

【中国创业投资业高峰研讨会召开】 9月19日，北京创业投资协会与北京技术交易促进中心共同主办的“中国创投业:形势、政策与市场机遇高峰研讨会”召开。研讨会重点从创投业界形势分析、政策研讨、业务交流等三个板块进行研讨和交流。会议就当前主管部门及业界普遍关注的焦点和热点问题进行了集中整理和重点提炼，为创业投资产业的发展提供了宝贵的参考和建议。来自科技部、市科委、中国证券业协会的领导以及创投业界高层代表50余人出席会议。

（市科委高新处）

【“西单地区密集人员场所预警系统”启用】 9月22日，“西单地区密集人员场所预警系统”

启用。该系统是市科委2009年提前启动的绿色通道项目“西长安街重点区域国庆综合保障科技示范研究”的部分成果，系统预警平台已实现了西单地区2.5D形式电子地图展示、图像采集区域展示，可以及时采集公共区域的人群数据，借助数学模型进行客流量分析，定量预测、判断10分钟后局部人群聚集状态，从而对可能出现的拥堵点进行报警。此外，还可实现越界报警等功能。

（市科委办公室）

【技术合同审批实行专家顾问咨询制度】 9月，为进一步保证技术合同认定质量，市场办在落实“保增长，促发展”工作目标的同时，建立了技术合同审批专家顾问咨询制度，专家们对涉及33家技术合同登记处的100万—1000万元的613份技术开发合同、技术转让合同进行了集中抽查，抽查率为28.03%，有效地防止了非技术合同被认定情况的发生。

（技术市场办公室）

【北京市启动第二批中关村国家自主创新示范区科技重大专项资金列支间接费用试点】 9月，北京市启动第二批中关村国家自主创新示范区科技重大专项资金列支间接费用试点，试点单位与项目分别从承担国家重大科技专项、“科技北京”行动计划重点任务、北京市重大科技专项和北京市六大产业调整和振兴实施方案重大任务的单位中推荐。共35家单位和50个项目成为第二批试点单位和试点项目。第二批50个试点项目中，来自国家重大专项的有24项，涉及“极大规模集成电路制造装备及成套工艺”和“高档数控机床与基础制造装备”；来自北京市重大专项的有26项，涉及“新一代宽带无线移动”、“低碳技术与节能减排研发应用科技”、“节能与新能源汽车规模示范运行”、“大气污染综合治理科技”等专项，涉及市级总科技经费5亿元，待拨付经费总额3.5亿元。

（市科委办公室）

【市科委启动重大科技项目支持新能源汽车产业化开发】 9月，为落实科技部“十城千辆”节能与新能源汽车推广示范工程和“科技北京”行动计划，市科委近期启动“纯电动轿车动力系统关键技术研发”等7个重大科技项目（课题），投入科技经费4220万元，支持重点企业开展新能源汽车研发及产业化推进工作。一方面支持北汽福田汽车股份有限公司、北京汽车研究总院等单位开发纯电动轿车，另一方面支持中信国安盟固利公司和精进电动公司联合开发欧Ⅴ混合动力大客车用动力电池和电机等核心部件。

（市科委办公室）

【建立“国家北京生物医药创新孵化基地”】 11月5日，“国家北京生物医药创新孵化基地签约仪式”举行。该基地由市科委牵头，联合北京经济技术开发区、大兴生物医药产业基地、昌平科技园等单位共同组建，组合北京的优势资源，构建政府引导、园区推进、企业主体、开放共享的创新药物研发、转化、产业化体系，以技术创新、成果转化和科技资源招商为手段，强化对医药成果的承接转化功能，打造一批骨干企业，汇聚一批高素质人才，推出一批创新药物，从而带动北京生物医药产业实现跨越发展。

（市科委办公室）

【北京科技代表团参加“第十一届中国国际高新技术成果交易会”】 11月16—21日，北京科技代表团参加在深圳举行的“第十一届中国国际高新技术成果交易会”。本届“高交会”北京展区以“科技北京”建设为主线，宣传新时期首都科技的创新成就。北京展区展览面积200平方米，参展企业20家，取得了良好的效果，并获得了组委会颁发的“优秀组织奖”和“优秀设计奖”。

（市科委高新处）

【市科委重大项目“中低速磁悬浮交通示范线关键技术研究”通过专家论证】 11月23日，市科委重大科技项目“中低速磁悬浮交通示范线关键技术研究”通过专家论证。项目的实施为正在规划建设的S1线（即我国第一条中低速磁悬浮交通示范线）提供技术支撑。市科委在前期支持的地铁头车研发的基础上，通过支持北京控股磁悬浮技术发展有限公司及其合作伙伴重点开发S1线实用磁悬浮中间车辆，同时进行中低速磁悬浮交通系统检测手段与测试方法研究，制定中低速磁悬浮交通系统的验收标准。通过进行车辆结构轻量化设计、直线牵引控制、车辆制动、系统接口优化等研发攻关工作，到2012年项目完成时，开发的磁悬浮定型中间车辆最高运行时速为100千米/时，定型中间车辆的可靠性、平稳性、可维护性等性能均可满足S1线使用要求。

（市科委办公室）

【市科委重大科技项目"绿色制版产业化关键技术研究"通过专家论证】 11月25日，市科委重大科技项目"绿色制版产业化关键技术研究"通过专家论证。项目整合了中科院化学所、中科院理化所、北大方正、中科印刷、北京日报社等产、学、研、用多方优势资源，重点开展绿色制版产业化过程中的材料、软件、装备等关键技术攻关，彻底解决我国印刷制版行业的污染和资源浪费问题。项目完成时，将在怀柔雁栖经济开发区建成绿色制版产业化基地，并率先在北京日报、中科印刷、中国农业出版社等推广应用。

（市科委办公室）

【市科委重大科技项目"超高层建筑消防综合救援关键技术研究与示范"通过专家论证】 11月27日，市科委重大科技项目"超高层建筑消防综合救援关键技术研究与示范"通过专家论证。该项目针对高层建筑火灾救援中"救援难、救火难、指挥难"三大难点，从火灾现场人员定位及救援技术、超高层建筑灭火水源供给装备研发、超高层建筑灭火救援指挥平台研建三个方面开展研究，为火灾救援提供强有力的技术支撑。

（市科委办公室）

【第七次环渤海共享平台会议召开】 11月27日，第七次环渤海区域大型科学仪器设备协作共用网建设工作会在京召开。会议由北京科学仪器装备协作服务中心主办，邀请科技部条财司、全国大型科学仪器协作网项目牵头单位清华大学、市科委条财处及北京、山东、山西、内蒙古、河北、天津六省市大型科学仪器设备协作共用网单位的负责人及相关人员出席。会议首先对2006—2008年环渤海区域科学仪器协作共用网建设工作进行了总结，随后讨论修改了《环渤海区域科学仪器共享平台建设发展计划（2010—2012年）》。会议决定环渤海区域六省市要以"北京模式"为基础，彼此间实行优势资源互补开放，尤其北京市的雄厚资源基础要向整个环渤海区域辐射，带动整个环渤海区域的仪器设备共享工作。

（市科委条财处　装备中心）

【73家企业被认定为制造业信息化示范企业】 11月，北京市制造业信息化科技示范工程示范企业的遴选和认定工作落下帷幕。73家企业被市科委认定为北京市制造业信息化示范企业，其中优秀示范企业19家，示范企业54家。此次认定工作采取企业申报，市科委组织专家考察、评审，最终择优遴选的方式进行。参与认定的企业涉及电子信息产业、汽车产业、装备制造业、生物医药产业、新能源产业、都市工业等六大重点产业，其中包括各行业、区域龙头骨干企业，这些企业是在工业化与信息化"两化融合"的推动和促进下，在不断改造、升级和转型中发展起来的"高端、高效、高辐射力"的高端制造业。

（贾净　许宏霞）

【市重大科技项目"地铁自助售检票装备产业化关键技术研发"通过专家论证】 11月，由北京兆维电子（集团）有限公司承担的北京市重大科技项目"地铁自助售检票装备产业化关键技术研发"通过专家论证。该科技项目将通过攻克多项关键技术，自主研制地铁自助售检票服务装备，打破国外垄断，大大降低地铁自助检售票装备的维护成本，缩短维修周期，并实现自主产品替代国外品牌。项目成果不仅可应用于地铁，其核心技术也可扩展到高铁、金融、楼宇等其他自助服务装备领域。

（市科委办公室）

【北京国家技术交易中心正式揭牌】 12月31日，北京国家技术交易中心正式揭牌。该中心是为大力推动"科技北京"和中关村科技园区国家自主创新示范区建设、实现创新要素资源优化配置、带动全国产业转型和技术升级而成立的。到2012年力争带动北京技术市场合同成交额突破2000亿元的目标，其中70%以上辐射到全国其他省市。中心主要职责是：①营造技术市场交易环境；②落实技术市场政策，促进技术成果转化；③提供技术交易信息服务；④搭建技术交易渠道；⑤开展技术交易促进服务，推动企业创新发展。

（市科委办公室）

【市科委重大科技项目“脑卒中诊疗技术规范研究”通过专家论证】 12月，市科委重大科技项目“脑卒中诊疗技术规范研究”通过专家论证。该项目以脑卒中临床诊疗质量改进为目标，以临床关键绩效考核指标的提升为切入点，通过研发11项关键诊疗技术规范和适宜技术，如急性缺血性卒中超早期(4.5小时内)静脉溶栓技术规范，将研究网络脑卒中关键诊疗规范应用比例提高10%，规范化程度提高10%，持续降低残疾率、病死率，提高生存质量。

（市科委办公室）

【市科委启动“精神分裂症和抑郁症防治的适宜技术研究”重大科技项目】 12月，市科委重大科技项目“精神分裂症和抑郁症防治的适宜技术研究”通过专家论证，正式启动。该项目针对医院诊疗不规范、医疗服务手段单一和基层精神卫生机构技术水平低等问题，开展全病程临床路径规范研究、中医诊治规范研究、非药物治疗技术和家庭干预综合康复技术研究，形成2套技术规范和4项适宜技术，建立三级——二级——社区三级精神卫生防治研究网络，并使网络内精神分裂症1年复发率降低20%、抑郁症1年复发率降低30%、1年规范治疗率提高40%。

（市科委办公室）

【北京市十三届人大科技代表小组正式成立】 12月，科技代表小组由19名来自科学技术界和社会科学界的市人大代表组成，是继妇女、农村、体育和少数民族代表小组之后成立的市人大第五个专业代表小组。科技代表小组的成立，是人大代表全面深入了解科技工作的重要途径，是支持科技管理部门广泛听取社会各界意见、形成良性互动的重要渠道，更是监督政府部门做好工作的重要机制。小组成立后将依法开展活动，参与和组织与科技工作相关的专题调研、议案督办、执法检查及立法工作，更充分地反映、表达科技界的意见、建议和利益诉求。

（市科委办公室）

【北京市新能源汽车示范推广工作进展顺利】 年内，北京市新能源汽车示范推广工作进展顺利。混合动力公交客车方面：已有550辆混合动力公交客车投入公交线路示范运行。在市科委重大科技项目支持下，北汽福田公司联合清华大学等单位，积极开展混合动力汽车动力总成系统的国产化工作。纯电动环卫车方面：完成了洒水车、垃圾压缩车、垃圾清扫车等多种车型的开发，并实现了小批量生产，进入成熟推广阶段。纯电动公交车方面：50辆奥运纯电动公交车进行一年多示范运行，累计运行150万千米；北汽福田公司纯电动客车完成样车的试制、评审工作，并将完成50辆纯电动客车的生产。在大兴区采育镇建设新能源汽车科技产业园，北京汽车新能源汽车有限公司与北京普莱德新能源电池科技有限公司入驻。北汽新能源汽车公司预计2011年实现各类新能源汽车产销2万—4万辆，并于2015年实现150亿元销售收入。

（市科委办公室）

【市科委四大科技支撑体系深入推进首都新农村建设】 年内，市科委通过四大科技支撑体系深入推进首都新农村建设。①整合上游科技创新资源的农业科技创新体系，提高农业科技创新能力和科技产出率，促进科技资源的集约化应用和产、学、研、用的紧密结合。②整合中游科技服务资源的新型农村科技服务体系，打破科技资源输入瓶颈，实现科技与三农紧密对接。③挖掘下游科技应用资源的农民科技创业体系，提高农民依靠科技谋发展的能力，促进农民增收致富。④通过产业落地带城乡的科技成果产业化促进体系，将科技成果存量资源转化为产业服务资源，带动京郊“一区一品”特色产业、设施农业、农产品加工业等都市产业的整体升级。

（市科委办公室）

【“科技北京”行动计划实施开局良好】 年

内，“科技北京”行动计划43家主责单位积极落实，全面推动相关工作，总体进展顺利。①“2009年折子工程”完成情况良好，97项折子工程全部启动；②市农委、市经信委、市发改委、市科委、市公安局等委办局出色完成任务；市委组织部、市委宣传部、市财政局等部门积极推动落实相关工作，为“科技北京”行动计划实施提供有力支持；③市科委在2009年度折子工程主责单位基础上扩大征集范围，梳理、编制成不少于100项折子任务的《2010年折子工程》（征求意见稿）。

（市科委办公室）

【北京市不断推动和深化与中央单位开展战略合作】 年内，北京市与中央单位开展战略合作36项，涉及550余家相关部门、高校院所和企业，成立19个联盟，签署16项战略合作协议。合作领域涉及钢铁、石化、电子信息、生物医药、新能源和环保、装备制造、汽车、文化创意、科技服务、都市型现代农业等多个产业，为实施“科技北京”行动计划和重点产业振兴发展提供全面支撑。据统计，本市与中央单位共同实施的科技成果产业化、科技园区或产业基地建设等重大项目，建设期一般为3—5年，预计建成后年产值约8700亿元，将直接推动首都实体经济发展壮大。

（市科委办公室）

【北京市84个国家科技型中小企业技术创新基金项目获国家支持】 年内，本市向科技部推荐了84个国家科技型中小企业技术创新基金项目，将获得5305万元国家经费支持。之前，本市已先期投入专项经费3060万元进行培育，在中央和市政府的共同支持下，项目的实施将对推动全市科技型中小企业的技术创新、加快经济结构调整起到良好的促进作用。

（市科委办公室）

【市科委开展“双百对接”活动力促乡镇科学发展】 年内，市科委在全市创新型乡镇建设中开展“双百对接”活动，以创新型乡镇为主辐射其他乡镇，搭建100个村党支部与100个具有相关资源优势和科技服务能力的市科技系统党支部对接，着眼创新型乡镇建设实际，以促进农民增收为核心，以加快农村产业结构调整为主线，从产业、环境、民生等方面，推动100套技术成果在乡镇应用，培养100名农村科技致富带头人。

（市科委办公室）

【2009年北京协同创新服务联盟工作进展顺利】 年内，联盟开展技术转移服务项目10384项，技术交易额159亿元。其中，技术合同认定登记4000份，技术合同交易额122亿元；联盟成员开展技术转移服务项目6684项，促成技术交易额37亿元，联盟成员实现服务收入7.37亿元。联盟开展培训、项目对接会、展会等各类活动973次，参加人数达8300多人；通过各类活动、短信平台等方式为8000多家企业提供了近10万条科技信息和政策信息；推动联盟成员开展知识产权及其他类专业化服务19335项。

（马正运）

【市科委采取六大措施营造企业自主创新的良好政策环境】 年内，为应对国际金融危机，提高企业自主创新能力，市科委出台六大措施为企业营造自主创新的良好政策环境。①应对国家高新技术企业认定政策的调整，积极争取国家有关部门的支持，研究出台地方过渡性政策，细化地方工作实施方案，加强对企业的辅导服务，最大限度减少政策调整对企业的不利影响，帮助企业渡过金融危机难关；②加大高新技术成果转化项目认定政策的执行力度，进一步发挥政策在引导高新技术成果落户北京转化并实现产业化的引导作用，提高专项资金的使用绩效；③加快出台《北京市高新技术产业专业孵化基地认定和管理办法》，进一步有力引导北京市孵化器向专业化、市场化方向发展；④加快开展自主创新产品认定工作，组织认定一批具有较高技术水平，拥有核心自主知识产权，产品质量可靠，市场前景广阔的自主创新产品，纳入政府采购试点范围予以支持；⑤推动落实技术市场税收优惠政策，加大技术合同认定登记力度，加强技术市场执法，优化技术市场环境，挖掘技术市场潜力，继续保持北京技术市场持续快速发展的势头；⑥积极研究利用企业研发费用所得税加计扣除、技术转让所得税减免企业所得税等优惠政策，引导企业加大研发投入力度，加快北京市研发服务业和技术转移服务业发展。

（市科委办公室）

【全市技术合同成交额突破千亿元】 年内，全市输出技术继续保持稳定增长，成交额突破千亿元。2008 年共输出技术 52742 项，成交额 1027.22 亿元，增长 16.39%，占全国技术合同成交额的 38.47%；技术出口 1187 项，成交额 235.28 亿元，增长 11.55%。电子信息技术合同成交额 395.33 亿元，增长 24.31%；现代交通技术合同成交额 157.73 亿元，增长 50.64%；新能源与高效节能技术合同成交额 139.88 亿元，增长 52.86%；生物医药和医疗器械技术合同成交额 19.48 亿元，增长 25.62%。

（市科委办公室）

【市科委实施首都科技创业服务工程，推动以创业促就业】 年内，市科委实施以集成全市创业孵化服务资源，向全社会传播创业孵化知识，特别是面向大学毕业生加强就业技能培训为主要内容的首都科技创业服务工程，重点传播全市近 20 年积累的丰富的创业孵化知识和成功孵化服务案例。2009 年，创业孵化知识直接传播人群数量达到 30 万人次。

（市科委办公室）

【落实"科技北京"行动计划，促进首都经济社会发展】 年内，在市科教领导小组的领导下，各区县政府、各委办局及其他相关单位积极推动 2009 年"科技北京"行动计划折子工程的实施。2009 年折子工程共 97 项，其中承接国家科技重大专项 11 项，占 11.5%；承接国家重大科技基础设施建设 6 项，占 6.2%；加快发展八大产业 12 项，占 12.4%；十二大科技支撑工程类 57 项，占 58.8%；保障措施类 11 项，占 11.3%。主责单位 43 家，其中区县 14 家，各委办局 29 家。

（万运良）

【北京市推出促进科技资源开放共享的"北京模式"】 年内，市科委在实施"科技北京"行动计划，推进首都科技条件平台建设中，通过制度创新，探索出促进首都科技资源向社会开放共享的"北京模式"。2009 年市科委投入 5800 万元，撬动了 76.3 亿元科技资源（相当于政府用 1 元钱撬动 130 元社会科技资源），促进 264 个国家（北京市）重点实验室和工程中心，13112 台（套）仪器设备向全社会开放，初步形成了涵盖国家和北京市重点实验室、国家工程中心、中关村开放实验室等在内的市场化、网络化、信息化、专业化、规范化的首都条件平台工作体系和科技资源开放服务体系，打造出为全社会特别是科技型中小企业的自主创新提供有力保障的"研发实验服务舰队"，通过制度创新实现了对高校院所科技资源的有效整合、整建制开放、高效运营和服务市场化。

（市科委条财处）

【首都科技条件平台工作取得成效】 年内，首都科技条件平台工作体系和科技资源开放服务体系的建立，促使高校院所的仪器设备、科技成果、科技人才实现三共享，不仅服务了企业的自主创新，而且在促进产学研合作和首都科技成果落地北京方面也取得积极成效。一是促进中小企业自主创新能力提升，中科院研发实验服务基地的"非线性光学晶体及全固态激光和激光显示"项目，其终端产品激光大屏技术已在北京中视中科光电技术有限公司落地，其他技术目前也正在北京实施产业化，有效提升了企业的自主创新能力。二是促进产学研深入合作，北京科技大学与首钢总公司签订战略合作协议并设立"首钢—北科大汽车用钢联合研发中心"，成功完成第一期汽车用钢开发任务，使首钢公司在板材生产上获得突破。三是促进了研发服务业的发展，2009 年有 4100 多家企业得到首都科技条件平台的研发实验服务，服务合同额达 4.5 亿元，有效促进了研发服务业的发展。

（市科委条财处）

【北京地区科学仪器设备统计调查工作阶段总结】 年内，根据科技部、财政部共同印发的《关于开展地方科技基础条件资源调查工作的通知》（国科发计［2009］151 号），受北京市科委的委托，北京科学仪器装备协作服务中心承担了"北京市地方科技基础资源调查"工作。

本次调查共涉及 85 个单位，其中科研院所 53 个、高校 32 个；被调查单位共有 10 万元以上大型仪器设备 4434 台。此外，还调查了 58 个研究实验基地和 14 个生物种质资源保存机构。此次调查初步掌握了全市重点科技基础条件资源的全貌，获得了一批质量较高的基础数据。

（市科委条财处　装备中心）

【技术市场继续保持快速发展势头】　年内，市科委积极应对国际金融危机的不利影响，大力促进技术交易。在全市范围内组织开展了“2009 年北京技术市场百场宣传”活动，深入企业、科研机构和大专院校，大力宣传技术市场政策。组织动员各个技术合同认定登记点深入企业、科研机构和大专院校开展服务。主动加强对重点机构的服务。2009 年，北京技术市场共输出技术 49938 项，成交额 1236.23 亿元，同比增长了 20.35%，占全国技术合同成交额的比重达到 40.66%。其中，技术交易额 906.89 亿元，增长 16.55，占全市技术合同成交额的比重为 73.36%。

（施辉阳）

【中关村示范区股权激励工作取得重大进展】　年内，中关村股权激励工作取得重大进展。9 月，由 15 个部门组成的示范区股权激励改革试点专项工作组制定并颁布了《股权激励改革试点单位试点工作的指导意见》（中示区组发［2009］3 号）和《关于中关村国家自主创新示范区股权激励改革试点工作若干问题的解释》（中示区组发［2009］12 号）。截至 12 月，已有 202 家单位申请参与股权激励改革试点，其中中央单位 96 家、市属单位 106 家。示范区股权激励工作组联合审批通过了 31 家市直属试点单位的试点方案。中科院系统 3 家单位（化学所、过程工程所、物理所）成为首批进入示范区股权激励改革试点的中央单位。

（李建玲）

【市政府采购中关村自主创新产品试点工作进展顺利】　年内，市科委、市发改委、市住建委、市经信委、中关村管委会累计认定 1307 家单位的 3595 项产品为北京市自主创新产品。市政府成功组织 5 批政府采购中关村自主创新产品示范项目，采购中关村自主创新产品金额达 33 亿元，拉动投资 89 亿元。5 批示范项目共采购 86 家中关村企业的约 103 项自主创新产品，涵盖了轨道交通、水处理、垃圾处理、新能源、信息化等多个领域。

（施辉阳）

【2009 年度认定北京市级火炬计划项目 141 个】　年内，北京市共认定通过市级火炬计划项目 141 个，其中，电子与信息 62 项，光机电一体化 29 项，生物工程与新医药 15 项，新材料及应用 14 项，新能源与高效节能 11 项，环境保护 10 项。全部产业化项目新增总投资 11.6 亿元，其中银行贷款 2.5 亿元。项目达产后，预计年实现工业总产值 120.9 亿元，销售收入 108.3 亿元，缴税总额 7.2 亿元，税后利润 11.8 亿元，出口创汇 3515 万美元。

（市科委高新处）

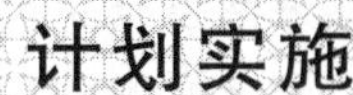

计划实施

【设计中心当选团中央第一批“青年就业创业见习基地”】　3 月，北京工业设计促进中心被评为共青团中央第一批“青年就业创业见习基地”。设计中心通过利用北京 DRC 工业设计创意产业基地企业集聚的资源，以“见习岗位进校园”系列活动和“创业北京”网站为平台，共发布 27 个岗位的 224 个见习需求，先后共计

874 人次申请,82 名见习人员正式上岗,留用人员达 60% 以上。对于未被留用的见习人员,设计中心通过培训、就业推荐等方式帮助其实现就业。

(左　倩)

【企业应对金融危机知识讲座暨投融资洽谈会召开】 5—7 月,北京生产力促进中心与区县科委及区县生产力中心,组织经济专家及交通银行北京分行、渣打银行(中国)有限公司、中国担保公司、通用技术(集团)投资管理有限公司等金融机构代表,针对区县企业需求召开了"企业应对金融危机知识讲座暨投融资洽谈会"。通过本次会议,朝阳区 7 家科技型企业分别获得了风险投资和银行贷款,万都(北京)汽车底盘系统有限公司从中国工商银行密云支行赢得 1000 万美元的授信,增强了企业抗风险的能力。

(唐燕　许宏霞)

【科技支撑永定河生态环境治理】 6 月 4 日,市科委与市水务局联合启动实施永定河生态构建与修复技术研究及科技示范工程。该项工程共投入 3600 万元,旨在发挥西部资源优势,优化生态资源配置,研究并集成应用流域生态构建与修复的各项技术,采用"水安全、水生态、水景观、水文化、水经济、水管理"六位一体的生态修复治理模式,优化永定河开发利用方式,支撑永定河生态环境的全面治理,推动京西生态屏障建设,服务水岸经济,全面提升西南五区的经济社会发展水平。

(市科委办公室)

【甲型 H1N1 流感灭活疫苗生产启动】 6 月 8 日,北京科兴生物制品有限公司获得了美国疾病预防控制中心制备的甲型 H1N1 流感疫苗生产用毒株,标志着北京大流行流感(甲型 H1N1)疫苗的批量生产正式启动。

(市科委办公室)

【2009 年度科技新星计划申报、评审工作顺利完成】 7 月,2009 年北京市科技新星计划申报、评审工作结束。据统计,今年申报人数共为 687 人,其中 A 类 331 人,B 类 356 人。通过评审,有 125 人入选,其中 A 类 72 人,B 类 53 人。入选人员主要来自医疗卫生、生物医药、电子信息、新材料、化工和现代农业等北京市重点发展的产业领域。

(傲　霜)

【国家级创业中心数量达到 24 家】 11 月,市科委组织理工创新孵化器、瀚海润泽孵化器、中关村生命科学园三家孵化机构在科技部火炬中心指导下,经宣讲、答疑和培训,顺利通过科技部火炬中心组织的答辩工作,并获得"国家级创业服务中心"称号。至此,北京地区国家级创业中心的数量已达 24 家,位列全国第二位。

(市科委高新处)

【市科委支持 17 项重大科技成果落地】 11 月,市科委安排科技经费 7800 万元,支持重大新药研发、电子信息、新型材料、太阳能及风能发电、汽车关键零部件研发等 17 项重大科技成果落户 14 个区县,以提升地区科技水平和推动地区经济发展。

(市科委计划处)

【2009 年度博士论文资助专项立项会召开】 12 月 30 日,市科委博士论文资助专项工作召开立项会,共有 50 名受资助的博士生到会。市科委自 2004 年设立"博士论文资助专项"资金,目的就是为了加强北京地区软科学研究人才队伍的培养工作。专项实施 6 年来共资助北京市在读博士生的优秀论文 278 篇,资助金额共计 378 万元。

(马正运)

【认定高新技术成果转化项目 68 项】 年内,市科委共认定成果转化项目 68 项,其中:信息 19 项,占 27.94%;生物工程与新医药 8 项,占 11.76%;光机电一体化 23 项,占 33.82%;新材料 11 项,占 16.18%;环保及资源综合利用 7 项,占 10.29%。

(王建芳)

【企业享受专项资金支持 20478 万元】 年内,本市企业享受专项资金支持总额为 20478 万元,全部为成果转化项目资金。支持成果转化项目 312 项,支持承担单位 227 家。

(王建芳)

【推荐国家重点新产品计划项目 224 项】 年

内，北京创业服务中心共受理和咨询2010年度国家重点新产品计划备选项目256项，对其中227项符合申报要求的项目进行了网上评估。经市科委审定，最终报送科技部224项。

（王建芳）

【推荐国家火炬计划项目132项，北京市火炬立项141项】 年内，北京创业服务中心配合市科委组织项目申报、专家评审等工作，最终从171个申报项目中筛选出132项推荐为2010年国家火炬计划备选项目。配合市科委完成2009年度市级火炬计划项目征集和立项工作，共有141个项目入选。

（王建芳）

【北京地区单位承担国家重点科技计划项目梳理工作完成】 年内，北京地区单位承担在研的国家"863"、"973"、支撑计划等重点科技计划项目共计830项，参与项目经费达到1000亿元。项目主要集中在资源环境、交通与运输、电子信息、能源和社会发展等领域；所参与基础研究类项目主要分布于生物新医药、现代农业、能源技术、医疗卫生等领域。

（市科委计划处）

【绿色通道立项26个】 年内，市科委启动绿色通道项目26个，支持科技经费接近1亿元。其中，各区县政府14个，委办局12个。这些项目能够贯彻落实"科技北京"行动计划的整体要求，紧密结合委办局和区县的中心工作，体现了首都发展的科技需求。

（市科委计划处）

【市科委完成2009年科技统计工作】 年内，根据科技部和国家统计局的相关要求，市科委完成了北京地区科技统计调查工作，上报三大类15种报表调查数据，编撰完成《北京市研究与发展（R&D）数据汇编2009》、《北京科技统计数据2009》、《北京地区高技术产业数据2009》等统计分析资料。在2009年科技统计工作评比中，北京市被科技部评为全国第四名。

（市科委计划处）

【北京科技奖企业创新专项5238万元支持81家企业】 年内，北京科技奖企业创新专项支持承担区县成果转化落地项目、服务中央在京重大投资项目、产业化前景较好项目的获奖企业共计81家，经费5238万元，以鼓励企业进一步加大技术创新力度，促进高新技术产业的发展和传统产业的优化升级，推动首都经济社会发展。

（市科委计划处）

【2009年度新星计划综合考评工作完成】 年内，新星计划78名人员通过了综合考评，其中13人被评为优秀。参评人员作为主要作者发表论文1223篇，其中被SCI、EI收录579篇；出版专著121部。作为主要完成人获得国家和部市级科技成果奖126项。申请专利210项，获得授权专利72项。作为主要成员承担国家级、市级项目227项，其中：主持项目133项，占59%；主持项目经费总额累计达25989.1万元。

（市科委人事处）

【北京市新认定5家北京市大学科技园】 年内，为进一步挖掘北京高校科技教育资源，加强大学科技园建设，加快以企业为主体、以市场为导向、产学研相结合的首都区域创新体系建设，市科委、市教委、中关村管委会启动北京市大学科技园认定工作。中国矿业大学（北京）、中央财经大学等10所高校申报市级大学科技园。经过认定评审专家小组的现场走访、申报答辩、集中会审等环节，5家大学科技园通过市级大学科技园的认定。至此，北京市大学科技园数量已达24家。

（市科委高新处）

【北京市组织认定47家技术先进型服务企业】 年内，市科委、财政局、市国税局、市地税局、市商委、市发改委积极贯彻落实财政部、国家税务总局、商务部、科技部、发改委《关于技术先进型服务企业有关税收政策问题的通知》的规定，积极组织开展技术先进型服务企业认定工作，组织认定了47家技术先进型服务企业，数量位居全国前列。

（施辉阳）

【北京市高新技术企业认定工作稳步推进】 年内，市科委、财政局、市国税局、市地局税积极应对国家高新技术企业认定政策的调整，积极研究，多措并举，主动深入企业开展服务，全市高新技术企业认定工作稳步推进。全年共组织认定9批共计2591家高新技术企业,全市高新技术企业保有量累计达到5225家,占全国总数的22%,数量居全国首位。

(施辉阳)

辅助决策

【第七届中国北方实验动物科技年会暨第四届北京实验动物科学国际论坛】 10月19—21日,由市实验动物管理办公室、中国实验动物学会、北京实验动物学学会共同主办,北京实验动物行业协会、绿宇公关顾问(北京)有限公司承办的"2009年第七届中国北方实验动物科技年会暨第四届北京实验动物科学国际论坛"在京召开。大会主题为"生命科学研究与实验动物"。目的是通过交流,规范实验动物管理,提高实验动物质量,为我国生命科学发展提供坚实保障。国内外实验动物学者与专家400多人参加会议。

(李根平　刘冕)

【北京市发放实验动物行政许可证181个】 年内,北京市共发放实验动物许可证181个(不含在京军队单位),参加许可证现场评审的专家和行政执法人员达到312人次。

(李根平　刘冕)

【实验动物行政执法监督检查】 年内,由市实验动物行政执法人员、北京(地区)实验动物质量监督员、专家、检测技术人员组成的行政执法检查团队抽查了125个实验动物生产和使用单位,占全部许可单位的71%。重点检查实验动物微生物、寄生虫携带情况,遗传污染情况,动物实验伦理审查情况,设施运行记录情况,从业人员持证上岗状况,设施维护和使用安全情况。

(李根平　刘冕)

【北京地区实验动物质量抽检】 年内,市实验动物管理办公室组织市实验动物质量检测人员对北京地区34家实验动物生产许可单位的实验动物进行质量抽检(上半年16家、下半年18家),检查动物种类包括清洁级、SPF级大鼠和小鼠,普通级豚鼠、兔、犬、猴等15个品系,共955只实验动物。全年监测结果显示:清洁级以上合格率达到100%,普通级合格率达到93.3%。在抽检的普通级豚鼠、兔、犬和猴中,有3家单位的3个品种豚鼠、犬和猴不合格。

(李根平　刘冕)

【实验动物政策法规宣传及专业技术培训】 年内,市实验动物管理办公室针对执法人员、实验动物质量监督人员及从业人员举办5期培训班,培训内容涉及依法行政、法律法规、标准规范和专用技术。170位单位主管领导、50位屏障设施负责人和3412名实验动物从业人员参加培训。992人换发5年到期上岗证,北京市实验动物从业人员达到23827人。

(李根平　刘冕)

【完成财务人员继续教育工作】 年内,市科委人才交流中心共举办财务人员继续教育培训班3期,其中住宿班2期,走读班1期,培训人数达到650人。主要对《会计人员工作手册》中事业单位会计的相关内容、企业内部控制基本规范、事业单位绩效考评相关内容、审计工作等财务人员日常工作中必备的知识进行培训讲解。通过培训,财务人员的知识体系得到了更新,提高了工作应对能力。

(张淑媛　郭娜)

【科技创新型人才培养系列工作】 年内,市科委人才交流中心大学生校外就业实习服务平台工作组,采取搭建实践基地、组织高校学生参加"北京市第三届优秀软件构件评选大赛"等形式,加强了对科技创新型人才的培养工作。通过与广联达软件公司、北京航天测控技术有限公司、千橡集团等30余家企事业单位洽谈,大学生就业实习平台为北京工业大学和北京林业大学的121名大学生找到了相应的实习岗位,并为他们提供了跟踪管理考评服务。

(焦正辉　郭娜)

【大学生平台获人社部就业司认可并被授牌】 年内,市科委人才交流中心作为唯一一家以

“共建平台”形式入选的人才培养服务机构，被人社部就业促进司认定为第一批“人力资源和社会保障部全国人才流动中心高校毕业生就业见习基地”并授牌。自此，市科委人才交流中心成为促进北京市应届和往届大学生实习就业、培养发掘高新技术服务人才的一个重要的服务组织。

（焦正辉　郭娜）

科技条件

【“首都工程技术创新产业联盟”成立】　5月15日，中国钢研科技集团公司、北京有色金属研究总院等10家中央在京转制院所，基于“自愿、平等、互利、共赢”的原则，联合发起成立“首都工程技术创新产业联盟”。联盟旨在充分利用和集成中央在京转制院所的优势科技资源，开展联合攻关和协同创新，承担国家重大科技专项和国家重大科技基础设施建设，加快重大工程科技成果的应用推广，促成重大产业化项目在北京落地，推动重点产业发展。联盟的成立，是中央在京转制院所积极探索机制创新、支撑首都经济平稳较快发展的重要举措，对于发挥北京区域科技优势、落实《科技北京行动计划》和建设中关村国家自主创新示范区，具有重要的意义。

（市科委办公室）

【建国60周年北京科技成就展】　5月20—25日，市科委在北京国际展览中心举行第十一届中国北京国际科技产业博览会“建国60周年北京科技成就展”，展示了建国60年来国家重大科技成果和北京市科技发展的光辉历程，并围绕市委市政府提出的“增强自主创新能力 建设创新型城市”战略目标和“科技北京”建设总体要求，从科技支撑产业发展、创造绿色环境、改善市民生活和推动新农村建设等方面重点展示近年来北京市自主创新所取得的丰硕成果。展览面积3000余平方米，参展项目300余项。

（市科委高新处）

【“科技人员进企业‘十百千’行动——亦庄行”活动】　5月，市科委与亦庄经济技术开发区共同主办了“科技人员进企业‘十百千’行动——亦庄行”活动，组成“产业指导服务小分队”深入企业调研，提供有针对性的指导，对30余家企业进行实地帮扶。通过专家与制造企业的对接，针对企业在产品开发、技术市场化、科技项目申报等方面的需求提供专题咨询服务，发挥科技对企业创新能力的带动效应，帮助企业渡过难关，实现“科技北京”的支撑作用。

（陈国英　许宏霞）

【首都科技条件平台能源环保领域平台成立】　6月3日，市科委举行“首都科技条件平台基地签约暨授牌仪式”，宣布能源环保四大领域平台的成立。平台旨在落实《科技北京行动计划》，促进首都科技资源开放共享，服务企业自主创新。科技部和北京市的相关领导出席成立仪式。能源环保领域平台作为首都科技条件平台的重要组成部分，由市科委可持续发展中心负责运营管理。可持续发展中心依托优势资源，提供资源整合、供需对接、交流培训、开拓市场等四大特色服务，促进能源环保领域科技条件资源的开放共享，提高现有资源使用效率，为企业自主发展提供支撑。

（陈茜尹）

【市科委与中科院北京分院共建首都科技条件平台“中国科学院研发实验服务基地”】　6月15日，市科委与中科院北京分院联合共建首都科技条件平台“中国科学院研发实验服务基地”。通过对中科院京区科技条件资源的有效管理和市场化运营,全面提升资源的开放质量,促进院所与企业、社会资源的广泛合作,探索产学研合作新模式。基地将通过3年建设,整合中科院京区20家研究所总值逾20亿元的大型仪器设备,并纳入基地服务目录,确保纳入服务目录的仪器设备的资源共享率为70%—100%;建立良好的市场运营机制,在保证完成科研任务的前提下,3年服务企业数量不低于2000家。

(市科委办公室)

【中科院研发实验服务基地成员单位签约暨授牌仪式举行】 6月15日,首都科技条件平台中科院研发实验服务基地成员单位签约暨授牌仪式在中科院北京分院举行。中科院北京国家技术转移中心作为基地专业运营机构,与13家研究所签订合作协议。中科院党组成员、北京分院党组书记何岩,北京市科委主任闫傲霜等领导为13家成员单位授牌。参会的还有首都科技条件平台其他11个研发实验服务基地、4个领域平台的代表。

(马正运)

【“2009北京高科技投资发展论坛”召开】 8月18日,以“信心北京、创新北京、投资北京”为主题的“2009北京高科技投资发展论坛”召开。论坛主要活动包括资本市场对接北京、项目洽谈会暨项目签约仪式以及2009高科技投资发展论坛三个专场活动。论坛向广大企业和投资者宣传北京投资环境,介绍北京经济发展形势、最新的投资政策和促进投资的措施,提供全方位的政策咨询和服务。

(马正运)

【“设计创新提升计划成就展”举行】 10月21日,“设计创新提升计划成就展”在北京DRC工业设计创意产业基地拉开帷幕。成就展集中展示了2007年以来“设计创新提升计划”取得的成就,包括在汶川执行航拍任务的小型无人机、奥运中心区下沉花园的鼓墙、北京奥运会开幕式中使用的数字投影幻灯以及全聚德品牌系列等。来自北京第二机床厂、北广科技股份有限公司、汉王科技股份有限公司、北京李宁体育用品有限公司等31家企业的近百件产品参展,吸引600余名设计公司、企业、园区代表以及院校学生和记者等前来参观。

(市科委高新处)

【“2009世界设计大会”召开】 10月24—30日,设计界的奥林匹克盛会——2009世界设计大会在京举行,这是世界设计大会首次在中国举行。来自45个国家和地区的1500多名设计人员齐聚北京,2万件国际一流设计作品在全市8个展览中心展出。期间,市科委组织的“设计·创造·力”主题展、世界设计大会高峰论坛、中国创新设计红星奖评奖、北京设计之旅等活动获得了广泛的好评。6天展期,“设计·创造·力”展票房收入达到70余万元,逾6万人参观展览。

(市科委高新处)

【做好少数民族村规划,推动城乡共建】 年内,生产力促进中心承担了市民委委托的5个少数民族村产业发展规划工作,先后组织专家到房山区周口店镇新街村、大兴区榆垡镇留士庄村、门头沟区妙峰山镇陇驾庄村、房山区大石窝镇高庄村和怀柔区长哨营乡八道河村进行调研,帮助各少数民族村制定产业发展规划,确立了设施蔬菜种植、特色养殖、休闲旅游等体现各村资源优势的主导产业,明确了村域经济发展方向。在完成规划的基础上开展规划宣讲、村民技术培训等活动,为民族村发展产业培养所需实用技术人才,并协助村委会争取和落实有关项目,以项目促进和带动产业发展,实现农民增收,促进该村社会主义新农村建设。

(董炳艳　许宏霞)

【市科委开展“科技人员进企业‘十百千’行动”】 年内,市科委将针对企业在工业设计提升、主导产业技术指导、政策宣传辅导、科技成果推广、科技人才培育、创业投资对接、科技咨询对接、科技条件资源对接、技术转移服务促进、科技资源招商等10个方面的需求,组织10个“科技人员进企业”服务小分队,组织300家以上的科研院所、高校和科技服务组织,动员2000多位的专家和科技人员,深入企业开展服务。

（市科委办公室）

【新型中低速磁悬浮轨道列车研发成功】 年内，北控磁悬浮公司等单位承担的市重大科技项目“中低速磁悬浮轨道交通系统工程化研发”近期突破了磁悬浮与控制等一系列核心技术，开发出新型中低速磁悬浮轨道工程化列车。中低速磁悬浮轨道交通系统是国际上先进的市内和近距离城市间的轨道交通方式，建设成本仅为地铁的1/3，轨道最小曲线半径仅为50米，车外噪声仅为64分贝，与轻轨相比噪声污染小，是未来城市轨道交通理想的选择，具有很好的应用前景。

（市科委办公室）

【2009红星奖评选工作结束】 年内，758家单位的3821件产品报名参评红星奖，数量分别比上年增加34%和21%，企业参评比例达到76%。其中曾获红点奖的企业也首次参评。2009世界设计大会期间，组委会邀请英、美、韩、日等6个国家和地区的10位评委评出2009年红星奖至尊金奖1项、金奖8项、最具创意奖10项、红星奖172项。此外，特为60辆国庆彩车设计单位增设“国庆60周年特别奖”。

（市科委高新处）

【组织在京单位申报科技部国际科技合作项目与基地取得明显成效】 年内，市科委组织申报科技部国际合作重大专项5个，其中北汽福田公司的“新能源汽车合作研究”和北京安贞医院的“重大心血管疾病诊疗关口前移关键技术的合作研究”两个项目已基本确定立项。组织申报政府间合作项目18批60个，其中13个项目基本确定立项。组织申报对俄合作重大专项项目6个均确定立项。组织申报科技部国际科技合作基地4个。北京安贞医院的“国际心血管疾病研究基地”和北京宇视蓝图信息技术有限公司的“遥感卫星技术及应用国际合作基地”获得了正式批复。组织申报对外援助项目1个。北京东方泰坦科技股份有限公司的“巴西‘爱之行’位置服务”项目，已进入预算评审阶段。

（市科委合作处）

科技服务

【市科委组织召开市属农口科研院所规划评审会】 1月14—15日，市科委召开市属农口科研院所规划评审会。此次评审会的召开，标志着“深化科研院所改革，建设新型科研体系”专项任务进入实质性实施阶段。市科委将科研院所改革列入三大科技任务，一是通过发挥政府政策调控和市场机制两个作用，鼓励公益科研院所成为社会化的科研平台，促进北京地区科技资源的优化组合，可以更有效地发挥科技的作用；二是通过以院所发展规划为抓手对院所进行长期、稳定支持，解决了科研人员疲于申请课题的困扰，可以让他们专心搞科研、长期积累，以提高科研效率，促进科研院所更好、更快、可持续地发展。

（市科委法规处）

【协作中心承办2010首都科技盛典活动】 1月23日，由市委宣传部和市科委共同主办，北京科技协作中心承办的主题为“科技北京成就未来——2010首都科技盛典”活动在北京电视台举行。全国政协副主席林文漪，市委常委赵凤桐，副市长苟仲文，市科委、市广电局、市教委及市发改委和市财政局等相关委办局的领导及60余家中央在京科研院所的领导和科技人员300余人参加活动。戚发轫、闵恩泽、贺福初等

10余位科学家作为为科技事业发展作出突出贡献的“科技英雄”的代表从幕后走向前台，通过他们的真实故事展现了中央在京科研院所60年发展、奋斗的辉煌历程，歌颂科技人坚持真理、不懈追求的人格魅力和非凡气质，展现央地科技界互促互助的团结协作精神。

（协作中心）

【市科委组织召开市属综合口科研院所规划评审会】　3月5—6日，市科委召开市属综合口科研院所规划评审会。专家组认为，市科委组织院所重大任务实施的模式非常值得推广与借鉴，不仅是机构改革与科研任务的融合，实现了委内资源的整合，同时，市政府多个委办局协同评价，共同筛选重点任务和组织实施，创新了政府工作的方式，既体现政府工作一盘棋的整体性，也探索了管理体制改革的新模式。这种做法能够促进科研院所共享自身资源和整合利用外部资源，更好服务于首都发展。

（市科委法规处）

【协作中心促进中央院所研发基地落户北京】　3月10日，市政府联络办、北京科技协作中心的相关领导前往中国核电工程有限公司，就该公司拟在北京建研发基地事宜进行调研，以促成研发基地落户北京。中国核电工程有限公司是由核工业北京第二设计研究院、石家庄第四设计研究院和郑州第五设计研究院组成(四、五院将迁进北京)。其研发基地主要有核电、核化工工程应用技术研究两大功能，以促进核工军民两用技术的研发和关键设备产业化，是中国核电工程有限公司的技术研究、开发、成套设备生产产业链的主要基础。市政府联络办和协作中心领导在调研后都表示积极配合研发基地筹备工作组落实研发基地的选址及其他相关工作。

（协作中心）

【协作中心促进医疗器械产学研合作】　3月24日，北京科技协作中心、北京生物技术和新医药产业促进中心及清华大学共同组织医疗器械企业参加了由北京市医疗器械检验所承办的医疗器械产品测试、设计、验证需求调研及产学研促进交流会。长峰科技工业集团公司、北京航空制造工程公司等多家拥有医疗器械研究及生产能力的企业参加会议。与会企业代表同专家就医疗器械产品的测试、设计验证等服务需求及解决方案进行了讨论。本次会议为院所与企业沟通交流，搭建产学研合作平台，提升企业研发能力提供了良好的机会。

（协作中心）

【2009年度北京渲染平台用户大会】　4月16日，“分享技术・分享快乐”2009年度北京渲染平台用户大会在北京软件产品质量检测检验中心举行。市科委领导，动漫、游戏等行业协会负责人，媒体记者及60余家企业用户代表出席大会。北京渲染平台运营一年来，共服务企业57家，累计完成服务项目78个，累计服务机时94.3万CPU小时，渲染产出帧数670余万帧，资源利用率达到90%以上。北京渲染平台的整体运营能力达到27万亿次/秒，数据存储能力达到200TD，可满足不同级别制作项目的技术需求。

（潘　铁）

【市科委召开市属科研院所改革与发展经验交流会】　4月22日，市科委召开市属科研院所改革与发展经验交流会。本次会议旨在通过搭建科研院所沟通交流的平台，推广典型院所创新模式与做法，为进一步引导和推动市属科研院所机制创新，使院所的科研能力与公共服务能力不断提高，更好地服务于国计民生与经济建设。市市政工程研究院、市环境保护科学研究院、市劳动保护科学研究所、市理化分析测试中心、市农林科学院、北京农产品质量检测与农田环境监测技术研究中心、市肿瘤防治研究所、首都儿科研究所等8家机制创新典型院所做了经验介绍。这些院所在城市建设与管理、城市安全、医疗卫生与健康、都市现代农业等方面取得了一些重要科研成果，并成功应用在经济建设和社会发展中。

（市科委法规处）

【保民生、促增长 科技服务企业现场会暨行业研发基地授牌】 5月27日，市科委举行“保民生、促增长 科技服务企业现场会暨行业研发基地授牌仪式”，副市长苟仲文、国家粮食局副局长郄建伟、科技部副司长王宇、中国粮食行业协会副会长王瑞元、市科委主任闫傲霜及相关委办局的领导出席授牌仪式并为北京粮油食品产业、北京汽车与装备轻量化技术、北京光电材料及器件、北京固体废物处置科技创新等四个研发基地授牌，标志着北京市行业研发基地建设正式启动。市科委借助启动行业研发基地建设这一产学研合作的创新平台，促成了京粮集团与市农林科学院全方位的科技合作。

（市科委法规处）

【北京技术市场百场宣传行动启动】 6月9日，由北京协同创新服务联盟和北京技术市场协会共同主办的“2009年北京技术市场保增长、促发展动员会暨技术市场百场宣传行动启动仪式”在北京技术交易促进中心举行，来自40多家技术转移服务机构或企业的60余名代表参加本次活动。技术市场百场宣传行动将配合“科技北京”行动计划，以实现北京技术市场保增长的目标。

（马正运）

【DRC基地举办入驻企业座谈会】 6月10日，由北京工业设计促进中心主办的“DRC基地入驻企业座谈会”在DRC基地举行，市科委高新处、西城区发改委以及北京市技术市场管理办公室的领导出席会议，并向基地20家入驻设计企业及公共平台经营单位代表介绍文化创意产业支持政策及技术交易登记相关内容。入驻企业就技术交易合同制定、高新技术企业申报等问题向政府进行咨询。座谈会通过DRC基地平台，向政府部门及时反映企业诉求，有助于建立政府与企业之间的对话与交流机制。

（左　倩）

【长风联盟四家企业签约政府采购示范项目】 6月11日，市发改委、市科委、市经信委、市财政局、中关村管委会共同召开政府采购中关村自主创新产品第三次签约大会暨政府信息化项目对接会。会上共签订53个政府投资项目，总投资达到3.6亿元，拟采购自主创新产品2.2亿元，占总投资比例为61%。市政府有关部门、各区县政府以及相关企业的300余人参加了此次会议。长风联盟成员中科红旗、人大金仓、东方通和超图软件4家公司在会上与市经信委分别签署了操作系统、数据库、中间件和地理信息系统的战略合作协议。

（张　玲）

【协作中心力推军民融合产业发展】 7月28日，北京科技协作中心召开“力推军民融合产业园区建设顶层论证报告”研讨会。解放军防化研究院第五研究所、航天第一研究院十一研究所、航天第三研究院、中国核电工程有限公司等中央在京科研院所相关人员参加研讨。会上，与会人员共同探讨了军工类院所在开展军民融合产业发展过程中在技术标准、产业用地等方面存在的困难和问题，希望充分利用中关村特殊的资源优势，积极开展对军工类院所的服务，在服务中推动军民融合产业的发展。充分发挥国防科技工业军民共用技术在建设创新型国家、建设科技北京和建设中关村国家自主创新示范区核心区中的战略作用。

（协作中心）

【“DRC工业设计公共技术服务平台建设”项目通过验收】 7月，北京工业设计促进中心承担的科技部“北京DRC工业设计公共技术服务平台建设”项目通过验收。项目实施两年来，公共技术服务平台运用物理空间与虚拟空间相结合的方式，以联盟为载体，形成核心技术服务链条；建立创意产业信息库及发布平台，并成为集合产业发展动态、市场供求信息、政府政策解读、培训交流等信息于一体的综合资源共享平台；培训工作创建D+品牌，建立培训资源体系，培育多层次人才。

（左　倩）

【红星奖携手苏宁启动创意消费之旅】 9月，苏宁电器投资1000万元，与中国创新设计红星奖联合启动历时2个月的“2009中国创意家电大赏”巡展活动。30余件具有“环保、节能”且符合当今消费趋势的红星奖获奖产品在南京、天津、北京、西安、成都、广州、深圳、武汉、杭州和上海等10个城市进行展出。应邀参展的获奖企业表示，通过红星奖的平台和苏宁的营销网络，能大幅提高产品和企业在消费者中的知名度和美誉度，并能使企业的高品质设计零距离接触消费群体，为今后研发更贴近消费者生活的、更有创意的商品提供依据。

（左 倩）

【绿色奥运建设发展论坛】 10月15日，北京可持续发展中心与国奥投资发展有限公司等单位在国奥村举行“绿色奥运建设发展论坛暨绿色建筑产业合作联盟成立大会”。各方代表就各级政府对奥运会后推动城市建设可持续发展的相关政策、建设绿色工程的思路等进行了研讨。参建奥运工程的设计、科研、施工单位的代表就绿色产业发展、合作联盟等问题进行汇报和交流，并形成《城市建设可持续发展政策指导纲要》和《绿色建筑产业合作联盟共同宣言》，以推动绿色建筑产业发展。

（李 玮）

【北京营造科技创新环境 支持中央企业在京设立研发机构】 10月20日，市科委正式向中冶建筑研究总院有限公司颁发了北京市科技研究开发机构证书。这是市科委积极营造科技创新环境，为落实市政府折子工程中“支持中央企业在京设立研发机构”而采取的举措之一。近年来，市科委通过鼓励企业设立研究开发机构等多种方式积极营造科技创新环境，引导企业加大研发投入，支持企业开展自主创新活动，提升企业市场竞争能力，加快推进以企业为主体、市场为导向、产学研合作的技术创新体系建设，促进首都科技资源优势转变为经济竞争优势，为转变经济发展方式和促进产业结构优化升级提供强有力的支撑。截至10月底，经市科委认定，已有169家企业设立了“科技研究开发机构”，其中中央企业在京设立“科技研究开发机构”的有31家。

（市科委法规处）

【“走进设计——北京设计之旅”盛大启动】 10月24日，由北京市政府、教育部、文化部主办，市科委协办，北京工业设计促进中心承办的“北京设计之旅”活动正式启动。作为“2009北京世界设计大会暨首届北京国际设计周”的核心活动之一，此次活动以“走进设计”为主题，让老百姓走进60余家设计领域的企业、高校、院所，了解优秀作品的诞生，人才的培养，美好生活与环境的创造，从而更深刻地了解设计、关注设计、消费设计。该活动贯穿于2009世界设计大会暨首届北京国际设计周、第二届中国服务贸易大会和第四届中国北京文化创意博览会，历时一个月，共计10万人次参观了各开放站点的设计展示。

（左 倩）

【“设计大师带你走进新生活”主题讲座开讲】 10月25日，由北京市政府、文化部、教育部主办，北京工业设计促进中心承办的“设计让生活更美好·设计大师带你走进新生活”大型设计讲座在中华世纪坛举行。本次讲座由“设计走进我们的生活”和“设计扮靓我们的生活”两大部分组成，旨在唤起公众参与设计、了解设计的意识。

（左 倩）

【北京低碳城市建设研讨会在京召开】 10月27日，北京科技协作中心召开“北京低碳城市建设研讨会”，中国21世纪议程管理中心、中国社会科学院、北京市发改委、英国驻华大使馆、联合国人居署、美国环保协会、清华大学等机构的代表就如何推动低碳经济建设，借鉴国际城市发展经验，把握机遇，促进生活方式和社会发展模式转变等问题展开研讨。与会代表分别介绍了国内外低碳城市建设的发展动态和面临的问题，并针对世界各国不同的低碳城市理念进行分析。代表们一致建议将“北京低碳城市建设”研讨会作为政府与科研单位、非政府国际组织之间的交流平台，定期开展交流，共同推动北京低碳城市建设。

（协作中心）

【红星奖闪耀第四届文博会】 11月26—29日，由市科委主办的中国创新设计红星奖亮相第四届北京国际文化创意产业博览会。红星奖展出的50余件2009获奖产品，代表了2009年中国工业设计界的最高水平，涉及百姓生活的各个方面。市委书记刘淇、国务委员刘延东、市长郭金龙、副市长蔡赴朝、市科委主任闫傲霜先后参观了红星奖展区。

（左　倩）

【"2009科技北京国际论坛——中俄城市安全技术交流会"在京召开】 12月8日，由北京市科委、莫斯科市政府科技与工业政策司主办，北京科技协作中心承办的"2009科技北京国际论坛——中俄城市安全技术交流会"在北京召开。市科委副主任朱世龙、北京科技协作中心主任刘东威、莫斯科市代表团团长卡达茨基和俄罗斯驻华大使馆科技参赞甘申出席开幕式并致辞。出席开幕式的来宾还有来自科技部、市政府有关部门和中央在京科研机构、高校的领导、专家代表，以及俄罗斯驻华大使馆、莫斯科市代表团的官员等100余人。大会听取了中俄双方关于"奥运安防技术应用与推广"、"莫斯科城市运用安保技术手段的经验"的主旨报告和关于"安保科技系统应用及推广"、"防止爆炸物及爆炸装置扩散的监控技术设备"、"公共安全技术开发与应用"和"城市重大爆炸灾害研究现状与展望"的技术报告，为进一步推广2008年北京奥运会期间城市安全领域科技成果，促进中央在京科研院所、高校在安防领域的技术升级，提升国际科技协作在北京经济建设中的影响力具有重要意义。

（协作中心）

【市属科研院所科技创新高层研讨会召开】 12月14—15日，市科委法规处、首都科研院所思想政治工作研究会共同主办的市属科研院所科技创新高层研讨会召开。来自41个科研院所的领导参加了会议，国务院发展研究中心、科技部政策法规司等单位的领导出席会议并做报告。本次研讨会紧紧围绕科技创新这一主题，既有国家有关部门的精神，又有市科委工作部门的思路，还有基层院所的实践经验，使大家能比较全面地了解科技创新的总体形势，能站在更高的层面审视自身，总结经验，找出不足，对进一步贯彻落实科学发展观，在建设"科技北京"、推进创新型城市建设的进程中更好地整合与发挥首都科研院所的资源优势，增强市属科研院所自主创新能力起到了推动作用。

（市科委法规处）

【节能减排科技创新和应用技术推广】 年内，为了加大节能减排优秀科技成果的推广应用，北京可持续科技促进中心对近年来北京市的节能减排创新技术进行重点推介，同期举办系列专家研讨会，针对建筑节能、工业节能、可再生能源、新农村建设等各领域的节能减排创新技术进行介绍、点评和重点推选。在《北京日报》上连续刊载10期"节能减排赢在科技"专刊，并在北京卫视的"北京新闻"中播出市科委推荐的节能减排领域科技成果10余项，对市科委支持的节能减排新技术新成果进行宣传。在新华网网站上开辟"节能减排赢在科技"专栏，对节能减排科技政策、产业动态、技术介绍等进行及时报道。

（刘育松）

【设计实训——未来设计师实训营】 年内，由北京工业设计促进中心实施的"未来设计师"实训营共举办8期，其中假期班2期、日常班4期、技能班2期，来自中央美术学院、沈阳工业学院、黑龙江科技学院、武汉理工大学、大连工业大学、广西工学院、郑州轻工学院、天津工业大学等10个省市20所高校的100余名在校生接受技能培训。“未来设计师”实训营以真项目、真操作、真环境,模拟在职设计师的“三真一模拟”为教学模式,学员以团队形式进入知名设计公司,参与企业实际项目,由资深设计师授课,结合案例分析进行实战演练、互动教学,了解项目运作流程,提前进入准就业状态。

(左　倩)

【红星奖影响力持续扩大】 年内,2009 年红星奖报名企业数量和产品数量分别比去年增加 34% 和 21%,其中家居用品领域参评产品与去年相比增幅达 146%,装备类增幅达 100%。产品覆盖范围达 25 个省市地区。参评单位中企业的比例为 76%,体现了红星奖以企业为主体,鼓励企业走自主创新道路的特点。

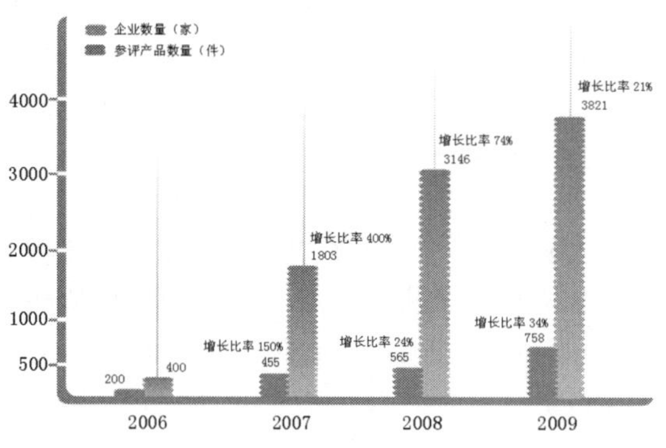

(左　倩)

【设计促进农村经济发展,服务“三农”】 年内,为推动北京郊区创意农业的发展,北京工业设计促进中心搭建设计服务协作平台,组织专家设计师开展“送创意进农家”服务活动,针对农产品存在的包装粗陋、缺乏特色、品种单一等问题进行设计诊断。一年来,已为延庆、密云等区县的 10 余家企业和当地农民提供产品定位、包装、品牌塑造等设计支撑,服务区域还扩展到河北农村。

(左　倩)

【全国首家创意农业公司在北京成立】 年内,在北京工业设计促进中心创建的“北京 DRC 工业设计创意产业基地”,洛可可工业设计公司成立了全国首家创意农业整合营销公司——洛可可创意农业,为农业领域提供从营销策略、创意策划到活动执行的“一站式”服务。创意农业将科技、设计和人文要素融入农业生产,提升传统农业附加值,服务首都新农村建设。据统计,北京市目前拥有创意农产品 30 余种类型,初具规模的创意农业园达 113 个,有一定影响力的创意农业节庆活动 60 多个,全市创意农业年产值达 22.26 亿元。

(左　倩)

【市科委认定自主创新产品达 3557 个】 年内,协作中心承担了北京市自主创新产品认定的申报受理和相关配套工作,在完成的第二批、第三批、第四批、第五批、第六批北京市自主创新产品认定工作中,共有 1400 余家企业的 4000 余个产品参与申报,其中,1290 家企业的 3557 个产品被认定为自主创新产品,43 家企业的 55 个产品被认定为北京市政府首购自主创新产品。一大批代表高新技术发展方向、适应社会需求、具有自主创新特色的企业和产品脱颖而出,共同营造了政府鼓励企业自主创新,企业积极参与“科技北京”建设,实现科技成果转化,促进首都经济平稳较快发展的良好氛围。

(协作中心)

Research and Development

基础研究

【资助自然科学基金项目 477 项】 12 月 2 日，市自然科学基金委员会发布《2010 年度北京市自然科学基金资助项目公告》。年内共受理 270 个依托单位的 2010 年度项目申请 4691 项，经评审，决定资助 477 项，其中重大项目 8 项、重点项目 17 项、面上项目 436 项、预探索项目 16 项。涉及数理科学 33 项、化学与材料科学 51 项、工程科学 29 项、信息科学 65 项、生物科学 42 项、农业科学 25 项、医药科学 175 项、城建与环境科学 34 项、管理科学 23 项。资助总金额 5930 万元。另有 26 项市教委科技发展计划重点项目列入市自然科学基金重点项目（B 类）。

（市基金办）

【资助对外合作交流活动 11 项】 年内，市自然科学基金共资助“2009（第四届）动力锂离子电池技术及产业发展国际研讨会”、“第五届智能化农业信息技术国际学术会议”、“第六届国际临床神经外科学习班”等对外合作交流活动 11 项，涉及新能源、农业、医药、生物、信息、城建等领域。资助总金额 46 万元。参与交流的专家学者国外 250 余人，国内 1500 余人。扩大了市自然科学基金的影响，促进了市基础研究的国际交流。

（市基金办）

【新型防腐镀膜表面烟气对流凝结换热研究】 年内，北京建筑工程学院王随林主持完成了“新型防腐镀膜表面烟气对流凝结换热研究”。本项目研究出新型复合防腐镀膜及防腐体系；得出了防腐表面上烟气流动与凝结换热影响因素及其强化传热途径与规律；研制出一系列的中小型天然气供热锅炉防腐紧凑型烟气冷凝热能回收利用装置优化设计方案，解决了同类产品的关键技术基础问题，实现了该种设备的高效紧凑与全面防腐声等新技术。项目被列入市科委首批重大科技成果转化落地项目。

（市基金办）

【动脉瘤支架治疗新技术的血流动力学研究】 年内，北京工业大学生命科学与生物工程学院乔爱科主持完成了“动脉瘤支架治疗新技术的血流动力学研究”项目。该项目采用计算与实验相结合的方法分别对理想化和个性化的动脉瘤支架治疗模型进行数值模拟研究。研究发现，裸支架对治疗动脉瘤是有效的，但不同形状的动脉瘤、不同结构的血管内支架在介入治疗时呈现不同的血流动力学特征，临床手术应该考虑具体的情况而采取对应的措施。基于这些研究，提出了局部开窗、局部支架和局部被膜等新的支架治疗技术和相应的血管内支架设计结构新产品。该项目获发明专利 1 项，实用新型专利 3 项；发表论文 20 余篇，其中 SCI 收录 3 篇，ISTP 收录 3 篇，EI 收录 9 篇。

（市基金办）

【常染色体隐性遗传重度感音性耳聋的分子致病机理研究】 年内，解放军总医院戴朴主持完成了“常染色体隐性遗传重度感音性耳聋的分子致病机理研究”项目。该项目首次阐明中国耳聋群体致聋热点突变频率及其地域分布的特点，揭示了中国耳聋群体各主要遗传因素所占比例，常见耳聋基因的突变谱、致聋机制及发病规律。在遗传性耳聋致病机制及预防干预方法学系列研究基础上，率先提出了规模化的耳聋预防和干预策略，为国内耳聋基因诊断工作的临床应用和推广奠定了理论基础。课题组发表 SCI 论文 7 篇，已被 SCI 引用 30 次。

（市基金办）

【北京市 IT 外包服务业发展模式研究】 年内，中国人民大学信息学院杨波主持完成了“北京市 IT 外包服务业发展模式研究”项目。该项目从理论分析与实证研究入手，构建 IT 服务外包产业发展的关键因素模型；对北京市 IT 外包服务业发展现状与国内主要服务外包基地城市进行比较研究；对印度、爱尔兰等国家外包服务业的发展模式进行了比较研究；通过对 30 余家北京 IT 服务外包企业的实地调研，提出了北京 IT 外包服务业的发展模式及对策建议。

本项目成果为北京市商委、北京市软件与信息服务业促进中心、北京市服务外包协会提供了技术参考和决策支持。专著《IT服务外包——基于客户和供应商的双重视角》在业内产生了很好的反响,为很多外包企业提供实践指导。

(市基金办)

【北京市优势果树苹果、樱桃种质库构建及核心种质确定】 年内,中国农业大学韩振海主持完成了“北京市优势果树苹果、樱桃种质库构建及核心种质确定”项目。该项目根据北京区域产业布局和优势作物种类,以北京市优势果树苹果和樱桃为目标树种,进行核心种质群及离体保存库的研究。项目构建的北京苹果、樱桃种质资源离体保存库及易于中长期保存种质的缓慢离体保存技术体系,为优势品种的规模化快速繁殖、迅速服务于产业奠定了物质和技术基础。项目发表论文12篇,其中SCI论文3篇;获得苹果、樱桃种质资源中长期保存库各1个,苹果、樱桃核心种质群各1个;分别建立苹果和樱桃种质鉴定的SSR分子标记技术体系、缓慢离体保存技术体系各1套。

(市基金办)

【北京市城区居民生活饮用水健康风险研究】 年内,中科院生态环境研究中心王子健主持完成了“北京市城区居民生活饮用水健康风险研究”项目。该项目通过对饮用水中具有影响健康的污染物进行甄别,为北京市居民生活饮用水健康风险评价提供了风险污染物清单;在采样和分析的基础上,评估了居民用户端饮用水水质对人体暴露特征,发展了适合北京市居民消费习惯的饮用水中风险污染物暴露评价方法体系、评价模型,结合已有毒性数据进行了健康风险分析;通过对北京市主要水厂的水源水和水厂工艺出水水质150多种有毒化合物和重点病原微生物的分析,追踪饮用水风险污染物来源及产生原因。

(市基金办)

【基于Her2功能域结构的新型药物分子设计】 年内,解放军军事医学科学院基础医学研究所郭宁主持完成了“基于Her2功能域结构的新型药物分子设计”项目。该项目通过基因工程技术将其与软骨基质蛋白多聚化结构域融合以提高短肽的稳定性,在原核细胞中获得可溶性表达及纯化。进一步通过体内外实验证实该融合蛋白具有良好的特异性,体外抗肿瘤活性较线性肽提高了75倍,体内实验亦证实融合蛋白能有效抑制移植瘤的体内生长。此外,通过对短肽的改造,融合蛋白的稳定性得到极大的提高。该融合蛋白具有原创性,已获得国家发明专利。Her2自身抑制分子与Her2相互作用的位点在国内外均未见报道,该靶点亦已获得国家发明专利。该课题组发表的论文被SCI收录13篇。

(市基金办)

【北京地区中生代鞘翅目化石分类学和早期演化】 年内,首都师范大学任东主持完成了“北京地区中生代鞘翅目化石分类学和早期演化”项目。研究成果“A Probable Pollination Mode Before Angiosperms: Eurasian, Long - Proboscid Scorpionflies”在《科学》杂志上发表〔Science,326(5954):840 - 847〕。项目发现了距今1.6亿年的中侏罗世时期传粉昆虫与当时的虫媒裸子植物之间存在着一种新的传粉模式,在昆虫与植物的协同演化研究方面取得了突破进展。这项成果将为一些重要传粉昆虫类群的起源、早期演化和一些关键特征性状极性的确定提供直接的证据,从而为探索传粉昆虫演化的原因和模式以及当今全球传粉昆虫生物地理格局和区系的形成等方面有着重要的理论意义,而且在探索虫媒植物和有花植物(被子植物)的起源及昆虫与植物的演化关系方面也具有重要的意义。

(市基金办)

社会发展科技

【特种设备安全检测关键技术研究通过验收】 4月,市科委重大项目“特种设备安全检测关键技术研究”通过验收。该项目研制出一套电梯数据前端采集装置,开发完成了一套“电梯曳引及制动系统性能综合检测装置”的控制系统;首次发现瓶式压力容器 SA372J70 牌号的钢材抗硫化氢腐蚀能力较差,且残液中硫化氢含量较高,是影响瓶式压力容器安全的主要因素;结合气瓶定期检验所完善和确定的气体泄漏检验判定方法,应用于车用缠绕气瓶的泄漏检验,确保气瓶的使用安全可靠,向 2008 北京奥运会和残奥会保障单位提供了技术支持和科学依据。

(谢芳芳)

【轨道交通 CBTC 系统获得国家科技支撑计划项目支持】 6 月 8 日,国家科技支撑计划重点项目“北京轨道交通核心技术研发及示范工程”通过可行性论证。该项目在国内信号领域属于首创,项目的成功实施,将为我国城市轨道交通提供技术先进、具有自主知识产权的 CBTC 制式的列车自动控制系统(ATC)。2004 年以来,市科委已经滚动三期立项支持了轨道交通 CBTC 系统自主创新研发及国产化,目前已完成了院校牵头进行 CBTC 系统核心技术的研究与开发;地铁运营公司牵头进行 CBTC 系统的运行考核试验;在大连进行中试试验以及轨道建设管理公司牵头进行 CBTC 系统的核心技术集成。2010 年建成通车的地铁亦庄线将采用国产化的 CBTC 信号系统。

(罗 铭)

【首都新能源产业技术联盟成立】 6 月 12 日,由市科委牵头,社发处、可持续中心为秘书处的首都新能源产业技术联盟正式成立,市委书记刘淇、市长郭金龙出席成立仪式并为联盟揭牌。新能源联盟涵盖了太阳能光伏、太阳能光热、风能、生物质能、浅层地能与核能六大产业技术领域,成员单位达 100 余家。联盟的成立,标志着首都为新能源产业技术的研发与应用搭建了一个产业协同、集群发展的新平台,首都新能源产业技术进入新的发展阶段。

(刘育松)

【推进首都新能源产业技术联盟工作】 6 月 23—25 日,首都新能源产业技术联盟秘书处、市科委社发处、可持续中心对区县展开调研,进一步推进区县需求对接工作。联盟秘书处分别与密云、昌平、延庆、通州等区县相关部门举行座谈会,交流联盟在促进企业与区县对接方面的工作。通过沟通交流,联盟将尽快开展企业与区县需求的对接交流活动,在加快新能源产业企业规模发展的同时,促进区县经济的发展,实现区县、企业的互利共赢。

(市科委社发处 可持续中心)

【北京农村水环境治理创新服务联盟成立】 7 月 13 日,在市政府有关部门的倡导和支持下,由从事京郊农村水环境治理领域技术研发、应用推广的骨干企业、高等院校、科研院所和科技服务机构构建的“北京农村水环境治理创新服务联盟”启动仪式举行。市委常委牛有成、赵凤桐出席仪式并为联盟揭牌,副市长夏占义出席仪式并讲话。

(陈茜尹)

【奥运会北京竞技体育水平技术研究通过验收】 7 月,由北京市体育科研所承担的市科委重大科技项目“提升 2008 年奥运会北京竞技体育水平技术研究”通过科委组织的验收。该课题 2006 年立项,以科技支持北京奥运会为主要目标,以竞技体育急需解决的关键问题为出发点,力求通过多学科综合科技攻关的方式发挥科技支撑作用。该项目在技术动作分析、运动损伤康复、体能训练、体重控制等研究领域开展了大量研究工作。对北京跳水运动员林跃进行身体机能和营养恢复、技术分析、力量测试与训练等方面研究,为其以良好的竞技状态参赛并获得 2008 年奥运会双人跳台金牌提供了保障。

(市科委社发处 可持续中心)

【首都核能产业技术联盟工作研讨会】 8 月

19日，“首都核能产业技术联盟工作研讨会”召开。首都核能产业技术联盟成员单位提出了2010年技术需求，中国核工业集团公司、中国电力投资集团公司、中国华能集团公司、中国大唐集团公司等核能行业在京的27家单位的42名代表出席了会议。首都核能产业技术联盟将进一步研究核能行业的发展如何与北京市经济对接等问题，为促进北京市的经济发展作出贡献。

（市科委社发处　可持续中心）

【2010年基于3G－GIS的安全生产网络化监管系统支撑技术的研究启动】　9月3日，由北京亚思顿科技发展有限公司、市劳动保护科学研究所、西城区城市管理监督指挥中心共同申请的公共安全领域内的“基于3G－GIS的安全生产网络化监管系统支撑技术的研究”重大科技项目立项论证会召开。该项目将研发一套基于3G－GIS的安全生产网格化监管系统，建立不同功能定位的安全生产网格化监管模式。该模式将过去被动应对突发事件的问题管理模式转变为主动发现问题和解决问题的模式，实现了从政府单纯指挥到政府监督协调、企业规范运作、市民广泛参与的安全生产网格化监管体系的转变，有效提升北京市安全生产监督管理工作的效率和水平，真正实现北京安全生产监管的信息化、标准化、精细化和动态化。

（市科委社发处　可持续中心）

【大型养鸡场沼气发电关键技术研究与示范】　11月3日，市科委2007年重大项目“大型养鸡场沼气发电关键技术研究与示范”通过验收。经过2年多的技术攻关和示范建设，项目承担单位将国外采用的完全混合式沼气发酵工艺（CSTR），与国内新开发的升流式固体反应器（USR）沼气发酵工艺相结合，建设进料TS浓度达10%—12%，日产沼气≥15000立方米，沼气中甲烷含量≥60%的大型沼气示范工程，并实现热电肥三联供体系，为北京市可再生能源产业提供一个良好的范例。

（李　俊）

【新型低谷电蓄能供暖技术在旧城改造建筑中的应用研究与示范项目启动】　11月12日，市科委组织的2010年重大科技项目“新型低谷电蓄能供暖技术在旧城改造建筑中的应用研究与示范”启动。低谷电蓄能技术应用于北京旧城供暖改造，具有重要的工程应用价值，不仅有利于缓解电力的峰谷问题及环境污染问题，还可以实现按需供热和分户计量，可有效解决目前旧城供暖改造中存在的室内舒适性不理想和供暖费用偏高等问题，为北京市旧城区改造提供了一种新的供暖方式，也对我国北方地区供暖具有重要的示范意义，对北京市建设环境友好型和资源节约型城市具有重要的现实意义。

（倪　盈）

【北京市地下水对地铁规划、建设的影响与工程对策项目通过验收】　11月12日，由市勘察设计研究院有限公司张在明、北京工业大学杜修力、北京市轨道交通建设管理有限公司罗富荣等承担的“北京市地下水对地铁规划、建设的影响与工程对策”项目通过验收。该项目针对地下水动态变化对地铁结构的影响，建立了北京中心区浅层地下水三维预测模型；对地铁建设中发生的地下水灾害问题进行分析，特别研究了地下水位上升对地铁隧道结构的影响；研究了地下水渗透力对基坑安全的影响；提出考虑管土相对刚度的管线变形与弯矩计算的“刚度修正法”；研究了地铁工程建设对地下水的影响问题，特别是系统分析了地铁线路对地下水的阻隔作用及其对水环境造成的影响，提出分析评价方法；针对北京地区浅层地层特点，分析研究了施工降水引起的地面沉降和地下水资源环境的影响问题，提出相应的工程对策；以实际的试验数据，对比分析土体强度指标的确定方法对支护结构设计的影响，给出对工程设计具有指导性的结论。

（市科委社发处　可持续中心）

【生物质资源在新农村应用中瓶颈技术研究与示范项目启动】　11 月 13 日，市科委 2010 年重大科技项目“生物质资源在新农村应用中瓶颈技术研究与示范”启动。本项目为新农村农民提供方便、洁净、安全、经济的生物燃气为核心目标，解决目前生物燃气生产和应用过程中存在的关键瓶颈问题，建立以平原区为服务对象的大中型生物质集中气化的产业链条、以山区和浅山区为服务对象的 CNG 生物燃气的产业链条，有效支撑市委、市政府“镇镇通燃气”等能源建设工作部署。

（李　玮）

【污水处理厂节能关键技术研究与示范项目启动】　11 月 26 日，市科委组织的“污水处理厂节能关键技术研究与示范”项目启动。项目抓住污水处理高耗能环节，提出开发污水生物处理工艺高效节能技术和污水处理化学除磷工艺精确控制系统技术，在保证出水水质稳定达到一级 B 标准的前提下，实现降低污水处理系统运营能耗 10% 以上，节省化学除磷药剂投加量 20% 以上，编制污水处理厂节能技术手册，提升污水处理厂工艺水平和管理水平，为北京市污水处理厂节能提供技术支撑。

（李　俊）

【2010 年北京交通领域重大科技项目启动】
11 月 27 日，市交通领域 2010 年拟定立项的三项重大科技项目“公交城市建设综合技术研究应用与示范”、“新一代智能交通技术研究及应用”和“提升北京轨道交通运行效率与轻轨关键技术研究”立项论证会召开。市科委、市交通委、市公安局交管局等委办局，以及市轨道交通建设与管理公司、市轨道运营公司、清华大学等多家企业及高校相关领导参加。“轨道交通”项目将有效提升轨道交通装备自主创新和产业化水平；“新一代智能交通”项目推动新型交通信息采集技术发展，将有效提升路网容量、改善交通运行效率和服务水平；“公交城市”项目为地面公交线网优化、轨道交通网络化运行组织，实现便捷、舒适、高效的换乘，提升公共交通吸引力提供有力的支持。

（杨鹏宇）

【燃煤电厂氮氧化物控制综合技术与低品位余热利用技术研究及示范项目启动】　11 月 30 日，市科委 2010 年重大科技项目“燃煤电厂氮氧化物控制综合技术与低品位余热利用技术研究及示范”启动。该项目针对电厂 200 兆瓦机组现有的氮氧化物控制技术，利用“风包粉”水平浓淡煤粉燃烧技术和燃尽风相结合的分级燃烧技术对低氮氧化物燃烧系统进行技术改造，从而进一步降低烟气中氮氧化物的排放水平。针对 SCR 烟气脱硝系统催化剂在运行遇到的实际问题，以铁基材料为基础研究和开发高效、廉价、无毒的新型催化剂并进行工业示范。针对电厂周边需求，采用吸收式循环技术对电厂内循环水余热回收用于冬季采暖和非采暖季生活热水制备，回收循环水余热制备流量化工车间生产工艺用热水以及除氧器乏汽余热回收、联排疏水余热回收等多项低品位余热综合利用技术。

（刘育松）

【2009 年北京国际生态建设研讨会召开】　12 月 5 日，由市科委和门头沟区政府主办，门头沟区科委、社发处可持续中心和生态人类联合体（中国环保网中芬汇能科技）共同承办的“2009 门头沟生态建设研讨会”在门头沟区举行。国内外科研机构和高校的国家生态修复专家参加了本次研讨会，共同探讨、交流生态修复的先进理念和修复技术，同时研究确定下一阶

段生态修复、生态建设的发展重点和合作方向等问题。

（陈茜尹）

农业科技

【农村科技服务港开展科技三下乡活动】 1月15日，农村科技服务港组织开展了“科技资源下乡、科技知识下乡、科技成果下乡”三下乡活动，聘请食用菌专家就北京食用菌发展现状、适应品种及关键栽培技术等方面对农户进行培训，以实现提升农民素质和促进农民增收的目标。同时，服务港对当地营房东和柳树底两块地进行了土壤检测，提出了有关配方施肥的指导性建议。此次活动受到当地农民的热烈欢迎。服务港以满足农民需求为出发点，继续为广大协调员提供科技服务，把更多先进的农业新技术向郊区转移辐射，使农业科技能够常下乡、常驻乡。

（市科委农村处　农村发展中心）

【北京市首家果蔬食用菌深加工项目启动】 2月26日，本市首家“果蔬食用菌深加工”项目奠基仪式在北京凯达恒业农业技术开发有限公司豆类产业园举行。该项目以新鲜果蔬、食用菌为原料，经脱水、油浴、膨化等先进的科学工艺处理后，深加工成果蔬食用菌脆片。由北京凯达恒业农业技术开发有限公司承担的“果蔬食用菌深加工”项目，因科技含量高和产品附加值大等优势，不仅在全国同行业中处于技术领先水平，同时也填补了北京地区果蔬食用菌深加工项目的空白。该项目吸收当地农民工500人就业。通过辐射带动作用，将进一步加快房山区现代农业的发展步伐。

（谢　佳）

【北京郊区信息化工程Ⅲ项目信息助农成效显著】 3月4日，由市科委农村发展中心承担的“北京郊区信息化工程 III”重大项目通过验收。该项目在“北京农村信息化工程”Ⅰ、Ⅱ期基础上，引入企业运营机制，利用网通在京郊拥有的电信资源以提供电信增值服务为切入点，整合农业企业、农业科研单位等科技资源，通过呼叫中心、手机短信、电子支付等便捷的信息终端，依托与农民的生产和生活联系最紧密的农企和农协，通过建立在乡村的爱农信息驿站和1500人的信息员队伍，构建起了一个集天网（无线通信网）、地网（宽带数据网）、人网（专职信息员）为一体的多功能农林信息化网络，覆盖13个远郊区县的163个乡镇，1600个行政村，其中累计代收费服务近230万人次，累计实现代收费金额超亿元。

（赵淑红）

【首都籽种产业发展科技行动启动】 3月7日，“首都籽种产业发展科技行动启动新闻通气会”在创业大厦召开，市科委、市农业局、市农林科学院的相关领导以及新华社、《科技日报》、《农民日报》等首都8家新闻媒体记者参加会议。会议向与会记者介绍了北京市科技工作为推动京郊籽种产业发展而提出的全新工作思路:以市场需求为出发点,研发、生产、交易并进,着力实施籽种产业发展科技行动。“行动”客观分析首都资源、区域优势,认真夯实前期工作基础,以农业育种基础研究创新平台为基础,开展种业创新,为籽种产业发展提供新品种和技术储备,并通过农业生物技术孵化器的建设,为种业研发提供实验、展示基地;充分发挥农村科技协调员的作用,依托创新型乡镇,带动相关区县开展制种基地建设;建立种业交易中心,为籽种产业的研发环节,提供种质资源、实用技术等科技成果的展示平台,为生产环节提供种子交易、品种权交易,吸引国内外种业企业落户北京,促进种业市场的快速发展。

(市科委农村处　农村发展中心)

【农村科技服务港举办协调员工作站经营管理专题培训班】 3 月 16—18 日,农村科技服务港联合北京农业职业学院共同举办了“协调员工作站经营管理专题暨农产品经纪人高级资格”培训班,来自 11 个郊区县 80 家工作站的近百名农村科技协调员参加了培训。此次培训开设了品牌建设与农产品包装设计、农产品营销实战技法、合作社经营与管理等工作站迫切需求的课程。这次培训拓展了农村科技协调员的思路,提升了协调员工作站的经营管理和营销能力。培训班结束后,通过职业鉴定考核的农村科技协调员可以获得由劳动和社会保障部认证的农产品经纪人高级职业资格证书。

(市科委农村发展中心)

【农村中心了解企业需求为企业提供服务】 4 月 23 日,农村发展中心帮扶企业工作小组召开了生态涵养发展区亿元以上农业企业座谈会,针对企业发展中面临的主要困难、科技需求以及政策需求进行调研。来自怀柔区科委和平谷区科委的领导及相关人员、北京大北农科技集团股份有限公司和北京华都峪口禽业有限公司等 9 家农业企业的代表参加了座谈会。会议针对企业信贷、政府采购、自主知识产权审批和高新技术企业认定等方面提出了相关政策性建议。为帮助企业渡过危机,农村发展中心提出了进一步推进企业发展的初步想法和建议。建立企业联盟,为企业提供综合科技服务;为农业企业提供高新技术企业认定服务;帮助企业申报国家级项目;通过建立籽种推介平台和企业科普工作站等形式,开展企业新产品、新技术推广服务;建议“高成长企业自主创新科技专项”(农业领域)优先支持生态涵养区成长性好的企业等。

(市科委农村处　农村发展中心)

【品评樱桃果实,展协调员风采】 5 月 26 日,顺义区农村科技协调员领办的樱桃合作社、樱桃种植大户等 17 个单位,带着他们种植的 11 个优良品种、47 个精挑细选的优质有机樱桃样品,参加顺义区举办的第一届樱桃大赛。经过专业评委、社会评委对外观、内在品质的品评,最后评选出人之初农业有限公司、北京市双河果园等 5 个一等奖,千子红樱桃合作社、百果天成合作社等 10 个二等奖。此活动推动了顺义区樱桃产业发展,同时展示了顺义区农村科技协调员应用科学技术所取得的成果。

(市科委农村发展中心)

【让边远山区农民同样拥有明亮的眼睛】 6 月 8 日,由市科委主办,市卫生局及区县卫生局、市眼科研究所及北京爱农驿站科技服务有限公司共同启动了北京边远山区的白内障筛查活动。前来接受检查的村民达 252 人。由于山区地广人稀、交通不便,本次筛查采用“筛查在乡镇,诊断回医院,结果返乡镇”的方式,利用信息化数字系统实现乡镇医院与三级医院的无缝连接,真正做到使村民足不出村就能享受到大医院的治疗。

(市科委农村处　农村发展中心)

【北京油鸡产业化及其关键技术研究项目通过专家验收】 6 月 11 日,市科委、区科委组织专家对北京蟹岛种植养殖集团有限公司承担的国家级星火计划“北京油鸡产业化及其关键技术研究”项目进行验收。北京油鸡是我国优良地方品种之一,已被市政府认定为北京市优质特色农产品。但是由于其生长周期长、产蛋率较低的原因,一直未形成工厂化生产。蟹岛集团借助市农林科学院畜牧所的技术力量,在内蒙古赤峰建立了油鸡养殖基地,通过项目实施,对北京油鸡养殖涉及的关键技术进行了研究和试验，为油鸡的规模养殖提供了技术支持，为北京油鸡种质资源的保存和产业化发展提供了良好的示范和借鉴依据。

（市科委农村处）

【首都新农村建设科技创新服务联盟系列座谈会召开】　6月15—16日，市科委农村处组织农村领域的骨干企业、科研院所、高等院校、相关政府部门以及服务机构等100余家单位，召开首都新农村建设科技创新服务联盟系列座谈会，会议旨在落实"科技北京"行动计划，加快农业领域产学研用相结合，通过科技支撑农业领域企业的发展，"保增长、保民生、保稳定、扩内需"，促进首都实现城乡经济社会一体化发展。

（市科委农村处　农村发展中心）

【蔬菜安全生产科技培训】　6月30日，农村科技服务港联合蔬菜产业服务资源站和农业投入品科技服务资源站，在怀柔区举办了蔬菜安全生产科技培训班，农村科技协调员和蔬菜种植户20多人参加了此次培训。专家采用参与式方法，实地介绍和讲解了蔬菜新品种及品种的搭配、蔬菜种植茬口安排、有机蔬菜栽培技术标准及规范、蔬菜安全施肥用药、市场销售策略等。还与农村科技协调员就产业中存在的问题进行交流。农村科技服务港还为农村科技协调员介绍了蔬菜产业相关科技服务资源。此次培训进一步提升了基层工作站蔬菜种植设施的科技含量，提高了农村科技协调员的蔬菜安全生产意识和生产经营水平。

（市科委农村中心）

【首都新农村建设科技创新服务联盟揭牌启动】　7月13日，由市科委组织农村领域的骨干企业、科研院所、高等院校、相关政府部门以及服务机构等100余家单位组建的"首都新农村建设科技创新服务联盟"启动仪式举行。服务联盟旨在落实"科技北京"行动计划，加快农业领域产学研用相结合，通过科技支撑农业企业的发展，提高农业企业自主创新能力和市场竞争力，推动京郊产业发展，实现"保增长、保民生、保稳定、扩内需"的目标，促进首都实现城乡经济社会一体化发展。

（市科委农村处　市科委农村发展中心）

【市科委牵手乡镇共谋生态涵养区发展】　7月15—16日，市科委召开"科技促进生态涵养发展区协调发展乡镇长研讨班"，拟深化创新型乡镇建设工作，以乡镇为节点，利用创新型乡镇建设的经验推动生态涵养区发展，把首都人才、培训、技术等优势科技资源输入乡镇、输入基层、输入首都生态涵养发展区。通过乡镇走创新之路引领生态涵养区发展，形成科技支撑，有效辐射推广，促进生态保护、产业发展与城乡建设协调发展。43名乡镇长（或书记）参加了此次培训。市科委主任闫傲霜、书记杨伟光出席并讲话。研讨班将进一步培养乡镇长依靠科技谋发展的意识和能力，带领乡镇走科技引领、创新驱动、科学发展、强镇富民之路。

（市科委农村处　农村发展中心）

【12396北京新农村科技服务热线在顺义区开展食用菌咨询活动】　7月17日，12396坐席专家陈文良老师针对顺义区李遂镇北沟村在食用菌种植方面的科技需求，联合顺义区蔬菜种植中心组织开展了食用菌咨询活动。来自北沟村的20余名食用菌种植户参加了活动。在活动现场，陈文良老师针对农户在生产中遇到的平菇黄斑病如何防治、生料栽培需要注意哪些问题，香菇上长蛞蝓如何防治等一一作答。能够得到专家的现场指导，农户们都表示非常满意。为了进一步方便农户们向专家进行咨询，现场还对12396北京新农村科技服务热线进行推介，向到场的农户介绍了12396的服务内容以及服务手段。这样农户们就可以通过打电话、双向视频等方式和专家直接沟通。

（市科委农村发展中心）

【区县互动 合作组织实现联合发展】 8月13日，市科委农村发展中心组织昌平区科委、昌平区十三陵镇政府及十三陵果业协会等单位的负责人，到顺义区南彩镇天天康乐果品产销合作社参观学习，并听取天天康乐果品产销合作社关于企业经营模式等方面的经验介绍。双方就组建发展农民合作社过程中的想法和经验进行了交流，提出农民合作组织的建立要因地制宜，根据区位优势发展特色产业等建议。双方初步达成需求对接意向。

（市科委农村发展中心）

【农村科技服务港举办肉牛安全生产及快速育肥技术培训】 8月21日，农村科技服务港针对通州区张家湾镇枣林庄养殖中心反馈的肉牛安全生产及快速育肥技术需求，组织中国农大和市农学院的专家，在枣林村举办"肉牛安全生产及快速育肥技术培训"，养殖中心的20多名养殖人员参加了此次培训。培训会上，专家从肉牛品种以及架子牛的挑选、饮水、育肥日粮配方、饲养管理、环境控制、疾病预防等几个重要技术环节对养殖户进行了传授和讲解，并对养殖户就产业中存在的问题和市场销售策略等进行了分析和指导。农村科技服务港还为养殖户介绍了12396科技服务热线和养殖产业相关科技服务资源。通过此次培训，进一步提升了基层合作社肉牛养殖的科技含量，提高了养殖户的安全生产意识和生产经营水平，为当地肉牛产业发展提供了科技支撑。

（市科委农村发展中心）

【生态涵养发展区休闲农业系列讲座在怀柔区拉开帷幕】 9月1日，农村科技服务港联合北京山区农业发展服务资源站、怀柔区科委，在怀柔区举办了"生态涵养发展区休闲农业系列讲座"。本次讲座旨在深入贯彻落实"科技北京"行动计划，贯彻落实市政府《关于促进生态涵养发展区协调发展的意见》和推进沟域经济发展的工作精神，怀柔区协调员工作站、休闲农业协会负责人及重点乡镇村领导近百人参加了本次活动。

（市科委农村发展中心）

【市科委开展"双百对接"活动力促乡镇科学发展】 11月12日，市科委农村发展中心在北京市创新型乡镇建设中开展"双百对接"活动，以创新型乡镇为主，辐射其他乡镇，搭建100个村党支部与100个具有相关资源优势和科技服务能力的市科技系统党支部对接的平台，着眼创新型乡镇建设实际，以促进农民增收为核心，以加快农村产业结构调整为主线，从产业、环境、民生等方面，推动100套技术成果在乡镇应用，培养100名农村科技致富带头人。通过"双百对接"活动，建立乡镇党建工作科技支撑体系，全面加强农村基层党组织建设，统筹城乡科技资源，把全市科技系统的人才、技术和培训资源导入创新型乡镇村支部，力助村支部理清科学发展思路，掌握科学工作方法，创新应用科技成果，解决制约产业发展的关键问题和影响农民增收的突出问题，切实带动农民增收致富。

（市科委农村发展中心）

【创新成果推广模式，保障葡萄产业健康发展】 12月，由中国农业大学葡萄酒研究中心承担的"观光采摘葡萄园品种配置及配套技术"课题通过验收。该课题结合北京都市型现代农业发展方向，通过建立观光采摘葡萄园、引进适宜在北京地区发展的葡萄品种、集成优质葡萄生产技术、加强基层技术人员培训等多种形式，开展观光采摘葡萄园品种配置和配套技术的推广工作，累计引进15个葡萄品种，在延庆、顺义、通州建立了4个示范观光采摘葡萄园，开展避雨栽培、有机栽培等葡萄生产配套体系推广，示范推广面积1000多亩，累计培训8次，培训葡萄种植户1000多人，培养农村科技协调员40多人，有效地促进了京郊葡萄产业的健康发展。

（市科委农村处　农村发展中心）

【果品保鲜与加工的冰温技术应用项目通过验收】 12月，市科委重大项目"果品保鲜与加工的冰温技术应用"通过专家验收。该项目凝聚了中国农业大学、中国农科院、复旦大学等优势科技资源，针对果品保鲜难的问题，开展关键技术攻关。通过项目的实施，成功实现了大桃保质、保鲜3个月，磨盘柿保鲜4个月的目标，并对樱桃、草莓、葡萄等水果开展试验，扩大了冰温技术的应用范围，实现了生物冰点库的国产化。同时，项目成功开发出冰温果酒，对延长果品产业链，提高果品附加值具有重要意义。

（市科委农村处）

【设施农业装备关键技术研发实现重大突破】 年内，由市农业机械研究所、北京京鹏环球科技股份有限公司承担的市科委科技计划重大项目“设施农业装备关键技术研究、集成及功能示范”是一项集电子技术、机械装备、设施栽培、材料技术、生物技术、信息技术、管理技术、控制技术于一体的系统工程。项目经一年多的研发与试验，实现了技术突破与创新：一是开发的苗木移栽机械，与通用的穴盘育苗设备配套，可实现秧苗的无损伤移栽，填补了国内空白，申报相关发明专利4项；二是新型智能无线传感器的研发，用于环境与植物生理生态信息的无损检测，可实现低成本高安全性的土壤、植物、环境等多元素信息的实时动态获取，成本比国外同类产品降低50%；三是将地热技术应用于农业，能源利用率高，零排放，无污染，是替代化石燃料供暖的有效途径。

（市科委农村处　农村发展中心）

高新技术及其产业

Hi-tech and it's Industries

电子信息技术

【长风联盟SOA套件及应用指南隆重发布】 1月7日，长风联盟召开“长风联盟SOA套件发布与应用大会”。来自工信部、市科委等主管部门的领导、知名专家学者以及科研院所、软件企业行业和用户的代表近200人参加了此次会议。会上发布了长风联盟SOA套件和长风联盟SOA应用指南。本次发布的SOA套件，形成通用和专用两大类产品，包括业务建模、集成开发工具、流程管理、服务管理等工具。在面向应用的专用SOA产品方面，研发了我国首个集成多家企业技术精华而形成的SOA行业平台——SOA服务集成框架，支持集成商快速实施SOA，弥补了国外产品在SOA实施方面的不足。

（张　玲）

【长风联盟联合中国电子技术标准化研究所提交四项SOA国标申请】 3月23日，长风联盟组织联盟企业东方通，并联合中国电子技术标准化研究所，向全国信息技术标准化技术委员会提交了SOA产品互操作相关的四项标准，欲申请将这四项标准作为国家标准。四项标准是：《SOA技术产品互操作 第1部分：总体框架》；《SOA技术产品互操作 第2部分：技术要求》；《SOA技术产品互操作 第3部分：功能要求》；《SOA技术产品互操作 第4部分：接口规范》。

（张　玲）

【长风联盟五成员成为工信部标准工作组首批成员单位】 3月，工信部成立了“信息技术服务标准指导协调组”和“信息技术服务标准工作组”。标准工作组的主要任务是根据我国信息技术服务业发展现状和趋势，研究提出信息系统建设、信息技术运维、信息技术服务管理、软件即服务（SaaS）、工业软件应用服务等方面的标准需求，研究并建立信息技术服务标准体系，制定信息技术服务领域的相关标准。长风联盟及其五成员太极计算机股份有限公司、北京华深慧正系统工程技术有限公司、首都信息发展股份有限公司、北京博士山科技有限公司、北京软件行业协会系统与软件过程改进分会成为标准工作组首批成员单位。

（张　玲）

【北京市第三届优秀软件构件评选活动高校沟通见面会召开】 5月20日，北京市第三届优秀软件构件评选活动高校沟通见面会在市科委人才交流中心召开，北京大学、清华大学、北京科技大学等19家北京重点高校相关负责人出席见面会。本次评选活动是在市科委的支持下，依托北京软件产业基地公共技术支撑体系，由北京软件行业协会、北京软件产品质量检测检验中心与北京大学共同举办，市科委人才中心作为大赛的协办单位承担北京高校和大学生的组织协调和报名工作。本届优秀软件构件评选活动的参选对象在前两届面向软件企业的基础上，首次增加了高校群体，目的是进一步加强软件构件技术在实际过程中的应用，搭建构件技术优秀企业与高校人才的桥梁，使企业人才需求样式与学校的人才培养模式结合起来，让学生能够在毕业后更好更快地融入企业、适应社会、了解软件开发方面的发展趋势。

（郭　伟）

【长风联盟4家企业签约政府采购示范项目】 6月11日，市发改委、市科委、市经信委、市财政局、中关村管委会共同召开政府采购中关村自主创新产品第三次签约大会暨政府信息化项目对接会。会上共签订53个政府投资项目，总投资达到3.6亿元，拟采购自主创新产品2.2亿元，占总投资比例为61%。市政府各有关部门、各区县政府以及相关企业共300余人参加了此次会议。长风联盟会员中科红旗、人大金仓、东方通和超图软件4家公司在会上与市经信委分别签署了操作系统、数据库、中间件和地理信息系统的战略合作协议。

（张　玲）

【北京馆亮相第十三届中国国际软件博览会】 6月11—13日，由市科委主办的“第十三届中国国际软件博览会北京馆展示活动”在北京展览馆举行。本届软博会北京馆主要着眼于市科委的工作部署，以“科技北京 引领发展”为主题，以软件行业应用和软件技术普及为主线，重点展示联盟标准、科技奥运、市民生活、行业应用及新型服务业等方面的软件企业技术成果，进一步总结“科技奥运”成功经验，突出长风联盟的技术标准和创新成果，展示软件在改善人民生活方面的重要作用，推广政府及交通、金融、工业、农业等行业解决方案，开拓更多新的行业应用与发展空间。展会总参观人数达到8万余人。

（周　娜）

【“SaaS核心技术创新与应用高峰论坛”召开】 6月30日，长风开放标准平台软件联盟和北京中企开源信息技术有限公司共同主办的“SaaS核心技术创新与应用高峰论坛”召开。工信部软件服务业司、市科委、市经信委等政府主管部门领导，行业用户、长风联盟软件服务运营工作组成员、研究机构、联盟会员、相关厂商以及相关媒体的代表130多人参加。论坛上，长风联盟基于对SaaS发展现状的研究和分析，提出了长风联盟SaaS观，即SaaS将带动IT产业探索服务化、运营化之路，而SaaS产业链的核心是服务运营商。因此长风联盟推出了SaaS推进战略，即培育龙头、促进运营、丰富应用、强化基础。同时，来自国内外在SaaS领域比较具有代表性的几个企业，如中企开源、Salesforce、用友伟库、IBM、曙光公司结合各自公司的SaaS实践，从技术创新和应用模式创新的角度和与会人员研讨对SaaS的体会和认识。

（张　玲）

【OW2主席一行访问长风联盟】 9月17日，国际著名中间件开源组织OW2主席赛德里克·托马斯一行访问长风联盟。OW2开源软件国际联盟是由中国“四方国件”联盟（Orientware）与法国国际性中间件开源软件联盟（Objectweb）于2007年1月共同发起成立的，旨在推进国际中间件技术的共享和应用。本次OW2的访问主要是希望能够利用长风联盟丰富的企业资源，将OW2开源技术推广到联盟会员企业中，使更多的中国企业能够关注和加入到OW2的社区开发当中。本次会议双方就网站合作、媒体宣传和市场合作等方面达成了共识。

（张　玲）

【工信部到长风联盟调研软件向服务转型工作】 10月14日，工信部到长风联盟调研，了解联盟企业对标准建设及对软件向服务转型（SaaS）现状的想法和发展建议，以便更好地推进软件产业的发展。电子四所、中企开源、用友、清华同方、拓尔思及神州商桥等6家单位参加。企业代表普遍认为标准是企业增强竞争力的重要战略手段，而SaaS是从打造平台产品为中心的自主创新应用产业链向构建软件服务商为中心的具备自主创心能力和价值的软件服务产业链的升级发展。在SaaS的发展过程中，单个企业很难摆脱信任度低、资金持续投入困难、一盘散沙等问题，企业非常需要以联盟为组织的工作机制，去推动SaaS迅速发展。

（张　玲）

【长风联盟参加2009年信息城市高层论坛】 11月26日，长风联盟应邀参加由市经信委召开的“2009年信息城市高层论坛”项目名录发布预备会。中关村物联网产业联盟、清华大学、北京邮电大学、中国科学院、北京通信信息协会等单位参加本次会议。会议由市经信委科技处处长林绍福主持。与会代表就“物联网示范项目和技术成果/解决方案”的申报和发布情况进行了讨论。长风联盟企业太极、东方通、中科方德申报了3个技术成果/解决方案。

（张　玲）

【长风联盟与北航进行技术交流】 11月26日，长风联盟组织中企开源、和利时、神州数码、华迪、东方通等多家企业的20余名技术专家，前往北京航空航天大学计算机学院参与技术交流活动。院领导介绍并演示了北航ACT实验室研发的网络化软件运行平台iVIC和SOA中间件平台XServices的技术功能特点，双方就平台技术标准选择、性能指标、应用场景等做了深入细致的探讨，对科研成果向企业的转化形式进行初步交流。联盟企业普遍认为，高校与科研院所有许多企业需要的技术创新成果，可以帮助企业开拓新的业务应用空间。院长马殿富也希望长风联盟发挥组织优势，促进校企合作，推动科研成果向市场的转化。

（张　玲）

【长风联盟参加市科委推进产业技术联盟媒体发布会】　12月11日，市科委推进产业技术联盟媒体发布会在北京创业大厦第二会议室举行。市科委相关领导、各联盟的代表及新华社、《人民日报》、《科技日报》、中央电视台、北京电视台等媒体的记者参加了本次会议。会上，长风联盟秘书长肖澜对联盟的组织结构、运行机制以及在带动产业发展方面取得的成绩做了整体介绍。长风联盟“规模最大、影响力最大、会员企业营业收入最多”的特点引起了媒体的浓厚兴趣。

（张　玲）

【国家信息化专家咨询委员会常务副主任周宏仁到长风联盟指导工作】　12月16日，国家信息化专家咨询委员会常务副主任周宏仁一行4人到长风联盟指导工作。周宏仁对长风联盟的工作业绩给予了高度肯定，他指出自主可控软件企业要想快速发展，就必须联合，只有联合才可以抵御国外竞争对手的压力，提高市场占有份额；联盟的发展思路非常正确，联盟的出现改变了企业单打独斗、势单力薄的状况，为软件产业的发展作出突出贡献，联盟应在正确的道路上加速前行。周宏仁还表示今后会更多依托长风联盟开展相关工作，希望联盟能发挥枢纽作用，架起专家和联盟会员企业沟通的桥梁，便于专家咨询委更快捷、更深入地了解企业实际困难，使企业的问题能够得到更好的关注和解决，帮助软件企业更快更好的向前发展。

（张　玲）

【长风联盟担任全国信息标准化委员会SOA工作组副组长单位】　12月22日，全国信息标准化委员会SOA工作组在北京会议中心正式成立。工作组组长由工信部软件服务业司副司长陈英担任，长风联盟为副组长单位之一，秘书长肖澜受聘为副组长。联盟成员用友、太极、东方通、华迪、有生博大、开普互联及中科院软件所和计算所共8家为工作组成员单位，体现出联盟在标准化工作中的作用得到国家主管部门认可，体现出了长风联盟在中国软件产业标准化工作中的重要作用。

（张　玲）

先进制造技术

【北京市积极对接国家科技重大专项】　2—4月，国家“高档数控机床与基础制造装备”科技重大专项共启动了三批课题的申报工作，这些课题主要围绕高档数控机床与基础制造成套装备、数字化与智能化控制单元等进行研究和开发。专项由工信部负责并组织实施。市科委积极组织了北京市27家相关单位申报49个课题，申请国家经费49989万元，自筹与地方匹配合计65287万元。在49个课题中，主机类课题22个（包括高档数控机床17个课题，基础制造装备5个课题），占45%；功能部件类和关键部件类（数控装置、功能部件、量仪）课题11个，占22%；共性技术类课题13个，占27%；标准、技术规范研究类课题3个，占6%。49个课题中企业组织申报的课题数为31个，占63%；研究单位组织申报的课题数为16个，占33%；高校组织申报的课题数为2个，占4%。在北京数控创新装备联盟组织下，联盟成员互通有无，建立产学研合作团队，联盟成员共组织申报28个课题，占北京总申报数的57%。

（韦　瑾　许宏霞）

【先进制造领域开展高新技术企业认定政策宣讲帮辅】　4月28日，由北京生产力促进中心主办的“先进制造领域高新技术企业认定政策宣讲帮辅会”召开，会议旨在进一步加快北京市高新技术企业认定工作进度，消除企业对相关政策的疑问，避免企业在申报时的盲目性，使帮扶企业更有效地将符合高新技术企业条件的要素进行整合和填报，以便应对金融危机的不利影响。北京数控装备创新联盟成员单位、北京市重点科技项目和高成长项目承担企业以及各区县亿元以上重点企业等40余家企业的代表参会并进行了现场咨询与交流。会议重点解读了高新技术企业认定管理工作体系、认定条件及相关政策，梳理了申报认定的注意事项，引导符合条件的企业积极申报，鼓励企业进行技术创新，优化产业结构，促进经济发展。

（申彤　许宏霞）

【北京装备制造业研发基地启动】　5月，由市科委主持的“保民生、促增长，科技服务企业现场会暨行业研发基地授牌仪式”在通州区举行，科技部和北京市相关领导出席。研发基地的基本任务是为重点产业发展长期持续地提供关键技术研发，为行业内的企业提供技术创新和技术服务，从而促进科技成果转化。首批启动的四个行业研发基地是北京汽车与装备轻量化技术研发、粮油食品、固体废物处置和光电材料及器件研发基地。

（刘平　许宏霞）

【市科委发起成立北京医疗器械产业创新联盟】　6月5日，市科委先进制造与自动化处、北京生物技术和新医药产业促进中心、北京新材料发展中心与乐普（北京）医疗器械股份有限公司等8家机构，共同倡议成立北京医疗器械产业创新联盟。联盟将广泛吸纳科研院所、临床医院、检测机构、监管机构以及供应商等上下游资源，搭建共性关键技术平台，通过合作开发、联合共建等方式，为企业在新产品开发、核心部件研制、关键技术攻关、临床实验研究、产品注册报批等方面提供帮助，加快科技成果产业化进程。联盟运行机制应以企业为主体、政府引导、市场化运作的产学研用融合方式。

（市科委先自处）

【北京装备制造业稳步发展“高端、联合”作用突显】　6月17—18日，由北京生产力促进中心承办的“北京数控装备创新联盟2008年度总结暨换届大会”召开。科技部政策法规与体制改革司、工信部规划司、中国机床工具工业协会等国家和行业主管部门的领导，市科委、市国资委等委办的相关领导和联盟成员代表近70人参加会议。此次会议重点是总结数控装备制造业发展情况以及数控联盟成立两年来开展的工作、取得的成绩和经验，更好地服务于行业。会议指出，联盟成立至今，成员单位由11家发展到25家，涵盖了北京地区90%以上的产业资源。联盟成员连续两年工业总产值近70亿元，占全市的80%以上，行业服务性收入连续两年超过4亿元。

（陈国英　许宏霞）

【首都钢铁服务产业联盟在京成立】　6月18日，以“携手应对危机，合作共赢未来”为主题，“首都钢铁服务产业联盟成立暨重大工程技术服务项目签约仪式”举行。“首都钢铁服务产业联盟”由市科委发起，中冶京诚工程技术有限公司、钢铁研究总院、首钢总公司、北京矿冶研究总院、北京冶金设备研究院、冶金工业规划研究院、金自天正股份有限公司、北京科技大学和北京新材料发展中心等9家钢铁服务与生产单位共同成立，旨在提升首都钢铁服务产业的核心竞争力，提振产业信心，并以此为契机带动首都科技服务业的全面发展。联盟的成立是市科委以科技帮扶企业渡难关、以科技驱动产业促发展的一项重要举措。

（市科委先自处）

【对接国家新能源汽车“十城千辆”示范工程】　6月20日，由市科委与北京新能源汽车产业联盟主办、北汽福田汽车股份有限公司承办的“北京新能源汽车签约及交车仪式”在北京新能源汽车制造设计基地举行，市发改委、市财政局、市公交集团等委办局主管领导，北汽控股公司、台湾成云汽车公司、西城区环卫局等生产与用户单位以及科研单位近百人出席。仪式上，台湾成云汽车公司和北汽福田公司签订了采购75台欧V混合动力新能源客车的购买意向合同，北京生产的新能源客车将首次销往宝岛台湾。北汽福田公司还向西城区环卫中心等单位交付了新能源汽车。北京将陆续向济南、大连等城市提供新能源汽车，有力支持国家新能源汽车“十城千辆”示范工程的实施。

（韦瑾　许宏霞）

【中关村半导体照明产业技术联盟成立】　6月30日，中关村半导体照明产业技术联盟成立，市委常委赵凤桐为联盟揭牌。市科委、天安门管委会、中关村管委会等委办的领导以及北京21家LED产业优势单位参加了成立大会及展览会。北京在半导体照明方面科研实力雄厚，高端产业已初具规模，特别是在装备研制、衬底材料、外延材料、芯片、大屏幕LED全彩显示、特色照明灯具、检测及标准制定等方面具有很强的优势。联盟成立后，将凝聚产业链上下游资源，发挥北京在检测和标准制定方面的优势，促进大屏幕全彩显示和景观照明等高端应用。

（市科委先自处）

【北京有源显示工程技术研究中心落户北京大学】 7月15日，市科委启动"TFT有源OLED显示屏关键技术研发"科技计划项目，并以北京大学有源显示研究中心为依托，建设北京有源显示工程技术研究中心。该中心旨在抢占新型平板显示技术的战略制高点，更好地支撑首都战略性支柱产业——电子信息产业的发展。中心将充分发挥北京大学学科的综合优势，系统开展新型有源显示系统（平板和柔性显示器）器件结构、工艺、电路和材料的研究，致力于打造领域共性关键技术的研发平台和成果转化平台，通过创新产学研用合作机制和科技成果转化机制，为新一代有源显示产业的发展提供原创技术，培养高端人才。

（市科委先自处）

【非晶产业创新示范基地在京成立】 8月13日，"非晶产业创新示范基地揭牌暨重大科技计划项目启动仪式"举行，市委常委赵凤桐、副市长苟仲文出席。作为典型的高科技产品，非晶带材的制造与使用过程都凸显出优异的节能和环保特性。在科技部和市科委的持续支持下，具有自主知识产权的非晶带材攻关取得重大突破，实现了规模化生产，使我国成为世界上第二个拥有非晶带材工业化生产能力的国家。

（市科委先自处）

【北京材料分析测试服务联盟天津合作交流会举行】 9月21日，由市科委和南开大学联合主办，首都科技条件平台天津合作交流会在天津举行。来自京津两地的近150名科技界、企业界人士参加了本次交流活动。交流会促进了京外科技创新活动对优势科技条件资源共享和京津及环渤海的科技信息、科技仪器的区域合作，进一步推动首都科技条件平台以及分析测试联盟服务理念向北京周边地区的辐射。

（市科委先自处）

【2009（第四届）动力锂离子电池技术及产业发展国际论坛举行】 10月15—18日，市科委、清华大学、北京工业大学共同主办的"2009（第四届）动力锂离子电池技术及产业发展国际论坛"举行。论坛是为了进一步探讨锂离子电池大规模应用的关键技术问题和未来发展趋势，宣传国内外优秀科技成果，支撑北京市新能源汽车发展。本届论坛特别邀请了美国能源部高级官员斯蒂芬·哥根做主题演讲，中科院院士陈立泉、杨裕生，国内锂电池知名企业、投融资界人士以及来自美国、加拿大、瑞典、法国、德国、日本及台湾地区的专家学者300多人参加了此次研讨会。

（市科委先自处）

【北京材料分析测试服务联盟厦门服务基地成立】 10月19日，北京材料分析测试服务联盟（以下简称测试联盟）厦门服务基地揭牌仪式在厦门举行。厦门市政府、北京市科委、厦门市建设与管理局、厦门市科技局、中国建材集团、厦门集美大学的有关领导以及测试联盟成员单位、厦门市大型企业代表共计180余人参加揭牌仪式。该基地的成立，一方面是测试联盟整合内部资源、创新合作模式、提升服务能力、建设紧密型联盟的新举措；另一方面是测试联盟拓展服务空间、构建服务网络、加强市场运作、打造服务品牌的又一突破。该基地的建设将成为京厦科技、产业合作的重要组成部分，为北京丰富的科技条件资源在厦门的输出开辟对接窗口。

（市科委先自处）

【乐普（北京）医疗器械股份有限公司登陆创业板】 10月30日，乐普（北京）医疗器械股份有限公司已成功登陆深交所创业板，乐普公司自成立以来，在市科委等单位的支持下，相继完成了支架、导管等多项介入医疗核心产品的研制开发和产业化工作，在业内第一个获得国家药监局颁发的"冠状动脉支架输送系统"产品注册证(III 类)、第一个研发并试制成功抗感染"药物中心静脉导管"。其主要产品包括血管内药物(雷帕霉素)洗脱支架系统、冠脉支架输送系统、PTCA 球囊扩张导管、药物中心静脉导管等。乐普公司本着"诚信、优质、科学、创新"的企业精神,将竭诚为广大医务人员与患者提供最佳品质的产品与服务,努力打造国内一流的介入医疗器械民族品牌。

(市科委先自处)

【北京石化新材料科技产业基地揭牌】 11 月 5 日,由市科委、市经信委、市发改委、房山区政府、燕山石化公司共同举办,房山区政府燕山办事处和北京新材料发展中心承办的北京石化新材料科技产业基地揭牌仪式及基地发展论坛暨项目推介会举行。建立北京石化新材料科技产业基地是北京市委、市政府应对国际金融危机,抓住国家调整振兴石化产业机遇,推进产业结构调整和升级,发展壮大首都实体经济而作出的重要战略举措,对促进首都经济平稳较快发展具有重要意义。

(市科委先自处)

【北大先行在京打造磷酸铁锂产业链】 11 月 14 日,北京普莱德新能源电池科技有限公司在大兴区采育经济开发区揭牌成立。该公司由北大先行等 4 家公司共同出资 1 亿元设立。未来主要生产和销售电动汽车使用的动力锂电池组、电源管理模块、动力电池系统,提供电动汽车动力电池技术支持和解决方案,将配套北汽集团旗下汽车企业的新能源汽车,包括北汽自主研发的"北京"牌轿车和越野车,北汽福田生产的新能源商用车,以及国内外其他企业的新能源汽车。2009—2015 年将生产可装车 14.86 万辆的锂离子动力电池和电池更换系统。

(市科委先自处)

【北京太阳能建筑一体化发展论坛举行】 12 月 8 日,由市科委、市自然科学基金委员会、中国可再生能源学会支持,北京新材料发展中心与中国可再生能源学会太阳能建筑专业委员会共同主办的"2009 北京太阳能建筑一体化发展论坛"在国家会议中心举行。本次论坛吸引了安泰科技、良业照明、科诺伟业、计科新能源等近 50 家企业和中国建筑设计研究院、北京市建筑设计研究院、清华大学建筑设计研究院等 30 余家科研机构的代表以及 20 多位国内外太阳能应用领域的专家学者共计 100 多人参会。论坛旨在促进北京市太阳能综合利用科技成果的推广和应用。

(市科委先自处)

【"推广科技奥运成果,促进垃圾分类处理研讨会"举行】 12 月 15 日,由市科委和市市政市容委共同主办、北京新材料发展中心承办的"推广科技奥运成果,促进垃圾分类处理研讨会"召开。市科委、市市政管委、各区市政管委、市环境卫生协会的有关领导以及生物降解塑料国内知名专家和企业代表共 60 余人参加了会议。此次会议的召开,实现了生物可降解塑料袋在北京奥运会中的应用经验与首都垃圾分类及处理需求的有效对接,必将对北京市的垃圾分类处理工作起到积极的推动作用。

(市科委先自处)

【市科委项目道路检测修复成果成功用于国庆阅兵保障工作】 年内,北京市科技计划重大项目"北京城市基础设施安全服役技术研究"在道路空洞检测修复技术方面取得突破,市政总院利用项目成果按要求对 2009 年国庆装备受阅路线、履带装备行进路线和替补装备行进路线的相关道路进行探地雷达检测,发现其中 11 条道路存在缺陷 27 处,包括 4 处脱空缺陷和 23 处土层松散缺陷。根据这一检测结果,项目承担单位对相关安全隐患进行妥善处理,保障了国庆阅兵的圆满成功。

(市科委先自处)

【北京科技奥运成果纯电动客车辐射全国】 年内,北京理工大学与上汽集团签订协议,由北京理工大学提供纯电动客车动力系统平台、上汽集团在北京市科技成果的基础上,组织生产 2010 年上海世博会用纯电动客车,将在世博会中心零排放区服务,使得奥运期间研发的成果得到更大规模的推广应用。在科技部与北京市重大科技项目的支持下,以北理工为核心团队自主研发的系列纯电动大客车,形成了包括具有国际先进水平的纯电动客车、充电站、电池组快速自动更换、电池租赁、远程安全监控与智能调度、维护保养等系统的纯电动城市客车运营体系成果，生产出具有自主知识产权的纯电动客车系列产品。目前，该成果已成功辐射到上海世博会零排放工程和昆明、济南等国内城市的节能与新能源汽车示范工程。

（韦瑾 许宏霞）

【成功研发系列大尺寸“薄膜晶体管液晶显示器”设备】 年内，在市重大科技项目的支持下，北京清大天达公司成功研制摩擦机、清洗设备、贴片机等一系列第五代“薄膜晶体管液晶显示器”（TFT－LCD）生产设备，突破了自动图像识别对位、大型旋转台设计加工、特殊材料精密零部件加工制造等关键技术，实现了小尺寸“超扭曲向列型液晶显示屏幕”（STN）设备企业向大尺寸“薄膜晶体管”（TFT）的升级，部分设备已进入京东方4.5代生产线。相关成果将有力支撑北京市第8代TFT－LCD线建设，促进自主研发制造的高端TFT设备进入大生产线，将TFT生产装备产业培育为北京市高端制造业的新增长点。

（市科委办公室）

生物工程与新医药技术

【北京修正医药科技产业基地奠基开工】 3月16日，修正药业集团“北京修正医药科技产业基地”正式在昌平区宏福创业园奠基开工。修正药业集团将投资6亿元，2009年完成投资3亿元。该基地占地130亩，建设内容包括修正药业集团研发总部、中药研究院、药膳研究院、营销总公司、北京修正制药有限公司以及国家级中药过程控制实验室，预计2011年正式投入使用。“北京修正医药科技产业基地”是北京市科技资源招商重大项目，基地建成后将成为修正药业集团的研发和销售中心，预计年产值达10.4亿元，上缴税收1.04亿元。该项目是修正药业集团布局全国的重要举措，也是对北京区位优势的高度认可。

（生物中心）

【市科委主任闫傲霜到首都医科大学调研】 5月12日，市科委主任闫傲霜到首都医科大学调研学校整体情况及甲型H1N1流感科学防控工作。首都医科大学副校长王晓民介绍了学校的整体情况以及学校在科学防控甲型H1N1流感方面的措施，充分利用首医系统的优势医护资源、病例资源，建立长效机制，开展相关的临床研究、实验研究和资源库建设等。闫傲霜充分肯定了首都医科大学及其附属医院的研究实力，并介绍了市科委近期在甲型H1N1流感科技防控方面所开展的主要工作以及下一步的工作计划。

（市科委生物医药处）

【甲型H1N1流感检测试剂盒装备中国CDC】 6月1日，中国生物技术创新服务联盟（ABO）成员单位——北京金豪制药股份有限公司与中国疾病预防控制中心（CDC）合作研制甲型H1N1流感病毒荧光PCR和RT－PCR检测试剂盒通过中国CDC的验收，首批产品（428盒，20544人份）正式装备中国CDC 214家流感监测实验室。

（生物中心）

【首都生物产业亮相“第三届中国生物产业大会”】 6月18日，“第三届中国生物产业大会”在长春会展中心召开。在北京市发改委和北京市科委的共同协调下，北京生物技术和新医药产业促进中心组织中国生物技术创新服务联盟（ABO）成员企业以及北京大北农集团、军事医学科学院疾病控制研究所等京区企业和科研机构整体参展，集中展示了自身实力、优势和发展势头，宣传北京生物产业的工作思路，从而带动国内外优质资本、优秀企业关注北京、投资北京和创业北京。

（生物中心）

【市科委启动“北京甲型H1N1流感防控策略研究”项目】 6月26日，“北京甲型H1N1流感防控策略研究”项目通过专家论证并正式启动，这是市科委在甲型H1N1流感科技防控方面支持的又一重点项目。该项目由市疾病预防控制中心承担，重点开展四个方面的研究：甲型H1N1流感流行病学特征、传播特征及传播影响因素研究；评估、分析甲型H1N1流感防控策略及效果；制定甲型H1N1流感大流行时防护服、口罩等应急物资的储备标准；研究针对新发突发传染病的健康教育适宜方法。

（市科委办公室）

【2009国际生物经济大会】 6月26—28日，由科技部和天津市政府共同主办的"2009国际生物经济大会"在天津滨海国际会展中心举行。会议围绕"发展生物经济，应对金融危机"的主题，举办了11个学术分会。北京经济技术开发区"北京新药创新孵化基地"代表北京园区参展。会议促成开发区与上海张江生物医药基地开发有限公司、泰州国家高新区医药高新技术产业园区签订了"上海、北京、泰州生物产业基地战略合作框架协议"。

（生物中心）

【新型疫苗国家工程研究中心奠基】 6月29日，"新型疫苗国家工程研究中心奠基典礼"在北京经济技术开发区举行。该项目规划建筑面积22749平方米，总投资2.09亿元，计划2010年12月前全面竣工。该中心致力于应用现代生物技术改进传统疫苗和解决新型疫苗在研发及产业化中的重大技术难题，同时将在重大传染病疫苗的应急规模化制备技术等方面展开研究。这对提升北京乃至我国疫苗研发和生产水平、加强疾病预防工作具有重要意义。

（生物中心）

【甲型H1N1流感检测试剂出口东盟八国】 6月，卫生部举办甲型H1N1流感实验室诊断技术培训班，为来自东盟8国的16名技术人员系统培训甲型H1N1流感核酸检测技术。培训结束后，中国向东盟8国捐赠了中国疾病预防控制中心与中国生物技术创新服务联盟（ABO）联合研发的甲型H1N1流感病毒核酸检测试剂盒，以提高东盟国家应对甲型H1N1流感的能力。这是我国首个走向国际市场的甲型H1N1流感检测试剂盒。

（生物中心）

【"北京新药创制产学研联盟"成果实现与企业对接】 6月，北京新药创制产学研联盟对北京大学2个品种的对接工作取得了实质性进展。北京世桥生物制药有限公司承接了"抗肿瘤药物紫杉醇微乳注射液"项目，企业向北大医学部提供350万元研发费用；北京红惠新医药科技有限公司承接了"新型肽类抗血栓药——凝血因子Xa（FXa）抑制剂"项目。此外方正医药研究院有限公司与北大医学部签署协议，投入1000万元设立"北大医学部方正创新药物研究基金"，资助创新品种开发，并享有转让优先权。同时每年投入100万元，共建制剂实验室、化学合成实验室。

（生物中心）

【"北京新药创制产学研联盟"正式启动】 7月28日，"北京新药创制产学研联盟"正式启动，国家自然基金委、卫生部及北京市相关领导出席启动仪式。启动仪式上，北京大学与联盟企业分别签署了新药中试平台共建协议、成果转化合作协议及人才培训基地共建协议。另外，北京大学还与北大维信公司、北京世桥公司分别签署了3个品种的合作开发协议和5个品种的合作意向书。该联盟是北京市推动生物医药成果转化落地的重要平台。

（王　璐）

【ABO联盟药物安全性评价国际认证取得重大突破】 7月30日，中国生物技术创新服务联盟（ABO）召开了以"中国GLP与美国FDA的距离"为主题的研讨会。国家药物安全评价检测中心、北京昭衍新药研究中心、市药品检验所、国家北京药物安全评价检测中心、中美冠科生物技术（北京）有限公司等13家ABO成员的30名代表参加座谈。ABO联盟成员——国家药物安全评价检测中心（国家安评中心）和北京昭衍新药研究中心（昭衍新药）顺利通过美国食品和药品管理局（FDA）的现场考核，成为我国首批接受FDA和GLP检查并通过考核的药物非临床研究机构。

（生物中心）

【ABO联盟与GZBO联盟签订合作协议】 8月19日，中国生物技术创新服务联盟（ABO）应邀出席了广州生物技术外包服务联盟(GZBO)在广东科学中心举行的成立大会，并与GZBO联盟签订合作协议。中科院广州生物医药与健康研究院、华南新药创制中心、广州生物工程中心等20家联盟发起单位及广州市政府、中国国际贸易促进委员会广州市分会等机构的200名代表出席会议。ABO联盟将与GZBO联盟在品牌树立、市场开拓、行业统计、标准建立、人员培训等领域进行合作,整合京穗资源,形成南北协同发展的局面,推动我国生物医药研发服务业的发展。

(生物中心)

【美国健赞公司全球第二大研发中心落户北京】 9月17日,健赞北京研发及实验室生产基地项目奠基典礼在昌平区中关村生命科学园举行。科技部、卫生部、国家食品药品监督管理局及北京市相关领导出席奠基典礼。健赞北京研发及实验室生产基地投资近8000万美元,建成后将成为健赞在美国之外的第二大产品研发基地,涉及包括癌症、骨科、免疫以及心血管疾病在内的多个关键领域的研究与开发工作。

(王　璐)

【旧金山—北京生物医药产业发展交流会】 10月12日,北京经济技术开发区管委会、北京生物技术和新医药产业促进中心和北京医药集团共同举办了旧金山—北京生物医药产业发展交流会。美国旧金山市副市长迈克尔·科恩率代表团一行12人来京参加交流会。近40位北京医药产业的代表,与来自旧金山市政府机构、科研院校、医药企业和资本市场的代表,就两市生物医药产业发展情况及合作进行了探讨。

(生物中心)

【ABO联盟与北师大共建“人才培养基地”】 10月20日,ABO联盟的4家成员单位——中美奥达生物技术有限公司、北京昭衍新药研究中心有限公司、北京奥源和力生物技术有限公司和京天成生物技术(北京)有限公司与北京师范大学签署共建“国家生命科学与技术人才培养基地”协议,4家企业的5位负责人被聘为北师大兼职教授。双方将在联合建设高校人才实训基地、探索校企联合培养研究生等方面开展深入合作。

(生物中心)

【首都国际癌症论坛2009暨第九届北京生命科学领域学术年会】 10月23—24日,由首都医科大学、中国抗癌协会主办,首都医科大学肿瘤学系、北京肿瘤研究联盟、北京世纪坛医院、北京生物技术和新医药产业促进中心承办的“首都国际癌症论坛2009暨第九届北京生命科学领域学术年会”召开。卫生部部长陈竺院士、天津医科大学校长郝希山院士、中国医学科学院肿瘤研究所程书钧院士、首都医科大学校长吕兆丰教授、北京市科委副主任朱世龙以及来自美国、巴西、加拿大及香港地区的肿瘤领域的专家和医学工作者400余人参加了本次会议。

(生物中心)

【甲型H1N1流感检测试剂首获国家食品药品监督管理局批准文号】 10月,由中国疾病预防控制中心与中国生物技术创新服务联盟联合开发的甲型H1N1流感病毒核酸检测试剂盒正式获得国家食品药品监督管理局颁发的批准文号〔国食药监械(准)字2009第3400712号〕,成为我国首批获准的甲型流感诊断试剂盒。该试剂盒采用实时荧光定量PCR(聚和酶链式反应)技术,利用荧光信号积累实时监测PCR进程,通过标准曲线对未知模板进行定量分析,能在2.5小时内检测出甲型H1N1流感病毒,价格仅为进口试剂的1/3。临床实验显示,与传统RT-PCR方法相比,该检测试剂盒具有更强的敏感性和特异性,且自动化程度更高,能有效解决PCR产物的污染问题,为我国防控甲型H1N1流感疫情提供了一个可靠有效的保障。

(市科委办公室)

【北京国际生物医药产业发展论坛·2009】 11月5—8日,在市科委的支持下,由中国医药企业管理协会、中华全国工商联医药业商会、北京生物技术和新医药产业促进中心等单位联合主办以“应对危机、共享机遇、创新发展”为主题的“北京国际生物医药产业发展论坛·2009”,邀请来自卫生部、科技部、国家发改委、财政部以及美国FDA、美国强生、美国南加州大学、瑞士罗氏、英国葛兰素史克、法国安万特等单位的演讲嘉宾140余人出席论坛,共有500余人参会。

(生物中心)

【首都医疗科技工作沟通会召开】 11月18日,“首都医疗科技工作沟通会”召开。市科委及解放军三〇一医院、宣武医院、地坛医院、人民医院等军队、中央、市属医院主管科研的院长和相关科研管理人员参会。此次会议的目的:一是建立科技主管部门与首都各大医院院长定期沟通机制;二是就未来首都医疗科技工作重点与院长进行沟通商讨,广泛征求和听取意见。会议的召开形成医院与医院、科技主管部门与医院之间的高层沟通机制,有利于互相沟通,为今后医疗科技工作开辟新的思路。

(生物医药处)

【四方签署共建“国家北京生物医药创新孵化基地”合作协议】 11月,在“北京国际生物医药产业发展论坛·2009”开幕式上,作为北京对接国家“重大新药创制专项”的重大项目,市科委、北京经济技术开发区管委会、大兴区政府和昌平区政府共同签署“国家北京生物医药创新孵化基地”四方合作协议,将在重大成果转化和产业化,服务支撑体系建设,配套政策扶植,人才引进,信息共享,运行机制和体系建设等方面密切合作,将该基地建设成为中国最具创新实力和规模的基地之一。

(生物中心)

【转基因玉米获准商业化,北京奥瑞金独享开发权益】 11月,由中国农科院生物技术所与北京奥瑞金种业股份有限公司合作开发的转植酸酶基因玉米自交系BVLA430101,获得农业部颁发的生产应用安全证书,成为继转基因抗虫棉后,我国第二批被批准商品化的转基因大宗作物。转植酸酶基因玉米由我国科学家独立研发,拥有自主知识产权,标志着我国转基因作物研究的巨大突破。根据与中国农科院生物技术所的协议,北京奥瑞金种业有限公司独家享有该品种在中国产业化的开发权益并组织实施产业化。

(生物中心)

【北京万泰新型甲流诊断试剂获国家药监局批准生产】 12月14日,北京万泰生物药业股份有限公司和国家传染病诊断试剂与疫苗工程技术研究中心联合研制的新型甲流诊断试剂——甲型流感病毒抗原检测试剂盒(Dot - ELISA法)通过国家食品药品监督管理局注册审批,获准投产上市。该试剂盒适用于甲型流感初筛和快速检测,无需任何仪器设备,在20—30分钟内即可检出结果,是对现有检测方法的有力补充。

(生物中心)

【乐复能I期临床试验结束,结果良好】 12月,杰华生物技术(北京)有限公司研发的重组高效抗肿瘤抗病毒蛋白注射液(商品名乐复能)在晚期恶性肿瘤患者中进行的I期临床试验结束,初步结果显示:该品种不良反应明确,与已上市的干扰素α-2b一致;对晚期实体瘤的疗效显著,与动物实验研究结果相似,尤其对目前临床尚无有效治疗药物的晚期胰腺癌效果较为突出。该药是具有自主知识产权的、以晚期恶性肿瘤和病毒感染为主要适应证的新型蛋白质药物。

(生物中心)

【北京重大疾病临床数据和样本资源库建设项目启动】 年内,北京市重大科技项目“北京重大疾病临床数据和样本资源库建设”启动,该项目将以北京丰富的临床病例资源为基础,在开展“十类重大疾病防治研究”的同时,同步搭建面向首都医疗卫生科技工作全局的支撑性科技条件平台,最终形成“一个平台、十个样本库”。2012年项目完成时,预计将搜集5万例数据信息、40万份样本资源,为促进市民健康、控制重大疾病以及推动医药产业发展提供大量、高质量的原始性创新资源。

(生物医药处)

中关村国家自主创新示范区

Zhongguancun National Innovation Demonstration Zone

示范区建设

【国务院批复中关村建设首个国家自主创新示范区】 3月13日，国务院批复同意建设中关村国家自主创新示范区，中关村成为我国首个国家级自主创新示范区。《批复》指出，要加快改革与发展，努力培养和聚集优秀创新人才特别是产业领军人才，着力研发和转化国际领先的科技成果，做强做大一批具有全球影响力的创新型企业，培育一批国际知名品牌，全面提高中关村自主创新和辐射带动能力，推动中关村的科技发展和创新，在本世纪前20年再上一个新台阶，使中关村成为具有全球影响力的科技创新中心。为落实国务院《批复》，北京市委、市政府出台《关于建设中关村国家自主创新示范区的若干意见》，明确提出，举全市之力建设中关村国家自主创新示范区。

（王　锦）

【中关村国家自主创新示范区领导小组召开第一次会议】 3月19日，市长郭金龙主持召开中关村国家自主创新示范区领导小组第一次会议。会议传达学习了《国务院关于同意支持中关村科技园区建设国家自主创新示范区的批复》。会议认为，要抓紧落实示范区建设的各项重点工作，抓好编制发展规划和修订地方性法规的工作，推进科技金融、政府采购、股权激励、行政审批、税收政策等一批先行先试的机制体制创新试点。会议强调，要充分发挥领导小组及其办公室、专项工作组的职能，使各专项工作组尽快运转起来。各专项工作组、市政府各部门、各区政府在研究推进示范区工作中，要加强协调配合、提高工作效率、积极主动服务，加大对国务院批复精神、“科技北京”行动计划等方面的宣传力度。

（王　锦）

【建设中关村国家自主创新示范区动员大会召开】 3月20日，市委、市政府召开建设中关村国家自主创新示范区动员大会。会议由市长郭金龙主持，市委书记刘淇、国务委员刘延东、科技部部长万钢和中组部、中宣部、国务院办公厅、国家发改委、教育部、科技部、工信部等20个中央和国家相关部委的领导以及清华大学、北京大学的校长出席会议。北京市有关领导以及市委市政府各组成部门、各区县委、区县政府、高校、科研机构、中关村一区十园、共建基地、高新技术企业的领导和新闻媒体代表共1600人参加会议。

（王　锦）

【市领导到中关村调研国务院批复落实情况】 4月3日，市长郭金龙、常务副市长吉林、市委常委赵凤桐、市政府秘书长黎晓宏等到中关村调研。他们先后来到乐普（北京）医疗器械股份有限公司和北京神雾热能技术有限公司，查看了高新技术企业的研发生产情况，到市科学技术研究院永丰现代制造技术产业园了解企业股份激励试点的有关工作。市各委办局以及海淀区政府等有关部门负责同志参加了座谈会。

（王　锦）

【中关村示范区股权激励改革试点工作动员大会召开】 4月6日，中关村国家自主创新示范区股权激励改革试点工作动员大会召开，市科委、中关村管委会等示范区股权激励改革专项工作组成员单位，市科学技术研究院、市农林科学研究院、市属高等学校、市国资委系统下属的试点单位以及部分市属和中央在京院所、高校和企业的代表近200人参加会议。会上，中关村管委会负责人介绍了《中关村国家自主创新示范区股权激励改革试点单位的试点工作指导意见》，市科委负责人宣布了申请首批15家股权激励改革试点单位的名单。

（王　锦）

【中关村产业联盟和开放实验室工作大会召开】 4月9日，中关村管委会召开了2009年度中关村产业联盟和开放实验室工作大会。会议总结了中关村产业技术联盟、开放实验室在构建技术创新体系、推动产学研协同创新方面取得的成果，部署了产业技术联盟、开放实验室下一阶段的工作，开通了开放实验室信息网络平台，为第四批23家开放实验室授牌。市发改委、市教委、市科委、市财政局、市经信委等有关单位负责人，中关村各园（基地）管委会、中关村开放实验室、产业联盟及百家创新试点企业的代表300余人参加了大会。

（王　锦）

【2009年中关村百家创新型企业试点工作大会召开】 4月17日，科技部政策体改司、中科院北京分院、北京市科委、中关村管委会共同召开2009年中关村百家创新型企业试点工作大会。会议总结了试点工作的进展，部署下一阶段试点工作的安排和对试点企业的支持政策。科技部、中科院及北京市有关单位、园区创新型试点企业代表300余人参加大会。

（王　锦）

【科技部领导调研中关村示范区建设情况】 5月6日，科技部部长万钢带领科技部有关司局负责同志到中关村调研。他们先后视察了科兴生物公司、仁创集团和大唐电信集团，听取了中关村管委会关于中关村国家自主创新示范区建设工作及企业承担国家重大科技专项情况的汇报，并就企业和产业技术联盟参与国家重大科技专项等问题与企业家及产业联盟负责人进行座谈。市长郭金龙，市政府秘书长黎晓宏等陪同调研。

（王　锦）

【中关村国家自主创新示范区立法领导小组成立】 5月14日，市人大常委会副主任柳纪纲主持召开中关村国家自主创新示范区立法领导小组第一次会议。会议宣布成立中关村国家自主创新示范区立法领导小组和立法工作组。领导小组由市委常委赵凤桐担任组长，市人大常委会、市政府主管领导担任副组长，成员由市政府法制办、市人大常委会法制办、市人大常委会教科文卫体办公室、市科委、中关村管委会以及市相关部门组成。工作组由市政府法制办牵头，市相关部门组成。

（王　锦）

【“火炬IT服务创新联盟”成立】 5月19日，由用友软件工程公司、北航国家大学科技园等18家IT服务企业和机构共同倡议发起的“火炬IT服务创新联盟”在北京友谊宾馆举行成立仪式。科技部高新司、火炬中心，中国国际投资促进会，工信部软件与集成电路促进中心、北京市商委、中关村管委会、中国技术创业协会、中国科学技术院所联谊会以及“联盟”成员单位的代表130余人表出席成立仪式。

（王　锦）

【中关村医疗器械及诊断试剂自主创新产品推介会召开】 5月22日，市发改委、市科委、市经信委、市财政局、市卫生局、中关村管委会共同召开“中关村医疗器械及诊断试剂自主创新产品推介会”。市及区县所属二级及以上医疗机构、市疾控中心、血液中心、体检中心、结控所等单位负责人，中关村医药卫生企业相关负责人以及各医疗机构中的医学工程处（设备处）、放射科、检验科、采购部门负责人等500余人参会。29家列入自主创新目录的中关村医疗器械及诊断试剂企业推介并展示了企业最新技术成果和产品，通过现场体验和互动，增进了企业与采购方之间的了解，增强了推介的有效性。

（王　锦）

【中关村企业亮相第11届国际环保展】 6月3—6日，由环保部、国家发改委、科技部、住房和城乡建设部、北京市政府主办的第11届中国国际环保展览暨会议在中国国际展览中心举行。中关村管委会组织58家代表性企业参会，涉及新能源、节能、水处理、空气净化、固废处理、新材料、环境监测、综合服务等领域，重点展示居于国内领先水平的项目产品，与周围的挪威展区、韩国展区、法国展区的国际级企业同台展示。中关村示范区企业在国际专业环保展会的首次亮相受到了媒体的广泛关注。

（王　锦）

【举办驻华使节谈商机活动】 6月9日，中关村论坛“驻华使节谈商机”活动举行。加拿大、澳大利亚、越南、法国和以色列等5国驻华科技、商务参赞介绍了本国经济与科技发展现状、投融资环境与政策以及吸引境外企业到本国发展的专业服务机构等情况。活动吸引了300多家中关村重点出口企业及部分专业园和大学科技园代表参加。与会代表就高科技企业海外市场开拓、5国高科技产业优惠政策、5国政府应对金融危机举措以及吸引境外投资政策的长期性与稳定性等问题与驻华使节们展开了探讨与互动。英国、丹麦、匈牙利、西班牙等国使馆也派出观察员参与活动。

（王 锦）

【联想网御携手江民科技成立联合实验室】 7月16日，联想网御与江民科技在京成立“黑客攻击与网络病毒研究联合实验室”，并签订了补充合作协议。根据协议，双方在继续保持上一阶段“网络病毒特征库”合作的同时，将逐步开展在产品应用解决方案和技术研发层面的深度合作，共同研究网络攻击行为特征和恶意代码特征。

（王 锦）

【2009中关村论坛举行】 11月12日，由科技部、中国科学院、国家知识产权局和北京市政府共同主办，科技日报社、科技部火炬中心、北京市政府外事办公室、中关村管委会和海淀区政府共同承办的“2009中关村论坛”开幕。论坛以“创新创业能力与企业家精神”为主题，突出理论和实践相结合、国际经验和中国特色相结合，着重探讨在金融危机背景下科技创新与产业发展的新趋势，研讨产业集群、科技金融、知识产权、新兴产业等经济界和科技界的重点和难点问题，旨在促进国际科技园区之间的交流与合作和各国之间的经济合作与发展。

（王 锦）

【高层次创业人才考察中关村系列活动】 11月，中关村管委会在互联网与信息服务业、生物医药产业以及能源环保产业三个领域组织60名高层次创业人才参加的秋季考察团。此次考察活动为期3天。考察团参观了中关村21家领军企业、5家专业园及大学科技园，举办了2场演讲交流、3场与投融资机构对接活动，与柳传志、李彦宏、尹卫东等园区知名企业家以及IDG、北极光、金沙江、启明创投、联想投资等知名风险投资公司负责人进行了座谈交流。经过考察，90%以上的考察团成员与部分园区企业、风险投资公司和留学人员创业园建立了联系，达成了合作意向。

（王 锦）

【中关村被评为2009中国年度最热创业园区】 12月8日，国内知名创投杂志《创业邦》在上海举行了2009创业邦年会暨年度颁奖典礼，中关村获得2009中国年度最热创业园区奖项。该奖项是面向国内2000多名创业者进行调查，通过对各园区有关人才、技术、资本、市场等创新创业的政策环境及产业聚集度综合评价后产生的。在此次评选活动中，中关村企业及企业家也获得多个奖项。其中，北京奇虎科技有限公司董事长兼CEO周鸿祎被评为2009中国年度创业人物；创新工场创始人李开复获得2009中国年度创业贡献奖；程炳皓、冯鑫和曹允东等7位中关村企业家入选2009中国杰出创业人物。

（王 锦）

【清华科技园创建15周年】 12月10日，清华科技园创建15周年庆祝活动举行，经过15年对科技创新环境建设的探索和实践，清华科技园已经形成了具有自身特色的创新理念、运行模式和园区文化，在推动区域自主创新、搭建产学研合作平台、促进科技成果转化和孵化创业企业等方面取得了丰硕的成果。园区内多项自主创新技术达到世界领先水平，许多孵化企业已经成长为行业中的领军者。清华科技园作为国内唯一的A类国家大学科技园，已经发展成为目前世界上最大的大学科技园，辐射网络覆盖近30个城市及地区；逐步形成了高科技企业创业集群、跨国企业研发机构集群、金融投资机构集群和中介服务机构集群等各种机构组成的完整的园区形态。

（王 锦）

【中关村示范区成立企业家顾问委员会】 12月13日，中关村管委会召开中关村企业家顾问委员会成立大会，市委常委赵凤桐、副市长苟仲文出席。第一届中关村企业家顾问委员会由28位活跃在中关村的领军企业家、知名投资机构负责人和相关专家、学者组成，联想控股有限公司董事长柳传志担任首任主任委员，秘书处设在北京民营科技实业家协会。中关村企业家顾问委员会将发挥高层次、多领域、跨行业的综合智力优势，为实现国家自主创新示范区的目标起到重要的参谋和支持作用。

（王　锦）

【中关村管委会与大兴区政府共建留学人员创业园】 12月15日，中关村管委会与大兴区政府签署共建中关村大兴生物医药产业基地留学人员创业园协议，并举行揭牌仪式。中关村管委会宣布将给予中关村大兴生物医药产业基地留学人员创业园200万元一次性建设补贴资金。这次中关村管委会和大兴区政府共建留学人员创业园，搭建吸引海外留学人员回国创业的平台，将有力地促进中关村产学研合作以及创新资源的整合，促进园区生物医药产业快速发展。中关村大兴生物医药产业基地留学人员创业园是中关村第29家留学人员创业园。中关村留学人员创业服务体系已形成网络。

（王　锦）

【第三批百家创新型企业试点工作】 12月17日，中关村国家自主创新示范区第三批百家创新型企业试点工作正式启动。会议介绍了支持中关村百家创新型试点企业做强做大的若干措施；宣读了《关于印发中关村国家自主创新示范区第三批百家创新型试点企业名单的通知》、《关于印发首批中关村国家自主创新示范区创新型企业名单的通知》。根据上述两个《通知》，确定华锐风电科技股份有限公司等126家企业为第三批创新型试点企业；确定用友软件股份公司等56家企业为首批中关村国家自主创新示范区创新型企业。

（王　锦）

【中科院3家研究所首批进入中关村股权激励试点】 12月29日，中国科学院与北京中关村股权激励试点工作组专题工作对接会召开。中科院北京分院副院长乔均录和市政府副秘书长戴卫出席。与会人士共同讨论了中科院化学所、过程工程所和物理所的试点方案。中科院化学所和过程工程所拟采取科技成果入股方式组建新公司；化学所拟将“直接打印纳米材料制版技术”评估作价入股的30%奖励给科技人员；过程工程所拟将“难选铁矿石循环流化床磁化焙烧技术”评估作价入股的18%奖励给科技人员；物理所拟从其下属持股公司每年的分红收益中提取30%进行奖励。

（王　锦）

产业基地

【永丰科技企业加速器加入海淀园创业孵化共同体】 5月12日，永丰科技企业加速器和东升科技园加速器成为海淀园创业孵化共同体成员单位。至此，海淀园创业孵化共同体成员达到16家，包括清华科技园孵化器、中关村软件园孵化器等14家知名孵化器和新发展的两家加速器。此次海淀园创业孵化共同体发展两家加速器加盟，目的是为了实现加速器和孵化器的对接，进而实现公共平台资源和企业资源共享。

（王　锦）

【51项产品被认定为国家自主创新产品】 5月15日，科技部发布《关于发布国家自主创新产品认定试点结果的通知》（国科发计［2009］221号），共有243项产品被认定为首批国家自主创新产品。其中，中关村国家自主创新示范区共有51项产品入选，数量在全国各高新区中居第一位，约占全国产品的21%。这些自主创新产品涵盖了集成电路、软件、医疗器械、节能环保、新材料、计算机等众多高新技术领域。

（王　锦）

【民生银行环保园支行开业】 5月26日，第一家入驻中关村环保园的金融机构——中国民生银行环保园支行开业仪式在环保园原动力空间一期举行。中国民生银行环保园支行总投资约2000万元，设立园区金融服务配套网点，方便入驻企业的金融服务需求。

（王　锦）

【国核电力规划设计研究院入驻环保园】 6月26日，国核电力规划设计研究院入驻中关村环保园庆祝仪式举行。国核电力规划设计研究院是入驻海淀新区的首家核电企业，担负推进我国核电自主化发展的重要使命，其综合实力连续8年位居全国电力设计行业首位。此次国核电力规划设计研究院入驻中关村环保园总占地面积75亩，建筑面积约6万平方米，总投资约6亿元。该项目的实施将推动我国环保节能新概念大容量电站以及特高压交直流等尖端技术的研究与应用。

（王　锦）

【政府采购中关村自主创新产品第四次签约大会举行】 8月13日，市发改委、市科委、市财政局、中关村管委会联合召开政府采购中关村自主创新产品第四次签约大会。会上公布了北京市入围首批国家自主创新产品目录的产品，签订了第四批共15个示范项目，总投资达到5.56亿元，其中采购自主创新产品3.19亿元，占总投资的比例为57.4%。在本次签约的示范项目中，区县项目共有10个。副市长苟仲文，国务院办公厅行政司、市政府各有关部门、各区县政府有关负责人以及相关企业300余人参加了会议。

（王　锦）

【甲型H1N1流感病毒裂解疫苗获得国家药品注册批件和新药证书】 9月3日，国家食品药品监督管理局召开新闻发布会，宣布中关村企业北京科兴公司获得国家药品食品监督管理局颁发的甲型H1N1流感病毒裂解疫苗药品注册批件和新药证书，这是全球第一个获准生产的甲型H1N1流感疫苗。试验结果初步显示，该疫苗安全性良好，达到了国际公认的评价标准。这标志着中国的甲型H1N1流感疫苗研发、生产水平在国际上处于领先地位。

（王　锦）

【新能源和节能环保领域创新成果】 9月，华锐风电自主研发并设计制造的首批3台3兆瓦海上风力发电机并网发电，填补了国内大型近海风力发电机的空白；中材科技风电叶片与华锐风电公司整机配套出口南亚，完成首次出口；碧水源研发的拥有自主知识产权的PVDF中空纤维膜、膜元件和MBRU膜组器，结束了我国膜产品长期以来依靠进口的局面。

（王　锦）

【六项重大科技成果成功落户北京】 10月13日，中科院计算所的龙芯CPU芯片、中科院化学所的绿色制版技术、清华大学的国家一类抗癌新药聚乙二醇重组人血管内皮抑制素、北京大学的抗肿瘤创新药物肝癌多肽疫苗和环磷酰胺前药、清华大学的治疗帕金森病的脑起搏器、威讯紫晶公司的无线传感网收发芯片及网络技术等6项重大科技成果落户北京。这些高新技术有效推动北京电子信息、生物医药、新材料等重点产业的发展，并显著带动、提升区县产业的发展和升级。

（王　锦）

【甲型H1N1流感疫苗获得出口墨西哥资格】 10月13日，北京科兴公司生产的甲型H1N1流感疫苗“盼尔来福.1”在墨西哥获得注册批件，标志着该公司生产的甲型H1N1流感疫苗“盼尔来福.1”具备出口墨西哥的资格，成为首个在墨西哥获批的中国生产的人用疫苗。

（王　锦）

【国内首家国际高端服务外包转移中心落户中关村】 10月26日，国内首家国际高端服务外包转移中心——新世基（北京）科技服务有限公司落户中关村软件园。该中心将使中国本土IT服务供应商有机会直接向全球一线行业买家直接提供服务，有机会与美国和印度服务外包企业共同竞争全球市场。

（王　锦）

【召开中关村重大科技成果推介信息发布会】 10月29日，中关村管委会和中科院北京分院共同举办“中关村重大科技成果推介信息发布会”，中科院理化所、过程所与自动化所共发布了生物降解聚丁二酸丁二醇酯（PBS）聚酯材料、新型非线性光学晶体激光显示、先进肿瘤微创治疗装备及影像技术、全聚乙二醇（PEG）修饰和微囊化的长效药物制剂、三维动画电影等5项重大科技成果，并就有关情况与到会的中关村企业、产业技术联盟、投资机构和各园管委会进行交流。会上发布的5项重大科技成果均是在中科院知识创新工程多年支持下取得的，在环保材料、全色域显示设备、肿瘤治疗、药剂缓释、三维动漫等前沿应用和热点领域形成了一批自主知识产权。

（王　锦）

【中关村物联网产业联盟成立】　11月1日，市经信委与中关村管委会共同举办了中关村物联网产业联盟成立大会暨产业发展高峰论坛。联盟将整合物联网产业链上下游资源，发挥中关村在物联网核心技术研发、标准制订以及制定行业解决方案等方面的优势，促进产学研合作，提升自主创新能力。并加快在物流、安防、建筑和交通等领域的高端应用，探索和完善联盟运行机制，全面提升中关村物联网技术水平和产业竞争力。联盟将通过3年的努力，推动建设10—12项标志性示范应用工程，培育8—10家行业龙头企业，形成一批自主知识产权产品和集成应用解决方案、5项以上国家或行业标准，使中关村成为中国物联网高端特色产业中心、应用示范中心、工程技术研发中心和标准制定中心。

（王　锦）

【百度正式入驻上地】　11月17日，全球最大的中文搜索引擎百度正式入驻位于上地信息产业基地的新办公和研发大厦——百度大厦。北京市委常委、海淀区委书记赵凤桐，山西省委常委李政文，山西省政协副主席卫小春等领导出席入驻典礼。百度入驻使上地信息产业基地成为全国科技园区中第一个完成土地百分之百出让的专业园区。

（王　锦）

【清华科技园大学生创业见习基地】　12月10日，清华科技园大学生创业见习基地揭牌仪式举行。清华科技园大学生创业见习基地位于清华科技园玉泉慧谷分园，一期建筑面积600平方米，计划入驻大学生创业团队20家，将为大学生团队提供办公空间、公用设施空间、小型研发空间等硬件配套服务。同时，还将开设面向大学生的创业理论课程培训，以商业计划书为教学目标，启发大学生识别商业机会、制定创业计划，并开发面向创业者的创业实务操作和项目实践培训计划，导入一对一创业导师教育新型培训模式，为建设创新型国家和社会、营造全社会的创新创业氛围服务。

（王　锦）

【中关村软件园完成“国家软件出口基地综合平台”建设】　12月，中关村软件园完成“国家软件出口基地综合平台”建设。该平台于2005年10月开始建设，2009年全部建设完成，打造了一套完善的出口基地服务体系。该平台包括网上交易平台、国际市场拓展平台、协同开发平台、人才培训与服务平台和面向软件出口的中介服务体系。网上交易平台可以提供发包、接包、转包、分包以及软件产品交易等功能；国际市场拓展平台可以在线上展示企业自身的产品、解决方案和能力，线下组织企业出国访问，参与高峰论坛、高层座谈会等多种活动，与各国驻京服务外包代表处建立合作渠道，帮助企业开拓国际市场；协同开发平台可以使企业对项目开发的全过程进行跟踪、分析和评估，实现了软件开发的项目管理、需求管理、变更管理、配置管理、缺陷提交和跟踪管理等过程管理，确保软件开发按期、按预算、保质完成；人才培训与服务平台提供了一套完善的针对软件出口产业的人才培训体系，包括课程体系、考评体系和实训环境，采用了Oracle iLearning作为技术支撑，可提供网络学习、在线考试、问题交流、在线论坛等功能，培训人数已达4000余人。

（王　锦）

【先进制造领域创新成果】　年内，中科院与浪潮集团联合研发的国产第三代基因测序仪，具有国际先进水平，将填补我国在基因测序基础装备领域的空白，提升装备自主化水平；浦华控股研发完成沉淀过滤一体机，进行了纳米技术的应用、大型号设备的开发、国民经济支柱行业企业的试验和适应性改进等，产品性能和规格超越了同类的国外设备；北京科华微电子材料公司投资建设的我国第一条百吨级高档光刻胶生产线在顺义区建成并投产运行，标志着国内微电子技术行业长期依赖进口光刻胶的局面将从此结束。

（王　锦）

【中关村自主创新技术产品应用于国庆60周年庆典活动】　年内，在2009年国庆60周年庆典活动中，利亚德电子科技公司、东方正通科技公司、美尔斯通科技发展公司及启明星辰信息技术公司等研发的一批中关村自主创新的技术产品得到应用。其中，利亚德公司为国庆庆典提供了天安门广场巨型 LED 大屏幕及北京游行彩车显示屏；东方正通公司的值守应急等软件系统在国庆活动服务保障和突发事件应急处置工作中发挥了重要作用；美尔斯通公司的骨传导语音通信终端系统装备在参加阅兵的二炮某部战士头盔中；旋极科技公司的手持智能信息终端产品应用于国庆60周年阅兵指挥调度；启明星辰公司的统一威胁管理技术及全面性安全服务也为国庆60周年庆典活动提供了最大的信息安全保障；仁创集团的生态环保“透水砖”参与国庆阅兵“主战场”长安街的修缮工程。

（王　锦）

【政府采购自主创新产品工作】 年内，市政府发布了《关于在中关村科技园区开展政府采购自主创新产品试点工作的意见》，相关部门还制订了首台（套）重大技术装备试验和示范，首购、订购、资金审计监督，支持中小企业投标承接重大建设工程项目等政策文件。2009 年，中关村五批政府采购签约的项目共 102 个，采购中关村自主创新产品 33 亿元。

（王　锦）

投资与融资

【4 家中关村科技金融服务机构挂牌成立】 3 月 28 日，中关村科技创业金融服务集团有限公司、北京银行中关村海淀园支行、交通银行北京中关村海淀园支行、中关村小额贷款股份有限公司挂牌仪式在中关村举行。常务副市长吉林为 4 家金融服务机构揭牌，挂牌仪式由市政府副秘书长鲁勇主持。市委常委赵凤桐发表讲话。来自政府部门、银行证券等金融机构、创业投资及科技中介服务机构以及示范区高新技术企业代表200 余人参加活动。

（王　锦）

【畅游数码公司在纳斯达克上市】 4 月 3 日，搜狐公司所属的畅游时代数码技术有限公司正式在美国纳斯达克证券交易所上市交易，成为纳斯达克自 2008 年 11 月 22 日以来的全球首个 IPO 成功上市案例。畅游数码公司主营业务是在线游戏的开发和运营，主要产品有自主研发的在线游戏《天龙八部》等。此次公开发行750 万股美国存托凭证（ADR），定价为每股 16 美元，融资金额为 1.2 亿美元，首日开盘价为每股 22 美元。瑞士信贷和美林担任此次 IPO 的主承销商。畅游数码公司是中关村 2009 年第一家成功上市的企业，也是中关村在纳斯达克上市的第 22 家企业。

（王　锦）

【帮扶企业应对国际金融危机】 4 月 13 日，中关村管委会在清华科技园召开帮扶企业应对国际金融危机信息发布会。发布了中关村帮扶企业应对国际金融危机的工作方案，通报了帮扶工作进展情况和第一批获得贷款贴息支持的企业名单，并向与会企业讲解了中关村有关帮扶政策。针对企业融资难的问题，中关村管委会支持成立中关村科技创业金融服务集团有限公司、北京银行中关村海淀园支行、交通银行北京中关村海淀园支行、中关村小额贷款股份有限公司，加大了对科技型中小企业的融资担保力度，2009 年担保金额从50 亿元扩大到80 亿元。

（王　锦）

【科技重大专项列支间接经费试点工作启动】 7 月8 日，市财政局、市科委、市发改委、市经信委、中关村管委会共同召开中关村国家自主创新示范区科技重大专项列支间接经费试点工作启动会。各园所在区县政府、各园管委会、试点单位负责人以及新闻媒体人员 100 余人参加会议。会上，市财政局发布《中关村国家自主创新示范区科技重大专项资金试点管理办法》和《中关村国家自主创新示范区科技重大专项项目（课题）经费间接费用列支管理办法（试行）》。根据《试点管理办法》的范围和要求，市科委公布了首批试行科技重大专项资金管理的

47个试点单位和51个试点项目。

（王　锦）

【中关村示范区30家企业首日申报创业板】 7月26日，中国证监会开始受理创业板发行上市申请，全国共有108家企业申报，其中中关村示范区高新技术企业有30家，占首日全国申报总数的27.8%，位居全国第一。位居第二位的深圳有申报企业12家，其他各省市均在10家以下。首日申报的30家中关村示范区企业中代办系统挂牌企业3家。

（王　锦）

【中科院以27.55亿元挂牌出售联想控股29%股权】 8月8日，北京产权交易所公告显示，中国科学院以27.55亿元人民币价格挂牌出售联想控股有限公司29%股权。公告指出，意向受让方应是内资公司，成立时间满20年，实缴注册资本不低于40亿元，2008年经审计的资产总额不低于350亿元且净资产不低于100亿元，2006—2008年三个年度的净利润平均为8亿元以上。

（王　锦）

【中国技术交易所揭牌】 8月13日，由北京市政府、科技部、国家知识产权局共同主办的中国技术交易所揭牌仪式在中关村清华科技园举行。中国技术交易所采用公司制的组织形式，由北京产权交易所、北京高技术创业服务中心、北京中海投资管理公司等股东单位共同出资设立，注册资本2亿元，注册地址在中关村示范区核心区海淀园。市委书记刘淇、科技部部长万钢、市长郭金龙、国家知识产权局局长田力普共同为中国技术交易所揭牌。

（王　锦）

【中关村5家企业在创业板首批上市】 10月30日，中国创业板开市仪式在深圳举行，共有28家企业首批上市交易。其中，北京企业有6家，5家为中关村企业：神州泰岳、乐普医疗、立思辰、鼎汉技术和北陆药业。此次创业板开市，中关村创造了创业板上市上报材料数量第一、受理企业数量第一、过会企业数量第一、首批挂牌企业数量第一等四个第一，创业板中的“中关村板块”初步形成。

（王　锦）

【中关村数字媒体产业投资基金】 11月23日，中关村创业投资发展中心、中联资本管理集团、汉能投资集团三方签署了总规模为1亿美元的“中关村数字媒体产业投资基金”框架协议。“中关村数字媒体产业投资基金”将主要投资于下一代互联网新技术的应用、创新的电子商务、软件开发及外包、网络游戏、动漫、数字内容及其他科技创意类产业；互动数字媒体、数字媒体内容创作整合与传播；无线互联网、手机游戏、手机广告及其他手机增值服务，支持中国标准TD－SCDMA的各种增值服务。

（王　锦）

【举行推进科技金融建设战略合作协议签字仪式】 12月11日，中国人民银行营业管理部与中关村管委会举行推进科技金融建设战略合作协议签字仪式，并对在中小企业信贷服务创新方面取得成绩的北京银行、中国银行、招商银行等商业银行进行表彰。协议提出：将在宣传、培训、调研、政策制定方面进一步形成合力，推动示范区科技金融创新工作的开展。对积极支持中小企业发展的商业银行进行表彰，旨在鼓励各商业银行将中关村作为重点区域，以高新技术企业为重点服务对象，开展创新试点，实现银企互利共赢。

（王　锦）

【科技金融创新试点工作】 年内，中国银行、北京银行、交通银行等在中关村成立了专门为科技型企业服务的专营机构，启动了股权质押贷款、商标权质押贷款、知识产权质押贷款以及信用保险和贸易融资的试点。2009年，中关村新增23家境内外上市企业，其中纳斯达克市场2家，中小板市场8家，创业板市场13家；中关村代办股份报价转让系统挂牌企业的数量61家。截至2009年底，中关村上市公司总数已达135家，其中境外59家，境内76家。

（王　锦）

Intellectual Property Rights

专利管理与服务

【金融危机下企业知识产权运用高层论坛在京召开】 3月17日，由市知识产权局、市经信委、市国资委共同举办的“金融危机下企业知识产权运用高层论坛”举行。市知识产权局、国家知识产权局保护协调司等单位领导出席论坛。来自北京市100多家知识产权优势企业的代表150人参加了论坛。

（黄显志）

【举办中国企业在欧洲的知识产权保护策略培训班】 3月19日，由市知识产权局主办、市保护知识产权举报投诉服务中心承办的“中国企业在欧洲的知识产权保护策略培训班”开班。此次培训是为进一步提高中国企业在欧洲的知识产权保护、开拓市场、应对危机、防范危机的能力，针对有海外业务需求的企业开展的主题培训。中粮集团、北京矿冶研究总院、大维同创、中国蓝星、华旗资讯、中国网通实验室等50余家企业、科研院所的近百名知识产权工作者参加培训。

（朱 燕）

【朝阳区成为首批国家知识产权强县（区）工程单位之一】 3月，经国家知识产权局批准，朝阳区成为首批实施国家知识产权强县（区）工程单位之一，开始为期3年的创建工作。区科委将从制定完善知识产权政策体系、促进实施知识产权战略、建设知识产权管理保护体系、完善知识产权服务、构建知识产权创造与应用体系、抓好试点示范工作等方面着手，稳步推进强区工程。

（张 亮）

【“12330”进驻第十一届中国特许加盟展览会】 4月8日，由中国连锁经营协会主办，北京市贸促会承办的第十一届中国特许加盟展览会召开。肯德基、全聚德、光合作用、特百惠、瑞恩钻石名店、环球雅思、惠普数码影像馆等近200个品牌单位的代表参加展会。北京市保护知识产权举报投诉服务中心（北京12330）作为知识产权举报投诉工作站进驻展会。

（王连洁）

【第二批专利示范工作启动】 4月17日，北京市第二批专利示范工作启动暨授牌仪式在有色金属研究总院举行。市知识产权局、国家知识产权局保护协调司、市经信委、市国资委等单位的领导出席。市国资委所属的北京医药集团有限责任公司、北京三元集团有限责任公司、中国医药研究开发中心有限公司、本元正阳基因技术有限公司四家企业被市知识产权局认定为第二批专利示范单位。

（黄显志）

【知识产权机构进驻海淀园创意产业】 4月22日，由市知识产权局和海淀园管委会共同主办的“知识产权机构进驻海淀创意产业——海淀园创意产业知识产权推进活动”启动。本次活动旨在由政府主管部门搭建知识产权对接服务平台，将首都知识产权优势服务资源引向海淀园创意产业，带动海淀园创意企业提高知识产权意识，实现海淀园创业高端发展、安全发展和持续发展。国家知识产权局、市知识产权局、海淀园管委会等部门领导出席启动仪式。来自海淀园创意企业、北京市各专利代理机构等单位的代表及媒体记者100余人参加了启动仪式。

（王连洁）

【北京市专利试点企业领导人培训班结束】 7月30日，2009年北京市专利试点企业领导人培训班结束。来自2009年专利试点单位的近400名企业负责人与知识产权主管参加了培训。此次为期两天的培训，目的是增强企业领导人的知识产权意识，提高企业运用知识产权的能力，引导企业正确面对知识产权侵权纠纷，把被侵权的风险控制在企业的正常风险范围之内，防患于未然。

（张 亮）

【知识产权行政部门护驾“花博会”】 8月25日，第七届中国花卉博览会（“花博会”）知识产权保护办公室协调会在顺义“花博会”指挥部现场召开。市知识产权局、市农业局、市园林绿化局、顺义区知识产权局、顺义区工商分局等“花博会”北京展区知识产权保护办公室成员单位及花博会组委会有关人员参会。各成员单位讨论通过了“花博会”北京展区知识产权保护办公室工作方案,并就后续相关工作达成共识。

(刘志平)

【全国专利代理人资格考试举行】 12月5—6日,2009年全国专利代理人资格考试(北京考区)在中国人民大学举行。全国报名考试的考生人数11805人,其中,北京考区参加报名人数4220人。与2008年相比,北京考区报考人数增加了近23%。本次考试缺考1528人,缺考率36.2%。

(杜　中)

【区县知识产权局专利数据统计工作座谈会召开】 12月16日,市知识产权局召开“区县知识产权局专利数据统计工作座谈会”。市知识产权局,国家知识产权局规划发展司,市知识产权服务中心,海淀、朝阳、丰台等10个区县的知识产权局的领导和相关工作人员参加会议。会议围绕专利统计数据公开规则、统计口径标准、区县知识产权局的专利数据需求等问题进行研讨。

(盛安平)

【在京台资企业开放日活动举行】 12月29日,由市知识产权局、市人民政府台湾事务办公室共同举办的“在京台资企业知识产权开放日”活动举行。20余家在京台资企业负责人参观了北京市保护知识产权举报投诉服务中心“北京12330”,了解保护知识产权举报投诉的相关流程和运行机制。此次活动向在京台资企业普及北京市的知识产权相关政策,提供知识产权保护渠道,帮助在京台资企业增加保护自身权益的意识,为台资企业在京的发展营造良好的知识产权氛围,进一步推动北京市知识产权事业的发展。

(王连洁)

【知识产权质押贷款模式启动】 年内,市知识产权局积极推动知识产权质押贷款,为中小企业解决融资难的问题。截至2009年9月底,市中小企业已实现知识产权质押贷款5.21亿元,率先形成了市场主导型的知识产权质押贷款模式,50余笔贷款均未形成不良资产,在全国居于领先水平。

(张　亮)

专利保护

【首都大学生保护知识产权志愿者活动启动】 3月9日,由共青团市委、市知识产权局和市学生联合会共同举办的首都大学生保护知识产权志愿者活动拉开帷幕。作为2009年北京保护知识产权宣传周活动的重要内容之一,活动以“保护知识产权,志愿者在行动”为主题,来自北京大学、清华大学等首都高校的近800名师生参加了启动仪式。

(王连洁)

【首都大学生保护知识产权志愿者知识竞赛举行】 4月19日,“aigo爱国者杯”首都大学生保护知识产权志愿者知识竞赛总决赛在北京大学英杰交流中心举行。市知识产权局、共青团市委等单位领导观看了比赛。本次活动旨在向首都大学生宣传普及知识产权知识,培育以“尊重知识,崇尚创新,诚信守法”为基本理念的知识产权文化,并以此为载体,对大学生加强保护知识产权意识的宣传,招募保护知识产权志愿者,使大学生成为知识产权文化理念的传播者和保护知识产权的自觉践行者。最终,北京物资学院获得冠军,北京大学、首都经济贸易大学获得亚军,清华大学、北京化工大学和首都师范大学获得季军。

(王连洁)

【崇文区知识产权宣传周启动】 4月19日,崇文区知识产权局、区工商分局在百荣世贸商城举行“知识产权宣传周”活动启动仪式。以“文化·战略·发展——宣传知识产权战略,促进崇文经济发展”为主题，深入贯彻落实国家知识产权战略，实施首都知识产权战略，推动区知识产权工作健康发展，大力宣传知识产权知识，切实加强知识产权保护工作。市知识产权局、市工商局及崇文区相关领导出席了启动仪式，并向到场的商户代表、顾客发放了近万页（册）宣传材料。

（张　亮）

【知识产权托管试点工作取得成效】 年内，市知识产权局积极帮扶中小企业，开展知识产权托管试点工作。西城、朝阳、丰台、石景山、亦庄所属中关村科技园区试点小企业入托率90%以上，专利申请量增长100%以上，没有发生专利故意侵权事例。

（张　亮）

知识产权统筹协调

【全面战略合作暨推动知识产权质押融资协议签署】 4月6日，市知识产权局与北京银行签署“全面战略合作暨推动知识产权质押融资协议”，由北京银行出资50亿元，作为北京市知识产权质押贷款专项资金，从而使北京市知识产权质押贷款总额度由2007年的20亿元增加到70亿元。

（张长宇）

【北京专利代理行业发展研讨会召开】 6月23日，市知识产权局召开北京专利代理行业发展研讨会。会议就代理机构发展、代理人才培养、业务拓展等方面展开讨论，提出要敢于创新，提高行业整体知名度及影响力，成立专门的代理人培训机构，加强机构业务拓展能力，探索业务发展新模式，协调各级政府资源以及加强行业自律等。市知识产权局、中华全国专利代理人协会、国家知识产权局条法司等单位相关人员出席会议。

（盛安平）

【中关村绿色知识产权文化沙龙】 7月17日，由中关村知识产权促进局主办，中关村国际环保产业促进中心协办的中关村绿色知识产权文化沙龙在园区内举行。绿色知识产权是“绿色北京”的科技支撑。作为未来具有全球影响力的科技创新中心，中关村需要大力发展绿色知识产权，用以支撑能源环保产业的发展和跨越，使中关村确立自己的世界地位。来自政府、企业界、学术界及中介服务行业的代表共17人参加了此次活动。

（白　琳）

【知识产权宣讲活动获北京科技周优秀活动奖】 7月30日，市知识产权局举办的首都知识产权“百千对接工程”推进活动——海淀园创意产业知识产权宣讲活动荣获2009年北京科技周优秀活动奖。此次宣讲活动由北京市知识产权局主办，旨在推进首都知识产权“百千对接工程”，引入创意产业，引导知识产权服务机构为创意企业提供有针对性的知识产权咨询与服务，帮助创意企业提升知识产权意识，增强其运用知识产权参与竞争的能力，更好地为创意产业的发展和创新型城市建设服务。

（张长宇）

【音视频产业知识产权联盟在京成立】 10月28日，由中科院计算技术研究所、北京华旗资讯数码科技有限公司、北京中星微电子有限公司、新奥特硅谷视频技术有限责任公司等发起并成立的合作型团体——北京市音视频产业知识产权联盟成立。国家知识产权局、市知识产权局相关领导出席仪式并讲话。联盟将集合企业、科研院所及中介机构的力量，共同解决行业共性知识产权问题，应对知识产权纠纷，增加北京市音视频领域知识产权竞争筹码。

（黄显志）

【保知志愿者服务队正式加入市志愿者联合会】 12月2日，首都保护知识产权志愿者加入北京市志愿者联合会入会仪式在中国人民大学举行。共青团市委、市知识产权局、中国人民大学等单位的领导出席仪式。保护知识产权志愿者是首都志愿者工作与知识产权保护工作有机结合的创新性探索与尝试,可带动更多的人加入保护知识产权志愿者队伍,使更多的志愿者成为知识产权文化理念的传播者、保护知识产权的自觉践行者、公平竞争的市场秩序和公共利益的义务维护者。

(王连洁)

质量技术监督

Technical Supervision over Quality

标 准

【防火门新国标开始实施】 1月1日,防火门新国标开始实施。防火门新国标的主要变化有:一是提高了安全系数,引入了部分隔热防火门和非隔热防火门的概念和要求,将原来的甲、乙、丙级防火门的耐火极限调整为1.5小时、1.0小时和0.5小时;二是增加了环保内容,要求门扇内若填充材料,应采用对人体无毒无害的防火隔热材料,减少对人体健康的影响。

(闫 涛)

【北京市法人基础信息数据库顺利通过项目竣工验收】 1月9日,市质监局主持召开"北京市法人基础信息数据库系统"项目竣工验收会。市发改委、市信息办、市编办、市民政局、市工商局以及项目施工、监理等单位参加会议。北京市法人基础信息数据库是北京市四大基础信息数据库之一,是市发改委批准立项的建设项目,是四大基础信息数据库中第一个建设完成、第一个通过验收、第一个试运行的项目,也是第一个多部门共建的项目,由市质监局组织,市信息办、市编办、市民政局、市工商局共同建设的。

(闫 涛)

【12项地方标准通过专家审定】 1月18日,海淀区产品质量监督检验所负责起草的《水果干制品卫生要求》等12项地方标准通过专家审定。中国商业联合会、中国食品发酵研究院、北京市科研院等单位的9名专家对标准的制定工作给予了充分肯定。12项标准均于年内发布实施。这些标准有效地指导了北京市水果干制品等产品的生产、加工和贸易,提升了产品卫生水平,为北京市水果干制品等产品市场准入和监管工作提供了技术支撑和保障。

(闫 涛)

【牙膏新国标实施:氟含量是关键】 2月1日,新修订的牙膏国家标准正式实施。与之前的标准相比,牙膏新国标在许多方面都做了增加和调整。首次将"二甘醇"和"三氯生"等物质列入原料规范中并明确限量值,将成人含氟牙膏的氟含量下线由0.04%提高至0.15%,儿童含氟牙膏中氟含量为0.05%—0.11%。

(闫 涛)

【制定"食用农产品安全科技行动"标准化支撑方案】 2月18日,市质监局为配合"食用农产品安全科技行动"的开展,制定了"食用农产品安全科技行动——标准支撑方案",该方案把标准作为支撑"食用农产品安全科技行动"的基础,规划了下一步的工作计划,主要包括:"构建北京市食用农产品标准体系"、"加大食用农产品安全类地方标准的制修订工作力度"、"建立健全标准推广应用体系"三个方面。

(谢翔燕)

【我国标准与国际标准和国外先进标准比对分析及对策研究启动】 2月27日,我国标准与国际标准和国外先进标准比对分析及对策研究课题启动会召开。这项研究选择了我国制造业、信息产业和公共安全等领域的500项标准与国际先进标准进行比对,是我国参与国际标准制修订和国际标准突破的基础性研究,将为政府标准化政策制定和企业标准化战略决策以及有效应对技术性贸易措施提供参考。通过这项研究,解决了标准比对通用方法与技术的统一以及标准比对结果的应用等问题,健全我国的标准体系,提高我国的标准水平,并为我国的国际标准制修订寻找突破点。

(闫 涛)

【能效标识认证扩大实施范围】 3月1日起,我国将对变频空调、电热水器、电磁炉、计算机显示器和复印机等一批产品实施能效标识认证。届时,出厂的产品必须加贴能效标识,向消费者明示耗能情况,凡低于5级(或3级)能效的产品将不得在中国生产、销售和进口。这已是我国公布的第四批实行能源效率标识的产品目录。

(闫 涛)

【"北京市标准体系建设研究"课题通过市科委验收】 3月26日,市质量技术监督信息研究所承担的课题“北京市标准体系建设研究”通过市科委组织的验收。该课题首先对北京市标准体系的现状和存在问题进行全面的分析，主要研究了北京市标准体系的管理体制、运行机制、实施体系、保障体系、服务体系等内容，并据此提出北京市标准化工作的发展思路和建议。然后，选择公共安全、生产安全、环境保护三个领域作为案例进行深入研究，提出各领域标准体系建设规划和系统完整的标准体系表。

（闫　涛）

【中关村国家自主创新示范区开展标准创新试点工作】 3月26日，中关村国家自主创新示范区开展标准创新试点工作正式启动。该工作拟在进一步加强与国际标准化组织的战略合作，支持企业、高等院校、科研院所承担标准化专业组织的工作，培养一批掌握国际标准化规则的标准化专业人才；完善并实施引导和鼓励技术标准研发、制定和产业化应用等激励政策，支持对经济发展有带动作用的特色产业集群技术标准体系建设；支持企业以产业链为纽带形成标准联盟，促进创新成果产业化以及相关技术和产品的广泛应用等方面取得成效。

（王海红）

【北京文化创意产业标准化工作专家研讨会召开】 4月10日，市质监局召开文化创意产业标准化工作专家研讨会。会议主题是“北京文化创意产业标准化现状和需求”，国家标准委、市科委、中关村管委会、市科研院、北京科学学研究中心、科技部战略研究院、北京大学、机械科学研究院、市科技评价研究所等单位的专家参加会议。与会专家探讨了国内外及北京市文化创意产业的发展概况及标准化对文化创意产业的重要意义，并对北京市文化创意产业标准化的研究内容和发展思路发表了各自的看法和建议。

（田　川）

【《村镇住宅太阳能采暖应用技术规程》地方标准实施】 5月1日，北京市地方标准《村镇住宅太阳能采暖应用技术规程》开始实施。该标准主要是针对京郊新村建设和村镇改造建设而制定的，标准规定了在新建或已有的建筑上设计太阳能采暖系统必须进行建筑结构安全复核，并应满足建筑结构及其他有关专业提出的安全要求；村镇住宅太阳能采暖系统应安全可靠，应有防冻、防风、防震、防雷等技术措施；含内置式辅助加热设备的贮水箱必须做接地处理等三项强制性条款。

（田　川）

【2009年北京市技术标准制修订补助评审工作结束】 5月21日，2009年北京市技术标准制修订补助资金申报与评审工作结束。2009年，共有121家单位的371项标准申请标准制修订补助资金。经过形式审查、专业评审以及终审，最终有179项标准获得共计975万元的标准制修订补助资金。标准制修订补助资金的设立提高了企业参与标准制定工作的积极性，提高了企业在市场竞争中的话语权。

（闫　涛）

【第九期中关村高新企业标准化知识培训班开班】 6月4日，第九期中关村高新企业标准化知识培训班开班，约有90家园区高新企业的130余名企业管理人员和标准化工作人员参加此次培训。本期培训是中关村标准化示范区在2009年举行的第一期大规模培训，培训对象主要是园区企业的标准化负责人及技术人员。根据园区高新企业的需要，今后还将组织此类的企业标准化知识培训班，以充分提高园区企业参与标准化工作的积极性，促进园区企业标准化人才培养可持续协调发展。

（王海虹）

【休闲农业标准化试点工作启动会召开】 8月5日，市质监局召开休闲农业标准化试点工作启动会，门头沟区、房山区、通州区、顺义区、大兴区、怀柔区、密云县等区县质监局、标准化研究所及试点单位的项目负责人参加了会议。休闲农业是以农业为基础，以休闲为目的，以服务为手段，以城市游客为目标，将第一产业和第三产业相结合的新型产业，可提供观光、采摘、度假、休闲、参与、体验、娱乐、健身等多项服务。确定的7家试点单位为：北京妙峰玫瑰种植专业合作社、北京交道富恒农业技术开发有限公司、北京永新源生态农业有限公司、北京禧宝露核桃专业合作社、北京聚陇山生态农业开发有限公司、北京东昇农业技术开发有限公司、北京青圃园莱蔬有限公司。

（谢翔燕）

【北京市信息化标准化技术委员会成立大会召开】 8月13日，市信息化标准化技术委员会成立大会暨第一次全体委员会议举行。市信标委的成立，是北京市信息化标准化事业发展的一个重要里程碑。市信标委作为在信息化领域内从事标准化工作的专业技术组织，为行业内的专家和企业提供了共同开展标准化工作的平台，将在全市范围内为促进信息融合、资源共享、业务协同发挥重要的技术支撑作用。

（闫 涛）

【2009产品质量安全追溯论坛在京召开】 8月14日，“质量和安全年——2009产品质量安全追溯论坛”在京召开，该论坛由中国物品编码中心主办，主题是“条码——食品与医疗产品追溯的快捷通道”。来自全国的食品、医疗卫生领域的企业和系统集成商以及中国物品编码中心分支机构的代表，系统地介绍了“中国条码推进工程”中条码在我国食品与医疗产品追溯中的重要作用，并就我国目前食品和医疗卫生用品的发展现状、产品质量安全形势、新的食品安全法、我国在产品质量安全追溯领域的发展趋势以及应用案例进行了全面剖析和深入探讨。

（闫 涛）

【《森林资源资产价值评估技术规范》地方标准通过审查】 8月25日，市质监局召开《森林资源资产价值评估技术规范》地方标准审查会，中国林业科学研究院、北京林业大学、中科院地理科学与资源研究所、市统计局、国家林业局、房山区林业局等单位的专家参加会议。专家认为北京森林资源在维护地区生态环境稳定和促进社会经济发展中发挥着重要的作用，该标准结合国内外先进研究成果和北京地区实际情况，具有较强的适用性和操作性，为规范森林资源资产评估工作，为北京地区森林资源资产价值的客观、全面评估提供技术依据。

（谢翔燕）

【《预拌混凝土生产管理规程》地方标准实施】 9月1日，北京市地方标准《预拌混凝土生产管理规程》正式实施。该标准是根据市环保局提出的相关要求，以绿色生产为核心，用于相关部门对北京市行政区域范围内的预拌混凝土生产、运输（含原材料）及使用进行管理。通过规范预拌混凝土企业的设备设施、生产管理，把预拌混凝土企业的环保水平提升到一个更高的水准。该标准实施后有利于预拌混凝土生产、运输及使用企业减少污染，使全体市民受益，为相关污染行业的综合管理提供了经验。

（田 川）

【市质监局召开农业编码标准体系研究工作会】 9月11日，市质监局召开农业编码标准体系研究工作会。农业编码标准体系研究是从新农村农业信息资源的基础——农业相关信息编码标准研究入手，建立北京市新农村农业编码标准体系，规范涉农信息数据元，旨在发挥信息资源优势，增强涉农信息资源的共享性和协调性，为保障北京市新农村农业信息资源整合、统筹协调资源提供技术支撑和基础保障。

（田 川）

【第二批良好农业规范三家试点单位均通过一级GAP认证】 10月25日，北京顺丽鑫生态观光农业园有限责任公司通过了方圆标志认证集团的一级GAP（即CHINAGAP+）认证的现场审查。至此，北京市第二批良好农业规范的三家试点单位均已通过一级GAP认证现场审查。良好农业规范（GAP）是通过对种植、养殖、加工全过程的控制，强化农业生产经营管理行为，保证农产品的安全。目前该规范已在许多国家推广应用。

（谢翔燕）

【首个乡村游标准11月1日起实施】 11月1日，北京市为乡村旅游业态发展制定的首个地方标准《北京市乡村旅游特色业态标准及评定》开始正式实施，并正式接受全市乡村游经营者的申报，这在国内乡村旅游领域中尚属首次。该标准共分9个部分，除了通则以外，还总结出8种全新乡村旅游业态，分别为乡村酒店、国际驿站、采摘篱园、生态渔村、休闲农庄、山水人家、养生山吧、民族风苑，对每一种业态都有相对应的详细界定和释义，并对各区县特色鲜明的示范基地予以标注。

（闫 涛）

【软件质量可信测试的国际标准研讨会举行】 12月28日，由全国信息技术标准化技术委员会软件工程分技术委员会软件质量测试工作组主办，北京市产品质量监督检验所和北京邮电大学承办，并由国家标准化管理委员会、国家自然科学基金委员会和科技部国际合作司支持的软件质量可信测试的国际标准研讨会举行。本次软件质量可信测试国际研讨会是为系统和软件可信领域中的研究者和实践者提供一个平台，分享软件可信领域的最新研究成果，并从不同的视角对可信的定义、度量和评估等问题进行深入探讨。

（郭 爽）

计 量

【开展计量标准考评员培训工作】 4月，市质监局聘请《计量标准考核规范》（JJF1033—2008）起草人、全国计量标准、计量检定人员考核委员会邓媛芳、倪育才对全市计量标准考评员进行培训。培训采用全国统一试题进行考试和考核，全市共有84名计量标准考评员通过考核。计量标准考评员培训和考核，优化了考评员队伍，全市计量标准考评员库共有国家级考评员19名，省级考评员84名，共计103名计量标准考评员。

（谭云超）

【开展检衡车绿标改造工作】 7—9月，为配合市政府实施“十五”阶段控制大气污染措施，推进以淘汰高排放黄标车为主的机动车污染防治工作，市质监局与市环保局、市交管局协调，利用市环保局的20万元改造资金，将市质监局配置给昌平区计量检测所、顺义区计量检测所、大兴区计量检测所、房山区计量检测所的4辆“黄标”检衡车进行“绿标”改造，改造后的车辆符合市政府环保要求。

（谭云超）

【计量监督检查工作】 7—10月，市质监局围绕“质量和安全年”、“迎国庆、保稳定、促和谐”计量专项行动，组织各区县质监局加强监督执法，努力营造安全生产、有序竞争、放心消费的计量环境。共检查大中型超市、加油站、集贸市场、眼镜制配单位、定量包装生产企业、餐饮业、医疗卫生单位、检测机构及实验室等单位共4171家次，检查在用计量器具84084台件，合格81567台件，合格率为97%。抽查定量包装商品2008批次，合格1903批次，合格率为95%。抽查燃气表4批次，合格3批次，合格率为75%。

（刘 勇）

【开展计量比对工作】 10—12月，市质监局组织全市18家法定计量检定机构和4家检定授权机构开展燃油加油机、电子计价秤两个项目的比对工作。通过计量比对工作，检验和掌握了各单位在体系管理、人员素质、设备使用等方面的状况，促使各单位检测人员加强业务知识的学习，也进一步促进了检测机构加强自身建设。

（谭云超）

【计量检定与校准】 年内，北京市计量检测科学研究院和区县计量检测所共完成计量标准器具检定11871台套，工作计量器具检定419299台件，四表检定796335台件。另外，完成计量器具的检测校准771842台件。

（陈京桦）

【高质量完成各项行政许可工作】 年内，市质监局系统共办结计量行政许可4276项，其中：进口计量器具检定1753台件，计量器具型式批准239项，制造、修理计量器具许可证签发133项，社会公用计量标准器具核准71项，计量标准器具核准268项，计量检定员资格核准1561项，实验室资质认定计量认证246项，计量授权5项。

（杨利民）

【开展能源计量检测工作】　年内，市质监局组织150家重点用能单位开展能源计量检测服务，帮助查找能源计量器具配备和使用中存在的问题，发现150家用能单位应配备计量器具12518台，实际配备10346台，配备率为82.65%，已配备但未检定1932台。共检测150家用能单位的电力变压器、制冷机、泵机组、风机组、锅炉五类重点用能设备613台，实施了重点耗能设备能效对标。在对159家用能单位开展“回头看”的过程中，督促部分用能单位新加装能源计量器具696台，督查能源计量器具实施检定2426台。

（刘　勇）

【加强能源计量宣传、教育和培训工作】　年内，市质监局组织对用能单位、计量检测技术机构、能源计量执法人员开展能源计量工作专项培训430人次。组织能源计量专家和检测技术人员深入用能单位召开现场交流座谈会175次，参与人员约3500人次。发放能源计量与节能减排相关的宣传材料约25000份。

（刘　勇）

【开展医用计量器具和汽车维修用计量器具普查工作】　年内，为摸清医用和汽车修理企业在用计量器具的底数，建立计量器具电子档案，合理配置计量检测资源，市质监局组织各区县质监局对全市医院和汽车修理企业在用计量器具开展普查工作，共普查计量器具74337台件。

（王建伟）

【完成计量检测业务管理系统二期改造工作】年内，市质监局组织计量检测业务管理系统二期改造项目对现有的检测业务系统进行全面的调整，规范了检测业务的整体流程，提高系统的易用性，解决计量器具身份标识问题。本次系统改造还对证书制作部分进行全面的调整，使证书的制作及打印更加高效便捷，同时在基础数据体系方面，新的系统也进行了优化改造，为计量检测机构业务管理提供更多的应用支持，增强了计量服务群众、服务企业、服务社会的有效性。

（王建伟）

【开展综合能源平衡测试工作】　年内，市质监局在建材、汽车、食品3个行业中选取20家企业开展综合能源平衡测试工作，实施能效评价试点。分别测试了20家企业水、电、燃气、煤（焦炭）、热等主要能源的利用率，查找余能回收潜力、能源损失原因，分别制定节能改造整改措施。

（刘　勇）

质检科研

【国家汽车质量监督检验中心奠基仪式举行】2月19日，北京市重点建设项目——国家汽车质量监督检验中心、北京汽车产业研发基地奠基仪式在顺义区举行。国家汽车质检中心由北京市质监局牵头，整合北京及周边地区优势检测资源共同筹建，承担主体为市质监局直属事业单位北京市产品质量监督检验所。中心建设项目是北京市绿色通道项目，总投资6.5亿元人民币，占地面积14.4万平方米。

（郭　爽）

【节能监测检查工作顺利圆满完成】　2月，根据市发改委下发的京发改[2008]1915号文件精神，市质监局节能监测站承担了东城区、朝阳区、石景山区的大专院校、医院、宾馆饭店、写字楼、商场超市、供暖单位、工业企业等40余家单位的节能监测检查工作。

（李　红）

【市质监局组织市民参观国家食品质量安全监督检验中心】　5月19日，市质监局邀请40余名市民到国家食品质量安全监督检验中心实地参观检测实验室，了解食品质量检测流程。市民认为，通过活动既学到了许多实用的日常鉴别食品质量安全的知识，又初步了解了质监部门食品质量检验的基本工作流程。

（杨　政）

【北京市计量检测科学研究院参加计量日活动】　5月20日，市计量检测科学研究院参加了由市质监局组织的“5.20世界计量日，关注民生，计量惠民，北京市质量技术监督局计量进社区”现场公益咨询和宣传活动。在这次活动中，计量院的技术人员向社区居民提供血压计、眼镜等计量器具的免费检测和咨询活动，还通过媒体向广大群众演示不法商贩利用黑心秤坑害老百姓的伎俩和避免上当的小窍门。

（李　红）

【《呼出气体酒精含量探测器计量检定装置量值比对工作实施细则》研讨会】　7月16日，由华北国家计量测试中心组织，北京市计量检测科学研究院理化室作为主导实验室的《呼出气体酒精含量探测器计量检定装置量值比对工作实施细则》研讨会召开。本次比对共有22家省级计量院所参加，并聘请中国计量科学研究院的2位专家作为专家组成员。与会代表就比对方法、传递路线及参比单位具体试验时间等问题进行了讨论。

（李　红）

【国庆60周年庆祝大会彩车基础车和国庆大会活动服务车辆检验监管工作】　8—9月，为确保国庆60周年庆祝活动服务车辆安全，市质监局与市交管局协作，开展国庆彩车基础车和国庆大会服务车辆安全技术检验情况监督检查，重点对外观、制动、底盘等关键工位检查，完成了38辆国庆彩车基础车和7182辆国庆大会服务车辆安全技术检验监管任务。

（肖宏清）

【“数字多用表自动测试系统的研制”通过科技成果鉴定】　12月17日，市质监局在市计量检测科学研究院召开国家质检总局科技计划项目“数字多用表自动测试系统的研制”科技成果鉴定会。经过认真讨论，与会专家一致认为：课题组提供的技术文件和资料完整齐全；研制的数字多用表自动测试系统以现行国家检定规程为依据，实用性强，在测试不带通讯接口的数字多用表、开放的指令定义和系统结构等方面有所突破和创新，系统的功能和使用效果达到了任务书的要求；研制的数字多用表自动测试系统自动化程度高，能明显提高检测的工作效率，达到国内先进水平，具有良好的推广价值。专家一致同意“数字多用表自动测试系统的研制”科技成果通过鉴定，并建议进一步完善测试系统功能，尽快推广使用。

（李　红）

【完成特种设备检验检测及作业人员考核41497人次】　年内，市特种设备检测中心受市质监局委托，共完成特种设备检验检测及作业人员考核41497人次。其中，作业人员考试944期，考核40443人次，累计初试发证24051个；完成特种设备检验检测人员考试26期，考核1054人次、1354项内容。

（熊　华）

高校科技

Science and Technology in Institutions of Higher Education

【特色教育资源库建设项目顺利开展】 4月，10所市属高等学校承担2008年北京高等学校特色教育资源库建设项目的通过专家验收。项目经过4年的发展，在网络资源建设理念、内容、方法、技术以及组织管理、人才培养、服务学科发展等方面取得了显著进展。截至2008年，本项目已经建成135个涵盖电影、服装、设计、音乐、舞蹈、印刷、体育、建筑等领域的主题资源包，整合图片近95万张，音视频4.1万个，文字1913万字，网页设计8万个，初步形成了北京高校特色教育资源体系。

（张　豫）

【举办2009年京港大学校长高峰论坛】 6月13—14日，市委教育工委、市教委共同主办了“2009年京港大学校长高峰论坛”。来自香港、北京的40多位高校负责人围绕“大学责任与区域创新体系的构建”主题展开讨论。清华大学、香港理工大学、香港中文大学、北京科技大学等高校的领导做大会发言。3所澳门高校、3所台湾高校以及两所河北省高校的负责人也应邀参加本次论坛。

（张年武）

【市教委启动市属高等学校数字校园示范校建设的试点工作】 10月，市教委开展首批北京市属高校数字校园示范校建设单位申报工作。在学校自愿申报的基础上，经专家会议评审和对部分高校的实地考察，市教委决定将首都师范大学、北京信息科技大学、北京联合大学、中国戏曲学院、北京财贸职业学院、北京信息职业技术学院、北京电子科技职业学院7所高等院校列为第一批北京市属高等学校数字校园示范校建设单位。

（张　豫）

【增列北京市哲学社会科学研究基地】 11月，市哲学社会科学规划办公室与市教委批准建立“北京市哲学社会科学研究基地”。截至2009年，在普通高等学校中已建立了31个北京市哲学社会科学研究基地。

（车庆珍）

【“北京市重点实验室”建设计划项目通过验收】 11—12月，市教委、市科委联合对68个“北京市重点实验室”建设计划项目进行验收。本次验收工作分为会议验收和现场考察两个阶段。综合两个阶段的验收意见，验收结果为：参加验收的68个北京市重点实验室中，22个实验室评为优秀，43个实验室评为合格，2个实验室评为基本合格，1个实验室评为不合格。

（翟　昊）

【认定10家北京市大学科技园】 12月18日，市教委与市科委、中关村管委会共同认定了中国矿业大学科技园、北京林业大学科技园等10家科技园为北京市大学科技园。到2009年底，北京市共拥有大学科技园24家，其中13家为国家大学科技园。

（张年武）

【市教委科研计划2010年度项目确定】 12月，市教委完成2010年科研计划项目审批。根据《科技发展计划项目管理办法》、《人文社会科学研究计划项目管理办法》，经过项目申请、学校初选推荐、市教委评审等程序，共批准来自27所高校的科研项目463个。其中，“科技发展计划”重点项目32个、面上项目241个；“人文社会科学研究计划”重点项目24个、面上项目166个。批准项目资助经费总额5666万元，其中“科技发展计划”项目经费4572万元，“人文社会科学研究计划”项目经费1094万元。

（车庆珍　翟　昊）

【科技人员及投入】 年内，北京地区62所设有理工农医类高校（含22所附属医院）共有教学与科研人员61602人，其中具有教授职称6438人，具有高级职称22131人；研究与发展人员31308人；科技经费投入共123.93亿元，其中政府资金投入77亿元，企事业单位委托投入40.28亿元。市属17所设有理工农医类高校（含13所附属医院）共有教学与科研人员23989人，其中具有教授职称1017人，具有高级职称6022人；研究与发展人员9524人；科技经费投入共14.62亿元，其中政府资金投入10.81亿元，企事业单位委托投入3.40亿元。

（张　豫）

【2009年高校科研活动机构成果显著】 年内，北京地区62所设有理工农医类高校（含22所

附属医院)共有科研活动机构365个(3个军工科技活动机构);开展科技课题34862项,其中研究与发展课题31807项,R&D成果应用及科技服务课题3055项;派遣进修访问学者3206人次,接受进修访问学者5652人次;出席国际学术会议16440人次,交流论文13191篇。17所市属设有理工农医类高校(含13所附属医院)共有科研活动机构共53个;开展科技课题5977项,其中研究与发展课题5702项,R&D成果应用及科技服务课题275项;派遣进修访问学者531人次,接受进修访问学者505人次;出席国际学术会议2339人次,交流论文2150篇。

(张　豫)

【高校科技产出】 年内,北京地区高校共出版科技专著494部,大专院校教科书707部,编著作品536部;发表学术论文62507篇,其中在国外学术刊物发表15717篇:SCI(科学引文索引)11468篇、EI(工程索引)13025篇、ISTP(科技会议索引)8935篇;鉴定成果287项,获奖成果418项,其中国家级奖71项、省部级奖228项。市属高校出版科技专著180部,大专院校教科书316部,编著165部;发表学术论文13226篇,其中国外学术刊物发表1528篇:SCI 1229篇、EI 1220篇、ISTP 795篇;鉴定成果48项,获奖成果项36项,其中国家级8项、省部级16项。

(张　豫)

【高校科技推广】 年内,北京地区高校共签订技术转让合同884项,总金额7.74亿元,实际收入4.74亿元;专利出售135项,合同金额0.866亿元,实际收入0.27亿元;申请专利6846项,授权4030项,其中申请发明专利5943项,授权2631项。市属高校签订技术转让合同176项,总金额0.72亿元,实际收入0.37亿元;专利出售16项,合同金额425.5万元,实际收入204.5万元;申请专利862项,授权548项,其中申请发明专利538项,授权265项。

(张　豫)

【市教委社科计划2010年度项目确定】 年内,根据市教委、市财政局《北京市属高等学校科学研究项目管理办法(暂行)》的规定,经过项目立项诸环节,市教委社科计划资助项目190项,其中重点项目24项。

(车庆珍)

【北京地区高等学校实验室信息统计工作结束】 年内,北京地区106所高校参加了教育部高等学校实验室信息统计。其中:普通本科63所、高职高专24所、成人高校19所。106所高校共有单价800元以上教学科研仪器设备128万台件,价值184.9亿元,其中:单价10万元以上设备2.4万台件,价值83.8亿元;单价40万元以上"仪器仪表"类精密贵重仪器设备2884台件,总价值30.54亿元。精密贵重仪器设备分布在54所高校中,其中:部委院校55所拥有2300台件,价值24.84亿元;市属院校51所,拥有584台,价值5.7亿元。

(郝亚清)

【认定26个北京高校工程研究中心】 年内,市教委发布《关于开展北京高等学校工程研究中心建设工作的意见》(京教研[2009]8号),在各高校积极申报、专家把关的基础上认定了清华大学"可视媒体智能处理与内容安全工程研究中心"等26个工程研究中心为北京高等学校工程研究中心,研究方向涉及动力电池、化学能源材料、轨道交通、中医药、传感器网络、激光、先进制造、污水控制等领域。

(张年武)

【抓住重点学校,确保发明专利申请量再创新高】 年内,市教委继续采取普遍发动与重点突破相结合的办法,在抓好高等学校整个系统工作的同时,重点抓好清华大学等高校的专利申请工作,确保全年发明专利申请量再创新高。北京地区高校2009年1—11月专利申请量达到5672件,比2008年的4781件增长18.2%;北京地区高校2009年1—11月专利授权量2877件,比2008年的1953件增长47.3%。

(张年武)

合作与交流

Cooperation and Exchange

国际合作与交流

【**工业设计中心与红点联手 推介中国优秀设计参评德国红点**】 3月19日，德国红点设计奖主席彼得·扎克先生、红点奖亚洲总裁邱智坚先生与北京工业设计促进中心签署《合作谅解备忘录》，建立互动机制。备忘录的签署标志中国本土的工业设计促进机构与世界上重要的设计促进组织之一建立战略合作关系，为推动中国设计的国际化打开重要的窗口。年内，设计中心推荐包括联想集团、北京华旗资讯数码、海信集团、浪尖设计等10余家企业的30余件产品参评2010年德国红点产品设计奖，其中大部分企业都是第一次申报红点奖，红点奖方面对北京工业设计促进中心在国内的影响力表示赞赏。

（左　倩）

【**中英政府间科技合作协定签署30周年庆祝活动**】 3月30日，由科技部与英国驻华大使馆共同主办、开发中心承办的"庆祝中英政府间科技合作协定签署30周年庆祝活动"举行。来自中英两国的190多位政府官员、研究机构和大学及企业界代表参会。中英合作项目专家代表就两国政府间科技协定签署30周年来各个领域取得的辉煌成就进行了演讲和讨论。

（张　雯）

【**米兰设计周 CDM 带领中国设计与国际接轨**】 4月21至5月2日，在市科委资助及中国驻米兰总领事馆、意大利驻中国大使馆支持下，北京工业设计促进中心和意大利 ABITARE 杂志发起的"CDM 中国设计交易市场计划"在首发站意大利米兰举行了设计周活动，联想集团等国内30家企业参展。CDM 作为推动企业设计创新和服务外包的一项举措，积极帮助中国企业走世界、找市场，到国际上去买卖设计，加强设计与文化的国际交流。活动期间，北京工业设计促进中心与国际著名设计品牌 ALESSI 达成了共同以"北京及紫禁城"为主题进行产品设计的战略合作意向，第一批作品预计在2010年上海世博会期间正式亮相。

（左　倩）

【**中国—奥地利节能环保合作研讨会**】 5月18—20日，由市科委与奥地利财政部欧洲一体化与经济发展署共同主办，可持续中心承办的"中国—奥地利节能环保合作研讨会"在京召开，来自市科委、市发改委、市建委、市环保局、市水务局、市市政管委、市园林绿化局，高等学校、科研机构、企业以及来自奥地利的企业和大学的100余人参加了研讨会。本次研讨会为期3天，分专题讲演、座谈交流、参观考察等三个环节，旨在围绕"合作、共赢"的主题，通过专题研讨、学术交流和参观考察等方式，为中奥研究人员提供各自的研发经验，开展技术交流的平台，搭建相互联系和合作的桥梁。

（刘育松）

【**中英科技创新计划（ICUK）浙江嘉兴推介洽谈会举行**】 6月18—19日，北京技术交易促进中心联合英国中英科技创新计划（ICUK）、嘉兴市科技局、嘉兴市南湖区政府，在浙江省嘉兴市共同举办了"中英科技创新计划（ICUK）浙江嘉兴推介洽谈会"，来自科技部火炬中心、北京市科委、浙江省科技厅、嘉兴市政府的领导以及英国驻沪领事馆的官员出席洽谈会。中英科技创新计划（ICUK）是中英两国政府在创新和知识产业化方面的首次合作，数十位英国专家参加了成果推介与项目对接。中科院嘉兴物理研究所工程中心、中科院嘉兴亚美合金、闻泰集团等23家嘉兴当地企业参加活动。洽谈会分别达成了二次联合开发、技术转让等合作意向3项。本次“中英科技创新计划浙江嘉兴推介洽谈会”整合了英国ICUK、北京、嘉兴、绍兴等地的产学研资源，深化了北京市与浙江省嘉兴市的技术转移合作机制。

（马正运）

【ABO联盟在日路演】　8月3—7日，ABO联盟组团赴日，在东京和大阪开展“路演”活动并取得成功。期间，先后走访了日本经济产业省生物化学产业科，日本第三大制药企业安斯泰来、生物资源应用研究所（NIDEK）和MINOPHAGEN制药株式会社，并参观大阪彩都生命科学园。在东京与大阪举行的两场“ABO联盟中日合作交流会”，吸引了日本生物医药界近百名代表参加。安斯泰来、田边三菱、日本住友制药、大正制药、稻田产业等机构纷纷表示要加强与ABO联盟的沟通与合作。

（生物中心）

【2009中韩（浙江嘉兴）科技商务对接洽谈会召开】　8月12日，北京技术交易促进中心联合亚洲科学园协会、嘉兴市科技局、嘉兴市南湖区政府，在嘉兴市共同举办“2009中韩科技商务对接洽谈会”。来自韩国昌原、龟尾、城西、梧仓等工业园区的多家企业，携标准件、LED照明、钢卷、摄像机模块、镁转化膜阳极氧化处理等新技术、新产品，与天通、闻泰、东方特钢、中意电器、加西贝拉、尚得太阳能等20多家企业进行对接洽谈，达成技术转移合作意向2项。嘉兴科技城管委会与亚洲科学园协会签订了合作备忘录（MOU），嘉兴科技城正式加入亚洲科学园协会。

（马正运）

【旧金山—北京生物医药产业发展交流会】　10月12日，北京经济技术开发区管委会、北京生物技术和新医药产业促进中心和北京医药集团共同举办“旧金山—北京生物医药产业发展交流会”。美国旧金山市副市长迈克尔·科恩率代表团一行12人来京参加交流会。近40位北京医药产业的代表，与来自旧金山市政府机构、科研院校、医药企业和资本市场的代表，就两市生物医药产业发展及合作的可能性进行了探讨。

（生物中心）

【“中日技术创新产业推进基地”成立】　10月16日，由北京科技协作中心、北京生物技术和新医药产业促进中心、昌平区投资促进局、北京天正创智信息技术有限公司共同发起的“中日技术创新产业推进基地”在昌平区正式揭牌成立。该基地将以中日新能源、新材料、生物医药等相关领域企业及科研资源为主体，构建高层次、实质化交流机制，整合对接双方的科研与市场资源，推动中日政府与民间、企业与科研机构间的国际交往，加快中日重点合作项目的落地。

（生物中心）

【“世界设计师走进通州”活动】　10月23日，北京工业设计促进中心与通州区政府举办“2009北京世界设计大会暨首届北京国际设计周——世界设计师走进通州”活动。北京工业设计促进中心组织湖南大学艺术设计学院教授何人可、青蛙设计公司执行创意总监马克思·伯顿、韩国设计协会联盟主席朴英顺等红星奖评委出席并参加座谈，帮助通州区尤其是其设计产业架起了与世界沟通的桥梁。

（左　倩）

【北京工业设计促进中心“创新北京 赢在设计”招待酒会举行】　10月23日，北京工业设计促进中心举行“创新北京 赢在设计”招待酒会，邀请包括英国设计委员会、ICOGRADA国际平面设计协会联合会执委会等在内的中、英、美、韩、日等18个国家和地区的30余位国际设计界专家出席，就今后的合作方向及方式进行了深层次的交流和探讨,达成了一定的共识。

(左 倩)

【设计创造力——国际工业设计精品展开展】 10月24—31日,由市科委组织、北京工业设计促进中心策划的“设计创造力——国际工业设计精品展”在中华世纪坛举行。此次展览共有来自联想集团、北京华旗资讯数码科技有限公司、三一重工股份有限公司、北京李宁体育用品有限公司等43家国内企业的123件产品参展,芬兰诺基亚公司、荷兰飞利浦公司、比利时特百惠有限公司等90家国外企业的百余件产品参展。其中,中国创新设计红星奖与德国红点奖、韩国好设计奖、澳大利亚国际设计奖和美国IDEA奖等在国际上享有盛誉的重要设计奖作品首次联合在中国展出。展览通过“北京—中国—世界”三幕,从设计的过去、现在和未来三个时段上展现了市科委设计创新提升计划支持首都设计业发展的成果,设计、科技、经济发展的相互联系以及当今世界设计的发展趋势。展览7天共计接待4万多人次,日均6000人左右,创世纪坛参观人数新高。

(左 倩)

【“2009世界设计大会”开幕】 10月24日至11月1日,由教育部、文化部和北京市政府共同主办的“2009北京世界设计大会暨首届北京国际设计周”举行。被誉为设计界“奥林匹克”的世界设计大会是世界平面设计协会联合会(Icograda)两年一次的国际性设计盛会。在成功举办了22届以后,今年首次在中国内地举行。北京工业设计促进中心作为本次大会的承办单位,参与了“2009北京世界设计大会”的2005年丹麦申办和2007年古巴推介等活动,并负责组织实施北京设计周主题展览等一系列活动。其中,“设计创造力”主题展览围绕“扩内需、保民生、促发展”,从装备制造、医疗器械、消费电子、都市工业四个重点发展行业,展现市科委设计创新提升计划支持首都设计业发展的成果,同时展出中国、美国、德国、澳大利亚、韩国等获得国内外著名设计奖项的优秀产品;“北京设计之旅”让普通百姓亲自体会设计给生活带来的变化;“设计为人民服务”则将设计带入寻常百姓生活,并找出设计在人们衣食住行中的100个点子。

(左 倩)

【红星奖受邀赴韩参加2009世界最佳设计展】 12月1—5日,由市科委主办的中国创新设计红星奖应邀赴韩国首尔参加“2009韩国设计展”。红星奖共组织北京、上海、四川、广东及深圳、福州的15家企业的15件历届优秀获奖产品,与德国红点奖、美国IDEA、澳大利亚国际设计奖等来自世界上19个国家的21个著名设计奖项的获奖产品共同亮相“世界最佳设计展区”。

(左 倩)

【2009年北京国际生态建设研讨会召开】 12月5日,由市科委和门头沟区政府主办,门头沟区科委、北京市可持续发展科技促进中心和生态人类联合体(中国环保网、中芬汇能科技)共同承办的“2009年北京国际生态建设研讨会”在门头沟区举行。市科委副主任朱世龙出席会议并致辞,国内外科研机构和高校的国际生态修复专家共同探讨、交流生态修复的先进理念和修复技术,同时研究确定下一阶段生态修复、生态建设的发展重点和合作方向等问题。

(可持续中心)

【国际合作与交流】 年内,共审核、审批出国团组35批、106人次,邀请外国专家来华42批、60人次,审核、审批在华举办国际会议21个、在华举办展览3个。接待各国访问团组14个。组织推动与“欧洲一体化与经济发展署”的合作。与该署签订了《关于节能环保合作的谅解备忘录》,明确了合作的主要内容和重点领域,联合召开了“中奥节能环保合作研讨会”。在此基础上,正在探讨与该署签订全面科技合作协议。

（市科委合作处）

国内合作与交流

【奥运蔬菜落户珠三角】 3月13日，由北京技术交易促进中心、北京市农林科学院、东莞市科技局、东莞市农业局共同举办的“东莞奥运蔬菜推广项目”启动仪式，在广东省东莞市举行。北京技术交易促进中心 、北京市农林科学院国家蔬菜工程技术研究中心与东莞市科技局科技合作促进中心现场签约，与东莞市万江区小享社区及望牛墩镇望东村进行了奥运蔬菜种子交接。此次活动实现了奥运蔬菜面向珠三角地区的推广转移，使奥运蔬菜更好地满足2010年广州亚运会和2011年深圳世界大学生运动会的需求。

（马正运）

【99家央企、上市公司和投资机构赴武汉进行科技经贸对接】 3月18—20日，北京科技开发中心组织99家单位、168人赴武汉进行科技经贸对接。此次对接初步达成了75项合作意向。北京众多投资机构与武汉全真光电、天地重工、华夏玻璃、东风电动车辆达成合作意向；北京中铁伊通物流与东西湖区保税物流区达成租库运营意向；与江夏区科技园共商共建北京科技产业园；与武汉经济发展投资有限公司商议共建产业发展基金、创投公司等。

（张　雯）

【云南玉溪—北京奥运农业科技成果推广洽谈会召开】 4月16日，由北京技术交易促进中心、云南省科技情报研究院、玉溪市科技局共同举办的云南玉溪—北京奥运农业科技成果推广洽谈会在玉溪市博物馆召开，科技部火炬中心、北京市科委、云南省科技厅、云南省知识产权局、玉溪市政府等部门的领导出席。来自北京12家科研机构的代表与玉溪、昆明、曲靖等州市科技、农业部门的200余人参加展示和洽谈交流。会上向玉农绿色产业、红塔区小石桥乡农业技术农机工作站、玉溪市农林科技开发部、通海县东绿食品、澄江浩野五家奥运蔬菜种子试验示范基地进行授牌和奥运蔬菜种子交接。

（马正运）

【郑州市惠济区科技经贸合作考察活动】 4月22日，开发中心组织8家信息技术企业和投资机构，赴郑州市惠济区进行科技经贸合作调研。参加单位有北京恒泰实达科技发展公司、北京通信信息协会、美国金石集团、中国国际投资有限公司等。在惠济区有关领导陪同下，先后考察了中国郑州印刷包装产业园、中国郑州信息创意产业园、三全食品综合生产基地、郑州市动漫产业基地、河南紫光彗图信息系统有限公司等，并与区政府、相关主管部门围绕开发区规划、建设和产业发展进行座谈。部分企业表示希望能进一步接触和磋商。

（张　雯）

【奥运蔬菜推广情况记者见面会召开】 4月29日，由市科委软科学处主办的奥运蔬菜推广记者见面会召开。《科技日报》、《光明日报》、《北京日报》、《北京青年报》、北京电视台等20余家新闻媒体参加会议。会上，北京技术交易促进中心详细地介绍了奥运蔬菜推广情况，并就记者关心的问题作解答。奥运蔬菜已在浙江嘉兴、广东东莞、上海浦东、云南玉溪、河北衡水与承德、甘肃等10个省市开展了品种的试种及示范推广工作，其中奥运蔬菜近30个品种中标上海“世博会”。

（马正运）

【四川省乐山市科技招商合作】 5月20日，四川省乐山市商务局拜访北京科学技术开发交流中心，就乐山市科技招商、建立产业基金等问题开展了进一步沟通洽谈。经商议，四川省乐山市商务局与北京科技开发中心签订合作协议，共同成立招商引资领导小组。开发中心将根据乐山的特点和优势，邀请中央企业、上市公司、投资公司等单位赴乐山考察，并拟于7月在北京召开招商引资对接会，开展一系列的招商引资活动。

（张　雯）

【六地联盟工作经验座谈会召开】　5月22日，来自广西、黑龙江、甘肃及武汉、深圳五地的技术转移服务联盟机构负责人在北京与北京协同创新服务联盟共同举办联盟工作经验座谈会。六地技术转移服务联盟机构一起交流联盟工作经验，共商技术转移服务行业发展大计。与会各方就促进全国各联盟间的交流合作、建立联盟以及开展技术转移服务过程中的工作经验、全国技术交易中心建设框架思路等进行探讨和交流。

（马正运）

【北京—百色科技扶贫暨农业科技产业对接】　8月10—12日，北京科技开发中心与国务院扶贫办外资项目中心、农业部农村社会事业发展中心、广西壮族自治区政府驻京办领导和北京地区4家农业龙头企业共12人赴百色，开展了农业科技产业专项对接和科技扶贫活动。百色市副市长刘泽华、市政府副秘书长何延权、市发改委、国资委等委办局和相关区县领导出席了对接会议。刘泽华详细介绍了百色情况，国务院扶贫办外资中心副主任刘毅韬表示全力支持百色市做好扶贫工作。各京企代表对百色的经济发展和企业投资建言献策。

（张　雯）

【第十三届京港洽谈会在京召开】　10月29日，由市科委、中关村管委会和香港贸易发展局共同主办的第十三届北京·香港经济合作研讨洽谈会主题论坛在北京举行。来自京港两地有关领导及资本界、产业界、科技界等社会各界人士700余人出席。本次会议以“同心协力、互利共赢”为主题，在生产性服务业、文化创意产业、高新技术产业、城市建设管理等重点领域全面推进和不断加强与香港的交流与合作。

（马正运）

【2009年京津沪渝穗科普联盟工作研讨会】　11月5—6日，京津沪渝穗科普联盟工作研讨会在京召开，来自北京、天津、上海、重庆、广州、四川等省市的科技管理部门和科普中心的负责人参加了研讨会。京津沪渝穗川六地科技厅（委、局）及科普中心的科普负责人参加了研讨会。会议围绕“十二五”科普规划、公民科学素质基准测试、国家科普基地创建、创新科普形式、科普作品评价标准、科学与文化、科普工作绩效评估等话题展开讨论。代表们还在此研讨的基础上，商议了2010年及今后一个阶段的科普工作合作事宜，并确定京津沪渝穗科普联盟从2010年起正式更改为京津沪渝穗川科普联盟。

（常　越）

【长风联盟与阿坝州共建国产软件应用示范基地】　12月4日，由四川省信息产业厅主办，长风联盟和阿坝州政府承办的“四川省信息安全自主可控论坛暨阿坝州国产软件应用示范基地揭牌仪式”在成都召开。本次会议标志着阿坝州信息化工作进入新的发展阶段。

（张　玲）

【不断深化与内蒙古的科技合作】　12月11日，北京市科委与内蒙古自治区科技厅共同举办“京蒙新能源与可再生能源合作对接会”。北京市的国能生物质发电集团、中国农业机械化科学研究院、北京北重汽轮电机有限责任公司、国电联合动力技术有限公司等14家新能源与可再生能源研发、生产单位与内蒙古7个盟市的13家科技单位和企业现场进行合作对接，共签署7项新能源与可再生能源领域的科技合作协议，协议金额达1亿元。北京市将与内蒙古自治区在科技领域开展更宽范畴、更深层次、更高水平的交流合作，优化合作环境，加大科技资源的统筹力度，加强在新能源与可再生能源利用领域的项目合作和产业建设，拓宽京蒙两地在科技创新及成果转化方面的沟通渠道。

（市科委办公室）

【北京市重大科技攻关成果产业化项目落户四川什邡】　年内，北京市重大科技攻关项目成果“芎芍胶囊”产业化项目落户四川省什邡市，投资总额达2亿元。项目包括：①北京国际生物制品研究所有限公司在什邡注册具备独立法人资格的有限责任公司，其知识产权作为投资注入新公司。②对什邡市现有医疗资源进行整合,形成以治疗心血管疾病为主的中西医结合的专科医院,并在此基础上建立生物医药研发中心。③在什邡市申请注册成立药品批发公司,带动什邡市药材流通市场发展。④在什邡市新建制药厂,占地面积150亩,主要建立“芎芎胶囊”和“大蒜深加工”生产线。

(市科委办公室)

【市科委进一步加强与青海省科技合作】 年内,签订《北京市科委 青海省科技厅关于加强科技(2010—2012年)合作备忘录》,力争用3年左右的时间,通过加强北京市与青海省在科技领域的广泛交流与合作,共同推进两地可持续发展和生态文明建设。已确定合作实施项目有:奥运农业科技成果的推广、建立科技示范社区、建设科技信息综合服务平台、双方选派科技干部挂职锻炼等。同时,建立沟通联络机制,每年定期互通信息,交流双方在科技合作方面的做法和经验,及时解决合作发展中的问题。

(市科委办公室)

【红星奖全国巡展 建立对接营销平台】 年内,市科委开展红星奖全国路演,红星奖应邀先后到慈溪、天津、福州、深圳、北京、青岛、宁波、杭州等8市进行10场次展览,扩大了红星奖的品牌影响力。红星奖以路演为平台,推介北京设计品牌,在各地巡展中组织100余家设计公司与当地制造业企业进行20余场次对接,为设计公司与企业的沟通搭建平台。同时,路演为企业带来直接收益,提升了红星奖的商业价值。

(左 倩)

【设计实训——未来设计师实训营】 年内,由北京工业设计促进中心负责实施的“未来设计师”实训营共举办8期,其中假期班2期、日常班4期、技能班2期,来自中央美术学院、沈阳工业学院、黑龙江科技学院、武汉理工大学、大连工业大学、广西工学院、郑州轻工学院、天津工业大学等10个省市20所高校的100余名在校生接受了一线设计师的实践技能培训。“未来设计师”实训营以真项目、真操作、真环境、模拟在职设计师的“三真一模拟”为教学模式,学员以团队形式进入知名设计公司,参与企业实际项目,由资深设计师授课,结合案例分析进行实战演练互动教学,了解项目运作流程,提前进入准就业状态。

(左 倩)

【设计认知—创意之旅设计考察】 年内,由北京工业设计促进中心举办的“创意之旅设计考察”为香港专业教育学院、芬兰赫尔辛基艺术与设计大学、香港理工大学、北京服装学院、湖北理工大学、吉林省辽源市领导干部公共管理专题培训班等国内外75家院校、机构定制考察项目,共开展活动48场,接待师生2114人。“创意之旅设计考察”是与院校艺术设计专业写生课程相结合,组织学生深入企业、设计园区进行设计实地考察,与设计师交流,使学生了解行业最新成果、前景以及成功企业的管理经验与运作模式。考察点包括设计类企业、加工制造类企业、材料研发应用机构、创意产业集聚区、创意传媒、文化景点、博物馆、高校、政府及事业单位、行业协会10大类。

(左 倩)

科学技术普及

Science and Technology Popularization

城乡科普

【2009科技促进北京新农村建设展览会】　1月7—11日，由市科委、市农委共同主办的“2009科技促进北京新农村建设展览会”在北京展览馆举行。展览会以“新科技、新农村、新北京”为主题，展示、宣传和推介科技促进北京新农村建设的成果，突出科技在促进新农村建设中抓住重点(促进都市型现代农业发展)、难点(调动农民主体的积极性和创造力)和关键点(体制机制探索与创新)以及“支撑新产业、建设新环境、造就新农民、探索新机制、创造新生活”中发挥的作用和取得的成绩。展会期间，参观的人数达6.6万人次。

(张宇蕾　叶浅草)

【启动“科技套餐工程”暨“三下乡”活动】　1月18日，2009年“科技套餐工程”暨“三下乡”活动在通州区启动。活动由市科协、市农委和通州区委区政府共同主办。仪式结束后，与会领导向为农民提供服务的医学专家和农业专家表示慰问，并向村里的老党员、困难户、军烈属送去了肉、油、米等食品和生活用品，为他们贴上窗花、对联，送上新春祝福。市委宣传部等单位领导向村民赠送了液晶电视、DVD等8台科普设备、近1000册科技图书以及玉米、蔬菜优良品种65千克。近40名专家为当地农民提供科技咨询、医疗义诊等服务，免费发放科普宣传资料600多份。

(唐　瑾)

【文化科技卫生“三下乡”活动】　1月，市委宣传部等单位联合开展文化科技卫生“三下乡”活动。其中，科技下乡指导500余次，涉及13个区县，惠及农民达90%，培训农村科技协调员、农民共4.5万余人次。为京郊农民及农村科技协调员提供服务200万人次，发放各类科普图书万余册。

(张宇蕾　叶浅草)

【第四届北京市优秀科普作品奖评选活动】　2—5月，第四届北京市优秀科普作品奖评选活动举行，经过征集、初评、终评，最终《潘家铮院士科幻作品集》获得科普图书特别奖，《妙趣科学》(立体翻翻书)等7种科普图书、《大海深处》等3篇报刊科普文章、《人类的百米极限》等2个广播电视科普节目、《荷玛彗星爆亮百万倍》等10篇(条)科技新闻获得最佳奖。《极地大冒险》系列等11种科普图书、《绘就汉麻产业美好未来》等6篇报刊科普文章、《节能小先锋》等6个广播电视科普节目、《奥运瞬间的永恒：北京收获“绿色”金牌，奥运助推北京可持续发展之路》等19篇(条)科技新闻获得优秀奖。

(刘　芳)

【专家指导蔬菜育苗】　3月3日，北京蔬菜学会育苗专家司亚平研究员到大兴区礼贤镇东安村等7个村，考察了解大兴区蔬菜专业育苗户情况，就当前蔬菜苗子管理问题，提出加强温度管理、注意浇水环节、注意苗期病害的防治、使用育苗床架等对策建议。

(北京蔬菜学会)

【第十一届北京“科普之春”举行】　3月7日，以“科技支撑 惠农兴村”为主题的第十一届北京“科普之春”在大兴区启动。来自市农林科学院、北京老科技工作者总会等单位的30位专家通过开展医疗义诊、农业专家现场指导、科技培训及科普展板、文艺演出、有奖问答、现场体验社会主义新农村节能减排小屋等形式，向农民介绍最新的农业信息和优良品种，解答了当地农民在农业生产生活中的诸多难题，受益群众达万人。

(李　磊)

【“走进科普的春天”系列科普活动启动】　3月23日，第七届“走进科普的春天”系列科普活动以“世界气象日”纪念活动拉开帷幕。启动仪式突出了“天气、气候和我们呼吸的空气”这个主题，重点向广大青少年和社会公众大力普及天气、气候科学知识。中国科协、市气象局、市科协等单位领导参加启动仪式，并向参加活动的青少年赠送科普器材。本次活动重点关注来京务工人员子弟，并邀请八省市贫困地区和汶川地震灾区的青少年代表参加。活动期间，还举办了科普参观、科普讲座和科普培训。

（贾　丽）

【2009年北京百万家庭数字生活技能大赛举行】 3—6月，由市科协、市经信委、市妇联等单位主办的以“喜迎国庆六十年，数字生活谱新篇”为主题的2009年北京百万家庭数字生活技能大赛举行。全市参赛人数达到178194人。数码摄影竞赛以“我眼中的祖国——镜头记忆共和国60年发展与变迁”为主题，共收到作品6367幅。“海报巡展进社区”在全市385个社区中进行展出。

（戴　杰）

【举办科普惠农益民培训班】 4月8—9日，市科协在朝阳区蟹岛会议中心举办科普惠农、益民培训班，中国科技馆王渝生教授和中国科普研究所翟立原研究员分别以“提高科学素质，建设科技北京”、“社区科普与居民素质培养”为题，做了精彩的专题报告。全市18个区县科协负责惠农、益民计划实施工作的负责人和部分街道、乡镇科协的主管领导共50余人参加了培训。

（李　磊）

【2009年5.17世界电信与信息社会日纪念活动——信息化促就业培训举行】 5月17日，市科协和市经信委共同举办了“2009年北京市5.17世界电信与信息社会日纪念活动——信息化促就业培训”。市科协组织了8个区县的9个信息培训单位面向科普工作者、社区居民、农民、来京务工人员和残疾人开展信息技能培训活动，力争通过信息化促就业培训带动本地区居民信息能力的提高和促就业工作的开展。110余人参加了培训活动。

（李卫民）

【专家指导板栗蘑种植】 6月15日，市科协组织“科技套餐”部分专家赴昌平山区黑山寨等地区考察和指导林下板栗蘑的种植。专家向黑山寨农民种植户详细地询问板栗蘑的种植情况，对农民提出的疑问做了详细的解答和现场指导，并就板栗蘑的推广、管理、服务等方面问题，与农民进行了交流。

（学会联办）

【天文科普进社区】 8月13—14日，北京天文学会科普宣传车携带近20件科普互动仪器、天文科普展板和陨石标本，分别到朝阳区麦子店枣营北里社区、和平街街道开展天文科普宣传活动，使社区内的中小学生就近学到天文知识。孩子们在动手操作的过程中了解深奥的宇宙知识，生动的天文科普教育讲座，为天文科学的普及推广打下了坚实基础。

（北京天文学会）

【“北京—拉萨我和你科普展”举行】 9月13日，由北京市科协、拉萨市委市政府等共同主办的“北京—拉萨我和你科普展”在拉萨举行。展览由中国载人航天展区和北京奥运科技展区两部分组成，并设有两地领导视频连线、科普图书及视频会议系统赠送、航天专题报告等配套活动。5000多人参观了展览。航天专家黄春平教授与返回式卫星副总设计师、神舟七号飞船技术副经理白明生还分别为拉萨市师范高等专科学校的师生做了两场专题报告。本次活动促进了首都与西藏地区的科普工作交流，增进了首都与西藏地区人民之间的了解和友谊。

（苏国民）

【举办西单60年变迁主题展】 9月22日，为庆祝新中国成立60周年，由市科协，西城区委、区政府联合主办的“魅力西单——西单60年变迁主题展”在新建成的“北京西单科普画廊”开幕。展览以时间为线索分为“昔日西单（1949年以前）”、“特色西单（1949—1978年）”、“时尚西单（1978—2009年）”和“辉煌西单”四个部分，突出展示西单从传统商街到现代商区的传承与转变，感受60年来的改革发展成就，映射祖国的日益发展和强盛，引导大众解昔明今。

（张永锋）

【重阳节科普系列活动】 10月25日，“中国老科学技术工作者协会会员活动日启动仪式暨北京老科学技术工作者总会第五届老年科技日”科普活动举行。参加活动的老专家、老科技工作者共计1400余人。活动开展了一系列科普文化活动，有老年书画展、20多种题材的科普展览及科技知识有奖问答、10多位医疗老专家现场义诊及提供医疗咨询服务活动等。

（张永锋）

【“废品再设计”——设计走进市民生活互动科普活动】 11月5日，由北京工业设计促进中心和西城区德胜街道办事处共同主办“废品再设计”——设计走进市民生活互动科普活动。活动邀请中央美术学院设计学院工业设计系专家与德胜街道辖区内23个社区居民和北京工业大学耿丹学院学生等近80人，观看了“废品再设计”的作品，如饮料瓶制作的刷碗器和按摩器、实用CD架、袜子晾衣竿等，并对这些带来的作品进行点评，提出改进意见，使大家体验到变废为宝、创意无处不在的乐趣。通过设计，使废弃物品变成有价值的新产品，废弃物品再设计会逐步深入市民的生活。

（左　倩）

【开展学术与科普活动】 年内，市科协与市属学会共举办国内学术会议1069个、136607人次，交流论文14853篇，举办国际学术会议94次，参会12347人次，交流论文2514篇，其中外方参加会议1283人次、外方交流论文392篇；与港澳台地区举办学术会议16次，参会2588人次，交流论文585篇，其中港澳台地区人员参加会议135人次，港澳台地区人员交流论文79篇。出版科技期刊42种，年发行1178054册，内载论文5402篇；科技报纸2种，年发行640000份；科技图书60种431000册，其中科普图书40种386500册。编印论文集201种，总印数53544册，发表论文6765篇。制作科技光盘27套26936张；制作科技广播电视节目16305分钟。主办科技网站45个，浏览人数44131267人次。市科协及市属学会举办培训班595个，参会36995人次；区县科协及学会举办培训班710个，参会50180人次，其中农函大本年结业学员40000人次，农村基层干部培训5000人次，城镇劳动者培训5060人次。市科协、市属学会和区县科协共举办科普讲座3459次，2817628人次参加，其中院士科普报告169次。举办科技展览1232个，参观者达到8131153人次，发放科普宣传资料278万份，参加活动工作人员49595人次。市科协及市属学会、区县科协共组织科技下乡、进社区2741次，举办实用技术培训1265次，参加培训的有129765人次，开展科技咨询606次，播放科普广播影视节目16665分钟。现有科普画廊（宣传栏）5994个，建筑长度46509米，科普教育基地243个，科普活动站（室）2117个。举办青少年科普讲座353次，参加者达到316085人次，青少年科普展览89次，参观者达128254人次；青少年科技竞赛299个，参加者达到1309444人次；获奖4961人次；组织青少年参加国际竞赛19场，参赛者241人次，获奖104人次；科技夏、冬令营42个，参加者达到4437人次；青少年科技教育培训218次，参加者达到23398人次，制作、放映青少年科普广播、电视节目1850分钟，编印青少年科技教育资料42种310400份。

（王　静）

【首都创新论坛】 年内，由市科协与北京经济技术开发区管委会共同举办的以“创新——共同的责任”为主题的“首都创新论坛”共6期，迎来了政府官员1位,知名学者3位,商界领袖3位,共7位重量级嘉宾。分别从国家政策、创新方法的研究、企业管理的创新、现代儒商创新人格、品牌的创新经营几个维度进行主题演讲,听众达3000多人次。

(姚仪寓)

【实施社区科普益民计划】 年内,社区科普益民计划奖励资金1300万元,共奖励优秀科普社区75个、优秀基层科普场馆28个、优秀社区科普宣传员220名,资助4个重点新城的新建社区,11个经济适用房社区、3个廉租房社区和3个户外科普园地试点建设项目。科普益民计划的实施收到初步成效。一是部分区县党委、政府成立了领导小组。区县科协把科普益民计划优秀评选当作推动社区科普工作的重要抓手,组织社区开展创优活动,促进了社区科普能力建设。二是受奖励的社区、科普场馆利用奖励资金丰富科普资源,改善设施条件,社区科普活动室得到充实,科普画廊得到修缮并做到按月更新,科普志愿者的热情得到了激励,丰富了科普活动内容,工作的质量效果明显提高。三是市科协组织了科普图书和音像制品配送,自主研发户外大型科普设施,设计制作节能环保等主题展览进社区巡展。

(李　磊)

青少年科普

【第五届北京青少年科技博览会】 1月16日,由共青团市委会、市科委等单位主办的第五届北京青少年科技博览会开幕。展览共分中国航天科普展、青少年科技作品展、快乐科普互动展等7大展区。本届"青博会"展出了包括"数字科技馆"、"声学体验"、"新材料体验"、"节能工作室"等具有自主知识产权的互动体验型科普展品60多件。2009年的青少年科技作品展还重点推荐了全市高校及中小学70余件科技作品,让人们在娱乐中体验科学乐趣。

(张宇蕾　叶浅草)

【第九届青少年机器人工程设计竞赛举行】 1月17日,北京市第九届青少年机器人工程设计竞赛在8中举行。16个申报单位的69件机器人工程设计项目参赛。评委们根据项目创意、动手能力、演示效果,结合现场答辩,按照高中、初中、小学三个组别进行评审。本次比赛高中组24项、初中组23项、小学组22项,共评出一等奖21项、二等奖22项、三等奖24项。西城区中古小学"电子活动星图",东城区二中分校"可用手机短信控制的卫星维修机械手",海淀区北大附中"车载可伸缩抓取机器人"等项目分获各组一等奖。

(李　野)

【第29届安捷伦北京青少年科技创新大赛】 3月19—22日,由市科协、市教委、市科委、市知识产权局、丰台区政府和北京青少年科学基金会共同举办的第29届安捷伦北京青少年科技创新大赛举行。大赛以"体验·创新·成长"为主题,瞄准国事民生,关注节能减排,关注国家热点、难点问题。最终评出科幻画一等奖41项、二等奖101项、三等奖152项;论文类一等奖64篇、二等奖140篇、三等奖170篇;工程类一等奖37项、二等奖57项、三等奖86项;科技辅导员科教创新项目一等奖14项、二等奖18项、三等奖31项;并评出十佳优秀实践活动奖、十佳优秀科技辅导员奖。

(吴　媛)

【第九届北京市青少年机器人竞赛举行】 4月12日,北京市青少年机器人竞赛在8中举行。来自14个区县和北京市青少年科技馆、中国儿童中心的111个参赛队的300余名选手参加比赛。青少年机器人比赛包括基本技能比赛、机器人足球比赛、FLL机器人工程挑战赛、VEX机器人四个竞赛项目,分小学、初中、高中组进行比赛。西城区长安小学、朝阳区新源里中学、西城区八中,海淀区北大附小、海淀区八一中学、朝阳区日坛中学,海淀区理工大学附小、东城区2中分校、朝阳区和平街一中,海淀区中关村一小、朝阳区陈经纶中学分校、朝阳区80中分获基本技能比赛、机器人足球比赛、FLL机器人工程挑战赛、VEX机器人竞赛各组第一名。

(李 野)

【北京学生参加FLL机器人世界锦标赛】 5月1—8日,北京学生活动管理中心组团参加在丹麦举行的FLL机器人世界锦标赛。本次竞赛的主题为“气候影响”,来自全世界29个国家56支代表队698名青少年参加了比赛。参赛的北京市青少年科技馆、陈经纶中学分校等单位的30余名学生,用中国元素“熊猫”和“筷子”命名两支队伍。最终“熊猫”队以总分第五名获得“机器人设计奖”金牌;“筷子”队以总分第七名获得“最佳论文研究奖”金牌。

(李 野)

【北京市金鹏科技教师论坛举行】 5月14日,市科协、市教委共同主办金鹏科技教师论坛活动。论坛由北京青少年科技活动中心、北京学生活动管理中心和北京对外科学技术交流中心共同承办。论坛特意邀请来自美国的资深青少年教育专家爱德华·索比教授以“创新学习科学的方法”为题,为教师做专题报告。索比教授让每一位参加培训的教师亲手制作“吸管塔”、“滑动车”进行比拼,进而讲解科学原理及如何在实际当中引导学生开展研究性学习,为教师们上了生动的一课。各区县的80余名科技教师参加活动。

(芦晓鹏)

【科技教师论文征集活动】 5月15日,主题为“科学素质培养的实践和探索”的“2009北京市科技教师论文征集活动”举行。本次活动共征集论文77篇,其中密云县22篇、宣武区13篇、顺义区12篇、西城区7篇、昌平区6篇、东城区5篇、崇文区4篇、海淀区4篇、延庆县4篇。

(张兴世)

【北京代表队参加英特尔国际科学与工程大奖赛获佳绩】 5月16日,第60届英特尔国际科学与工程大奖赛在美国内华达州雷诺市闭幕,北京代表队取得了二等奖和四等奖各一项的好成绩,北京队所获得的二等奖也是此次中国代表队的最好成绩。英特尔国际科学与工程大奖赛是全球最大规模、最高等级的青少年科学竞赛,56个国家和地区的1500多名青少年参赛,竞赛学科包括了所有自然科学和部分社会科学内容,它为全球最优秀的小科学家和发明家提供了互相交流和展示的舞台。

(李志红)

【科技周中乐趣多,青少年体验DIY】 5月17日,2009年北京科技周在日坛公园开幕,由市青少年科技活动中心和北京对外科学技术交流中心开发的“DIY科学快餐”科学实验活动举行。“DIY科学快餐”是借鉴国外科学教育的理念和方法,结合我国中小学科学教育的实际需要,为青少年构建的一个情景教学实验环境,并提供50个实验和制作。活动期间,青少年既可以动手设计和组装玩具,又能够倾听科普志愿者讲解展品的制作原理,全方位体验科技乐趣。活动还引进了“玩具中的科学”互动展览,让青少年通过拆解玩具,查找科学原理,激发探索兴趣。

(李海宁)

【科普卡通广播剧《小红袄与五福猫》】 6月1—10日,由市科委科普专项经费资助、中央人民广播电台文艺之声制作的10集科普卡通广播剧《小红袄与五福猫》在“睡前故事”栏目中播出。5月27日在中央人民广播电台举行首播及赠送光盘首发式的录播:专访蔡明与剧组。这是市科委与中央人民广播电台继2004年在国内首次推出“照亮黑夜的烛光·科学经典名篇朗诵会”、2007年制作并播出展现电话发明人贝尔一生的5集立体声科普广播剧《跨越空间之梦——破译人类沟通交往密码的传奇故事》后的第三次合作,是2008年市科委科普项目社会征集的入围资助项目,成为广播独家原创音像制品,也是2009年献给“六一”国际儿童节的特别礼物。

（常　越）

【举办第十七届青少年科技辅导员论文征集活动】　6月3日，北京市第十七届青少年科技辅导员论文征集活动落幕。专家从征集的作品中评审出一等奖17名、二等奖23名、三等奖37名，获奖名单在北京青少年科技创新服务平台公示，41篇优秀论文申报全国。

（张兴世）

【2009年"清洁空气挑战"教师培训班举行】
7月11日，2009年"清洁空气挑战"教师培训班举行。本次培训目的是拓展和更新北京市中学环境保护教育理念，提高环境保护意识，创新环境保护方法。同时也是为第二届"清洁空气的挑战"暨首届北京—上海友谊赛做准备。自2007年"清洁空气挑战"活动引入北京以来，每年通过培训，为中学的环境教育提供内容新鲜、形式新颖的教育资源和交流平台，提高了教师及学生乃至全民对空气质量的认识。

（李志红）

【第七届北京青少年科技创新市长奖颁奖典礼举行】　7月12日，第七届北京青少年科技创新市长奖颁奖典礼暨纪念北京青少年科技俱乐部成立十周年谢师会在中国科学院文献情报中心召开。副市长苟仲文、中国科协书记处书记程东红、中科院副秘书长曹效业、王绶琯院士、陈佳洱院士等领导和专家出席。会上，副市长苟仲文向获得第七届市长奖的同学颁发了由市长郭金龙亲笔题名的证书和奖牌，获得市长奖的五名学生是：二中张鹏浩、中关村中学陈小鸟、人大附中姚昱星、四中胡瑞、北师大实验中学秦一骁；获得市长奖提名奖的五名学生是：人大附中刘元、刘威如、二中李汉歌、汇文中学李思然、四中赵靖康。

（李志红）

【第24届全国青少年科技创新大赛北京代表队成绩突出】　7月24日，第24届全国青少年科技创新大赛在山东省济南市落下帷幕，北京代表队荣获青少年科技创新成果项目一等奖14项，二等奖7项，三等奖6项，共有34个项目获得包括"中国科协主席奖、未来科学家奖、英特尔英才奖"在内的专项奖。辅导员创新项目获得一等奖3项，二等奖4项，三等奖2项；166中王蕾和北师大实验中学刚永运获得全国十佳优秀科技辅导员称号；优秀科技实践活动获得一等奖4项，其中东城区史家胡同小学获得十佳优秀科技实践活动奖。少年儿童科学幻想绘画获得一等奖3项。北京青少年科技活动中心还获得了大赛组委会颁发的省级优秀组织奖。

（李志红）

【第26届全国青少年信息学奥林匹克竞赛在京举行】　7月25—31日，由市科协、市教委、市科委、朝阳区政府主办的第26届全国青少年信息学奥林匹克竞赛（简称NOI2009）举行。本次竞赛共有来自全国31个省市的32支代表队参加，选手、领队、指导教师、观摩教师约500人。其中NOI正式选手168人，夏令营选手147人，团体赛共有28个队参赛。参加NOI网上同步赛的选手达到420人。共决出包括团体对抗赛奖，团体总分奖，NOI夏令营金牌选手奖，NOI一、二、三等奖及最佳女选手奖等7个奖项。北京队获得两枚金牌、两枚银牌、三枚铜牌，团体总分第六名；团体对抗赛两支队伍都进入了前八名，为历史最好成绩。

（戴　杰）

【2009暑期青少年科技辅导员培训在密云举行】　8月24—26日，由市科协青少年部主办，密云县科协、密云青少年宫承办的"2009年暑期农村中小学科技辅导教师培训班"在密云县青少年宫举行。来自各郊区县中小学科技辅导教师共100余人参加了培训。期间，科技辅导员参观了北京天文馆，聆听北京天文馆景海荣副馆长做的"地球的宇宙环境"的天文科普报告、北京教学植物园高付元老师做的"如何撰写科技小论文"讲座、北京青少年机器人评委潘跃金教师做的机器人项目辅导报告。

（李　野）

【北京学生科技节】　9月，市教委、市科委、市体育局、市科协共同举办了第二十七届北京学生科技节。本次科技节秉承"展示成果、示范交流、体验科技、分享快乐"的宗旨，下设北京学生科学主题乐园展览、北京学生科技教育成果展、科学建议奖获奖作品展、北京青少年科普剧表演等多个主题活动。

（张宇蕾　叶浅草）

【举行“大手拉小手——科技专家进校园”科普报告会】 9月16日至10月31日，市科协青少年部举办“大手拉小手——科技专家进校园”科普报告会，邀请翁祖平、郭之怀、林元章等30多位知名专家走进北京市70多所学校做科普报告。专家们分别从航天、地球空间、生态环境等不同专业领域向中小学生讲授科学知识。9月16日，平谷区5场报告同时举行，平谷三中、首师大平谷附中、平谷五中、黄松峪中学、平谷三小分别邀请中国地震台王成凤研究员、中科院植物研究所关秀清研究员、中科院天文台林元章研究员、中科院遥感卫星地面站梁泽环和齐寿祥研究员就“地震灾害及地震时的应急避险自互救”、“奇妙的植物世界”、“探测月球、造福人类”、“漫话航空航天技术”做专题报告，2000名学生参加活动。

（董金荣）

【中国青少年机器人竞赛培训班举行】 10月16—18日，由中国科协青少年科技中心主办，北京青少年科技活动中心承办的第十届中国青少年机器人竞赛教练员培训班举行。参加此次培训的人员为30个省（区）市科协、青少年中心选派的青少年机器人竞赛活动的教练员和辅导教师共295人。期间，机器人竞赛一线教师与专家面对面地交流，为明年第十届中国青少年机器人竞赛打下了坚实的基础。西觅亚等7家机器人厂家进行了最新产品展示，并请教练员们进行现场体验。

（李志红）

【北京青少年多媒体作品设计大赛举行】 10月15日至11月20日，市科协青少年部和市科协信息中心共同举办2009年北京青少年多媒体作品设计大赛。大赛主要目的是为培养青少年创新意识和多媒体设计与制作能力，促进青少年多媒体作品设计的交流，在青少年中宣传“人文北京、科技北京、绿色北京”理念，提倡节能减排，倡导绿色生活。大赛的主题是“投身科学实践、憧憬未来北京”。大赛共收到作品860件。经过专家评审，评出：电脑科幻画（313件）一等奖18件、二等奖28件、三等奖50件；电脑动画（52件）一等奖4件、二等奖5件、三等奖7件；数码摄影（467件）一等奖25件、二等奖33件、三等奖58件；数码短片（28件）一等奖2件、二等奖3件、三等奖3件。

（芦晓鹏）

【北京选手获“明天小小科学家”称号】 11月6日，由中国科协、教育部、周凯旋基金会主办的“明天小小科学家”终评答辩活动举行。来自全国的100名“明天小小科学家”终评答辩高中生参加活动，北京队有29名中学生参加终评活动。11月10日，“明天小小科学家”在国家会议中心举行闭幕颁奖典礼。人大附中的范逸林荣获“明天小小科学家”称号。北京市29名参赛学生分获一、二、三等奖，其中范逸林、赵中伦获得一等奖；5中、166中学、4中、北师大实验中学、北京建华实验学校等15人获二等奖；陈经纶中学、清华附中、北师大附中、北师大二附中等12人获得三等奖。

（刘　然）

【2009年度青少年科学工作室活动评审结果揭晓】 12月4日，一年一度的社区青少年科学工作室活动评审结果揭晓。根据参与人数和组织活动数，专家评出优秀活动奖10名。分别是：朝阳区香河园社区青少年“动手做”科学俱乐部、宣武区牛街青少年“动手做”科学俱乐部、顺义区少年宫社区青少年“动手做”科学俱乐部、海淀区农科院社区青少年“动手做”科学俱乐部、门头沟区科技馆青少年“动手做”科学俱乐部、平谷区互动作品进校园、大兴区互动作品进校园、崇文区互动作品进校园、密云县互动作品进校园、通州区互动作品进校园。优秀活动奖获得者将获得获奖证书及微型互动作品一套。

（张兴世）

【北京市第十五届中小学生自然科学知识竞赛】 12月26日，由市科协青少年部主办的北京市第十五届中小学生自然科学知识竞赛决赛落幕。9个区县的25支代表队，150余名选手参赛。比赛分高中、初中、小学三个组进行。经过激烈角逐，西城区、宣武区、昌平区代表队分获各组冠军。今年新设立的“天文新星奖”则被海淀区、西城区、昌平区代表队选手获得。参与北京市中小学生自然科学知识竞赛系列活动的学校超过400所、学生6万余人，18个区县均有学生参加，主办方分发活动指导手册20000册。

（王　斌）

【41名教师科学论文在全国获奖】 年内，中国青少年科技辅导员协会以“科学素质培养的实践和探索”为主题，开展了第十七届全国青少年科技辅导员论文征集活动。北京市推荐的41篇论文全部获奖。顺义区北石槽中学杨晓红的“有效利用科普资源，培养学生创新能力，促进学生全面发展”等4篇论文获全国一等奖，密云县大城子小学朱秀荣的“小学科普工作中的‘四有’孕育人文精神”等21篇论文获全国二等奖，延庆县第八中学崔文松的“探究性实验对培养学生的自主学习能力的作用”等16篇获全国三等奖。

（张兴世）

重点科普活动

【北京水利学会科技奖评审会召开】 1月9日，北京水利学会召开2008年度北京水利学会科学技术奖评审会。会议根据《北京水利学会科学技术奖励管理办法》，就2008年度申报并经过审查、初审筛选出来的29个项目进行了评审。经过申报单位成果介绍、答辩等程序，评出一等奖4项，二等奖6项，三等奖8项。

（杜春利）

【创业与家族企业可持续发展研讨会】 1月9日，北京运筹学会和北京理工大学管理与经济学院主办的“创业与家族企业可持续发展研讨会”召开。国际家族企业研究会国际会议事务委员、美国明尼苏达大学的桑杰·戈埃尔教授等国外专家与国内企业家、学者，就创业与中小企业、创业精神（企业家精神）、创业机会、创业团队、创业融资、家族企业的决策、家族企业的管理现代化、家族企业公司治理与家族治理等内容进行研讨，针对各自企业的创业与发展状况进行交流。

（韩　波）

【微生物与人类健康科技论坛举行】 1月9日，北京微生物学会主办的“微生物与人类健康科技论坛”举行。期间，8位专家就“功能性油脂微生物发酵生产研究进展及其在功能食品中的应用”、“合成生物学”、“细菌遗传学分型”、“农业污染控制与农村饮水安全”等当前工业、农业、医学、兽医、微生物学各专业的研究进展做报告。会议共征集论文50余篇，并出版论文集。各会员单位的110余位代表参加了论坛。

（杜　轶）

【北京工程图学学会庆祝成立30周年】 1月17日，北京工程图学学会召开大会庆祝学会成立30周年。历届学会理事长、秘书长等出席，市科协、中国工程图学学会等单位的领导到会祝贺。会议对挂靠单位、学会发起单位、学会工作先进工作者予以表彰。中科院软件所原总工程师、首席研究员戴国忠做“计算机辅助设计与人机交互”报告；高教出版社编审肖银铃做“工程图学课程教学内容集成方案及资源建设情况介绍”报告，机械与土建分社社长罗德春做“高等职业教育工程制图教学包的开发”报告；CAXA软件有限公司规划部总经理陈卫东做“CAXA数字化设计制造教育平台”报告。4个报告的内容突出了工程图学学科的前沿动态、课程建设的发展方向以及人才培养工作目标。期间，5个分支机构召开了工作交流研讨会。

（徐　屹）

【首都圈发展高层论坛举行】 1月17—18日，由首都经济贸易大学主办，北京技术经济和管理现代化研究会、市城市经济学会等协办的“首都圈发展高层论坛”举行。与会专家围绕首都圈一体化进程中的重大理论问题和现实问题展开了研讨。发言议题包括：首都圈的新型分工与合作机制、对京津冀都市圈一体化进程的回顾与发展建议、北京城市空间的结构变化与京津区域一体化问题、对京津冀一体化的现实思考、京冀水资源补偿机制、京津产业合作的契机与切入点、中国经济新的发展阶段和天津滨海在开发开放中的新实践、增强京津同城效应，促进京津一体化发展、北京市文化创意产业集群问题，建设首都绿色屏障、北京制造业适度发展问题、区域合作机制创新与滨海新区研发转化基地研究、首都圈区域科技发展战略的选择、京津冀都市圈区域收入差距的演变趋势、首都圈一体化进程中的制度创新等。

（丁兆祥）

【北京市首批创新型科普社区命名仪式】 1月19日，北京市首批创新型科普社区命名仪式在大兴区清源街道兴华园社区举行，大兴区清源街道兴华园社区、丰台区南墙缝社区、西城区月坛街道三里河一区、平谷区北寨村等21个社区（行政村或街道）被授予“创新型科普社区”的称号。市科委、大兴区有关领导出席了本次命名仪式，并为社区代表授牌。

（张　熙）

【骨伤专业学术交流会】 2月14日，北京中医药学会骨伤专业委员会召开学术交流会。会议围绕“发扬丰盛骨伤特色优势，坚持专科发展之路”、“关于中医骨伤科临床科研的思考”、“足筋僵趾骨歪拇外翻畸形”以及“皮神经卡压性颈肩部疼痛铍针治疗”等论题进行了交流。近100余名代表参会。

（刘　刚）

【八省市抗癌协会联合学术年会举行】 2月14—15日，北京抗癌协会和辽宁省抗癌协会共同举办八省市抗癌协会2009联合学术年会。北京市卫生局副局长邓小虹出席。会议围绕“恶性肿瘤多学科综合治疗——从基础到临床”的主题进行了2个专题报告和3个病例研讨，共有26篇学术论文进行了大会交流。来自京、辽、吉、黑、冀、晋、渝、川八省市抗癌协会的300多名医务工作者参会。

（秦　茵）

【北京抗癌协会举办结直肠癌多学科研讨会】 2月18日，由北京抗癌协会胃肠专业委员会举办的结直肠癌多学科研讨会召开。临床多学科合作模式（MDT）是目前国际上肿瘤治疗的通常做法。针对肿瘤病人的具体情况组织内外科、放疗影像等多学科的病例讨论，提出最符合循证医学证据的治疗方案，是现代肿瘤治疗的新模式，对规范首都地区肿瘤的治疗起到积极的推动作用。北京各大医院结直肠癌专业人员100余人参加研讨会。

（秦　茵）

【北京医师协会胸外科专家委员会成立大会暨学术研讨会】 2月21日，北京医师协会召开胸外科专家委员会成立大会暨学术研讨会。香港威尔斯亲王医院万松教授及北京医学会医疗事故鉴定办主任庄立君，就“中国胸外科医生与国际接轨”及“胸外科医疗事故典型案例分析”做专题讲座，主任委员李简则就“早期肺癌合理治疗方式”与专家们进行了交流。会长金大鹏、解放军总医院副院长陈晓红等出席。

（姜小国）

【北京铁道学会华北计量行分会第四届论文发布会举行】 2月26日，北京铁道学会、北京铁路局华北计量行召开华北计量行分会第四届论文发布会。此次会议共收到论文40余篇，经筛选，14篇论文在会上发布。论文发布会之前，北京铁路局科研所的高级工程师王珏为与会代表做题为“怎样写好科技论文”的讲座。专家评审委员会现场进行评审，最终评出一等奖1篇，二等奖2篇，三等奖3篇。会上还为论文作者颁发了证书和奖品。

（周小华）

【北京医师协会肾内科学术研讨会】 2月28日，北京医师协会肾内科专家委员会成立并召开学术研讨会。北京医师协会肾内科专家委员会主任委员谌贻璞教授、副主任委员李学旺教授、委员张宏教授分别就“CRI与对比剂——进展与展望”、“CKD高血压如何规范治疗”以及“IgA肾病——从病床旁到实验台”等内容做报告，专家们就有关内容进行了交流。

（姜小国）

【反式脂肪酸有害健康报告会】 3月5日，北京微量元素学会和中国优生协会小儿营养研究组共同举办“反式脂肪酸有害健康”学术报告会。由何金生主任医师报告了“反式脂肪酸与冠心病、反式脂肪酸与糖尿病、反式脂肪酸与癌症、反式脂肪酸与小儿生长发育、降低反式脂肪酸的摄入量应从儿童抓起”等内容。有关医院儿科医师50余人到会。

（何金生）

【中荷生命伦理学学术会议举行】 3月7—8日，由北京自然辩证法研究会、荷兰乌特勒支大学哲学系、中国农业大学人文与发展学院、中国自然辩证法研究会生命伦理专业委员会主办的中荷生命伦理学学术会议举行。中荷学者就动物的道德地位、涉及动物的生物医学研究中的伦理问题、转基因动物研究中的伦理问题、异种移植的动物伦理问题、涉及动物的研究和实验的管理问题等进行了交流。

（李建军）

【细菌耐药监测研讨会】 3月14日，北京微生物学会召开SEANIR细菌耐药监测研讨会。与会专家介绍了CLSI最新药敏试验规则和新的抗菌药物替加环素的相关特点，总结了2005—2007年SEANIR细菌耐药监测结果，针对当前我国临床关注的多重耐药菌株PRSP、VRE、产ESBL、质粒AmpC酶及碳青霉烯酶的肠杆菌科菌进行了讨论。全国15家教学医院100余人参加会议。

（杜　轶）

【“3·23世界气象主题日”系列宣传活动】 3月23日，北京市气象局、北京气象学会主办了以“天气、气候和我们呼吸的空气”为主题的纪念活动。活动期间，向社会公众开放南郊观象台，朝阳区、延庆县等部分区县气象局，邀请气象志愿者、社会公众和媒体参观；播放反映奥运气象服务和科普专题片，展出反映奥运气象服务、首都气象事业发展、应对天气及气候变化、气象的科普知识展板以及部分气象设施。还开展了专家咨询。

（张宇蕾　叶浅草）

【英肿瘤护理专家来京交流】 3月27日，北京护理学会肿瘤专业委员会举行中英肿瘤护理学术交流活动。英国的临床护理专家艾利森·史密斯博士以“询证护理”和“临床肿瘤护理专家培训”两个主题进行讲授。与会专家就中英两国临床护士的区别、我国目前肿瘤专科培训现况及存在问题、使用询证护理学进行临床护理研究的方法、如何加强学校与医院、医院与医院之间的交流学习等进行了探讨。

（贾飞眉）

【北京药理学会学术年会】 3月29日，由北京药理学会主办、解放军301医院承办的“2009年北京药理学会学术年会”召开。9位国内外著名药理学家和交叉学科的专家做大会学术报告，内容涉及中药创新药物药效研究的思路与方法、抗菌药物临床评价体系最新进展、药师关注的中药注射剂安全性、医疗机构药品安全事件监测与应急处置对策等从基础到临床的药理学前沿和焦点问题。

（魏海峰）

【质子交换膜燃料电池关键技术研讨会】 4月2日，北京热物理与能源工程学会召开“质子交换膜燃料电池关键技术”研讨会。5篇报告内容涉及质子交换膜燃料电池理论模型的评价、质子交换膜燃料电池扩散层可视化实验及模型、管道中热分层现象的数值模拟和电力导线履冰研究等内容。此外，还对微机电设备中一种基于蒸发抽吸型微型泵的设计进行了介绍。这些关键技术展现了燃料电池与微尺度传热研究的最新进展。与会代表就有关内容进行了交流。70余位专家参加了会议。

（刘　欣）

【第四届图像图形技术与应用学术会议】 4月2—3日，由北京图像图形协会主办的“第四届图像图形技术与应用学术会议”召开。会议围绕“图像压缩、编码及数字电视、图像处理及加密”、“运动目标检测及图像检索，虚拟现实与多媒体仿真”、“图像识别与图像分割，遥感图像处理”等专题进行了交流。期间，来自在京3所高校及4家高新技术企业的设备及研究成果在会场展出。全国各地高校、科研院所、企业的140余位代表参会。会议共收到论文122篇，录用68篇，并评出优秀论文16篇，出版了会议专题论文集。

（徐 洁）

【北京市“科技进学校”工程项目立项论证会召开】 4月10日，北京市“科技进学校”工程项目立项论证会在北京教育科学研究院召开，市科委副主任朱世龙、北京师范大学常务副校长董奇、北京教科院副院长张铁道、北京教育考试院副院长臧铁军等领导和专家参加了项目立项论证会。“科技进学校”工程是市科委贯彻落实科学发展观，实施“科技北京”行动计划，主要是针对大中小学以及职业学校在校学生和一线教师开展的大力推进科技传播重大任务的重要举措，该工程有利于推动科技资源的对外开放，有利于结合中小学必修课程中设置的综合实践课程，通过政策导向开放实验室和最前沿资源，在向学生传授前沿科技知识的同时，分享科研工作者的科研及思维过程，传播科学思想、科学方法。

（张宇蕾 刘彦锋）

【2009年北京市科普基地命名】 4月17日，市科委与市科协公布了第二批北京市科普基地名单。2009年共有中国古动物馆、中国电信博物馆等53家单位被命名为北京市科普基地。其中，科普教育基地42家、科普传媒基地4家、科普培训基地3家、科普研发基地4家。至此，北京市共命名市级科普基地156家。

（常 越）

【第十二届生物多样性保护科普宣传月】 4月18日至5月22日，由市园林绿化局、市公园管理中心、市科委共同主办的北京市第十二届生物多样性保护科普宣传月活动举行。宣传月以“保护生物多样性 科学发展从我做起”为主题，各大公园、园林绿化主管部门发挥自身优势，开展系列科普宣传活动。通过展览展示、互动交流、游戏娱乐、现场培训、咨询问答等形式开展科普活动的宣传，把科学理念、科学知识和科学方法送到百姓身边，提高全市城乡群众的科学素质及保护生物多样性的意识。

（张宇蕾 叶浅草）

【召开北京市企业科协工作会】 4月23日，北京市企业科协工作会议在北京会议中心召开。会议表彰了2008年度北京市“讲理想比贡献”活动先进集体、科技标兵、优秀组织者和先进科技工作者之家。经济技术开发区、企业和学会代表进行了大会交流发言。企业科协代表就企业科协工作相关文件和下一阶段的工作进行了讨论。市发改委、市科委、市国资委、市知识产权局、市总工会、市工商联等单位的领导及区县科协、企业科协、市国资委所属部分企业负责人及部分市属学会代表近300人参加了会议。

（姚仪骞）

【第七次全国动力气象学术会议】 4月23—26日，北京气象学会和中国气象学会动力气象学委员会共同召开第七次全国动力气象学术会议。中科院院士黄荣辉、李崇银等做专题报告。与会者就动力气象学基本理论、气候动力学、气候数值模拟研究的成果等相关问题进行讨论。会议共征集研究论文136篇，来自全国各地的气象科技工作者140余人参加会议。

（陆 晨）

【北京工程爆破协会青年学术论坛】 4月25日，北京工程爆破协会第三期青年学术论坛举行。6位中青年爆破工程师围绕现代爆破技术研究与应用的新进展做报告，分别介绍了某大型石方爆破工程、京承高速公路三期工程实施深孔控制爆破的经验、基于爆炸冲击的雷场网路定位技术、水下爆破震动效应的防治和爆破处理软基的试验研究、新型数码电子雷管的研制进展等内容。

（杨年华）

【数字植被图研讨会】 4月25—26日，北京生态学学会召开数字植被图研讨会。中科院生物技术局副局长苏荣辉、中科院植物研究所所长马克平、北京师范大学副校长葛剑平等领导出席。张新时院士介绍了中国植被图（1∶100万）在全国70家单位的大力支持下，历经20余年完成的六大系列产品；构舆图（北京）科技有限公司展示了植被数据库和植被信息系统的具体结构和使用方法。来自全国近30家单位的70余名学者通过计算机实际操作和应用进行了交流。

（田新智）

【第五届野生动物生态与资源保护研讨会】 4月25—28日，由北京动物学会和中国动物学会兽类学分会等单位共同举办的“第五届野生动物生态与资源保护学术研讨会”在四川省南充市举行。全国各地的96家单位的258名代表参加研讨会。台湾地区及日本京都大学的学者也参加了会议。80余位代表在会上报告了他们近年来的科研成果。会议共收到论文摘要158篇，内容涉及细胞、遗传及进化、种群、群落生态学及保护、行为学及行为生态学、生理生态等各个方面，展示了我国动物生态学研究的最新成果。大会还进行了“野生动物损害补偿”专题研讨。为鼓励青年学者积极参与动物生态学研究工作，本届会议评选出3名优秀青年动物生态学工作者，并颁发了奖励证书和奖金。

（段瑞华）

【专家与百姓共话3G与生活】 5月8日，由中国互联网协会网络科普联盟、北京数字科普协会和北京通信学会共同主办的“3G与生活”沙龙举行。中国科协、北京数字科普协会、北京通信学会等单位领导出席活动。2009年国家从拉动内需、促进发展、保持稳定等方面考虑，出台了相关产业政策，支持3G发展。与会专家围绕着3G和老百姓的关系，使用3G、可视通信业务等新技术给老百姓带来的实惠等热点话题展开讨论。

（刘　英）

【“全国防灾减灾志愿服务周”主题活动】 5月9日，由共青团中央、国家减灾委员会、国务院应急办公室等单位共同主办的“全国防灾减灾志愿服务周”主题活动启动仪式在北京林业大学举行。今年全国防灾减灾志愿服务周的主题是“参与志愿服务，共享平安生活”。开展“全国防灾减灾志愿服务周”主题活动，是国务院确定的今年中央层面防灾减灾宣传教育活动的重要组成部分。启动仪式上，海淀区的消防志愿者进行了防灾减灾及应急救援的演习。

（张宇蕾　叶浅草）

【2009年北京市科普工作联席会议】 5月11日，2009年北京市科普工作联席会议召开，市科普工作联席会议副主席、市科委主任闫傲霜主持了会议。市委常委赵凤桐出席会议并讲话。科技部政策体改司科普处邱成利，市政府副秘书长鲁勇，市科普工作联席会议副主席、市科协常务副主席田小平，市科普工作联席会议各成员单位的负责人以及市公安局、丰台区政府、朝阳区政府的领导出席会议。会上，宣布了北京市科普工作联席会议成员单位调整事宜，市科普工作联席会议办公室全面总结了2008年度北京市科普工作情况，研究讨论了2009年全市科普工作要点、2009年科技周活动方案及其相关事项。

（张宇蕾　刘彦锋）

【第九届功能性纺织品及纳米技术应用研讨会】 5月12—14日，由北京纺织工程学会、中国纺织科学研究院、纺织行业生产力促进中心共同主办，苏州南华纺织整理科技有限公司承办的铜牛杯第九届功能性纺织品及纳米技术应用研讨会在江苏盛泽召开。研讨会共收到论文130余篇，经专家评审，101篇被收入论文集中，并评出36篇获奖论文。在大会做报告的32位专家中，经现场专家组审评，6位报告人获奖，其中生物源纤维制造技术国家重点实验室主任婉婷博士的“低温等离子体技术在聚合物材料表面改性方面的应用”论文荣获优秀论文一等奖。160余位代表参加会议。

支修宪

【2009年北京科普电影周启幕】 5月15日，由市广电局、市文化局等单位共同主办的“2009年北京科普电影周”拉开帷幕，多部科教片和

以科学、技术、环保为主线的热门故事影片在北京市30家影院与观众见面。本次电影周着重展示新中国成立60周年来航天、军事、环保、生活等领域的科技成果，突出“坚持科学发展，建设科技北京”的主题。

（张宇蕾　叶浅草）

【2009年北京科技周】 5月16—22日，以“携手建设创新型国家——坚持科学发展观，建设科技北京”为主题的第十五届北京科技周举行。期间，进行了“2009年全国科技活动周暨北京科技周开幕式”、“科技周主场活动”、“燕山分会场活动”、“中关村科技创新与发展论坛”、“5·18国际博物馆日系列活动”、“首都图书馆系列活动”等六项标志性活动。举行了“首都企业创新论坛”、“北京百万家庭数字生活技能大赛”、“第十四届商业科技周”、“我能行——DIY科学快餐活动”、“首都科学讲堂百期活动”等重点活动40余项，基层活动近3000项。

（霍利民）

【“北京地区5·18国际博物馆日”系列活动】 5月18日，由市委宣传部、中国博物馆学会等单位共同主办的“北京地区5·18国际博物馆日宣传活动暨辉煌的历程 华彩的乐章——北京博物馆60年”巡展首站发布会在北京古代建筑博物馆举行。市委宣传部、中国博物馆学会、北京地区博物馆等单位的领导及专家出席了开幕式。本次馆日活动除继续开展“我看博物馆”摄影大赛、公益鉴定、讲座和“博物馆寻宝游”等活动外，还组织了“博物馆长廊”展示，邀请北京地区博物馆在主会场“摆摊设点”集中展示。

（张宇蕾　叶浅草）

【第14届北京商业科技周】 5月18日，由市商委主办，以“让生态商务走进市民生活”为主题的第14届北京商业科技周拉开帷幕。期间，全市13家专卖店、12家百货商场、7家大型连锁超市在市商委的统一指导下，因地制宜地开展形式多样的科普、促销、娱乐活动。本届活动主要呈现三个特点：一是在店内设立科普柜台、科普橱窗、科普展板，向消费者宣传绿色消费、科学购物的知识，同时开展绿色节能商品的促销、馈赠活动。二是通过为消费者提供免费的电器保养、维修和网上推广等服务，提升商业企业为市民服务的整体形象。三是通过“大讲堂”、“现场教吃教做”、“互动娱乐”等形式向消费者宣讲饮茶、健康用药等知识，让市民体验“商业科普·健康你我”的宗旨。

（张宇蕾　叶浅草）

【举办炼油厂节能技术研讨会】 5月22日，北京石油学会石油炼制专业委员会在中国石化工程建设公司（SEI）召开炼油厂节能技术研讨会。会议由学会副理事长、中国石化石油化工科学院副院长聂红主持。会议邀请3位专家分别做了题为“中国石油石化产业节能回顾与展望”、“大型炼油厂能耗分析及节能措施探讨”和“石化企业外排污水处理回用循环冷却水技术”的专题报告。与会专家就共同关心的国内外炼油厂能耗水平差距、未来节能发展方向等问题进行了研讨。

（石油学会）

【城市人才环境综合评价研讨会】 6月14日，北京系统工程学会召开城市人才环境综合评价研讨会，会议围绕提高城市竞争力与营造良好的人才环境、发展经济与人才战略、人才资源开发和利用与经济增长、如何扩大城市人才规模和水平、影响人才流动和人才资源开发的因素、如何构建城市人才环境评价指标体系等议题进行了探讨。50余位专家参加研讨。

（武铁成）

【工业炉学术研讨会】 6月14日，北京机械工程学会在怀柔区召开工业炉学术研讨会。北京科技大学高仲龙教授、联合荣大企业集团董事长章荣会分别做题为“冶金过程节能”和“防爆快烘耐火材料的研发与应用”的技术报告。与会人员现场参观了新型快速烘烤浇注料烘烤实验过程。会议介绍了学会2009年上半年工作情况以及下半年工作计划。来自14个单位的49人参加会议。

（李业壮）

【严防甲型H1N1流感战略研讨会】 6月16日，北京医学会组织召开“严防甲型H1N1流感战略研讨会”。中国疾病预防控制中心、国家流感中心、北大医院等单位的专家，就甲型H1N1流感的防控策略、诊断治疗及病毒研究的最新进展等话题进行了交流。专家们认为：应对甲型H1N1流感要高度重视、密切关注、冷静对待、加强交流、严加防控、组织课题攻关，应适当调整我国甲型H1N1流感诊疗方案，尽快制定相关治疗指南。

（麻红明）

【首届超声医学学术研讨会】 6月20日，“北京医师协会超声医学专家委员会成立大会暨首届学术研讨会”召开。北京医师协会会长邓开叔、副会长吕鹏、秘书长许朔及超声医学专家委员会学术指导专家、委员、各专业组专家、全国各地超声界工作者共500余人出席会议。北京医师协会会长邓开叔介绍委员会组建过程，并对委员会的工作提出了期望；副会长吕鹏宣读了委员会组成人员名单。台湾大学医学院施景中教授做“4D胎儿心动图的原理与临床价值”、“胎盘植入三维能量多普勒超声诊断”等3个专题学术报告；中山大学第一附属医院谢红宁教授做“胎儿肺发育异常产前诊断及临床预后评估”、“颅缝早闭症的产前诊断”2个专题学术报告，并和与会专家进行了交流。

（姜小国）

【全国幽门螺杆菌感染及消化疾病治疗临床论坛】 6月27—28日，北京医学会主办的“全国幽门螺杆菌感染及消化疾病治疗临床论坛”举行。400多名国内外从事幽门螺杆菌研究的专家、临床医生出席论坛，并围绕提高幽门螺杆菌治愈率、根除幽门螺杆菌对胃部疾病的治疗作用、最先进的治疗方法等问题进行了学术交流。论坛组委会对征集的48篇优秀论文进行了评选。

（麻红明）

【第三届优秀软件构件评选成绩可喜】 6—12月，北京人才交流中心与北京软件行业协会、北京软件产品质量检测检验中心、北京大学、北京软件产业基地公共技术支撑体系共同举办了“北京市第三届优秀软件构件评选”活动。高校人才首次参评，8组参赛课题获得优秀构件奖、5名教师获得优秀组织指导奖、4所大学获得“北京市软件构件人才培养院校”称号并授牌。北京人才交流中心今后会着重加大科普活动的开展，希望与各有关单位一起合作，推动北京软件产业的发展。

（焦正辉　郭娜）

【北京医学会麻醉学会学术年会】 7月11日，“2009年北京医学会麻醉学会学术年会暨北京—首尔麻醉论坛”召开。中科院院士韩济生教授在学术年会上倡议打造“抗痛联盟”，运用麻醉、疼痛等不同专科的优势为病人减轻疼痛。台湾地区花莲慈济医院院长石明煌做“关于花莲慈济医院安全管理”报告，介绍了该医院通报制度管理及解决医疗事故纠纷的流程、方法，着重强调举报制度对医院管理、解决医疗事故纠纷的作用。首尔麻醉专家代表团介绍了韩国重症检测治疗管理、疼痛诊疗、小儿麻醉及产科麻醉的现状和最新进展。

（麻红明）

【第23届国际保护生物学大会召开】 7月12—16日，由中科院等主办、北京动物学会承办的第23届国际保护生物学大会召开。74个国家和地区的1200余名代表出席。主要议题有寻求野生动植物的生物多样性与森林资源需求之间的和谐，生物多样性保护及气候变化，世界屋脊的生物保护挑战，湿地、河流及地下水生态系统的综合保护及恢复等。

（段瑞华）

【下一代风力发电新技术交流会】 7月17日，北京电力电子学会举办下一代风力发电新技术交流会。美国俄亥俄州立大学电气工程系终身教授徐隆亚博士做“下一代风力发电新技术：无永磁、无刷双馈直驱风力发电系统”的技术报告。科研院所、企事业单位、相关院校的50余人参加了技术交流会，并就风力发电新技术进行了交流。

（许继玲）

【北京振动工程学会学术年会】 7月17—20日，北京振动工程学会举行青年学术交流暨第十八届学术年会。期间，发表“MPM方法及其在爆炸冲击中的应用”、“小卫星的发展和应用”、“整星隔振技术探讨和发展”等学术专题报告。会议共征集交流论文23篇，并出版论文集。会议由副理事长邢誉峰教授主持，5位副理事长及秘书长等58人出席。

（耿文章）

【第十一届北京科普之夏】 7月18日至8月31日，市科协主办了以“迎国庆展示科学魅力，促和谐科普惠及民生”为主题的第十一届北京科普之夏活动。期间，开展了讲座、报告会、文化广场活动、文艺演出、宣传咨询、征文竞赛、参观考察、展览巡展、科技制作、科普影视放映、读书活动等2000余项活动，传播贴近居民生活的身边科学。共计100多万人次参与了活动。

（李　磊）

【新中国成立60周年科普作品有奖征集活动】 7月21日，“走进科普场馆 感受多彩科技”新中国成立60周年科普作品有奖征集活动在北京天文馆正式启动。本次活动在市科委、市科协的指导下，由北京科普基地联盟主办，北京科普基地联盟活动策划专业委员会、传媒专业委员会承办。该活动是一次集参观、创作、竞赛为一体，国内首次以科普场馆为原创素材而开展的科普活动。12月20日，举行了颁奖典礼。经5个月的征集，活动先后收到文章326篇、照片296组、DV29件、Flash16件。作品内容涉及科普基地单位56家。经专家评审，共评选出学生组文章一等奖3项，DV一等奖1项，其他奖项一等奖空缺。学生入围奖62项，成人入围奖28项。此外，还评选出特别参与奖1项，积极参与奖33项。

（常　越）

【《科普护照》免费向市民发放】 7月21日，“走进科普场馆 感受多彩科技”新中国成立60周年科普作品有奖征集活动启动仪式上，为鼓励公众走进北京科普教育基地，活动主办方——北京科普基地联盟整合京城百余家科普教育基地信息，委托北京科技报社制作《2009—2010年北京市科普护照》3万册。市民持《护照》可以免费或以优惠价格参观科普教育基地。《2009—2010年北京市科普护照》采取有组织免费发放的方式，护照有效期至2010年12月31日。

（常　越）

【立交桥夜景照明交流会】 7月25日，北京照明学会主办的“立交桥夜景照明交流会”在市总工会干部学院召开。肖辉乾教授做题为“城市立交桥照明若干问题的思考”报告；鲁晓祥设计师就“刘家窑桥、四元桥夜景照明设计”，姚昇设计师就“立交桥夜景照明的意义探讨”，赵丰设计师就“东便门立交桥夜景照明方案”分别做了介绍。80余位专家出席。

（张秋燕）

【2009年北京市科普工作培训班举行】 8月31日至9月4日，2009年北京市科普工作培训班举行，来自市科普联席会议相关成员单位的近20余人参加。本次培训班为进一步提高北京市科普工作水平，把握未来科普工作脉络，针对北京市科普相关领域、范围和重点设计了调研问卷，并结合调研情况有目的、有针对性地策划、组织和实施各项工作。期间，通过专家讲授、实地考察、座谈交流、组织参观等多种培训形式，达到了此次培训的预期目的，取得了良好的效果。

（张宇蕾　刘彦锋）

【第三届石油天然气管道安全国际会议】 9月18—19日，北京石油学会与中国石油学会石油储运专业委员会共同主办的第三届石油天然气管道安全国际会议暨第三届天然气管道技术研讨会在北京科技活动中心举行。中国石油大学（北京）校长张来斌等出席并讲话。会议征集论文50余篇。中国工程院院士李鹤林教授、中石油管道科技中心杨祖佩教授等做特邀报告，27位国内外专家做学术报告，与会者进行了交流。美国、英国、德国、马来西亚等国的管道技术公司以及国内30余家公司、大学、科研院所的150余人出席。

（黄晓萍）

【月坛数字便民卡发放仪式暨和谐月坛歌唱祖国第一届月坛文化艺术节展演活动举行】 9月24日，“月坛数字便民卡发放仪式暨和谐月坛歌唱祖国第一届月坛文化艺术节展演”活动在月坛公园举行。市科委副主任朱世龙、西城区副区长陈蓓等领导出席。月坛驻区的居民、机关干部、公安干警、企事业单位职工等1000余人参加了本次活动。月坛数字便民卡是具有当地特色的街道身份卡，是居民享受商家提供优惠服务的身份标识。通过整合月坛周边142户和北京市1000余家商业服务企业资源，居民可以通过手机、电脑、实物卡片等形式登录网站或采用手机登录网站，快捷方便地了解社区内外众多商家及企业的信息，对比商家服务，根据自身需求选择消费，并享受“便民卡”带来的生活服务行业6—9折的优惠，便捷且便宜。月坛数字便民卡发放仪式后，月坛地区多个优秀演出团队及个人纷纷登上舞台，尽情表达对新中国成立60周年的祝福以及生活在宜居月坛的快乐心情。

（张宇蕾　刘彦锋）

【国庆游园展览展示活动】 10月1—7日，市委市政府在全市范围内举办“十方乐奏、百园展示、千园添彩”国庆游园活动。活动由国庆游园指挥部主办，市科委承办。活动通过展览展示和群众互动等方式，重点宣传新中国成立60年来，特别是改革开放30年来，首都建设取得的巨大成果。国庆期间，各公园展览展示活动共展出近4000块展板，其中在劳动人民文化宫、北海公园、天坛公园、朝阳公园、奥林匹克公园、地坛公园、大观园、海淀公园、莲花池公园、国际雕塑园等10家重点公园，共制作展架575个、展板816块。10家重点公园参与展览展示活动的游客约180万人次。

（张宇蕾　叶浅草）

【第十二届北京科技交流学术月开幕式报告会】 10月15日，第十二届北京科技交流学术月开幕式报告会在中国科技馆新馆举行，报告题为“科技繁荣与科学道德”，由中国工程院副院长、著名应用物理学家杜祥琬院士主讲。杜祥琬院士通过分析当前科学道德建设现状和存在的问题，论证了科技繁荣与科学道德的辩证关系，提出构建合理的科技诚信体系等观点，并对首都科技界提出期望。部分驻华使节、北京市有关委办局领导及科技工作者400余人参加会议。

（刘元昕）

【第十二届北京科技交流学术月】 10月15日至11月14日，第十二届北京科技交流学术月举行。本届学术月以“人文北京·科技北京·绿色北京——保增长、促发展”为主题，围绕能源、水和矿产资源、生态环境和城市发展、农业科学与新农村建设、现代工业与信息产业、医学与健康、自主创新与交叉科学等科学技术发展的重要方面举行系列学术报告、专题研讨、前沿论坛、成果展示等各类交流活动97项，其中重点学术活动51项，专业学术活动46项。

（徐　新）

【2009·北京社会科学普及周】 10月17—23日，由市委宣传部和市社会科学界联合会共同主办的“2009·北京社会科学普及周”活动陆续在全市18个区县拉开帷幕。此次社会科学普及周主要活动包括开幕式、科普园、“北京人文大讲堂”系列讲座、社科普及下基层系列活动等。本届社会科学普及周还组织专家和科普志愿者走进农村、社区、建设工地，开展以社科知识咨询、赠书、义诊、现场知识问答为内容的“人文之光”社科普及活动，还为来京务工人员子女进行“人文北京”主题教育活动，以广泛传

播人文社会科学知识和先进文化成果，充分体现“弘扬人文精神、建设人文北京”主题。

（张宇蕾 叶浅草）

【第十届北京青年优秀科技论文评选】 10月31日至11月1日，第十届北京青年优秀科技论文评选终评会举行。本届论文评选从3月份开始征集论文，共有60个学会报送论文2157篇，经学会初评，158篇论文被推荐参加终评。20位各学科领域专家组成的终评委员会对论文进行了评审，最终评出一等奖论文25篇，二等奖论文35篇，三等奖论文45篇。

（刘元昕）

【2009年京津沪渝穗科普联盟工作研讨会】 11月5—6日，2009年京津沪渝穗科普联盟工作研讨会在京召开，来自北京、天津、上海、重庆、广州、四川等省市的科技管理部门和科普中心的负责人参加了研讨会。科技部政策体改司的领导出席会议并讲话。市科委、中国科技交流中心相关人员分别主持了本次研讨会。会议围绕“十二五”科普规划、公民科学素质基准测试、国家科普基地创建、创新科普形式、科普作品评价标准、科学与文化、科普工作绩效评估等话题展开讨论。在此研讨的基础上，代表们还商议了2010年及今后一个阶段的科普工作合作事宜，并确定京津沪渝穗科普联盟从2010年起正式更改为京津沪渝穗川科普联盟。

（常 越）

【2009诺贝尔奖获得者北京论坛】 11月10—12日，由国务院发展研究中心和北京市政府共同主办，以“金融重建与经济振兴”为年度主题的“2009诺贝尔奖获得者北京论坛”在人民大会堂举行。全国人大常委会副委员长陈至立发表主旨讲话，全国人大常委会原副委员长许嘉璐、北京市市长郭金龙等出席开幕式。论坛主要包括开幕式、学术主论坛、金融产业论坛、首都科学讲堂、诺贝尔主题展览等活动。4位诺贝尔经济学奖获得者与到会的各方代表共同探讨了世界经济未来发展趋势。

（张宇蕾 叶浅草）

【2009年北京市区县科普工作总结会】 11月11—12日，2009年北京市区县科普工作总结会召开。来自北京市18个区县科委主管科普工作的主任及相关科室负责人参加了会议。总结会介绍了2009年以来北京市科技发展和处室工作职责调整情况，2009年科普工作情况和2010年科普工作计划。18个区县科委分别就本区县2009年科普工作开展情况和2010年科普工作设想做了说明，并就北京市2010年科普工作计划进行了讨论。

（张宇蕾 刘彦锋）

【2009年北京市科普工作总结会】 11月12日，2009年北京市科普工作总结会召开。会议由市科普工作联席会议办公室承办，市科普工作联席会议成员单位相关负责同志参加了会议。会上对2009年全市科普工作进行了总结和2010年科普工作计划做了说明，就市科普工作联席办提出的2010年科普工作设想展开了讨论，并商议要进一步加强各单位之间的沟通与交流，在科普培训、科普人才队伍的培养、科普活动的开展等方面开展合作，共同推进北京市科普工作持续健康发展。

（张宇蕾 刘彦锋）

【北京市防震减灾科普教育基地评审】 11月25日，市地震局、市科委共同召开评审会，组织专家对本年度申报的北京市防震减灾科普教育基地进行了评审认定。丰台区科技馆、北京人遗址防震减灾科普教育基地、海淀公共安全馆、西城区德胜民防宣教中心、宣武区公共安全宣传教育基地、朝阳区建外街道应急指挥宣教中心、小关街道应急指挥中心、望京街道应急指挥中心和八里庄街道公共安全指挥所等9个单位，被认定命名为北京市防震减灾科普教育基地。

（常 越）

【第七届北京地区博物馆科普培训班】 11月，由市科委、市文物局共同主办、北京文博交流馆承办的“第七届北京地区博物馆的科普培训班”在顺义区举行。本次共有60余家博物馆的科普工作负责人员参加了培训。培训为期3天，相关专家分别做了题为“科普参与项目的五个W和申报项目技巧”、“如何深化政府文化发展战略，推进国家软实力建设”、“乡土建筑、乡土环境、乡土文化景观”、“美学：历史回顾与使命展望”的报告。

(张　熙)

【北京市创新型科普社区科普工作者培训班】 11 月,北京市创新型科普社区科普工作者培训班在市市政市容委培训中心门头沟于宅校区举行。本次培训班由市科委与市市政市容委共同主办。市科委、市市政市容委相关领导出席了开班仪式。本次培训班由全市 18 个区县 106 家创新型科普社区的科普工作者代表 99 人参加,分两期举行。

(张　熙)

【北京市第二批创新型科普社区命名仪式暨科普志愿者主题服务日举行】 12 月 5 日,第二批北京市创新型科普社区命名仪式暨科普志愿者主题服务日在宣武区广安门内街道西便门东里社区举行。西城区什刹海街道松树街社区、广安门内街道西便门东里社区、延庆县八达岭镇小浮坨村、丰台区西罗园街道西罗园第三社区等 37 个社区(行政村或街道)被市科委授予“北京市创新型科普社区”的称号。市科委、宣武区政府相关领导出席命名仪式并为创新型科普社区授牌。第二批创新型科普社区的代表、18 个区县科委的科普工作负责人以及西便门东里社区的居民共计 300 余人参加了本次活动。

(张　熙)

【第十九届北京优秀青年工程师表彰大会召开】 12 月 18 日,“纪念北京优秀青年工程师评选活动 20 周年暨第十九届北京优秀青年工程师表彰大会”在燕山石化公司召开。会议表彰了 2009 年评选的王新娟等 180 位“北京优秀

青年工程师”、路国忠等 9 位“北京优秀青年工程师标兵”,授予北京燕山石油化工公司树脂应用研究所科协等 8 家企业科协为“先进科技工作者之家”。国家电网公司总工程师张丽英、铁道部京沪高速铁路苏州指挥长徐海峰等 3 位优秀青年工程师代表在大会上发言。市委组织部、市人社局、市国资委、市工商联等部门领导以及各区县科协、高校科协、企业科协负责人 200 余人参加了大会。

(姚仪鸾)

【第八届北京迈向国际化大都市热点论坛】 12 月 20 日,北京生产力学会召开“第八届北京迈向国际化大都市热点论坛暨北京生产力学会年会”,80 余位专家出席。论坛以低碳经济引领社会经济发展的模式,围绕绿色北京、金融改革、节能环保、低碳经济等议题进行交流研讨。学会理事长揭玉斌做 2009 年工作总结和 2010 年工作计划的报告,与会者就学会活动和今后发展提出了建议。

(吴振绮)

【市区污染源监管研讨会】 12 月 22 日,由北京环境科学学会主办的“后奥运时期市区污染源监管内容、方式、对象、措施的探讨研讨会”召开。会议重点探讨了城八区污染源监管出现的新变化,研讨“十二五”期间市区污染源监管的主要内容、标准、手段和措施,就法律法规、监管手段、企业自律、治理技术、监测能力等问题展开讨论。

(陈炳炎)

【北京护理学会 2009 年学术年会】 12 月 23 日,北京护理学会 2009 年学术年会召开。大会收到论文 77 篇,内容涉及护理管理、护理教育、专科护理、社区护理及健康教育等。学术委员会选出不同专科的 4 篇论文进行了大会交流,部分论文分组交流,专家进行了现场点评。会议评出优秀论文奖和组织奖并颁发了证书。各医疗单位 160 余名护理人员参会。

(贾飞眉)

【首批北京市社区服务科技应用示范区暨第三批北京市创新型科普社区命名仪式】 12 月 26

日，宣武区牛街街道、崇文区东花市街道等6家街道被市科委授予“北京市社区服务科技应用示范区”称号。同日，崇文区前门街道前门东社区、朝阳区来广营乡茉藜园社区等46家社区（村）被授予“北京市创新型科普社区”称号。市科委领导出席命名仪式，为社区服务科技应用示范区和创新型科普社区授牌。

（张　熙）

【首批职工创新工作室顺利命名】 12月28日，市总工会、市科委在北京会议中心为首批10家职工创新工作室授牌，市总工会、市科委领导出席了命名仪式。职工创新工作室以项目攻关、名师带徒、技能培训、技术交流为手段，帮扶企业解决实际难题，为职工发明新技术、创造新工作法、培养高技术人才搭建平台。

（张宇蕾　刘彦锋）

【《2009年度北京市科普工作报告》发放】 12月，由市科委编制的《2009年度北京市科普工作报告》面向北京市科普工作者发放。《报告》分为科普工作概述、科普活动、基层科普能力建设、科普能力建设、社会力量参与科普、区县科普六个章节，并附录《北京市2009年科普工作大事记表》，共计10万余字，以图文并茂的形式，呈现了2009年度北京市的科普工作情况。《2009年度北京市科普工作报告》记载了北京市科普事业发展历程，总结北京市科普工作经验，推动科普工作不断向前推进。

（张宇蕾　叶浅草）

【北京市科技旅游专家研讨会召开】 12月，市科委召开北京市科技旅游专家研讨会，来自中科院、北京交通大学等单位的14位专家和市科委、市旅游局的相关负责人参加了会议。科技旅游是以科技资源为支撑的专项旅游，是旅游的一个新兴模式，具有很好的推广前景；同时科技旅游也是充分展示北京市“科技北京”建设和创新型城市建设的又一大窗口，将成为公众学习科学知识，掌握科学方法，了解“科技北京”建设的又一个重要的途径。

（谢　禹）

【实施老年科普工程】 年内，老年科普工程共举行科普讲座486场，其中院士、研究员主讲的科普论坛58场，涉及15个省市。面向郊区县农民子弟做了121场科普报告，面向各分会作了30场医疗讲座。面向社会、社区作了8场讲座，覆盖了北京市17个区县，受益群众12.7万人。总会下属分会组织了18场以庆祝新中国成立60周年为主题的科普进社区活动。有15个分会和所在社区近3万人参加了活动。

（李　磊）

【2009年北京科普创作出版专项资金】 年内，北京科普创作出版专项资金面向全国征集选题58项，其中图书类49项，音像类9项。经终评委员会评审，《请祖国检阅——14次国庆阅兵图话联播》、《来自中国孩子的1001问》、《爷爷的动物观察日记》、《小牛顿科学实践工厂》、《首都科学讲堂·名家讲科普》书系（第三、四辑）、《米可罗的世界们》、《发现有道：25项科学研究的成功诀窍》、《解密日全食》、《儿童科普童话故事》、《农村科技巧应用》、《爱在身边》（防治痴呆、健康生活）系列片、《快乐生活，平安成长——幼儿安全常识小故事（续）》12个项目获得资助。

（霍利民）

【组织编写科学素质读本】 年内，由市总工会、北京科普作协等编写的《北京市全民科学素质系列读本》丛书出版。丛书共3套8册：《农民工科学素质读本》分为健康生活篇、和谐发展篇、生命安全篇3册，重点从外来务工人员的实际出发，侧重于引导他们安全、健康地工作和生活，学会与身边的自然环境、社会环境和谐相处；《城镇职工科学素质读本》分为科技新知识、工作新理念、生活新观念3册，侧重帮助城镇劳动者更新生活观念，掌握最新科技知识；《农民科学素质读本》分为科学知识篇、实用技术篇2册，从“三农”实际出发，侧重增强农民科学意识，提升科学生产、科学经营和科学生活的能力。

（霍利民）

【农家女“双学双比”活动】 年内，市妇联整合社会各方面力量，积极与市科委、市水务局、农科院等单位合作，在广大农村妇女中开展“双学双比”（学文化、学技术，比成绩、比贡献）劳动生产竞赛活动，以提高农村妇女的劳动技能，提高她们的就业素质和创业能力，使农村妇女的生活和发展环境不断得到优化。活动共扶持市区两级“双学双比”示范基地 320 个，贫困母亲创业项目 130 多个，创建了“巧娘工作室”270 个，各类妇女专业服务组织 100 余个。该活动使农村妇女创业就业的能力不断增强，为妇女的创业就业和增收致富作出了积极贡献。

（张宇蕾　叶浅草）

【2009 年北京市科普项目社会征集工作】　年内，市科委科普项目社会征集工作共收集 346 个单位申报的 461 个项目，49 个项目予以立项。7 月 20 日，市科委召开了 2009 年北京市科普项目社会征集立项培训会。8 月，市科委对 2009 年北京市科普项目社会征集的 49 个入选项目进行公示，公示期为一个月。公示期结束后，49 个项目获得市科委的资助经费共计 1500 万元。据不完全统计，项目承担单位也拿出近 4000 万的社会资金作为匹配资金，投入到公益性的科普事业中。

（常　越）

区县科技

Science and Technology for Districts and Counties

东城区

【召开科技工作者新春联谊会】 1月15日，区科协召开2009年科技工作者新春联谊会。区科协主席、委员、代表，科协界政协委员，各街道科协主管领导、工作人员、社区科普主任，各学会工作人员，科技辅导员，《科学素质纲要》领导小组各成员单位、区有关委办局相关人员以及科协离退休老干部近300人出席联谊会。会上对东城区内2008年度北京市优秀科普宣传员进行了表彰。

（蒋晓京）

【开展全区科普统计工作】 3月15日，区科委按照科技部、市科委关于开展全国科普统计工作的文件精神和要求，组织全区10个街道及区教委、区卫生局、区园林局等相关委办局召开东城区科普统计工作任务布置会，开展科普统计工作的各单位认真组织并按时完成了2008年度北京市全国科普工作的收集、整理及申报工作。

（夏圣彪）

【副区长王佩立到区科委、雍和科技园调研】 3月16日，副区长王佩立到区科委、雍和科技园调研，重点听取了区科委、雍和科技园区2009年重点工作计划，逐一了解区科委及雍和园区折子工程的落实情况。王佩立对科技工作提出3点要求：一是要结合国家、市区发展的大背景，认真研究和考虑东城区科技产业发展战略定位和布局；二是要加强对各项新科技、文化创意产业政策的把握和理解并快速反应，深入分析各项政策对区域发展的影响。三是要创造有利条件，加强与市相关部门的联系和沟通，整合资源，发挥优势，认真落实“科技北京”战略。

（裴连邦）

【青少年科技创新大赛】 3月19—22日，区科协组织参加了第29届北京市青少年科技创新大赛，1人获“第七届北京市青少年科技创新市长奖”，1人获市长奖提名奖，20人获一等奖，37人获二等奖，18人获三等奖。东城区获组织工作奖。

（刘跃进）

【第九届东城区青少年机器人大赛】 3月28日，区科协、区教委在171中共同举办“第九届东城区青少年机器人大赛”，在此基础上组队参加了第九届北京市青少年机器人竞赛，23人获一等奖，32人获二等奖，37人获三等奖。

（刘跃进）

【举办2009年东城区保护知识产权宣传周启动仪式暨知识产权战略与企业发展专题讲座】 4月20日上午，区知识产权局在歌华大厦举行“2009年东城区保护知识产权宣传周启动仪式暨知识产权战略与企业发展”专题讲座。区科委副主任刘登科主持，市知识产权局副局长付晓辉、副区长毛炯出席仪式并讲话。区知识产权领导小组成员单位、驻区重点企业的近100余名代表参加讲座。讲座结束后，区知识产权局邀请中国社科院法学研究所研究员、博士生导师李顺德教授做“知识产权战略与企业发展”专题讲座。

（武聪颖）

【举办知识产权学校教育观摩课】 4月24日，区知识产权局、区教委在东直门中学共同举办知识产权学校教育观摩课，市知识产权局、区政府相关部门的领导以及东城区知识产权示范校、知识产权教育骨干校等13家单位的主管领导和教师代表参加观摩。观摩课上，东直门中学、65中、125中、史家胡同小学分校4家优秀实践团队分别围绕他们在“寻访老字号中的知识产权保护”系列课程中所学到的知识产权相关知识，通过总结汇报、小品表演、提问互动、教师现场点评等环节，展现了东城区知识产权示范校的工作成果。

（朱　禾）

【举办东城区数字生活技能竞赛】 5月10日，区科协、区信息办、区妇联、区教委共同举办“2009年东城区数字生活技能大赛”。“数字东城”网站对此次活动进行了在线图文直播。本次比赛通过灵活多样的试题考察队员们的计算机运用能力,对赛事的在线直播图文并茂地展现比赛进展情况,体现了实效性和真实性,使网民身临其境地感受到赛场的气氛。在此基础上组建东城代表队参加北京市数字生活技能大赛,并在全市8417支代表队参加的比赛中获得冠军。

(刘跃进)

【举办高新技术企业认定一对一辅导服务培训会】 5月12日,“东城区高新技术企业认定一对一辅导服务培训会”在区科委会议室举行。驻区重点科技企业的近20余名代表参会。培训会由北京高技术创业服务中心李海龙主讲,重点解读了高新技术企业认定管理工作体系、认定条件等相关政策,梳理了申报认定的注意事项。区科委还邀请北京森和光会计师事务所的专家就高新技术企业认定工作中容易出现的问题进行讲解,并进行现场答疑。

(武聪颖)

【区科技周开幕】 5月16日,区科协举办科技周开幕式暨大型宣传活动,区委组织部部长梁军、副区长王佩立出席。“科学素质纲要”成员单位、企业的近百名科普志愿者参加,数千群众参与,发放宣传材料近千份。各社区开展活动300多项。

(蒋晓京)

【东城区2009年保护知识产权宣传周工作总结会】 5月21日,区知识产权局召开“东城区2009年保护知识产权宣传周工作总结会”。会议由区科委副主任刘登科主持,市知识产权局处长李雨楠出席并讲话,区知识产权领导小组成员单位以及区法院、雍和园管委会的主管领导和具体负责知识产权的工作人员共30余人参加会议。

(朱　禾)

【组织国庆60周年地坛公园科普展览展示活动】 6月2日,按照市委、市政府及市科委的工作部署,东城区承担了首都庆祝中华人民共和国成立60周年地坛公园游园展览展示工作。区科委召开展览展示组工作会。国庆游园指挥部办公室、宣传部、旅游局、地坛公园管理处及市科委委托的团市委青年科技交流中心相关人员参加了会议。

(夏圣彪)

【市科委主任闫傲霜来东城区调研】 7月1日,市科委主任阎傲霜、副主任王荣彬率市科委相关职能处室负责人一行10人到东城区调研。区长杨艺文、副区长王佩立陪同调研。市、区领导先后到东城区城市管理监督中心、汉潮大成孵化器公司、北京联飞翔科技股份有限公司、国际版权交易中心参观考察,并分别听取版权交易中心关于建设版权要素市场项目的汇报及区科委工作汇报,王佩立副区长介绍了东城区科技工作思路及科技发展在“二三六三”核心发展战略中的重要位置。闫傲霜充分肯定了东城区科技发展思路和科技工作,希望科技工作在区域社会经济发展中发挥支撑和主战场的作用。区长杨艺文提出两点希望:一是要加强与市科委的联系和沟通,吃透政策;二是要深入分析区域特点,找准科技工作切入点,发挥科技先导作用。

(夏圣彪)

【东城区技术市场政策宣讲会召开】 7月9日,区科委召开了“东城区技术市场政策宣讲会”,驻区重点科技企业的近20余名代表参会。宣讲会由北京技术市场管理办公室宫文友主讲,重点介绍了技术市场优惠政策及技术合同登记的相关细则,并就企业在技术合同申报过程中出现的常见问题进行现场答疑。

(刘金静)

【区科普之夏启动】 7月17日,区科协与景山街道办事处共同召开科普之夏启动仪式及迎国庆纳凉文化广场活动,活动以普及环保知识为主,近千余名群众参与。基层开展各类科普活动250多项。

(蒋晓京)

【参加全国十五城区科技工作研讨会】 10月27—29日,全国十五城区科技工作研讨会在东方文化交流中心举行。会议对城区科技创新工作进行了研讨。区人大副主任李力、区政协副主席王建军、副区长王佩立参加了会议。

(裴连邦)

【召开技术合同认定登记工作培训会】 11月26日,东城区召开技术合同认定登记工作培训会。以电子信息类企业为主的12家技术合同登记大户的20余名代表参加了培训。北京技术市场管理办公室宫文友在培训会上重点介绍合同的分类、认定条件以及登记操作流程等内容,分析讲解了与技术合同认定工作相关的政策法规,并就企业在技术合同申报过程中出现的问题进行现场答疑。

(刘金静)

【举办东城区第十五届自然科学知识竞赛复赛】 12月19日,东城区科协、区教委在11中举行东城区"第十五届北京市中小学生自然科学知识竞赛复赛",比赛设立了8个赛场,东城区所属300多名中小学生参加了复赛。年内,东城区有28所中小学校参加了"自然科学知识竞赛"活动,各学校组织学生以"网上答题、参观科普场馆、试卷答题"等多种形式进行初赛,全区有3万多中小学生参加此次活动,学校按初赛人数的1%选拔学生参加复赛。

(刘跃进)

【东城区已经有10家市级科普教育基地】 至年底,东城区已经有10家科普教育基地,它们是:北京古观象台、北京自来水博物馆、东城区青少年科技馆、北京市健康教育所、健康杂志社、北京文博交流馆、王府井古人类文化遗址博物馆、北京钟鼓楼、中国邮政邮票博物馆、科学世界杂志社。

西城区

【2009年西城区科技工作会】 2月19日,区科委召开西城区科技工作会。科技部、市科委、区人大、区政府、区政协相关领导出席。会议总结了近3年科技工作,部署了2009年科技工作任务,并表彰了85家科技进步先进单位和120名先进科技工作者。市科委副主任朱世龙、区长张建东围绕首都以及西城区科技工作的发展讲话,并对国家可持续发展示范区建设提出具体要求。区各委办局及7个街道主要领导、区域内科技企业及科研院所代表250余人参加会议。

(郭志娥)

【高新技术企业发展座谈会】 3月4日,区科委组织召开西城区促进高新技术企业发展座谈会。区内各孵化基地负责人、部分科研院所和高新技术企业的代表参加座谈。会上,区科委领导传达了西城区2009年度科技大会精神,介绍2009年度西城区重点科技工作。

(郭志娥)

【西城区发展文化创意产业项目通过验收】 3月6日,由区科委、区生产力促进中心承担的科技服务能力建设专项"区县委办局科技服务能力建设——西城区发展文化创意产业研究与基地建设"通过专家验收。该项目为2007年北京市"科技进步促进区县发展"主题计划区县科技专项项目,包括"德胜科技园文化创意产业研究与基地建设"、"德胜科技园创新型服务业态研究"、"政务公开能力建设及西城区文化创意产业基地科技工作站试点建设"三个子课题。

(郭志娥)

【成立知识产权举报投诉工作站】 4月21日,"西城区保护知识产权举报投诉服务普天德胜工作站启动暨签约仪式"在普天德胜孵化器有限公司举行。市知识产权举报投诉服务中心主任王心洁、西城区知识产权局局长黄勇、普天德胜孵化器有限公司总经理侯洁共同在《北京市西城区保护知识产权举报投诉服务普天德胜工作站共建协议》上签字。工作站的建立，旨在培养企业知识产权维权意识，提高企业知识产权管理水平，引导企业由事后维权向事前预防转变。

（郭志娥）

【举办“北京科技周”活动】 5月16日，北京科技周西城区会场活动在动物园科普馆举行。本届科技周的主题为“建设创新型国家——坚持科学发展，建设科技北京”。活动现场进行了甲型H1N1流感知识宣传、健康咨询、科普知识互动和废旧物品再利用展示等。期间，全区各相关部门围绕主题开展科普宣传活动98项，受益群众近20万人次。

（樊士广）

【成立知识产权联席会议】 6月4日，区科委（区知识产权局）召开西城区知识产权联席会议启动仪式暨业务培训会。市知识产权局副局长王淑贤、副区长杨培丽出席并讲话，西城区知识产权联席会议成员单位的相关人员参会。西城区知识产权联席会议，经2009年区政府第56次专题会议批准成立，成员单位包括区科委（区知识产权局）、西城工商分局、区文委等9家西城区职能部门。

（郭志娥）

【新增5家市级科普基地】 6月25日，北京市第二批科普基地命名仪式在奥运村科普教育园区举行。西城区有5家单位入选，分别是西城区青少年科技馆、北京古代钱币展览馆、中国古动物馆、北京海洋馆和中国儿童中心。

（郭志娥）

【第十一届北京科普之夏在西城区启动】 7月18日，会同德胜街道承办的“第十一届北京科普之夏”活动在人定湖公园举行启动仪式。中国科协、北京市相关部门、西城区政府的领导出席，城八区科协相关负责人以及社区居民300余人参加。现场开展了科普咨询、讲座，科普图书发放以及科普知识展示和互动等活动。期间，各街道结合夏日文化广场活动，广泛开展健康、节能等科普知识宣传和推广，受到群众欢迎。

（樊士广）

【知识产权内容纳入公务员培训】 11月，在西城区科长任职培训班上，首次开展知识产权相关政策法规内容培训，市知识产权局协调处领导，就“区域发展与知识产权保护”问题进行讲解，50余人参加培训。

（郭志娥）

【获得全国科技进步考核先进区】 12月17日，科技部发布《关于2007—2008年度全国县（市）科技进步考核结果的通知》以及《关于表彰2007—2008年度全国县（市）科技进步工作先进个人的通知》，西城区被评为“全国科技进步考核先进区”，张建东、黄勇、林伟成3人被授予“全国县（市）科技进步工作先进个人”。

（郭志娥）

【高新技术企业发展】 截至12月31日，西城区共有高新技术企业186家，其中德胜科技园区164家，依据新的高新技术企业认定办法，通过认定的企业130家，2009年新增高新技术企业69家。全年德胜科技园内高新技术企业实现总收入82.4亿元，同比增长15.3%；实现利润10.8亿元,同比增长18.7%;上缴税费6.3亿元,同比增长18.9%。

(郭志娥)

【实现技术合同交易额增长】 年内,西城区实现技术合同登记7076项,技术合同交易总额82.74亿元,同比增长1.1%;实现技术交易额75.74亿元,同比增长66%。其中输出技术3479项,合同成交总金额33.19亿元,技术交易额31.89亿元,比上年同期增长58.15%和59.09 %;吸纳技术3597项,合同成交总金额49.55亿元,技术交易额43.85亿元,同比减少18.53%和11.12% 。

(郭志娥)

【修订可持续发展示范区规划】 年内,区政府第56次专题会议讨论通过《北京市西城区国家可持续发展先进示范区建设规划(2008—2012)》的修订方案,经第23次人大常委会审定,报科技部备案。

(郭志娥)

【组织实施科技计划项目47项】 年内,区科委组织申报西城区科技计划项目,收到申报项目47项,经专家评审,确定立项31项,其中生物工程和新医药技术10项,电子与信息技术10项,新能源与高效节能技术2项,环境保护新技术4项,先进制造技术3项,新材料及应用技术2项,年度支持额度300万元。

(郭志娥)

【实现专利申请和授权增长】 年内,西城区实现专利申请2858件,同比增长10.8%;获得专利授权1316件,同比增长31.3%。其中发明专利授权560件,同比增长53%。企业获得专利授权681件,同比增长46.4%;企业授权专利数占授权专利总数的51.7%。

(郭志娥)

【6家创新型科普社区通过验收】 年内,月坛街道三里河一区、德胜街道社区教育学校、展览路街道朝阳庵社区、什刹海街道松树街社区、西长安街街道北新华街社区、新街口街道西里三区社区,通过北京市创新型科普社区专家考评验收,获得市科委命名并颁发授牌。

(郭志娥)

【12个项目获市创新资金支持】 年内,区科委组织区内企业申报北京市科技型中小企业技术创新资金,北京天科仁祥医药科技有限公司申报的“蛇床子阴道泡腾片”等12个项目获得支持,支持金额510万元。

(郭志娥)

【评选区科技进步奖】 年内,区科委组织专家按照《北京市西城区科学技术奖励办法》,评选出2008年度西城区科技进步奖25项。首都医科大学附属复兴医院“鞍区三维(3D)数字化模拟手术入路相关显微与影像解剖学及临床应用研究”等5项成果获一等奖,北京木联能软件技术有限公司“风电场测风数据验证与评估软件”等7项成果获二等奖,北京矿冶研究总院“PA120150重型低矮破碎机的研制”等13项成果获三等奖。

(郭志娥)

【科技协作】 年内,区科技协作中心积极开展高新技术推广应用,共完成技术服务合同16项,技术交易额2520万元,获市科协“金桥工程”组织三等奖、项目三等奖和个人奖各1项,推荐的2名青年科技工作者被评为“北京市优秀青年工程师”。组织参加北京市优秀青年科技工作者论文评比,其中5篇论文分获二等奖1项、三等奖2项、鼓励奖2项。联系专家对“西城区劳动和社会保障局社保大厦节能改造”项目进行验收论证。组织科技企业参加第二届北京海智网交会和中意科技经贸周交流洽谈。

(樊士广)

崇文区

【抗寒梅花品种引种和示范应用项目通过验收】 1月9日,区科委召开“抗寒梅花品种在北京城区园林绿地中的引种和示范应用”项目专家验收会。市政府园林顾问、林业大学教授陈有民,原市园林科学研究所所长陈自新,原市花木公司总工程师林绍光,市园林科学研究所设计室主任韩莉丽,中国农业大学副教授刘青林,中国工程院资深院士、国际园艺学会梅品种国际登录权威、博士生导师陈俊愉作为课题组顾问参加了会议。该项目首次在本市城区引种以真梅系为主的梅花品种47个,针对本市城区公园和不同类型绿地的小气候环境,以真梅系品种为主,建立了明城墙遗址公园、龙潭公园、北京大观园等各种类型的赏梅示范区16个。

(袁 燕)

【信息技术在社区监督服务中的应用项目通过验收】 1月16日,区科委承担的区县科技专项"信息技术在社区监督服务中的应用"项目通过市科委组织的专家验收。该项目是区政府为了落实市科技进步促进区县发展主题,结合本区网格化城市管理项目,让信息技术惠及社区居民而实施的项目。面对社区业务和服务功能需求,项目研究了当代城市管理与社区服务的一体化发展模式,实现了与区级数字化城市管理系统相关流程的对接和数据集成,建立了分级与多指标综合考评方法。该项目的实施为真正实现信息化支撑的政府社会管理和公共服务提供了有效的平台和载体,进一步促进了本区城市管理工作。

(袁 燕)

【嫦娥探月工程暨神舟七号科普展】 1月25至2月1日,由市科协、崇文区科协、龙潭庙会组委会主办,中国高科技产业化研究会承办,以"太空行走一小步、华夏跨越一大步"为主题的嫦娥探月工程暨神舟七号科普展举行。中国科协、市科协、区委区政府有关领导出席开幕式。该展览8天接待观众近5万人。中央电视台、北京电视台等多家新闻媒体现场报道。

(李海曼)

【科技促进北京(永外)时尚创意产业基地建设项目启动仪式】 3月5日,科技促进北京(永外)时尚创意产业基地建设项目启动仪式在百荣世贸商城举行。市科委副主任郑吉春,区委常委、副区长刘云斋,副区长刘玉芳等领导出席并为"科技促进北京(永外)时尚创意产业基地办公室"揭牌。区科委主任周晓沪主持仪式并介绍了项目总体情况,百荣投资控股集团董事长兼总裁蒋柏荣汇报了项目情况。时尚创意产业基地的建设是落实"科技北京"的重要举措,该项目的启动标志着在传统流通服务领域注入了科技要素,既有提升产业、引领高端的作用,又有促进永外地区调整产业结构的示范效能。

(袁 燕)

【召开崇文区科技项目专家评审会】 3月18—19日,专家预审参评的70个科技项目经过预审会,选取32家参评单位的44个科技项目(含软科学研究课题)进行评议。专家们在听取项目汇报的基础上,对项目的可行性、技术创新性、社会效益与经济效益等进行评议,区科委根据评审结果上报市科委或作为区重点科技项目立项并给予区级科技经费支持。

(袁 燕)

【青少年科技创新大赛获佳绩】 3月22日,在"第29届安捷伦杯北京青少年科技创新大赛"上,崇文区获得3金、17银、15铜的好成绩,并获得优秀组织工作奖。汇文中学、广渠门中学和培新小学各获得1枚金牌。在大赛展示项目中，获得优秀科技实践活动奖5项，小学生科幻画一等奖3项，科幻画一等奖被光明小学和宝华里小学获得。汇文中学李思然荣获北京青少年科技创新大赛市长奖提名奖。

（李海曼）

【举办4·26保护知识产权宣传周】 4月19—26日，区知识产权局举办以“文化·战略·发展——宣传知识产权战略 促进崇文经济发展”为主题的宣传周活动，20余家区知识产权联席会议成员单位参加。期间，组织各类活动30余项，包括保护知识产权大型宣传活动4次，专题座谈2次，出版知识产权保护专刊1期，组织自主知识产权专门参观9次等。

（袁　燕）

【市科委领导来崇文调研科技需求】 6月10日，市科委主任闫傲霜、委员张虹与市科委计划处、社发处、高新处、生物医药处等处室负责人一行7人到崇文区调研。区委副书记、区长牛青山介绍了崇文区基本情况，重点介绍了实施天坛文化圈发展战略以及近年来经济发展和社会建设情况；区科委主任周晓沪汇报了崇文区科技工作；区委书记夏强指出，崇文区正按照“科技北京”行动计划要求，积极推进“科技崇文”工作。闫傲霜表示，这次调研的目的是进一步了解区县发展思路和科技需求，找准科技支持的结合点，下一步将在实施“科技北京”行动计划中，选准符合本区域发展特点的科技专项给予多方位的支持。

（袁　燕）

【2006—2008年崇文区科学技术总结表彰会】 12月10日，2006—2008年区科学技术总结表彰会召开。会上，区政协副主席、区科委主任孙占军做科技工作总结报告。他回顾了三年来区科技工作总体情况，并展望今后三年区科技工作发展。区科委党组书记周晓沪宣读区政府《关于2006—2008年度区科学技术奖励决定》。区委常委、宣传部部长赵中原，区人大副主任吕铁柱，副区长刘玉芳，区政协副主席刘忠胜等领导出席会议并为获奖的部分区委办局、区属事业单位及科技企业的20家单位的28个科技项目颁奖。区有关委办局领导、区科技企业家协会成员单位负责人等80余人参会。

（袁　燕）

【知识产权政策和高新技术企业认证培训】 12月10日，区科委邀请市知识产权局协调处处长以及北京森和光会计师事务所的专家就知识产权特别是专利政策、专利知识以及在高新技术企业认定工作中有关自主知识产权方面的问题和难点进行了讲解。近40家机关事业单位、科技企业负责人及相关人员参加了培训。

（袁　燕）

【举办科技项目网上申报系统培训】 12月11日，区科委举办科技项目在线申报系统的使用专项培训，区内相关科技企业、机关事业单位的项目负责人80余人参加。网上项目申报系统的启用，改变了过去用纸质材料申报项目的做法，提高了项目申报质量和效率以及科技项目管理的规范化水平。

（袁　燕）

【高新技术企业主要经济指标较大幅度增长】 年内，全区25家经认定的高新技术企业共完成技工贸总收入约29.415亿元，纳税总额约2.481亿元，分别是2008年同期的133.02%和125.75%，主要经济指标较2008年取得较大幅度增长。

（袁　燕）

【组织实施科技项目】 年内，区科技项目（包括软课题）共征集65项。为配合区财政的项目绩效考评工作，项目立项程序更加规范，经过形式审查、专家预审和评审、意见反馈、项目组指导、现场调研、主任办公会研究、网上公示等程序，同时对项目的绩效考核点、完成时限的要求更加明确，要求各单位按照项目任务书提交项目绩效考评申报书。共有21项确定为区科技项目（包括软课题），立项支持重点科技项目（包括软课题）20项，资金达116万元。京健科健康科技（北京）有限公司“远程非传染性慢性病网络诊断、管理体系及应用”项目被推荐到市科委，并获得15万元市科技资金支持。

（袁　燕）

【技术合同登记管理】 年内，区技术合同登记处认定登记技术合同1124份，实现合同922份，与上年同比分别减少了12.1%和8.5%。合同成交额12.19亿元，其中技术交易额12.15亿元，与上年同比分别增长了36.2%和38%。区技术合同登记处荣获“技术合同认定登记质量优秀奖”。

（袁　燕）

【开展科普活动】 年内，组织开展各类科普活动1608次，发放各种宣传资料14.6万份，受益38万余人次，其中：举办科普讲座1008次，13.8万人次听讲；举行科普展览、宣传咨询86次，参加18.9万人次；各种技术竞赛68次，2万人参赛；举行国际交流20次；举行科技夏令营22次，1858人参加；成立青少年科技兴趣小组232个，5070名学生参加；开展科技周专题活动130项，20万人参加。投入科普专项经费73.5万元（2008年69万元），全区居民人均科普经费2.45元（按常住人口29.7万人计算），达到科普法中规定的科普经费逐年增长的要求，有效地推动了全民科学素质工作的顺利开展。

（袁　燕）

【花市街道被认定为北京市社区服务科技应用示范区】 年内，组织东花市街道参加“北京市社区服务科技应用示范区”项目的申报工作。通过项目答辩和专家评审，东花市街道被确定为第一批“北京市社区服务科技应用示范区”创建单位，第一期资金100万元到位，并通过市科委专家组的验收，被市科委认定为“北京市社区服务科技应用示范区”（全市共6个）。

（袁　燕）

【知识产权工作】 年内，专利申请237件，专利授权142件。其中：发明专利申请68件，授权31件；实用新型专利申请114件，授权77件；外观设计专利申请55件，授权34件。为区内企事业单位办理专利减缓手续35份，其中事业单位24份，企业单位11份。2008年申报的6家专利试点企业通过市知识产权局验收。年内申报专利试点企业4家。

（袁　燕）

【评选区科学技术奖19项】 年内，经过公开征集、形式审查、分类、专业评审组（由12位专家组成）评审、专家评审、网上公示、区科委审核等程序，最终从提交的28个项目中确定19个项目获得2006—2008年崇文区科学技术奖，其中一等奖3个，二等奖6个，三等奖10个。

（袁　燕）

【科普益民计划实施】 年内，区科协将2008年北京市社区科普益民计划奖补资金50万元，奖补5个街道的5个社区，每个社区10万元。通过社区调研、电话访问、查看场地、召开座谈会、研讨会等方式，了解社区科普工作的实际情况和需要，探讨益民计划的实施办法，针对每个社区的实际需求制定不同的实施方案。为每个社区配备8万元的科普音像器材、科普互动设施、台式电脑、科普书柜，提高社区科普工作能力，并为每个获奖社区提供2万元的社区科普活动经费，以推动社区科普工作开展。

（李海曼）

宣武区

【区科协评为校外教育先进集体】 4月13日，市青少年学生校外教育工作联席会议办公室、市教委、市人事局在北京天文馆召开北京市校外教育先进集体和先进个人表彰大会。宣武区科协被评为2008年度“北京市校外教育先进集体”，于忠芬被评为校外教育先进个人。

（史凌芳）

【中国科协领导考察青少年科普工作】 4月23日,中国科协青少年科技中心科普项目处处长姜景及中国科协、市科协负责青少年科技工作的负责人,到宣武区牛街青少年科学工作室考察青少年科普教育、工作室科普设施建设,并和在这里进行科普活动的宣师二附小师生交流互动。牛街街道工委书记王都伟汇报了街道依托科学工作室,在提高全民科学文化素质方面开展的科普教育活动以及下一步科普建设规划。

(史凌芳)

【区科技周启动】 5月15日,由区政府主办,区科协等单位承办的“2009年宣武区科技周”在广内街道西便门东里社区科普活动中心启动。副区长李岩,区科委、区科协、区知识产权局以及各街道主管领导及科普志愿者、社区居民近百人参加了活动。期间,以“携手建设创新型国家——科技点燃圣火,创新圆梦中国”为主题,重点宣传“节约能源资源、建设生态文明、保障安全健康、构建和谐社会”等方面的科普知识,组织开展各类科普活动40余项,发放科普宣传资料、科普图书40000余份(册),制作科普展板500块,参与活动群众近20000人次。

(史凌芳)

【2009年科技奖励工作】 5月,由区科委组织开展了2009年宣武区科技奖励工作。本次科技奖励共申报45项科技成果,经过评审,宣武区政府授予“陶瓷密封光－MOS固体继电器系列产品”等3项成果一等奖,“无线交互式电子白板”等13项成果二等奖,“多频段互转中继技术”等24项成果三等奖。

(韩　阳)

【科技型中小企业获得专项资金支持】 5月,区科委推荐北京兰格信息咨询有限责任公司的钢铁电子交易平台等8个项目申报宣武区中小企业发展专项资金。经过评审,北京协和建昊医药技术开发有限责任公司的“生殖毒性试验技术服务平台升级改造和国家化拓展”等4个项目获得了总计196万元资金支持。

(韩　阳)

【北京市科委调研组到宣武区调研】 6月2日,由市科委主任闫傲霜带队、相关处室负责人参加的市科委调研组到宣武区进行调研。市科委调研组先后在北京市科通电子继电器总厂、琉璃厂文化创意集聚区、荣宝斋等单位进行实地考察。随后听取了区科委关于宣武区科技工作情况的汇报。市科委调研组对宣武区近年来的科技工作给予充分肯定,并指出宣武区历史文化底蕴深厚,科技工作必须突出区域特色,围绕区域经济社会发展需求,将科技手段与传统文化相结合,走出一条具有宣武区特色的科技创新之路。副区长李岩陪同调研。

(韩　阳)

【新增三个北京市科普教育基地】 6月25日,市科委、市科协在奥运村科普教育园区共同召开“北京市第二批科普基地命名仪式暨北京市科普基地工作会议”。会上,宣武区申报的北京电力需求侧管理展示中心、古陶文明博物馆、宣武区公共安全宣传教育基地被命名为北京市科普教育基地。

(史凌芳)

【“北京科普之夏”活动】 7月15日,宣武区科普之夏启动暨科普专家进社区活动在天桥街道多功能厅举行。期间,区科协以“迎国庆 展示科学魅力 促和谐 科普惠及民生”为主题,开展科普夏令营、科技竞赛、健康讲座等科普宣传活动50余项,并在《宣武报》上开设了“科普园地”宣传栏。

(史凌芳)

【承办市航模比赛】 7月18—19日,由市学生活动管理中心主办,宣武区青少年科技馆和丰台区东高地科技馆共同承办,北京市中小学生航空航天模型比赛分别在宣武区青少年科技馆、大兴区埝坛水库举行。比赛项目包括:飞机模型制作、电动小直升机、线操纵空战、遥控滑翔机、线操纵模型飞机、遥控特技模型飞机、二级牵引滑翔机、二级橡筋动力模型飞机、手掷直线滑翔机、橡筋模型直升机、弹射模型滑翔机(带气动)、一级牵引滑翔机、一级橡筋动力模型飞机等13个竞技项目。来自全市各区县的30余所中小学的400余名学生及大学生志愿者参加活动。

(史凌芳)

【2009 年科学技术奖励座谈会】 10 月 28 日，宣武区政府在区科委会议室召开 2009 年科学技术奖励座谈会，副区长李岩出席座谈会并讲话。20 个获奖项目单位代表参加了座谈会。参会的科技企业负责人及科技工作者均表示要进一步加大企业科技投入，抓好企业人才队伍建设，项目研发要紧紧把握国家政策导向和市场、社会民生需求，注意强强联合，充分整合各类科技资源，在科技成果转化应用方面下大力气，并希望得到各级政府部门的支持。

（韩　阳）

【全国总工会副主席张鸣起到牛街调研】 11 月 6 日，全国总工会副主席张鸣起等到牛街调研。调研中他们参观了"社区服务科技应用示范项目"和"创新型科普社区"建设成果，体验青少年科学工作室互动设备。区领导周开让、温道军、范宝等陪同。

（史凌芳）

【承办市中小学生业余电台锦标赛】 11 月 14—15 日，由市体育局和市学生活动管理中心主办，市无线电运动协会及宣武区青少年科技馆承办，"2009 年北京市中小学生业余电台锦标赛"在宣武区青少年科技馆开幕。中国无线电运动协会电子项目负责人刘涛担任总裁判长。锦标赛由 4 项内容组成，11 月 14 日上午理论笔试；下午是无线电工程制作和呼号抓抄项目比赛；11 月 15 日在丰台花园进行对讲机通讯项目比赛。全市 20 所中小学校及校外教育单位 400 余人次参加。

（史凌芳）

【承办市中小学生智能控制（单片机）竞赛】 12 月 6 日，2009 年北京市中小学生智能控制（单片机）竞赛在宣武区青少年科技馆举行。竞赛分小学、初中和高中三个组别，比赛包括：现场编程、智能车接力、太空运矿、智能控制、实践和作品评比 5 项。参赛选手 375 人次，分别来自北京 11 个区县的学校及校外教育单位。山东省济南市、河北省兴隆市和内蒙古包头市青少年科技馆和青少年科技活动中心的领导和老师前来参观学习。

（史凌芳）

【社区居民健康管理服务模式研究及"健康一卡通"开发示范应用项目通过验收】 12 月 23 日，市科委组织专家在北京生产力促进服务中心对宣武区科委所承担的"社区居民健康管理服务模式研究及'健康一卡通'开发示范应用"课题进行验收。专家组听取了课题承担单位所做的课题实施情况汇报，审查了相关材料，经质询和讨论一致建议通过验收。

（韩　阳）

【牛街街道被市科委命名为北京市首批社区服务科技应用示范区】 年内，以市科委以社区居民的实际需求为出发点，结合街道及社区的发展特色和资源条件，积极探索通过科技手段支撑社区服务、引导居民科学生活的新模式，重点打造"便利型、平安型、宜居型、健康型、学习型"五型社区的要求，牛街街道向市科委申报"宣武区牛街街道社区服务科技应用示范区建设"项目，并与崇文区东花市街道等 6 个街道被市科委授予"北京市社区服务科技应用示范区"称号，获得 200 万元科普专项经费的支持。

（韩　阳）

【2009 年科技计划项目征集和资金支持工作】 年内，区科委重新修订《宣武区科技计划项目管理办法》，并制订了《宣武区青年科技创新计划项目管理办法》。在此基础上，区科委在面向全区企事业单位公开征集各类科技项目 56 项。经过专家论证和评审，决定给予"高精度数控静压转台的开发"等 12 个项目 2009 年宣武区科技计划项目专项资金 90 万元支持；给予"大功率控制固体继电器系列型谱"等 10 个项目 2009 年宣武区青年科技创新计划项目专项

资金30万元支持。

（韩 阳）

【“琉璃厂老字号古书画艺术产品物质载体设计创意研发中心建设”项目在市科委立项】 年内,区科委确定“琉璃厂老字号古书画艺术产品物质载体设计创意研发中心建设”项目向市科委申报2009年“科技进步促进区县发展”专项。该项目已在市科委立项,获得140万元科技资金支持,目前项目正按计划进行。

（韩 阳）

【科普设施建设取得成效】 年内,宣武区继续加大科普经费投入,壮大科普志愿者队伍,加快推进基层科普能力建设。2009年宣武区投入科普经费160余万元,新建科普活动室10个,其中广内西便门东里社区、牛街东里社区和广外车站西街15号院等3个社区被评为“北京市创新型科普社区”,获得44万元科普专项资金支持。宣武区公共安全教育基地等3家单位被命名为第二批市科普教育基地。

（韩 阳）

【宣武区知识产权工作取得成效】 年内,宣武区知识产权局利用“4.26保护知识产权宣传周”,以“文化·战略·发展”为主题深入开展宣传活动;在中海润泽科技有限公司等6家企业中开展专利试点工作,试点企业初步建立起知识产权内部管理制度;会同工商等部门对辖区8家“无冒充专利商品示范单位”进行了执法检查,在所检查的198件专利商品中,合格率为100%;积极开展知识产权进校园活动,在66中等学校开展了专题讲座、手抄报评比等活动;完成“首都传统特色资源知识产权保护”及“传统文化品牌保护”课题研究工作,先后为菜百、内联升、瑞蚨祥等“老字号”企业量身定做知识产权战略规划;依法开展技术合同登记工作,2009年共登记合同207份,合同成交额1.39亿元。

（韩 阳）

【宣武区高新技术企业稳步发展】 年内,按照新颁布的《高新技术企业认定管理办法》,宣武区共有北京东方精益机械设备有限公司等10家企业被市科委认定为高新技术企业。截至年底,宣武区共有高新技术企业19家,总收入9.38亿元。

（韩 阳）

【“历史文化保护区房屋保护修缮节能环保技术集成示范”项目获得市科委绿色通道项目支持】 年内,区科委推荐“历史文化保护区房屋保护修缮节能环保技术集成示范”项目申报市科委2009年度绿色通道项目。经过市科委组织的专家论证和财政评审,该项目已在市科委立项,并获得了总计800万元的经费支持(一期、二期各400万元),项目正在按计划进行。

（韩 阳）

【实施科普资源开发与共享】 年内,区委、区政府加大对科普事业的投入力度。区科协投入经费,与区档案馆、妇联、民防局、档案学会、计生协、园林学会、劳动学会、医学会、科技馆等共同编写《科普宣传手册》及开展科普展示活动。制作“中国科技界50个重要成果”、“科学预防甲型H1N1流感”、“节约能源资源”宣传展板进行展示。为部分社区、学校科普活动室、图书室补充科普器材。为区政府、街道科协、社区、学会协会及科技教师、科协委员订阅《大众科技报》、《北京科技报》等。

（史凌芳）

朝阳区

【区科委出台11条措施帮扶企业应对金融危机】 3月,区科委结合科技和知识产权工作特点，出台帮扶企业应对金融危机的11条措施，围绕完善服务机制、支持自主创新、加强政策研究对接、促进产业发展等方面开展帮扶企业工作。

（刘伟凡）

【小关街道被列入北京市首批社区服务科技应用示范区】 3月，朝阳区小关街道正式被批准为北京市首批（5家）“社区服务科技应用示范区”。“社区服务科技应用示范区”建设主要针对社区居民在安全、健康干预、便利生活、学习交流、节能环保等五方面的需求开展一系列具有推广价值的科技应用示范，充分运用先进技术手段、传播方式和组织形式，使科学精神、科学思想、科学方法、科技知识贴近老百姓的生活，提升社区服务水平，提高社区居民生活质量。

（刘伟凡）

【四个社区获市级“创新型科普社区”称号】 3月，朝阳区又有4个社区入围第三批北京市43家“创新型科普社区”名单，分别为六里屯街道甜水园社区、来广营乡茉藜园、双井街道富力社区、望京街道西园四区。这使得朝阳区的创新型科普社区达到9个，数量在全市18个区县中名列首位，共获市级资金支持近百万元。

（刘伟凡）

【朝阳区成为首批国家知识产权强县（区）工程单位】 3月，经国家知识产权局批准，朝阳成为首批实施国家知识产权强县（区）工程单位，开始为期3年的创建工作。区政府发布《朝阳区知识产权强区工作实施方案》。区科委从制定完善知识产权政策体系、促进实施知识产权战略、建设知识产权管理保护体系、完善知识产权服务、构建知识产权创造与应用体系、抓好试点示范工作等方面着手，稳步推进强区工程。

（刘伟凡）

【区科协召开五届五次全委会】 3月17日，区科协五届五次全委会会议在望京科技园A座第一会议室召开。会议审议、通过了区科协主席李春霞代表区科协所做的工作报告。来自大专院校、中科院所、学（协）会、厂矿企业、委办局和街乡的57名委员参加了会议。部分委员就科协如何在新的起点实现又好又快的发展提出了建议。

（赵　早）

【青少年机器人大赛获五连冠】 4月12日，在西城区举行的北京市青少年机器人大赛决赛中，朝阳区青少年各代表队取得15个竞赛项目中的6个冠军，取得五连冠。

（董文华）

【“‘4·26’知识产权周”系列活动】 4月，区科委、区知识产权局以“‘4·26’知识产权宣传周”为契机，联合工商、文化、商务、教育等部门，通过论坛、讲坛、培训、竞赛、巡展等方式，扩大知识产权宣传覆盖面，累计培训400余人次，发放宣传资料4300余份，直接受众2400多人次。

（刘伟凡）

【“摩托罗拉CNS系统平台开发”项目通过验收】 6月12日，朝阳区—摩托罗拉科技发展合作经费支持的“摩托罗拉CNS系统平台开发”项目通过验收。该项目经过摩托罗拉（中国）技术有限公司与北京瑞美泰克通讯设备有限公司研发团队历时近两年的合作攻关，集成TTS、IVR、TTP、唇语同步等关键技术，开发了CNS多彩信息业务支撑系统，具有一定的创新性，通过了摩托罗拉公司对平台功能的测试。利用该项目成果开发的平台达到商用条件，在8个省推广使用，获得良好的经济效益。

（刘伟凡）

【11家单位被命名为市科普基地】 6月25日，在市科委、市科协共同主办的“2009年北京市科普基地命名仪式暨北京市科普基地工作会议”上，朝阳区11家单位被命名为“北京市科普基地”，其中中国铁道博物馆、奥运村科普教育园区等9个单位被命名为科普教育基地，国家地理杂志社被命名为科普传媒基地，北京天强创业电气技术有限责任公司被命名为科普研发基地。

（刘伟凡）

【实施科普惠农兴村计划】 9月8日，区科协召开“科普益民、科普惠农”项目推荐会。市科协科普部部长阎仁浩、区农委于德生及相关领域的专家学者出席并参加评审。会议评选出

10个优秀科普社区、25个优秀科普宣传员、1个优秀科普场馆、1个农村科普示范基地、1个农村科技示范带头人及1个经济适用房社区上报北京市科协。

（张　民）

【"京津塘科技新干线论坛"举行】 10月15日，第六届"京津塘科技新干线论坛"在望京科技园举行。论坛由朝阳区政府、海淀区政府、怀柔区政府、通州区政府、北京经济技术开发区管委会、河北省廊坊市政府、天津经济技术开发区管委会、天津港保税区管委会、天津港（集团）有限公司和中科院研究生院10家单位共同主办，来自北京、天津、河北等地论坛成员单位的领导、国内知名专家学者、企业代表以及新闻媒体200余人参加，讨论京津冀地区间的合作与发展。

（刘伟凡）

【圆满完成国庆游园展览工作】 10月，区科委与市科委密切配合，在朝阳公园、奥林匹克公园、团结湖公园、兴隆公园主办了不同主题的科技展览，全面展现了科技进步给经济社会发展、百姓生活带来的巨大变化，累计接待游客近10万人次，布设展板677个，发放宣传册1.6万册。

（刘伟凡）

【175家高新技术企业通过认定】 年内，朝阳区按照《高新技术企业认定管理办法》认定的高新技术企业达到377家（园区外119家），其中2009年新认定175家（园区外95家）。申报国家级新产品计划、火炬计划的项目达到34个，创历史新高。14家企业被认定为2009年北京市制造业信息化示范企业。

（刘伟凡）

海淀区

【启动《海淀区科技项目管理办法》修订工作】 1月21日，区科委在皇苑大酒店召开修订《海淀区科技项目管理办法》工作启动暨专家研讨会。科技部、市科委领导出席。区人大副主任王鲁豫，副区长孙宝启，区政协副主席孙狄，原中科院研究生院管理学院副院长佟仁城，中科院物理所研究员何豫生，中科院政策研究所研究员张利华，时代集团总裁、北京民营科技实业家协会会长王小兰等领导和专家到会。专家们高度评价近年来海淀科技项目管理工作，并就修订工作进行了深入研讨。副区长孙宝启做讲话。

（程晓荷）

【区科协召开五届五次全委会】 2月19日，区科协召开五届五次全委会，会议由区科协常务副主席李云飞主持，副区长孙宝启出席会议。会议传达了胡锦涛总书记在纪念中国科协成立50周年大会上的讲话、中央书记处对科协工作的几点意见和北京市科协七届三次全委会会议精神。会议由区科协副主席凌丽做工作报告。

（刘　传）

【市长郭金龙来海淀调研】 4月3日，市长郭金龙到海淀区调研中关村国家自主创新示范区推进工作。郭金龙等先后来到乐普（北京）医疗器械股份有限公司和北京神雾热能技术有限公司，察看了高新技术产品的研发生产情况；到市科研院永丰现代制造技术产业园，了解企业股份激励试点的有关情况。郭金龙要求海淀区要认真学习、深刻领会国务院批复精神，进一步提高对示范区建设重大意义的认识，切实增强紧迫感、使命感，努力营造有利于激励创新的发展环境，促进创新资源向中关村聚集。

（程晓荷）

【中关村创新与发展高层论坛】 5月20日上午，区委、区政府在香格里拉饭店举行“2009中关村创新与发展论坛”。论坛由副区长孙宝启主持。区委书记谭维克代表区委区政府致辞，区长林抚生发表主题演讲。海淀区委、区政府、区人大、区政协及各委办局主要领导，驻区高等院校、科研院所、区内科技团体及高新技术企业代表、部分中小学校校长出席论坛。

（刘 传）

【海淀区2009年第一批科技专项签约大会召开】 6月2日，海淀区2009年科技专项（第一批）签约大会在皇苑大酒店举行。区科委副主任刘莉主持大会，区科委主任王际祥就2009年科技（基本）项目立项工作做简要说明。副区长孙宝启为二十一世纪空间技术应用股份有限公司等8家企业颁发立项证书并发表讲话。列入专项计划的76个项目主要负责人、财务负责人及项目联系人等近300人参加了签约大会。

（程晓荷）

【召开自主创新产品评审会】 6月9日，区科委召开“海淀区自主创新产品评审会”。清华大学、北京大学、中科院、工信部等单位的计算机软件、能源环保、农业产品等六大领域的24名专家参加。专家对109家企业的265项产品进行了评审。区科委主任王际祥到会并发表讲话。会议旨在发挥政府采购对自主创新的促进作用，提升以企业为主体的自主创新能力，带动海淀区高新技术产业快速发展。根据《海淀区政府采购自主创新产品目录编制暂行办法》（海行规发[2009]18号），海淀区组织开展了自主创新产品认定试点工作。

（程晓荷）

【海淀区永定路街道社区服务科技应用示范区启动暨永定路社区便民卡发放仪式举行】 6月18日，海淀区永定路街道社区服务科技应用示范区启动暨永定路社区便民卡发放仪式在永定路街道举行。市科委、海淀区、航天二院等单位相关领导、技术专家及社区居民代表近80人参加了启动仪式。市科委、海淀区、航天二院、区科委及街道领导为社区居民颁发了便民服务卡，同时向社区便民卡加盟商户颁发了加盟牌。

（张宇蕾 刘彦锋）

【市科委主任闫傲霜到海淀区调研】 7月3日，市科委主任闫傲霜、副主任王荣彬一行到海淀区调研。在区科委主任王际祥和副主任刘向阳、刘莉的陪同下，市科委领导先后参观了北京留学人员海淀创业园、北京嘉博文生物科技有限公司上地处理厂、北京时代集团公司，了解海淀区留学人员创业企业、高科技环保企业、海淀区民营企业的发展情况。

（程晓荷）

【首家全国性的技术交易机构在中关村成立】 8月13日，国内首家全国性的技术交易机构——中国技术交易所在中关村国家自主创新示范区成立。中国技术交易所将探索新的技术产权交易制度机制和规范，创新交易产品，并且通过技术产权融资等手段打造具有国际影响力的技术交易平台，通过辐射带动作用，带动全国技术市场发展。目前，中国技术交易所正在打造技术与资本高效对接的服务平台、科技成果产业化的支撑平台、股权激励改革试点工作的操作平台、技术成果转移转化的综合服务平台，以推动技术交易工作的全面展开。

（程晓荷）

【中关村51项产品入选首批国家自主创新产品】 9月17日，科技部发布国家自主创新产品认定试点结果，共有243项产品被认定为首批国家自主创新产品。其中，中关村国家自主创新示范区共有51项产品入选，约占全国产品数量的21%，在全国各高新区中居第一位。这些自主创新产品涵盖了集成电路、软件、医疗器械、节能环保、新材料、计算机等众多高新技术领域。

（程晓荷）

【海淀区科技企业加速器揭牌仪式在东升科技园区举行】 9月30日，东升科技园区举行海淀区科技企业加速器揭牌仪式。区委常委、常务副区长杨志强和海淀园管委会、区科委、区投促局等相关部门的领导参加了揭牌仪式。加速器的建设进一步完善了海淀区产业服务体系，是区域经济创新体系的重要组成部分。

（程晓荷）

【刘淇到中关村国家自主创新示范区核心区调研】 11月26日，市委书记刘淇、市长郭金龙一行围绕“保增长、促发展”的主题到中关村国家自主创新示范区核心区调研。刘淇等到百度公司以及北京普罗吉生物科技发展有限公司调研。在座谈会上，刘淇等市领导听取了中关村国家自主创新示范区及其核心区发展情况以及海淀区经济社会发展情况的汇报。刘淇指出，中关村国家自主创新示范区核心区以及海淀区处在重要的发展机遇期，要认清形势，继续增强责任感、紧迫感，统筹核心区与海淀区的发展，推动示范区核心区与世界一流科技园区接轨，大力研发和转化国际领先的科技成果，做强做大一批具有全球影响力的创新型企业。

（程晓荷）

【海淀区科学技术协会第六次代表大会暨庆祝海淀区科学技术协会成立30周年大会】 12月7日，“海淀区科学技术协会第六次代表大会暨庆祝海淀区科学技术协会成立30周年大会”在世纪金源大酒店召开。区科协常务副主席李云飞受第五届委员会委托，向大会做《团结动员广大科技工作者为建设中关村国家自主创新示范区核心区而努力奋斗》的工作报告。审议通过了第五届委员会工作报告；审议通过了《北京市海淀区科学技术协会管理办法》；选举产生了区科协会第六届委员会委员。

（刘　传）

【北京市社区服务科技应用示范区进展情况汇报交流会召开】 12月11日，北京市社区服务科技应用示范区进展情况汇报交流会在清华园街道召开。市科委科技宣传与软科学处处长伍建民、区科委主任王际祥、相关区县科委及各示范区街道领导参加了会议。会上，首批启动建设的6家示范区，根据示范区自身特色和资源特征，分别介绍了示范区建设工作情况、建设效果推广情况以及经费使用情况。

（程晓荷）

【区科委推进科技与金融互动，为拟上市企业雪中送炭】 12月15日，区科委主办的“技术与金融互动研发专项座谈会”在皇苑大酒店召开。区委常委、宣传部长李彦来，区人大副主任王鲁豫，区政协副主席孙狄出席。会议由区科委主任王际祥主持。与会企业家与海淀区领导进行了座谈。李彦来、王鲁豫、孙狄等指出，海淀区科委技术与金融互动专项在企业准备上市过程中资金最紧张的时期给予研发投入的支持，是雪中送炭，选得准，效果好。区领导希望企业能够不断增强竞争力，做大做强，走在国内和国际同行业的前列，促进中关村国家自主创新示范区核心区的建设。

（程晓荷）

丰台区

【开展“防灾减灾日”宣传】 2009年5月12日是我国首个国家“防灾减灾日”，为进一步唤起全社会对防灾减灾的高度重视，切实提高全社会的防灾减灾意识，区科委和区气象局、区地震局、区民防局、区消防支队、区科技馆等单位，在莲花池公园共同开展主题为“将预防付诸行动，让安全融于生活”的“防灾减灾日”科普宣传活动。

（崔　颖）

【重大科技项目有新发展】 年内，区科委组织申报市级绿色通道项目5项，申报数量位居全市前列，其中，“北京新发地农产品安全科技示范工程”项目获得市级科技资金1000万元；区县主题计划“丰台区奥运科技成果应用示范社区建设”项目获得市级科技资金180万元；“长辛店枣产业提升工程”项目获得市级科技资金100万元。京卫医药科技集团有限公司与科研院所合作，组织研发的“抗原肽临床研究”项目获得市科委科技成果转化落地、对接国家重大科技专项扶持资金500万元。

（崔　颖）

【科技措施支撑“三保”】 年内，为落实“保增长、保民生、保稳定”年度重点工作，区科委推出促进经济增长若干措施：建立区域项目储备库；改造以新发地农副产品批发市场为代表的物流业态；推动永定河以西地区的生态改造；拓展孵化器发展内涵，扩大孵化器规模；重点支持太阳能及环保节能技术；加快籽种产业发展，延长农业产业链；面向城镇下岗失业人员等群体开展小额贷款担保工作。在保项目51个，金额316万元，达历史最高水平。

（崔　颖）

【圆满完成新农村建设折子工程任务】 年内，区科委圆满完成新农村建设折子工程任务，一是组织实施了丰台区王佐镇怪村农业观光采摘休闲园、李家峪村集雨工程、丰台区商贸物流业竞争力提升研究3个项目。二是完成了花乡盛芳园工作站、长辛店农业服务中心、王佐籽种基地三个特色产业工作站建设。三是开展了农村科技协调员培训，农村科技协调员发展到200人，加强了协调员队伍建设。

（崔　颖）

【成立首家大学生创业孵化基地】 年内，区科委率先在全市成立了首家3000平方米的大学生创业孵化基地，用于支持大学生就业。大学生创业孵化基地相继与中科院研究生院等6家院校签订了共建合作协议，已办理注册、入园的大学生创业企业6家，审理大学生创业项目18个。

（崔　颖）

【中小企业贷款担保成效显著】 年内，丰台区中小企业贷款担保批准项目20个，金额3490万元。自1999年成立以来，10年间共接洽贷款担保企业咨询663家，正式受理担保项目284个，金额2.97亿元；批准担保项目227个，金额2.45亿元；实际放贷项目202个，金额2.15亿元。

（崔　颖）

【《丰台区专利奖励及转化资助办法》出台】 年内，区科委颁发《丰台区专利奖励及转化资助办法》，该办法得到区政府的大力支持，专门设立1000万元专项资金，对年度获得国家专利授权的单位或个人给予一次性奖励。对获得国家专利授权，并可预见有较好的经济效益和社会效益的专利转化项目给予重点资助。

（崔　颖）

【科技成果惠及百姓】 年内，区科委首次启动科技应用示范社区建设，实施方案已论证完毕。东高地街道角二社区怡馨花园建立绿色能源科技体验园，将太阳能、风能和人体动能等绿色能源转化成电能，应用于居民出行照明、趣味健身体验。云岗街道云西路社区建立应急避险安全防范展示社区，建立火灾逃生体验室，模拟火灾烟雾；设立地震逃生体验室，可模拟 6—8 级地震。这些科技应用的普及将灾害造成的损失降到最低，最大限度保护群众自身安全。

（崔 颖）

【国庆游园展示成就】 年内，区科委作为丰台区国庆 60 周年游园活动领导小组展览展示组牵头单位，在莲花池公园、丰台科技园区公园、丰台花园、万芳亭公园、青龙湖公园、北宫国家森林公园分别设置主题不同的展板 510 块，设置流动 LED 大屏转播车两辆，共接待游客约 10 万人次。

（崔 颖）

【编辑出版《科学丰台人》】 年内，区科委与北京科技报社合作，编写《科学丰台人》，年内共出版 4 期。该杂志一方面反映了丰台区社会、经济、科技等各方面的发展情况，反映丰台人的精神风貌，展现了全体丰台人实现科学发展的共同愿望。另一方面，广泛传播了科学知识。通过发挥传媒优势，使科技传播工作达到受众面广、覆盖率高、认知度好的效果。

（崔 颖）

【开展预防甲型 H1N1 流感宣传活动】 年内，区科委、区科协、区卫生局共同开展了"防控甲型 H1N1 流感科普在行动"活动。在丽泽长途汽车站、振华民生学校、大红门商贸区、新发地批发市场、卢沟桥街道、方庄街道等处设置咨询台，邀请医学专家现场讲解甲型 H1N1 流感的主要症状、预防措施。发放预防流感宣传材料 6000 余份，展出 38 块专题展板，在科普画廊刊登宣传甲型流感防控知识的专栏，受益群众上万人。

（崔 颖）

【知识产权宣传进社区】 年内，主题为"保护知识产权，构建和谐社会"的宣传普及活动在丰台街道永善里社区举行，市知识产权局副局长王淑贤、副区长李丽萍等参加该活动。期间，利用海报、横幅、设立咨询台等形式，宣传知识产权知识，向社区居民发放知识产权相关书籍和宣传资料 10000 余份。

（崔 颖）

【成立知识产权举报投诉服务站】 年内，区科委与北京市保护知识产权举报投诉服务中心协作，在赛欧科园孵化中心建立"丰台区保护知识产权举报投诉服务赛欧工作站"，开通了丰台区举报投诉和咨询服务热线，解决企业在知识产权维权中遇到的各种问题，在知识产权被侵权人与市级执法部门之间架起畅通的桥梁。

（崔 颖）

【知识产权托管试点工作稳步发展】 年内，赛欧科园科技孵化中心正式被市知识产权局授予知识产权托管工程试点基地称号，引入优秀的知识产权中介机构，为入孵企业提供专利、商标的申请、维护、转让等知识产权多方位的服务。托管试点运行一年多来，入孵高新技术企业全部签订了托管协议。通过托管，申请专利数量同比增长 3 倍多。

（崔 颖）

【推动企业开展专利试点、示范工作】 年内，北京科威华食品工程有限责任公司、航天发射研究所等 53 家企业，被市知识产权局认定为专利试点企业。北京世纪博康医药科技有限公司被市知识产权局列为海外专利预警服务对象。中国铁路工程总公司、北京谊安医疗科技有限责任公司被市知识产权局认定为专利示范企业。

（崔 颖）

石景山区

【中关村石景山园绿色网游研发基地暨中视互动新媒体中心揭牌成立】 1 月 18 日，在石景山区科技馆举行"中关村石景山园绿色网游研发基地暨中视互动新媒体中心揭牌成立仪式"，科技部政治体制司副司长王宇及区领导徐维功、王红出席仪式，来自社会各界的领导、专家及影视界专业人员参加了揭牌仪式。

（孙爱强）

【2007—2008 年度全国科技进步考核工作启动】 2 月 26 日，区科技进步考核工作领导小组在区政府201 会议室召开“石景山区 2007—2008 年度全国科技进步考核工作协调会”。此次是石景山区第三次参加考核，前两次考核均顺利通过，且被评为全国科技进步先进区。

（李 晨）

【标准化试点企业】 3 月 12 日，市质监局、中关村管委会公布了第二批标准化示范区企业名单。石景山园区天山新材料技术公司、国电康能科技有限公司、北京建筑材料科学研究总院有限公司、合康亿盛科技有限公司等 4 家企业被认定为中关村国家高新技术产业标准化示范区试点企业。

（耿 璐）

【两家科普基地被授予市级科普基地】 4 月 17 日，市科委、市科协授予石景山区计划生育服务中心、石景山区青少年活动中心两家科普教育基地为北京市科普基地，使石景山区市级科普基地增至 5 家。

（郑 毅）

【成立知识产权法庭】 4 月 24 日，石景山区法院正式成立知识产权审判法庭。该法庭可审理发生在辖区内除专利、植物新品种、集成电路布图设计、垄断和涉及驰名商标认定纠纷案件以外的知识产权民事纠纷案件。该庭的设立，在方便当事人诉讼、减少诉讼成本、提高审判效率等方面可以发挥重要作用，有利于维护石景山区良好的市场经济秩序，推动知识产权保护，促进石景山区经济又好又快发展。

（付 航）

【刘淇赴石景山调研】 5 月 19 日，市委书记刘淇到首钢二通“国家动漫产业综合示范园区”调研。市委副书记王安顺，市委常委、市委秘书长李士祥，市政府副秘书长侯玉兰，市规划委主任黄艳，区领导荣华、周茂非陪同调研。刘淇要求市规划委、石景山区和首钢总公司要在现有规划的基础上，协调好各方面的工作，加快落实规划的速度，加快各项启动工作，加快对各大动漫门户企业的引进步伐，把这里建设成为一流的动漫产业综合示范园区。

（李 晨）

【区数字娱乐企业参加 2009 年科博会】 5 月 19—24 日，石景山园区以“北京数字娱乐产业示范基地五周年巡礼”为主题，精心组织华录文化、蓝港在线、暴风网际、天地正阳、意优创意等 40 余家数字娱乐企业携近百项产品参加第十二届中国北京国际科技产业博览会。科技部副部长李学勇、副市长程红及区领导分别视察石景山园区展位。期间，石景山园区展位接待咨询 5 万余人次，北京电视台、《北京商报》等多家媒体报道了参展情况。

（马海涛）

【“数字创意社区”项目立项】 5 月 22 日，区科委承担的推进北京科普主题——“数字创意社区”项目通过市科委组织的专家评审成功立项。该项目重点建设蓝光高清节目体验中心和数字产品互动体验中心，积极引导企业参与科普建设，探索具有区域特色的社会化办科普的新路径，同时为产业发展营造良好环境。

（王 震）

【北京青年创业园石景山园成立】 6 月 9 日，北京青年创业园石景山园正式开园。该园位于中关村国家自主创新示范区石景山园内，总建筑面积 8000 平方米，以政府推动、市场化运作为模式，有效整合资金、项目、信息、市场等资源，构建包括创业、就业、培训、实习、交流在内的石景山区青年创业就业综合服务平台。团市委书记王少峰，区领导荣华、刚杰、田利跃、石玉贵及有关部门负责人参加开园仪式。

（岳继华）

【北京数字娱乐示范基地荣获“国家动画产业基地”】 6月27日，在市广电局举行“国家动画产业基地”授牌仪式。国家广电总局宣传管理司副司长王丹彦、市委宣传部常务副部长陈启刚出席并致辞。区委宣传部长徐维功等领导出席仪式，银河长兴影视文化传播公司作为北京动画企业代表发言。“国家动画产业基地”落户石景山标志着石景山区以数字娱乐为特色的文化创意产业发展取得阶段性成果，必将推动石景山区以影视动漫、网络游戏、数字媒体为代表的文化创意产业快速发展。

（于海春）

【中关村石景山园文化传媒产业基地揭牌】 8月13日，中国国际广播电台台长王庚年、区长周茂非在国广传媒大厦为“中关村石景山园文化传媒产业基地”揭牌。该基地是石景山园打造“研发园、创业园和产业园”功能布局中的重要组成部分。周茂非指出：区政府将一如既往地为企业提供优质服务，促进产业基地及基地企业健康快速发展。王庚年表示：充分发挥国际广播电台在新媒体业务、广告和网络运营等方面的资源优势，全力建设好“中关村石景山园文化传媒产业基地”。区委宣传部部长徐维功、中国国际广播电台领导张富生、夏吉宣参加揭牌仪式。

（马海涛）

【石景山区出台《“科技石景山”行动计划（2009—2012年）》】 8月19日，石景山区第16次区长办公会讨论通过了《“科技石景山”行动计划（2009—2012年）》。《行动计划》进一步明确了科技石景山建设指导思想，即深入贯彻落实科学发展观，落实《“科技北京”行动计划（2009—2012年）》和《CRD建设行动规划》，抓住中关村国家自主创新示范区建设机遇，以推进自主创新和经济结构调整为主攻方向，充分发挥科技引领、支撑和带动作用，建设以中关村石景山园为龙头的创新体系，实施科技石景山工程，促进CRD产业发展，为石景山区经济社会全面转型、实现又好又快发展提供强大科技支撑。

（岳继华）

【绿能港项目立项】 8月26日，“中国绿能港节能环保产业关键技术研发及推广”项目通过市科委组织的评审并立项。该项目总投资1700万元，重点实现钢铁行业综合节能、LED照明、大功率高压变频领域实现技术突破，是中国绿能港的核心内容，是绿能港研发服务体系的重要支撑。

（岳继华）

【《麋鹿王》获优秀动画片奖】 8月29日，在第13届电影华表奖（中国广播影视大奖）颁奖大会上，由石景山园区企业北京中视互动科技有限公司与保定中科帷幄数码科技有限公司等联合出品的原创三维动画巨片《麋鹿王》获得优秀动画片奖。

（罗耀玲）

【文化创意产业集聚区动漫企业合作对接会】 9月7日，为创造中国青少年绿色网络空间，强化动漫产业社会责任，营造其良好发展氛围，区科委受团中央委托，组织了团中央与北京市文化创意产业集聚区动漫企业合作对接会，小川汇、洋洋兔、郑智光等数十家集聚区知名动漫企业参会。

（曹　洁）

【知识产权托管工程试点基地揭牌及启动仪式】 9月18日，在首特孵化器举行了北京市知识产权托管工程试点基地揭牌及启动仪式。石景山园成为首批“北京市知识产权托管工程试点基地”之一。市知识产权局副局长周砚出席会议，园区高新技术企业代表60余人参加。

（曹　洁）

【重点企业获市级专项经费支持】 9月，区内两家重点企业天山新材料技术有限责任公司、北京建筑材料科学研究总院有限公司分别获得中关村标准资助资金25万元，表彰其在行业标准化方面取得的成绩。另有园区11家企业共获得55万元专利促进资金支持。

（石桂莲）

【中国动漫游戏城建设正式启动】 10月14

日，中国动漫游戏城建设正式启动。文化部和北京市在首钢公司二通厂区举行中国动漫游戏城项目建设启动信息发布会。文化部党组副书记、副部长欧阳坚，市委常委、宣传部长、副市长蔡赴朝出席，首钢总公司领导朱继民、王青海，区领导周茂非、徐维功、王春杰以及动漫行业协会、动漫企业代表和专家近300人参加。

（于海春）

【荣获国家科技进步示范区】 10月26日，在科技部2009年第25次部务会议上，确定北京市石景山区等62个县（市、区）为第三批国家科技进步示范县（市）。石景山区在2005—2006年度全国科技进步考核中，荣获“全国科技进步先进区”称号，在2007—2008年度全国科技进步考核中，荣获“国家科技进步示范区”称号。

（李　晨）

【高新技术企业获市科委资金支持】 11月27日，市科委高新处处长刘晖到石景山区调研重点企业对接市高校科技成果产业化项目进展情况。阿尔西制冷和建材院等企业分别就对接项目的合作模式、市场前景、社会效益、整体进展等情况做了详细汇报。市科委领导对石景山区积极推进产学研一体化、促进高校成果落地所做的工作给予充分肯定。经过专家评审，阿尔西制冷和建材院分别获得市科委500万元专项资金用于技术升级、生产线改造和产品推广，有效地帮扶企业渡过金融危机，促进企业健康可持续发展。

（曹　洁）

【科技部专家组考察创建工作】 12月15—16日，科技部国家可持续发展实验区专家考察组对石景山区申报国家可持续发展实验区进行实地考察。专家组同意向科技部推荐石景山区为“国家可持续发展实验区”。科技部社会发展科技司副司长钟小平，区长周茂非及区相关委办局领导参加考察。

（高延娜）

【区内企业产品纳入《北京市自主创新产品目录》】 年内，区内暴风网际等22家企业的47项产品纳入《北京市自主创新产品目录》。产品涉及电子信息、环保、现代交通、新能源与节能、生物医药、新材料、先进制造等领域。

（付　航）

昌平区

【我国首家新能源汽车产业联盟成立】 3月13日，我国首家新能源汽车产业联盟在北汽福田汽车股份有限公司成立。全国政协常委、原机械部部长何光远等国家部委、科研院所领导和联盟企业的代表共同为新能源汽车产业联盟成立剪彩。美国伊顿公司、中信国安盟固利公司、清华大学、复旦大学、同济大学等88家加入新能源汽车产业联盟。

（韩　健）

【农村科技工作会议】 4月9日，昌平区农村科技工作会召开。会议由区科委主任于泓主持，18个镇街主管科技工作的领导及科技专管员参加会议。会议传达了市科委科普工作精神，区科委领导分别介绍了昌平区“一花三果”产业情况、高新技术企业政策及认定、资助农民专业合作组织注册商标等工作。与会人员对如何发挥镇级科技活动中心、科普画廊等基层科技活动设施的作用进行了讨论。会议对下一阶段工作做了部署。

（韩　健）

【节能减排科研基地奠基】 4月18日，北京神雾热能技术有限公司节能减排科研基地奠基仪式在昌平区举行。中国工程院院士、北京钢铁研究总院院长干勇、环保部政策法规司司长别涛、国家发改委节能服务产业委员会常务副主任谌树忠及区领导关成华、李福忠、金树东、陈秋生、洪波等参加奠基仪式。基地一期投资1.6亿元人民币。基地计划于2010年10月竣工，建成后将成为中国乃至全球规模最大、水准最高的化石能源节能减排研究基地。

（韩　健）

【昌平区保护知识产权宣传周启动】 4月

22—26 日，昌平区开展“2009 年保护知识产权宣传周”活动。期间，举办了昌平区“知识产权与企业自主创新”培训班，召开北京市首届发明专利奖颁奖仪式暨知识产权工作大会，拍摄电视专题片宣传知识产权工作模范单位，会同昌平工商分局、区文化委等知识产权办公会议成员单位共同组织昌平区“4.26 世界知识产权日”大型宣传咨询等活动。

（韩　健）

【昌平区软件产业孵化基地动工】 5 月 10 日，规划建筑面积达 23000 平方米，总投资 8000 万元的昌平区软件产业孵化基地在百善镇动工。副区长方炎，区科委、白善镇以及相关单位的负责人出席奠基仪式。昌平区软件产业孵化基地是区科委与北京佳贝林科技有限公司的共建项目，旨在进一步发挥沙河高教园区的人才资源优势，为搭建产学研一体化区域创新体系平台提供空间，营造适宜的环境。

（韩　健）

【北控宏创昌平园产业基地奠基】 5 月 19 日，北控宏创昌平园产业基地举行奠基仪式。北控宏创昌平园产业基地总投资近 2 亿元，建设面积约 8 万平方米，该基地是以生物医药、节能环保及新能源为主的高科技企业孵化基地。

（韩　健）

【市科委领导调研产学研一体化区域创新体系建设情况】 5 月 23 日，市科委主任闫傲霜来到昌平区调研产学研一体化区域创新体系建设情况。区领导关成华、金树东、方炎陪同调研。闫傲霜一行参观了北京三一重机有限公司、北京博纳电气有限公司和中生北控生物科技股份有限公司，了解企业在推动科技成果转化方面的具体举措。

（韩　健）

【“科技北京中国行”活动启动】 6 月 20 日，由市科委和北京新能源汽车产业联盟共同主办的“科技北京中国行”活动在福田汽车节能减排重点实验室正式启动。活动现场，台湾成运汽车公司和北汽福田汽车公司正式签订了采购 75 台欧Ⅴ混合动力新能源客车的购买意向合同，欧Ⅴ新能源客车首次销往宝岛台湾。福田汽车还向西城区环卫处等三家用车单位交付了新能源汽车产品。

（韩　健）

【昌平区亢山广场户外科普园地落成揭牌】 6 月 25 日，昌平区科协在亢山广场举行昌平区亢山广场户外科普园地落成揭牌仪式，市科协副主席周立军、副区长方炎为亢山广场户外科普园地揭牌。仪式上，区科协党组书记、常务副主席王秋生讲话，介绍了亢山广场户外科普园地投资建设情况，希望社区居民积极参与互动，爱护科普设施。市科协副主席周立军在讲话中高度评价昌平区户外科普园地建设工作。仪式由昌平区科协副主席田野青主持。

（李扶摇）

【科技部领导调研科技协调员工作】 7 月 1 日，科技部农村中心科普处处长白启云在市科委科技港主任赵卫东的陪同下，到昌平区调研科技协调员工作情况。北京盛斯通生态科技有限责任公司总经理杨春起介绍了公司的发展历程。盛斯通公司利用循环经济和花菜轮作技术，在千亩沙滩上建起百合花生产基地，面向农户开办百合生产技术研修班，解决了荒沙滩地区农民增收问题，实现荒沙滩治理与生态、经济、社会效益的可持续协调发展。

（韩　健）

【未来科技城建设启动】 7 月 28 日，未来科技城暨北京低碳清洁能源研究所奠基仪式举行，标志着未来科技城建设正式启动。国资委主任、党委书记李荣融，市委副书记、市长郭金龙，中组部副部长李智勇，国土资源部副部长贠小苏，国资委副主任金阳，市委常委、组织部长吕锡文，市委常委、教工委书记赵凤桐，副市长陈刚，区委书记关成华，区长金树东等领导出席奠基仪式。

（韩　健）

【健赞公司北京研发及实验室生产基地奠基仪式】 9月17日，全球第三大生物制药企业健赞公司北京研发及实验室生产基地举行奠基仪式。该基地位于中关村生命科学园内，建筑面积约2万平方米，是健赞公司在美国之外的第二大产品研发基地。市委常委赵凤桐，副市长程红，区领导关成华、金树东、李福忠、王振华、冯维利、金晖、洪波以及市、区相关职能部门领导、健赞公司负责人出席奠基仪式。

（韩　健）

【北京市首个苹果工坊竣工】 9月30日，全市首个苹果工坊在昌平区建成。苹果工坊以苹果树的果实、树枝、树皮等为原材料，将文化创意与传统农业巧妙地结合在一起，设计开发苹果食品、苹果陶艺产品、苹果编织产品、苹果手工艺品等别具特色的农产品。

（韩　健）

【国家知识产权局领导到昌平调研】 10月14日，国家知识产权局副局长甘绍宁一行到北汽福田公司调研知识产权保护工作开展情况，市知识产权局副局长周砚和昌平区副区长方炎陪同调研。甘绍宁一行参观了北汽福田公司重点实验室和欧Ⅴ总装车间，详细了解了公司在实施知识产权保护战略方面的有效做法和取得的成效，对北汽福田公司近几年来在知识产权保护方面取得的成绩给予充分肯定。

（韩　健）

【中日技术创新产业推进基地落户昌平】 10月16日，中日技术创新产业推进基地落户暨揭牌仪式举行。日本经济产业省节能与新能源事业部部长斋藤圭介、北京科技协作中心主任刘东威、市投资促进局副局长王红专、昌平区副区长洪波出席启动仪式。中日技术创新产业推进基地是由北京科技协作中心、北京生物技术和新医药产业促进中心、昌平区投资促进局以及北京天正创智信息技术有限公司共同发起，携手搭建的新能源、新材料、生物技术国际平台。

（韩　健）

【昌平区生物疫苗与诊断试剂联盟成立】 10月23日，昌平区生物疫苗及诊断试剂联盟揭牌仪式在中国疾病预防控制中心举行。中国疾控中心主任王宇、书记梁东明、副主任刘建君、北京市技术协作中心副主任雷霆、昌平区区长金树东、副区长方炎参加活动。昌平区生物疫苗及诊断试剂联盟将依托国家重点实验室的科技资源和智力优势，促进昌平生物疫苗和诊断试剂领域的跨越式发展。

（韩　健）

【北京工程机械产业基地建设全面启动】 11月3日，北京工程机械产业基地揭牌仪式在九华山庄举行。副市长苟仲文，工信部装备司副巡视员曹钢，市发改委主任助理姚飞，市科委副主任郑吉春，经济技术开发区管委副主任文献，区领导关成华、李福忠、金树东、王振华、金晖出席揭牌仪式。目前，基地建设工作全面启动，北京三一重机有限公司、三一风电机械有限公司已入驻。

（韩　健）

【昌平区首届专利技术成果展开幕】 11月

10—17 日，昌平区首届专利技术成果展在区图书馆开幕，市知识产权局副局长王淑贤、副区长方炎、区发明协会会长钱啸风共同为展览剪彩。本次展览分为 7 个展区，共展出 50 家企业的 83 个专利项目，展品 150 余件。展出专利的内容涉及电子信息技术、生物与新医药技术、新材料技术、能源科技技术、现代制造技术五大类，展览参观人数约 2000 人次。

（韩　健）

【昌平区科技创新大会召开】 12 月 13 日，昌平区科技创新大会召开。副市长苟仲文、市科委主任闫傲霜、市知识产权局局长刘震刚、中关村管委会主任郭洪以及区领导关成华、李福忠、金树东、王振华等出席会议。会上，为获得昌平区科技创新奖的单位和个人颁奖，并向华北电力大学和中国政法大学两个大学科技园及三家创业板上市企业颁发了支持资金。北京市神雾热能集团董事长吴道洪和乐普医疗总经理蒲忠杰荣获首届科技创新杰出贡献奖，北汽福田工程研究院院长邬学斌与来自昌平区的 49 名企业家、科研人员荣获“昌平区科技创新奖”。

（韩　健）

【镇级特色科技工作会召开】 12 月 16 日，2009 年昌平区镇级特色科技工作会召开。各镇紧紧抓住科技这一主题，通过独特的视角和精确的把握，将科技工作与各镇实际紧密地结合起来，通过幻灯片的形式把科技对镇域经济社会发展的推动作用展现出来。经过评审，崔村镇“科技活动中心建设情况汇报”、南邵镇“依靠科技打造南邵苹果文化产业”获得 2009 年度昌平区特色科技一等奖。

（韩　健）

【先正达生物技术研究中心开工奠基】 12 月 17 日，先正达生物科技（中国）有限公司暨先正达全球生物技术研究中心奠基仪式在中关村生命科学园举行，标志着中国首家外资农业生物技术研究机构正式落户昌平。市委常委赵凤桐，区领导关成华、金树东、王振华、孙启、苏卫东以及市区相关职能部门负责人出席奠基仪式。研究中心占地 25000 多平方米，项目建设包括实验楼和作物温室，配备世界领先的设施和设备。

（韩　健）

【中国石化科学技术研究中心落户昌平】 12 月 28 日，中国石化科学技术研究中心项目建设奠基仪式在昌平区举行。市长郭金龙，市政协主席阳安江，市委副书记王安顺，副市长苟仲文，中石化集团公司总经理、中石化股份有限公司董事长苏树林，市政府副秘书长鲁勇、崔鹏，区领导关成华、李福忠、金树东、王振华等和市、区相关职能部门领导出席仪式。工程总建筑用地约 37 公顷，分两期建设。一期工程建筑面积约 24.12 万平方米，预计 2012 年竣工。项目建成后，将进一步改善中石化的科研环境。

（韩　健）

大兴区

【第十一届北京“科普之春”启动仪式举行】 3 月 7 日，第十一届北京“科普之春”启动仪式在大兴区采育镇文化广场举行。“科普之春”活动由市科协、市农委主办，北京老科技工作者总会、大兴区科协、大兴区采育镇政府承办。中国科协副局级调研员周济，市科协副主席周立军，大兴区委、区政府及相关部门主要领导以及市学会联办、北京市 12 个区县科协的领导出席启动仪式。

（吕新颖）

【大兴区科技周启动】 5月20日,2009年大兴区科技周启动仪式在榆垡镇农贸市场举行。本届科技周的主题是"坚持科学发展,建设科技北京,构建和谐大兴"。副区长潘新胜围绕"保增长、保民生、保稳定"及建设社会主义新农村致开幕词,本次活动共展出节能环保、新农村建设等内容的科普展板36个,同时展出了微喷滴灌、新型农机具等新技术模型20余件,发放科普宣传资料5000余份,参加启动式的榆垡镇各界群众400余人。

(吕新颖)

【市科委主任闫傲霜到大兴区调研】 6月5日,市科委主任闫傲霜,市科委党组书记、副主任杨伟光,委员张虹及计划处、农村处、政策法规处、信息处、生物医药处、人事处、软科学处的领导到大兴区调研。区委副书记、区长李长友以及主管副区长,区委办、区政府办、区科委、生物医药基地及新媒体产业基地等单位主要领导陪同调研。

(王丽华)

【科普基地建设逐步推开】 6月25日,市科委、市科协举办2009年北京市科普基地命名仪式暨北京市科普基地工作会议。大兴区共有5家单位被命名为"北京市科普基地",分别是北京西瓜博物馆、北京野生动物园、红星集体农庄儿童科普农事体验园、市市政管委培训中心、北京科亿科兴科普技术有限公司。

(王丽华)

【市委书记刘淇等出席新能源汽车"一园两公司"揭牌仪式】 11月14日,北京新能源汽车科技产业园、北汽新能源汽车有限公司、北京普莱德新能源电池科技有限公司在采育经济开发区正式成立。市委书记刘淇,全国政协副主席、科技部部长万钢,市长郭金龙为"一园两公司"揭牌。市委常委赵凤桐在揭牌仪式上致辞。揭牌仪式后,刘淇等领导视察了电动汽车动力控制系统、动力电池模组等零部件研发情况,试乘、试驾了纯电动轿车和纯电力汽车样车。

(王丽华)

【"中国北京星光电视节目制作基地"揭牌】 11月25日,市委书记刘淇,中宣部副部长、国家广电总局局长王太华,市长郭金龙,国家广电总局副局长赵实,市委常委、宣传部长、副市长蔡赴朝等出席了"中国北京星光电视节目制作基地揭牌仪式"。大兴区委书记林克庆,区委副书记、区长李长友出席揭牌仪式。"中国北京星光电视节目制作基地"是目前获得国家广电总局批复的唯一的国家级电视节目制作基地。

(王丽华)

【完善区域科技创新政策,鼓励企业创新】 年内,区科委先后出台了《大兴区专利申请资助及奖励办法》、《大兴区自主创新产品认定办法》、《大兴区专利试点示范企业管理办法》,整理编制了国家、北京市科技创新政策汇编简明手册,面向各镇、基层企业开展4次创新政策宣讲活动。安排专项资金333万元,重点支持引导企业科技创新能力建设,提高企业核心竞争力,推进区域经济平稳较快增长,取得了显著成绩。

(王丽华)

【民营科技企业自主创新能力显著提升】 年内,新增民营科技企业56家,高新技术企业48家,市级以上知名品牌5个。建立区级企业研发中心10家,区级专利试点示范企业26家,信息化示范企业6家,开发新产品110项;申报市级专利试点示范企业36家。企业申请专利2195项,其中发明专利870项,实用新型专利985项,外观设计专利340项。授权专利1004项,其中发明专利125项,实用新型专利567项,外观设计专利312项。输出技术成果1104项,成交金额29.88亿元;吸纳技术成果

615 项，成交金额 6 亿元。全区拥有中国驰名商标 9 个，中国名牌 5 个，北京市名牌 13 个，北京市著名商标 49 个。

（王丽华）

【开展首批自主创新产品认定工作】 年内，区科委联合区发改委、区建委、区工业局、区知识产权局等单位，制定并实施了《大兴区自主创新产品认定办法》，5 月正式开展首批大兴区自主创新产品征集申报工作，共收到自主创新产品申报资料 79 份，经初审推荐 71 项产品提交专家评审组。9 月份，组织医药业、制造业等领域的 9 名专家进行评审，评审结果通过网站公示，认定了 41 家企业的 56 项产品为首批大兴区自主创新产品。

（王丽华）

【落实市区科技项目】 年内，区科委组织召开专家论证、评审会 24 次，组织征集、申报各类科技项目 245 项，实施各类科技项目 177 项，其中国家级项目 12 项、市级项目 57 项、区级项目 103 项，争取市级以上科技经费 6509. 17 万元。重点加强了对全区经济社会发展有重大促进作用的课题的支持，涉及企业专利技术实施、重点企业研发中心建设等 15 个专项，共投入技术研究与开发经费 454 万元。

（王丽华）

【4 个重大科技产业化项目落户大兴】 年内，北京新能源汽车科技产业园在采育经济开发区正式成立；北京星光影视设备科技股份有限公司与中科院理化技术研究所签订了“大功率 LED 散热专利技术”合作协议；大兴生物医药产业基地与北京普罗吉生物科技发展公司合作共同建设抗肿瘤蛋白质药物国家工程实验室、蛋白质药物北京重点实验室；中国医学科学院药与大兴生物医药产业基地共建药物研究院。

（王丽华）

【农村科技协调员队伍服务能力得到提升】 年内，区科委建立了 460 人的农村科技协调员队伍，制定了管理办法，开展了培训，建立了一条推广农业科技成果的快速通道，新型农村科技推广体系基本形成。继续实施“科技助农”工程，大力培育农业科技示范户，依托首都高校和科研院所，筛选 100 余项先进、实用、覆盖面广的农业技术与成果，在全区进行推广。

（王丽华）

【5 家单位被命名为创新型科普社区】 年内，大兴区有 5 家单位被市科委认定为创新型科普社区，分别是清源街道兴华园社区、林校街道车站中里社区、林校街道天堂河社区、兴丰街道清城社区、长子营镇留民营社区。

（王丽华）

【知识产权工作得到进一步加强】 年内，区科委制定并组织实施了《大兴区专利资助及奖励办法》、《大兴区专利试点示范企业管理办法》等，促进了全区知识产权的发展与保护。联合区工商局、区文委、区商务局、区药监局等部门，开展“无假冒专利示范商场”等专项检查执法活动，抽查了 80 类 400 多件专利商品。通过“展业通”知识产权质押贷款工作，为 12 家企业融资 2 亿元。

（王丽华）

房山区

【区科协召开成立农村科技专家服务组筹备会】 1 月 15 日，区科协召开房山区农村科技专家服务组筹备会，区科协主席祝庆忠，副主席高德民、张志，区林业局副局长、区林学会理事长王良合，区种植中心副主任、区农学会理事长于海军，区医学会理事长王砚英以及区水利学会、区畜牧兽医学会、区农机学会的秘书长参加会议，祝庆忠主持会议。会议研究成立房山区农村科技专家服务组，设农、林、畜、水、机、卫生与健康 6 个专家服务组，每组 10—15 人，同时还明确了专家服务组的宗旨和任务，专家服务组的构成，成员的条件以及活动方式，经费和报酬，考核与奖励等。

（闫　洋）

【区科协等单位举办大型“科普之春”宣传活动】 3月26日，房山区科协、区农委、区农学会、区医学会在良乡镇官道大街共同举办以“科技支撑，惠农兴村”为主题的大型“科普之春”宣传活动。据统计，此次宣传活动共有120名科技人员参加，展示玉米、蔬菜等18个品种，20余种小农机具，设展板100多个，共发放科普书籍1000多册，宣传材料15000多份，现场接受农户咨询500多人次，销售种子300多千克，无偿发放鼠药14000袋、毒饵盒3000多个、蔬菜种子150袋，3000多名群众参加了活动。

（刘　敏）

【区科协主席祝庆忠到大石窝镇帮扶村调研】 4月22日，区科协主席祝庆忠、副主席高德民、张志到大石窝镇王家磨村和三岔村两个帮扶村调研。祝庆忠等分别听取了王家磨村、三岔村推进设施农业、民俗旅游业、种植业发展情况的汇报，并实地察看了王家磨村试种蔬菜基地和蔬菜大棚，三岔村菱枣种植基地。祝庆忠对两个村的工作给予了充分肯定，并建议两村充分发挥各自优势，努力争取各项惠农扶持政策，发展设施农业和旅游产业，促进经济发展和农民增收。

（刘　敏）

【保护知识产权宣传周活动取得成效】 4月24日，区科委在北京理工大学房山分校进行知识产权宣传活动。通过制作条幅、发放1000余份宣传品，烘托了大学校园保护知识产权的气氛，使大学生们进一步了解知识产权相关法律法规。同时还为大学生提供现场知识产权专家咨询，耐心解答各种与知识产权有关的问题。

（李　鹏）

【“食用菌生产关键技术研究及产业化开发”项目通过验收】 6月16日，市科委组织专家对北京市重大科技项目“食用菌生产关键技术研究及产业化开发”进行了验收。验收组专家观看了房山区食用菌产业发展专题片，听取相关工作人员对该项目及三个子课题完成情况的汇报，一致认为该项目按合同要求按期完成任务，资金使用合理，项目组织实施有效得力，技术培训工作到位，宣传工作扎实，并通过项目实施，促进了农业结构调整和农民增收致富，为今后食用菌产业发展打下了良好的基础，同意通过验收。

（李晓明）

【两名农村科技协调员获“全国优秀特派员”称号】 6月，长阳镇王全福、张坊镇朱茂银获科技部“全国优秀科技特派员”称号，房山区科委获科技部“全国科技特派员工作先进集体”称号。这是在科技部与人社部、农业部、教育部、中宣部、国家林业局、共青团中央、中国银监会八部门共同主办的“全国科技特派员工作会议暨农业科技创业行动启动会”上，首次对165个全国科技特派员工作先进集体、550名全国优秀科技特派员和23个省级科技特派员工作优秀组织管理单位的表彰。

（王文伟）

【房山世界地质公园命名为北京市科普教育基地】 6月，房山世界地质公园被命名为北京市科普教育基地。至此，房山区已有市级科普教育基地4家，其他3家分别为：周口店北京人遗址博物馆、房山区石花洞风景区、西周燕都遗址博物馆。

（徐璐璐）

【“木塑复合型材应用技术开发与示范”项目通过验收】 9月29日，市科委组织专家评审组对北京恒通创新木塑科技发展有限公司承担的北京市重大科技项目“环境友好型建筑业的科技示范——木塑复合型材应用技术开发与示范”课题进行了现场验收。在听取项目负责人实施情况汇报及现场查看后，与会专家对本项目选题及研究定位给予了高度肯定，对实施单位完成项目任务所做的深入细致的工作及取得的显著成果给予高度评价，并一致同意通过验收。

（李晓明）

【“生物有机肥料产品的开发及推广”项目通过验收】 11月3日，市科委组织专家评审组对北京格瑞拓普生物科技有限公司承担的北京市重大科技项目“环境友好型食用菌产业示范——生物有机肥料产品的开发及推广”课题进行现场验收。在听取项目负责人实施情况汇报及现场查看后,与会专家对本项目选题及研究定位给予高度肯定,对实施单位完成项目任务所做的深入细致的工作及所取得的显著成果给予高度评价,并一致同意通过验收。

(李晓明)

【"房山区数字林业平台关键技术与实用效果"项目获市科学技术二等奖】 12月25日,市政府对2008年度北京市科学技术奖励进行公报,"房山区数字林业平台关键技术与实用效果"项目荣获2008年度北京市科学技术奖二等奖。该项目主要完成单位为房山区园林绿化局(原房山区林业局),这是近十余年来房山区获得的北京市科学技术奖农业与林业组等级最高的奖项。

(王文伟)

【专利申请授权量稳步增长】 年内,房山区专利申请量达到320件,其中,发明专利113件,实用新型专利172件,外观设计专利35件。专利授权量达到165件,其中发明专利30件,实用新型专利111件,外观设计专利24件。

(李　鹏)

【"创新型科普社区"工作进展顺利】 年内,区科委从加强社区科普能力建设,提升公众科学文化素质的角度出发,进一步整合科普资源、突出特色,在前期的工作基础上,又有两家创新型科普社区被授予"北京市创新型科普社区"。这两个社区是窦店镇河口村和长阳镇碧波园社区。

(徐璐璐)

怀柔区

【2009年科技工作大会】 3月31日,区科委在双阳宾馆报告厅召开"怀柔区2009年科技工作大会",怀柔区各级领导及区内相关单位代表参加。会上,与会领导为科技工作先进镇乡、科普工作先进单位、区科学技术奖获奖单位及个人颁奖。副区长祝自河做题为"求实创新,立足服务,为建设京郊经济强区提供科技支撑"的工作报告。

(李　栋)

【西洋参科技项目通过市级验收】 3月25日,市科委组织专家对怀柔区西洋参产业协会、北京天惠药业股份有限公司、怀柔区科委承担的"西洋参深加工关键技术研究及新药品开发"课题进行了结题验收。

(李　栋)

【"双百对接"科技富民工程启动】 5月21日,怀柔区科技周开幕式暨"双百对接"科技富民工程启动仪式在庙城镇三山城市型设施农业公园举行。"双百对接"工程就是利用两年时间,组织市属学会、协会、科研院所的100名专家,与怀柔区以种养业为主、科技需求较强的100个行政村进行科技服务对接,专家、教授深入到生产第一线,通过技术培训、现场咨询和实地指导以及新品种、新项目的引进,先进实用技术的推广等形式,培养乡土科技能手、科普带头人,培育新型农民,实现科技与产业的有效对接,促进农民增收致富,全面提高农民科学文化素质,真正实现科技为"三农"服务。

(李　栋)

【2009年科技活动周圆满落幕】 5月24日,以"坚持科学发展、建设科技北京"为主题的2009年怀柔区科技活动周圆满落幕。本届科技活动周集中开展了包括科技下乡、作品展览、宣传咨询、知识讲座、技能培训、参观考察等多种科技活动。期间,全区共组织百余项科普活动,其中报告会30场,标志性活动7项,基层活动70项,在全区掀起了学科学、爱科学、用科学的热潮。与往年相比,本届科技周各项活动更有针

对性，更适合公众参与。

（李　栋）

【科教产业园签约仪式】 6月12日，中科院北京怀柔科教产业园揭牌仪式在北京雁栖经济开发区投资服务中心举行。市委书记刘淇和全国人大常委会副委员长、中科院院长路甬祥为产业园揭牌并讲话。随后，中科院副院长丁仲礼与副市长苟仲文代表双方签署《中国科学院与北京市人民政府共建“中国科学院北京怀柔科教产业园”合作协议》，中科院北京分院党组副书记项国英与怀柔区区长池维生代表双方签署《中国科学院北京分院与怀柔区人民政府落实院市共建“中国科学院北京怀柔科教产业园”协议》，中科院北京分院副院长乔均录与市科委副主任王荣彬代表双方签署战略合作协议。

（李　栋）

【区科委六项制度服务企业】 8月27日，区科委特别制定了首问责任制、一次性告知制、实行机关干部定期下基层和工作调研制、公开办事制、廉政监督评议制、健全投诉受理和处理机制等6项工作制度。这些制度以“提供一流服务，创造一流环境”为主题，以企业满意为目标，紧紧围绕提高服务意识、强化服务职能、完善服务机制、优化投资环境、帮助企业解决难点问题等方面开展工作，通过加强和改进服务，营造良好环境。坚持以诚感人、以情动人，以服务促招商，营造和谐发展新格局。

（李　栋）

【召开庆祝建国60周年十大科技成果表彰大会】 9月27日，怀柔区隆重召开“庆祝建国60周年十大科技成果表彰大会”，对怀柔区经济社会发展起到突出作用的十大科技成果进行表彰。全区共有61家单位和企业上报了科技成果，经市、区有关专家初评和广大群众公开投票，最终确定北汽福田汽车股份有限公司的“北京欧曼汽车厂自主研发汽车制造技术”、北京森根比亚生物工程技术有限公司的国家“863”计划项目“比亚酶”制剂、北京奥瑞金新美制罐有限公司的“制罐技术”等10项科技成果当选。

（李　栋）

【绿色印刷制版项目落户怀柔】 10月13日，在市科委和中关村管委会共同主办的“推动中关村国家自主创新示范园区建设——重大科技成果产业化”签约仪式上，区长池维生与中科院化学所所长万立骏就纳米材料绿色印刷制版项目签署了合作协议。市委常委赵凤桐、副市长苟仲文、中科院副院长白春礼等领导出席仪式。纳米材料绿色印刷制版技术是我国完全拥有自主知识产权的高新技术，它摒弃了传统感光成像的技术思路，是一种非感光、无污染、低成本的绿色制版技术。该项目落户怀柔是重大科技成果产业化取得的重要成果，将带动和提升怀柔区产业发展和升级。

（李　栋）

【三倍体虹鳟鱼“破卵而出”】 10月，怀柔区卧佛山庄养殖有限公司的科研项目——虹鳟鱼三倍体繁殖技术通过市科委组织的专家鉴定，并被区政府评为“建国60周年十大科技成果”。目前我国养殖的全雌虹鳟鱼苗、三倍体虹鳟一直依赖进口，价格昂贵，制约了虹鳟鱼养殖的产业化发展，且国外对进口苗的生产技术高度保密，使得国内相关养殖公司对该苗种生产无技术和文献参考。卧佛山庄利用温度休克和静水压休克诱导产生三倍体虹鳟获得成功，打破了国外技术封锁，使我国虹鳟鱼养殖产业取得突破性进展。

（李　栋）

【生物质气化集中供气工程造福农民】 年内，“怀柔农村地区新型生物质气化集中供气一期工程”项目进展顺利。2008年，区科委向市发改委组织申报了“怀柔农村地区新型生物质气化集中供气一期工程”项目，项目涉及12个镇、14个村、3034户，总投资5401万元，其中市发改委投资4789万元。经过多方论证和实地考察后，引进焦油二次燃烧技术有明显优势的北京鑫龙新天地科技有限公司作为技术支持单位，其新型生物质气化技术符合国家标准（GB13612—92）、部颁行业标准（NY/T443—2001）要求，为农民提供费用低廉、清洁环保的炊事、取暖能源。截至年底，该工程已完成10个村的站点建设，实现供气1638户，受益农民

4176人。

（李　栋）

【碧水源公司污水处理材料生产迈入世界三强】 年内，北京碧水源科技股份有限公司投资3亿元兴建的雁栖膜基地竣工并投入生产。建成的膜基地具备年产200万平方米PVDF（聚偏氟乙烯）膜的制造能力，填补了我国高品质PVDF膜制造技术的空白，也从此宣告我国MBR用膜依赖进口的历史结束。碧水源与通用电气、西门子共同位列PVDF膜的制造世界三强，成为中国污水资源化技术的开拓者和领先者。

（李　栋）

【城市智能交通系统投入使用】 年内，针对机动车数量急速攀升造成区内交通系统运行不利的问题，区科委、区交通队与北京工业大学的专家合作研究，完成怀柔城区交通管理规划及交通诱导系统、城区交通监测与事件检测系统的建设，开发出城市智能化交通管理系统并投入使用。该系统通过健全城区交通标识，使京承高速三个出口流量分布更为均衡，更加方便市民出行；对青春路7处交通路口进行的渠化设计，大大缓解了主干路的交通拥堵情况；绿波感应圈在交叉路口的应用使红绿灯的时间可以根据车队长短自动调节，显著提高了路面通行能力；事件监测系统大大提高了警察的出警效率，同时提高了交警的执法技术手段以及执法准确性。

（李　栋）

门头沟区

【举办科技政策培训班】 3月10日，区科委与区财政局、区国税局和区地税局为11家新认定的高新技术企业和20家准备认定的高新技术企业就高新技术企业的税收减免政策、相关工作流程进行了专题培训。

（刘福智）

【开展知识产权宣传】 4月，区科委结合“4.26知识产权宣传周”开展了一系列宣传活动，在全区营造“尊重知识、崇尚创新、诚信守法”的良好文化氛围。4月23日在滨河西区开展“知识产权走进社区”宣传活动，通过设立宣传展板，发放宣传材料、购物袋，现场讲解等形式，为滨河西区近百名居民进行了知识产权知识普及。4月24日，区科委又联合区工商局开展“知识产权走上街道”活动，为过路群众发放宣传品300余份。

（刘福智）

【科技奖励大会召开】 5月13日，门头沟区科学技术奖励大会召开。区委书记伊欣欣，区委副书记、区长刘云广，市科委委员张庆水，副区长翟云峰，区人大副主任谭杰，区科委主任张文波出席大会并为获奖代表颁奖。区内各委办局、镇、街道主要领导，高新技术企业以及科技工作者150人参加了会议。副区长翟云峰主持会议。张文波在会上宣读了《关于表彰门头沟区科学技术进步奖、科技推广奖的决定》。获奖代表分别做典型发言。

（刘福智）

【探索国家生态修复基地建设】 5月，根据“门头沟区生态修复技术集成与产业化支撑体系建设”（即生态修复二期）项目任务要求，区科委与中科院地理科学与资源研究所合作，组织专家深入实地，在王平北岭地区开展调研，完成了《国家生态修复科技综合示范基地总体规划》。该规划为探索国家级生态修复科技综合示范基地建设提供了有效途径。

（刘福智）

【市科委主任闫傲霜来门头沟区调研】 6月

17日，市科委主任闫傲霜一行到门头沟区调研。调研活动围绕生态修复、特色农产品和新能源利用以及农民生活环境改善等情况，先后考察了永定大沙坑、妙峰山石灰矿生态修复试点及妙峰山镇樱桃沟村、妙峰山玫瑰园，并在龙泉宾馆与区领导进行座谈。座谈中，市科委领导听取了区科委主任张文波对科技工作进展情况以及今后工作重点的简要汇报，市科委领导肯定了门头沟区近年来在生态修复和科技工作取得的成绩，并就调研情况提出指导性意见和建议。

（刘福智）

【葡萄休闲观光园示范建设】　7月，区科委在斋堂镇高铺村建设葡萄休闲观光园，项目引进了维多利亚、皇家无核等6个新品种。建设葡萄展示厅，通过展示葡萄种类，介绍葡萄盆景的栽培技术、葡萄种植管理知识等，进行科普教育。

（刘福智）

【高品质蛋鸡养殖基地建设】　7月，区科委在潭柘寺镇平原村建设高品质蛋鸡养殖基地，引进了元宝鸡、乌鸡、慧阳胡须鸡等13个蛋鸡品种进行饲养示范，同时通过蝇蛆养殖，以蝇蛆为主要饲料喂鸡，提高鸡蛋的品质。

（刘福智）

【组织林业碳汇项目研究】　年内，区科委与北京环境交易所开展合作，并组织碳汇专家对门头沟区进行林业碳汇情况调研及项目研究，分析门头沟区开展碳汇项目的可行性，并完成可行性报告。该报告对门头沟区开展碳汇项目以及生态投融资具有重要的指导意义。

（刘福智）

【制定农村清洁能源方案】　年内，在对区内农村居民能源需求及节能调查的基础上，制定了门头沟区农村2000户清洁能源入户总体方案和具体实施办法，提出了对沿108、109国道的2251户农户的住房进行结构调整，太阳能取暖设备改造的实施方案。

（刘福智）

【科技创新政策出台】　年内，区科委与区国税局、区地税局、区财政局、区人事局、石龙开发区等共同成立高新技术企业认定服务小组，积极帮扶重点企业。同时，进驻企业进行调研，根据企业需求设立500万元科技创新专项资金，以资金补助和专利奖励两种形式鼓励企业自主创新。设立门头沟科技创新工作领导小组并出台《门头沟区科技创新专项资金管理办法》和《关于优化服务环境促进科技型企业自主创新的暂行办法》，在机制层面和政策层面确保专项资金落实。为了解门头沟区科技创新体系建设现状、分析存在问题及原因，完成了《关于加快区域科技创新体系建设的思考》和《门头沟区关于科技创新体系建设的意见》两篇调研报告。

（刘福智）

【实施生态修复项目】　年内，区科委组织实施“生态修复专项技术创新”、“生态修复技术集成与应用示范”、“国家生态修复科技示范基地生态基础设施建设研究”、“门头沟生态修复产业化能力建设”等课题，并组织专家进行了深入调查分析，完成了“西马各庄矿废弃地生态修复示范”项目设计方案等报告。通过项目的实施，展示、应用了各类生态修复技术，进一步探索了生态修复与产业发展相结合的途径。

（刘福智）

【科技协调员培训】　年内，区科委共组织科技协调员培训22期，620人次参加。完善门头沟区农村科技服务港，组织协调员先后到清水、斋堂、雁翅和潭柘寺四个镇进行核桃室外嫁接技术培训，共组织6期培训，120人次参加。聘请日本果树专家来门头沟区进行技术交流和讲学，2期共100人参加。利用远程教育，共组织14期培训，400人次参加培训。

（刘福智）

【《京西科技》电视栏目】 年内,区科委与区广电中心联合制作电视栏目《京西科技》,利用视频向广大群众宣传科技、科普知识,利用《科技博览》板块,向公众介绍了门头沟区2009年科技周活动专题、优秀科技成果、高新企业政策宣讲等,并提供服务热线,广泛传播科学知识,受到观众的欢迎。全年制作播放12期,播出时间120多分钟。

(刘福智)

【创建创新型科普社区】 年内,创建了王平镇西苑社区和斋堂镇黄岭西村2个创新型科普社区。王平镇西苑社区建立生命主题活动室,利用多媒体活动室开展形式多样的竞赛活动,为人们提供多方面的科学文化知识,提高社区大众的科学素质。斋堂镇黄岭西村社区建设了生产民俗、生活民俗、化石三个展览馆,建成科普一条街,其中包括科普画廊和科普标识牌,营造了良好的科普氛围。

(刘福智)

【高新技术企业认定工作】 年内,区科委对区内60多家企业以及在门头沟区注册的16家原高新技术企业进行2009年高新技术企业认定工作培训,并对重点申报企业进行一对一的认定工作辅导,使符合条件的企业通过认定,帮助基本符合条件的企业尽快达到认定标准。至年底,区内9家企业被认定为北京市高新技术企业。

(刘福智)

密云县

【认定自主创新产品15种】 1月,县知识产权局发布《关于申报2009年度自主创新产品的通知》,经实地考察和严格审核,北京斯伯乐科技发展有限公司、北京富特盘式电机有限公司等12家企业的15种产品通过密云县自主创新产品认定。

(李延秋)

【农民专业合作社科技需求座谈会】 3月24日,县科委组织北京密富有机苹果专业合作社、北京诚凯成柴鸡蛋养殖专业合作社等12家农民专业合作社进行科技需求座谈。12家专业合作社负责人分别介绍了合作社的基本情况,交流农民专业合作社在工作中的体会和经验,就存在的问题以及科技需求开展讨论。与会者提出了加强科技知识的培训和普及,引进新品种、新技术,加快产品改良,同时加强生产管理,建立健全生产规范,树立地区品牌优势,提高地区产品的整体竞争力等合理化建议。

(魏长山)

【完成2008年度科普统计工作】 3月,县科委在全县73个单位开展了科普统计工作。2008年,密云全县共有各类专(兼)职科普人员1262人;来自政府科普专项、部门自筹和社会赞助等的科普经费筹集额约1128万元;建设科普画廊336个;举办科普(科技)讲座2900次,受益群众达73万人次;举办科普(技)专题展览214余次,参观人数超过10万人次;举办科普、科技竞赛139次,参加人数达4万余人。

(马红霞)

【市科委领导到密云县调研】 4月22日,市科委主任闫傲霜带领各处室负责人来密云县调研。县委书记汪先永,县长刘福志,县委常委、县委办主任张玉鲲,副县长程文华陪同调研。闫傲霜一行先后到北京北陆药业股份有限公司、北京绿润食品有限公司、内蒙古伊利实业集团北京乳品厂和北京呼叫中心产业基地进行实地考察,详细了解各企业发展情况,听取了密云县科技工作汇报。闫傲霜对密云县科技工作所取得的成绩给予了充分肯定。

(宋玉美)

【北京首云铁矿被认定为2009年度"北京市科普教育基地"】 4月25日,经市科委专家组综合评审,位于密云县巨各庄镇境内的"北京首云铁矿"被认定为2009年度"北京市科普教育基地"。

(马红霞)

【知识产权宣传周】 4 月 27 日，县科委、县知识产权局、县工商局联合在大剧院广场前举办“4·26 保护知识产权宣传周”活动。本次宣传通过现场接受咨询、发放宣传资料等方式，向广大群众介绍我国知识产权保护的法律法规、县知识产权保护的形势特点以及相关专利知识。活动现场向过往群众发放保护知识产权各类宣传材料 1100 余份。

（景　姗）

【举办科技周】 5 月 16—22 日，县科委、县科协主办密云县 2009 年科技周活动。期间，开展了领导干部科普宣传月、百万家庭数字生活技能大赛等活动 4 项，科技下乡、科普进社区及科普报告、演讲、研讨会、科普展览、科技咨询 151 次，播放科普电影 2092 场，发放宣传资料 36900 份。

（刘竹云）

【科技馆开工奠基】 6 月 5 日，密云科技馆开工奠基仪式在原清大公主府举行，县人大常委会主任陈天立、副县长程文华、县政协副主席孙奇出席仪式，并为科技馆开工奠基。副县长程文华致辞。密云科技馆东临潮河，西邻清大公主府，占地 7520 平方米，建筑面积 6998 平方米，总投资 2999. 70 万元。

（张宝忠）

【5 家企业获首批科技型高成长企业认定】 6 月，北京仁创科技发展有限公司、北京国电四维电力技术有限公司、北京亨通斯博通讯科技有限公司、北京绿润食品有限公司、北京富特盘式电机有限公司等 5 家企业通过了密云县科技型高成长企业认证，并获得《密云县科技型高成长企业证书》及相应奖励。

（王　隽）

【6 家单位获首批农业科技示范基地认证】 6 月，北京龙泉板栗种植专业合作社、北京密富有机苹果专业合作社、北京京纯养蜂专业合作社、北京奎百宜生态农业科技有限公司、北京百年栗园生态农业有限公司、北京河南寨下屯种植专业合作社 6 家合作社及企业通过了密云县农业科技示范基地认证，并获得《密云县农业科技示范基地证书》及相应奖励。

（杜景龙）

【成立科技产业服务联盟、高新技术产业联盟、中医药产业联盟】 7 月 3 日上午，密云县召开科技产业服务联盟、高新技术产业联盟、中医药产业联盟成立大会，各乡镇主管科技副镇长以及三个联盟的成员代表参加了会议。会上，县科委负责人介绍了三个联盟的基本情况，副县长吴成全在会上宣布三个联盟正式成立，并与相关负责人一起为三个联盟揭牌。同时，还举

行了三个联盟的合作签约仪式。

（俞首承）

【社区科普益民计划项目及科普惠农兴村计划项目验收】 7月10日，市科协组织专家验收组对密云县社区科普益民计划项目及科普惠农兴村计划项目进行检查验收。会上，县科协相关负责人汇报了本县2008年科普益民及科普惠农兴村计划项目的实施情况。专家组听取了两个项目实施情况的汇报，并到沿湖科普社区及大龙门板栗合作社进行实地考察，专家组对项目的实施情况予以充分肯定，认为在项目实施中领导重视，资金使用合理，效果明显，一致同意通过验收。

（刘竹云 谢仲国）

【"双高"认证授牌暨密云县科学技术奖颁奖大会】 12月24日，县科委在蔡家洼工业园区召开"双高"认证授牌暨密云县科学技术奖颁奖大会，副县长杨珊出席并讲话。会议为获得18项密云县2008年度科学技术奖的获奖代表颁发了获奖证书；为通过第二批科技型高成长企业认证的4个企业、通过第二批农业科技示范基地认证的7个单位授牌。

（焦 扬）

【核桃产业科技协调员工作站产品获国家金奖】 年内，县科委积极搭建服务平台，促成市农林科学院林果所核桃课题组与北京绿湖工贸有限责任公司合作，进行核桃油、核桃油软胶囊、粉末核桃油等核桃深加工产品的研究与开发，经过一年的科技攻关，绿湖工贸有限责任公司生产的"绿湖"牌核桃油在10月份陕西商洛举行的第二届全国核桃大会上夺得核桃加工品类唯一金奖。

（赵红霞）

【29家企业被认定为高新技术企业】 年内，县科委依据新的高新技术企业认定办法，通过培训、座谈等形式指导企业申报高新技术企业。县域内的北京国电四维电力技术有限公司、万都（北京）汽车底盘系统有限公司、北京新豪世纪科技发展有限公司等29家企业被认定为高新技术企业，其中异地认证9家。

（宋立荣）

【两个社区入选第三批北京市创新型科普社区】 年内，在北京市第三批创新型科普社区创建活动中，密云县鼓楼街道东菜园社区、太师屯镇太师庄村两个社区入选，获得了市科委的认定及科技资金支持。

（马红霞）

平谷区

【开展科普之春活动】 3月4日，以"科技支撑、惠农兴村"为主题的平谷区第十一届北京科普之春启动仪式在南独乐河镇新立村举行。区果品办的科技人员和新立村果农200余人参加了活动。区科协主席王英杰、南独乐河镇副书记陈春良出席，区科协副主席汪冀全主持启动仪式。该活动以基层为重点，面向广大农村，结合社会主义新农村建设，开展了一系列的科普活动。

【平谷区无公害蔬菜生产技术培训班开班】 3月12日，平谷区无公害蔬菜生产技术培训班在东高村镇南宅庄户村举行。区科协副主席汪冀全、东高村镇农业科技服务中心主任彭晓林和200余名菜农参加了活动。活动向农民发放了《农产品市场营销》、《农民科学素质读本》、《有机农业概论》、《北京常见花卉养护技术》等图书200余册。

【区科技工作会议召开】 3月25日，平谷区

2009年科技工作会议召开。会议全面总结了2008年科技工作，并部署了2009年科技工作任务。会上，副区长魏玉瑞代表区政府认真总结了过去两年的科技工作，部署了今后两年的科技工作思路和2009年工作重点。会议对8家科普先进集体、17名科普先进工作者和16项科学技术进步奖获奖单位及个人进行了表彰。

（陈鹏飞）

【平谷区知识产权领导小组成立】 4月15日，平谷区知识产权领导小组成立。成员是区知识产权局、区工商分局、区科委、区文委、区发改委、区农委、区教委、区工业促进局、兴谷开发区管委会、滨河开发区管委会、马坊开发区管委会、区商务局、区质监局、区司法局、区公安分局、区城管监察大队16个单位。

（陈鹏飞）

【果品保鲜与加工生物冰点技术研究与示范项目通过了市科委组织的验收】 4月22日，"果品保鲜与加工生物冰点技术研究与示范"项目，有效地解决桃贮藏保鲜这一世界性难题，通过了市科委组织的验收。该项目的成果：一是提出了生物冰点保鲜的概念。二是在平谷区建造了国内首座生物冰点保鲜库，该库精度高，库内温差控制在±0.5℃，中晚熟桃可贮藏保鲜3个月，贮藏后的桃价格都提高1倍以上。三是总结了果品生物冰点保鲜综合配套技术，将果品栽培、采摘与贮藏保鲜有机地结合起来。四是发明两种同时测定水果中多种有机酸和多酚化合物含量的测定方法。

（陈鹏飞）

【"坚持科技发展，建设科技北京"科普下乡活动】 4月22日，平谷区科协在靠山集村开展以"坚持科技发展，建设科技北京"为主题的科普下乡宣传活动。活动发放科普图书、资料、光盘、宣传画册2000余份，并通过科普展板向村民介绍了农村灭鼠技术，蔬菜、瓜果种植技术和生猪饲养技术。受益群众1000余人。

（陈鹏飞）

【区科协举办第十五届科技周活动】 5月16—22日，区科协主办的"携手建设创新型国家——坚持科学发展，建设科技北京"为主题的第十五届科技周活动举行。期间，区科协围绕主题，认真贯彻落实科学发展观，突出科技惠及民生、生态文明等观念和知识内容，组织开展实用技术培训、科普下乡宣传、科普知识进社区等18项重点科普活动。

（陈鹏飞）

【蛋种鸡大规模产业化生产关键技术研究项目取得阶段性成果】 7月9日，"蛋种鸡大规模产业化生产关键技术研究"项目取得阶段性成果。该项目研究出了规模化养殖适宜的饲养工艺及技术；制定了自动控制系统参数；研究出种鸡生长、种蛋生产的环境参数和控制方法；成功培育出具有自主知识产权的"京红1号"、"京粉1号"蛋种鸡新品种2个；建设东洼、北独乐河等8个蛋种鸡养殖基地，辐射带动顺义、怀柔、密云等区县的蛋种鸡养殖基地建设，饲养规模达100万套，实现农户每只鸡多盈利9.0元，带动1.6万农户。截至年底，共销售商品代雏鸡3300万只，实现销售收入8250万元。

（陈鹏飞）

【加强"科普惠农兴村计划"专项资金管理】 9月14日，平谷区"科普惠农兴村计划"专项资金使用会在区科协召开。区科协主席王英杰主持会议，各先进集体和个人到会。会上，区科协根据《北京市"科普惠农兴村计划"实施方案》、《北京市"科普惠农兴村计划"专项资金管理办法（试行）》的有关规定，对2009年度北京市"科普惠农兴村计划"资金的管理使用提出要求，并与各先进集体和个人签订了"科普惠农兴村计划"资金使用承诺书，以加强专项资金管理，切实把专项资金管好用好，实现科普惠农的目的。

（陈鹏飞）

【市人大常委会主任杜德印来平谷区视察科技工作】 9月15日，市人大常委会主任杜德印带领部分市人大常委、市人大代表来平谷区视察农村科技创新情况。杜德印一行人先后视察了北京普析通用仪器有限公司、北京绿都林科技示范园和华都峪口禽业有限公司。区委书记秦刚、区委常委闫维洪分别汇报了平谷区经济社会发展情况和农业科技创新工作情况。杜德印对平谷区社会经济发展和农村科技创新工作给予了充分肯定,并强调:只有依靠科技创新,才能发展都市型现代农业。农业是高风险的弱势群体,政府对农业科技创新应予以支持,多投入,多保障。

(陈鹏飞)

【平谷区农村新民居建设示范工程取得阶段成果】 年内,区科委完成了5个村(大兴庄韩屯、北城子,峪口镇中桥村、峪口村、蔡坨)的新民居规划。规划中广泛采用太阳能综合技术及新型建材,明显收到了环保节能效果。截至年底,已建成集"新户型、新能源、新建材"于一体的新型节能农村示范住宅200户;完成了20种新户型设计,得到了市新农村农宅建设编写组认可,在《农村民居户型图集》中被编入和采用。采用新型节能住宅的北太平庄村被评为2008年市级文明村。

(陈鹏飞)

【创新型乡镇项目通过市科委验收】 年内,黄松峪乡农村科普学校建设项目,镇罗营镇农民科技服务队建设项目,南独乐河镇食用菌新品种、新技术引进与推广项目和大华山镇桃产业科技服务网络建设项目4个创新型乡镇项目完成各项指标,通过市科委组织的专家验收。

(陈鹏飞)

【科技支撑生态环境保护】 年内,区科委组织并实施爆破矿山垂直创面生态修复试验示范工程。对平谷区夏各庄镇安固石灰二厂垂直创面进行爆破修整和垂直绿化,使其创面形成阶梯和斜坡,栽植乔、灌、草、藤植物进行全面立体绿化,达到减少地质灾害,改善景观的目的。

(陈鹏飞)

【高新技术企业扶持力度不断加强】 年内,平谷区有10家高新技术企业,实现产值51290万元,利润3432万元,利税2983万元。

(陈鹏飞)

【五里庙村创新型科普社区建设顺利实施】 年内,五里庙村创新型科普社区建设已初见成效,建立了"红果谷"科普生态园600亩;举办各类培训21期,1500人次参加;设置科普橱窗2个、科普挂幅60余个、科普展板50块;装备科普图书2000册、印制科普宣传册5000册、科普光盘500张;开展特色科普活动4次。

(陈鹏飞)

【科技协调员科技服务体系建设】 年内,区科委培育重点工作站16家;新发展协调员工作站3家;组织了2次大型宣传活动;组织协调员骨干培训10余期,1000余人次参加培训。提升了农民对科技协调员的认知度和农村科技协调员自身的综合素质,为协调员能更全面地服务农村提供了先决条件。

(陈鹏飞)

【知识产权工作取得新成绩】 年内,区知识产权局组织开展知识产权"进学校、进企业、进农村、进社区、进商场"系列宣传活动,发放各类宣传资料1万余册,提高了公众发展、保护、利用知识产权的意识。截至年底,平谷区共申请专利59项,推荐5家单位成为专利试点单位。平谷区共有北京市专利试点单位23家。

(陈鹏飞)

【实施科技发展计划50项】 年内,为促进平谷区经济社会协调发展,依据市科委提出的"科技北京"行动计划,围绕平谷区"工业强区、旅游富民”发展战略，区科委规划并组织实施了平谷区2009年科技发展计划50项（延续11项），其中科技攻关计划项目43项，涉及工业10项、农业产业化14项、信息化2项、科技服务体系4项、软科学课题研究2项、医疗卫生6项、能源环保2项、其他3项，科学技术普及计划7项；人才培训计划培训人员12万人次。所有计划项目均顺利实施，取得显著成效。

（陈鹏飞）

顺义区

【5项高新技术产品获评市级火炬项目】 2月18日，顺义区5项高新技术产品被市科委批准为市级火炬项目。分别是：盈创再生资源有限公司研发的“超洁瓶级聚酯切片”，北京潮白环保设备安装工程有限公司研发的“环保型玻璃钢整体化粪池及地埋式一体化污水处理设备”，北京康特电子有限公司研发的“SMD3225高稳晶体元器件”，北京云城激光唱盘有限公司研发的“复合光盘”，北京大众在线网络技术有限公司研发的“社会治安综合治理系统”。获准项目数量居远郊区县首位，从一个侧面反映了顺义区高新技术企业在自主研发、科技创新领域取得的显著成效。

（闫兆东）

【北京青少年科技创新大赛】 3月19日，在第29届安捷伦杯北京青少年科技创新大赛中，顺义区荣获一等奖1项、二等奖5项、三等奖3项，区科协荣获“优秀组织奖”。

（闫兆东）

【农业科技专家把脉春季果树管理】 5月11日，区科委、区果树产业协会、北京天天康乐果品产销专业合作社共同举办“春季果树管理”现场交流会，邀请全国著名苹果专家汪景彦教授对龙湾屯镇、木林镇百余户社员、20名农村科技协调员讲解春季苹果管理要点及苹果幼树“松塔树形”管理方法。针对果农提出的果树授粉效果不佳、坐果率低等问题，汪教授建议用壁蜂授粉辅助以往风媒、虫媒授粉方法，重点强调疏花对提高坐果率、控制果树大小年、提高果品品质、强壮树势的作用。此次培训纠正了果农“多留花就能多坐果”的传统观念，让农民深刻理解稳产优质安全的科学管理方法，增强了果农生产高档果品的信心。

（闫兆东）

【农业科技协调员工作站获赠新农机】 5月13日，区林业局、北京天天康乐果品产销专业合作社共同启动“果园新型农机配套试点工程”活动，为全区8个果树种植重点镇发放小型四轮农机车并配套了开沟器、旋耕犁、缺齿耙、迷雾打药机和运输斗等。该试点工程的启动，为顺义区科技协调员工作站领办的农机服务队伍添置了新设备，拓宽了服务队的服务范围和服务对象，在一定程度上缓解了果园劳动力紧张、劳动力成本上涨过快的矛盾，推进顺义区果树机械化生产进程，同时也加快了农村科技协调员进入市场的步伐。

（闫兆东）

【2009年科技工作大会召开】 5月14日上午，顺义区2009年科技工作大会召开。区委、区人大、区政府、区政协的主要领导，各镇、委办局、街道办事处、科技企业的代表共300余人参加了会议。副区长陈光浩做题为“加强自主创新，推动经济社会全面协调可持续发展”的科技工作报告，对全区科技工作作出全面部署。区长刘剑做讲话，着重讲了四点意见：一是准确

把握大局，深刻认识科技创新的重大战略意义；二是强化企业在技术创新中的主体地位，提升产业核心竞争力；三是充分利用首都科技资源，提高区域科技创新水平；四是营造良好的科技创新环境，为科技事业发展提供保障。会上还对荣获2007—2008年度顺义区科学技术奖的60个科技项目、223名科技人员进行了表彰奖励。

（闫兆东）

【农村科技特派员获科技部表彰】 6月5日，科技部、人社部、农业部等8部门共同举办“全国科技特派员工作会议暨农村科技创业行动启动仪式”。会上表彰了550名全国优秀科技特派员。顺义区北郎中的闫仲生、双河果园的胡桂华、养元兽药的徐铃在表彰之列；顺义区科委被评为全国科技特派员工作先进单位，受到表彰。

（闫兆东）

【北京非晶科技产业园建设启动】 9月12日，“北京非晶科技产业园签约暨揭牌仪式”举行，区政府与市科委签署了“委区共建”战略合作协议。北京非晶科技产业园建设的启动实施，为顺义区高新技术产业发展开辟了更为广阔的空间，也为临空经济高端功能区和现代制造业基地建设注入了新的动力。

（闫兆东）

【国家级高新技术企业重新认定工作扎实推进】 年内，顺义区科委按照科技部最新出台的高新技术企业认定办法，对全区已认定的110家市级高新技术企业和新入区的科技型企业进行了调查摸底，筛选了50家符合条件的企业进行了重点培训，并深入企业逐一进行单独辅导。截至年底，获得科技部认定证书的高新技术企业达到37家。

（闫兆东）

【扎实开展农民实用技术培训】 年内，区科委充分发挥基层科技组织、农民专业合作社、农村科技协调员的作用，通过集中授课、播放课件、邀请农业专家深入田间地头实地指导等多种形式，扎实开展农民实用技术培训，农民参加培训11000人次。

（闫兆东）

【积极推动知识产权工作】 年内，顺义区深入开展专利试点示范工作，新发展专利试点企业18家（累计发展69家），专利示范企业2家。同时，不断加强企业知识产权申报工作的服务和管理，全区申请专利448件（其中发明专利申请150件），授权专利340件（其中发明专利授权35件），均创历史新高。

（闫兆东）

【科技项目运作取得新进展】 年内，区科委根据“科技北京”行动计划的支持重点，围绕临空经济高端产业功能区、北京重点新城建设、现代制造业基地等重点领域的科技需求，着力整合区域科技资源，积极运作各级各类科技项目，加大对区域主导产业和重点行业的科技支撑力度，完成创新基金、绿色通道等各类科技项目申报47项，获得批准16项，争取上级科技资金2466万元。其中北京国际种业交易中心、鲜花港农业生物技术种业孵化器建设等项目得到了市科委的重点支持。

（闫兆东）

【广泛开展科普宣传】 年内,全区围绕“科普之春”、“科技周”活动主题,组织各类科普活动20次,制作以“迎国庆、庆花博”为主题的科普宣传展板100块,发放《科普惠农专刊》等科普宣传资料5000份。组织实施“北京市第三批创新型科普社区”和“顺义区科普示范村建设工程”。

(闫兆东)

【科研机构建设取得新突破】 年内,区科委组织区内科技企业积极向市科委申报市级研发机构,获准2家,累计发展14家;推动企业利用首都科技资源,强化产、学、研、用联合,与在京大专院校、科研院所加强合作,新组建科研生产联合体20家,累计发展189家。

(闫兆东)

【科技四项举措帮扶企业保增长】 年内,区科委紧紧围绕全区“保增长、保民生、保稳定”的工作大局,紧密结合科技工作实际,针对企业科技需求,采取有力措施帮扶企业保增长。制订《顺义区帮扶企业应对国际金融危机的若干措施》;加快推进高新技术企业重新认定工作,帮助企业争取政策支持;支持企业加速生成知识产权,提升企业核心竞争力;积极运作各级各类科技项目,帮助企业争取上级资金支持。

(闫兆东)

通州区

【通州区首个农业节水技术田间学校成立】 3月10日,区科协与区种植中心、区农业技术推广站在西集镇大沙务润宝陆农业科技有限公司共同建立通州区首个农业节水技术田间学校。学校以田间为课堂,采取互动式的培训方法,提高农民自主学习、自主生产和决策能力,增强生产技能,并以此为平台帮助农民引进节水新型设备、节水新技术和农业节水作物新品种。

(马振英)

【通州区京贸国际数字科普图书馆建成揭牌】 3月31日,区科协、区财政局、区信息中心、北苑街道办事处、市农林科学院信息所等单位在通州区京贸国际社区举行数字科普图书馆揭牌仪式。数字科普图书馆是在建设网络教室的基础上,依托首都技术资源优势,通过现代技术手段,使大量的科普信息资源进入社区,满足不同层次居民的科技文化需求,激发居民提高自身科学文化素质的自觉性和主动性。

(马振英)

【市科委主任闫傲霜来通州区调研】 6月11日,市科委主任闫傲霜一行到通州调研,区领导张文山、尹双曼、于世疆陪同调研。市科委领导先后到光机电基地的李宁公司、北京中科信电子装备有限公司以及北京东升方圆农业种植开发有限公司、北京南瓜观光园、北运河通州城市段考察。围绕通州区科技需求召开了座谈会,区委副书记张文山主持了会议,副区长于世疆汇报了通州科技发展情况。区委书记王云峰、区长邓乃平参加了会议。

(陈　兵)

【举办中国载人航天展】 9月23日,由区科协主办,区科技馆、北京一八三一流动科技馆承办的“2009年通州区科普日暨中国载人航天展”在区科技馆开展,展览为期1个月。展览汇集了神州号返回舱、中国发射测控沙盘、东方红三号模型、风云卫星、资源卫星、长征系列运载火箭、宇航服等,充分展示了我国航天事业取得的伟大成就。

(马振英)

【举办草莓与信息技术培训】 11月12日,区科协在区种植服务中心举办草莓与信息技术培训。此次技术培训由农科院信息所专家张峻峰和农科院林果所专家张运涛主讲。区乡镇科协秘书长、乡镇农办负责人、科普基地负责人、草莓种植大户、科普宣传员等参加了培训。

(马振英)

【认定54家高新技术企业】 年内,按照科技部、财政部、国家税务总局《关于印发〈高新技术企业认定管理办法〉的通知》(国科发火[2008]172号)和《关于印发〈高新技术企业认定管理工作指引〉的通知》(国科发火[2008]362号)以及《北京市高新技术企业认定管理工作实施方案》,通州区认定54家高新技术企业。

【获得国家科技型中小企业技术创新基金110万元】 年内,北京赛凡光电仪器有限公司的“7-SCSpec Ⅲ型太阳能电池光谱性能测试系统”和北京布兰科技有限公司的“计算机智能人像捕捉动画原画生成支撑系统”项目被列入国家级科技型中小企业技术创新基金项目,获得支持资金110万元。

(鲁新龙)

【获得北京市科技型中小企业技术创新资金150万元】 年内,北京世纪联保消防新技术有限公司的“脉冲超细干粉自动灭火装置”、北京中佰康磁性床上用品有限责任公司的“中佰康仿生地磁床垫”、北京天骄翔基建筑材料有限公司的“安装在外墙体表面的保温预制件”、北京中欧互联信息技术有限公司的“55utho LMS数据呈现分析工具”项目被列入北京市科技型中小企业技术创新资金项目,获得支持资金150万元。

【编制通州区科技需求项目库】 年内,完成了“通州区2009年科技需求项目库”的编制。包括“北京宋庄原创艺术与卡通产业聚集区服务平台建设”等支持新城产业发展的项目3个,“通州区数字观光农业开发与示范”等支持现代都市型农业发展的项目3个,对接“极大规模集成电路制造技术及成套工艺”等国家重大科技专项的项目5个。

【北运河通州区城市段水环境改善研究与示范项目】 年内,市科技计划重大项目“北运河通州区城市段水环境改善研究与示范”完成了各项科研试验任务,转入示范工程建设阶段,项目6个示范工程均已完成方案比选、评审,开始土建施工。

(鲁新龙)

【“生产力促进型”农村科技服务体系建设】 年内,完成了市科委绿色通道项目“生产力促进型农村科技服务体系建设”,生产力促进型农村科技服务体系进一步完善,建设完成蔬菜种苗繁育、林菌经济等农业科技示范基地12个,不断创新服务模式,提高农村科技服务水平,带动农业产业发展,促进农民增收。

(张春兰)

【科技项目取得新突破】 年内,北京展辰化工有限公司的“A-3XX型固化剂”、北京中纺锐力机电有限公司的“开关磁阻电动机调速装置”、甘李药业有限公司的“重组甘精胰岛素注射液(3毫升:300单位,10毫升:1000单位)”3个项目被认定为北京市高新技术成果转化项目;北京创导奥福精细陶瓷有限公司等11家单位获得成果转化专项资金共计278.36万元。京凯德石英塑料制品有限公司等4家企业申报了“8英寸石英钟罩”等4项国家级火炬计划项目;北京燕化永乐农药有限公司的“2.0%香菇多糖母液”申报了市级火炬计划项目。北京中科信电子装备有限公司等10家企业申报了“ZKX-TDB125型高效低成本晶体硅太阳能电池片”等10项国家重点新产品计划项目。

【创新型科普社区】 年内,区科委指导复兴南里社区、天桥湾社区、玉桥北里社区、星河社区和新华西街社区按计划实施创建,顺利通过市科委检查验收;通州区已有7个社区获得了“北京市创新型科普社区”称号。通过开展创建工作,更好地规范了社区科普工作,完善了社区科普设施,充分发挥科技在社区建设中的支撑作用。

(蔺文颖)

【农村远程教育站点建设及农民培训】 年内,区科委为区种业中心建设多功能培训教室1个,安装了多媒体教学设备和双向视频诊断系统。利用全区146个农村远程教育工作站为广大农民开展农业实用技术、医疗卫生等培训500期,培训人数达22000人次。

(蔺文颖)

【科技直通车】 年内,积极实施“科技直通车”四进工程,全年共参与各种科普宣传、培训以及参观学习、“三下乡”等活动30次,行程2000余千米,受益4000余人次,发放科普书包、科普扑克、科普围裙、科普扇子、科普海报、农业科技彩页等20000余份。

（张亚利）

【技术合同登记工作】 年内，通州区共登记技术合同184份，技术交易额5783.18万元。组织培训5次，83家企业94人次参加。获得北京市技术市场“百场宣传”活动优秀奖。

（邬奇洋）

【成立知识产权工作站】 年内，通州区先后成立了北京市知识产权举报投诉通州开发区工作站（市级）、北京宋庄文化创意产业集聚区知识产权工作站（区级）。工作站的成立标志着知识产权咨询和服务正在向通州区各开发区辐射，更好地为驻区企业提供方便、快捷、高效的知识产权法律服务。

（陈　娟）

延庆县

【农村科技协调员表彰】 2月20日，延庆县召开科技工作会议，会议的主要内容是加强农村科技协调员队伍建设。为了给科技协调员创造良好的发展环境，提高科技协调员的影响力，会议对优秀科技协调员的典型事迹做了介绍，对国长军、陈连合等10名农村科技协调员进行了奖励和表彰。

（崔秀兰）

【县级10家创新型科普社区评选】 2月20日，经过评审小组对全县15个乡镇上报的县级科普社区进行实地考查，评选出八达岭镇小浮坨村、张山营镇前黑龙庙村、千家店镇千家店村、大榆树镇岳家营村、康庄镇小丰营村、香营乡下垙村、井庄镇东小营村、四海镇南湾村、大庄科乡东二道河村、石河营西社区等10个社区为延庆县第二批县级创新型科普社区，并进行表彰和授牌。

（崔秀兰）

【新增北京市专利试点企业4家】 3月18日，经市知识产权局审核，延庆县新增北京富邦博尔生物科技有限公司、北京双鹤高科天然药物有限责任公司、中材科技风电叶片股份有限公司、北京九龙制药有限公司4家北京市专利试点企业，使县内专利试点企业达到了8家。

（崔秀兰）

【落实科技套餐配送工程】 3月25日，县科协为落实2009年“科技套餐配送工程”，邀请中科院动物研究所和北京动物学会的专家到旧县镇大地聚龙蚯蚓养殖示范基地，对牛粪养蚯蚓如何做好过冬保温以提高成活率、延长蚯蚓繁殖期等关键问题进行技术指导。

（郝合奎）

【开展科技下乡活动】 4月9日，市科协组织机关和市农学会党员干部50余人赴珍珠泉乡开展了以“参与新农村建设，做‘三进两促’标兵”为主题的实践活动，市科协党组书记、常务副主席田小平，市科协副局级干事吕家香，延庆县委常委、副县长于少东参加活动。

（郝合奎）

【开展4.26知识产权宣传活动】 在第9个“4.26世界知识产权日”，县科委通过举办知识产权宣传周启动仪式，“保护知识产权 服务科学发展 构建和谐延庆”知识竞赛活动，开展知识产权“五进”宣传活动。活动中发放知识产权法律法规书籍、宣传画报、宣传册等宣传材料近万余份，4000余人参加活动。该活动提高了全县人民对知识产权的认知度，使知识产权相关知识得到普及，营造了有利于知识产权事业健康发展的氛围。

（崔秀兰）

【科技部部长万钢调研德青源生物燃气】 4月30日，全国政协副主席、科技部部长万钢，科技部计划司副司长秦勇，农村司副司长贾敬敦，高新司副司长张志宏到延庆县就生物燃气利用情况进行调研。市科委主任闫傲霜，市科委党组书记、副主任杨伟光，县委常委龚善陪同调研。万钢强调要研究运营模式和产业形态，加大对生物燃气生产和经营的研究力度，关注生产模式和产业链。他感谢专家在生物燃气利用方面所做的研究工作，并希望专家积极争取国家相关政策的支持，加强国际合作，做好生物燃气利用工作。

（崔秀兰）

【科技政策宣传项目立项】 7月8日，县科委申报市科委科技政策宣传项目，并通过市科委项目立项，获得市科委资金支持10万元。

（崔秀兰）

【市科委主任闫傲霜到延庆县调研】 8月21日，市科委主任闫傲霜到延庆县，就科技支撑延庆生态农业、循环经济发展进行调研，县委书记侯君舒，县长孙文锴，副县长于少东、徐凤翔，县政府办公室主任张留全，县科委主任史绍全，县投促局局长刘小光等陪同调研。闫傲霜一行先后到中材科技股份有限公司、北京拂尘龙科技发展有限公司、北京阔利达实业集团公司、延庆小丰营无公害蔬菜基地、延庆县植保站进行调研。随后，闫傲霜与县委、县政府及相关部门负责人举行了座谈。

（崔秀兰）

【科普日活动】 9月19日，中国科协、北京市农业局、延庆县政府、中国水产协会联合在北京市水生野生动物救治中心举行全国科普日活动——“普及水生野生动物知识 建设优美水域生态环境”。

（郝合奎）

【举行“建国60周年科技展”游园活动】 10月1—5日，县科委在妫川广场举行为期5天的“建国60周年科技展”游园活动，本次展览共展出展板300块，分为科技成果篇、科技知识篇、健康知识篇、风险应急篇、自然科学篇、节能科技篇6个部分，观众10000余人次。通过开展本次活动，提高了全社会对延庆县科技发展的认知度，使科普知识得到更大范围的普及，营造了创新环境，为服务科学发展作出了积极的贡献。

（崔秀兰）

【第十二届北京市技术市场金桥奖颁奖】 11月27日，第十二届北京市技术市场金桥奖颁奖，延庆县种植业服务中心承担的“特色红薯新品种引进及配套高产栽培技术”、延庆县有机蔬菜研究所承担的“延庆县有机蔬菜种苗供应体系”两个项目获项目三等奖；延庆县植物保护站的谷培云、延庆县家畜繁殖改良指导站的王建芬获个人三等奖。

（崔秀兰）

【8项市级科研课题通过验收】 年内，延庆县8项市科研课题通过验收。这8个课题是：张山营镇政府承担的创新型乡镇建设及科技示范项目“基于健康养殖生态循环模式”；国家马铃薯产业高科技园区管委会承担的“马铃薯脱毒微型种薯雾培技术应用研究（Ⅱ期）”华坤公司承担的“延庆县千米观光瓜廊建设”；县科委承担的“延庆县特色农业产业服务平台建设”；县气象局承担的“风能资源评价研究”；种植中心承担的“生物质固体成型成套设备与燃料配套炉具的研究开发”；四海镇承担的“百合良种繁育及山地花卉基地建设Ⅱ期”；县科委承担的“延庆县特色产业服务平台建设”。

（崔秀兰）

【5项课题被列为市级科技项目】 年内，“延庆

循环农业技术服务平台建设项目”、“优质种猪引进繁育及配套技术研究与应用”、“延庆有机品牌提升、生产技术集成与产业化示范”、科技部科技富民专项“功能性花卉的示范与推广”、“2MWp屋顶光伏电站应用示范工程”被列为市级科技项目。

（崔秀兰）

【3家公司通过高新技术企业认定】 年内，依据科技部、财政部、国家税务总局联合印发的《高新技术企业认定管理办法》和《高新技术企业认定管理工作指引》，经市科委、市财政局、市国税局、市地税局组织专家评审，县内的北京市交大路通科技有限公司、北京士兴钢结构有限公司、北京华创中实科技发展有限公司通过高新技术企业认定。

（崔秀兰）

重大科技成果

Great Science and Technology Achievements

2009 年度国家自然科学奖一等奖简介（北京地区）

【《中国植物志》的编研】 由中科院植物研究所、中科院华南植物园、中科院昆明植物研究所等 146 个单位参加，312 位作者、164 位绘图人员完成。主要完成人包括钱崇澍、陈焕镛、吴征镒、王文采、李锡文、胡启明、陈艺林、陈心启、崔鸿宾、张宏达。《中国植物志》的编研是经过四代科学家历经 45 年完成的，全书共有 5000 多万字，总计 80 卷 126 册。全书包括：9080 幅图版；记载中国维管束植物 301 科、3408 属、31142 种；采集和查阅植物标本 1700 余万份；发表新属 243 个，新种 14312 个；提出了一些类群的新分类系统。《中国植物志》是中国植物资源的“国情报告”。与其他植物学工具书相比，《中国植物志》增加了“经济用途”、“物候期”、“物种生境”、“地方名称”等内容，使植物志的成果更具有实用价值，为了解我国野生植物的生存状态和植物多样性保护提供了可靠依据。《中国植物志》的编研是我国植物学发展的基石，是地方志及其他植物学著作的重要参考资料。我国植物标本资源收集和保藏已达到世界水平，馆藏从 100 万号增加到 1700 余万号；培养了大批植物分类学人才，稳定了高水平的专业队伍，为我国系统与进化植物学发展奠定了重要基础。《中国植物志》已成为我国植物学最重要的工具书，对东亚乃至世界的植物物种多样性研究作出了巨大贡献，极大地促进了国际合作及学术交流。

（张思遥）

2009 年度国家自然科学奖二等奖简介（北京地区）

【非线性科学在心颤机理及系统生物学中细胞周期控制上的应用研究】 由北京大学欧阳颀、王宏利、周路群、李方廷完成。该项目将非线性科学的基本理论和研究方法应用于生理学、生物学领域。运用非线性科学中斑图形成理论对心脏病中心颤的发生机制进行了研究，并且应用非线性动力学方法对系统生物学中细胞周期控制的规律进行了定量研究，阐明了螺旋波失稳的多种机制，阐明了模式生物酵母菌的细胞周期控制网络中的动力学规律，发现该系统在动力学上是一维稳定流形，为心颤的临床治疗提供了依据。该项目是非线性科学和生物学交叉研究的范例，成果短期累计被引用 400 次以上。

（张思遥）

【非线性偏微分方程的自适应与多尺度计算方法】 由中科院数学与系统科学研究院陈志明完成。该项目属计算数学基础研究领域。该项目成果：①提出并发展了波动散射问题的自适应 PML（完全匹配层）方法，解决了 PML 方法应用中的参数选取问题；首次建立非线性对流扩散问题的丰满 L^1 后验误差估计，构造了具有最优计算复杂性的自适应线方法。②针对非均匀多孔介质中流动问题的数值模拟，提出了保持质量守恒的多尺度混合有限元方法。③获得广泛重视，建立了 Peaceman 机井模型的数学基础，提出了处理机井奇性的高效多尺度计算方法，解决了机井奇性问题的多尺度计算难题。

（张思遥）

【大别山—苏鲁大陆深俯冲及其对华北克拉通的影响】 由中科院地质与地球物理研究所叶凯、张宏福、王清晨、杨建军、刘景波完成。该项目取得的成果：①论证了大陆地壳物质能够俯冲到大于 200 千米的深度，突破了由柯石英和金刚石的发现所厘定的 80—120 千米的陆壳俯冲深度。②论证了大规模的大陆地壳整体经历了深俯冲作用，结束了国际上多年的超高压变质岩“异地说”与“原地说”的争论；提出了超高压变质地体三阶段折返模型，修正了此前在国际学术界长期盛行的单阶段折返模型。③论证了大别山—苏鲁大陆深俯冲造成华北中生代岩石圈地幔的高度化学不均一性，并首次将华北南缘岩石圈地幔的演化与扬子北缘大陆深俯冲结合了起来，为研究华北岩石圈的破坏和减薄作用的动力学来源提供了证据。④论证了大陆深俯冲和折返过程中存在强烈的熔/流体活动，改变了大陆深俯冲过程中缺乏熔/流体活动的传统认识。这些成果为国际学术界准确认识超高压变质和大陆深俯冲作用及其对周边板块的影响提供了关键科学依据，为发展和完善板块构造学说，使之能准确涵盖大陆地质，提供了重要的学术思想。该研究集体在国内外刊物上发表了80篇SCI收录论文，这些论文被SCI刊物他引1800余次。其中8篇代表性论文被SCI刊物他引600余次。部分研究工作成为本领域的代表作，4篇论文被认定为Top 1%论文。根据美国科技信息研究所Essential Science Indicaters的统计，2000—2005年“大别—苏鲁超高压变质带研究”共有18篇论文入选Top 1%论文，该集体贡献了其中最具影响的前5篇论文中的2篇。这些成果显著提升了中国科学家在大陆深俯冲研究领域的国际影响和地位。该研究集体于1995年成功主办了第3届国际榴辉岩野外学术研讨会，并竞争到第8届国际榴辉岩大会(2009年)在中国的主办权。

（张思遥）

【大气颗粒物及其前体物排放与复合污染特征】 由清华大学、香港科技大学贺克斌、郝吉明、段凤魁、陈泽强、杨复沫完成。该项目在城市大气颗粒物及其前体物排放与污染特征及来源等方面取得了重要研究成果。基于长期连续化学物种采样和全组分分析，揭示了不同地域典型城市大气颗粒物质量浓度及其水溶性离子、含碳组分和无机多元素组成的时间序列特征，以及在不同颗粒物与前体物浓度水平及环境条件下水溶性离子物种的污染特征、形成机制及来源；结合热光分析、碳同位素技术、特征元素示踪法及实时观测，解析了北京大气颗粒物中含碳组分的化学组成特征，发现冬季存在二次有机气溶胶的定性和定量依据，模拟计算了其含量，并定量解析了生物质燃烧对城市含碳组分的贡献。通过实验室模拟，深入探讨了大气颗粒物中水溶性有机组分的吸湿特征及其对无机组分吸湿性的影响。这些研究从长周期和全组分的角度，系统解析了大气颗粒物化学物种组成的时空变化信息，为进一步揭示中国典型城市大气颗粒物污染的复合型本质提供了十分重要的科学依据。针对大气颗粒物的重要前体物NO_x，基于现场测试和建模分析，探讨了不同煤种、燃烧方式及除尘条件下电厂颗粒物的排放特征；建立了反映我国复杂源构成特征的NO_x排放因子数据库，系统研究并揭示了1995—1998年期间我国NO_x排放时空分布特征及分燃料、分部门排放特征。上述成果为国际学术界提供了发展中国家复杂排放源构成和高浓度污染物背景下大气颗粒物及其前体物排放和污染特征的独特信息，为国际国内同行丰富和深化对复合污染形成机制的认识提供了极为重要的科学依据。该项目共发表学术论文128篇，总被引用1438次。其中SCI检索论文53篇，EI检索论文29篇；SCI总被引用778次、他引654次；10篇代表性论文总被引用为448次、他引388次；单篇最高被引用137次、他引116次。

（张思遥）

【土壤—植物系统典型污染物迁移转化机制与控制原理】 由中科院生态环境研究中心朱永官、王子健、张淑贞、王春霞、陈保冬完成。该项目主要内容及科学价值：①系统研究了砷、铀等持久性有毒污染物质(PTS)在土壤—植物系统中的转移、转化规律及关键影响因素。发现了根际的化学和生物学过程深刻影响砷等污染物向植物的转移，尤其是水稻根表铁膜的重要作用。首次阐述了一种新的影响水稻吸收积累砷的机理，纠正了传统研究体系中忽视铁膜所得到的结论，推进了水稻根际过程的研究；发现菌根菌在重金属和有机污染物从土壤向植物转移过程中发挥了根部过滤作用。有关成果得到国际同行的专文论述并写进国外经典教科书。②通过建立的植物砷酸还原酶分析测定方法，在国际上首次证实了植物体内存在砷酸还原酶。以砷超积累植物为研究对象，研究了植物体内砷酸还原酶的活性，提出砷超积累植物根部高效的砷酸还原酶活性是其超积累砷的重要机制。研究成果发表后,欧美科学家才陆续发表后续的研究成果,为深入开展植物砷代谢机理和发展调控技术奠定了基础。③研究了污染物与土壤相互作用的机理,阐述了污染物在土壤中的作用位点、微观结构,建立了土壤中重金属污染物生物吸收的评价方法和污染土壤修复方法。本专题既重视污染物与土壤作用的微观机理研究,同时强调应用其指导污染物与土壤相互作用模型、生物吸收评价方法和污染土壤修复方法的建立。发展了利用骨炭等可资源化废弃物作为修复材料,开展了污染土壤修复机理研究。④建立了成组生物毒性测试和化学分析相结合,离体和活体生物测试相结合的遗传毒性评价方法,综合毒性评估和甄别方法,形成了以潜在健康和生态风险为终点的评价框架,为我国开展土壤污染风险评价和风险管理提供了战略性技术储备。

(张思遥)

2009 年度国家技术发明奖一等奖简介(北京地区)

【空地协同的民航空域监视新技术及装备】 由北京航空航天大学张军、薛瑞、蔡开泉、张学军,民航数据通信有限责任公司朱衍波、吕小平完成。该成果针对飞机自身定位误差超限的盲视问题,发明了用于飞机自主定位的地基区域完好性监测方法及装置,完好性风险低于 2×10^{-7},检测时间少于3秒;针对多元监视条件下的飞行伪态势问题,发明了基于多元融合的实时可信监视方法及装置,更新率提高到2次/秒,95%以上的监视位置估计误差(EPU)小于0.1海里;针对传统空管监视缺乏对航迹保持稳定性监测的问题,发明了航路空间容限动态监测方法及装置,解决了密集飞行区域空域安全动态评估的难题;针对传统空管监视信息内容单一、难以提供飞行增强服务的问题,发明了面向飞行服务的综合态势增强监视方法及装置,实现了空中交通态势信息的实时共享。

(张思遥)

2009 年度国家技术发明奖二等奖简介(北京地区)

【超分子结构无铅热稳定剂】 由北京化工大学李殿卿、林彦军、段雪、刘振宇、张法智、李峰完成。超分子结构无铅热稳定剂是替代含铅聚氯乙烯塑料热稳定剂的新一代产品,成功地解决了聚氯乙烯塑料的热稳定性。该项目通过对层状复合金属氢氧化物主客体进行调控,发明了两类超分子结构无铅热稳定剂,显著提高了聚氯乙烯的热稳定性。突破了磁性分离连续精制等关键技术,发明了管式反应器等关键设备,实现了工业化生产。该项目获6项国家发明专利和1项美国发明专利,制订了2项行业标准,取得了良好的经济和社会效益。

(张思遥)

【尺寸均一、可控的乳液、微球和微囊的制备技术】 由中科院过程工程研究所马光辉、苏志国、王连艳、王佳兴、巩方玲、周青竹完成。该项目在化工、生物、制药等领域有重要应用。采用微孔膜为介质,通过控制分散相与膜孔的界面张力和液滴形成速度,制备出尺寸均一的乳液、微球和微囊。采用该技术制备得到的产品粒径均一、粒径分布小,产品生产过程能耗和废水排放比传统方法降低50%,总成本降低60%以上。该项目获6项国家发明专利,专利技术及产品已在国内外数十家单位获应用。

(张思遥)

【稀土功能材料用高品质金属及合金快冷厚带产业化技术及装备】 由北京有色金属研究总院李红卫、于敦波、李宗安、颜世宏,有研稀土新材料股份有限公司赵斌、李世鹏完成。稀土功能材料是现代电子信息及国防军工等领域发展的关键材料。该项目发明了高纯稀土金属及其合金产业化制备技术和稀土功能材料用合金快冷厚带关键制备技术，获得发明专利权6项；自主设计开发出国内第一台300千克/炉稀土合金快冷厚带大型甩带炉，实现关键装备国产化，进一步提高了稀土功能材料的性能。同时还自主开发了大型稀土金属专用真空蒸馏炉、连续氟化炉等，降低能耗60%。开发了配套的稀土金属、钕铁硼合金快冷厚带系列产业化技术并应用于工业生产，产品达国际先进水平，实现销售收入14亿元。

（张思遥）

2009年度国家科学技术进步奖一等奖简介（北京地区）

【电力系统全数字实时仿真关键技术研究、装置研制和应用】 由中国电力科学研究院周孝信等完成。项目研究并解决了大规模互联电网仿真的实时性和大容量电力电子设备与大电网相互影响的仿真准确度两大技术难题。项目所研制的电力系统全数字实时仿真装置，在实时仿真规模、并行算法、硬件平台等多方面取得重大创新和突破，全面超越RTDS等国外实时仿真装置。电力系统全数字实时仿真装置由机电暂态仿真子系统和电磁暂态仿真子系统组成，采用分网并行计算和实时仿真技术，实现了大规模交直流电网的实时和超实时仿真。根据试验研究对象不同，可使用任一子系统外接实际物理装置开展闭环试验研究，也可结合使用两个子系统开展基于混合仿真的试验研究。该装置可以与调度自动化系统相连接取得在线数据，基于实际运行工况进行仿真分析及物理装置试验。装置硬件平台基于通用先进的并行机群服务器平台，避免专用硬件的局限，具有性价比高、扩展性好等优点，并可随着计算机和通信网络技术的进步持续提高系统性能。系统核心软件基于成熟的自主仿真软件研发，具有高可靠性和可信度。项目获3项发明专利授权和1项软件著作权授权，其中“电力系统数字仿真装置”获第十届中国专利优秀奖。

（张思遥）

2009年度国家科学技术进步奖二等奖简介（北京地区）

【转炉流程生产优质特殊钢工艺技术的开发与创新】 由首钢总公司、北京科技大学、钢铁研究总院张功焰等完成。特殊钢主要用于制作各类机械设备的零部件，对汽车、机械、军工等行业发展有重要影响。该项目成功开发了特殊钢转炉冶炼、超低氧钢炉外精炼、窄淬透性带宽控制、特殊钢控轧控冷等7项关键技术，具备完全自主知识产权，获6项发明专利授权。近3年特殊钢产量达到333万吨，形成了齿轮钢、非调质钢、弹簧钢、轴承钢、铬钼钢等产品系列，其中铬钼钢和抽油杆用钢产量均占国内市场的1/3，铁路货车制动梁用钢占国内市场90%，齿轮钢产量居国内第四，产品被许多汽车厂采用。每年为首钢创造超过亿元的经济效益。

（张思遥）

【非牛顿流体流变学特性测试技术研究及应用】 由北京机械工业学院、北京赛科希德科技发展有限公司、中国石油化工股份有限公司润滑油分公司、北京工业大学祝连庆等完成。非牛顿流体是一种有特异行为的流体，在化工工业、合成材料和生物医学领域，研究流体的沉淀、固化、结构及流体物性都离不开流变特性的测试。该成果解决了多项流变特性测试的关键技术，研发出了血流变测试仪、血细胞变形聚集测试仪、血小板聚集测试仪、自动血液凝固分析仪等生物医学检测仪器，所有产品都实现了规模化生产，改变了我国生物流变检测仪器无高端产品的局面，促进了生物流变检测技术集成化、智能化、自动化、网络化和光机电一体化技术水平的提高，取得了显著的经济效益和社会效益。

（张思遥）

【复杂磁场分布的高热容与热导无液氦超导磁体技术】 由中科院电工研究所、抚顺隆基磁电设备有限公司、武汉工程大学王秋良等完成。无液氦超导磁体是多种科学仪器使用的材料。该项目突破了无液氦超导磁体的技术瓶颈，在理论和技术上取得了多项创新，首次实现无液氦超导磁体在超重力运动环境中使用，解决了复杂电磁结构磁体设计，发明了低漏热轻量化深冷系统和新的磁体工艺。研发出了替代稀缺氦资源冷却的磁体系统，打破了特殊行业的技术封锁，其性能达到国际领先水平，获得发明专利10项。

（张思遥）

【新型组合剪力墙及筒体结构抗震理论与技术】 由北京工业大学、同济大学、清华大学曹万林等完成。该项目研发了以多重组合剪力墙、筒体等为竖向抗侧力构件的高层建筑结构抗震新体系，系统地进行了325个结构和构件的抗震试验研究，发展了相关抗震理论，形成了该抗震新体系的关键技术，成果总体达国际先进水平。该项目获国家发明专利5项、实用新型专利25项、软件著作权2项。成果在北京新保利大厦等20余项大型复杂建筑中应用，显示了其重大的工程价值和应用前景，产生了显著的社会效益和经济效益。

（张思遥）

【呼吸衰竭的发病机理与治疗研究】 由首都医科大学附属北京朝阳医院、广州医学院第一附属医院、复旦大学附属中山医院王辰等完成。呼吸衰竭是最为常见的临床危重症，该项目针对治疗呼吸衰竭的关键技术、方法与治疗策略，进行了系统地研究，首次提出慢性阻塞性肺疾病所致严重呼吸衰竭有创机械通气中“肺部感染控制窗”的概念，率先开展以其为切换点的有创—无创序贯通气治疗，使呼吸机相关肺炎发生率由28%下降至6%，住院病死率由16.2%降至2.1%，并建成了辐射全国的呼吸支持技术培训基地，极大地提高了我国对呼吸衰竭的治疗与研究水平。

（张思遥）

【白血病表观遗传学基础及临床应用研究】 由解放军总医院、香港大学于力等完成。表观遗传学与白血病的发生密切相关，其中DNA甲基化模式的改变可影响基因的表达，已成为白血病研究的新热点。该项目以DNA甲基化为切入点，发现Id4基因是一个新的白血病抑制基因，证明p15基因DNA甲基化是急性早幼粒细胞白血病（M3）的独立预后不良因素，发现Id4、ZO－1及p15基因甲基化可作为白血病微小残存病变检测通用的基因标志，发现RARA基因启动子区高甲基化与染色体易位共同作用导致RARA基因在M3白血病中的失活。该项目为认识白血病的发生机理及在临床上对白血病进行去甲基化治疗提供了依据。

（张思遥）

【100纳米高密度等离子刻蚀机研发与产业化】 由北京北方微电子基地设备工艺研究中心有限责任公司、中科院微电子研究所、清华大学、北京大学完成。100纳米硅刻蚀设备是超大规模集成电路制造的核心工艺装备，也是西方国家对我国实施技术封锁的关键设备之一。该项目突破多项关键技术，其中100纳米大生产线硅刻蚀工艺技术、先进半导体工艺控制与故障诊断技术、高密度等离子体产生与控制技术、群集半导体设备控制技术等方面达到行业领先水平，申报发明专利400余项。设备成功销往中芯国际、上海华虹NEC、上海宏力半导体三家用户，是我国国产高端集成电路核心设备第一次实现销售，打破了国外高端集成电路装备的垄断格局。

（张思遥）

【都市型设施园艺栽培模式创新及关键技术研究与示范推广】 由中国农科院农业环境与可持续发展研究所、北京市农林科学院、中国农业大学、北京中环易达设施园艺科技有限公司等单位杨其长等完成。该项目在温室、大棚内进行周年、多茬、立体栽培的都市型设施园艺，是栽培技术与观赏性、艺术性的有机结合。该项目在国际上首次创立了甘薯根系分离、空中连续结薯的创新栽培模式，首次提出了墙面与斜面立体栽培、保持植株直立生长的方法，发明了斜插式立柱、移动式管道、多功能水耕等无土栽培技术，成果总体上达国际先进水平。该项目获发明专利7项，在国内外700多家园区和企业应用，获经济效益12.7亿元，为设施园艺科技和都市农业发展作出了重要贡献。

（张思遥）

【中国北方冬小麦抗旱节水种质创新与新品种选育利用】 由中国农科院作物科学研究所、西北农林科技大学、中科院遗传与发育生物学研究所农业资源研究中心等单位景蕊莲等完成。该项目针对小麦抗旱节水研究中存在鉴定技术与评价方法缺乏量化标准，现有指标与抗旱节水高产遗传育种衔接不足，抗旱节水高产种质资源缺乏，国家急需抗旱节水高产品种等问题，以建立抗旱节水鉴定评价技术指标体系为突破口，以抗旱节水种质创新为基础，以选育和推广抗旱节水高产品种为目标，开展系统深入研究。该项目成果：①研究确定了小麦不同生育阶段抗旱节水鉴定评价的技术参数、控制条件和量化标准，首次检测出小麦水分利用效率等抗旱节水相关性状的分子标记，创建了抗旱节水小麦品种及种质资源鉴定评价指标体系的国家推荐性标准。②通过常规育种和分子标记等生物新技术相结合，筛选和创制了一大批抗旱节水高产小麦新种质；首次培育和建立了一套用于小麦抗旱节水分子标记和遗传分析的加倍单倍体（DH）遗传作图群体；选育出适于我国北方冬麦区种植的抗旱节水小麦新品种28个（其中国审品种12个），新品种平均水分利用效率提高25.2%，增产7.8%。在我国旱地和节水灌溉地区增产增收中发挥了重要作用。③新品种洛旱2号和长6878分别被确定为国家黄淮和北部两大冬麦区旱地区试新对照，创新和提升了我国抗旱节水高产冬小麦品种鉴定、评价及利用的标准。④根据我国北方不同生态区域抗旱节水冬小麦品种的需水用水特性、生态和生产特点，通过多年多点实验，总结提出了我国黄淮和北部两大冬麦区的雨养和节水灌溉四类抗旱节水品种生态型区域优化布局方案建议。⑤筛选出的抗旱节水高产新品种累计推广应用11164.8万亩，增产31.29亿千克，获经济效益404170.4万元，节水5.38亿立方米，节水节支19363.5万元，取得了显著的经济、生态和社会效益。项目研究成果为进一步挖掘小麦抗旱节水潜力，提高抗旱节水基因资源的筛选和利用效率提供了理论与技术支撑，整体提升了小麦抗旱节水理论研究和技术创新水平，对于提高我国干旱半干旱地区小麦生产潜力，保障国家粮食、水资源及生态安全具有重要意义。

（张思遥）

【中国农作物种质资源本底多样性和技术指标体系及应用】 由中国农科院作物科学研究所等单位刘旭等完成。该项目针对我国农作物种质资源本底不清，收集、整理、保存、鉴定、评价和利用不规范，缺少科研和生产急需的技术指标等突出问题，在全国开展了跨部门、跨地区、多作物、多学科综合研究，取得了重大突破与创新。首先是提出了粮食和农业植物种质资源概念范畴和层次结构理论，首次明确中国有9631个粮食和农业植物物种，其中栽培及野生近缘植物物种3269个，隶属528种农作物；阐明了528种农作物栽培历史、利用现状和发展前景，查清了中国农作物种质资源本底的物种多样性。其次，建立了主要农作物变种、变型、生态型和基因型相结合的遗传多样性研究方法，研究了110种作物的987个变种、978个变型、1223个农艺性状特异类型，阐明了中国110种作物地方品种本底的遗传多样性，提出了中国是禾谷类作物裸粒基因、糯性基因、矮秆基因和育性基因等特异基因的起源中心或重要起源地之一的新结论。第三，在国际上首次明确了我国110种农作物种质资源的分布规律和富集程度，提出了中国农作物种质资源分布与作物起源地、热量资源、农业种植历史和地形条件密切相关，黄河中下流地区是农作物种质资源富集区，山西是旱粮作物富集区等一系列新结论；绘制了512幅地理分布图，系统、全面、定量地反映了我国主要农作物种质资源的地理分布，分析了我国主要农作物种质资源地理分布的特点和形成原因。第四，在国际上首次提出利用作物种质资源质量控制规范保证描述规范和数据规范可靠性、可比性和有效性的创新技术思路，在国内外首次统一了实验设计、样本数、取样方法、计量单位、精度和允许误差、等级划分方法等10大类全国农作物种质资源的度量指标，国际首创了3824个作物种质资源技术指标，系统集成了1793个技术指标，统一规范了9436个技术指标，系统研制了110种作物种质资源数据质量控制规范、描述规范和数据规范，其中110种数据质量控制规范、38种描述规范为国际首创，创建了作物种质资源科学分类、统一编目、统一描述的技术规范体系。第五，创新了以规范化和数字化带动作物种质资源共享和利用的思路、方法和途径，完成了110种作物20万份种质资源的标准化整理、数字化表达和远程共享服务，从中筛选出一批优异种质，分发后有450份在育种和生产中得到有效利用，极大提高了资源利用效率和效益。该成果在国内外得到广泛应用。2004—2007年共分发种质11.18万份次，直接应用于生产265个，育成新品种231个，累计推广面积9.17亿亩，间接效益985.34亿元，为作物种质资源高效利用、保障粮食安全和农业可持续发展奠定了坚实的基础。

（张思遥）

【森林资源遥感监测技术与业务化应用】 由中国林业科学研究院资源信息研究所、国家林业局调查规划设计院、中科院地理科学与资源研究所等单位李增元等完成。该成果分别以中、高空间分辨率卫星遥感数据作为基础数据源，首次建立了多阶遥感监测抽样技术体系，突破了森林资源遥感数据综合处理、分析及其集成应用的关键技术，规范了遥感技术应用的技术流程与标准，自主研发了森林资源调查遥感数据处理通用软件系统，建成了面向一类和二类调查两个服务层次的森林资源遥感监测业务应用系统，实现了森林资源遥感监测与信息管理的自动化、智能化和流程化。该项目成果：①将森林资源固定样地实测资料和多源遥感信息融合，建立了系列化森林资源专题信息提取与参数定量反演模型方法，充实了森林资源遥感监测调查的方法与技术基础。②研制和开发了全自主林业遥感数据处理通用软件系统。③开发了高空间分辨率遥感森林小班边界提取、森林资源变化概率的遥感估测、林分郁闭度和蓄积量的分级估测、森林类型的自动识别、遥感样地识别等组件化森林资源遥感监测关键技术专业模块。④实现了森林资源遥感调查应用系统的业务化运行。

（张思遥）

【蛋白质饲料资源开发利用技术及应用】 由国家粮食局科学研究院、武汉工业学院、北京中棉紫光生物科技有限公司等单位李爱科等完成。该项目开发了与制油工艺相匹配的提高棉、菜籽粕生物利用率及高效脱毒的新技术，油籽脱皮（壳）及仁壳分离新技术，建成了一次完整的油籽加工与饼粕脱皮、脱毒、营养保护相结合的新工艺和关键设备，同时开发脱皮、高效大豆饼粕以及能替代常规蛋白质资源的饲料原料的生产新技术和建立了无鱼粉、低（无）豆粕饲粮开发应用新技术并且研究蛋白资源的关键检测技术、制订相关标准。该项目成果：开发了新型棉、菜子粕产品和应用技术，达到了提高优质蛋白饲料产量、并从整体上解决我国蛋白资源长期短缺的难题。相关技术成果广泛应用于制油企业、饲料企业和养殖企业，取得了良好的经济效益和社会效益。

（张思遥）

【大幅度提高油气产量的非平面压裂技术与工业化应用】 由中国石油大学、中国石油天然气股份有限公司勘探开发研究院廊坊分院等单位陈勉等完成。该项目在4个方面取得了创新。一是提出了非平面水力裂缝模型。针对我国油气藏往往具有非连续、非均质、各向异性的特点，研究了非平面水力裂缝起裂、扩展过程中岩石受力、变形与断裂等关键问题，建立了非平面裂缝起裂、扩展模型。建立了控制压裂大型物理模拟实验实时监测方法，证实了非平面水力裂缝的可控性，模型预测的裂缝延伸精度在90%以上。非平面水力压裂理论为控制压裂设计方法和增产技术的核心。二是形成了压裂空间物理力学参数三维精细预测方法。针对控制压裂需要精确掌握水力裂缝波及空间（近井地带和远离井眼未钻区域）的物理力学特征，建立了Ⅰ－Ⅱ型断裂韧性实验方法和原始地应力的复合测试技术，提出了破裂压力、坍塌压力和油气开发过程中区域动态地应力的三维精细预测方法，定量认识了压裂对象，为控制压裂设计、施工及保持水力裂缝的长期有效性奠定了科学的基础，与传统测试技术和预测方法相比，精度提高了21%—53%，并为国内外石油工程界广泛采用。三是建立了控制压裂设计方法。根据我国油气储层的物理、力学特征，结合油田区块开发制度及进程，建立了通过调整压裂时机、改变射孔参数、利用复合断裂韧性、优化压裂液性能等控制压裂设计方法，实现水力裂缝按设计的空间路径起裂、延伸和转向，有效沟通富含油气的孔缝，解决了非连续、非均质、各向异性储层的压裂设计这一世界性难题。四是形成了适合不同储层特征的非平面控制压裂增产技术，包括重复压裂裂缝扩展控制技术、各向异性低渗透油气藏压裂技术、薄（多）油层压裂缝高控制技术、深度改造和超前注水开发压裂技术，实现了设计控制下的水力裂缝延伸和转向。水力裂缝形态得到了现场验证，收到了大幅度增产效果。这项成果发展了传统压裂理论，开辟了利用非平面控制压裂技术提高油气产量的新途径，拓宽了压裂应用领域，促进了油气开发技术进步。

（张思遥）

【稀土催化材料及在机动车尾气净化中应用】　由清华大学、华东理工大学、无锡威孚力达催化净化器有限责任公司等单位翁端等完成。该项目针对城市机动车尾气污染防治，利用我国稀土资源优势，在国家“973”项目、“863”项目研究基础上，自主创新，开发出符合国家排放标准要求的机动车尾气净化催化剂的关键材料及系统集成匹配技术。该项目成果：①突破了铈锆储氧材料的梯度修饰关键技术及大比表面积制备技术，大幅提高了铈锆储氧材料的储氧容量、速度以及比表面积，深入探讨了铈锆材料储放氧机理以及碱土金属、其他稀土属离子等在铈锆储氧材料表面的微观修饰机制；创制了磷、硅掺杂的活性 Al_2O_3 及其湿化学制备技术，解决了氧化铝涂层材料在使用过程中的相变失活问题，形成了具有自主知识产权的机动车尾气净化关键材料技术。②通过对稀土—（贵）金属间相互作用机制的深入研究，设计开发了适用于汽油车以及代用燃料（液化石油气、乙醇燃料等）汽车尾气净化的高性能催化剂及制备工艺，并有效减少了贵金属的用量，降低了催化剂的成本。③针对我国的油品特性，设计开发了具有高抗硫性能的柴油车用氧化催化材料，有效解决了常规氧化催化剂难于抵抗我国柴油车尾气中高硫成分侵蚀而容易发生中毒失活的难题，延长了催化剂寿命。④基于上述材料创新，通过催化净化器结构设计、载体的表面处理及整体制备/涂敷等技术集成，成功实现了我国自主知识产权的机动车尾气净化技术的产业化，使汽油车、柴油车尾气排放水平超过国Ⅳ排放标准，净化器寿命达10万千米；使摩托车尾气排放水平超过国Ⅲ排放标准，净化器寿命达1.5万千米，均超过了我国现行的机动车尾气排放标准。

（张思遥）

【文物虚拟修复和数字化保护技术的研究与应用】　由北京师范大学、西北大学、陕西省考古研究院周明全等完成。该项目组针对中华文化遗产的保护需求，采用虚拟现实、图形图像处理等信息科学新技术，完成了多项文物数字化、文物虚拟复原修复、数字博物馆、数字考古方面的科研项目，解决了文物的三维数字化真彩色信息的采集、基于网络的虚拟现实浏览技术等关键技术问题，形成了系列的文化遗产数字化处理与保护的方法与科技成果，为文物保护、考古、古人类学的研究开辟了新的途径。

（张思遥）

【中国1∶100万数字地貌图研究及其应用】　由中国科学院地理科学与资源研究所等单位周成虎等完成。项目面向国家自然资源、生态与环境调查等重大需求，从1978年开始，历经30年，前后三代人、200多位地貌学家的持续研究和联合攻关，突破了地貌遥感定量解析等诸多关键技术，率先在国际上完成国家级地貌数据库共享系统和百万比例尺地貌图，填补了本领域国内外空白。该地貌图是我国目前开本最大、内容最丰富的百万系列地图之一，也是唯一覆盖了我国全部陆域和海疆国土的百万系列专题地图集。该项目成果:①系统地收集、整编和集成了不同时期的地貌图件、基础地理数据、地质数据和多分辨率遥感影像等,建成了全国统一的地貌遥感解析基础数据库。②系统地研究了我国地貌命名体系,建立了基于概念树的规范化地貌学名词系统;首次提出了地貌分类的原则和指标体系,并建立了形态与成因相结合的全国陆地地貌数值分类系统,在数值地貌分类系统方面有重大的突破。③提出了地势起伏度、地表坡度等地形特征计算的新模型;研究和建立了基于遥感和地理信息系统技术、“定位、定性、定量”相统一的地貌单元解析模型,制定了基于 ArcGIS、“统一基础数据、统一分类系统、统一技术方法”的全国地貌综合解析技术规程,完成了全国 22 万多个地貌单元的综合判识,并建立了全国数字地貌数据共享系统——《中国地貌(世纪网络版)》,在地貌遥感解析技术上有重大创新,大幅度提高了地貌单元解析的精度和速度。④设计和构建了基于地图代数理论的全国地貌类型符号库、颜色库、地名注记库等,首次完成了海陆一体化的《中华人民共和国1:100 万地貌图集》的编制和出版,填补了该领域国内外空白,在地貌计算机制图、大型地图集蝴蝶装工艺等方面有显著创新。

(张思遥)

【丁苯酞原料及软胶囊】 由中国医学科学院药物研究所、石药集团有限公司冯亦璞等完成。该项目是治疗急性缺血性脑卒中的国家级一类新药,也是国际上第一个作用于缺血性脑卒中多个病理环节的药物。项目研究人员经过大量研究实验发现,芹菜及其籽中的主要有效成分丁苯酞具有预防和治疗脑缺血引起的疾病的作用,研究内容在 1993 年申请了专利,1999 年获得专利证书。按照新药审评的要求,药物研究所完成了丁苯酞原料及其制剂的处方工艺研究、结构确证、质量控制、稳定性研究、药学药效、药代、安全性评价等工作,并取得了临床研究批件,为丁苯酞成功开发成国家一类新药奠定了坚实的基础。项目共申请专利 19 项,其中 10 项授权;申请 PCT(专利合作协定)专利 8 项,在俄罗斯、韩国、新加坡、澳大利亚及欧盟等 14 个国家和地区授权。为了进一步拓展海外市场,丁苯酞部分专利先后授权给美国、韩国等国际知名的制药公司,开创了我国医药知识产权向发达国家授权的先例,提高了我国医药在精神神经科领域的国际地位。

(张思遥)

【客运专线钢轨成套技术开发与应用】 由中国铁道科学研究院、西安铁路局、攀枝花钢铁(集团)公司等单位何华武等完成。钢轨是保证客运列车安全、平稳、快捷运输的基础。与普通线路相比,铁路客运专线对钢轨安全性能的要求非常苛刻。作为一个系统工程,铁路客运专线钢轨成套技术涉及钢轨的技术标准、材质、生产、运输、焊接和铺设、维护等众多关键技术。在项目实施的过程中,各完成单位密切配合,借鉴国外高速铁路钢轨使用经验,结合我国铁路客运专线实际运行情况,对铁路客运专线用钢轨材质进行了优化,探索出了适合我国铁路客运专线特点的钢种及其化学成分。

(张思遥)

【主动脉夹层治疗新策略研究及应用】 由中国医学科学院阜外心血管病医院孙立忠等完成。主动脉夹层是一组严重危害人民健康的疾病,发病急、进展快,病死率和致残率均极高。项目针对我国主动脉夹层的特点,结合 2001 年 7 月至 2007 年 12 月手术和介入治疗,共 1002 例患者及相关基础研究,制订了全新的治疗策略,推动了全国主动脉夹层诊断和治疗技术的发展,为该领域跨入世界先进行列作出了贡献。疗效的提高得益于以下几个新的关键技术:①建立了适合国人的“主动脉夹层细化分型”。②首创“全弓替换 + 支架象鼻手术”治疗复杂型、A 型和 B 型主动脉夹层。③胸腹主动脉替换中,首创的肋间动脉吻合新技术“动脉管状成形法”,使截瘫的发生率大大降低。④国内首次成功开展一期全主动脉替换术治疗主动脉夹层并发广泛动脉瘤。⑤覆膜血管内支架置入术治疗 B 型主动脉夹层。⑥主动脉手术脑损伤机制的实验研究支持临床降低术后脑部并发症。该项目在国内外杂志上发表论文 36 篇,并通过大会交流、定期举办全国主动脉外科培训班、指导和协助兄弟医院开展工作、培养研究生和进修生等多种方式进行技术推广，产生了良好的社会和经济效益。使我国的主动脉外科事业不仅取得了较大的进步，而且跨入世界先进行列。

（张思遥）

【阻塞性睡眠呼吸暂停低通气综合征研究和诊治】 由首都医科大学附属北京同仁医院、北京市耳鼻咽喉科研究所韩德民等完成，针对评估睡眠呼吸暂停低通气综合征（OSAHS）不同个体的关键致病因素，重塑气道结构，提高手术疗效，避免合并症的技术难题，首次提出腭帆间隙的解剖概念；创建了解剖腭帆间隙、切除间隙内沉积脂肪、保留悬雍垂的一期腭咽成形术（H－UPPP），提高了手术疗效，无1例严重合并症。建立选择手术适应证及综合治疗体系，选择手术适应证使显效率由53.3%提高到82.4%，实现围手术期无死亡。提出“结构—功能—症状”的创新学术理念，成功地将鼻内镜外科技术应用于OSAHS治疗。技术推广至全国17个省、自治区及直辖市，30个医疗机构，主持制订了我国专科领域第一个OSAHS诊疗指南。发表论文196篇（SCI 20篇）。授权专利7项。手术技术写入国家级教材并在国外专著中作独立章节介绍。该项目开发的新技术作为OSAHS安全有效的治疗方法，从源头上降低了心脑血管等多种严重危害人类健康常见多发病的发病率，明显提高了群体生活质量。

（张思遥）

【颅脑手术中脑认知功能保护的微创神经外科学基础研究与临床应用】 由首都医科大学附属北京天坛医院、中科院生物物理研究所赵继宗等完成。课题组在国内率先实践微创神经外科理念，建立微创神经外科学技术平台，普及和推广规范的微创神经外科治疗理念，并在国家“十五”攻关项目“脑卒中规范化外科治疗技术推广研究”得到实践。课题组从搭建规范化微创神经外科技术平台、精确定位颅脑手术中神经功能与解剖结构之间相互关系等方面着手，以“最小创伤性操作处理病灶，最大限度保护或恢复神经功能”为基本原则，应用微创技术改变传统开颅手术模式，实现了准确的病灶解剖和脑认知功能定位；整合脑血流和神经电生理等手术中监测技术，建立脑功能保护预警系统。同时体现了转化医学理念，首次将脑认知功能基础研究结果直接应用于颅脑手术，不仅最大限度保护患者肢体运动、语言和基本视觉功能，而且在国际上首次验证了中文语言区和颞叶前区的拓扑功能。研究成果极大地改善了全国颅脑手术患者的预后，促进了我国的微创神经外科水平进入国际先进行列。

（张思遥）

2009年度北京市科学技术奖一等奖简介

【网络软件基础架构平台（网驰ONCE）技术和系统】 由中科院软件研究所等单位黄涛、冯玉琳、钟华等完成。项目以分布式计算和中间件技术为切入点，取得了以下成果：①首创资源敏感的自适应性能优化方法，能够提高大规模并发用户下网络化软件的可用性，关键性能指标可提高20%以上，有效防止系统失效与崩溃；②首创面向应用语义的可靠性保障方法，解决网络化软件运行时的隐式干扰问题，保障系统运行的正确性和一致性；③创新性地提出基于语义的多层次模型驱动集成框架，有效提高集成的深度、自动化程度和准确性，可充分利用遗留资产，提高开发效率和质量；④首创组件容器产品线体系结构，建立了基于微内核总线的柔性中间件平台，能够快速响应大型网络化软件的需求变化。相关研究已形成授权/实审发明专利11项，在国内外重要期刊和会议上发表论文380余篇，出版专著2部。在中科院知识创新工程、国家“863”和“973”等项目支持下，中科院软件所研制了面向大型网络化软件的网络软件基础架构平台——网驰（ONCE）。主要包括Web应用服务器、XML解析器、SOAP引擎、数据集成、流程集成、门户等中间件，实现了开发、运行、集成等平台的融合，构建了“网络环境下的操作系统”。核心系统源代码 280 万行，软件著作权 75 项。成果于 2005 年通过中国科学院组织的技术鉴定，平台技术先进，创新性强，总体技术达到国际先进水平。成果已应用到航天、航空、核电、奥运会等国家重点领域和重点工程，以及中组部、商务部等政府部门，推动了一大批软件企业的生产能力和技术竞争力。成果还成功应用到境外。

（市奖励办）

【人造板及其制品环境指标的检测技术体系】 由中国林业科学研究院木材工业研究所周玉成、程放、井元伟等完成。该项目属人造板检测领域，用来检测与限定人造板及制品有害物质的挥发量。甲醛是制造人造板的主要原料，无法用其他材料替代。人造板及制品释放的甲醛是高致癌物，释放期长达 15 年，释放出的 VOC 也可导致各种疾病，对人类健康构成严重威胁。对此，世界各国高度关注，相继颁布法律或强制性标准限定人造板及其制品的甲醛释放量，并一直探索精准、宽范围的人造板及其制品甲醛与 VOC 的检测技术。项目围绕产业链展开：①甲醛、VOC 释放规律分析技术：以人造板主要用材为对象，发明神经元网络分析方法和仪器，揭示木材内部结构与宏观特征和释放量之间的关系；②生产过程监控技术：研发先进的设备，探索生产过程中人造板有害物质的释放规律，动态调整生产设备各项参数，在生产过程中达到最优化；③终端产品监控与检测技术：开发出国内首台大型甲醛、VOC 检测室，对整体家具进行检测；开发手持式甲醛监测仪、公共场所甲醛监控网；④高端仪器校准技术：开发 PPM 级多功能动态配气仪器，解决国内没有先进设备校准高端仪器的问题。建立自主产权的我国人造板及其制品环境指标检测技术体系，颁布实施人造板其及制品甲醛释放量的国家标准、检测方法的行业标准、VOC 检测方法的行业标准，实现对产业链的各环节的监测与控制。该项目开发出 8 项人造板产业链各环节的检测原理与技术及相应的检测仪器六大类 11 个品种。6 项技术及产品保持国际领先，产品已通过国家认证，获国家重点新产品证书、国家级星火计划项目证书、北京市新产品证书、高新企业证书。申报国际专利 1 项，产生 13 项国内专利。建立年生产能力 600 台，产值达 9000 万元的设备制造基地，产品已在国家人造板质量监督检验中心及 20 多个省市使用。

（市奖励办）

【结合视觉特性的图像视频编码】 由北京交通大学赵耀、白慧慧、朱振峰等完成。项目研究属于信息技术领域图像处理学科。近年来，可视媒体通信业务的蓬勃发展给图像视频编码带来了新的机遇和挑战。传统的图像视频编码没有充分考虑接收者的视觉特性，也无法适应现代传输网络涌现出的诸多问题，如日益严重的网络拥塞、网络异构性及移动多媒体终端运算能力不足等。该项目结合人类视觉特性，针对图像视频编码的高效性、可靠性和低复杂性等展开研究。在国内率先提出第四代人机交互和内容理解的概念框架，构建视觉信息的获取、理解、压缩传输、重建及显示的交互模型。在视觉特性分析方面，主要研究视觉的频率灵敏度、掩盖效应、视觉与分形描述的内在联系、感兴趣目标提取等问题。上述成果为图像视频编码中视觉特性的有效利用提供了理论基础。在高效压缩方面，首次将分形编码从空间域引入频率域，并利用视觉的掩盖效应，有效去除图像块之间的视觉冗余，率失真性能显著提高；首次提出任意形状区域分割的分形编解码方案，更加彻底地利用图像本身的自相似性；为提高多描述图像编码（MDC）的压缩性能，利用视觉对不同频带的敏感性，优化设计格型矢量量化（LVQ）编码参数。利用 MDC 提高传输的可靠性，提出基于多样性的 2 步骤 MDC 方案，通过边路和中心路的性能调节以适应不同的网络传输条件，与国际上同类方法相比，鲁棒性和压缩性具有明显优势；首次引入信息隐藏技术，为 MDC 提供了崭新的研究思路，在不增加单路描述数据量的前提下，将另一路描述的粗信息隐藏到该路信息中，提高了编码的鲁棒性。通过分布式编码（DVC）实现了低复杂度的视频压缩。在保证低运算量的前提下，利用 LVQ、LQR Hash

残差及解码端运动补偿等技术提高了压缩性能；结合 MDC，提高了 DVC 的抗干扰能力；基于 SPIHT，实现质量的可伸缩性；并构建基于 DVC 的手机视频通信演示系统。该项目共发表包括 IEEE Trans. on CSVT. 等在内的学术论文 150 篇。其中，被 SCI 收录 69 篇，被 Web of Sci. 引用 351 次，其中他引 293 次；被中国引文数据库引用 527 次，其中他引 510 次；被国内外专著引用 3 次。申请发明专利 4 项，获授权 3 项；所完成的国家自然科学基金课题，经基金委评估为优秀。

（市奖励办）

【测绘信息化关键技术及生态环境应用】 由北京林业大学等单位冯仲科、马超、岳德鹏等完成。该项目以测绘学理论和信息技术为基础，研制和开发出系列野外作业电子测绘仪器和测绘内外业一体化软件基础平台，通过自主创新和有效集成生态环境领域地面调查监测、评价、预测、决策、空间分析、制图表达等关键技术，实现了基于测绘信息化技术的生态环境数字化、三维化、精准化的模拟、表达和服务。项目取得的成果：在野外测绘调查自动化技术、航天遥感生态环境计测技术、地理信息系统研建与专题地图制作三个领域中实现了技术突破，形成 PDA 配合电子经纬仪、全站仪、全球定位系统野外自动调查技术、单张相片测树技术、全站仪量测树高技术、森林生物量航天遥感估测技术、森林调节温度反演技术、森林生态服务价值估算技术、林火发生与蔓延模拟技术、森林负离子监测技术和生态环境专题图制图等 9 项实用创新技术，已广泛应用到我国林业、国土资源、土木工程及园林工程等相关行业，实现了生态环境的地面自动调查与航空航天遥感调查，从常规监测到造林决策和林火管理，从静态调查因子获取到动态特征参数获取，形成内外业一体化技术方法体系。该项目的研发和应用推广，促进了行业的科技创新，取得了显著的经济和社会效益。项目发表 120 篇学术论文，其中 SCI、EI、ISTP 收录 93 篇；培养硕士 20 人，博士（后）18 人；申请发明专利 21 项，其中授权 3 项；软件著作权登记 12 项；项目获得国家自然科学基金重大计划、北京市自然科学基金重点项目及企业自筹资金等 8 项资助，共计 1000 余万元。近三年实现仪器软件销售产值 4.68 亿元，利税 1.45 亿元，仪器软件出口创汇 600 万美元。

（市奖励办）

【7500kVA 大功率 IGCT 交直交变频系统】 由冶金自动化研究设计院等单位李崇坚、李耀华、葛琼璇等完成。大功率交流电机变频调速是国家重大技术装备的关键设备，也是当前国家节能减排的重点推广技术。随着电力电子技术的发展，新型电力电子器件 IGCT/ IGBT 问世，在大功率交流调速领域，采用 IGCT/IGBT 新型器件的大功率交直交变频器已成为趋势。但该技术长期被少数国外大公司垄断，国家在交通、能源、冶金、国防等重点工程和重大装备中的大型交流调速系统依赖进口。为此，冶金自动化研究设计院、中科院电工研究所和北京金自天正公司共同合作，在国家“863”计划的支持下，研制国产 7500kVA 大功率 IGCT 交直交变频调速系统。该项目在大功率 IGCT 器件应用技术，IGCT 三电平交直交变频电路拓扑，IGCT 交直交变频装置设计方法，IGCT 变频模块和水冷散热结构，大功率三电平 PWM 变频控制最小脉宽处理、死区补偿和调制方式平滑切换等关键技术，基于 VME 总线的多 CPU 与 DSP 处理器结合的全数字控制系统以及大功率 IGCT 变频器工程试验方法等方面获得 14 项专利，其中发明专利 11 项，具有自主知识产权。所研制的 IGCT 变频装置已成功应用于机车牵引，运行稳定可靠，该装置结构简单，功率密度高，最大输出功率为 10MVA，达到国际先进水平。该项目获得销售收入 4000 万元，利润 1000 万元，替代进口设备节约投资 1000 万元。该项目技术成果推广到高压变频器和大功率变频调速系统，实现销售收入超过 2 亿元。在此基础上形成了冶金高性能电机节能调速装置产业，建设年产能力 600 台套的冶金高性能电机节能调速装置的生产线。该项目的研制成功使我国在大功率交直交变频的理论研究、工程技术、装备制造等关键技术取得重要突

破。

（市奖励办）

【先进太阳敏感器技术】 由清华大学尤政、邢飞、张高飞等完成。项目属于仪器仪表领域。项目取得的成果：①围绕航天器姿态确定关键传感器件之——太阳敏感器相关技术开展了创新性研究，研制了一系列高性能的模拟式、数字式太阳敏感器。②创新性地开展了基于 MEMS 的高性能数字太阳敏感器研究。首次提出并研制了 MEMS 多孔阵列式光线引入器，成功实现了具有多孔阵列式光线引入器的数字太阳敏感器在轨飞行试验。在轨飞行证明，该太阳敏感器在 ±10°的视场范围内，精度优于 0.02°，在全视场（±64°）范围内，精度优于 0.05°。首次提出并实现了预测提取和图像相关的太阳敏感器图像处理算法，实现了太阳敏感器高精度、高抗干扰能力。提出了在不同光强度情况下的数字太阳敏感器的自适应曝光算法，实现了太阳敏感器在地面试验、在轨测量等多种场合自适应使用。提出了具有玻璃保护窗口的 APS 数字太阳敏感器标定方法，可以实现全视场（128°×128°）范围内的高精度标定。③开展了基于线阵 CCD 的数字太阳敏感器研究。首次提出了一种基于光学游标测量原理的平行光角度测量方法，研制了基于此方法的 CCD 数字太阳敏感器，在 ±64°全程测量范围内，测量精度优于 0.02°。④开展了微型化低功耗模拟太阳敏感器技术研究。发明了一种光学非线性补偿方法，利用此方法，设计了方框形狭缝光线引入器，研制了微型低功耗双轴模拟式太阳敏感器。该项目将微米纳米技术与航天技术相结合，突破了一系列太阳敏感器关键技术，整体技术属国内首创，达到国际领先水平。项目成果满足了微小卫星对姿态敏感器高精度、高可靠性、大视场、低功耗、微小型化的迫切需求，带动了微米纳米技术的发展和应用，促进了仪器仪表及航天器姿态确定技术领域相关新原理、新方法的创新与发展。该项目的相关技术和产品已经推广到多颗卫星中应用，取得了可观的经济效益。通过项目研究，突破了国外的技术封锁，使我国卫星姿态敏感器技术实现了跨越式发展，同时为航天部门培养了一批高级专门人才。

（市奖励办）

【电磁计算快速精确算法及其应用】 由北京理工大学等单位盛新庆、高本庆、潘小敏等完成。该项目属于电磁场与微波技术学科的计算电磁学领域，主要包括电磁快速精确算法的设计理论、算法设计和实现技术以及在目标与环境特性等方面的应用。电磁计算是精细把握电磁规律的强有力工具之一，是发展信息技术的基础之一。快速精确算法的设计、实现、应用是电磁计算的核心和关键。该项目以探索解决计算电磁学中 4 个国际公认的挑战性难题为核心，以建立电磁快速精确算法设计理论和方法为目的，得到国家自然科学基金、国家“973”项目的支持。该项目的主要成果：发现了影响电磁数学离散形式的主要原因，据此建立了设计快速精确电磁数学离散形式的一般矩阵结构形式理论。在此理论的指导下，发现了均匀介质电磁场积分方程的快速精确离散形式，发现了混合有限元－边界元的快速精确数学离散形式，提出并实现了合元极算法。将设计理论和高效算法具体应用于超电大复杂目标散射和电大深腔目标散射等国际公认的难题，技术指标国际领先。该项目建立的设计电磁快速精确算法的理论框架已成为设计电磁快速精确算法的重要依据之一。在电磁计算快速精确算法方面的若干基本发现、提出并实现的一系列快速算法、在若干困难问题上取得的计算能力的突破，对微波技术学科都有持续、重要的影响。该项目多项成果被一些国际著名学者详细引用。在 27 篇主要论著中，10 篇代表性论著被 SCI 他引 155 次，他引总数 380 次，单篇最高他引 73 次；27 篇主要论文被 SCI 他引 259 次，他引总数 541 次；获发明专利 1 项，注册软件 3 个，其中中算软件已被 3 家型号总体设计单位使用。

（市奖励办）

【网络管理建模、分析与评价技术系列国际标准及应用】 由北京邮电大学等单位孟洛明、李文、亓峰等完成。该项目属于通信网络技术领域。该项目在“十五”国家重大科技专项“重要技术标准研究”和国家自然科学基金的资助下,解决了5项关键技术问题并取得技术突破:包交换与电路交换混合网络的综合管理体系结构,基于"流"的无连接网络管理信息建模方法及其信息模型,网络管理接口模型的通用分析方法,网络运行质量的定量评价机制与算法,网络管理接口的扩展机制,其中后4项取得了创新性成果。研究成果作为我国的建议文稿提交给ITU-T,已被完整采纳为6项ITU-T国际标准。基于研究成果及形成的国际标准,研制成功了6类网络管理系统和网络管理测试系统,获得11项计算机软件著作权。该项目解决了大规模复杂网络管理中亟待解决的重大问题,促进了网络管理学科的发展,缓解并逐步解决了网络管理工程建设对理论和技术的迫切需求,使我国在网络管理领域的研究、实现和标准化方面具备了战略优势。该项目研制的系统已在全国百余个网管系统工程项目中得到推广应用,直接经济效益(合同额)累计达到2.77亿元。项目完成的国际标准提升了我国在国际标准化组织中的影响力,为我国在国际标准化领域争得了"一席之地",为国家标准战略做出了实质性贡献;项目涵盖网络管理产业链中的各个环节,培养了大量网络管理领域的优秀人才,促进了以企业为主体、市场为导向、产学研结合的技术创新体系的建设;项目在取得了巨大经济效益的同时,也取得了显著的社会效益。

(市奖励办)

【禽畜鹦鹉热衣原体基因工程亚单位疫苗和检测技术的研究】 由解放军军事医学科学院微生物流行病研究所等单位端青、朱虹、宋立华等完成。项目属动物病原微生物和传染病学研究领域。项目以鹦鹉热衣原体(Cps)禽、畜基因工程亚单位疫苗、Cps病原学和感染诊断为研究内容,主要解决我国Cps动物用疫苗和感染检测等技术问题。技术创新点与创新程度:①研制了Cps主要外膜蛋白(MOMP)基因工程亚单位疫苗(Cps-MOMP)。该疫苗获国家发明专利和农业转基因生物安全证书,其中鸡用疫苗于2006年获国家一类新兽药证书和生产批准文号,羊用疫苗已申报新药并被受理。②研究建立了Cps系列检测技术用于感染诊断。其中2种试剂申报国家发明专利,已分别被授权和受理;出版了国内外首部衣原体形态学专著《衣原体图谱》;编写的《衣原体检测标准方法》列入军标,并成为国内唯一的Cps检测国家认证实验室。③首次从我国发病蛋鸡、种鸡、家兔和进口波尔羊体内分离出Cps并进行了系统鉴定,不但为相关养殖单位确定了病原,并成功找到了病因。④建立了我国衣原体流行株DNA模板库、引物库和基因分型数据库。获得的11种我国Cps独特的基因型并通过因特网登陆GenBank数据库。研究成果可在突发生物恐怖袭击和公共卫生疫情中用于病原甄别和溯源。技术经济指标:Cps-MOMP亚单位疫苗生产成本低、环境释放安全,适合大规模生产;疫苗对蛋鸡和肉鸡的保护率可达95%—100%;建立的荧光实时定量PCR方法,最低可检出50拷贝/PCR反应,敏感性比常规PCR提高100倍;研制的免疫胶体金试剂可在5分钟内诊断Cps感染。Cps是人畜共患病原体,也是潜在的生物剂,在促进我国Cps传染病防控和保障畜牧业生产、人民健康和国家安全方面具有重要作用。开发的疫苗和试剂已规模化生产并在全国应用。疫苗获得科技部颁发的国家重点新产品证书。该项目获得的经济效益已超过亿元。

(市奖励办)

【南水北调中线北京段西四环暗涵工程关键技术研究与应用】 由北京市水利规划设计研究院沈来新、付云升、石维新等完成。项目属于重大工程类研究项目。该项目成果:依托的西四环暗涵工程是南水北调中线工程的重要组成部分,其建设目标是近期为北京提供应急水源创造条件,远期提高北京市城市供水保证率,从根本上解决北京水资源的供需矛盾,保证首都社会稳定和可持续发展。根据工程特点,采用浅埋暗挖法在城市快速路下砂卵石地层中修建了长距离大规模圆形输水暗涵并满足输水功能要求。浅埋暗挖技术由于其在城区地面建筑物密集地区的地下工程施工中所具有的优势而被地铁、市政等部门广泛采用。但在全线位于城市快速路下的砂卵石地层中,在复杂环境条件下

(穿越引水渠、桥桩和管线等)修建的大流量有压圆形输水暗涵尚属首次。项目对工程关键技术进行了研究,解决了输水暗涵复合式衬砌、穿越立交桥、穿越地下管线、通气孔设计等方面的一系列关键技术。在砂卵石地层,长距离、圆形输水暗涵的修建技术,暗涵地层改良和初期支护配套技术,复杂环境条件下暗涵修建技术,暗涵复合式衬砌防水技术等方面取得了创新。研究成果具有创新性、先进性和推广应用价值,整体上居国内领先水平。目前研究成果已成功应用在南水北调中线北京段西四环暗涵工程,确保了工程的质量和安全顺利实施。工程已安全运行一年,极大缓解了北京市城市用水的紧张状况,成为北京市首要供水水源,取得了显著的社会效益。

(市奖励办)

【植物杀螨活性物质的研究与示范】 由北京农学院等单位王有年、师光禄、李登科等完成,属于果树生态学、果树生物防治技术等多学科融合的高新技术研究领域,获得国家自然科学基金和北京市研发攻关等项目资助。主要研发内容及成果:根据生物防治原理,从植物中分离天然杀螨活性物质,应用活性跟踪法确定提取方法和工艺流程;利用色光谱技术,分离纯化杀螨活性成分,确定先导化合物分子结构;明确活性化合物对害螨的作用方式及对消化、神经、代谢系统关键酶的影响;利用活性组分及助剂的协同毒力效应,确定制剂配方、剂型、剂量、制备方法与工艺流程,开展关键技术研究与示范。该项目利用我国丰富的植物资源,从植物中筛选具有杀螨的活性成分,在植物源杀螨剂制备的关键技术上创新,共有43项产品与技术申报国家发明专利,其中15项已获得国家发明专利权,形成了具有自主知识产权、由发明专利构成的技术产品体系。采用色、光谱技术,分离纯化了植物杀螨活性成分,确定了先导化合物的分子结构,进行了构效关系研究;利用活性组分及助剂协同毒力效应,研发了制备方法与工艺流程。植物源杀螨剂的防治效果达到了85%以上,与同类产品比较,益害比值由1: 18.22增至1: 203.31,提高了11.16倍,控害保益率由23.8%提高到89.9%,同时具有促进植物生长功效,与对照相比可增产16%—23%,实现了资源优化配置、农产品优质安全、保护生态环境的目标。通过植物源农药中试基地建设并与永业生物技术有限责任公司联合攻关,实现关键技术与应用示范研究并重,产品开发与产业促进并举的产业化体系。在河南、内蒙古、河北、陕西、山西、甘肃、山东、新疆、北京等地得到了大面积应用,累计推广1234.32万亩,增收节支达177084.55万元。

(市奖励办)

【细胞、器官衰老的分子机制研究与个体化衰老评价的建立及应用】 由解放军总医院等单位陈香美、蔡广研、童坦君等完成。项目是多学科合作研究的成果,针对人口老龄化问题,在“973”项目和5项国家自然科学基金资助下,开展系统的基础与临床研究。该项目的原创性成果:①在细胞衰老研究方面揭示了我国自主克隆的衰老相关新基因CSIG延缓细胞衰老的机理,在国际上首次提出并证明了模式生物同源“长寿基因”SIRT1是细胞衰老与整体衰老的分子连接点。通过解析端粒末端四链体结构的真实构象,阐明了端粒丢失导致细胞衰老这一关键问题,论文发表于Angew Chem Int Ed Engl(IF 10.88)。细胞衰老机制的系列研究在国际著名期刊Plos One、J. Cell Sci等发表论文,单篇论文被SCI引用32次,被国际公认是引领细胞衰老方面的前沿性研究成果。②以肾、心、脑等重要器官为切入点,揭示了器官衰老发生的关键环节,明确了我国自主克隆的衰老相关转运蛋白NaDC通过影响能量代谢促进器官衰老的机制。发现细胞间通讯蛋白功能下调是衰老器官细胞肥大的重要途径;发现内分泌激素影响神经细胞衰老的机制。提出并证实了内环境变化可以影响器官衰老的新观点。在肾脏病领域影响因子最高的杂志J Am Soc Nephrol及FASEB J等发表SCI论文,被国外学者评价是哺乳动物器官衰老机制的重要发现。③建立了第一个中国人个体化衰老的量化评价公式:通过在沈阳、北京、郑州等多中心进行5年纵向随访调查,建立1030例健康老年人数据库,筛选出个体化生物学衰老指标。建立并验证了适合于中国老年人肾功能评估预测方程和个体化衰老量化评价公式。发表论文及述评 112 篇,SCI 收录 59 篇,IF > 5 的论文 15 篇,SCI 论文 IF 总和 > 214。他引 509 次,被国际著名期刊 Nature Reviews Cancer、Nature Reviews Molecular Cell Biology 等他引 389 次。应邀在国际会议上做报告,培养了衰老研究的高层次人才,成果推广至全国 30 余家单位,产生明显的社会和经济效益。

（市奖励办）

【全机器人远程遥控微创心血管手术的应用研究】 由解放军总医院高长青、杨明、王刚等完成。项目研究属微创外科学领域,采用世界上最先进的"达·芬奇 S"(da Vinci S)手术系统,改变了传统开胸心脏手术方式和理念,无需开胸即可完成高难度的心血管手术。将机器人手臂经过胸壁 1 厘米的小孔伸入胸腔,术者在远离患者的控制台前,于放大 10 倍的直视高分辨率三维视野下,通过手柄遥控机械臂完成各种精细动作来实施不开胸心脏手术。通过大量基础动物实验和临床技术攻关,在国内首先创建了一套完整的机器人操控和心脏外科相关技术系统,包括遥控机器人手术系统的布局,并根据国人不同心脏手术总结出了机器人手臂的各种入路和操作流程,创建了 6 项系统性的操作技术常规。在国内率先制定了远程遥控全机器人心脏手术的患者入选标准。采用这一技术,已成功完成各种远程遥控全机器人微创心脏手术共 21 种 210 例,其中包括 4 种世界首例和 17 种国内首例手术,特别是不开胸心脏跳动下冠脉搭桥手术是迄今所知微创心脏手术的极致。手术效果优于传统手术,手术出血明显减少,术后疼痛明显轻于常规手术,术后使用呼吸机时间明显缩短;术后恢复快,大多患者术后第二天可下地活动;手术创伤小,几乎无手术瘢痕;经对所有患者的随访,效果良好。该手术在精确定位、手术最小创伤、手术质量等方面将带来一系列技术变革,已带动和影响其他外科开展微创专科手术,而且会对新一代手术设备的开发与研制等方面的发展产生深远的影响。该项目共发表论文 28 篇,研究成果已在国内外权威杂志发表,并载入国内最权威的《黄家驷外科学》,多次在相关的国际会议上作大会报告。组建了国内第一支机器人心脏手术团队,创建了国内第一个微创机器人心脏外科中心,培养硕士 5 人、博士 5 人。

（市奖励办）

【心房颤动导管消融的临床研究与推广应用】 由首都医科大学附属北京安贞医院等单位马长生、张澍、杨延宗等完成,属于医药卫生(临床内科)领域。心房颤动是一种严重危害人群健康的常见心血管疾病,我国有约 1 千万患者,其脑卒中风险增加 5—7 倍,死亡率增加 1.5—2.0 倍,药物治疗的效果不佳。该项目针对房颤导管消融的方法与技术策略系统地进行了研究,做出了重要的科技创新:①建立了更为简便、安全的房间隔穿刺方法,使国内熟练掌握该技术的心脏电生理医生由 50 余人增加到 150 人;②在国际上首次提出单导管标测、消融隔离肺静脉的方法,成为我国首创的房颤导管消融主流方法,已在国内 40 余家医院应用;③首次通过随机对照试验证明,在环肺静脉消融线上补点隔离肺静脉可提高成功率,减少肺静脉狭窄这一严重并发症;④与国际上同步评价了阵发性房颤、慢性房颤和器质性心脏病房颤导管消融的成功率和安全性;⑤探索出一整套适合我国国情的可教、易学、实用、安全的房颤导管消融方法和技术,如率先在国内常规应用股静脉放置冠状静脉电极导管,使常规从颈内静脉和锁骨下静脉穿刺常见的出血和血肿并发症从 2.0% 降至 0;使用缩小光圈使每例患者放射线剂量减少 70% 以上。该项目发表 SCI 收录论文 46 篇,中文核心期刊论文 182 篇。完成了 7000 余例房颤导管消融,改进和创新的房颤导管消融方法在全国 150 家医院得到应用,培训了全国 70% 以上的房颤导管消融专科医师。研究成果已获广泛应用,极大地提高了我国房颤导管消融的治疗和研究水平。

（市奖励办）

【口腔颌面组织再生及功能重建临床与基础研究】 由首都医科大学附属北京口腔医院等单

位王松灵、胡静 、龙星等完成。项目属口腔医学领域。该项目对利用牵张成骨(DO)及正颌外科技术对牙颌面畸形进行了内源性颌骨再生等形态和功能重建,研究了 DO 的生物学原理并用于临床;利用干细胞组织工程技术研究牙齿、颌骨的再生及功能重建,并通过细胞重组等技术研究了全牙再生;建立多种动物模型研究颞下颌关节(TMJ)疾病发病机理,改进多种术式治疗 TMJ 疾病,重建其功能;利用涎腺内镜及基因转导技术,治疗慢性阻塞性涎腺疾病及放射损伤导致的涎腺功能异常,恢复其唾液分泌功能;对先天颜面畸形的致病基因进行了研究。解决的主要技术问题及创新性:①应用正颌外科及 DO 技术治疗 860 例各类颌面畸形患者,取得良好外形改善与功能重建效果。首次报道牵张速率对下齿槽神经的影响及血管内皮生长因子对下颌牵张骨再生的调控,并发现间充质干细胞移植和骨形成蛋白 7 基因治疗可促进牵张骨痂形成。②率先提出生物牙根再生理念,在大型动物上再生出具有咀嚼功能生物牙根。利用牙周膜干细胞、根尖牙乳头干细胞等在大型动物成功再生修复牙周组织、颌骨缺损及颜面改形。发现骨髓基质细胞在一定条件下可转化为牙上皮样细胞。③建立了多种 TMJ 疾病的动物模型,提出了发病机理的新观点及 TMJ 下腔治疗的新理念。探索出新的 TMJ 外科术式,解决了 TMJ 整复中技术难题。④利用涎腺内镜治疗阻塞性涎腺疾病 636 例,率先提出其选择性治疗程序,发现了新病因;首次构建了涎腺三维仿真成像模拟内镜手术。首次获得小型猪涎腺基因转导重要技术参数,发现转导水通道基因能明显增加放射损伤的腮腺唾液分泌功能。⑤发现 PTCH2 突变是家族性面横裂及基底细胞痣样综合征的致病基因。项目成果牵张成骨、正颌外科及内镜技术修复重建颌骨、TMJ、阻塞性涎腺疾病等已在国内外广泛推广应用。基础研究成果及建立的多种动物模型已在国内外采用。项目共发表英文论著 84 篇,英文综述论文 4 篇,总影响因子 173,引用 487 次,其中他引 420 次;中文论著 65 篇。获国家专利 6 项,在国内外做专题报告百余次,培养博士生等 50 人。

（市奖励办）

【复方丹参方活血化瘀作用的分子机制研究】　由解放军军事医学科学院放射与辐射医学研究所王升启、周喆、张红胜等完成。属医药卫生领域中药药理学的基础研究,得到国家“863”计划、国家自然科学基金的资助。复方丹参方临床疗效确切,基础较好,项目从成分与靶标的关系出发,较系统地揭示了复方丹参方活血化瘀作用的分子机制。该项目成果:①首次报道复方丹参方成分隐丹参酮作用于血管内皮细胞 NF－κB 分子,抑制 ET－1 表达,刺激 NO 的释放;丹酚酸 B 通过 ERK 通路抑制转录因子 NF－κB 和 AP－1 活性,抑制血管内皮细胞的 PAI－1 表达;丹酚酸 B 通过抑制 NAD(P)H 酶诱导 ROS,抑制血管平滑肌细胞 TNF－α 刺激的 MMP－2 表达;原儿茶醛可抑制炎性因子刺激增高的血管内皮细胞黏附分子 ICAM－1 和 VCAM－1 表达。②首次报道人参皂苷 Rg1 可抑制 TNF－α 引起的人动脉平滑肌细胞增殖。三七皂苷 R1 通过 ROS/ERK 通路呈剂量依赖性地抑制 TNF－α 引起的人动脉平滑肌细胞的 FN 基因的表达;三七皂苷 R1 通过抑制 PKB 和 ERK 信号途径抑制 PAI－1。发现人参皂苷 Rg1 对缺氧－复氧诱导的心肌细胞损伤具有保护作用。③首次发现冰片中异龙脑具有显著的神经细胞保护作用,并揭示了其分子机制。④首次提出了基于化学基因组学的方剂化学成分与“证”病例分子对应关系研究新思路,并以复方丹参方活血化瘀作用为例,较系统的揭示了复方丹参方化学成分与血瘀证分子的相互作用分子(网络)机制。⑤基于机理(作用靶点组合)发现一组具有抑制血管平滑肌细胞增殖的有效成分组合,其药效与原方基本一致,证实了成分与血瘀证分子的相互作用分子网络的合理性,提示针对血瘀证的某些症候,基于机理可能设计成分配伍复方药物。该项目发表 SCI 收录论文 15 篇,最高单篇影响因子 5.4,累计影响因子 42.98; SCI 累计他引 102 次,最高单篇他引 18 次。

（市奖励办）

【抑郁症中医证候学规律的研究】 由北京中医药大学等单位唐启盛、曲淼、朱跃兰等完成。该项目得到北京市首都医学发展科研基金联合攻关项目的资助。在全面整理相关文献的基础上,遵循循证医学研究思路,进行多学科、广范围、多中心横向联合的流行病学调查,然后采用贝叶斯(Bayes)网络结合聚类分析、中医理论及其他基本统计方法研究抑郁症的中医证候规律。在此基础上引入方证对应研究思路,对其中的2个常见证型——肾虚肝郁型和肝郁脾虚型进行同一证型内的中西药随机、对照、盲法干预,以HAMD量表和抑郁症证候学研究得出并经专家组论证的证型标准进行疗效评定,以验证抑郁症的中医证型标准的准确性和中医辨证治疗抑郁症的疗效,最终制定抑郁症的中医诊断标准和临床治疗方案。与国内同类技术比较,该研究首次以首发、原发的抑郁症患者为研究对象;首次用贝叶斯(Bayes)网络结合聚类分析、中医理论及其他基本统计方法来研究抑郁症的中医证候规律(证候要素、证型),制定了抑郁症中医诊断标准和中医治疗方案(通过专家组论证),分析了抑郁症中医证候、HAMD抑郁量表7个因子、抑郁程度、患者个人情况之间的内在联系,弥补了单纯运用各种基本统计方法在处理复杂非线性关系中的缺陷;首次结合数理方法和方证对应研究方法研究抑郁症中医证候,弥补了单纯基于专家经验或数理方法研究证候的局限性。抑郁症的中医诊断标准和临床治疗方案已在多家医院推广应用,并已被纳入国家中医药管理局《中医内科疾病治疗指南》中;发表学术论文11篇,出版著作1部(《抑郁症中西医基础与临床》),被许多作者引用;获发明专利1项。

(市奖励办)

【失重的生物学效应研究与应用】 由解放军总医院等单位刘长庭、王常勇、王俊锋等完成。项目属空间医学与生物学领域,得到国家"863"计划等15项基金的资助。该项目的成果:①率先应用旋转式生物反应器研究了小鼠胚胎干细胞、人骨髓间充质干细胞、人脂肪间充质干细胞和心肌、软骨、平滑肌细胞以及胰岛在失重条件下的培养和规模化扩增,并就失重环境对心肌组织和软骨组织形成方面的影响进行了系统的研究,阐明了不同干细胞和组织细胞在失重环境下生长和扩增的特点和优越性,并发明了一种制作微囊化细胞的装置。②首次应用胶原三维多孔材料作为支架材料,新生大鼠心肌细胞为种子细胞,在体外模拟失重环境的生物反应器内,再造了与天然的新生大鼠心肌类似的组织工程化心肌组织;以生物反应器扩增后的软骨细胞为种子细胞,磷酸三钙为支架材料,再造组织工程化软骨组织并成功进行自体移植;把模拟失重环境下培养的胰岛移植到大鼠糖尿病模型中,取得良好的降糖效果。③率先应用N-乙酰半胱氨酸对失重所致肺损伤进行药物干预,发现其能够对抗失重所致的肺组织细胞凋亡过度,对肺脏具有保护作用。对旋转式生物反应器培养的肺T淋巴细胞的免疫功能变化进行研究,发现应用12-肉豆蔻酰-13-乙酸佛波酯干预后模拟失重时肺T淋巴细胞的功能抑制可有明显改善。同时阐明了失重时肺动脉反应性改变的深层机制,也证实核因子-κB、黏附分子-1、原癌基因c-fos在失重所致肺损伤中的作用。④建立了基于DSP(数字信号处理器)和FPGA(现场可编程门阵列)技术的细胞图像采集系统,具有高集成度、结构简单、高频在线采集的特点,将其应用于生物学图片信息分析,能够实现对大量细胞进行长期、实时、在线监测及图像采集,为该方面的医学研究工作提供重要的技术手段。该项目共发表论文42篇,其中英文4篇,SCI收录3篇,单篇影响因子最高11.632,总共被引用100次;申请国家发明专利2项。

(市奖励办)

【复杂钢结构施工关键技术攻关】 由北京市建筑工程研究院等单位刘航、秦杰、游大江等完成。属北京市科技计划资助项目。该项目的成果:①大型预应力钢结构施工技术研究。进行了大比例双向预应力张弦桁架结构模型的受力性能与施工仿真试验研究,研究成果直接用于双向张弦桁架结构的张拉施工。提出双向张弦梁结构在施工阶段的非线性分析理论和模型,编制了施工状态分析软件。对张弦梁结构进行了全面的理论分析。以常州体育馆为原型(120m×80m)进行了1/10比例椭圆形弦支穹顶模型的受力性能与施工仿真试验研究,提出了弦支穹顶结构的张拉施工建议,对弦支穹顶结构的静力性能、动力性能和稳定性能进行了理论分析。用有限元分析的方法对大型索网结构和悬挂结构进行施工模拟计算,提出有关施工工艺的建议。②复杂钢结构施工仿真技术研究。开发了基于ANSYS的预应力钢结构施工力学仿真软件,实现了预应力钢结构有限元分析快速建模、分析及后处理集成环境;开发了基于CATIA的复杂钢结构施工工艺仿真软件,实现了参数化建模、路径优化、运动姿态分析和系统重放等功能,并针对单体滑移和累积滑移施工技术,开发了专用模块。③钢结构工具式临时支承系统研制。开发出钢结构施工现场用工具式临时支承体系。其中"进行构件吊装的支撑移位方法和支撑系统"获国家发明专利。对于典型支撑系统,进行了现场试验、有限元分析及设计优化,绘制了完整的支撑系统图册。④钢结构构件现场信息化编码管理技术研究。将信息化编码的方法用于复杂钢结构施工现场的构件管理,并编制了相应的管理系统软件,实现软、硬件系统化集成。该项目研究成果在国家体育馆、奥运会羽毛球馆、首都机场A380机库、首都机场T3航站楼、国家会议中心、佛山世纪莲花体育场、东方艺术中心、0829训练场等大型重点工程中获得成功应用,取得了显著的社会经济效益。项目成果在总体上达到了国际先进水平,具有推广应用价值。

(市奖励办)

【城市客车多能源一体化混合动力系统及其系列化车型应用】 由清华大学等单位欧阳明高、陈全世、卢青春等完成。项目属于先进交通技术领域。主要成果:发明了以能量混合型燃料电池氢-电混合动力系统为代表,包括油-电、气-电在内的城市客车多能源一体化混合动力系统,形成了一种新的城市客车节能减排重大产品平台技术。发明了与气压制动防抱死系统协调工作的制动能量回收系统、研制了高效率电动制动空压机和转向泵总成、提出了高功率-高能量型动力蓄电池总成系统化评估方法与热-电综合管理技术,突破了新能源客车电动化总成关键技术。发明了强实时、多变量、网络化、高容错为特征的多能源混合动力能量管理与综合控制系统,形成了动力系统及整车电子控制的通用技术平台和成套核心技术。发明了以新型氢气和电气系统集成技术为基础、以氢-电耦合安全性为核心的车载安全系统,实施了国际上第一例客车用氢-电系统台车碰撞试验,建立了碰撞、氢-电等多因素构成的新的汽车安全技术体系。研制了我国第一批通过产品认证的燃料电池混合动力城市客车,在奥运会历史上首次投入公交运行和马拉松赛事服务,在联合国全球环境基金会"燃料电池城市客车商业示范"国际招标项目中夺标。开发了国内第一个串联式混合动力客车产品型谱。建成了全球知名国内首座新能源汽车示范园。该项目已授权发明专利21项,实用新型专利6项,受理待授权发明专利39项;技术成果应用于北方、京华、中通、申沃、金龙等国内主要欧V标准大客车车型,共完成3大系列9个品种的系列化新能源客车的生产,累计运行203万千米,载客900多万人次;新增产值1.42亿元,新增利税593.1万元。该项目使我国新能源客车的研发能力跻身于世界先进行列,产生了显著的经济与社会效益和重大的国际影响。

(市奖励办)

【北京地区地面沉降监控关键技术及其工程应用】 由首都师范大学等单位宫辉力、叶超、李小娟等完成,属于水文地质学、遥感信息工程及地理学交叉学科领域。针对北京市过量开采地下水而引起的区域地面沉降问题,开展地面沉降监测、机理、预测集成研究。项目成果:①SAR干涉测量改进方法研究。提出了GPS观测网、气象观测网和MERIS数据建立区域大气校正模型,融入PS-InSAR算法中,提高了PS算法大区域干涉测量精度与区域使用性。②地面沉降形变场多类型、多尺度时空数据整合及监测网优化。研究了水准监测网(水准、分层标)、GPS监测网以及SAR干涉测量多源、多尺度时空数据清理;进行不同网度的 GPS 监测点、水准点布设,优化监测网形。③多网监测数据在地面沉降机理及过程模拟中的应用。在多网监测结果、含水层系统释水形变机理分析基础上,建立三维地下水—地面沉降耦合模型。结合南水北调客水进京工程,建立多目标约束下的地面沉降调控模型。④地面沉降真三维信息系统研发。自主开发了虚拟地面沉降真三维可视化系统,实现三维空间信息查询与分析。⑤工程应用研究。在上述技术手段支撑下,完成了首都地区地下水资源和环境调查评价、南水北调(北京段)环境地质问题调查评价等应用示范研究。该项目参与制定4项行业技术规范与标准,获得2项发明专利,取得7项软件著作权,出版专著4部,发表 SCI、EI 论文 50 余篇。

(市奖励办)

【甲醇羰基化生产醋酸的新型催化剂】 由中科院化学研究所袁国卿、宋勤华、钱庆利等完成。属于有机合成领域。醋酸在有机化工中的地位相当于无机化工中的硫酸、盐酸和硝酸,广泛应用于国民经济的各个领域。目前世界上最先进的醋酸生产方法是甲醇羰基化法,但是现有催化剂的稳定性较差,活性也较低。国内外通常采用二羰基二碘铑负离子为催化剂的活性中心,并在反应体系中加入添加剂来改进催化的性能。该项目发明了具有独特结构的以正离子为活性中心的强弱配键螯合型催化剂,强配键在反应过程中不断裂,保证了催化剂具有优良的稳定性,弱配键在反应中可以断开,减小了反应控制步骤的位阻,提高了反应速率。从根本上克服了国外催化剂的弱点,经国内外专家实际考察,认为其具有活性高、稳定性好、反应温度低的优点,属于世界首创。在此基础上,将碘离子作为负离子,通过化学反应引入螯合型铑配合物催化剂分子中,碘离子可在分子内对催化活性发挥强助催化作用,进一步改善了催化剂的溶解性和活性;将具有催化和助催化作用的金属离子,通过化学反应引入到适当的配体中形成有机金属盐,然后将该盐与铑化合物进行配位反应,制得具有较高综合性能和工业适应性的双金属铑配合物催化剂。该项目在国内外发表了200余篇论文,申请了40余项专利,其中28项获得授权,已形成一套完整的自主知识产权的螯合型铑配合物催化剂体系。

(市奖励办)

【高应力强水敏深层钻井围岩稳定技术及工业化应用】 由中国石油化工股份有限公司石油工程技术研究院等单位曾义金、陈勉、金衍等完成,属油气钻井领域。井壁围岩稳定是指石油钻井过程维持规则井眼的技术,是安全高效钻井的核心技术。我国发现的特大型油气田和海外油气合作区均在深层,油气剩余地质资源量中深层油气资源占40%左右。采用传统井壁围岩稳定技术,复杂事故时效达15%—20%,钻井周期12—37个月,严重制约了勘探开发进程。深井井壁围岩稳定技术是国际石油工程界极富挑战性的难题。经过10年持续地攻关,该项目自主研发的井壁围岩稳定技术已获得根本性突破并实现了工业化应用,主要实现了4个方面的技术创新:①建立了钻前井壁围岩稳定预测方法(专利 ZL200410086040.9、ZL200410086039.6、ZL200510007695.7),钻前预知待钻地层的失稳特征,保证了钻井工程设计的科学有效性。②首次提出井壁围岩稳定力学化学耦合的时效理论,实现了井壁围岩坍塌周期的定量预测,指导了钻井液设计和钻井作业参数优选。③发明了强化井壁围岩稳定的正电性钻井液技术(美国专利:US-2004-0180795-A1;专利 CN100363455C,CN1326969C,CN 1302085C;中东6国专利:GCC/P/2003/3052),解决“钻井液稳定性”、“地层稳定性”及“保护油气层”三者之间的矛盾,掌握了新型钻井液体系的核心技术。④自主研发了深井井壁围岩失稳风险控制技术(专利 ZL200420033855.6、ZL 200310103433.1),实现了深井钻井过程的井壁围岩稳定,保证了优质、安全钻井。该项目发表论文60篇,理论成果得到国际权威人士Roegiers(美国)等的高度评价。获发明专利10项。在国内外17个油田推广应用,复杂事故时效降到5%—8%,平均钻井周期缩短30%,创经济效益16.68亿元,拓展了中亚、南美、非洲、东南亚和中东等国际市场，提高了我国石油钻井的国际核心竞争力。

（市奖励办）

【聚烯烃高性能化的基础研究】 由中科院化学研究所孙文华、董金勇、王笃金等完成，属石油化工领域的高性能聚烯烃新材料研究。该项目在催化剂设计合成、烯烃聚合方法、聚烯烃微观结构与材料性能的研究中取得了一系列突破，获得了一些具有自主知识产权的专利技术，主要包括：①设计合成了结构新颖的过渡金属配合物催化剂，其中镍催化剂用于催化降冰片烯加成聚合研究，得到的聚合物能够全部溶解，最先测得该类聚合物的分子量和分子量分布，引发了聚降冰片烯基础和应用研究的国际热潮；设计合成了的系列铁催化剂活性高，突破了单一铁催化剂模型，具有基础意义和巨大的市场价值。②通过对烯烃聚合催化剂、聚合反应过程和聚合方法的研究，探索了聚合过程中的共聚合和链转移反应，开发了多种聚合新方法，设计和制备结构可控的高性能、功能化聚烯烃新材料。③建立聚烯烃化学结构、凝聚态结构与加工工艺参数和材料性能之间关系，并将理论研究成果用于指导新型聚烯烃树脂开发和高性能聚烯烃合金化材料制备。这些研究具有国际水准和原创性，推动了聚烯烃研究领域的发展，丰富了聚烯烃材料功能化的方法，加深了对聚烯烃微观结构与材料宏观性能关系的理解。所得到的研究成果，具有良好的推广和应用价值，其知识产权保护将有利于我国聚烯烃产业的发展和国际地位的提升。该项目共发表 SCI 论文 117 篇，其中影响因子大于 3.0 的论文 47 篇；SCI 论文被他引共计 914 次，其中 10 篇主要论文共被他引 217 次；论文获聚合物制备和材料性能与加工领域刊物和综述正面评价；获授权中国发明专利 33 项。

（市奖励办）

【整体式介孔硅酸钙吸附材料的先进制造技术】 由北京化工大学等单位何静、李峰、张保国等完成。项目属新材料制造技术领域，项目产品为整体式介孔硅酸钙吸附材料，主要用于溶解乙炔气瓶制造。溶解乙炔气瓶广泛应用于金属切割和焊接，其内填充孔隙发达的整体式硅酸钙吸附材料，丙酮以液态吸附其中并作为溶剂溶解乙炔，从而防止乙炔分子聚集和爆炸事故发生，已成为国际上安全储运和使用乙炔气体的重要方法。该项目针对整体式介孔硅酸钙吸附材料的制造，突破系列关键技术，制备了介孔发达的整体式硅酸钙吸附材料。主要创新点：①发展了介孔笼发达的整体式介孔硅酸钙吸附材料、无石棉整体式介孔硅酸钙吸附材料和系列新型介孔吸附材料，实现了结构创新；②开发了料浆高剪切搅拌技术、均分散技术和料浆乳化技术，实现了预处理工艺创新；③提出了无釜一步水热法制备工艺及动态固化技术，实现了主体工艺创新。项目获国家发明专利授权 7 项，申请国家发明专利 4 项；参与制定和修改国家标准 GB16164 和 GB11638；具有自主知识产权。项目产品实现销售收入 7.2 亿元。项目技术在自主创新、以高新技术改造传统产业和促进行业科技进步方面发挥了积极作用，技术本身也历经了生产实践和市场考验。特别无石棉吸附材料，作为应对发达国家石棉禁令技术列入国家“十一五”科技支撑计划重点项目，以其制造的乙炔气瓶，完全符合国际标准溶解乙炔气瓶基本要求（ISO 3807.1、ISO 3807.2）和美国溶解乙炔气瓶设计与批准程序（CGA C—12），产品已取得美国 DOT—8AL、加拿大 TC—8WAM 认证及德国 TUV 认证，已批量销往欧美市场，显示了我国的技术优势。

（市奖励办）

【北京奥运会、残奥会开闭幕式技术系统研究与应用】 由解放军总装备部工程设计研究总院等单位于建平、陈威、陆乐等完成。项目属于专用机械工程、自动控制技术、计算机应用、工程结构交叉技术领域。主要研究内容和成果：①提出超大规模文体活动技术系统的体系与方法，并成功应用于北京奥运会、残奥会的开闭幕式技术系统。②创新性地开发和应用多功能、大规模、复杂机电一体化系统集成与协同技术，在国家体育场设计和实现了开闭幕式演出仪式的 5 个空间层次的广场多媒体自动化舞台系统，支撑了独特的艺术创意。③创新性地开发和应用大规模设备模块化设计和物流优化技术,实现了在同一场地进行奥运会、残奥运开闭幕式 4 个仪式和竞赛的要求。④创造性地开发和应用非相似余度设计及过程控制链全程冗余技术,实现了演出"绝对零窗口"、大规模表演人机高度结合绝对安全、流程绝对不中断的目标。⑤开发和应用全流程信息集成技术,首次实现了基于 4 种指挥模式的实时指挥监控与通信系统,保障了 17000 多名演员、12000 多名运动员、3000 多名运行保障人员、5000 多台套设备操作、11 个部门的精确、高效、可靠的协同调度。⑥首次成功研制了不同材料配比的格栅和面罩构成的双层结构,优化了 LED 点光场的分布,将点光源转为面光源,实现了发光点逐点雾化,解决了 LED 近景电视转播技术难题。该项目取得受理专利 29 项,其中发明专利 11 项,实用新型专利 18 项,软件著作权 2 项,公开发表论文 17 篇,出版专著 1 部。应用该技术系统向世界约 45 亿人进行了北京奥运会开闭幕式现场直播,赢得了国际社会的高度评价,展示了我国科技实力和创新水平。地面升降舞台系统、空中表演系统均作为国家体育馆永久设备保留;2009 年 6 月 30 日音乐会使用了空中表演系统,2009 年央视春晚大规模使用了开闭幕式地面 LED 设备。指挥监控、通信系统在国庆 60 周年天安门广场联欢晚会中使用。

（市奖励办）

【磁性液体密封设计及应用】　由北京交通大学李德才、李建、蔡玉强等完成。项目属于流体传动与控制、机械制造自动化、机械设计、材料科学交叉领域。随着机械工业、化学工业、石油工业、环保工业、原子能工业、宇航工业和深海技术的迅速发展,对提高机械装置密封的可靠性和密封技术水平提出了愈来愈高的要求。磁性液体密封具有一些传统密封无可比拟的优点。该项目取得的成果:①在世界上首次系统地、成功地解决了超大直径磁性液体静密封的磁路设计、参数选择、寿命提高、结构设计等关键问题,并首次成功应用于核射线收集装置的密封中。②在世界首次解决了低温大直径条件下的旋转轴磁性液体密封难题,并首次成功应用于我国最先进的雷达、坦克等现代化的军事装备中。③在世界上首次对往复轴磁性液体密封间隙内的磁性液体流动状态、破坏机理进行了系统地研究,建立了往复轴磁性液体密封件的耐压公式和往复轴携带磁性液体量的公式,为往复轴密封的研究提供了理论基础。④在世界上首次提出了往复轴磁性液体密封结构设计的新方法,并首次成功应用于真空镀膜机中,解决了磁性液体在密封间隙内均匀分布、提高装配的工艺水平、防止磁性液体高温流失等关键问题。⑤打破了国外技术封锁,成功制备了具有实用价值的纳米氟碳化合物基磁性液体、离子型磁性液体,填补了国内空白。截至 2007 年,国内外 100 多家单位采用了申请者所设计的上千种磁性液体密封装置。近三年来,仅给某军工单位带来的新增利润就达近 7 亿元,创收外汇 6000 多万美元。磁性液体密封在载人航天领域中的应用研究也在顺利进行中。该项目发表直接相关论文 120 多篇,被三大检索系统收录 40 余篇,被引用 166 次;受理专利申请 39 项,其中发明专利 28 项;授权发明专利 7 项,授权实用新型专利 10 项;在国际会议上被邀请作报告多次;培养博士生、硕士生近 40 人次。出版相关著作 3 部。

（市奖励办）

【金属/半导体超微细颗粒表面和界面化学与光化学反应】　由中科院理化技术研究所刘春艳、刘云、张志颖完成。项目属于物理化学领域超细粉和颗粒研究,涉及物理化学与材料科学的交叉领域,主要研究金属/半导体复合超微细粒子在不同分散体系的设计与制备,体系微结构和环境扰动导致的粒子表面和界面微结构变化及反应性,建立超微细颗粒界面微观结构与整体、组分功能之间的联系,丰富金属/半导体超微细粒子表面和界面理论。该项目取得了具有原创性和引领性的成果,受到国内外同行的广泛认同和高度评价。①首次研究了过渡金属、稀土金属离子在 TiO_2 一维纳米结构表面的还原沉积过程,发现因金属与支持体作用力的差异,导致不同金属离子的还原沉积呈现不同的形貌特征。②首次成功地通过溶剂热方法合

成了竹子状含 Ag/TiO_2 异质结的二氧化钛纳米线;银以独立晶相存在于异质结处。③发明了同属晶种调制技术,在非光活性半导体颗粒表面直接生长银纳米颗粒。研究了 SiO_2 上的银纳米颗粒催化的多种染料的溶液还原反应动力学过程。在溶液反应过程中,银纳米颗粒保持了高催化活性和相对稳定性。④首次以实验直接证实了支撑金属纳米颗粒的电子储池作用,发现储池中电子寿命可长达几分钟,可直接参与后续化学还原反应。⑤发现了与银纳米颗粒复合的胶态、金红石型 TiO_2 纳晶的 SERS 效应。建立了新制备方法,丰富了金属/半导体超微细颗粒界面理论,加深了对纳米/亚微米结构表面、界面与微环境效应的深层次理解和认识,为光功能材料、光电转换材料、催化、光催化、燃料电池等材料和器件的设计与制造奠定了理论基础。项目研究成果属于国际首创,发表 SCI 和 EI 收录论文 98 篇;其中 56 篇为 SCI 引用 552 次,他引 450 次;10 篇代表性论文他引 257 次,均为正面引用。51 篇为 CSCD 引用 200 次,他引 145 次。出版专著 5 本;申请中国发明专利 12 项,其中授权 8 项;国内外会议邀请做报告 5 次。

(市奖励办)

【直接醇燃料电池纳米催化剂的设计,制备及表征科学】 由北京工业大学等单位夏定国、吴自玉、邱新平等完成。项目属于化学、材料科学及物理学科交叉领域。能源问题是国民经济发展中面临的重大问题,发展高效能源材料是解决能源问题的基础条件之一。该项目针对直接醇燃料电池的催化剂,在国家自然科学基金和北京市自然科学基金项目的支持下,运用现代物理、化学研究技术,从微观层次揭示电极表面/界面结构与性能的内在联系和规律,研究新体系催化剂的制备科学,完善和发展有关纳米催化剂的表征基础理论,取得如下成果:①设计并制备出用于直接醇燃料电池催化剂的金属间化合物,形成具有自主知识产权的新体系直接醇燃料电池电催化剂。其中 PtBi 金属间化合物电极上氧还原起始电位负移 50 毫伏,电流密度增大 1 倍,同时抗甲醇中毒。②提出采用过渡金属氧化物作为助催化剂,解决了纳米铂与第二组分合金制作困难及不稳定的问题。设计并合成了以过渡金属氧化物修饰碳纳米管的新型催化剂载体,丰富和发展了碳纳米管表面状态的调控方法,建立了以碳纳米管表面修饰概念上的新型催化剂。③结合多重散射理论、量子化学计算以及能带结构计算等研究纳米材料界面、表面的原子和电子结构,解释纳米材料特性的形成机制,建立纳米材料的原子和电子结构表征方法和模型,从而能原位研究低浓度样品、溶液以及纳米体系可控制备规律。④将迭代算法引入折射率重建,使得对实验投影像的需求从 180 幅减小到 18 幅,这意味着可以大幅度降低曝光剂量,为纳米样品相位衬度三维成像提供了理论基础。该项目获专利授权 8 项;SCI 收录论文 172 篇,被引用 1326 次,他引 1068 次,其中影响因子大于 3.0 的 36 篇,单篇引用超过 20 次的论文 14 篇,引用 30 次以上 8 篇,10 篇代表性论文他引 295 次。

(市奖励办)

Selected Policies and Regulations

国家产业技术政策

工信部联科[2009]232号

产业技术进步和创新已成为直接推动经济和社会发展的核心原动力。坚持市场需求与政策引导相结合,坚持全面提升与重点突破相结合,坚持长远战略与近期目标相结合,坚持传统产业与高技术产业发展相结合的原则,加快提升我国产业技术水平,促进产业结构调整,转变经济发展方式,大力发展循环经济,培育产业核心竞争力,具有十分重要的作用。《国家产业技术政策》以推进我国工业化和信息化为核心,促进相关产业的自主创新能力提高,实现产业结构优化和产业技术升级。

第一章　发展目标

第一条　提升我国产业的国际竞争力。加大以自主创新为主的产业技术研发力度,实现产业技术升级,推动产业结构优化。在未来一段时期内,重点开发一批具有世界先进水平的技术和工艺;着力研制一批具有自主知识产权的产品和装备;推广应用一批影响产业发展的共性关键技术和具有示范带动作用的先进适用技术;积极培育一批具有国际竞争优势的大型企业和企业集团;大力扶持一批可以有效促进产业发展的技术联盟,从而提高我国产业国际竞争力。

第二条　满足国民经济和社会发展需要。加强引进技术的消化吸收再创新,重点研究产业发展的核心、关键共性技术,着力实现重大技术装备的国产化,满足国民经济发展的需要,满足国家工程建设的需要,保障国家经济安全;加快淘汰高消耗、高污染的落后工艺技术和生产能力,大力发展循环经济,逐步构建节约型的产业结构和消费结构,形成绿色产业技术体系。

第三条　增强企业创新能力。发挥企业技术创新主体作用。落实财税、投资、金融、政府采购等政策,引导和支持企业加大技术创新的投入,加快形成以企业为主体、市场为导向、产学研相结合的技术创新体系。

第二章　构建和完善技术创新体系,推动产业技术升级

第四条　构建促进产业发展的技术创新体系,搭建技术研发平台。整合全社会资源,加强产学研结合,建立以企业技术联盟、企业技术中心、工程中心、工程实验室、高等院校和科研院所为骨干的共性技术、关键技术研发平台,发挥大型企业技术联盟的骨干作用,加强对产业技术开发基地的扶持。

第五条　建立科学的产业技术评估评价体系。规范和完善产业技术评估评价体系,协调技术

创新与产业应用和技术标准的关系，加强技术标准的贯彻实施，促进技术创新成果的推广应用，推进产业结构调整和技术升级。

第六条 完善技术服务机制。扶持各种类型为企业技术创新服务的中介机构发展，充分发挥行业协会和科技中介机构在国家创新体系中的作用，形成社会化、网络化的技术服务体系。

第七条 建立健全军民结合的技术创新机制。加强军民高技术研发力量的集成，搭建军民技术双向转移平台，拓宽军民结合、军民共用的渠道，积极推进军用技术和民用技术的转移和辐射。

第三章 发挥企业主体作用，促进产业技术研发与创新

第八条 充分发挥企业技术创新的主体作用。鼓励企业不断增强创新意识，营造创新氛围，加大创新投入，培育创新人才，真正成为研究开发投入的主体、技术创新活动的主体和创新成果应用的主体。

第九条 支持以企业为主体的技术开发。鼓励有条件的企业建立技术中心，支持大企业采取产学研联合或企业技术联盟等多种方式开展产业共性关键技术研发，培育和增强大企业自主创新能力和自主研究开发产业技术的能力。建立和完善公共技术支持服务平台，为中小企业提供技术服务，逐步提高中小企业的技术创新能力、配套能力和专业化生产的技术水平。

第十条 加大信贷支持力度，支持企业进行重大产业关键技术、共性技术的研发。增加中小企业获取技术发展信贷的额度，改善对中小企业技术创新的金融服务。

第十一条 促进企业实施可持续发展战略。重点支持体现循环经济、可持续发展战略的节能、环保、新能源开发、再生资源及资源综合利用技术的开发、利用和政府采购。

第十二条 鼓励企业发展符合《国家产业技术发展指南》的产业技术，引导企业通过产业技术的研究开发增强核心竞争力。

第十三条 支持企业加强技术改造。通过财政、金融等政策，支持企业用高新技术和先进适用技术提升改造生产经营的薄弱环节和瓶颈，促进技术创新成果的应用。

第四章 健全法律法规体系，加强规划和政策的引导

第十四条 完善法律法规体系。研究制订促进产业技术发展的相关法律法规，明确产业技术进步与创新在国民经济和社会发展中的法律地位。贯彻《中华人民共和国科学技术进步法》、《中华人民共和国科技成果转化法》等法律法规，更加有效地用法律法规促进和保障产业技术发展。

第十五条 制定和完善产业技术发展规划。依据《国家中长期科学和技术发展规划纲要(2006—2020年)》，按照重点行业的实际发展情况，积极完善我国重点产业的技术发展规划，增强重点产业的竞争实力。加强规划与国家科技计划的衔接，加快组织实施对我国经济社会发展影响深远、带动性强的关键和共性技术与装备的研制开发，不断提升我国的产业技术水平。

第十六条 制订《国家产业技术发展指南》。国家制订和定期调整《国家产业技术发展指南》。引导地方、行业、企业和研究机构开展针对性的技术创新工作，鼓励发展关系国家经济、社会发展和国防安全的战略性技术；积极发展关联性强、制约我国产业总体技术水平提升的关键技术；大力发展通用性强、应用领域广泛、在经济社会发展中发挥基础作用的共性技术。

第五章　构建技术标准体系，实施知识产权战略

第十七条　加强技术标准研究。加强对重要技术标准的指导协调和重点领域的技术标准研究，支持企业通过技术创新推动以我为主形成技术标准，加快国外先进标准向国内标准的转化，推动国家标准体系建设；重点扶持一批国家级骨干科研机构，为促进产业技术发展的标准体系建设提供技术支持。

第十八条　有效利用技术标准。积极运用技术标准，推动我国产业结构优化调整，促进企业自主创新能力提高。提高标准制定审查工作效率，合理缩短标龄。

第十九条　积极参加国际标准制定。支持自主制定和参与制定国际技术标准，鼓励和推动我国技术标准成为国际标准。对推动我国技术标准成为国际标准给予政策支持。对影响我国产业技术进步的国外技术法规，政府部门、行业协会和企业应及时组织有关方面研究、论证，提出相应政策，消除国外技术壁垒。

第二十条　掌握核心技术的知识产权。根据产业技术发展需要，确定不同时期需要掌握知识产权的关键技术和核心技术，组织力量进行攻关，取得自主知识产权，促进产业结构调整和升级，带动产业技术整体水平的提高。对国内企业开发的具有自主知识产权的重大技术装备和产品，经认定为国家自主创新产品的，在政府采购活动中，按照自主创新的政府采购政策规定执行。

第二十一条　依法加强知识产权保护。努力提高知识产权执法水平与效率，大力推动高等学校、科研院所将拥有知识产权的创新成果转化为现实生产力。根据我国产业技术发展阶段特点，合理确定、适时调整知识产权的保护范围和保护力度，使知识产权保护有利于产业技术的创新、转移与扩散，形成自主品牌。

第六章　广泛开展国际合作与交流，强化技术引进消化再创新

第二十二条　立足自主创新，发展产业技术。积极推动原始创新，形成创新的重要基础，推动产业技术水平不断提高；加快发展集成创新，形成整合优势，实现关键领域的整体发展；大力加强引进消化吸收再创新，充分利用全球科技资源，形成后发优势，加速提升产业技术水平。

第二十三条　鼓励自主创新，限制盲目重复引进。国家加强技术引进消化吸收再创新工作，并将制定技术引进消化吸收再创新方案作为重点工程项目审批和核准的重要依据，推动自主产业技术成果的研究开发、转化和产业化。定期发布禁止引进和限制引进技术目录，禁止或限制进口高消耗、高污染和不符合国家产业政策的技术和装备。

第二十四条　加强统筹协调，促进引进技术消化吸收再创新。对国内多家企业需要引进的技术和装备，国家将组织统一招标，协调引进、消化吸收和再创新；对于国内尚不能提供的重大技术装备，引导外商联合国内企业投标，在进口装备的同时引进国外先进设计制造技术，并确保国内企业有足够的分包比例。鼓励企业与高等院校和科研院所联合引进、共同消化吸收和再创新，其成果实行共享和有偿转让。

第二十五条　加大对引进技术消化吸收再创新的投入。国家给予必要的财税政策，重点支持国家急需的重大技术装备和重大产业技术的引进、消化吸收和再创新工作。对承担国家重大科技专项的企业，进口国内不能生产的关键科研仪器设备、原材料及零部件免征进口关税和进口环节增值税。对国家支持发展的重大技术装备和产品确有必要进口的关键部件及原材料，免征进口关税和进口环节增值税。

第二十六条 支持企业走出去。鼓励国内企业采用直接投资、合资、合作、并购等方式到境外设立技术研究开发机构,组建研发联盟,多形式、多渠道利用海外优势科技力量研发具有自主知识产权的产业技术。

第二十七条 充分利用国际科技资源。改善投资环境,吸引大型跨国公司在华建立技术研究开发机构。支持国内企业与国外企业开展合作研究开发,鼓励国外风险投资、咨询机构参与国内产业技术研发和产业化。以国内紧缺的关键技术、共性技术为重点,积极创造条件,通过构建"项目—人才—基地"三位一体、相互依托、互为促进的合作方式,鼓励引进海外高科技人才来我国从事研究开发工作,全面提升国际技术合作水平。

第二十八条 提高国际技术合作的质量和水平。鼓励国内企业引进具有核心技术、关键技术和共性技术的产业技术。进一步拓展合作渠道,创造合作条件,形成政府搭台,企业、高等院校、科研院所等充分发挥作用的中外合作研究开发格局。

第七章 健全产业技术服务体系,实施创新人才战略

第二十九条 建立健全技术市场。加强政府在技术市场中的引导监督管理职能,形成行业自律,创造公平竞争、规范有序的技术市场环境。

第三十条 鼓励单位和个人积极参与技术交易。引导单位和个人主动进入技术市场开展技术开发与服务活动,促进知识流动和技术转移,加快先进产业技术的推广。

第三十一条 加强技术市场人才队伍建设。加速发展适应社会不同层面需要的技术中介服务组织,培养和造就一批懂技术、懂法律、懂管理、懂经营的复合型高素质的专业化科技中介服务队伍。

第三十二条 建立高水平技术创新人才的培养机制。重点培养战略高技术人才、专业化高技能人才和优秀企业家人才,鼓励和支持产学研间建立多种形式的紧密型合作关系,共同培养产业技术创新人才。鼓励技术人员参加继续教育和在职培训。

第三十三条 健全以促进产业发展为核心的人才激励机制。支持企业对主要技术骨干实施期权等激励措施。完善企业社会保障体系,吸引高等院校毕业生到企业就业。

第三十四条 完善创新型技术人才的合理使用机制。构建尊重知识、尊重人才、尊重创造的和谐氛围,加强制度创新。

工业和信息化部
科学技术部
财政部
国家税务总局
二〇〇九年五月十五日

国家技术创新工程总体实施方案

国科发政[2009]269 号

为全面贯彻党的十七大和全国科技大会精神,落实国务院《关于发挥科技支撑作用促进经济平稳较快发展的意见》(国发[2009]9 号),大力支持企业提高自主创新能力,组织实施技术创新工程,特制定本方案。

一、指导思想、原则和目标

国家技术创新工程是在现有工作基础上,进一步创新管理,集成相关科技计划(专项)资源,引导和支持创新要素向企业集聚,加快以企业为主体、市场为导向、产学研相结合的技术创新体系建设的系统工程。实施技术创新工程是促进经济平稳较快发展的迫切要求,是加快建设国家创新体系的重大举措,是建设创新型国家的重要任务。

长期以来,党中央、国务院高度重视企业技术创新工作。特别是全国科技大会以来,支持企业技术创新的氛围日益浓厚,确立企业技术创新主体地位的战略思想深入人心,企业的创新动力和活力显著增强。各地方、各部门认真落实《国家中长期科学和技术发展规划纲要(2006—2020 年)》(以下简称《规划纲要》),采取有力措施积极支持企业技术创新,取得了重要进展,积累了宝贵经验。但是在技术创新体系建设中还存在许多亟待解决的突出问题,企业尚未成为技术创新的主体,产学研结合松散、围绕产业技术创新链持续稳定的合作不够,创新资源分散重复、布局失衡,企业特别是中小企业技术创新缺乏全面有效的支撑服务等,导致科技与经济结合不够紧密,迫切需要采取系统措施集中加以解决。

实施技术创新工程的指导思想是:深入贯彻落实党的十七大精神,以科学发展观为指导,围绕提高自主创新能力、建设创新型国家的战略目标,促进科学技术更加主动地为经济社会发展服务,经济社会发展紧紧依靠科学技术和自主创新,以确立企业技术创新主体地位为主线,充分运用市场机制,引导和支持创新要素向企业集聚,增强企业自主创新能力和产业核心竞争力,为推进经济结构战略性调整,加快发展方式转变,建设创新型国家提供有力支撑。

实施技术创新工程要坚持"企业主体、政府引导;深化改革、创新机制;立足当前、着眼长远;部门联合、上下联动"的原则。

实施技术创新工程的总体目标是:形成和完善以企业为主体、市场为导向、产学研相结合的技术创新体系,大幅度提升企业自主创新能力,大幅度降低关键领域和重点行业的技术对外依存度,推动企业成为技术创新主体,实现科技与经济更加紧密结合。

二、主要任务

针对技术创新体系建设中存在的薄弱环节和突出问题,从以下方面入手,着力推进产学研紧密结合,为企业技术创新提供有效的支撑服务,促进企业成为技术创新主体:

（一）推动产业技术创新战略联盟构建和发展。

统筹推进产业技术创新战略联盟的构建和发展。以增强产业核心竞争力为目标，重点围绕十大产业振兴和战略性产业发展，形成工作布局。

引导产业技术创新战略联盟的构建。促进产学研各方围绕产业技术创新链在战略层面建立持续稳定的合作关系，立足产业技术创新需求，开展联合攻关，制定技术标准，共享知识产权，整合资源建立技术平台，联合培养人才，实现创新成果产业化；指导和鼓励地方结合当地实际，构建支撑本地经济发展的技术创新战略联盟；鼓励行业协会发挥组织协调、沟通联络、咨询服务等作用，推动本行业联盟的构建。

引导产业技术创新战略联盟健康发展。通过科技计划委托联盟组织实施国家和地方的重大技术创新项目；积极探索支持联盟发展的各种有效措施和方式；推动联盟建立和完善技术成果扩散机制，向中小企业辐射和转移先进技术，带动中小企业产品和技术创新；依托联盟探索国家支持企业技术创新的相关政策。

（二）建设和完善技术创新服务平台。

明确技术创新服务平台的建设要求，突出资源整合和服务功能；按照“面向产业、需求导向；创新机制、盘活存量；政府引导、多方参与；明确权益、协同发展”的原则，构建面向重点产业振兴和战略性产业发展的技术创新服务平台。

依托高等学校、科研院所、产业技术创新战略联盟、大型骨干企业以及科技中介机构等，采取部门和地方联动的方式，通过整合资源提升能力，形成一批技术创新服务平台。

充分发挥转制院所在技术创新服务平台建设中的作用。加快先进适用技术和产品的推广应用，加速技术成果的工程化，加强产业共性关键技术研发攻关，加强研发能力建设和行业基础性工作。

提高平台服务队伍的专业化水平。建立健全人员保障与激励政策措施，明确岗位职责，完善绩效评价，加强专业技能培训，不断提高服务能力和水平。

（三）推进创新型企业建设。

根据国民经济发展和《规划纲要》实施的要求，推进创新型企业建设工作；加强分工协作，针对不同类型的企业进行分类指导，突出对中小企业创新发展的引导。

引导企业加强创新能力建设。引导企业加强创新发展的系统谋划；引导和鼓励创新型企业承担国家和地方科技计划项目；引导和鼓励有条件的创新型企业建设国家和地方的重点实验室、企业技术中心、工程中心等；支持创新型企业引进海内外高层次技术创新人才；支持企业开发拥有自主知识产权和市场竞争力的新产品、新技术和新工艺。

引导企业建立健全技术创新内在机制。完善创新型企业评价指标体系，开展创新型企业评价命名，发挥评价对全社会企业创新的导向作用；加强创新型企业动态管理，形成激励企业持续创新的长效机制；通过科技奖励引导企业技术创新；发挥创新型企业的示范作用。

引导企业加强技术创新管理。通过培训、示范等多种方式在企业中推广应用创新方法；推动企业实施自主品牌战略、知识产权战略，塑造国际知名品牌；通过建立创新型企业信息网，促进企业之间的交流与合作。

发挥广大职工在技术创新中的重要作用。强化企业技术创新群众基础，组织职工开展合理化建议、技术革新、技术攻关、发明创造等群众性技术创新活动，加强职工技术交流与协作，促进职工技术成果转化。

（四）面向企业开放高等学校和科研院所科技资源。

引导高等学校和科研院所的科研基础设施和大型科学仪器设备、自然科技资源、科学数据、科技文献等公共科技资源进一步面向企业开放。

推动高等学校、应用开发类科研院所向企业转移技术成果,促进人才向企业流动。鼓励社会公益类科研院所为企业提供检测、测试、标准等服务。

加大国家重点实验室、国家工程技术研究中心、大型科学仪器中心、分析检测中心等向企业开放的力度。将开放工作纳入单位年度工作计划,开放情况作为其运行绩效考核的重要指标。

(五)促进企业技术创新人才队伍建设。

加强企业技术创新人才培养。推动高等学校和有条件的科研院所根据企业对技术创新人才的需求调整教学计划和人才培养模式。加强职业技术教育,培养适应企业发展的各类高级技能人才。鼓励企业与高等学校、科研院所联合培养人才。鼓励企业选派技术人才到高等学校、科研院所接受继续教育、参加研究工作,或兼职教学。

引导高等学校学生参与企业创新实践。发挥企业博士后工作站的作用,吸引博士毕业生到企业从事技术创新工作。鼓励高等学校和企业联合建立研究生工作站,吸引研究生到企业进行技术创新实践。引导博士后和研究生工作站在产学研合作中发挥积极作用。鼓励企业和高等学校联合建立大学生实训基地。

协助企业引进海外高层次人才。以实施"千人计划"为重点,采取特殊措施,引导和支持企业吸引海外高层次技术创新人才回国(来华)创新创业。

提高职工科技素质和创新能力。广泛开展岗位练兵、技能比赛、师徒帮教、技术培训等活动。把增强职工创新意识和创新能力与提高职工技能水平结合起来,建设一支知识型、技术型、创新型高素质职工队伍。

(六)引导企业充分利用国际科技资源。

发挥国际科技合作计划的作用,引导和支持大企业与国外企业开展联合研发,引进关键技术、知识产权和关键零部件,开展消化吸收再创新和集成创新。鼓励企业与国外科研机构、企业联合建立研发机构,形成一批国际科技合作示范基地。

发挥驻外科技、教育等机构的作用,引导企业"走出去",开展合作研发,建立海外研发基地和产业化基地,及时掌握前沿技术发展的态势,把握国际市场动向,通过科技援外等方式向发展中国家输出技术,扩大高新技术及产品的出口。

鼓励和引导企业通过多种方式,充分利用国外企业和研发机构的技术、人才、品牌等资源,加强自主品牌建设。

三、保障措施

(一)创新科技计划组织方式。

国家科技计划调整和优化立项机制。建立和完善以企业技术创新需求为导向的立项机制;建立和完善企业技术创新需求的征集渠道,应用开发类项目的指南编制、课题遴选、立项论证充分发挥企业作用。加强各类计划之间的联动和有效衔接。

改进科技计划项目的组织实施方式。应用开发类项目应有企业参加、产学研联合实施,围绕产业技术创新链加强项目的系统集成;对符合条件的创新基地、人才团队、产业技术创新战略联盟等持续安排项目支持。

建立支持科技计划成果转化应用的资金渠道和机制,发挥已有科技计划成果支撑企业技术创新的作用。

支持产业技术创新战略联盟组织实施科技计划项目,开展重大产业技术创新活动。支持技术创新服务平台强化面向企业特别是中小企业的服务功能。发挥科技计划对创新型企业加强创新能力建设和掌握自主知识产权核心技术的引导作用。

（二）发挥财政科技投入的引导作用。

调整科技支撑计划、863计划、科技基础条件平台等相关计划（专项）的投入结构，形成持续稳定的经费支持渠道，保障技术创新工程重点任务的实施。

创新财政科技投入支持方式。综合运用无偿资助（含后补助）、贷款贴息、风险投资、偿还性资助、政府购买服务等方式，引导全社会资源支持企业技术创新。

（三）建立健全有利于技术创新的评价、考核与激励机制。

完善高等学校和科研院所内部分类考核。对从事教学、基础研究、应用技术研究和成果转化的不同工作进行分类评价，使上述各类人员具有同等地位。科技人员承担企业委托的研究项目与承担政府科技计划项目，在业绩考核中同等对待。

支持高等学校和科研院所建立技术转移的激励机制。应用开发类研究以成果的转化应用作为评价标准。有条件的高等学校、科研院所建立专门技术转移机构；对技术转移获得的收益，明确对科技成果完成人和为成果转化作出贡献人员的奖励措施。

完善国有企业考核体系和分配激励机制。发挥业绩考核引导作用，在对企业负责人经营业绩考核中，进一步完善对技术创新能力的考核指标体系，引导企业加大科技投入。推动企业集团将技术创新能力指标纳入内部各层级企业的考核评价体系。进一步研究企业骨干技术人员中长期分配激励机制与政策，调动发挥骨干技术人员积极性。

（四）落实激励企业技术创新政策。

抓好政策落实。加快开展国家自主创新产品认定工作，加强有关部门的协调配合，加大宣传培训力度，落实企业研究开发费用所得税前加计扣除、高新技术企业认定、政府采购自主创新产品、创业投资企业和科技企业孵化器税收优惠等重点政策。

不断完善政策。开展政策落实情况评估，及时掌握新的政策需求，促进政策研究制定，完善促进产学研结合、技术转移等政策措施。

（五）加大对企业技术创新的金融支持。

建立科技金融合作机制。加强技术创新与金融创新的结合，发挥财政科技投入的杠杆和增信作用，引导和鼓励金融产品创新，支持企业技术创新。

加大对企业技术创新的信贷支持。通过贷款贴息等手段鼓励和引导政策性银行、商业银行支持企业特别是中小企业技术创新。

支持企业进入多层次资本市场融资。鼓励和支持企业改制上市，扩大未上市高新技术企业进入代办股份转让系统试点范围，鼓励科技型中小企业在创业板上市。

开展知识产权质押贷款和科技保险试点，推动担保机构开展科技担保业务，拓宽企业技术创新融资渠道。

大力发展科技创业投资。加大科技型中小企业创业投资引导力度，引导和鼓励金融机构、地方政府以及其他民间资金参与科技创业投资。

四、组织实施

（一）加强组织领导，统筹推进工程实施。科技部、财政部、教育部、国务院国资委、全国总工会、国家开发银行等部门组成的推进产学研结合工作协调指导小组，负责组织实施技术创新工程，定期召开会议，研究决定技术创新工程实施的重大事项，统筹协调相关部门和地方创新资源，督促检查技术创新工程的实施情况。

协调指导小组办公室负责落实协调指导小组的议定事项，做好推动技术创新工程实施的具体工作,加强联络协调,组织调查研究,促进信息沟通,指导地方工作。

（二）加强部门协同,完善分工负责机制。各相关部门根据总体方案,结合部门职能,分解工作任务,发挥各自优势,制定具体方案,落实相应责任;部门间加强协调配合,针对实施中出现的新情况、新问题,及时研究采取有效措施。充分发挥行业协会在推进企业技术创新中的重要作用。

（三）发挥地方作用,结合实际开拓创新。各地方要结合当地实际,突出地域特色,在总体方案的指导下,加强组织领导,制定方案,集成相关资源,加大投入,完善保障措施;各级科技、财政、教育、国资监管、工会、开发银行等部门要加强分工协作,与有关部门协调合作,积极探索,大胆创新,落实各项重点任务,扎实推进技术创新工程的实施。

科学技术部
财政部
教育部
国务院国资委
中华全国总工会
国家开发银行
二〇〇九年六月二日

关于加快国家高技术产业基地发展的指导意见

发改高技[2009]3211 号

各省、自治区、直辖市及计划单列市、副省级省会城市、新疆生产建设兵团发展改革委:

为深入贯彻落实科学发展观,充分发挥高新技术在产业结构优化升级中的带动促进作用,加快培育形成一批创新能力突出、产业链完善、产业特色鲜明的高技术产业基地,推进创新型国家建设,特制定如下指导意见:

一、国家高技术产业基地的内涵

（一）国家高技术产业基地是指在信息、生物、航空航天、新材料、新能源、海洋等高技术产业领域,经国家发展改革委认定的,对高技术产业发展和区域经济发展具有支撑、示范和带动功能的特色高技术产业集聚区。

（二）国家高技术产业基地包括专业性国家高技术产业基地和综合性国家高技术产业基地。专业性国家高技术产业基地是指基地内多数企业的生产和服务集中于高技术产业的某一特定领域,具有专业化的特征;综合性国家高技术产业基地是指基地同时在高技术产业的多个领域具有国内领先的技术优势并已形成了产业集聚。

二、充分认识加快国家高技术产业基地发展的重要意义

（一）加快国家高技术产业基地发展是在新的历史条件下提升高技术产业国际竞争力、壮大产业规模的迫切需要。随着世界经济进入调整期，各国竞相加快发展生物、新能源、新材料、信息、航空航天等战略性新兴产业，各国之间围绕技术、资金、人才等的争夺更加激烈。同时，我国国内经济发展正处于调整经济结构和转变发展方式的关键时期。面对新形势，我国必须加快发展国家高技术产业基地，进一步营造良好的局部优化环境，努力向上下游延伸，更大范围、更深层次地参与国际分工与合作，提升我国高技术产业国际竞争力，抢占国际竞争制高点。

（二）加快国家高技术产业基地发展是辐射带动区域经济发展的客观要求。近年来，我国区域经济快速发展，但存在区域间发展不协调、产业结构层次较低等问题。加快发展国家高技术产业基地，能够进一步发挥东部地区人才、技术优势，整合区域科技资源，完善区域创新体系，着力推进科技进步和自主创新，促进东部地区产业结构升级和转型；能够发挥中西部地区的资源优势和东北等老工业基地技术、人才相对集中的特点，培育具有鲜明地域特色和比较优势的特色产业，积极承接国内外产业转移，促进西部大开发、中部崛起战略的实施和东北等老工业基地振兴。

（三）加快国家高技术产业基地发展是面向未来产业发展方向，培育战略性新兴产业的重要举措。加快培育新兴产业，形成新的经济增长引擎，是世界经济从根本上走出金融危机影响的必然要求，是我国应对未来竞争、实现长远可持续发展的必然选择。当前，我国生物、新能源、新材料、信息、航空航天等新兴产业发展迅速，已经形成了一批集聚区，但与发达国家相比还存在很大差距，特别是在创新条件、投融资等发展环境方面还不完善。迫切需要加大力度，进一步促进知识、技术、人才等在区域内集中，加快科技成果转化为现实生产力，积极培育一批新兴高技术企业，努力抢占未来竞争的制高点，使我国经济发展上水平、有后劲、可持续。

三、加快国家高技术产业基地发展的指导思想、主要原则和发展目标

（一）加快国家高技术产业基地发展的指导思想是以科学发展观为指导，以发展特色高技术产业为目标，以提升自主创新能力、推动科技成果转化、促进高技术产业集群化发展为重点，在发挥市场配置资源的基础性作用的同时，通过宏观引导，实施政策倾斜，创新体制机制，将发展高技术产业基地与发挥区域比较优势相结合，与产业结构调整、培育战略性新兴产业相结合，促进高技术企业、资金、技术、人才等资源向高技术产业基地集中，努力形成一批创新能力强、产业配套完备、各具特色的高技术产业集群。

（二）加快国家高技术产业基地发展的主要原则是突出特色、科学规划，促进集聚、创新发展，优化环境、加强引导。

突出特色、科学规划。围绕国家高技术产业发展规划，根据区域的技术优势、产业基础、人力资源等条件，明确高技术产业基地布局，建设具有鲜明特色的高技术产业基地。

促进集聚、创新发展。以特色优势资源、现有龙头企业等为依托，坚持以点带线、以线带面，加强产业链条的培育和建设，促进产业集聚。把提高自主创新能力作为高技术产业基地发展的主线，推进产学研合作，引导企业加强原始创新、集成创新和引进技术消化吸收再创新。

优化环境、加强引导。充分发挥市场配置资源的基础性作用，加强政府扶持引导，着力营造有利于激励企业自主创新、有利于产业链构建、有利于产业集聚发展的体制政策法制环境，促进高技术产业基地的形成和发展。

（三）加快国家高技术产业基地发展的目标，是力争经过10年左右的发展，在信息、生物、航空航天、新材料、新能源、海洋等高技术产业领域，形成百个左右产业特色鲜明、创新能力强、产业链完

善、产值规模超过千亿元的专业性国家高技术产业基地,在此基础上形成若干具有国际先进水平的综合性国家高技术产业基地,使国家高技术产业基地产值占全国高技术产业总产值的比重大幅度提高,形成我国高技术产业发展的重要载体,成为产业结构升级和区域经济发展的重要引擎。

四、加快国家高技术产业基地发展的主要任务

(一)建立产学研结合的技术创新体系,增强自主创新能力。大幅度增加基地研究开发投入,使研究开发投入占基地生产总值的比例、高新技术产品产值占全部产品产值的比例、研究开发和工程技术人员占全部就业人员的比例等显著高于其他区域。整合和优化配置资源,建设开放式公共服务平台,建立健全知识产权保护体系,建立以企业为主体、市场为导向、产学研结合的技术创新体系。

(二)加强特色产业链条建设,提高产业配套能力。促进高技术企业、资金、技术、人才等资源向基地集中,有效提高资源利用率和降低创新创业成本。结合区域比较优势和资源优势,延伸产业链条,提高产业配套能力,积极促进优势特色高技术产业发展,壮大高技术产业基地规模。

(三)提升产业层次,促进产业结构优化升级。支持基地吸引高端创新领军人才,大力发展高端产业。加快培育一批具有自主知识产权和国际竞争力的跨国经营龙头企业,积极推动创新型中小企业发展。引导高技术制造业向中西部地区基地转移。

(四)促进国际合作,提高国际化发展水平。支持基地在新一轮国际产业转移中大力吸引跨国公司投资,提高利用外资的质量和水平。抓住全球服务外包发展机遇,加快基地信息技术外包服务、生物医药外包服务发展。

(五)建立符合高技术产业发展规律的运行机制。积极推进体制创新,建立精简高效的管理体制。大力推动中介机构发展和行业协会建设,积极发展技术专利代理和鉴定机构、创业投资机构、信息与咨询公司、会计事务所、法律事务所等专业性服务机构。

(六)增强对高技术产业发展的辐射带动作用。充分发挥基地的技术创新优势和集聚作用,加强重大技术的研发和产业化,积极推广基地成功经验,加强基地辐射区建设,带动全国高技术产业迈上新台阶。

五、加大力度支持国家高技术产业基地发展

(一)加大政府引导力度。国家高技术产业基地所在地人民政府要根据地方财力和实际情况,研究设立专项资金对基地建设给予支持,协调办理基地及基地内建设项目的土地、环保等相关手续。国家发展改革委对国家高技术产业基地创新能力基础设施、公共服务条件、产业化等项目建设择优给予一定资金补助。

(二)加快发展创业投资。国家发展改革委和财政部产业技术研发资金创业投资试点将重点扶持符合条件的国家高技术产业基地企业,特别是通过政府引导、社会参与的方式,支持国家高技术产业基地设立行业性创业投资基金,引导并带动民间资金支持高技术企业发展。

(三)支持企业利用资本市场融资。优先支持国家高技术产业基地符合条件的企业在国内主板、中小企业板和创业板上市融资。支持国家高技术产业基地内符合条件的企业发行企业债券。开展国家高技术产业基地内具备条件的企业进入证券公司代办系统进行股份转让试点工作。支持金融机构在国家高技术产业基地实施金融创新试点,建立和健全中小高技术企业投融资担保体系,发挥金融机构对国家高技术产业基地建设的支持作用。

(四)鼓励产学研结合。充分利用产学研联盟等各种有效机制,推动国家高技术产业基地与高等院校和科研院所建立紧密的合作关系。鼓励高校、科研机构在国家高技术产业基地建立分支机

构。

（五）加强公共服务平台和创新基础能力建设。支持依托基地服务商、骨干企业或产业联盟等形式，建设公共技术研发平台、检测试验平台、技术转移机构等公共服务平台。支持基地建设工程研究中心、工程实验室、企业技术中心等创新基础能力。

（六）加强人才培养和引进。加强高素质技术和管理人才培养。鼓励本地区、国内乃至世界的优秀人才进入国家高技术产业基地投资兴办企业。完善人才使用激励机制，创造优良的工作环境、创业环境和生活环境。

（七）加强国际交流与合作。推动国家高技术产业基地参与国家发展改革委与有关国家政府及大型跨国公司间的合作计划。鼓励跨国公司在高技术产业基地设立地区总部、研发中心、采购中心、培训中心。鼓励外资企业技术创新，增强配套能力，延伸产业链。鼓励基地企业到境外投资建设生产基地和设立研发中心。

（八）支持省级高技术产业基地发展。鼓励有条件的地区建设省级专业性高技术产业基地。对满足国家高技术产业基地条件的，经评估认定可以升级为国家高技术产业基地。

六、加强国家高技术产业基地管理

（一）完善管理体制。国家高技术产业基地的认定、考核和宏观指导工作，由国家发展改革委负责。基地所在省、自治区、直辖市、计划单列市发展改革委依据基地发展规划，负责对基地建设和发展的具体指导和协调工作。基地所在城市应因地制宜地设立相应机构，负责日常管理和服务工作。

（二）国家高技术产业基地的申报与认定。申报国家高技术产业基地，由申报城市所在省级发展改革委组织编制规划并经省级人民政府同意后向国家发展改革委提出申请。国家发展改革委组织经济、技术等方面的专家对申报的国家高技术产业基地的功能定位、产业总规模、集聚程度、增长速度、创新能力、国际化程度、发展环境、发展目标、发展潜力、地方政府扶持措施等进行评估。评估通过后，国家发展改革委批准认定为国家高技术产业基地。

（三）国家高技术产业基地的考核。省市发改委要定期（每一年度）将基地发展状况（包括生产总产值、增加值、进出口、研究与开发投入、申请和授权的专利数量等指标）报国家发展改革委。国家发展改革委组织专家对国家高技术产业基地进行定期考核，考核结果将和国家对基地的扶持力度挂钩并向社会公布，具体办法另行制订。

国家发展和改革委员会

二〇〇九年十二月十六日

关于推动产业技术创新战略联盟构建与发展的实施办法(试行)

国科发政[2009]648号

为贯彻落实《国家中长期科学和技术发展规划纲要(2006—2020年)》,以及国务院《关于充分发挥科技支撑作用,促进经济平稳较快发展的意见》(国发[2009]9号),加快建立以企业为主体、市场为导向、产学研相结合的技术创新体系,促进经济结构调整和产业优化升级,提升产业核心竞争力,实现创新驱动发展,根据科技部等六部门《关于推动产业技术创新战略联盟构建的指导意见》(国科发政[2008]770号)、《国家技术创新工程总体实施方案》(国科发政[2009]269号),以及《国家科技计划支持产业技术创新战略联盟暂行规定》(国科发计[2008]338号)等文件的规定,现就推动产业技术创新战略联盟的构建与发展制定如下实施办法。

一、总　　则

第一条　产业技术创新战略联盟(以下简称联盟)是指由企业、大学、科研机构或其他组织机构,以企业的发展需求和各方的共同利益为基础,以提升产业技术创新能力为目标,以具有法律约束力的契约为保障,形成的联合开发、优势互补、利益共享、风险共担的技术创新合作组织。

第二条　产业技术创新战略联盟是实施国家技术创新工程的重要载体。推动产业技术创新战略联盟构建和发展,是整合产业技术创新资源,引导创新要素向企业集聚的迫切要求,是促进产业技术集成创新,提高产业技术创新能力,提升产业核心竞争力的有效途径。

第三条　联盟的主要任务是组织企业、大学和科研机构等围绕产业技术创新的关键问题,开展技术合作,突破产业发展的核心技术,形成产业技术标准;建立公共技术平台,实现创新资源的有效分工与合理衔接,实行知识产权共享;实施技术转移,加速科技成果的商业化运用,提升产业整体竞争力;联合培养人才,加强人员的交流互动,支撑国家核心竞争力的有效提升。

第四条　鼓励企业、大学和科研机构及其他组织机构根据六部门推动产业技术创新战略联盟构建意见的精神,从产业发展实际需求出发,遵循市场经济规则,积极构建联盟,探索多种长效稳定的产学研合作机制。

第五条　推动联盟构建要有序开展。防止脱离产业发展及产业技术创新内在需求的"拉郎配";防止不切实际的一哄而上;防止地区分割、封闭发展;防止缺乏联盟成员单位自主投入的形式主义;防止造成各种形式的垄断和对市场竞争的压制。

二、联盟的构建

第六条 联盟的构建,要以国家重点产业和区域支柱产业的技术创新需求为导向,以形成产业核心竞争力为目标,以企业为主体,围绕产业技术创新链,运用市场机制集聚创新资源,实现企业、大学和科研机构等在战略层面有效结合,共同突破产业发展的技术瓶颈。

第七条 推动联盟构建要坚持以下基本原则。

(一)遵循市场经济规则。要立足于企业创新发展的内在要求和合作各方的共同利益,通过平等协商,在一定时期内,建立有法律效力的联盟契约,对联盟成员形成有效的行为约束和利益保护。

(二)体现国家战略目标。要符合《规划纲要》确定的重点领域,符合国家产业政策和节能减排等政策导向,符合提升国家核心竞争力的迫切要求。

(三)满足产业发展需求。要有利于掌握核心技术和自主知识产权,有利于引导创新要素向企业集聚,有利于形成产业技术创新链,有利于促进区域支柱产业的发展。

(四)发挥政府引导作用。要创新政府管理方式,发挥协调引导作用,营造有利的政策和法制环境,围绕经济社会发展的迫切要求推动重点领域联盟的构建。

第八条 联盟成立应当符合以下基本条件。

(一)要由企业、大学和科研机构等多个独立法人组成。企业处于行业骨干地位;大学、科研机构在合作的技术领域具有前沿水平;相关中介机构等可根据联盟技术创新的需要作为成员发挥积极的作用。

(二)要有具有法律约束力的联盟协议,协议中有明确的技术创新目标,落实成员单位之间的任务分工。联盟协议必须由成员单位法定代表人共同签署生效。

(三)要设立决策、咨询和执行等组织机构,建立有效的决策与执行机制,明确联盟对外承担责任的主体。联盟执行机构应配备专职人员,负责有关日常事务。

(四)要健全经费管理制度。对联盟经费要制定相应的内部管理办法,并建立经费使用的内部监督机制。联盟可委托常设机构的依托单位管理联盟经费,政府资助经费的使用要按照相关规定执行,并接受有关部门的监督。

(五)要建立利益保障机制。联盟研发项目产生的成果和知识产权应事先通过协议明确权利归属、许可使用和转化收益分配的办法,要强化违约责任追究,保护联盟成员的合法权益。

(六)要建立开放发展机制。要根据发展需要及时吸收新成员,并积极开展与外部组织的交流与合作。联盟要建立成果扩散机制,对承担政府资助项目形成的成果有向联盟外扩散的义务。

三、联盟试点工作

第九条 根据《关于推进产业技术创新战略联盟构建工作的指导意见》,选择一批产业技术创新战略联盟开展试点工作,积极探索联盟运行及产学研合作的新机制和新模式。

第十条 通过试点工作,支持试点联盟探索建立产学研合作的信用机制、责任机制和利益机制;探索承担国家重大技术创新任务的组织模式和运行机制;探索发挥行业技术创新的引领和带动作用;探索整合资源构建产业技术创新平台,服务广大中小企业;探索率先落实国家自主创新政策等。充分调动和发挥联盟各成员的优势和积极性,使试点联盟为更多联盟的建立和发展积累经验。

第十一条 联盟成立后可自愿申请参加试点。申请试点的联盟,可按其所属领域分工,向科技部相关司局提出审核申请。提出审核申请的联盟须提交材料的有关要求见材料一至材料四。

第十二条 在科技部技术创新工程协调领导小组的指导下，综合司局与专业司局分工合作，专业司局负责对联盟组建的必要性和技术性进行审核；综合司局负责对联盟的组织形式进行审核；并形成审核意见（见材料五）。联盟审核采取成熟一个审核一个的方式进行。

第十三条 专业司局进行必要性与技术审核的内容主要包括：

（一）联盟技术创新目标和任务应体现国家战略目标，符合《国家中长期科学和技术发展规划纲要（2006—2020年）》确定的重点领域，以及国家产业、环保和能源政策等。

（二）联盟开展的技术创新活动应体现所在产业领域的重大技术创新需求，有利于推动相关产业实现重大技术突破，形成产业核心技术标准，支撑和引领产业技术创新。

（三）联盟开展的技术创新活动应具有较强的产业带动作用，有利于集聚创新资源，形成产业技术创新链。

（四）联盟的技术创新任务应有利于解决产业发展的关键和共性技术问题，提升产业核心竞争力，促进产业结构优化升级。

第十四条 在专业司局进行必要性与技术审核后，综合司局组织专家组，对通过必要性与技术审核的联盟进行组织形式审核。主要内容包括：

（一）符合第八条六项条件的规定。

（二）联盟协议应由成员单位法定代表人共同签署，建立的合作关系可受法律保护。联盟协议中应明确技术创新目标和成员单位的任务分工。

第十五条 科技部技术创新工程协调领导小组办公室组织会商，确认符合条件的联盟。确认的联盟名单向六部门推进产学研结合工作协调指导小组办公室通报。

第十六条 加强对试点工作的指导，建立试点联盟的跟踪调研和评价考核机制。研究建立试点联盟的评价考核体系，及时了解试点工作中出现的情况和问题，开展对试点联盟的定期评估考核工作，建立试点联盟的动态调整机制。总结试点形成的好的机制和做法，充分发挥试点联盟的示范带动作用。

四、对联盟的支持

第十七条 营造有利于联盟发展的政策环境，探索支持联盟构建和发展的有效措施。研究制定支持和规范联盟发展的政策措施，探索总结联盟运行的体制机制和模式。把体制机制创新和资源配置结合起来，加大对联盟的支持力度，引导形成产学研紧密结合的长效机制。

第十八条 在联盟先行投入的基础上，国家科技计划积极探索无偿资助、贷款贴息、后补助等方式支持联盟的发展。经科技部审核并开展试点的联盟，可作为项目组织单位参与国家科技计划项目的组织实施。鼓励联盟向国家科技计划专家咨询库推荐评审专家。国家科技计划根据各自的管理程序反映和征集联盟的科技需求。

第十九条 依托联盟制定产业发展技术路线图，为国家制定科技计划指南提供依据。充分发挥联盟在产业技术创新政策研究和制定中的重要作用。

第二十条 支持有条件的联盟整合相关成员单位优势，围绕产业发展的战略需求，集成产学研各方力量组建国家重点实验室，针对学科发展前沿和国民经济、社会发展及国家安全的重大科技问题，开展科技创新研究。

第二十一条 支持联盟开展国际科技合作，组织联盟成员单位承担国际科技合作计划项目，带动相关企业及高校、科研院所充分利用国际科技资源，在更高起点上提升技术创新能力。

第二十二条 鼓励银行、创业投资机构参与联盟，向联盟企业提供多样化的融资支持和金融服务。创业投资机构对联盟企业的投资符合条件的可在科技型中小企业创业投资引导基金中优先支持。

第二十三条 联盟协议约定的对外承担责任主体单位是联盟承担国家科技计划项目组织管理的责任主体,对项目实施负总责,承担项目组织实施的法律责任。联盟内部应建立相应的责任分担机制,联盟对外承担责任主体单位据此向课题承担单位追究相应责任。

第二十四条 联盟理事会审议联盟的重大事项,联盟根据联盟协议确定的技术创新方向,以及各有关科技计划的定位和支持重点,由理事长单位代表联盟向科技部提出项目建议,获得批准后,依据各有关科技计划和经费的管理办法组织科技项目(课题)。

第二十五条 对联盟组织实施国家科技计划项目建立决策、执行、监督评估三位一体的监管机制。科技部组织或委托第三方科技监督评估机构加强对联盟执行项目的监督检查,联盟内部也要成立相应的监督管理机构,建立自我监督与评估机制。

第二十六条 根据国家科技计划和相关经费管理办法的规定,联盟组织实施的项目或课题在无法按计划正常实施时应及时调整或撤销。如果作为联盟成员的课题承担单位中途退出联盟,应由联盟理事会提出调整或撤销课题的书面意见,报科技部核准后执行。如果作为项目组织单位的联盟解散,科技部可根据实施情况、评估意见等直接进行调整。

第二十七条 联盟承担国家科技计划项目形成的知识产权管理,按照《科学技术进步法》、《关于国家科研计划项目成果知识产权管理的若干规定》(国办发[2002]30 号)以及各计划管理办法的有关规定执行,并需遵守以下规定。

(一) 联盟承担国家科技计划项目形成的知识产权,由项目(课题)承担单位依法取得。

(二) 联盟组织申报国家科技计划项目,应依据联盟协议在项目申请书和任务书中约定成果和知识产权的权利归属、许可实施以及利益分配,以及联盟解散或成员退出的知识产权处理方案。对于知识产权约定不明确的项目不予立项。违反成果和知识产权权益分配约定的项目参与单位,5年内不得参与国家科技计划组织实施。

(三) 联盟对承担国家科技计划项目形成的知识产权,有向国内其他单位有偿或无偿许可实施的义务。

(四) 联盟承担国家科技计划项目形成的知识产权,向境外转让或许可独占实施的,须报科技部批准。

第二十八条 联盟根据本规定及国家科技计划和相关经费管理办法制定联盟承担国家科技计划项目配套管理办法,报科技部备案。办法应包括项目的组织管理体系、经费的匹配及使用、监督及责任追究、知识产权共享及分割等内容。

五、充分发挥地方和协会在联盟构建中的重要作用

第二十九条 地方可参照本实施办法的规定,研究制定本地区的实施办法,紧紧围绕本地经济发展规划确定的支柱产业,突出区域经济发展和产业特色,运用市场机制推动本地区重点领域联盟的构建。

第三十条 各地方应将联盟的构建和发展作为实施技术创新工程的重要载体,在产业和区域上做出总体布局,加强工作指导,在政策、计划项目、创新平台建设等方面予以重点支持。推动联盟构建和发展可作为省部会商的重要内容。

第三十一条 地方开展试点的联盟,对国家相关产业发展具有重大影响的,可根据自愿的原则,报科技部政策法规司备案,并抄报相关专业司局。

第三十二条 各有关行业协会围绕本行业的重大技术创新需求，充分发挥组织协调、沟通联络、咨询服务等作用，推动本行业重点领域联盟的构建。

第三十三条 本办法由科技部负责解释，自发布之日起实施。

科学技术部
二〇〇九年十二月一日

关于动员广大科技人员服务企业的意见

国科发政[2009]131号

各省、自治区、直辖市、计划单列市科技、教育、国资厅（委、局）、科协，中科院各分院、研究所，新疆生产建设兵团科技、教育、国资局、科协，国务院有关部门科技主管司（局）：

根据党中央、国务院关于"扩内需、保增长、调结构、上水平、惠民生"的总体部署，为贯彻落实国务院《关于发挥科技支撑作用促进经济平稳较快发展的意见》，科技部、教育部、国资委、中科院、工程院、自然科学基金会、中国科协决定，组织动员广大科技人员深入一线服务企业。现提出以下意见。

一、充分认识科技人员服务企业的重大意义

随着国际金融危机的不断蔓延，我国实体经济面临着严峻的挑战，企业发展遇到很大困难和压力。知识和科技是克服经济困难的根本力量，也是增强产业和企业竞争力的不竭动力。广大科技人员要响应党和国家号召，急国家之所急、想国家之所想，以高度的使命感、责任感、紧迫感，迅速行动起来，到企业去、到车间去、到生产一线去，汇聚成共度危机、共谋发展的科技大军。要主动把科技与经济结合起来，帮助企业特别是中小企业破解发展难题，提高自主创新能力，增强核心竞争力，为实现经济平稳较快发展作出更大贡献。

二、组织实施"科技人员服务企业行动"

结合10大产业振兴和企业特别是中小企业的实际需求，遵循"政府引导、双向选择，立足当前、着眼长远"的原则，采取多种方式为企业提供服务，重点开展以下工作：

1. 加快科技成果转化。广大科技人员要带技术和成果到企业去，加快现有先进适用技术、成果在企业的推广应用和产业化步伐。

2. 帮助企业技术研发。广大科技人员要积极参与企业关键技术攻关，提供产品开发咨询服务，促进企业技术改造和产品升级。

3. 改善企业技术创新管理水平。广大科技人员要帮助企业完善研发体系，构建技术创新平台，

加强研发队伍建设，提升企业持续创新能力。

4. 帮助企业解决经营管理问题。广大科技人员要引导企业提高管理水平，提供经济、法律等方面的咨询，帮助企业开拓投融资和市场渠道，为企业健康发展提供有效支持。

5. 构建产学研合作的有效模式和长效机制。广大科技人员要充分发挥产学研合作的桥梁和纽带作用，探索多种服务方式，推动人才、技术等各类创新要素向企业集聚，形成产、学、研之间有效互动的创新模式。

6. 为企业培养技术和管理人才。针对企业发展急需的人才，发挥各类机构、组织的优势，采取请进来、走出去，集中培训、实际操作等方式，为企业培养科技、管理等方面的人才。

三、科研院所和高等院校要积极创造条件支持科技人员服务企业

要打破常规，抓紧调整教学、科研部署，根据企业需求动员和调配急需的科技人员，并形成后续的团队支撑。要整合资源，筛选先进适用的科技成果，提供必要的科研条件，促进科技资源向企业集聚。要主动对接，根据自身优势和企业需求，与企业建立有效的合作模式和服务方式。要创新机制，围绕满足经济社会发展的需求，加快改革科研管理方式和评价机制，形成激励科技人员服务企业的长效机制。

四、广大科技人员要把服务企业作为报效祖国、服务社会的自觉行动

科技人员要把自身发展与服务企业结合起来，在实践中凝练技术需求，在服务中解决实际问题，在贡献中实现自我价值。要把为企业服务作为实现科学研究价值、检验科学研究水平的重要标准，集中精力、克服困难、全力以赴地做好企业服务工作。

五、组织各类专家深入企业提供咨询指导

广泛动员各类学会、协会和院士专家深入企业一线，开展科技咨询、技术诊断、人员培训等服务活动。充分发挥各级科协的作用，面向企业推广先进适用技术，大力开展科技工作者“讲理想、比贡献”活动，营造科技人员服务企业的良好氛围。

六、企业要为科技人员开展工作创造条件

要把技术创新作为应对危机、促进发展的根本途径，把握科技人员服务企业的机遇，积极联系、主动对接。要坚持双向选择、互利共赢的原则，充分利用科研院所、高等院校等方面的优势资源，充分尊重知识产权和科技人员的创造性劳动。要营造有利于科技人员开展工作的氛围和环境，明确科技人员的岗位、职责和任务，提供必要的工作、生活条件和相应报酬，发挥科技人员的重要作用。

七、发挥地方组织实施科技人员服务企业的主体作用

各地要在地方党委、政府的统一领导下，建立相应的组织协调机制，形成合力、共同推进。要根据本地实际，制定具体的实施方案，明确目标、落实任务。要积极制定符合地方实际的政策措施，为组织动员科技人员服务企业创造良好环境，为科技人员提供有效的服务。要充分了解当地企业技术需求，动员和吸引广大科技人员进入企业服务，做好供需对接工作。要调整本级科技计划的投入结构，统筹科技资源，加大对科技人员服务企业行动的支持力度。要及时掌握和了解工作进展，不断总结经验，确保科技人员服务企业行动的顺利实施。

八、保障科技人员在派出单位的相关待遇

科技人员派出期间，其原职级、工资福利和岗位保留不变，工资、职务、职称晋升和岗位变动与派出单位在职人员同等对待，并把科技人员服务企业的工作业绩，作为评聘和晋升专业技术职务(职称)的重要依据。对于作出突出贡献的，优先晋升职务、职称。

九、落实激励科技人员转化科技成果的各项政策

科技人员向企业转化职务技术成果的，科研院所和高等院校应按照有关法律法规，给予科技人员相应的奖励。科技人员服务企业过程中产生的技术成果归属及其利益分配，应按照协议和有关规定，鼓励企业对作出贡献的科技人员实施多种形式的激励措施。

十、强化科技计划对科技人员服务企业的支持

国家调整科技投入结构，统筹科技资源，加大对科技人员服务企业行动的支持力度；各级政府应用类科技计划，要优先支持进入企业的科技人员服务企业的研发项目。

十一、营造科技人员服务企业的良好社会氛围

各地各有关部门要及时总结、推广科技人员服务企业的典型经验，宣传先进事迹。要对在开展科技人员服务企业工作中作出突出贡献的单位、个人给予表彰和奖励，引导更多的科技力量投身于服务企业的创新实践中。

十二、建立部门协调联动的工作机制

各有关部门要加强统筹协调，集成资源、营造环境，形成共同推进科技人员服务企业的合力。要发挥各自优势，针对企业需求，做好本系统科技人员服务企业的组织发动和具体实施工作。要加强监督检查，建立绩效评价机制，确保行动取得实效。

科学技术部
教育部
国务院国资委
中国科学院
中国工程院
国家自然科学基金委
中国科协
二〇〇九年三月二十四日

“科技北京”行动计划(2009—2012年)——促进自主创新行动

为深入贯彻落实科学发展观,认真落实《国务院关于发挥科技支撑作用促进经济平稳较快发展的意见》(国发〔2009〕9号),进一步总结推广奥运筹办工作特别是“科技奥运”成功经验,加快推进“科技北京”建设,充分发挥“科技北京”对“人文北京”、“绿色北京”的支撑作用,依靠科学技术实现扩内需、保增长、调结构、上水平、惠民生目标,特制定本行动计划。

一、指导思想与总体目标

建设“科技北京”的指导思想是:全面贯彻落实党的十七大精神,以科学发展观为指导,贯彻“人文北京、科技北京、绿色北京”的发展战略,充分发挥首都科技优势,通过积极承接国家科技重大专项和重大科技基础设施建设,加快建设中关村国家自主创新示范区,大幅提高自主创新能力;通过大力实施科技振兴产业工程,加快发展高新技术产业,推动首都产业结构优化升级;通过加强企业技术创新能力建设,完善企业技术创新服务平台,增强企业综合竞争力;通过提升民生科技在首都城市建设、社会管理、教育文化、医疗卫生、公共安全、生态文明、新农村建设等领域的服务水平,为建设繁荣、文明、和谐、宜居的首善之区做出切实贡献。

动员全市力量,认真实施“2812科技北京建设工程”,努力把北京建设成为我国创新发展的核心引领区和具有全球影响力的科技创新中心。到2012年,“科技北京”建设的主要目标是:

——自主创新能力显著增强。科技投入保持较高水平,全社会R&D投入占地区生产总值的比重超过6%,企业R&D经费支出占全社会R&D经费支出的比重力争达到50%,以企业为主体、市场为导向、产学研用相结合的技术创新体系更加完善。承接一批国家科技重大专项和科技基础设施项目,承担国家级科技项目数占全国的36%以上。掌握一批具有国际先进水平的共性关键技术,万人发明专利申请数达到13件。首都科技辐射和扩散能力明显增强,技术交易额达到1300亿元。

——科技对首都经济社会发展支撑能力大幅度提高。科技成果产业化能力显著增强,高新技术产业蓬勃发展,科技创新成为推动经济结构优化升级的主要驱动力,高新技术产业、信息服务业和科技服务业增加值占地区生产总值比重达到25%,具有市场竞争力的产品和企业快速成长。科技对首都产业发展、城市建设、社会管理、生态文明、新农村建设和改善民生等各方面的支撑能力显著提升,对推动首都经济社会可持续发展的作用日益凸显,万元地区生产总值能耗、水耗以及污染物排放水平持续下降,继续处于全国领先水平。

——中关村国家自主创新示范区建设取得明显成效。认真落实国务院关于建设中关村国家自主创新示范区的批复,充分发挥高等院校、科研院所、高新技术企业等创新资源密集的独特优势,加大改革创新力度,深入推进股权激励、科技金融、政府采购等改革试点工作,努力培养和聚集优秀创新人才特别是产业领军人才，着力研发和转化国际领先的科技成果，做强做大一批具有全球影响力的创新型企业，培育一批国际知名品牌，全面提高中关村自主创新和辐射带动能力，推动中关村的科技发展和创新在本世纪前20年再上一个新台阶。

——全社会科学素养显著提升。认真贯彻落实《全民科学素质行动计划纲要(2006－2010－2020年)》，加快推进学习型城市建设，终身学习、团队学习、全程学习等先进理念深入人心，努力形成宽松和谐、健康向上的创新文化氛围，全社会的创造活力进一步增强。科技人才高度集聚，各类具有国际视野和创新精神的创新型人才大量涌现，每万人中科学家和工程师数达230人以上。科普工作深入开展，科学知识、科学方法、科学思想、科学精神广为传播，全市人民的科学文化素质得到显著提升。

二、积极承接国家科技重大专项和重大科技基础设施建设，大幅度提高自主创新能力

1. 对接国家科技重大专项

充分发挥首都科技优势，进一步完善机制，整合资源，加大投入，积极组织和支持北京地区的各类科技研发机构和企业承担和参与《国家中长期科学和技术发展规划纲要(2006—2020年)》确定的一批国家科技重大专项。

调整和创新重大专项组织方式，突出投入重点，力争3年内取得一批重大成果。以重大产品为龙头，发挥行业骨干企业的领军作用，采取项目业主制，定向委托，强化产学研用结合，带动更多的中小科技企业参与重大专项实施和共享科技成果。

2. 承接国家重大科技基础设施建设

集聚、整合北京地区的科技资源，努力做好相关的配套服务工作，积极承接国家重大科技基础设施建设，争取建成一批高水平的实验室和科研设施，为提高首都自主创新能力奠定坚实基础。

三、大力实施科技振兴产业工程，推动首都经济又好又快发展

统筹整合首都人才、资金、政策等各类创新资源，在电子信息、生物医药、新能源和环保、汽车、装备制造、文化创意、科技服务、都市型现代农业等产业集中支持一批产学研用项目，努力在重大关键技术上形成突破，切实做强做大一批企业。到2012年，力争新增产值超过5000亿元。

1. 加快发展电子信息产业

巩固移动通信产业优势地位。继续加大对骨干企业的支持，吸引国内外移动通信设备制造商落户北京，继续做大现有手机产品的生产规模。支持第三代移动通信(3G)产业园建设，加快完善第三代移动通信(3G)产业链，推动芯片、终端、测试设备的产业化。支持时分同步码分多址接入(TD－SCDMA)、宽带码分多址(WCDMA)向后3G技术(LTE)发展。

普及数字电视应用。积极推动数字电视整体转换，建设交互数字电视服务平台。整合数字电视产业资源，形成完整的产业链；带动数字演播设备、信号处理及多媒体制作设备、发射及用户接入设备等产品的升级换代；推进数字视听产业升级，丰富手机、掌上多媒体机等消费电子产品功能，使数字电视产业成为新的增长点。

增强计算机与下一代互联网的竞争力。积极发展高端服务器、大容量存储设备、工控计算机等产品，加快实现从低附加值到高附加值的产业转型。推广基于自主设计中央处理器(CPU)的低成本计算机，开拓农村及行业应用市场。支持骨干企业开拓国际市场。加快推动互联网升级换代，鼓励发展基于下一代互联网的特色应用。

提升集成电路整体发展水平。积极对接国家科技重大专项，实现关键技术突破。

突破大屏幕液晶显示的发展瓶颈。支持液晶面板骨干企业建设8代以上生产线，对现有5代

生产线进行升级改造。提升和突破薄膜晶体管液晶显示器(TFT－LCD)工艺技术,达到具有自主完整组建高世代薄膜晶体管液晶显示器(TFT－LCD)生产线的技术整合能力。以8代薄膜晶体管液晶显示器(TFT－LCD)为核心,吸引玻璃基板、偏光片、液晶电视等上下游厂商聚集,打造完整的薄膜晶体管液晶显示器(TFT－LCD)产业链。

培育软件与信息服务业新型业态。推动中间件、行业应用、数字内容、服务外包等领域发展。推广一批拥有自主知识产权、技术水平高的软件产品和行业解决方案;支持一批拥有核心技术的软件外包企业做大做强;建设一批具有国际影响力的软件产业集聚区。积极承接全球离岸服务外包业务,完善外包体系。加强医疗卫生、食品与生产安全、节能减排监测等公共服务领域的信息化建设。大力发展互联网增值服务、信息内容服务、移动增值服务、数字电视多媒体增值业务等。

到2012年,电子信息产业新增产值及收入2500亿元(其中1000亿元为制造业新增产值,1500亿元为软件及信息服务业新增收入)。

2. 加快发展生物医药产业

以提升生物医药产业自主创新能力和国际竞争力为核心,按照生物医药高端制造和医药研发服务两业并举、融合发展的产业促进原则,推动北京生物医药产业快速发展。

重点推动抗肿瘤药物迪奥、抗禽流感药物帕拉米韦等一批重大科技成果实现产业化,支持单抗药物泰欣生、国家Ⅰ类止血新药苏灵等新产品形成规模化产业。

强化疫苗产业的全国领先优势。建设北京疫苗产业基地,推动人禽流感疫苗、治疗性乙肝疫苗、儿童九价肺炎结合疫苗等具有国际水平的重点新产品快速产业化,争取形成产业集群。

引导中药行业向健康产业转型,培育营养保健和精神保健产品成为中药行业的新增长点,提升名优产品的丸剂自动化生产工艺,突破质量控制和在线检测等关键技术,快速提升“同仁堂”等北京中药品牌的科技含量。

推动医疗器械行业提升自主创新能力,重点发展数字化诊疗设备和高附加值的生物医学材料,支持电动电控呼吸机、高分辨数字化X线机、开放式永磁磁共振成像系统、血管内无载体药物洗脱支架系统、人工关节等重点新产品的研发,推动一批高成长企业规模迅速提升。加大力度支持生物医学工程重点领域干细胞、组织工程等的研究和发展,促进其临床应用和产业化。

培育生物医药研发服务业快速增长,深入推进中国生物技术外包服务联盟(ABO)等产业联盟开展国际认证和国际市场拓展工作,加快建设生物医药研发服务孵化基地,推进生物医药产业高端化转型。

到2012年,生物医药实现新增产值200亿元。

3. 加快发展新能源和环保产业

加快推广太阳能、生物质能和风能利用等新能源技术应用,推动光伏产业、生物质能产业等新能源产业发展。推广照明节电、供暖节能等建筑节能技术;高效电机节能、变压器系统节能、高性能内衬材料制备技术、高温烟气净化技术和高温烟气余热利用技术等工业节能技术;新能源汽车等交通节能技术发展。推广环境现代监测、机动车尾气净化、室内空气净化设备、烟气脱硝技术、高效污水处理及资源化、城市污染无害化处理和资源利用技术与装备、固体废弃物处理处置设备等环保技术;推动国产化的膜生物反应器(MBR)的规模化应用,加快膜生物产业基地建设。重点推进中关村自主创新产品进入污水和垃圾处理领域,在污水和垃圾处理、废弃电器电子产品处理等领域形成一定产业规模,加快新兴环保产业发展。

到2012年,新能源和环保产业实现新增产值300亿元。

4. 加快发展装备制造业

立足北京装备制造业的产业基础,以提升重大装备成套化水平为主线,以自主创新能力为支撑,以关键设备自主化为依托,以重大项目建设为抓手,提升集成电路制造专用装备、液晶面板制造专用装备、光伏装备、风电制造、安检装备、工程机械、新型环保装备、轨道交通装备、发电输变电装备、数控机床等的成套设备能力,通过成套设备带动关键设备和零部件发展,促进重点领域骨干企业规模化发展,实现产业规模升级、技术升级。重点发展大尺寸薄膜太阳能设备、大型集装箱/车辆安全检查系统、航空集装货物/车辆安全检查系统、大型危险废弃物处置设备、医疗设备、大型医疗废物处置设备、防化危险品处置设备、膜生物反应器(MBR)污水处理设备、轨道交通相关设备、轨道交通车载及地面控制系统、600兆瓦及以上等级超临界电站设备、多坐标联动重型数控龙门镗铣床、精密数控车床、磨床、百万千瓦等级核电及火电机组综合自动控制系统等关键设备。积极推动现代制造服务业发展,促进传统产业转型升级。

到2012年,装备制造业实现新增产值600亿元。

5. 加快发展汽车产业

把握我国汽车产业的发展趋势,以重点项目为着力点,以资源整合为手段,实施“一二三四”工程,即:“壮大一个龙头企业、实现自主创新两个突破、完善产业链三个环节、建设四大产业基地”。进一步巩固并提高北汽控股公司的核心竞争力,在自主品牌乘用车的量产、新能源汽车的市场化两个方面取得突破,进一步完善汽车产业链的研发、制造、服务环节,建设整车生产、高端零部件制造、研发、汽车零部件物流四大产业基地,把北京汽车产业发展成为首都经济高端产业的重要支柱。

实现自主品牌乘用车的量产。在轿车和越野车领域,积极开发新的平台产品。扩大欧V混合动力客车生产规模,深入开展以欧V大客车为基础的纯电动车开发,寻求与国内外合作开发氢动力大客车。完善福田汽车研发中心,建设北京汽车研发基地、国家汽车质量监督检验中心。建设福田康明斯发动机项目、福田奔驰中重卡及发动机项目,与国内外知名零部件企业合作发展底盘系统(制动系统、转向系统、悬架系统)、电子电控系统(CAN总线、EMS、汽车功能电子、车身电子等)。

到2012年,汽车产业实现新增产值600亿元。

6. 加快发展文化创意产业

研发演艺智能仿真虚拟舞台技术,集成推广多媒体渲染等技术,推动设计创意等行业的发展。开展可视媒体处理关键技术研究,研发数字化艺术创作平台和动漫制作平台。组织研发可使广大市民享受按需视频点播(VOD)、生活服务、在线电子商务服务等双向传输的有线电视技术。全力支持市级文化创意产业集聚区,做强电影电视、设计服务、艺术品交易等优势行业,培育出版发行、文艺演出、体育休闲、品牌会展等一批企业集团。支持开发、应用现代版权保护技术,强化知识产权保护、交易。加快推进数字体育产品和电子竞技产品的研发和推广,推动体育创意产业发展。力争保持全市文化创意产业年均实现收入增长15%以上。

到2012年,文化创意产业实现新增收入800亿元。

7. 加快发展科技服务业

整合首都高等院校、科研院所、企业、中介服务机构等创新资源,推动首都科技服务业快速发展。

支持高等院校、科研院所面向企业提供研发设计服务,鼓励第三方研发设计企业发展,在软件、集成电路、消费电子、新材料、生物医药、能源环保等重点领域形成一批国内领先研发设计、中试、测试服务企业,保持并扩大首都在城市和建筑规划、工业设计、工程设计、地质勘查等领域的国内优势。加快工业设计创意产业基地、集成电路设计园等重点集聚区建设,实施“设计创新提升计划”。

建设全国技术交易中心,集成信息、政策、价值评估、信用等服务功能,为本市技术服务贸易发展创造优质环境。积极推动中国技术交易所建设,形成技术产权挂牌竞价、交易、结算等规范服务,为买卖双方提供高效交易平台。

继续推进各类市场化、专业化的大学科技园、科技企业孵化器、留学人员创业园和创业服务中心建设。在技术转移、投融资、知识产权等专业领域培育一批具有较强市场意识和服务能力的科技中介机构。

依托首都信息资源优势,鼓励发展面向企业管理、行业研究、信息系统规划、科技管理等咨询服务,形成首都经济新的增长点。

到2012年,实现北京科技服务业新增收入1000亿元。

8. 加快发展都市型现代农业

加快特色籽种产业发展。促进产学研用结合,加快奶牛、生猪、肉蛋禽、冷水鱼、观赏鱼、玉米、小麦、果品、花卉、蔬菜、薯类等具有明显领先地位籽种产业发展,提高市场占有率。依靠技术攻关、引进与集成,发挥龙头企业的主体作用,推进农业产业化,延长农业产业链,增加农产品附加值,农产品加工率达到60%以上、加工增值率达到90%以上。通过注入科技、文化元素,促进农业与乡村旅游业的有机融合,提升乡村旅游产业发展水平。依靠科技创新,提升特色农产品品质,扩大规模,进一步提高在高端市场的占有率和控制力。发挥现有农业科技园区的龙头作用,搭建农业高科技示范展示平台。

四、集中力量推广和应用一批新技术、新产品、新工艺,全面提升科技对首都经济社会发展的支撑能力

结合落实中央扩大内需的10项措施和《国务院关于发挥科技支撑作用促进经济平稳较快发展的意见》,推广一批具有自主知识产权并能带动形成新的市场需求、改善民生的成熟技术和产品,加大产业化、商业化和规模化应用力度。

1. 信息基础设施工程

建设国际先进水平、城乡一体化的高速信息网络。大幅度提升互联网宽带接入标准,实现进入家庭用户互联网带宽达到20兆、进入企业用户达到100兆、进入六大高端产业功能区企业用户达到10000兆。地下管孔建设覆盖城区、郊区和地铁等区域,满足信息基础设施扩展需要。按照高标准完成800兆无线政务网和有线宽带政务网络改造,满足各类政务业务需要。按照城区水平进行规划建设农村信息基础设施,全面提升农村地区信息交换和传输能力,使行政村光缆网络覆盖率100%。采取同轴射频缆、局域网、无线局域网等多种技术形式实现宽带入户。

加快第三代移动通信(3G)系统建设。围绕第三代移动通信(3G)和移动互联网进行新型服务业态的研发和创新。推广应用国有知识产权第三代移动通信标准,建立第三代移动通信(3G)应用产业联盟,带动信息内容服务业快速发展。

加强信息安全设施建设。完成信息安全应急指挥平台、网络信任体系、市政务信息安全容灾备份中心、全市域无线电自动化监测系统建设。完善城市监控、安全生产管理、应急指挥等系统网络建设。

到2012年,首都信息基础设施投资600亿元,建成国内前列、国际同步的首都信息基础设施,为中央和全国服务、为首都市民服务、为首都产业发展服务。

2. 食品安全工程

加强农产品生产源头的质量安全科技支撑体系建设。加快奥运农产品安全供应保障中的生产技术、监控技术和规范标准的转化与应用。加强农业生产的新型安全投入品的研究与替代应用,开展农产品生产环节的安全影响因素的分析与控制技术研究,加快农产品质量安全生产履历、源头追溯和检测技术的应用,完善农产品安全生产技术规程和产品质量安全标准体系,构建覆盖农业生产全过程的安全技术推广和服务体系。到2012年,使全市食用农产品(蔬菜、果品、生猪、肉鸡)生产

基地的主导产品安全生产技术标准和技术应用覆盖率达到100%，北京地区生产的食用农产品质量安全监测合格率达到100%，京郊食用农产品配送企业、合作组织、龙头企业经营的农产品合格率达到100%。

加强食品质量和安全关键检测技术研究，支撑加工环节食品质量监管。开展农产品质量安全控制共性与应急技术标准研究，重点开展食品添加剂、食品接触材料和食品中非食用物检测技术研究，加快完善食品质量监督检验检测技术体系，推广应用具有自主知识产权的快速检测装备和仪器，包括食品安全快速检测车、食品安全现场毒物检测箱、各种病源微生物以及有毒有害化学物检测仪和相关试剂等，提高食品生产企业产品质量自检能力。

运用现代科技手段加强食品运输环节的监控。对200辆进入本市农产品市场和物流配送中心的鲜冻畜禽产品运输车辆的行驶轨迹和食品运输温度、车门开启状况等进行实时监控，提升对高风险食品和重大活动中生物性、化学性、放射性等污染事件的防控能力。

加强流通领域食品安全监测。在流通领域规划建设20个食品安全风险评估和技术监控站点，全面应用推广无线射频技术（RFID）等全程溯源监控电子标签技术，在全市150家大中型商场、超市设置食品安全自检室，加强对食品安全快速分析鉴定设施的研发和配备。将本市500家大中型商场、连锁超市、21家大中型农副产品市场销售的畜禽产品、水产品、果蔬产品和重点预包装食品纳入食品安全追溯系统，实现对重点高风险食品从种植、养殖、屠宰加工、销售环节的全过程安全信息追溯。

3. 农业科技工程

加快都市型现代农业高效生产技术创新与应用。重点在猪、牛、禽优良品种遗传选育上创新突破，优良畜禽供种能力提高20%以上，优良畜禽品种覆盖率达到90%。引进、选育一大批粮经、果蔬、食用菌、花卉、名优水产等新品种，集中突破草莓、球根花卉等种苗脱毒关键技术，建立市、区（县）两级新品种试验展示基地网络，完成玉米、小麦品种更新换代一次，主要蔬菜品种更新80%。大规模转化应用健康高效饲料生产技术，示范推广高产、优质、高效、生态、安全的种植和养殖模式。加大“粮食丰产科技工程”的推进力度，提高粮食单产水平和水肥利用效率，减低灾害损失率和粮食生产成本。

加快农产品产后处理、保鲜、包装、储运、加工与食品生物制造等技术创新与应用。重点对果蔬、花卉等农产品产后冷链处理、保鲜储运等技术集成创新与示范推广，对特质、特色、特种农产品初级加工和精深加工的节能、降耗、循环利用等关键技术、设备和工艺等引进、研究和示范，延长农业产业链，发展食品营养与食品产业。加快农产品加工园区和物流中心建设，建立农产品加工与物流信息管理系统，制定系列技术标准与规范，形成与国内国际贸易相适应的农产品市场流通体系。

推进设施农业与生态循环农业技术创新与应用。建立高效生产、观光休闲、生态循环三种类型设施生产模式，重点研究和集成创新设施育苗技术、环境友好栽培技术、土壤培肥与生态修复技术、病虫害综合控制技术、水肥营养调控技术、温湿气智能调节技术、设施机械化作业技术等节能生态型设施农业技术，形成系列生产技术规范。加快农业资源循环与生态修复技术创新与应用。加大农田土壤培肥、耕地质量提升、高效节水、田园景观、土壤生态修复、清洁生产与有机废弃物综合利用、农业面源污染控制等关键技术研究与推广应用。

加快动植物疫病预防控制技术创新与应用。建立畜禽养殖生物安全隔离区及投入品监控系统，建立种用、乳用疫病净化与控制集成配套技术体系，使北京主要动物疫病综合防控体系与国际接轨。建立农林有害生物监测、预报预警与综合控制体系，研究与示范推广农林病虫害防控新技术。培育壮大以动物疫苗为主的生物制品产业，加大口蹄疫、禽流感、蓝耳病等重大传染病疫苗的开发。

加快现代农业产业技术体系和农业科技推广体系建设。大力发展先进适用、节能环保、安全可靠的农业机械化生产技术。以产品为中心，以产业为主线，以现有科技研发和推广体系为载体，加快现代农业产业技术体系北京市创新团队建设，提升农业科技综合创新与应用能力。开展参与式技术培训，提高农村劳动者的科技文化素质和就业技能，提高农民增产增收致富能力。

4. 医疗卫生与健康工程

完善公共卫生应急指挥平台建设。建设急性传染病早期预警监测系统，提高传染病早期发现能力。推广应用急救病人信息采集系统，建立院前急救与院内救治快速信息通道。完善全市救护车智能调度系统。

研究推广心脑血管疾病等与首都居民健康密切相关的十类重大疾病防治适宜技术和产品，开展多种形式的技术推广活动，促进科技成果转化。

建立并完善药物安全监测和应急处理体系。开展药品安全检测应用研究，建立药品信息服务平台，形成快速筛查和准确定性、定量的检测系统。

结合医药卫生体制改革的重点任务和人民群众基本医疗卫生服务需求，研发适宜性健康保健和诊疗技术，推广应用先进适宜技术和设备，提高社区卫生服务水平和质量。

5. 科技交通工程

推进轨道交通基于通信的列车控制（CBTC）技术研究和示范，争取形成一套具有自主知识产权的国产化 CBTC 系统。加快现代交通工具（汽车、轨道交通）车辆核心技术（牵引、制动系统）研究、性能检测和安全认证平台建设，开发自主检测技术，制定检测标准，推广使用先进自动材料和系统。

建设智能化交通运行管理和应急系统。重点建设轨道交通运行调度中心系统、交通综合监测系统、道路交通预测预报系统、城市交通应急指挥系统、交通图像资源监控与分析系统、高速公路网络化运营管理系统、公路交通流检测调查系统、交通信号区域控制系统、交通组织优化与仿真系统、客运交通指挥调度系统、物流运输信息系统。

建设方便公众的交通信息服务系统。重点建设综合交通信息网站、实时交通信息服务与诱导系统、动态停车诱导系统、综合换乘信息诱导系统（P + R）、汽车租赁信息服务系统。

大力推动交通基础设施建设、养护、维修、抢险领域的科技创新。以桥梁、隧道、轨道、道路的无损检测和应急抢险技术、保持道路正常通行条件下的加固改造技术、道路降噪和防噪技术、新型节能环保材料与新型施工工艺为研究和应用重点，研制先进检测检验仪器设备，研究紧急情况下的交通快速抢险技术。

6. 节能与新能源工程

推广宜居型住宅技术。推广新建建筑节能技术、绿色建筑技术、新型墙体材料、节能环保建材技术等，提升人居环境水平。推广应用照明节电技术，在全市范围普及高效照明产品，扩大发光二极管（LED）路灯示范范围。推广应用供暖系统节能技术，加快推进全市燃气锅炉节能改造工作和热电联产的应用。积极推广空调节能技术在本市大型公建节能改造中的应用。推广应用建筑围护结构节能技术和能耗监测技术。加强可再生能源在建筑上的应用与推广，研究太阳能、浅层地热、可再生新能源在建筑上的应用技术，提高可再生能源替代率。推广奥运工程建设成功经验和奥运工程应用的新技术、新产品，及时总结新技术、新工艺，编制工程建设地方标准和北京市级工法。

加大工业节能技术推广应用。加快推进石油化工等五大高耗能行业节能改造，重点推广应用余热余压发电、电机系统节能、工业锅炉节能、变压器改造等一批节能技术。进一步完善重点用能单位实时在线监测管理，扩大监测企业范围和监测能源品种内容。力争到 2012 年，万元工业增加值能耗比 2008 年下降 20%，工业用能总量占全市用能的比重下降到 40% 左右。

农村生物质能源开发利用。重点示范推广生物质燃气中降低焦油污染技术、低温沼气发酵技术、生物质燃料高效利用技术以及沼渣、沼液资源化利用等技术，重点开展利用太阳能光热转换系统、生物质燃料加温等资源替代型技术（产品）试验示范，推广沼渣、沼液定量施肥技术，提高农村生物质资源综合开发利用水平。在有条件的农村地区开展生物质集中气化供气技术、户用炉具多元燃料、生物质成型燃料与能耗成本控制技术、生物质燃气标准化技术、生物质固体成型成套设备与配套炉具开发与应用。

7. 新能源汽车示范工程

对接科技部"十城千辆"节能与新能源汽车推广应用工程。在公交和环卫等公共服务行业开展以混合动力和纯电动汽车等为重点的大规模应用示范，扩大天然气汽车示范规模，到2012年在新能源公共汽车领域形成超过5000辆的示范应用规模。带动电动汽车整车及零部件产品开发，完善电动汽车产业链。组建北京新能源汽车产业联盟，加快建设新能源汽车联合研发中心、新能源乘用车生产基地和新能源商用车生产基地。

8. 大气污染综合治理工程

加强污染治理技术的研发与推广。推广燃煤锅炉布袋除尘等实用技术，在化工和涂装、印刷等有机溶剂使用重点行业示范推广挥发性有机物治理技术，研发推广二恶英等有毒气体排放污染治理技术，研发建筑施工扬尘防治技术和装备，推行绿色施工。继续在燃气电厂、水泥厂、远郊区县燃煤集中供热锅炉房推行烟气脱硝技术，开展大型燃煤锅炉二氧化碳捕集和脱汞技术示范。

建立机动车排放控制动态管理决策支持系统。研究制定适应实施国家第五阶段机动车排放标准的北京市地方燃油标准、车辆达标技术路线。按照国Ⅴ标准的试验要求，完善机动车工况法排放检测技术和路检遥测检测系统，建设在用车环保标志电子信息化系统。

进一步开展北京和周边省区市大气污染物形成、转化与迁移规律研究，研发区域空气质量数值集成预报与模拟技术，推动建立大气污染区域化控制机制。

应用环境卫星大气污染物浓度反演技术等大气污染立体监测技术，完善京津冀区域空气质量地面常规监测网络，形成区域大气污染立体监测体系。研发推广烟气中的低浓度污染物、挥发性有机物连续在线监测技术。建立大气污染源清单核算与修订技术，建立污染物排放总量管理体系。针对可吸入颗粒物、臭氧控制等难点问题和群众关心的热点问题，研究制定地方标准，持续改善首都空气质量。

9. 水资源保护和利用工程

实施脆弱区生态系统监测、恢复与重建示范工程，拓展密云水库、怀柔水库上游水土流失及面源污染监测、控制、治理的技术与措施，建立监测体系和信息系统。推广生态清洁小流域建设实用技术与工艺。推广分散点源污水治理、生态型河道水质改善技术，建设北运河水质改善与水体功能修复示范工程，建设生态河道治理示范工程。中心城区建立河湖水环境监测预警体系。

开展地下水资源安全评价及污染防控技术研究与示范，形成不同类型地下水污染防控技术体系。完善地下水监测网络，建立地下水水质、水量监控系统，逐步实现地下水的可视化管理。

推广膜生物反应器（MBR）等污水处理新技术，推广应用新设备，对高碑店、清河等8座污水处理厂进行升级改造，实现出水主要指标达到Ⅳ类地表水水质标准。研究污泥减量化、无害化、资源化利用关键技术，构建污泥安全处置技术体系。

建立水资源优化调度智能系统。开展水资源承载力与空间配置规划研究，水资源战略储备和水生态服务价值研究。开展水资源优化调度技术研究，推进水资源的精细化管理。构建城市雨洪资源管理决策支持系统。开展气候变化对水资源影响评价研究。推广雨水收集与水质改善技术，开展洪水预报与调度技术研究。

建立和完善城乡安全供水体系。加强水源切换条件下管网腐蚀产物释放控制，开展不同水源条件下水源水质监控预警与水源优化配置技术研究与示范，丰富水质安全保障技术体系，推广农村供水净化实用技术。

推广再生水利用与节水技术。在适宜地区推广再生水灌溉，完善安全评价体系。建立农业节水评价体系，因地制宜地推广节水适用技术，推动农业真实节水。开展农村污水综合治理与回用技术研究，因地制宜推广湿地和土地处理等适用技术。

10. 垃圾减量化、无害化和资源化工程

积极推广餐厨垃圾、厨余垃圾等有机垃圾微生物资源化处理技术，建设董村、高安屯、六里屯等餐厨垃圾处理厂，开展餐厨垃圾资源化处理示范项目，基本实现本市餐厨垃圾资源化处理。

积极推广垃圾焚烧发电、热能利用和污染控制技术，推广生活垃圾堆肥技术和厌氧产生沼气技术，加快阿苏卫、南宫等垃圾焚烧发电厂建设和董村、阿苏卫、丰台等 8 座综合处理厂建设。

积极推广垃圾填埋场处理技术。推广垃圾处理设施生物除臭技术，积极推广填埋场全覆盖膜下抽气填埋气收集和利用技术以及渗沥液处理技术，完成 12 座垃圾填埋场处理设施异味治理，积极推进渗沥液处理污染控制。

积极推广建筑垃圾生产建筑材料技术。重点推动昌平南口、高安屯、京西、京南等四个建筑垃圾综合处置试点项目，实现建筑垃圾年处理能力达到 280 万吨以上，提高建筑垃圾的资源化水平。

积极推广垃圾筛分资源化和抽气输氧等陈腐垃圾污染治理、生态修复及土地再利用技术，积极推进全市非正规垃圾填埋场的治理工作。

加强生活垃圾分类收集、分类运输、分类处理的基础性、关键性技术研究及应用创新。积极推广垃圾分类专用收集车，建立和完善垃圾分类收集、分类运输、分类处理体系，探索家用厨余垃圾处理技术、家庭管道垃圾输送技术、智能化垃圾分类物流管理技术及模式试点示范。

11. 资源综合利用工程

废聚酯瓶再利用。采用国际先进的洁净聚酯碎片生产技术和固相增粘技术，将废聚酯瓶加工成高品位、高端性的聚酯产品。

矿山废弃物资源化利用。采用煤矸石破碎与筛选、煤矸石沥青混合料配合比设计与生产技术、铁尾矿资源化利用技术、煤矸石矿物掺和料制备技术处理煤矸石、铁尾矿，实现煤矸石、铁尾矿在沥青混合料、水泥混凝土中的全面应用，带动相关产业发展，保护生态环境。

废旧轮胎翻新及再利用。采用轮胎翻修及废轮胎加工再制造技术，翻新废旧轮胎和废旧轮胎再利用。提高轮胎的使用效率，减少废轮胎对环境的污染，提供新型建筑材料。

废纸再利用。依托北京造纸七厂等企业，采用中水回用等技术制造高档再生纸，实现利用城市废纸生产再生纸。

开展废弃电器电子产品综合处置利用和污染控制技术的示范应用，建立相应的管理技术规范标准体系。

12. 城市安全与应急保障工程

继续完善以市应急指挥平台为龙头、18 区县及 14 专项应急指挥部平台为支撑、移动应急指挥平台为辅助的应急指挥技术系统。推进主要应急技术系统向基层延伸，不断完善突发事件信息报告网络、预测预警和信息发布体系。继续推进全市应急指挥备份平台建设。建立健全本市风险评估管理体系，开展风险管理信息系统建设。

开展高层建筑防火、灭火及救援等城市安全方面重点技术和装备的研究。

五、推进以中关村国家自主创新示范区为龙头的创新体系建设

1. 加快推进中关村国家自主创新示范区建设

认真落实《国务院关于同意支持中关村科技园区建设国家自主创新示范区的批复》(国函[2009]28号),研究制定有关政策措施的实施细则和具体办法,加快推进各项体制机制改革试点。开展股权激励的试点,对作出突出贡献的科技人员和经营管理人员实施期权、技术入股、股权奖励、分红权等多种形式的激励。深化科技金融改革创新试点,完善中关村非上市公司进入证券公司代办股份转让系统的相关制度,扶持产业投资基金、股权投资基金的发展。允许按规定在国家科技重大专项项目(课题)经费中核定一定比例的间接费用。支持新型产业组织和民营企业参与国家重大科技项目。实施支持创新创业的税收政策。深入实施支持企业自主创新的政府采购政策。组织编制发展规划。争取到2012年,推动中关村的创新发展再上一个新台阶,为建设具有全球影响力的科技创新中心奠定基础。

2. 在市属单位率先推动股权激励改革试点

在市属科研院所、高等院校及国有高新技术企业中,选择一批试点单位,按照《国务院关于同意支持中关村科技园区建设国家自主创新示范区的批复》的要求,率先开展职务科技成果股权和分红权激励试点。对作出突出贡献的科技人员和经营管理人员,实施期权、技术入股、股权奖励等多种形式的股权和分红权激励。鼓励市属科研院所和高等院校创办各类科技型企业,加快推动科研成果产业化。开展对职务科技成果完成人进行科技成果转化收益奖励的试点,进一步激发广大科研人员创新活力。

3. 进一步推动中关村核心区(海淀园)的创新要素集聚

推动技术交易要素聚集。加快中国技术产权交易所、国家技术交易中心、中国版权交易基地建设,聚集技术信息发布平台、科技成果评估机构、技术咨询机构、工程咨询机构、技术和产品展示机构等功能要素,推动技术转移和辐射,促进科技成果转化。

推动科技金融要素聚集。完善中小企业发行债券服务机构、科技贷款服务机构、信用服务机构、担保服务机构、上市融资机构等债券融资服务,聚集银行、证券、保险、信托、租赁、投资机构等功能要素,建立有效服务于区域自主创新的科技金融体系。

推动科技中介服务要素聚集。引导和聚集管理咨询、规划设计、研发服务、标准申请、创业辅导机构、知识产权代理机构、律师事务所、专利事务所、行业协会等人力资源开发与服务功能要素以及科技中介服务功能要素,为自主创新活动提供良好的市场关键要素服务。

4. 大力支持企业提高自主创新能力

加强企业技术创新服务平台建设。充分发挥北京地区现有的国家工程中心、国家重点实验室、国家工程实验室、大型仪器设备等公共科技资源密集的优势,通过市场化运作,促进科技条件资源的开放、共享,整合形成面向企业开放的技术创新服务平台,帮助企业特别是中小企业开发新产品、调整产品结构、创新管理和开拓市场,提高市场竞争力。在重点产业,选择一批转制科研院所和大型优势骨干企业技术中心,作为产业振兴的技术创新支撑平台,加大政策和资金支持力度。深入实施"中关村开放实验室工程"。进一步扩大中关村开放实验室的覆盖领域,争取到2012年中关村开放实验室总数达到100家。引导实验室和高科技企业瞄准国家战略和重大科技计划,联合开展研发,承担一批国家项目。

5. 积极推动大型企业研发中心和国家工程研究中心建设

支持国内外大型企业研发中心的建设和发展。积极争取国有大型企业在京建立研发中心、研发基地、企业技术中心,积极吸引跨国公司、外省区市大型企业在京设立研发中心。

加强国家工程研究中心等研发机构建设。围绕软件与信息服务、集成电路、移动通信、计算机及网络、光电显示、生物医药、能源环保等具有优势的科技领域,鼓励企业、大学、科研院所承担国家级研发机构建设,不断增强首都研发创新实力。

6. 鼓励科研院所和高等院校的科技力量主动服务企业

加大科研院所向企业开放的改革力度。继续深化科研院所改革，充分调动北京地区科研院所、高等院校等各类创新主体的积极性，促进科研与经济紧密结合。支持研究开发类科研院所与企业研发中心联合研发技术、开发产品，加快技术成果向企业转移，促进人才向企业流动。鼓励社会公益类科研院所为企业提供检测、测试、标准等服务。各级政府部门对社会公益类科研院所的科技基础设施建设给予必要的支持。

提升大学科技园和科技企业孵化器的整体服务水平。积极支持和引导大学科技园和科技企业孵化器专业化、市场化发展，探索"专业孵化 + 创业导师 + 天使投资"孵化模式，推动孵化联盟和服务网络建设，提升大学科技园在人才培养、技术转移、专业咨询和投融资等方面的专业服务能力。探索和总结大学科技园服务自主创新的新机制和新模式。将大学科技园和科技企业孵化器建设成为大学技术创新的基地、高新技术企业孵化基地、创新创业人才聚集和培育基地、产学研结合示范基地。

7. 促进产业技术联盟发展

大力支持以产业技术联盟为代表的产业组织创新，打造高端创新集群。规范产业技术联盟的组织管理，引导产业技术联盟加大组织协调和资源整合力度。在电子信息、节能环保、生物医药、新材料、现代农业、光机电一体化、文化创意等领域，重点推进 TD－SCDMA、闪联、SCDMA、数字电视、下一代互联网络、中国生物技术外包服务联盟（ABO）等产业技术联盟的发展。鼓励高新技术企业联合科研院所、高等院校等各类创新主体，成立产学研用结合的标准联盟、技术联盟和产业联盟，支持其承担国家重大专项，开展关键共性技术的合作研发，推广、应用和保护知识产权，制定和推广技术标准，建立科技资源开放共享平台，设计并实施行业整体解决方案，探索校企合作培养创新人才的新模式，吸引创业资本投资，建立产业技术信息和标准信息交流平台，加强国际科技合作与交流。

8. 加快发展高新技术产业集群

发挥中关村在引领高新技术产业发展、支撑首都经济增长中的集聚、辐射和带动作用，加大对电子信息、生物、新材料、新能源、环保节能、航空航天等战略性高新技术产业的支持力度，推动产业集聚，加快推进生命科学园、软件园、环保园、永丰产业基地、大兴生物医药产业基地、电子城科技园、光机电一体化基地等特色专业园和产业基地建设发展，促进首都产业结构调整和优化升级。进一步完善空间规划、土地利用规划等专项规划，高标准进行规划建设和环境整治，实现土地的集约利用。继续大力推进交通、能源、信息、环保等基础设施和配套公共服务设施的建设。促进科技成果转化和辐射。在符合规划的区县产业用地范围内，共建中关村高新技术产业化基地，将中关村的科技成果转化项目辐射到各区县，推动区县产业结构优化升级，形成布局合理、优势互补、协同发展、特色鲜明的高新技术产业集群。对共建的高新技术产业化基地，市政府给予政策支持。

六、保障措施

1. 加大高层次创新型人才的引进和培养力度

认真贯彻中央关于实施海外高层次人才引进计划的意见，落实本市实施海外人才聚集工程的意见和鼓励海外高层次人才来京创业和工作的有关政策，重点吸引一批具有国内外先进水平的战略科学家、科技领军人才、科技企业家和高科技创业团队。加强海外高层次人才服务"窗口"建设，充分发挥北京海外学人中心的作用，为引进的海外高层次人才提供全程代理服务。加强海外高层次人才创新创业基地和留学人员创业园、孵化器的建设，进一步改善高层次创新型人才的创新创业环境和生活环境。

认真落实本市关于进一步加强高层次人才队伍建设的意见，制定并实施创新型科技人才行动计划，重点加强具有科技创新素质和技术经营能力的复合型人才培养，着力提高广大科技人才的创新创业精神与能力。加强北京地区高水平大学以及重点学科建设，依托重大科研和建设项目、重点学科和实验室、国际交流合作项目，培养高层次创新型人才。建立健全鼓励创新创业的分配制度和激励机制，通过加大政府奖励，实行股权、期权、年薪制等多种方式，增强对关键岗位、核心骨干等的激励。鼓励和支持高校毕业生参与科技创新和自主创业，积极吸纳优秀高校毕业生参与国家和首都科技计划的研发活动，鼓励高校毕业生到农村创新创业。

2. 加大政府投入力度

建立政府投入资金的整合机制，今后 4 年市政府财政用于支持自主创新和产业化的资金投入不低于 500 亿元。统筹协调和充分利用科技资源，实现协同创新，通过加大政府投入，带动企业和社会资金参与自主创新，集中支持一批具有较好基础和优势、关系首都经济社会发展的重点领域、关键技术和重点产业化项目，做强做大一批企业。

3. 加快推进科技金融体系创新

建立具有有机联系的多层次资本市场体系。积极支持中关村企业在境内外上市融资，深入推进中关村代办股份转让试点，继续促进中关村企业集合发债。选择有条件的商业银行在中关村设立为科技企业服务的支行，作为科技型中小企业金融服务试点银行，创新高新技术企业融资的手段、组织形式和产品，针对高新技术企业开展信用贷款、知识产权质押贷款及小额担保贷款等业务。支持地方性金融机构设立金融租赁公司，开展面向高新技术企业的设备租赁服务。搭建科技金融服务平台，加快形成覆盖企业不同发展阶段，集小额贷款及融资担保、创业投资、产业投资及并购重组为一体的科技金融服务体系。建立科技保险保障机制，开展高新技术企业科技保险试点，鼓励保险公司开展对高新技术企业的保险服务。

4. 强化政府采购政策

通过采用首购、订购、首台(套)重大技术装备试验和示范项目、推广应用等方式进行政府采购，支持企业自主创新。政府采购的范围，包括使用市区两级财政性资金采购的机关、企业、事业单位、市区两级财政性资金全额投资或部分投资项目的出资、建设和管理单位以及研发并提供自主创新产品的中关村企业、大学、科研单位。采购自主创新产品的适用领域，从政府行政类办公扩展到市政设施、建筑、节水节能、环保和资源循环利用、交通管理、公共安全、医疗卫生、技术改造、科技研发、工程养护等使用市区两级财政性资金全额投资或部分投资的项目。

5. 优化创新创业环境

结合转变政府职能和政府机构改革，积极改进政府部门的审批服务工作，改革行政审批制度、减少审批事项、简化审批环节、缩短审批时限，为创新型企业的发展创造更富活力和效率的宽松环境。营造有利于区域创新的法律政策环境，制定出台一系列鼓励和促进科技创新及其应用的公共政策，逐步完善规范化和层次化的、适合首都特点的科技政策体系。探索建立企业、协会和政府良性互动的公共管理机制以及多部门的合作协调机制，充分发挥各类科技协会、学会在推动自主创新、开展科普教育、联系和服务科技工作者中的重要作用，不断提高公共服务水平。鼓励市民开展小发明、小创造、小革新等活动，进一步激发全社会创新热情，营造良好的科技创新氛围。

6. 大力实施知识产权战略

认真落实《国家知识产权战略纲要》，鼓励和引导企业申请和取得国内外专利，支持企业通过知识产权战略提升技术创新能力和市场开拓能力，加大对重点企业形成专利池和产业技术联盟构建专利群的支持力度。加强知识产权深度开发与经营，引导技术转移服务机构通过市场化运作机制,对具有推广价值的专利技术进行深度开发和集成推广,促进专利成果产业化。加大对知识产权保护力度,加快完善首都知识产权保护政策法规体系,加强执法协调,提高执法能力,努力把北京建设成为保护知识产权的首善之区。

7. 加强组织领导

成立由市委、市政府分管领导牵头,市有关部门参加的协调工作小组,贯彻落实市委、市政府科技工作的总体部署,研究"科技北京"建设的重大战略性问题,统筹推动"科技北京"建设。协调工作小组下设办公室,由市科委负责日常工作,建立联席会议制度,加强科技工作的统筹协调,合理配置资源,组织联合攻关,着力解决北京经济社会发展所面临的重大科技问题。各区县、各部门都要高度重视"科技北京"建设,设立相应领导机构,将"科技北京"建设纳入本地区、本部门的重要议事日程,将"科技北京"任务细化分解,列成"折子工程",逐条落实,并纳入业绩考核。

关于实施首都知识产权战略的意见

京政发[2009]11 号

各区、县人民政府,市政府各委、办、局,各市属机构:

为深入贯彻落实《国家知识产权战略纲要》(以下简称《纲要》),全面加强知识产权体制机制建设,着力提高首都知识产权创造、运用、保护和管理能力,加快推进首都经济社会全面协调可持续发展,建设人文北京、科技北京、绿色北京,特就实施首都知识产权战略提出如下意见。

一、确立首都知识产权战略的重要性、必要性和紧迫性

(一) 知识产权日益成为发展的战略性资源和竞争力的核心要素。

随着知识经济和经济全球化深入发展,知识产权作为国家发展的战略性资源和国际竞争力的核心要素,成为建设创新型国家的重要支撑和掌握发展主动权的关键。国际社会更加重视知识产权,更加重视鼓励创新。在新的历史起点上,确立首都知识产权战略,高度重视知识产权的战略地位,对于提高全市知识产权综合能力,增强核心竞争力,转变经济发展方式,缓解人口资源环境压力,提升首都现代化、国际化水平具有重大的战略意义。

(二) 改革开放以来的深厚积累和宝贵的奥运财富为确立首都知识产权战略奠定了坚实基础。

2008 年全市地区生产总值突破 1 万亿元,人均地区生产总值超过 9000 美元,正向高收入国家水平迈进。北京奥运会、残奥会的成功,留下丰富的物质遗产和精神遗产。首都经济社会的发展阶段、发展条件、内在动力、外部环境,都有利于确立首都知识产权战略。确立首都知识产权战略对于延续改革开放的伟大成就,弘扬"绿色奥运、科技奥运、人文奥运"理念,建设人文北京、科技北京、绿色北京具有重大意义。以首都知识产权战略支撑创新型城市和科技北京建设,有利于在新阶段

实现新发展,推动首都改革开放和现代化建设不断取得新成就。

(三)雄厚的首都优势为确立首都知识产权战略提供了重要保证。

北京作为全国政治、文化、科技、教育中心,聚集了众多的创新人才,拥有丰富的创新成果,有着强大的知识产权服务体系,形成了确立首都知识产权战略的丰富资源要素。专利申请量持续较快增长,发明专利占比全国最高,整体结构不断优化,呈现良好发展势头。以高新技术产业、文化创意产业和研发服务业等为主体的知识产权产业在全市经济总量中占到20%以上,北京技术合同成交额占全国比重近40%,造就了确立首都知识产权战略坚实的产业基础。国家知识产权局与北京市人民政府共建中关村国家知识产权制度示范园区,为确立首都知识产权战略提供了先行先试的宝贵经验。多部门联动、多方面协调的统一、高效的知识产权综合管理格局,为确立首都知识产权战略提供了重要的体制保障。

(四)首都经济发展方向对确立首都知识产权战略提出了迫切需要。

高端、高效、高辐射力的产业是首都经济的发展方向。目前首都经济形成了以高新技术产业和现代制造业、文化创意产业和现代服务业为重点的高端产业发展格局,六大高端产业功能区的带动示范效应初步显现。高端产业和高端产业功能区的核心要素都是知识产权,离不开知识产权的支撑、增值、激励、规范、评价和保护作用。当前,北京知识产权有数量优势但商用化程度较低,企业知识产权意识较弱,知识产权竞争的能力和水平还不高,知识产权对经济社会发展的引领渗透效应还不强。确立首都知识产权战略,顺应首都经济高端发展的内在要求,有利于进一步深化首都经济内涵。

二、贯彻落实《纲要》,实施首都知识产权战略的总体思路

(一)总体要求。

以邓小平理论和“三个代表”重要思想为指导,全面贯彻落实科学发展观,深入贯彻实施《纲要》,坚持激励创造、有效运用、依法保护、科学管理的方针,以确立首都知识产权战略为基础,以构建知识产权导向的创新创业政策体系为牵引,以提高知识产权综合能力为主线,以推动知识产权运用为突破,努力形成知识产权和谐利益关系,为在全国率先建成创新型城市,建设人文北京、科技北京、绿色北京提供强有力的支撑。

(二)基本原则。

把握总体要求与突出首都特色相结合,全面贯彻《纲要》,立足首都发展阶段、发展条件、发展重点,规划首都知识产权未来发展方向。

完善政府引导与运用市场调节相结合,不断健全知识产权工作体制机制,更好地发挥市场机制在配置资源、激励创造和促进运用中的基础性作用。

加强能力建设与完善制度环境相结合,通过营造良好的知识产权法治环境、市场环境、文化环境,全方位、大幅度提升公众、企业、政府的知识产权综合能力。

统筹规划部署与分类组织实施相结合,紧紧围绕知识产权创造、运用、保护和管理四个方面,努力做好各专项工作,推动知识产权事业全面发展。

促进利益平衡和服务首都发展相结合,平衡知识产权权利人、使用人和社会公众的利益,正确把握知识产权的创造与运用、保护与发展的关系,在激励创造、鼓励竞争的同时促进知识产权的广泛运用,推动首都经济发展、文化繁荣和社会进步。

(三)战略目标。

以建设人文北京、科技北京、绿色北京为契机,继续推进从保护和促进两方面开展六项工作,实现首都知识产权发展首善之区目标的“首都知识产权一二六工程”。到2012年,建立适应社会主

义市场经济发展规律和国际规则的知识产权战略框架，形成运行顺畅、科学高效的知识产权工作机制，激励充分、活力迸发的知识产权创造体系，方式灵活、应用广泛的知识产权运用体系，实力强大、优质高效的知识产权服务体系，环境良好、依法办事的知识产权保护体系，功能齐备、支撑有力的知识产权管理体系。到2020年，把北京打造成为全国知识产权创造的核心区、知识产权保护的示范区、知识产权商用化的先行区、知识产权工作体制机制的创新区、知识产权国际交流的窗口区。

三、突出首都特色，明确实施首都知识产权战略的重点内容

（一）大力发展知识产权产业。

以高新技术和文化创意产业为支撑，以现代服务业为纽带，以知识产权制度为基础，大力发展以专利和版权为核心的知识产权产业。发挥软件、集成电路、移动通信、下一代互联网等领域的技术优势，加快发展生物医药、新材料技术，稳步推进大规模集成电路制造装备、中高档数控装备和轻型化、智能化电子装备的科技创新，促进重点产业企业加强自主创新，以自主知识产权建设企业品牌、增强市场竞争能力。在数字动漫、网络游戏设计、影视制作、出版、演出及软件、工业与城市设计、媒体内容制作等领域掌握一批关键和共性技术的自主知识产权，以知识产权促进产业融合发展。着力培育一批拥有自主知识产权的地方特色产业及产品，充分利用品牌、标准、地理标志等知识产权，确立竞争优势。加强政策引导和资金支持，选择一批专利技术产业化和版权保护成效显著的项目，进行产业化示范。

推动知识产权商用化。鼓励权利人以许可、转让、入股等多种方式运用知识产权，并获得相应的利益。出台专利、版权等知识产权商用化资助与鼓励办法，促进专利、版权等知识产权成果转化。积极探索专利、版权经营等多种方式，形成以专利、版权为核心的新型产学研模式。

推进企业专利和版权试点示范工作。指导企业利用国家专利技术（北京）展示交易中心实现专利技术项目与资本市场的对接。进一步加强在科技企业孵化器内建立知识产权托管制度的试点工作，引入优秀的知识产权中介机构为入驻孵化器的高科技中小企业提供专利、商标的申请、维护、转让等知识产权多方位服务，丰富孵化器的知识产权服务功能。

支持加快知识产权联盟建设。鼓励和促进在相同或相近领域具有自主知识产权优势的产业建立知识产权联盟，加强相互交流，构筑强有力的专利防护网、商标和版权保护体系，谋求共同发展。增强联盟在优化和整合各成员企业的创新资源和知识产权资源的作用，提高企业的创新效率和取得知识产权的能力。提高联盟指导能力和水平，推进产权标准化进程。结合重点产业发展，加快对非中国区专利技术的消化、吸收和再创新。重点扶持重要标准研究项目，对企业参与国际标准、国家标准、行业标准、地方标准制定给予政策和资金支持。

（二）构建知识产权导向的创新创业政策体系。

强化创新创业活动中的知识产权导向，坚持技术创新以能够合法产业化为基本前提，以获得自主知识产权为基本目标，以形成技术标准为基本方向。认真贯彻落实国家对自主知识产权企业和产品的各项优惠政策，发挥财税政策激励作用。从财税、金融、政府采购、产业发展等方面制定一系列政策措施，加强经济社会发展政策和知识产权政策的相互协调。加强发展改革、财政、科技和知识产权部门的工作协同，推动《关于加强政府投入项目专利和版权管理的意见》等已有政策的落实和不断完善，加快推进我市重大经济科技活动知识产权审议制度和机制建设。完善知识产权资助政策，积极探索建立由资助申请向资助授权、由资助国内为主向资助国内外并重的工作机制。继续深入推动金融机构开展知识产权质押工作，进一步完善信用担保体系，加大对中小型高新技术企业自主知识产权实施的贷款担保力度，鼓励发展创业资金，促进中小企业重点知识产权项目实施和产业化。

（三）服务中央在京单位。

主动服务中央在京单位的自主创新战略。全面贯彻“四个服务”要求，继续加强部市、院市、校市合作，引导全市资源为中央在京单位服务。以在京国家中长期重大科技专项为重点，鼓励核心技术成果高效生成自主知识产权，打造具有国家技术创新源泉特质的知识产权高地。充分发挥首都知识产权的服务优势，围绕支持建立开放式的国家重点实验室、重大科技基础设施和专业化的共性技术服务平台，完善中央在京单位的知识产权创造服务体系。优化知识产权激励政策，探索将获得自主知识产权的数量和质量作为重点实验室、重点科研基地认定以及职称评定、职级晋升的重要条件。

全面促进中央在京单位知识产权创造和运用。以知识产权为核心，推进产学研一体化发展。加强重点技术领域知识产权创造的政策引导和激励，强化自主创新，加速权利生成。完善知识产权指标考核，深化大学资源开放模式，建立科学的知识管理办法和评估体系，完善公共机构技术扩散机制，提高基础研究和前沿技术研究的投入产出效率。鼓励中央在京高校、科研院所和企业以合理方式运用知识产权，将知识产权运用纳入绩效评价、考核内容。

积极引导中央在京知识产权资源助力首都发展。发挥中央在京知识产权资源在构建首都知识产权体系中的重要作用、参与首都建设的决策咨询作用和融入首都发展的引领渗透作用。加强中央在京单位与区域经济发展的联系，推动各类孵化器、大学科技园建设，探索产学研合作创造知识产权的新模式。

（四）发挥中关村科技园区知识产权龙头带动作用。

进一步增强园区知识产权综合能力。加大支持力度，增强企业知识产权意识，企业研发创新和相关管理人员做到“会检索、会申请、会管理、会保护、会经营”，推动企业实现“制度落实、机构落实、人员落实、经费落实、任务落实”，鼓励企业拥有更多数量和更高质量的知识产权，注重加强知识产权布局，努力实施知识产权战略。完善创新成果的知识产权考核指标，推进创新成果的产权化。强化中关村一区多园多基地的专项功能定位，引导和聚集特定功能的专利池生成，积极探索向海外拓展的新模式。坚持原始创新、集成创新和引进消化吸收再创新并举，着力研发和取得一批具有国际领先水平的核心技术和自主知识产权。培育一批具有自主知识产权、巩固国内市场地位、参与国际竞争的新型企业，努力催生新兴行业的国际性领军企业，进一步强化中关村科技园区龙头创新地位，助力中关村全球科技创新中心建设。

加快建设国家知识产权制度示范园区。鼓励企业实施知识产权战略，增强创新能力和市场竞争能力。进一步加大企业海外知识产权预警和应急救助工作力度，完善知识产权预警和风险防范机制，推动知识产权的海外布局，以知识产权助力“走出去”战略。加大对知识产权创造和标准创制企业及产业技术联盟的支持力度，进一步加强知识产权融资、保险、质押等制度改革试点工作。深入实施知识产权“百千对接工程”，动员百家知识产权代理机构和千家企业对接，促进企业取得更多知识产权，有效运用知识产权。培育和发展符合中关村自主创新内涵的知识产权文化。

推动园区知识产权资源支撑首都经济发展。按照市委促进区县合作、统筹区域发展的要求，提高中关村科技园区与知识产权的融合度，推动各区县实现高端发展。依托中关村科教资源密集、创新创业能力强的优势，以知识产权为依托，构建中关村科技园区研发、共建基地进行产业化模式，促进区域协调发展。以知识产权运用为核心，发挥知识产权作为区域产业集群的黏结剂和催化剂的重要作用，发挥中关村产业高端、高效、高辐射力的优势，推进企业聚集、形成产业集群，促进首都知识产权产业合理布局。

（五）实施知识产权保护工程。

贯彻落实国家知识产权法律法规，构建和完善适应首都社会经济发展特点的知识产权保护政策法规体系，加强规制引导，强化依法行政。构建和完善满足首都知识产权保护环境建设需要的行政执法统筹体系，加强执法协调，提高执法能力。构建和完善首都知识产权保护的防御体系建设，在窗口型行业等重点部门和环节，注重规范经济活动的知识产权管理，明确管理环节中的知识产权责任，减少发生知识产权侵权的可能。要加强知识产权保护，依法打击盗版行为，重点打击大规模制售、传播和侵权使用盗版产品的行为，有效遏制盗版现象。加强海关保护，加大执法力度，运用先进技术和风险管理手段，进一步提高主动查获侵权货物的能力，维护良好的进出口秩序。要力争做到面上不出现群发性侵权，点上不出现规模性侵权，侵权事件不断减少，净化首都知识产权发展环境，维护首都良好形象。

（六）完善知识产权服务体系。

积极发展知识产权交易市场。加快构建知识产权交易市场，为知识产权交易提供规范化操作与服务的平台。研究北京市知识产权交易规则体系，搭建知识产权电子商务平台，完善交易规则，为知识产权交易提供新的渠道。支持国家知识产权交易中心落户北京，支持北京国际版权交易中心建设，建立自主知识产权出口示范基地。加强部门协同，争取中央有关部门支持，加快知识产权市场法规、政策建设，为知识产权交易业务发展提供具有可操作性的制度基础和保障。

加强和改进中介机构服务与管理。加大知识产权中介机构的培训力度，加强执业资质管理，规范知识产权代理人等中介服务人员执业行为。研究制定促进代理机构发展的优惠政策，促进代理机构健康发展。建立健全知识产权价值评估体系，规范知识产权评估工作，提高评估机构的公信度。培育规范化、专业化的知识产权代理、咨询、评估、交易中介服务体系和法律援助体系。建立中介机构的信息管理、信用评价和失信惩戒等诚信管理体系，加强对中介机构及从业人员的监管力度。

发挥行业协会的重要作用。充分发挥行业协会的组织、协调和监督作用，协调解决行业内部发生的知识产权纠纷，增强行业应对国际知识产权纠纷与诉讼的整体联防能力。支持北京市知识产权保护协会、知识产权代理行业协会、商标协会和版权保护协会等协会的发展。充分重视行业协会的自律和反馈功能，构建政府管理、行业自律、企业维权、司法裁判等多位一体的知识产权保护体系。

四、采取有力措施，推进各领域专项任务

（一）专利和集成电路布图设计。

促进重点产业和优势产业生成自主专利，支撑创新型城市建设。以新型产学研合作为基础，推动大学与科研院所创新成果知识产权化、商用化。大力支持优势资源整合，鼓励创新主体协同攻关核心技术和外围技术形成专利池，鼓励经营主体联合构建专利同盟，实施专利权的交叉许可，降低创新和经营成本，提高企业竞争力和产业素质。引导创新主体参与创制技术标准，探索建立专利与标准开发紧密结合的机制，促进自主专利快速转化为技术标准。积极采取有效措施，确保专利申请量与地区生产总值保持同步增长，其中发明专利和职务发明占比不低于50%，力争实现专利申请量年均增长15%的中期目标。到2012年，每百万人专利申请量达到3600件，每百万人发明专利申请量达到2100件。鼓励对集成电路设计产品进行测评、登记和有效运用，加快发展集成电路产业。

（二）商标。

构建全方位商标政策体系，强化商标的导向作用，大力支持区县和有关部门以商标为抓手，指导高新技术产业、现代服务业、文化创意产业、特色农业等重点行业的商标培育工作，在全市逐步形成具有市场竞争力的品牌企业群。鼓励和支持企业实施商标战略，引导和推动企业在经济活动中使用自主商标。全面提升企业创建自主品牌意识，加强商标运用和应对竞争能力。鼓励企业在国际贸易中使用自主商标，积极进行商标的国际注册，逐步提高自主商标商品的出口比例。充分发挥商标在农业现代化中的作用，推行“公司＋商标＋农户”经营模式，提高农民入市的组织化。鼓励企业争创中国驰名商标、中国名牌产品、国际知名品牌。

（三）版权。

加大投入力度，推进产业发展。在新闻出版、广播影视、文学艺术、文化娱乐、广告美术、计算机软件、信息网络、版权产业集聚区建立版权工作室，支持以版权为基础的知识产权产业发展；加强版权保护工作，显著减少侵权、盗版行为，实施正版工程和科技维权工程。到 2014 年，在全市培育不少于 500 家正版产品销售示范单位，正版产品市场占有率明显提高；实施远航工程，初步建成国际版权交易中心，5 年内培育 10 家以上年版权输出 100 种版权贸易（输出）企业，版权输出数量年均增长 15%，进一步完善公共服务体系，建立数字作品登记中心，鼓励作品版权登记，作品版权登记量年均增长 10%。

（四）商业秘密。

引导市场主体依法建立商业秘密管理制度。依法打击窃取他人商业秘密的行为。妥善处理保护商业秘密与自由择业、涉密者竞业限制与人才合理流动的关系，维护员工合法权益。

（五）植物新品种。

建立以企业为主体、市场为导向、产学研相结合的自主品种创造体系，推动植物新品种权的创造，植物新品种权申请和授权数量持续增长。完善资源提供者、育种者、生产者和经营者之间的利益分配机制，切实保障植物新品种权人的合法权益。积极推进植物新品种权保护工作，提升我市现代种业和农业核心竞争力。

（六）遗传资源。

运用现代知识产权制度，加强首都遗传资源保护，加大对遗传资源的开发和利用。正确处理遗传资源保护、开发和利用的关系，构建合理的遗传资源获取与利益分享机制，防止遗传资源的丧失、流失和无序利用。保障遗传资源提供者知情同意权。

（七）传统知识和民间文艺。

建立健全传统知识和民间文艺知识产权保护机制，促进传统知识和民间文艺的发掘整理、传承保护和知识产权化。加强对民间传统工艺、中医药等传统知识的开发利用，充分运用知识产权信息资源，鼓励在传统工艺、中医药重大工艺创新及产品研发等领域取得重大突破并拥有核心知识产权。加强对具有北京特色的民间文艺的发掘和保护，鼓励民间文艺的创作、开发和可持续利用。

（八）地理标志。

完善地理标志产品的保护体系，促进具有北京特色的自然人文资源优势转化为现实生产力，进一步完善技术标准体系、检验检测体系和质量保证体系，切实保证地理标志产品的特色质量，加大地理标志工作的指导力度，支持符合条件的产品及时申报国家地理标志产品保护，引导和鼓励具有经济潜力的地理标志产品及时进行商标注册。

五、强化政府主导，确保各项工作落到实处

（一）创新知识产权体制机制。

加大财政投入力度，为知识产权工作的发展提供经费支持，推动知识产权创造、运用、保护和管理向纵深发展。加强部门协调，发挥整体合力。巩固和加强区县知识产权管理机构建设，逐步实现知识产权工作重心下移，形成市、区县两级联动工作机制。市政府建立首都知识产权战略工作联席会议制度，加强和改进知识产权战略实施年度推进和年度考核评估机制。不断加强知识产权信息化建设，加快建设和完善集专利、商标、版权、标准、植物新品种、集成电路设计等于一体的大型政府知识产权信息服务平台，探索建立北京市知识产权统计分析体系。

（二）建设知识产权人才队伍。

积极探索构建包含各级学历教育、继续教育在内的立体的知识产权人才培养体系。制定知识

产权人才发展规划,贯彻实施"百千万知识产权人才工程"。通过加大培训、吸引、激励等手段,加快建设代理人才、法律人才、管理人才和经营人才为主体的复合型知识产权人才队伍。加大知识产权管理部门与相关部门之间的干部交流力度。将知识产权作为国有企业管理层和党政机关事业单位领导干部党校培训的必修科目。继续做好知识产权从业人员职称评审工作。

(三)加强知识产权对外交流与合作。

科学总结经验,将奥运会知识产权工作机制长效化。依托社会力量,建立社团性质的北京市知识产权发展研究中心,组建由国内外知识产权理论和实务专家组成的知识产权咨询委员会,跟踪国际知识产权发展方向,提供涉及知识产权的专业咨询服务,提高决策的科学化水平。不断完善跨省(区、市)和环渤海地区知识产权保护协作网及协同执法的工作机制。积极开展与世界知识产权组织(WIPO)等国际组织以及其他国家和地区知识产权机构的合作与交流。

(四)营造知识产权文化氛围。

大力推动知识产权的宣传普及和文化建设,建立政府主导、新闻媒体支持、社会公众广泛参与的知识产权宣传普及和文化建设体系。增强全民的知识产权意识,培养尊重他人知识产权的良好习惯,逐步建立适应开放、符合法律法规的知识产权行为模式。重点增强企业管理层和研发负责人的知识产权意识,提高创造、运用和管理知识产权的能力。在中小学开展知识产权基础知识教育。树立首都尊重和保护知识产权的国际形象。

北京市人民政府

二〇〇九年四月二十四日

关于实施北京海外人才聚集工程的意见

京办发[2009]11号

为贯彻落实《中央人才工作协调小组关于实施海外高层次人才引进计划的意见》,充分发挥北京地区资源优势,组织实施好北京海外人才聚集工程,特提出以下意见。

一、充分认识实施北京海外人才聚集工程的战略意义

当今世界,科技发展突飞猛进,技术进步日新月异,科技创新能力在综合国力竞争中的地位日益突出。创新的关键在人才。站在世界科技前沿和产业高端的海外高层次人才越来越成为我国参与国际竞争、实现经济社会全面协调可持续发展的特需资源。大力引进海外高层次人才,是中央为更好地实施人才强国战略、建设创新型国家作出的一项重大战略决策。实施海外高层次人才引进计划,是在短时间内解决我国科技领军人才匮乏的现实、快捷、有效的途径。

首都北京在海外高层次人才引进工作中具有独特的优势。高等院校、科研院所云集,总部经济特征明显,产学研用结合紧密,国际学术交流广泛,具备吸引海外高层次人才回国创新创业的良好

环境。近年来,市委、市政府不断完善政策措施,健全工作机制,建立服务体系,搭建工作平台,在吸引海外高层次人才回国工作方面进行了一些有益的探索与尝试,取得了显著成效,但同时也还存在一些突出问题:顶尖人才引进不足、政策创新力度不够、服务体系有待完善、回国人才作用发挥还不尽充分。实施北京海外人才聚集工程,加大海外高层次人才引进力度,着力解决突出问题,切实发挥好人才作用,是贯彻落实国务院关于建设中关村国家自主创新示范区批复精神的重要举措,也是利用好战略机遇期、增强城市自主创新能力的重要举措,是建设"人文北京、科技北京、绿色北京"的必然选择,是时代赋予北京的重大历史使命。

各区县、各部门、各单位要充分认识引进海外高层次人才的重要性、紧迫性和当前面临的难得机遇,进一步解放思想,完善体制机制,健全政策措施,围绕实施北京海外人才聚集工程,切实落实各自承担的工作职责,增强做好工作的自觉性与主动性。

二、北京海外人才聚集工程的实施对象与目标

北京海外人才聚集工程,要围绕北京市重点发展产业、行业、学科的建设目标和中关村科技园区建设国家自主创新示范区的重大任务,重点聚集一批具备较高专业素养和丰富海外工作经验,掌握先进科学技术、了解国际政治经济、熟悉国际市场运作,具有广泛的国际联系,能够突破关键技术、发展高新产业、带动新兴学科的战略科学家、科技创新人才和产业领军人才;着力研发和转化国际领先的科技成果,做强做大一批具有全球竞争力的创新型企业;培育一批国际知名品牌,全面提高首都自主创新能力。

从 2009 年开始,用 5 至 10 年时间,在市级重点创新项目、重点学科和重点实验室、市属高等院校、科研院所、医院、国有企业和商业金融机构及中关村科技园区、北京经济技术开发区等高新技术产业开发区,聚集 10 个由战略科学家领衔的研发团队;聚集 50 个左右由科技领军人才领衔的高科技创业团队;引进并有重点地支持 200 名左右海外高层次人才来京创新创业;建立 10 个海外高层次人才创新创业基地,推进产学研用紧密结合,探索实行国际通行的科学研究和技术开发、创业机制;推进建设市级和国家级企业技术中心,鼓励和吸引更多的跨国公司来京设立地区总部和研发中心,聚集一大批海外高层次创新创业人才和团队;鼓励和吸引上千名具有真才实学和发展潜力的优秀留学人员来京创新创业;承接国家在京重大科技基础设施和科技重大专项建设,支持中央企业在京设立研发机构,做好相关人才引进的协调服务、配套落实工作;支持、鼓励非公有制企业和民办非企业单位开展引进海外高层次人才工作。通过北京海外人才聚集工程把北京打造成为亚洲地区创新创业最为活跃、高层次人才向往并主动汇聚的"人才之都"。

三、实施北京海外人才聚集工程的基本原则

一是与中央"千人计划"协调推进。从时间进度、人员选择、工作方法上主动配合"千人计划";在优化人才发展环境、完善人才生活配套服务等方面主动服务"千人计划"。

二是适应首都经济社会发展需要。紧紧围绕首都重大项目、重点工程、重点产业、重点学科和重点实验室建设吸引和使用人才。

三是统筹吸引海外高层次人才和普通留学人员。以服务全体留学人员为基础,以吸引高层次人才为重点,加强政策衔接和工作协调。

四是引才和引智并举。鼓励海外高层次人才通过兼职、咨询、讲学、技术合作、学术交流、中介服务等多种形式服务北京。

五是政府引导、市场配置和发挥用人单位主体作用相结合。充分发挥政府部门的引导作用、市场配置高层次人才的基础性作用和用人单位吸引使用人才的主体作用。

四、加强服务保障，着力用好引进人才

实施北京海外人才聚集工程，吸引人才是过程，用好人才是关键。各区县、各部门、各单位要积极为引进人才提供相应的工作条件，允许他们担任市属高等院校、科研院所、医院、国有企业和商业金融机构的领导职务和高级专业技术职务，主持北京市重点科研项目和工程项目，申请政府部门的科技资金和产业发展扶持资金，参与重大项目咨询论证、重大科研计划和重点工程建设，参加国内各种学术组织等，在科研条件、基地建设、项目经费、知识产权保护等方面给予充分支持；要积极为引进人才营造良好的创业环境，努力开辟创业绿色通道，给予创业资金支持，提供融资服务和工商税务服务；要积极为引进人才提供特定的生活待遇，妥善解决他们在居留和出入境、落户、医疗、保险、住房、子女入学、配偶安置等方面的困难和问题；要重视和关心引进人才的思想，加强政治和业务培训，提高综合素质；要积极探索建立符合国情并与国际接轨的科研和管理机制，按照科研规律和国际惯例设置工作考核周期和考核指标，避免多头评价和重复评价，实行弹性考核制度和激励性薪酬制度，大胆破除不合时宜的条条框框。各市属高等院校、科研机构、医院、国有企业和商业金融机构等用人单位要充分发挥吸引人才和使用人才的主体作用，认真研究制定引才计划、提出人才需求、推荐拟引进人选、建设工作平台、安排岗位职务、落实配套政策；要把引进人才配置到最能发挥其专业和特长的岗位；要结合实际建立战略研究部、规划发展委员会等过渡性机构，作为人才“蓄水池”，帮助新引进人才尽快适应国内环境、熟悉单位工作，为量才使用创造条件。

五、加强组织领导，确保实现北京海外人才聚集工程整体目标

未来 5 至 10 年，是实施北京海外人才聚集工程的关键时期。在北京市人才工作领导小组指导下，由市委组织部牵头，市人力资源和社会保障局、市委统战部、市委社会工委、市发展改革委、市教委、市科委、市公安局、市安全局、市财政局、市住房和城乡建设委员会、市商务委员会、市卫生局、市人口计生委、市政府外办、市国资委、市地税局、市工商局、市质量技术监督局、市知识产权局、市政府侨办、中关村科技园区管委会、北京经济技术开发区管委会、北京海外学人中心等单位共同成立北京市海外学人工作联席会。主要负责审定海外高层次人才引进人选、引才目录、年度引才计划、海外学人工作的有关政策，研究解决海外学人工作的重大事项。联席会办公室设在市委组织部，作为日常办事机构，负责北京海外人才聚集工程的具体实施，指导各区县、各部门、各单位的海外高层次人才引进工作。市人力资源和社会保障局负责研究提出海外学人工作的有关政策，汇总提出海外高层次人才引进人选、引才目录和年度引才计划，对北京海外学人中心进行业务指导，牵头负责留学人员创业园的人才引进工作；北京海外学人中心作为全市海外高层次人才引进和服务的窗口单位，负责执行有关政策，以全程代理方式为海外学人提供政策咨询和生活信息等服务，办理有关手续；市教委牵头负责重点学科人才引进工作；市科委牵头负责重点创新项目和重点实验室人才引进工作；市卫生局牵头负责医疗卫生系统人才引进工作；市国资委牵头负责市属国有企业人才引进工作；中关村科技园区管委会负责中关村科技园区的人才引进工作；北京经济技术开发区管委会负责北京经济技术开发区的人才引进工作；各区县负责本区域的人才引进工作。联席会其他成员单位要根据各自职责做好政策落实和服务保障工作。

各级组织部门要将海外高层次人才纳入各级党委联系专家范围，完善联系方式，建立服务机制；要建立海外高层次人才信息库，及时掌握相关信息；要大力宣传和表彰作出突出贡献的海外高层次人才。各级财政部门要安排专项资金，用于海外高层次人才引进工作。各用人单位的上级主管部门要支持用人单位通过各种渠道，包括利用各种学会、协会等社会组织的牵线搭桥作用积极寻访人才；要注意跟踪监测重点人才发挥作用情况，及时协调解决他们遇到的各类问题；要对用人单位引进人才以及通过人才推进科技进步和管理创新工作进行考核。

各区县、各部门、各单位要依据本意见制订各自的海外人才引进工作方案，明确工作职责、工作步骤、工作措施和配套政策，认真组织实施，加强协调配合，确保北京海外人才聚集工程的整体目标顺利实现。

中共北京市委办公厅
二〇〇九年四月八日

关于科技促进生态涵养发展区产业发展的意见

京政办发［2009］91 号

为贯彻《中共北京市委北京市人民政府关于增强自主创新能力建设创新型城市的意见》（京发〔2006〕5 号）文件精神，落实《北京市中长期科学和技术发展规划纲要（2008－2020 年）》，在生态涵养发展区实践《科技北京行动计划》的实践内容，进一步促进生态涵养发展区的功能定位与经济发展目标相适应，推动生态涵养发展区经济又好又快发展，特制定本意见。

一、指导思想和总体目标

（一）指导思想。坚持科学发展观，以促进生态涵养发展区功能定位和经济发展目标协调统一为核心，增强科技对生态涵养发展区的支撑作用，推动生态涵养发展区“一产出特色、二产上水平、三产增比重”，形成以都市型现代农业、高新技术产业、文化创意产业为主导的生态友好型新兴产业集群，促进生态涵养发展区经济社会持续快速发展。

（二）总体目标。加快发展生态涵养发展区高新技术产业，增强生态友好型产业、高端产业对生态涵养发展区经济发展的带动作用。到 2012 年，生态涵养发展区聚集企业 2000 家，高新技术产业新增产值达 200 亿元。

二、优化产业结构，推动生态涵养发展区协调发展

（一）加大科技支撑力度，促进生态涵养发展区现代农业特色化发展。

加快发展特色籽种产业。促进产学研用结合，加快奶牛、生猪、肉蛋禽、冷水鱼、观赏鱼、玉米、小麦、果品、花卉、蔬菜、薯类等具有明显领先地位籽种产业发展，提高市场占有率。

大力推进生态农业。推进山前花卉、果品等特色设施产业带、山区设施蔬菜产业带、特色林果观光带基础设施建设，推动高效生产、观光休闲、节水农业、生态循环等生态农业生产模式。

支撑新型创新富民项目发展。发挥科技工作的体系作用、科技项目的资源作用，支持生态涵养发展区内条件较差地区寻找适合自身特点的项目。以项目为载体，构建农业产业体系、科技支撑体系、市场服务体系，延长产业链，建立新型创新富民模式。

建设农业特色园区。整合镇(乡)、村的资源和特色产业,加大农业文化开发力度,以山区沟域为单元,以沟域内的自然景观、文化历史遗迹和产业资源为基础,推动内容多样、产业融合、特色鲜明的沟域产业带建设;以中心村、次中心村为重点,支持建设集旅游度假、休闲养生为一体的农业特色园区。

推动创新型乡镇建设。选择具有一定基础和优势的乡镇,引导项目、人才、资金和技术向创新型乡镇集中,帮助乡镇以创新求发展,构建较为完善的农业科技产业链,培育和壮大一批各具特色、产业集聚度较高的农业高科技产业集群。

扶持龙头企业发展。对市场竞争力强、辐射带动农户作用明显、与农户利益联系紧密的农业产业化龙头企业和农民专业合作组织,在设施设备更新改造、扩大生产规模、品种改良和技术革新与推广给予支持。

支持农业标准化建设。重点支持市级农业标准化基地建设,鼓励生产经营单位收集和制定相关的生产技术标准、工作标准和管理标准。

建设农村科技推广服务体系。充分发挥农村科技协调员、种养能手、科技示范户、乡土专家的作用,组织科技人员深入农村,推广主导品种和主体技术,大力普及能降低农业面源污染、提高农业生态环境质量的成熟、适用技术。

(二) 大力发展高新技术产业,提升生态涵养发展区低碳高端产业发展水平。推动制造业转型。支持生态涵养发展区新能源环保、汽车零部件产业等现代制造业快速发展,引导制造型企业由单纯制造向制造加服务的模式转变,促进制造业的转型提升。

改造提升传统制造业。运用高新技术、先进适用技术和各种科技手段,改造和提升服装等传统产业,推动清洁生产,发展生态经济、循环经济。

推动废弃矿山生态修复工程。积极探索对关停矿山进行生态修复,发展替代产业,推动矿山废弃物资源化利用,培育龙头企业,带动相关清洁、环保产业发展。推进工业园区建设。加强对生态涵养发展区制造业特色园区的规划与引导,支持园区特色产业的共性技术支撑平台建设,吸引更多生态涵养发展区龙头企业落户到园区。

促进生态涵养发展区产业孵化基地建设,为中小型科技企业的技术创新活动创造良好的环境和条件,促进科技成果在孵化器内的转移。

鼓励国内外企业在生态涵养发展区建设研发中心和技术中心。支持研发中心、技术中心与国内科研机构、大专院校的合作研究,加大企业科技研发力度,提升企业自主创新能力。

(三) 加快发展特色主导产业,增加生态涵养发展区现代服务业比重。

大力发展研发服务业。鼓励生物医药、软件、测试、工业设计等研发服务业发展。积极发展信息服务业。以北京呼叫中心产业基地为支撑,联合共建基地的公共服务中心和产业研究中心,推动信息服务业的发展。

重点提升旅游休闲服务业发展质量。大力支持知名企业、民间资本等参与民俗旅游项目的开发建设,促进民俗旅游升级,积极推动森林旅游、生态旅游发展。运用现代技术手段,鼓励开发乡村旅游特色商品,开发民俗旅游新产品,打造科普旅游基地,提升旅游业发展特色和科技水平。

推动现代物流业发展。依托生态涵养发展区的地理位置以及农产品物流需求,积极促进物流企业集聚,发展现代物流业。对生态涵养发展区内物流企业的科技项目在"现代物流业科技支撑"专项中给予重点考虑。

促进文化创意产业发展。积极促进生态涵养发展区内影视动漫等文化创意产业发展,对生态涵养发展区内的重点文化创意产业项目给予支持。

建设特色服务园区。鼓励生态涵养发展区根据自身特点,建立特色服务园区,加强对园区公共平台的投入,引导相关企业集聚,形成特色服务业集群。

三、推动要素融合与政策集成,为生态涵养发展区提供良好的发展环境加大对生态涵养发展区龙头企业创新能力的培育力度。重点支持一批成长性好的特色企业,对于生态涵养发展区企业申请的提升企业创新能力的科研项目,同等条件下优先在科技经费中给予支持。

加大对生态涵养发展区科技政策扶持力度。高成长专项、中小企业创新资金等科技专项对生态涵养发展区内的企业给予适度倾斜。

加大生态涵养发展区企业认定帮扶力度。制订生态涵养发展区科技型企业政策,根据生态涵养发展区企业的实际情况,在全市高科技企业认定方面适度向生态涵养发展区倾斜。

大力促进适用的科技成果在生态涵养发展区内转化。加大科技成果转化专项对生态涵养发展区企业的支持力度,对生态涵养发展区内组织认定的科技成果转化项目在同等条件下给予优先支持。

加大生态涵养发展区自主创新产品支持力度。在同等条件下,优先认定生态涵养发展区内企业进入本市自主创新产品目录,加快落实企业自主创新产品首购、订购政策。

搭建生态涵养发展区企业科技融资平台。结合生态涵养发展区企业的投融资需求,在同等条件下,利用科技保险、知识产权质押贷款优先扶持生态涵养发展区内的高科技企业。

利用北京市区县合作机制,支持城区与生态涵养发展区合作共建产业基地,并按照相关政策给予积极支持。

支持生态涵养发展区与中关村科技园区共建创新基地。共建基地内符合中关村高新技术企业认定条件的企业可以享受中关村科技园区的有关扶持政策。

北京市人民政府

二〇〇九年八月十日

北京市自主创新产品认定办法(修订)

京科高发[2009]186号

为贯彻落实国务院《实施〈国家中长期科学和技术发展规划纲要(2006—2020年)〉的若干配套政策》(国发[2005]44号)及北京市委市政府《关于增强自主创新能力建设创新型城市的意见》(京发[2006]5号)、北京市政府《关于在中关村科技园区开展政府采购自主创新产品试点工作的意见》(京政发[2008]46号),组织开展北京市自主创新产品认定管理工作,发挥政府采购对自主创新的促进作用,提升以企业为主体的自主创新能力,带动高新技术产业快速发展,特制定本办法。

本办法重点支持电子信息、生物医药、新材料、先进制造、能源环保、农业技术、高技术服务业等符合北京市优先发展领域的产品(服务)。

一、自主创新产品的认定标准

(一)产品的生产单位为依法在北京市行政区域内注册登记的具有独立法人资格的企业、大学、科研单位。

（二）产品符合《政府采购法》的规定和要求，适合公共财政支出方向及政府采购需求。

（三）产品拥有明晰的自主知识产权（符合下列条件之一）：

1. 获得国家批准的专利权（指发明和实用新型专利）、集成电路布图设计专有权、软件著作权、植物新品种权、商标权等知识产权形式的产品；

2. 通过原始创新、集成创新、引进消化吸收再创新等方式形成的知识产权明晰、没有产权纠纷、拥有专有核心技术并已形成自主品牌的产品。

（四）产品成熟并有一定的市场需求度（符合下列条件之一）：

1. 产品质量稳定可靠，通过有资质的质量检验（测）部门的检验（测）；

2. 产品已投入批量生产，上年度销售收入达到200万元以上，或上年度的国内市场占有率达到20%以上，或上两年度的销售收入年均增长率达到20%以上；

3. 对于首次或首批生产的填补国内市场空白并可以实施政府首购的新产品，不受上述条款限制。

（五）产品应具有较高的创新性和技术先进性。

（六）对于特殊行业的产品应符合国家的相关行业管理规定，并提供相应的行业许可证明。

（七）列入国家或北京市科技计划的产品、获国家或北京市科技奖励的产品、经认定的北京市高新技术成果转化项目产品、名牌产品、驰名商标产品、著名商标产品等产品，将优先认定为自主创新产品。

二、审核及认定

由市科学技术委员会、市发展和改革委员会、市建设委员会、市工业促进局、中关村科技园区管委会共同组成北京市自主创新产品认定工作小组，负责全市自主创新产品认定的组织实施工作。自主创新产品的认定申报工作每半年开展一次，认定工作小组在对申报产品初审的基础上组织专家评审。经专家评审通过的产品将以认定工作小组的名义统一向社会公示三周，对公示期结束后没有异议的产品将核发《北京市自主创新产品认定证书》，并定期向社会公布北京市自主创新产品目录。

（一）被认定的自主创新产品有效期三年，技术周期较长的自主创新产品，经批准可延长至五年。

（二）凡已认定的自主创新产品，在有效期内，每年复核一次。对审查不合格的，将取消其自主创新产品认定资格并通报有关部门。

三、其他

（一）本办法自修订之日起三十日后施行，由市科学技术委员会、市发展和改革委员会、市建设委员会、市工业促进局、中关村科技园区管委会负责解释。《北京市自主创新产品认定办法（试行）》（京科高发[2006]731号）同时废止。

（二）本办法首先在中关村科技园区内试行。

北京市科学技术委员会
北京市发展和改革委员会
北京市建设委员会
北京市工业促进局
中关村科技园区管理委员会
二〇〇九年二月十一日

北京市自主创新产品政府首购和订购实施细则（试行）

京财采购［2009］370号

第一章 总 则

第一条 为贯彻落实《国务院关于实施 <国家中长期科学和技术发展规划纲要（2006 2020年）>若干配套政策的通知》，发挥政府采购政策功能，规范政府首购和订购活动，根据《中华人民共和国政府采购法》、财政部《关于印发 <自主创新产品政府首购和订购管理办法）的通知》和北京市人民政府《关于在中关村科技园区开展政府采购自主创新产品试点工作的意见》，结合北京市实际，制定本实施细则。

第二条 本细则在中关村科技园区试行。

第三条 北京市各级国家机关、事业单位和团体组织（以下统称采购人）使用财政性资金开展首购、订购活动的，适用本细则。

第四条 本细则所称首购，是指对于国内企业或科研机构生产或开发的，暂不具有市场竞争力，但符合国民经济发展要求、代表先进技术发展方向的首次投向市场的产品（以下统称首购产品），通过政府采购方式由采购人或政府首先采购的行为。

第五条 本细则所称订购，是指对于北京市需要研究开发的重大创新产品，技术、软科学研究课题等（以下统称订购产品），通过政府采购方式面向全社会确定研究开发和生产机构（以下统称订购产品供应商）的行为。

第六条 政府首购和订购活动应当遵循公开透明原则、公平竞争原则、公正原则和诚实信用原则。

第七条 北京市各级财政部门和科技部门是自主创新产品政府首购和订购舌动的监督管理部门。

第二章 首购管理

第八条 首购产品是指财政部公布的《政府采购自主创新产品目录》（以下简称《目录》）中列明的首购产品。市科委负责向科技部推荐我市符合首购条件的自主创新产品。

为推进首购政策在我市的实施，在财政部未公布《政府采购自主创新产品目录》（以下简称《目录》）前，由市科委会同有关部门在我市自主创新产品中研究确定首购产品，并予以公布，实施首购。财政部公布《目录》后按《目录》实施，原尚未执行完成的合同继续执行。

第九条 采购人采购的产品属于首购产品类别的，采购人及其委托的采购代理机构应邀请《目录》中列明的首购产品的供应商参加投标，不属于首购产品供应商的，不能参加投标。若符合条件的供应商或对招标文件作实质性响应的供应商不足三家，按照规定程序采取其他采购方式。采取公开招标以外的采购方式，应由市级或区县财政部门进行审批。

第十条 首购产品供应商在投标过程中，除按规定提交有关材料外，应提洪政府采购自主创新产品首购产品证明。

第十一条 首购产品公布前的政府采购合同继续执行，首购产品公布后的政府采购活动，应当按照政府首购政策执行。

第三章 订购管理

第十二条 政府订购活动应当以公开招标为主要采购方式。因特殊情况需要采用公开招标以外的采购方式的，由市级或区县财政部门进行审批。

第十三条 政府订购活动的投标供应商必须为在中国境内具有中国法人资格的企业、事业单位。

第十四条 采购人及其委托的采购代理机构必须在采购文件的资格要求、评审方法和标准中明确对订购产品供应商的具体要求、订购项目成果的详细技术要求，以及相关评分要素和具体分值等。

第十五条 采购人及其委托的采购代理机构应当根据项目需求合理设定订购产品供应商资格，包括技术水平、规模、业绩、资格和资信等，不得以不合理的要求排斥和限制任何潜在的本国供应商。

第十六条 确定订购产品供应商后，签订订购产品政府采购合同。

第十七条 订购产品政府订购合同不得分包或转包。

第十八条 订购产品政府采购合同应当约定考核验收、技术成果转化和应用推广等内容。

第四章 监督检查

第十九条 在首购、订购产品政府采购合同履行过程中，双方当事人依法变更合同条款或者签订补充合同的，不得违背促进自主创新的原则和首购、订购政策。

第二十条 双方当事人依法变更首购、订购合同条款或者签订补充合同的，采购人或者其委托的采购代理机构应当将变更后的合同、补充合同副本以及变更、补充合同的理由报同级财政部门备案。

第二十一条 采购人、采购代理机构和中标、成交供应商有违反政府首购、订购政策等法律法规行为的，按照《中华人民共和国政府采购法》和财政部《关于印发 < 自主创新产品政府首购和订购管理办法 > 的通知》的规定进行处理。

第五章 附 则

第二十二条 对于符合政府首购基本条件的试制品的采购活动参照本办法执行。

第二十三条 涉及国家安全和秘密的项目不适用本办法。

第二十四条 本细则由北京市财政局负责解释。

第二十五条 本细则自发布之日起30日后实施。

北京市财政局
二〇〇九年三月十日

北京市技术先进型服务企业认定管理办法

京科发[2009]548号

第一章 总 则

第一条 为贯彻落实财政部、国家税务总局、商务部、科技部、国家发展改革委《关于技术先进型服务企业有关税收政策问题的通知》(财税[2009]63号)的规定,加强对我市技术先进型服务企业的认定和管理,特制定本办法。

第二章 组织与实施

第二条 市科委、市商务委、市财政局、市国税局、市地税局、市发展改革委共同组成北京市技术先进型服务企业认定小组(以下简称"认定小组"),主要职责是:

(一) 负责北京市行政区域内的技术先进型服务企业认定、年审、复审、复核工作。

(二) 负责对已认定的技术先进型服务企业进行监督、管理,受理、核实并处理有关举报。

(三) 建立认定信用制度,对在认定工作中出现违规行为的企业、专家及相关人员予以相应处理。

第三条 认定小组下设北京市技术先进型服务企业认定小组办公室(以下简称"认定办公室"),认定办公室设在市科委,由认定小组委托北京高技术创业服务中心开展辅助工作。认定办公室的主要职责是:

(一) 负责组织专家对技术先进型服务企业认定材料进行评审。

(二) 负责提供经专家评审的技术先进型服务企业材料,组织召开技术先进型服务企业认定会。

(三) 承办认定小组交办的其他工作。

第三章 条件与程序

第四条 企业申请认定技术先进型服务企业,其业务范围需符合以下条件:

(一) 信息技术外包服务(ITO):包括软件研发及外包、信息技术研发服务外包和信息系统运营维护外包等。

（二）技术性业务流程外包服务（BPO）：包括企业业务流程设计服务、企业内部管理服务、企业运营服务和企业供应链服务等。

（三）技术性知识流程外包服务（KPO）。

第五条　企业申请认定技术先进型服务企业必须同时符合以下条件：

（一）从事本办法第四条规定范围内的一种或多种技术先进型服务业务的企业。

（二）企业的注册地及生产经营地在北京市行政区域内。

（三）企业具有法人资格，近两年在进出口业务管理、财务管理、税收管理、外汇管理、海关管理等方面无违法行为，企业应采用先进技术或具备较强的研发能力。

（四）具有大专以上学历的员工占企业职工总数的50%以上。

（五）企业从事本办法第四条规定范围内的技术先进型服务业务收入总和占本企业当年总收入的70%以上。

（六）企业应获得有关国际资质认证（包括开发能力和成熟度模型、开发能力和成熟度模型集成、IT服务管理、信息安全管理、服务提供商环境安全、ISO质量体系认证、人力资源能力认证等）并与境外客户签订服务外包合同，且其向境外客户提供的国际（离岸）外包服务业务收入不低于企业当年总收入的50%。

第六条　符合本办法第四条和第五条规定条件的企业，应准备如下申报材料：

（一）企业开展技术先进型服务业务论述（1000字以上），提纲如下：

1. 企业的基本情况

2. 企业采用先进技术和研发活动情况

3. 企业提供服务、经营管理情况

4. 企业发展前景与规划

5. 企业在行业中的地位与竞争优势

6. 技术合同认定登记机构认定登记的技术合同或省级商务主管部门审核登记的离岸服务外包合同

7. 客户对服务增值性评价

（二）《技术先进型服务企业认定申报推荐表》。

（三）企业营业执照副本、税务登记证书（复印件）。

（四）企业管理章程。

（五）企业工作场所证明复印件（企业房屋产权证或房屋租赁合同）。

（六）经具有资质的财务中介机构审计的企业上一会计年度的财务报表（含资产负债表、利润及利润分配表、现金流量表）。

（七）由市科委下属的北京技术市场管理办公室出具的企业上一会计年度技术先进型服务业务收入证明。

（八）由市商务委出具的企业上一会计年度国际（离岸）外包服务业务合同执行额登记证明。

（九）企业获开发能力和成熟度模型、开发能力和成熟度模型集成、IT服务管理、信息安全管理、服务提供商环境安全、ISO质量体系认证、人力资源能力认证等国际资质认证的证书（复印件）。

（十）企业员工花名册（注明员工学历结构、从事离岸服务外包人员情况），企业就业人员社会保险缴费单复印件（加盖企业公章）。

（十一）企业技术实力或研发能力证明材料，包括知识产权证书、独占许可协议、新产品或新技术证明（查新）材料、获本市或国家科技计划立项证明、获本市或国家科技奖励证明以及其他相关证明材料（可选报）。

（十二）认定小组要求企业提供的其他材料。

第七条 技术先进型服务企业认定工作每年组织一次,企业应于每年2月底以前提交申请材料。企业按本办法第五条的规定准备材料并装订成册(一式五份并附电子版)后报送到认定办公室。

第八条 认定办公室组织专家对企业的申报材料进行评审,认定小组根据专家评审意见确定技术先进型服务企业认定名单。经认定的技术先进型服务企业,在市科委网站(www.bjkw.gov.cn)上公示10个工作日。公示有异议的,由认定小组对有关问题进行查实处理,属实的取消技术先进型服务企业资格;公示无异议的,报科技部、商务部、财政部、国家税务总局和国家发展改革委备案后,在市科委网站上公告认定结果并颁发"技术先进型服务企业证书"(加盖市科委、市商务委、市财政局、市国税局、市地税局、市发展改革委公章)。

第九条 经认定及年审合格的技术先进型服务企业,持相关认定文件向当地主管税务机关办理享受税收优惠政策事宜。享受税收优惠的技术先进型服务企业条件发生变化的,应当自发生变化之日起15日内向主管税务机关报告;不再符合享受税收优惠条件的,应当依法履行纳税义务。主管税务机关在执行税收优惠政策过程中,发现企业不具备技术先进型服务企业资格的,应填写《技术先进型服务企业资格复核表》,由市国税局或地税局审核后交送认定办公室。复核期间,可暂停企业享受相关税收优惠。

第十条 技术先进型服务企业自认定之日起,资格有效期为三年,企业应在被认定年度的次年起的每年2月底以前向认定办公室提交《技术先进型服务企业资格年审申请表》、技术先进型服务企业证书(复印件)、由市科委下属的北京技术市场管理办公室出具的企业上一会计年度技术先进型服务业务收入证明、由市商务委出具的企业上一会计年度国际(离岸)外包服务业务合同执行额登记证明。企业到期不参加年审或年审未通过的,取消其上年度享受税收优惠政策的资格,年审通过的在市科委网站上公告年审结果并由认定小组下发名单。

第十一条 企业应在资格有效期届满之前,按照本办法第三章的规定向认定办公室重新提交资格复审申请,复审合格的由认定小组核发新的"技术先进型服务企业证书"。企业到期没有提出复审申请或复审不合格的,其技术先进型服务企业资格到期后自动失效。

第十二条 技术先进型服务企业变更经营范围、合并、分立、转业、迁移的,应在十五日内向认定办公室报告;变化后不符合本办法规定条件的,应自当年起终止其技术先进型服务企业资格。

第四章 附　　则

第十三条 依据本办法认定的技术先进型服务企业,可依照财政部、国家税务总局、商务部、科技部、国家发展改革委《关于技术先进型服务企业有关税收政策问题的通知》(财税[2009]63号)的规定,申请享受有关税收优惠政策。

第十四条 本办法由市科委、市商务委、市财政局、市国税局、市地税局、市发展改革委负责解释。

第十五条 本办法自发布之日起三十日后施行。

北京市科学技术委员会
北京市商务委员会
北京市财政局
北京市国家税务局
北京市地方税务局
北京市发展和改革委员会
二〇〇九年十一月二十六日

北京市认定企业技术中心管理办法

京工促发[2009]69 号

第一章 总 则

第一条 为进一步贯彻落实《中共中央、国务院关于加强技术创新发展高科技实现产业化的决定》和《科学技术进步法》,充分发挥北京市认定企业技术中心在促进全市产业结构调整和提升产业竞争力的引导与示范作用,规范和加强市级企业技术中心的认定和评价工作,根据《国家认定企业技术中心管理办法》,特制定本办法。

第二条 企业技术中心是企业设立的具有较高层次和水平的研究开发机构,是企业技术创新体系的核心,是企业技术进步和技术创新的主要技术依托。

第三条 为推进企业技术中心建设,确立企业技术创新和科技投入的主体地位,对全市技术创新能力较强、创新业绩成效显著、具有重要示范和导向作用的企业技术中心,北京市政府主管部门予以认定,并给予相应的扶持政策,以鼓励和引导企业利用社会各种资源不断提高自主创新能力。

第四条 北京市工业促进局(以下简称市工促局)、北京市发展和改革委员会(以下简称市发改委)、北京市科学技术委员会(以下简称市科委)、北京市财政局(以下简称市财政局)、北京市国家税务局(以下简称市国税局)、北京市地方税务局(以下简称市地税局)联合成立市级企业技术中心认定工作指导小组,负责市级企业技术中心认定结果的审查工作,并对企业技术中心建设进行宏观指导。指导小组下设办公室,由办公室负责市级企业技术中心认定的具体组织工作和评价工作,办公室设在市工促局。

第二章 认 定

第五条 市级企业技术中心的认定每年组织一次,认定范围为北京地区具有独立法人资格的工业企业中建立并已正常运行一年以上的技术中心。企业对照市级技术中心条件和要求,自愿申报。受理申请认定截止日期为当年的 4 月底。

第六条 申请认定市级企业技术中心的企业应具备以下基本条件:

1. 所处行业为北京市重点发展的行业,企业年营业收入原则上在 1 亿元以上,特殊情况可适当放宽。

2. 有较强的经济实力和较好的经济效益,在全市同行业中具有显著的规模优势和竞争优势。

3. 企业领导层重视技术中心工作,具有较强的市场意识和创新意识,能为技术中心建设创造良好的条件。

4. 具有较完善的研究、开发、试验条件,有较强的技术创新能力和较高的研究开发投入,研究开发与创新水平在同行业中处于领先地位。

5. 有技术水平高、实践经验丰富的技术带头人,科技人员队伍结构合理,在同行业中具有较强的创新人才优势。

6. 技术中心组织体系完善,发展规划和目标明确,具有稳定的产学研合作机制,技术创新绩效显著。

7. 企业在申请认定市级企业技术中心前两年内有下列情形之一的,不得申请认定市级企业技术中心:(1)有偷税、骗取出口退税等税收违法行为的。(2)涉嫌税收违法正在接受审查的。(3)由于技术原因发生重大质量、安全事故的。

第七条 市级企业技术中心认定程序:

(一) 企业向市工促局提出申请,并按要求上报申请材料(一式三份),申请材料包括:《北京市认定企业技术中心申请报告》(见附件一)和《北京市企业技术中心评价材料》(见附件二)。

(二) 市工促局对评价材料进行初审。通过初审的,市工促局委托符合条件的中介机构按照《北京市企业技术中心评价指标体系》(见附件三)进行综合评价。中介机构出具评价意见报市工促局。

(三) 市工促局将评价意见报市级企业技术中心认定工作指导小组,指导小组依据国家和北京市产业政策对评价意见进行综合审查,择优确定市级企业技术中心认定名单。

第八条 认定结果由市工促局以公文形式发布。

第九条 北京市认定企业技术中心认定结果从受理申请截止之日起,90 个工作日之内发布。

第三章 评 价

第十条 对已认定的市级企业技术中心依据《北京市企业技术中心评价指标体系》每年进行一次评价。

第十一条 评价程序:

1. 数据采集。市级企业技术中心于当年 4 月底前将评价材料一式三份报市工促局。评价材料包括:《北京市认定企业技术中心年度工作总结》(见附件四)和《北京市认定企业技术中心评价材料》(见附件二)。

2. 数据初审。市工促局对市级企业技术中心上报的材料进行初审,对于材料数据欠缺或存在疑问的,通知企业限期补报或提交说明。

3. 数据核查。市工促局委托符合条件的中介评价机构对市级企业技术中心上报的评价材料及相关情况进行核查,核查方式包括召开核查会和实地核查等。

4. 数据计算与分析。市工促局委托符合条件的中介评价机构对经核查后的数据按照《北京市企业技术中心评价指标体系》的规定进行计算、分析,得出评价结果,并形成评价报告。

5. 市工促局对评价结果和评价报告进行审核并确认。

第十二条 市级企业技术中心评价结果分为优秀、合格和不合格。

1. 评价得分 90 分及以上为优秀。

2. 评价得分 60 分(含 60 分)至 90 分之间为合格。

3. 有下列情况之一的评价为不合格。

(1) 评价得分低于 60 分;

(2) 逾期一个月不上报评价材料的企业技术中心。

第十三条 市工促局对评价结果以公文形式发布。

第四章 管理与政策

第十四条 有下列情况之一的,撤消其市级企业技术中心资格:

1. 评价为不合格;
2. 连续两次评价得分在65分(含65分)至60分之间;
3. 企业技术中心所在企业自行要求撤销其市级企业技术中心;
4. 企业技术中心所在企业被依法终止;
5. 由于技术原因发生重大质量、安全事故的企业;
6. 有偷税、骗取出口退税等税收违法行为的企业;
7. 提供虚假评价材料的企业。

第十五条 因第十四条1、2、3项原因被撤销市级企业技术中心资格的,两年内不得重新申报认定市级企业技术中心;因第十四条4、5、6、7项原因被撤销市级企业技术中心资格的,三年内不得重新申报认定市级企业技术中心。

第十六条 申请认定市级企业技术中心的企业弄虚作假的,经核实后,三年内不得申请市级认定。

第十七条 对评价结果为优秀的市级技术中心,通报表扬,并择优推荐申报国家级技术中心;对于第一次评价得分65分(含65分)至60分的市级企业技术中心,给予警告,责令企业提出整改方案,并督促整改。

第十八条 市级企业技术中心所在企业发生更名、重组等重大调整的,应在办理相关手续后30个工作日内将有关情况报市工促局。

第十九条 市工促局每年公布一次市级企业技术中心名单。

第二十条 鼓励北京市认定企业技术中心加强创新能力建设,引导和支持企业加大技术创新投入,促进企业技术中心健康发展。具体政策措施另行制定。

第五章 附 则

第二十一条 根据各行业技术创新的实际状况和政府的宏观政策导向,市级企业技术中心认定工作指导小组可对企业技术中心评价指标进行必要的调整。

第二十二条 本办法自颁布之日起施行。

第二十三条 本办法由市工促局负责解释。

北京市工业促进局

二〇〇九年三月二十三日

关于建设中关村国家自主创新示范区的若干意见

京发[2009]11号

为贯彻落实国务院关于建设中关村国家自主创新示范区的批复精神,以及国家关于发挥科技对经济支撑作用的要求,充分发挥中关村创新资源优势,以自主创新为驱动,以制度创新为突破,加快改革与发展,为人文北京、科技北京、绿色北京和创新型国家建设作出新贡献,提出以下意见。

一、举全市之力建设中关村国家自主创新示范区

建设中关村国家自主创新示范区,是党中央、国务院在新的历史时期,着力推进自主创新,加快建设创新型国家的重大决策;是北京市深入贯彻落实科学发展观、加快产业结构优化升级和发展方式转变的迫切需要;是充分发挥中关村创新优势,探索中国特色自主创新道路的重要实践。要深刻认识中关村国家自主创新示范区在建设创新型国家和首都经济社会发展全局中的重大战略意义,以高度的责任感和使命感,解放思想,紧抓机遇,全面落实国家和北京市的一系列政策措施。要积极探索有利于自主创新的体制机制,营造更好的创新环境,在中关村产生和转化一批国际领先的科技成果,培养和聚集一批优秀创新人才,特别是产业领军人才,做强做大一批具有全球竞争力的国际化企业,培育一批国际知名品牌,全面提高中关村自主创新和辐射带动能力,使中关村成为全球高端人才创新创业的集聚区、世界前沿技术研发和先进标准创制的引领辐射区、国际性领军企业和高技术产业的发展区、国家体制改革与机制创新的试验区。要推动中关村的科技发展和创新在本世纪前20年再上一个新台阶,成为具有全球影响力的科技创新中心。

二、开展先行先试的体制机制创新试点

开展股权激励和科技成果转化奖励的试点。在高等院校、科研院所、国有高新技术企业中,开展职务科技成果股权和分红权激励试点。在院所转制企业、国有高新技术企业中,对作出突出贡献的科技人员和经营管理人员,实施期权、技术入股、股权奖励等多种形式的股权和分红权激励。在高等院校、科研院所中,开展对职务科技成果完成人进行科技成果转化收益奖励的试点。

深化科技金融改革创新试点。完善中关村非上市股份公司进入证券公司代办股份转让系统的相关制度;逐步建立和完善多层次资本市场间的转板制度。建立市有关部门联动的上市协调机制,支持企业在境内外资本市场上市融资。继续完善企业信用体系,设立科技型中小企业贷款风险补偿基金,扩大担保和再担保规模,支持商业银行设立为科技企业服务的支行,加大对企业的信贷支持,进一步扩大信用贷款和知识产权质押贷款试点。增加科技保险险种,扩大保险覆盖面,发展科技再保险,加大科技保险政策支持力度。继续促进高新技术企业发行集合债、短期融资券、中期票据,促进天使投资、创业投资、股权投资基金发展,促进有条件的企业并购重组。设立中关村小额贷款公司。

开展国家及北京市科技重大专项项目(课题)经费使用的改革试点。承担国家及北京市科技重大专项项目(课题)的科研院所、高等院校、企业,可以按照有关规定,在国家及北京市科技重大

专项项目(课题)经费中核定一定比例的间接费用,主要用于项目(课题)承担单位组织实施项目(课题)过程中发生的管理、协调和监督费用,以及其他无法在直接费用中列支的相关费用。

支持新型产业组织和民营科技企业参与国家科技重大专项的实施、科技基础设施建设,承担各类科技计划项目和重大高新技术产业化项目。

大力推进政府采购自主创新产品的试点。通过首购、订购、首台(套)重大技术装备试验和示范项目、推广应用等政府采购方式,支持企业自主创新。采购自主创新产品的适用领域,从政府行政办公类扩展到市政设施、建筑、节水节能、环保和资源循环利用、交通管理、公共安全、医疗卫生、农业、教育、科技研发、工程养护等使用市区两级财政性资金全额投资或部分投资的项目。

配合财政部、税务总局、科技部等有关部门,研究制订支持中关村国家自主创新示范区的税收政策。

三、编制发展规划

配合发展改革委、科技部、财政部等部门,研究提出建设中关村国家自主创新示范区的指导思想、建设原则、发展目标、重点领域和保障措施,编制到2020年的发展规划,报国务院批准后实施。

四、完善法制环境

根据国务院关于中关村国家自主创新示范区的战略定位和发展目标,按照法制统一与创新突破相结合、国际经验与中关村实际相结合的原则,修订《中关村科技园区条例》,制订相关配套文件。

五、对接国家科技重大专项和承接国家重大科技基础设施建设

积极组织和支持企业联合高等院校、科研院所,承担或参与新一代宽带无线移动通讯网,极大规模集成电路制造装备及成套工艺,核心电子器件、高端通用芯片及基础软件,重大新药创制,重大传染病防治等一批国家科技重大专项。以重大产品为龙头,采取项目业主制,定向委托,强化产学研用结合,带动更多的中小企业参与重大专项实施和共享科技成果。承接航空遥感系统、蛋白质科学研究设施等国家重大科技基础设施建设,争取新建一批国家工程研究中心、国家工程技术中心、国家重点实验室和重大科研设施。

六、全面实施“科技北京”行动计划

实施科技振兴产业工程。在电子信息、生物医药、新材料、新能源、节能环保、文化创意、现代农业等领域,集中支持一批产学研用结合的重大项目,努力实现一批关键、核心技术突破和成果产业化。

加快推广一批有利于扩大内需、改善民生的技术和产品。对具有自主知识产权并能带动形成新的市场需求、改善民生的技术和产品,加大产业化、商业化和规模化应用力度。大力推广智能交通、电动汽车、交通安全信息集成、低成本计算机、先进适用的医疗技术设备、设施农业技术、节能减排、膜生物反应器污水处理、城市污泥无害化处理和资源化利用、垃圾处理、太阳能发电、宽带无线移动多媒体网络技术等。

支持国内外大型企业研发中心的建设和发展。不断优化发展环境,落实相关政策,积极争取国有大型企业在京建立研发中心、研发基地、企业技术中心,积极吸引跨国公司、外省(区)市大型企业在京设立研发中心。加强国家工程研究中心等研发机构建设。围绕软件与信息服务、集成电路、移动通信、计算机及网络、光电显示、生物医药、能源环保等具有优势的科技领域,鼓励企业、高等院校、科研院所承担国家级研发机构建设,不断增强首都研发创新能力。

七、大力支持企业提高自主创新能力

加快推进技术创新工程。支持企业承担国家重大科技攻关任务,加强研发能力建设。以领军企业为龙头,培育创新型企业200强,带动中小企业技术和产品创新,完善产业技术创新链,提升企业自主创新能力和技术竞争力。

充分利用现有国家工程中心、国家重点实验室、国家工程实验室、大型仪器设备共享网等公共科技资源,整合形成面向企业开放的技术创新服务平台,帮助企业开发新产品、调整产品结构、创新管理和开拓市场,引导中小企业向专、新、特、精方向发展,提高市场竞争力。继续实施中关村开放实验室工程,为企业提供分析检测、委托研发、合作研发等服务,并扩大覆盖领域,使开放实验室的数量超过100家。

加快先进技术向中小企业转移。支持建立产学研用结合的产业技术创新战略联盟,加强大中小企业的创新合作,加快先进技术向中小企业的技术辐射和转移,完善产业链,提高中小企业的配套协作水平和持续发展能力。

加大对中小企业技术创新的支持。扩大科技型中小企业创新基金的资金规模。完善企业融资绿色通道,为高科技高成长的瞪羚企业、集成电路设计企业、软件外包企业、留学人员创业企业提供融资担保服务。支持商业银行为有信用的中小企业提供信用贷款服务。促进中小企业的兼并重组,扶持和壮大一批具有创新能力和自主知识产权的中小企业。

支持一批企业做强做大,继续推进中关村百家创新型企业试点。集成各方面资源形成合力,通过政府采购、贷款贴息、技术改造、承担国家重大项目、建设企业技术中心和实验室、收购兼并、改制上市等措施,鼓励企业进行技术创新、管理创新、商业模式创新和文化创新,加快提升企业核心竞争力。在重点产业领域,形成一批创新能力强、带动效应明显、具有国际竞争力的领军企业。

八、实施“中关村高端领军人才聚集工程”

大力引进海外高层次人才回国(来华)创新创业,参与国家重大专项的技术攻关。积极吸引在国外著名高等院校和科研院所从事前沿科学研究的专家学者,在国际知名企业和金融机构担任高级职务的专业技术人才和经营管理人才,拥有自主知识产权或掌握核心技术、具有海外自主创业经验、熟悉相关产业领域和国际规则的创业人才。创新体制机制,支持由战略科学家领衔的研发团队,在生命科学、信息技术、新材料、节能环保、新能源等领域建设具有世界一流水平的科学研究机构(研究中心)。聚集一批由高端领军科技创新创业人才领衔的高科技创业团队、一批由高端领军创业投资家领衔的创业服务团队。按照国家和北京市的有关规定,给予高端领军人才政策支持。

支持高校毕业生参与科技创新和自主创业。积极吸纳优秀高校毕业生参与各级科技计划的研发活动。允许项目承担单位特别是企业与研究机构,在目标不变、资金总量不变的前提下调整优化结构,在科技项目经费中列支聘用参与研究的高校毕业生人员费用和有关社会保险费补助。

九、支持科研院所、高等院校和企业开展协同创新

支持科研院所、高等院校与企业共同建设研发机构,通过合作研发、人才培训、技术交流等方式,提升企业研发能力,联合承担国家和北京市的重大科研和产业化项目,研发技术,开发产品。

促进科研院所、高等院校的科技成果向高新技术企业转移。支持科研院所、高等院校与企业建立长期合作机制,通过合作研发、人才培训、技术交流等方式,提升企业研发能力,推进产学研用创新体系的建设。

科研院所和高等院校要选派科技人员深入企业,研发技术、开发产品,特别是鼓励科技人员带技术、带产品到企业推广应用。对科技人员与企业联合提出的科研项目,北京市科技计划给予优先安排。

鼓励科研院所和高等院校的科技人员以科技成果、知识产权等无形资产入股的方式,参与创办科技型中小企业。

继续推进大学科技园的建设,发挥大学科技园在聚集人才、孵化企业、转化成果、科技咨询、创业投资、大学生创业就业等方面的积极作用,探索和总结大学科技园服务自主创新的新机制和新模式,提升专业化、市场化服务能力。

十、支持产业技术联盟等新型产业组织发展

继续支持新一代移动通信技术、闪联、数字电视、下一代互联网络、生物医药外包等产业技术联盟发展。鼓励企业联合科研院所、高等院校等各类创新主体,成立产学研用结合的标准联盟、技术联盟和产业联盟,支持其承担国家重大专项,开展关键共性技术的合作研发,建立科技资源开放共享平台,设计并实施行业整体解决方案。

进一步促进协会组织发展。发挥北京民营科技实业家协会、中关村企业信用促进会、高新技术企业协会、北京软件行业协会、北京中关村人力资源经理协会等协会组织的桥梁和纽带作用,为企业提供培训、交流与合作的服务平台。支持协会开展战略研究和行业分析,参与编制行业发展规划,制定行业标准,承担政府委托的专项服务。建立年轻化、职业化、高素质的协会专职人员队伍,探索企业、协会和政府的合作协调机制,提升协会在产业和区域的代表性和影响力。

十一、大力推进知识产权战略和技术标准战略

支持企业、高等院校、科研院所创造国际领先的自主知识产权。推进创新成果的产权化,促进专利成果的转化。支持企业形成专利池和产业技术联盟构建专利群。加强知识产权人才队伍建设,建立健全知识产权服务体系、专利经营体系和正版产品流通示范体系,建立实时高效的知识产权侵权预警和风险防范机制。

开展标准创新试点工作。加强与国际标准化组织的战略合作,支持企业承担标准化专业组织的工作。实施引导和鼓励技术标准研发、制定和产业化应用等激励政策,支持对经济发展有带动作用的特色产业集群技术标准体系建设,支持企业以产业链为纽带形成标准联盟,推进创新成果产业化,促进相关技术和产品广泛应用。加强标准化人才队伍建设。

十二、加快发展高新技术产业集群

发挥中关村在引领高新技术产业发展、支撑首都经济增长中的集聚、辐射和带动作用,加大对电子信息、生物、新材料、新能源、环保节能、航空航天等战略性高新技术产业的支持力度,推动产业集聚,加快推进生命科学园、软件园、环保园、永丰产业基地、大兴生物医药产业基地、电子城科技园、光机电一体化基地等特色专业园和产业基地建设发展,吸引和安排重大项目落户,促进首都产业结构调整和优化升级。进一步完善空间规划、土地利用规划等专项规划,高标准进行规划建设和环境整治,实现土地的集约利用。继续大力推进交通、能源、信息、环保等基础设施和配套公共服务设施的建设。

促进科技成果转化和辐射。加强与顺义临空国际高新技术产业基地、密云高新技术产业基地、怀柔雁栖高新技术创新基地、延庆八达岭新能源和环保产业基地、平谷马坊高新技术产业基地、房山良乡高新技术产业基地、门头沟石龙高新技术产业基地等市级开发区和产业基地的产业合作和

统筹发展。在符合规划的区县产业用地范围内,共建中关村高新技术产业化基地,将中关村的科技成果转化项目辐射到各区县,推动区县产业结构优化升级,形成布局合理、优势互补、协同发展、特色鲜明的高新技术产业集群。对共建的高新技术产业化基地,市政府给予政策支持。

十三、提升国际化发展水平

充分利用全球科技资源开展自主创新。鼓励企业引进制约自主创新的关键技术、知识产权和关键零部件,支持企业开展消化吸收和集成创新,提升创新能力,加强自主品牌建设。开展多层次国际交流,加强与世界著名高科技聚集区的合作,支持企业开展与跨国公司的研发合作,联合设立研发中心,促进国际间的技术和产业转移。鼓励企业"走出去",支持企业开展建立海外研发基地、收购兼并、海外投资、承包工程等多种形式的国际化经营。对企业的产品进出口、对外投资、设立分支机构等方面给予政策支持和服务。

十四、加快核心区的建设

支持核心区在创新体系、股权激励、科技金融、政府采购、新型产业组织、政府行政审批等方面开展先行先试的改革试点,继续发挥在创新体系建设中的示范带动作用。

支持人才、技术、资本、信息等创新要素在核心区聚集。配合科技部等国家有关部门,在核心区建设中国技术交易所、全国技术交易中心、国家版权交易中心等专业机构,吸引创业投资机构、律师事务所、专利和商标事务所、海外学人服务机构等各类机构入驻。

在核心区开展科技金融综合配套改革试点,实施金融改革和金融创新的政策措施。支持商业银行率先在核心区设立专门为科技型中小企业服务的分支机构,在融资担保、再担保、创业投资、产业投资基金、信用体系建设、小额贷款等方面先行先试。

开展行政审批制度改革试点,将有关市级审批权下放到海淀区人民政府,提高政府公共服务效率。取得试点经验后,逐步扩大到其他区县。

十五、帮扶企业应对国际金融危机

按照《北京市人民政府关于印发北京市帮扶企业应对国际金融危机若干措施的通知》(京政发[2009]5号)的要求,及时解决企业在创新创业、经营运行、开拓市场、融资渠道等方面的突出困难。

完善工作机制,加快高新技术企业认定,对企业实行"一对一"认定辅导。按照有关规定经税务机关批准后,对确有困难的企业实行一定期限的税费缓缴。

利用担保和再担保方式扩大融资担保规模。对企业的技术改造、固定资产和流动资金贷款给予一定比例的贴息支持。组建中关村科技创业金融服务集团,设立中关村小额贷款公司。支持企业集合发债及发行短期融资券和中期票据。对投资中关村初创期企业的创业投资机构,根据其实际投资额的一定比例给予风险补贴。

扩大中关村代办股份转让试点规模,支持试点企业定向增资。支持企业上市融资,对于改制、代办系统挂牌和境内外上市的中关村企业分别给予一次性的资金补贴。

深入实施政府采购中关村自主创新产品试点工作,扩大自主创新产品在政府采购中的比重和范围。

对企业开拓国际市场、产业发展、结构调整、技术改造给予资金支持。对于为经济增长作出突出贡献的企业给予一次性奖励。

建立企业帮扶机制和绿色通道,在中关村科技园区管理委员会及各园管理委员会设立企业服务窗口、公布服务电话,受理企业诉求。

十六、加强组织领导

按照北京奥运会筹办工作“双进入”的工作体制，成立中关村国家自主创新示范区领导小组，统筹研究解决重大问题，协调国家有关部门落实各项专项改革工作。领导小组由市政府主要领导同志任组长，市委、市政府分管领导同志及市委市政府有关部门、区县政府、高等院校、科研院所、企业、协会组织的负责人组成。领导小组下设办公室和若干临时专项工作组，贯彻落实市委、市政府和领导小组决定的重大事项，组织推进具体工作。

本意见的各项工作，要进行任务分解，形成折子工程，落实到有关部门和地区，督促检查完成进度。

中共北京市委
北京市人民政府
二〇〇九年四月二日

中关村国家自主创新示范区股权激励改革试点单位试点工作指导意见

中示区组发[2009]3 号

第一章　总　　则

第一条　为贯彻落实国务院《关于同意支持中关村科技园区建设国家自主创新示范区的批复》(国函[2009]28 号)和北京市委市政府《关于建设中关村国家自主创新示范区的若干意见》(京办[2009]11 号)的精神，推进中关村国家自主创新示范区(以下简称“示范区”)股权激励试点工作，调动广大科技人员的积极性和创造性，促进科技研发、科技成果转化与转移，提高高等院校、科研院所、院所转制企业以及国有高新技术企业的自主创新能力，制定本意见。

第二条　试点工作要坚持以下原则：

(一) 有利于调动广大科技人员和经营管理人员的积极性，建立长效的激励约束机制，形成试点单位、上级单位或投资人、员工之间的利益协调机制；

(二) 有利于试点单位提升自主创新能力，建立和完善现代企业制度，形成持续发展能力和核心竞争力；

(三) 有利于国有资产的保值增值。

第二章 试点范围与激励对象

第三条 示范区内的北京市属高等院校、科研院所、院所转制企业以及国有高新技术企业，可以申请成为股权激励改革的试点单位。示范区外的北京市属高等院校、科研院所、院所转制企业以及国有高新技术企业可以参照本意见执行。

第四条 激励对象是对试点单位作出突出贡献的科技人员和经营管理人员。

作出突出贡献的科技人员，是指关键科技成果的主要完成人、重大研发项目的负责人、对主导产品或核心技术做出重大创新或改进的主要技术人员。

做出突出贡献的经营管理人员，是指利用自己的管理知识，参与战略决策、领导某一主要业务领域、全面负责实施某一领域业务工作并做出突出贡献的中、高级经营管理人员。

第三章 激励方式

第五条 参加试点的高等院校和科研院所可以采取科技成果入股、科技成果收益分成以及其他激励方式；院所转制企业和国有高新技术企业可以采取科技成果入股、科技成果折股、股权奖励、股权出售、股份期权、分红权、科技成果收益分成以及其它激励方式。

第六条 采取科技成果入股方式的，可以按照《促进科技成果转化法》、《关于促进科技成果转化的若干规定》（国办发[1999]29 号）、《关于积极发展、规范高校科技产业的指导意见》（教技发[2005]2 号）的规定，将不低于 20% 的科技成果作为出资所获得被投资企业的股权（股份）用于奖励有关人员。

第七条 采取科技成果折股方式的，可以按照《关于国有高新技术企业开展股权激励试点工作的指导意见》（国办发[2002]48 号）、《关于企业实行自主创新激励分配制度的若干意见》（财企[2006]383 号）的规定，将科技成果评估作价折合为一定数量的本企业股权（份），或按该科技成果实施转化成功后为企业创造的新增税后利润折价为本企业股权（份）。折股总额应不超过近 3 年该项科技成果创造的税后利润的 35%.

第八条 采取股权奖励和股权出售方式的，可以按照《关于国有高新技术企业开展股权激励试点工作的指导意见》（国办发[2002]48 号）、《关于企业实行自主创新激励分配制度的若干意见》（财企[2006]383 号）的规定，按照一定的净资产增值额，以股权方式奖励有关人员，或按一定的价格系数将企业股权（份）出售给有关人员。用于奖励股权（份）和以价格系数体现的奖励总额之和，不得超过试点企业近 3 年税后利润形成的净资产增值额的 35%.

第九条 采取股份期权方式的，可以参照《关于国有高新技术企业开展股权激励试点工作的指导意见》（国办发[2002]48 号）和《上市公司股权激励管理办法（试行）》（证监公司字[2005]151 号）的规定，结合本单位的实际情况，完善股权激励业绩考核体系，设定经营难度系数，科学设置业绩指标和目标水平，切实将股权的授予、行使与激励对象业绩考核结果紧密挂钩，并根据业绩考核结果分档确定不同的股权行使比例，对有关人员实施股份期权激励。

第十条 采取科技成果收益分成方式的，可以按照《专利法》、《专利法实施细则》、《促进科技成果转化法》、《关于促进科技成果转化的若干规定》（国办发[1999]29 号）的规定执行，从转让该项职务科技成果所取得的净收入中，提取不低于 20% 的比例，或者连续 3 至 5 年从实施该科技成果新增留利中提取不低于 5% 的比例，对有关人员给予奖励。

第十一条 采取分红权激励的，可根据职务科技成果对企业净利润的贡献程度，从企业税后利润中提取一定比例对有关人员进行奖励。

第十二条 对于现有法律、法规和政策性文件中对同一激励方式的条件和标准规定不一致的，按照条件从宽、标准从优的原则进行试点。

第十三条 鼓励试点单位开拓思路，大胆创新，根据本单位的实际情况，研究提出适合本单位特点、操作性强、效果明显的激励方式。

第四章 组织落实

第十四条 由北京市科委牵头，中关村管委会、市发改委、市财政局、市国资委、市教委、市工商局、市金融工作局、北京证监局、北京国税局、市地税局、北京产权交易所等部门和单位参加，组成“示范区股权激励改革试点专项工作组”（以下简称试点工作组），在中关村国家自主创新示范区领导小组的领导下，具体组织开展示范区股权激励改革试点工作。

第十五条 试点工作组办公室设在北京市科委，负责试点单位方案受理、初审、跟踪、协调等工作，负责组织评估、审计、律师事务所等中介机构为试点单位提供服务。

第五章 工作流程

第十六条 拟参加试点的单位提出试点申请，报上级主管部门同意后，向试点工作组提出申请，并向试点工作组办公室报送相关材料，经试点工作组审核同意后列入试点单位名单。

第十七条 试点单位根据相关文件规定，结合本单位实际情况，制订试点方案。

试点方案应当包括以下内容：（一）试点单位基本情况；（二）试点单位科技开发与科技成果转化情况；（三）股本总额、股权结构及职工情况，近3年经营业绩及净资产增值情况；（四）激励对象范围、条件和方式；（五）有关人员的绩效考核和评价办法等。

第十八条 试点单位应规范且严格履行内部决策程序。高等院校、科研院所应经本单位决策机构（如校长办公会、院长办公会等）同意，并报上级主管部门批准；非股份制的院所转制企业、国有高新技术企业应经本企业总经理办公会同意，并报出资人批准；股份制企业应经股东会同意。

法律、法规和政策性文件规定需征求职工代表意见或经职工大会通过的，应听取职工意见或提交职工大会审议。

法律、法规和政策性文件规定需进行清产核资、产权界定、资产评估和备案、出具法律意见的，应履行相关程序。

第十九条 试点单位向试点工作组办公室报送试点方案及相关文件。

第二十条 试点工作组办公室受理试点方案并初审通过后，报试点工作组进行联合审批。

第二十一条 试点单位的试点方案经批复后，应及时组织实施，并到有关部门办理资产评估、国有资产变更、工商登记、税务等手续。试点工作组将跟踪方案实施情况，积极协调解决试点过程中出现的问题。

第六章 附 则

第二十二条 试点单位要严格按照本指导意见及相关法律、法规和政策性文件的规定进行试点。对弄虚作假、侵害国有资产权益的，要依法追究有关人员的责任，对造成国有资产流失的要依法查处。

第二十三条 选择若干家单位先行进行试点，具体名单另附。在总结经验的基础上，形成试点意见，报市政府批准后，逐步向其他有条件的单位推广实施。

第二十四条 本意见由试点工作组办公室负责解释。

中关村国家自主创新示范区领导小组
二〇〇九年五月八日

关于促进中关村高新技术企业发展的若干意见

中科园发[2009]4号

为深入学习实践科学发展观，落实北京市委市政府关于“应对国际金融危机，保增长，促发展”的要求，不断优化中关村科技园区创新创业环境，促进中关村高新技术企业发展，保持高新技术产业的持续较快增长，特制定本意见。

一、纳入中关村科技园区统计范围的下列四类企业（统称为中关村高新技术企业）可以分别享受国家、北京市和中关村科技园区的有关扶持政策。

（一）注册在中关村科技园区以及中关村管委会和有关区县政府共建的高新技术产业基地（以下简称共建基地）内，按照《高新技术企业认定管理办法》（国科发火[2008]172号）取得高新技术企业资格的企业；

（二）2008年4月1日前注册在中关村科技园区和共建基地内，具有高新技术企业资格的企业；

（三）2008年4月1日后注册在中关村科技园区和共建基地内，并达到下列标准的企业：

1. 具有大专以上学历的科技人员占企业职工总数的30%以上，其中从事高新技术产品研究开发的科技人员应占企业职工总数10%以上；从事高新技术产品生产或服务为主的劳动密集型高新技术企业，具有大专以上学历的科技人员应占企业职工总数的20%以上。

2. 研究开发费用总额占销售收入总额的比例符合如下要求：企业最近一年销售收入小于5000万元的企业，比例不低于5%；最近一年销售收入在5000万元至2亿元的企业，比例不低于4%；最近一年销售收入在2亿元以上的企业，比例不低于3%。其中，企业在中国境内发生的研究开发费用总额占全部研究开发费用总额的比例不低于60%。企业注册成立时间不足三年的，按实际经营年限计算。

3. 高新技术企业的技术性收入与高新技术产品销售收入的总和应占本企业当年总收入的60%以上；新办企业在高新技术领域的投入占总投入60%以上。

（四）注册在中关村科技园区和共建基地内的高技术服务业企业和文化创意产业企业。

二、对于纳入统计范围的中关村高新技术企业，2008年企业总收入5000万元以上、2009年总收入达到一定增长比例并获得区县财政补贴的，中关村发展专项资金给予一定的配套资金支持。

三、支持百家创新型试点企业开展技术平台建设、技术改造、研发和产业化、应用示范工程，专利标准创制、品牌管理、国际化经营、投融资等试点工作，对完成试点任务的企业给予最高不超过200万元的经费补贴。

四、对于改制、代办系统挂牌和境内外上市的中关村高新技术企业分别一次性给予20万元、50万元和200万元的资金补贴。

五、加大扶持企业参与政府采购的力度。支持更多有条件的企业进入北京市自主创新产品目录，定期组织召开项目对接会，推动中关村高新技术企业自主创新产品在市政、交通、公共安全、教育、医疗等重点民生行业、政府采购及投资项目中的示范、应用与推广。

六、扶持企业创制标准和专利。对中关村高新技术企业申请国内外专利并取得授权、主导制定国内外技术标准、承担标准化工作，继续给予资金支持。

七、联合各园建立创新基金，扩大对中小企业的支持范围。建立优选机制，对优秀企业的优秀项目加大集中支持力度。

八、进一步扩大中关村开放实验室的覆盖领域，扶持企业与中关村开放实验室开展产学研合作，形成创新资源共享网络。对开放实验室为企业提供分析检测、委托研发等服务的，给予资金补贴。

九、协助企业参与政府间科技合作项目和国际组织科技计划，支持企业、技术、产品和服务进入国际市场，对企业参与国际技术合作计划并开展跨国协同创新，到海外设立分支机构和跨国并购，参加国际展会以及购买出口信用保险等给予一定资金支持。

十、建立中关村科技园区"保增长、促发展"联席会议制度。通过联席会议研究协调重大事项，对工作落实情况进行监督和检查。各园、共建基地管理机构要在区县政府及区县统计部门的领导下做好将本地区中关村高新技术企业纳入统计范围的工作和产业调研、经济形势分析、企业服务及专项资金补贴等工作。

中关村科技园区管理委员会

二〇〇九年三月六日

统计资料
Statistical Data

北京地区 2009 年研究与试验发展(R&D)活动情况

2009 年,国家统计局、科技部、发展改革委、教育部、财政部、国防科工局等六部门联合开展了第二次全国 R&D 资源清查。本资料收集了北京市此次清查主要指标统计数据,其中包括 R&D 活动投入情况、R&D 项目(课题)开展情况、R&D 活动产出情况等内容。

北京地区 2009 年 R&D 活动汇总表

表 1　北京地区 R&D 人员情况

	R&D 人员合计(人)	1. 博士毕业	2. 硕士毕业	3. 本科毕业	R&D 人员折合全时人员(人年)	研究人员
总计	252676	37609	55705	65083	191779	103477
一、按执行部门分组						
科研院所	83251	16092	25592	28500	71729	45111
高等院校	47789	17786	13758	10155	27721	22869
企业	110976	2646	14672	24533	86720	32259
工业企业	53086	762	4386	11442	41546	17836
其他	10660	1085	1683	1895	5609	3238
二、按单位隶属关系分组						
中央	149528	32761	38802	40781	116119	76426
地方	103148	4848	16903	24302	75658	27052
三、按活动类型分组						
基础研究					27188	
应用研究					46617	
试验发展					117982	
四、按从事的国民经济行业分组						
农、林、牧、渔业	420	15	33	32	130	43
采矿业	1516	29	137	319	866	555
制造业	50697	732	4247	11121	39881	16683
电力、燃气及水的生产和供应业	873	1	2	2	799	598
建筑业	10808	248	1495	2830	7727	4715
交通运输、仓储和邮政业	1353	69	361	394	952	558
信息传输、计算机服务和软件业	33327	584	5195	4872	26417	5183
批发和零售业						
住宿和餐饮业						
金融业	1060	10	20	24	149	61
房地产业						
租赁和商务服务业	4267	78	923	2422	3858	976
科学研究、技术服务和地质勘查业	93661	17674	28976	32579	80410	49594
水利、环境和公共设施管理业	384	7	27	41	155	62
居民服务和其他服务业						
教育	40087	16871	12767	7563	22563	19690
卫生、社会保障和社会福利业	13002	1276	1482	2833	7265	4407
文化、体育和娱乐业	1221	15	40	51	607	352
公共管理和社会组织						
国际组织						

注:本资料因小数取舍产生的误差均未作配平处理

表 2　北京地区 R&D 经费情况

	R&D 经费内部支出合计（万元）	1. 日常性支出	人员劳务费	2. 资产性支出	仪器和设备
总计	6686351	5367567	1674560	1318784	974321
一、按执行部门分组					
科研院所	3216954	2322403	525402	894551	606458
高等院校	700453	592934	101862	107518	90742
企业	2624817	2341000	1007719	283817	258422
工业企业	1137030	1054791	343579	82240	80538
其他	144127	111229	39577	32898	18699
二、按单位隶属关系分组					
中央	4737188	3613566	865065	1123621	790803
地方	1949163	1754000	809494	195163	183519
三、按资金来源分组					
政府资金	3494931				
企业资金	2521860				
国外资金	291490				
其他资金	378071				
四、按活动类型分组					
基础研究	704789				
应用研究	1532072				
试验发展	4449491				
五、按从事的国民经济行业分组					
农、林、牧、渔业	5299	4739	1487	560	219
采矿业	33239	26982	8120	6257	6122
制造业	1082164	1006322	322515	75841	74275
电力、燃气及水的生产和供应业	21627	21486	12943	142	142
建筑业	227662	182541	60900	45122	40232
交通运输、仓储和邮政业	32447	25839	11102	6608	4854
信息传输、计算机服务和软件业	789875	736392	434352	53482	52874
批发和零售业					
住宿和餐饮业					
金融业	3276	2156	1581	1120	1110
房地产业					
租赁和商务服务业	109540	103383	59450	6157	5962
科学研究、技术服务和地质勘查业	3639911	2626797	642190	1013113	694956
水利、环境和公共设施管理业	3454	3110	989	344	344
居民服务和其他服务业					
教育	686117	579672	97518	106445	89718
卫生、社会保障和社会福利业	42324	39761	17081	2563	2493
文化、体育和娱乐业	9417	8387	4332	1030	1020
公共管理和社会组织					
国际组织					

指标解释：R&D 经费内部支出 = R&D 经常费支出 + R&D 基本建设费

R&D 经常费支出 = 基础研究 + 应用研究 + 试验发展

表 3　北京地区 R&D 项目(课题)情况

	项目(课题)数 (项)	项目(课题)人员折合全时当量 (人年)	项目(课题)经费支出 (万元)
总计	83911	172167	4511462
一、按执行部门分组			
科研院所	19204	61087	1821276
高等院校	51091	27712	612265
企业	11525	78212	2010415
工业企业	7494	35733	831767
其他	2091	5156	67505
二、按隶属关系分组			
中央	65343	102719	2868776
地方	18568	69451	1642686
三、按项目服务的国民经济行业分组			
农、林、牧、渔业	35	113	3699
采矿业	124	697	15843
制造业	7286	34388	805361
电力、燃气及水的生产和供应业	84	648	10564
建筑业	1122	6293	141044
交通运输、仓储和邮政业	219	928	19587
信息传输、计算机服务和软件业	1670	25640	725422
批发和零售业			
住宿和餐饮业			
金融业	43	73	1655
房地产业			
租赁和商务服务业	264	3596	96440
科学研究、技术服务和地质勘查业	20811	69469	2056237
水利、环境和公共设施管理业	65	143	1845
居民服务和其他服务业			
教育	49153	22517	601693
卫生、社会保障和社会福利业	2829	7177	27505
文化、体育和娱乐业	206	485	4570
公共管理和社会组织			
国际组织			

表4　北京地区R&D活动产出情况

	专利申请数（件）	发明专利	有效发明专利数（件）	专利所有权转让及许可数（件）	专利所有权转让及许可收入（万元）	发表科技论文（篇）	出版科技著作（种）
总计	24926	18154	32212	597	51424	154738	8829
一、按执行部门分组							
科研院所	5194	4438	5130	153	18764	43959	2007
高等院校	6847	5944	15679	135	2690	95100	6343
企业	12719	7664	11325	309	29970	8947	129
工业企业	7016	3573	5168	187	15313	2759	
其他	166	108	78			6732	350
二、按单位隶属关系分组							
中央	15875	12695	24344	379	39245	124624	6755
地方	9051	5459	7868	218	12179	30114	2074
三、按从事的国民经济行业分组							
农、林、牧、渔业	4	4	13			295	21
采矿业	117	45	35			278	
制造业	6620	3457	5103	187	15313	2250	
电力、燃气及水的生产和供应业	279	71	30			231	
建筑业	604	192	233	24	2457	1757	50
交通运输、仓储和邮政业	103	39	38	1		493	10
信息传输、计算机服务和软件业	2615	2226	2934	35	3296	781	1
批发和零售业							
住宿和餐饮业							
金融业	65	52	61			27	
房地产业							
租赁和商务服务业	1097	714	485	30		396	6
科学研究、技术服务和地质勘查业	6498	5355	7560	184	27668	49017	2267
水利、环境和公共设施管理业	15	5	5	1		70	8
居民服务和其他服务业							
教育	6819	5943	15589	135	2690	86558	6167
卫生、社会保障和社会福利业	82	46	126			12250	267
文化、体育和娱乐业	8	5				335	32
公共管理和社会组织							
国际组织							

北京地区2009年科研院所汇总表

表5 科研院所R&D人员情况

	R&D人员合计（人）	1.博士毕业	2.硕士毕业	3.本科毕业	R&D人员折合全时人员（人年）	研究人员
总计	51782	14289	14961	15941	41636	24231
一、按执行部门分组						
科研院所	51782	14289	14961	15941	41636	24231
高等院校						
企业						
其他						
二、按单位隶属关系分组						
中央	49204	13831	14254	15051	39285	22960
地方	2578	458	707	890	2351	1271
三、按活动类型分组						
基础研究					13574	
应用研究					16896	
试验发展					11166	
四、按服务的国民经济行业分组						
农、林、牧、渔业	3931	944	1055	1429	3700	1705
采矿业	0	0	0	0	0	0
制造业	2103	426	467	909	1947	661
电力、燃气及水的生产和供应业	356	159	147	31	323	202
建筑业	107	5	33	55	97	58
交通运输、仓储和邮政业	614	120	270	177	569	431
信息传输、计算机服务和软件业	2203	283	803	926	1429	1047
批发和零售业	0	0	0	0	0	0
住宿和餐饮业	0	0	0	0	0	0
金融业	0	0	0	0	0	0
房地产业	0	0	0	0	0	0
租赁和商务服务业	0	0	0	0	0	0
科学研究、技术服务和地质勘查业	34157	10243	9998	9669	25976	15692
水利、环境和公共设施管理业	1789	789	605	322	1667	1057
居民服务和其他服务业	12	3	4	3	6	2
教育	184	34	62	65	161	55
卫生、社会保障和社会福利业	4741	975	1029	1723	4386	2416
文化、体育和娱乐业	434	69	140	165	341	222
公共管理和社会组织	1151	239	348	467	1034	683
国际组织	0	0	0	0	0	0

注：统计范围为政府部门属独立科研院所（民口）

表6 科研院所R&D经费情况

	R&D经费内部支出合计（万元）	1.日常性支出	人员劳务费	2.资产性支出	仪器和设备	R&D经费外部支出合计（万元）
总计	1501747	1057145	326298	444602	355868	46004
一、按执行部门分组						
科研院所	1501747	1057145	326298	444602	355868	46004
高等院校						
企业						
其他						
二、按单位隶属关系分组						
中央	1439326	1010020	311034	429306	342566	42313
地方	62421	47125	15264	15296	13302	3691
三、按资金来源						
政府资金	1262759					
企业资金	43943					
国外资金	19759					
其他资金	175286					
四、按活动类型分组						
基础研究	391391					
应用研究	614597					
试验发展	495759					
五、按服务的国民经济行业分组						
农、林、牧、渔业	147779	112173	24110	35606	28254	17486
采矿业	0	0	0	0	0	0
制造业	55735	37876	12269	17860	15950	2557
电力、燃气及水的生产和供应业	14516	8667	8393	5849	3051	0
建筑业	2180	2151	1098	29	29	131
交通运输、仓储和邮政业	33271	21195	6308	12076	11037	526
信息传输、计算机服务和软件业	65089	47186	15860	17903	16346	0
批发和零售业	0	0	0	0	0	0
住宿和餐饮业	0	0	0	0	0	0
金融业	0	0	0	0	0	0
房地产业	0	0	0	0	0	0
租赁和商务服务业	0	0	0	0	0	0
科学研究、技术服务和地质勘查业	975659	673347	199313	302311	233506	20673
水利、环境和公共设施管理业	49576	37410	9761	12166	9040	0
居民服务和其他服务业	211	137	38	74	60	0
教育	3704	3303	1487	402	402	0
卫生、社会保障和社会福利业	111860	83203	36233	28658	28182	4108
文化、体育和娱乐业	11330	7461	3087	3868	3841	477
公共管理和社会组织	30837	23036	8341	7800	6170	46
国际组织	0	0	0	0	0	0

表7 科研院所 R&D 项目(课题)情况

	项目(课题)数 (项)	项目(课题)人员 折合全时当量 (人年)	项目(课题) 经费支出 (万元)
总计	17785	24555	870730
一、执行部门分组			
科研院所	17785	24555	870730
高等院校			
企业			
其他			
二、活动类型分组			
基础研究	6420	6925	229594
应用研究	7415	9046	367137
试验发展	3950	8584	273999
三、项目服务的国民经济行业分组			
农、林、牧、渔业	1236	1871	72309
采矿业	83	122	4711
制造业	1511	2082	94658
电力、燃气及水的生产和供应业	130	183	7966
建筑业	28	66	1122
交通运输、仓储和邮政业	262	576	16313
信息传输、计算机服务和软件业	281	722	47005
批发和零售业	5	2	132
住宿和餐饮业	0	0	0
金融业	33	51	855
房地产业	0	0	0
租赁和商务服务业	13	13	898
科学研究、技术服务和地质勘查业	12232	13831	522650
水利、环境和公共设施管理业	670	954	28853
居民服务和其他服务业	4	6	228
教育	60	83	2483
卫生、社会保障和社会福利业	824	2990	44054
文化、体育和娱乐业	131	293	6049
公共管理和社会组织	281	707	20233
国际组织	1	5	211

表8 科研院所R&D活动产出情况

	专利申请数（件）	发明专利	有效发明专利数（件）	专利所有权转让及许可数（件）	发表科技论文（篇）	出版科技著作（种）
总计	3182	2772	4594	143	39336	1873
一、按执行部门分组						
科研院所	3182	2772	4594	143	39336	1873
高等院校						
企业						
其他						
二、按单位隶属关系分组						
中央	3017	2661	4431	131	36750	1744
地方	165	111	163	12	2586	129
三、按服务的国民经济行业分组						
农、林、牧、渔业	284	220	235	7	4112	170
采矿业	0	0	0	0	80	5
制造业	581	512	305	8	1364	69
电力、燃气及水的生产和供应业	40	11	87	0	649	26
建筑业	5	2	16	5	61	0
交通运输、仓储和邮政业	26	11	8	0	930	30
信息传输、计算机服务和软件业	192	191	165	29	607	2
批发和零售业	0	0	0	0	0	0
住宿和餐饮业	0	0	0	0	0	0
金融业	0	0	0	0	0	0
房地产业	0	0	0	0	0	0
租赁和商务服务业	0	0	0	0	0	0
科学研究、技术服务和地质勘查业	1774	1639	3510	80	21608	967
水利、环境和公共设施管理业	156	115	106	4	1512	55
居民服务和其他服务业	6	3	1	0	24	4
教育	6	1	0	0	647	78
卫生、社会保障和社会福利业	62	36	122	10	5939	311
文化、体育和娱乐业	8	5	6	0	234	19
公共管理和社会组织	42	26	33	0	1569	137
国际组织	0	0	0	0	0	0

北京地区2009年转制科研院所汇总表

表9 转制科研院所R&D人员情况

	R&D人员合计（人）	1.博士毕业	2.硕士毕业	3.本科毕业	R&D人员折合全时人员（人年）	研究人员
总计	12580	1686	4219	4727	11357	6256
一、按转制方向分组						
转为企业或进入企业集团	11910	1555	4039	4435	10913	5995
工业企业	5258	723	1589	2212	4774	2581
非工业企业	6652	832	2450	2223	6139	3414
转为非企业单位	670	131	180	292	444	261
其中:并入高校	21	1	5	15	19	7
二、按单位隶属关系分组						
中央	11575	1624	3980	4239	10457	5833
地方	1005	62	239	488	900	423
三、按活动类型分组						
基础研究					171	
应用研究					1407	
试验发展					9779	
四、按服务的国民经济行业分组						
农、林、牧、渔业	118	30	36	33	103	59
采矿业	2417	606	1032	616	2201	1099
制造业	5417	581	1425	2360	4976	2691
电力、燃气及水的生产和供应业	751	145	313	238	683	396
建筑业	2210	126	821	834	2015	1194
交通运输、仓储和邮政业	791	57	306	274	734	442
信息传输、计算机服务和软件业	199	20	88	79	186	86
批发和零售业	0	0	0	0	0	0
住宿和餐饮业	0	0	0	0	0	0
金融业	43	10	18	13	39	38
房地产业	0	0	0	0	0	0
租赁和商务服务业	0	0	0	0	0	0
科学研究、技术服务和地质勘查业	560	100	162	253	363	211
水利、环境和公共设施管理业	22	5	8	7	14	7
居民服务和其他服务业	0	0	0	0	0	0
教育	0	0	0	0	0	0
卫生、社会保障和社会福利业	30	0	5	15	24	16
文化、体育和娱乐业	22	6	5	5	19	17
公共管理和社会组织	0	0	0	0	0	0
国际组织	0	0	0	0	0	0

注:统计范围为民口已转制的县以上独立核算的研究机构及科技信息与文献机构,不包括已转制的工程勘察设计单位及转制后重组或分解的研究机构

表10 转制科研院所R&D经费情况

	R&D经费内部支出合计（万元）	1.日常性支出		2.资产性支出		R&D经费外部支出合计（万元）
			人员劳务费		仪器和设备	
总计	517880	374616	136886	143264	102674	22594
一、按转制方向分组						
转为企业或进入企业集团	472432	357518	131563	114914	88139	22594
工业企业	198478	160672	51492	37806	31728	22424
非工业企业	273954	196846	80071	77108	56411	170
转为非企业单位	45448	17098	5322	28350	14535	0
其中:并入高校	266	243	141	22	22	0
二、按单位隶属关系分组						
中央	502814	361566	132022	141248	100792	22351
地方	15066	13050	4864	2016	1883	244
三、按资金来源						
政府资金	138970					
企业资金	369803					
国外资金	5801					
其他资金	3306					
四、按活动类型分组						
基础研究	12104					
应用研究	91242					
试验发展	414534					
五、按服务的国民经济行业分组						
农、林、牧、渔业	2891	1961	788	929	805	0
采矿业	155534	100881	35645	54653	43303	18211
制造业	173364	141482	58101	31882	25539	4214
电力、燃气及水的生产和供应业	51810	36701	11222	15109	11063	0
建筑业	56939	50134	13550	6805	2829	170
交通运输、仓储和邮政业	29434	23286	10347	6148	4854	0
信息传输、计算机服务和软件业	3733	3056	1064	677	592	0
批发和零售业	0	0	0	0	0	0
住宿和餐饮业	0	0	0	0	0	0
金融业	1375	1135	644	240	240	0
房地产业	0	0	0	0	0	0
租赁和商务服务业	0	0	0	0	0	0
科学研究、技术服务和地质勘查业	41624	15217	5139	26407	13038	0
水利、环境和公共设施管理业	305	281	85	24	24	0
居民服务和其他服务业	0	0	0	0	0	0
教育	0	0	0	0	0	0
卫生、社会保障和社会福利业	309	234	141	75	75	0
文化、体育和娱乐业	562	249	162	314	314	0
公共管理和社会组织	0	0	0	0	0	0
国际组织	0	0	0	0	0	0

表 11 转制科研院所 R&D 项目(课题)情况

	项目(课题)数 (项)	项目(课题)人员折合全时当量 (人年)	项目(课题)经费支出 (万元)
总计	2447	10954	245041
一、按转制方向分组			
转为企业或进入企业集团	2284	10581	236140
工业企业	1321	4561	124366
非工业企业	963	6020	111774
转为非企业单位	163	373	8901
其中:并入高校	5	17	106
二、按活动类型分组			
基础研究	44	169	4581
应用研究	412	1329	41272
试验发展	1991	9455	199187
三、按项目服务的国民经济行业分组			
农、林、牧、渔业	44	99	995
采矿业	556	2135	93944
制造业	1016	4783	83005
电力、燃气及水的生产和供应业	34	680	16309
建筑业	425	1982	22138
交通运输、仓储和邮政业	179	720	16866
信息传输、计算机服务和软件业	31	149	1762
批发和零售业	0	0	0
住宿和餐饮业	0	0	0
金融业	9	38	903
房地产业	0	0	0
租赁和商务服务业	0	0	0
科学研究、技术服务和地质勘查业	136	316	8688
水利、环境和公共设施管理业	7	13	116
居民服务和其他服务业	0	0	0
教育	0	0	0
卫生、社会保障和社会福利业	2	21	122
文化、体育和娱乐业	8	19	194
公共管理和社会组织	0	0	0
国际组织	0	0	0

表 12 转制科研院所 R&D 活动产出情况

	专利申请数（件）	发明专利	有效发明专利数（件）	专利所有权转让及许可数（件）	发表科技论文（篇）	出版科技著作（种）
总计	2101	1505	3886	37	5676	163
一、按转制方向分组						
转为企业或进入企业集团	2055	1476	3871	37	5253	131
工业企业	845	620	1449	13	2285	54
非工业企业	1210	856	2422	24	2968	77
转为非企业单位	46	29	15	0	423	32
其中：并入高校	0	0	0	0	0	0
二、按单位隶属关系分组						
中央	1992	1448	3730	24	5429	149
地方	109	57	156	13	247	14
三、按服务的国民经济行业分组						
农、林、牧、渔业	7	6	2	0	81	2
采矿业	312	228	460	0	1736	17
制造业	1188	957	3223	24	1797	44
电力、燃气及水的生产和供应业	285	171	56	0	427	23
建筑业	174	66	60	11	692	37
交通运输、仓储和邮政业	82	31	35	1	426	10
信息传输、计算机服务和软件业	9	7	9	0	38	6
批发和零售业	0	0	0	0	8	0
住宿和餐饮业	0	0	0	0	0	0
金融业	9	9	31	0	8	0
房地产业	0	0	0	0	0	0
租赁和商务服务业	0	0	0	0	0	0
科学研究、技术服务和地质勘查业	33	29	10	1	431	22
水利、环境和公共设施管理业	2	1	0	0	7	2
居民服务和其他服务业	0	0	0	0	0	0
教育	0	0	0	0	0	0
卫生、社会保障和社会福利业	0	0	0	0	6	0
文化、体育和娱乐业	0	0	0	0	19	0
公共管理和社会组织	0	0	0	0	0	0
国际组织	0	0	0	0	0	0

北京地区2009年高等院校汇总表

表13 高等院校R&D人员情况

	R&D人员合计（人）	1.博士毕业	2.硕士毕业	3.本科毕业	R&D人员折合全时人员（人年）	研究人员
总计	47789	17786	13758	10155	27721	22869
一、按执行部门分组						
科研院所						
高等院校	47789	17786	13758	10155	27721	22869
企业						
其他						
二、按单位隶属关系分组						
中央	32459	15064	8483	5373	19420	16789
地方	15330	2722	5275	4782	8301	6080
三、按活动类型分组						
基础研究	17257	6421	4963	3670	10017	8425
应用研究	28086	10467	8166	5929	16192	12883
试验发展	2445	897	629	556	1512	1560
四、按从事的国民经济行业分组						
农、林、牧、渔业						
采矿业						
制造业						
电力、燃气及水的生产和供应业						
建筑业						
交通运输、仓储和邮政业						
信息传输、计算机服务和软件业						
批发和零售业						
住宿和餐饮业						
金融业						
房地产业						
租赁和商务服务业						
科学研究、技术服务和地质勘查业						
水利、环境和公共设施管理业						
居民服务和其他服务业						
教育	39751	16644	12694	7531	22364	-
卫生、社会保障和社会福利业	8038	1142	1064	2624	5357	-
文化、体育和娱乐业						
公共管理和社会组织						
国际组织						

表14 高等院校R&D经费情况

	R&D经费内部支出合计（万元）	1.日常性支出	人员劳务费	2.资产性支出	仪器和设备	R&D经费外部支出合计（万元）
总计	700453	592934	101862	107518	90742	129761
一、按执行部门分组						
科研院所						
高等院校	700453	592934	101862	107518	90742	129761
企业						
其他						
二、按单位隶属关系分组						
中央	613788	536216	90642	77572	67563	115761
地方	86665	56718	11220	29947	23180	14000
三、按资金来源						
政府资金	441209					
企业资金	211295					
国外资金	22394					
其他资金	25554					
四、按活动类型分组						
基础研究	210088					
应用研究	431848					
试验发展	58518					
五、按从事的国民经济行业分组						
农、林、牧、渔业						
采矿业						
制造业						
电力、燃气及水的生产和供应业						
建筑业						
交通运输、仓储和邮政业						
信息传输、计算机服务和软件业						
批发和零售业						
住宿和餐饮业						
金融业						
房地产业						
租赁和商务服务业						
科学研究、技术服务和地质勘查业						
水利、环境和公共设施管理业						
居民服务和其他服务业						
教育	680212	573767	96315	106445	89718	126775
卫生、社会保障和社会福利业	20241	19168	5547	1074	1024	2986
文化、体育和娱乐业						
公共管理和社会组织						
国际组织						

表 15 高等院校 R&D 项目(课题)情况

	项目(课题)数 (项)	项目(课题)人员 折合全时当量 (人年)	项目(课题) 经费支出 (万元)
总计	51080	21775	588197
一、按执行部门分组			
科研院所			
高等院校	51080	21775	588197
企业			
其他			
二、按活动类型分组			
基础研究	18604	7866	171851
应用研究	29157	12847	362516
试验发展	3319	1062	53831
三、按项目服务的国民经济行业分组			
农、林、牧、渔业	2890	924	38614
采矿业	1437	298	20001
制造业	6730	3456	141556
电力、燃气及水的生产和供应业	955	367	12194
建筑业	1274	324	12403
交通运输、仓储和邮政业	1110	186	18580
信息传输、计算机服务和软件业	2218	854	34418
批发和零售业	42	6	240
住宿和餐饮业	24	11	23
金融业	401	92	725
房地产业	56	17	233
租赁和商务服务业	1425	579	6245
科学研究、技术服务和地质勘查业	18634	6148	231274
水利、环境和公共设施管理业	1069	409	16995
居民服务和其他服务业	499	134	4028
教育	4959	1277	9580
卫生、社会保障和社会福利业	2626	5498	18254
文化、体育和娱乐业	2812	640	15599
公共管理和社会组织	1872	539	6754
国际组织	47	16	482

表16 高等院校 R&D 活动产出情况

	专利申请数（件）	发明专利	有效发明专利数（件）	专利所有权转让及许可数（件）	发表科技论文（篇）	出版科技著作（种）
总计	6847	5944	15679	135	95100	6343
一、按执行部门分组						
科研院所						
高等院校	6847	5944	15679	135	95100	6343
企业						
其他						
1. 按单位隶属关系分组						
中央	5984	5405	13875	119	72906	4552
地方	862	538	1803	16	22194	1791
二、按从事的国民经济行业分组						
农、林、牧、渔业						
采矿业						
制造业						
电力、燃气及水的生产和供应业						
建筑业						
交通运输、仓储和邮政业						
信息传输、计算机服务和软件业						
批发和零售业						
住宿和餐饮业						
金融业						
房地产业						
租赁和商务服务业						
科学研究、技术服务和地质勘查业						
水利、环境和公共设施管理业						
居民服务和其他服务业						
教育	6787	5913	15557	135	86111	6133
卫生、社会保障和社会福利业	60	31	122	0	8989	210
文化、体育和娱乐业						
公共管理和社会组织						
国际组织						

北京地区2009年规模以上工业企业汇总表

表17 规模以上工业企业R&D活动人员情况

	R&D人员合计(人)	1.博士毕业	2.硕士毕业	3.本科毕业	R&D人员折合全时人员(人年)	研究人员
总计	53086	762	4386	11442	41546	17836
一、按登记注册类型分组						
国有	2805	34	190	690	2387	1300
集体	73	0	3	16	51	19
股份合作	193	3	2	3	154	50
联营	16	0	2	12	16	14
有限责任公司	19737	242	1447	3015	15069	7693
股份有限公司	14734	293	1619	4292	12569	5075
私营	5701	58	379	1296	4179	1317
其他内资	0	0	0	0	0	0
港澳台商投资	3002	8	86	621	2028	881
外商投资	6825	124	658	1497	5093	1487
二、按单位隶属关系分组						
中央	12243	144	936	2117	9697	5674
地方	40843	618	3450	9325	31849	12162
三、按活动类型分组						
基础研究					115	
应用研究					492	
试验发展					40939	
四、按从事的国民经济行业分组						
农、林、牧、渔业						
采矿业	1516	29	137	319	866	555
制造业	50697	732	4247	11121	39881	16683
电力、燃气及水的生产和供应业	873	1	2	2	799	598
建筑业						
交通运输、仓储和邮政业						
信息传输、计算机服务和软件业						
批发和零售业						
住宿和餐饮业						
金融业						
房地产业						
租赁和商务服务业						
科学研究、技术服务和地质勘查业						
水利、环境和公共设施管理业						
居民服务和其他服务业						
教育						
卫生、社会保障和社会福利业						
文化、体育和娱乐业						
公共管理和社会组织						
国际组织						

表18　规模以上工业企业R&D活动经费情况

	R&D经费内部支出合计（万元）	1.日常性支出	人员劳务费	2.资产性支出	仪器和设备	R&D经费外部支出合计（万元）
总计	1137030	1054791	343579	82240	80538	152015
一、按登记注册类型分组						
国有	44812	41033	13499	3780	3685	4405
集体	530	530	295	0	0	1
股份合作	2089	2052	583	37	37	9
联营	302	260	0	42	42	0
有限责任公司	474384	438266	125381	36118	35595	119530
股份有限公司	292105	275164	87717	16941	16376	19664
私营	71613	68786	26746	2827	2708	1922
其他内资	0	0	0	0	0	0
港澳台商投资	83938	79134	24117	4804	4791	822
外商投资	167257	149565	65241	17692	17304	5662
二、按单位隶属关系分组						
中央	358037	343081	86876	14956	14299	119731
地方	778993	711710	256703	67283	66239	32283
三、按资金来源						
政府资金	134428					
企业资金	964254					
国外资金	8546					
其他资金	29802					
四、按活动类型分组						
基础研究	5378					
应用研究	12234					
试验发展	1119419					
五、按从事的国民经济行业分组						
农、林、牧、渔业						
采矿业	33239	26982	8120	6257	6122	4009
制造业	1082164	1006323	322515	75841	74275	136505
电力、燃气及水的生产和供应业	21627	21486	12943	142	142	11500
建筑业						
交通运输、仓储和邮政业						
信息传输、计算机服务和软件业						
批发和零售业						
住宿和餐饮业						
金融业						
房地产业						
租赁和商务服务业						
科学研究、技术服务和地质勘查业						
水利、环境和公共设施管理业						
居民服务和其他服务业						
教育						
卫生、社会保障和社会福利业						
文化、体育和娱乐业						
公共管理和社会组织						
国际组织						

表19 规模以上工业企业限额以上 R&D 项目(课题)情况

	项目(课题)数(项)	项目(课题)人员折合全时当量(人年)	项目(课题)经费支出(万元)
总计	5540	33005	816469
一、按执行部门分组			
科研院所			
高等院校			
企业	5540	33005	816469
其他			
二、按活动类型分组			
基础研究	10	96	5377
应用研究	91	433	11031
试验发展	5439	32476	800061
研究与试验发展成果应用			
科技服务			
三、按项目服务的国民经济行业分组			
农、林、牧、渔业			
采矿业	124	706	15843
制造业	5332	31648	790064
电力、燃气及水的生产和供应业	84	651	10562
建筑业			
交通运输、仓储和邮政业			
信息传输、计算机服务和软件业			
批发和零售业			
住宿和餐饮业			
金融业			
房地产业			
租赁和商务服务业			
科学研究、技术服务和地质勘查业			
水利、环境和公共设施管理业			
居民服务和其他服务业			
教育			
卫生、社会保障和社会福利业			
文化、体育和娱乐业			
公共管理和社会组织			
国际组织			

表20 规模以上工业企业R&D活动产出情况

	专利申请数（件）	发明专利	有效发明专利数（件）	专利所有权转让及许可数（件）	发表科技论文（篇）
总计	7016	3573	5168	187	2759
一、按登记注册类型分组					
国有	321	131	117	6	477
集体	10	5	23	0	2
股份合作	30	13	16	3	4
联营	0	0	2	0	0
有限责任公司	2156	1020	1660	48	1456
股份有限公司	1638	756	1145	57	561
私营	1098	483	653	41	97
其他内资	0	0	0	0	0
港澳台商投资	564	316	1040	2	28
外商投资	1199	849	512	30	134
二、按单位隶属关系分组					
中央	1323	556	989	62	1407
地方	5693	3017	4179	125	1352
三、按从事的国民经济行业分组					
农、林、牧、渔业					
采矿业	117	45	35	0	278
制造业	6620	3457	5103	187	2250
电力、燃气及水的生产和供应业	279	71	30	0	231
建筑业					
交通运输、仓储和邮政业					
信息传输、计算机服务和软件业					
批发和零售业					
住宿和餐饮业					
金融业					
房地产业					
租赁和商务服务业					
科学研究、技术服务和地质勘查业					
水利、环境和公共设施管理业					
居民服务和其他服务业					
教育					
卫生、社会保障和社会福利业					
文化、体育和娱乐业					
公共管理和社会组织					
国际组织					

2009年中关村国家自主创新示范区主要经济指标一览表

表1 按园区统计主要经济指标

主要经济指标 \ 注册开发区	总和	海淀	丰台	昌平	电子城	亦庄	德胜	雍和	石景山	通州	大兴
企业数(个)	17355	11716	1539	1290	1174	574	299	86	575	64	38
当年新入园企业数(个)	2114	136	614	46	89	273	84	36	800	28	
年末从业人员(人)	1062345	579159	106827	69377	88091	147110	22648	13526	20839	10176	4592
其中:科技活动人员	321717	215270	18164	16069	27715	24868	8670	4716	3867	1439	939
其中:研究与试验发展人员	136203	73672	11070	11510	16585	14777	4881	825	1396	773	714
工业总产值(亿元)	4193.0	1108.8	192.0	442.8	390.1	1882.4	21.7	6.8	28.3	94.2	26.0
总收入(亿元)	12995.1	5842.7	1566.6	636.1	1019.4	3103.2	114.6	208.8	315.4	156.1	32.3
1. 技术收入	2093.7	1379.6	206.3	54.0	193.4	157.5	37.7	32.2	31.1	0.6	1.3
2. 产品销售收入	5914.0	2127.8	433.7	464.5	502.5	2148.5	49.4	13.6	50.6	100.0	23.5
其中:新产品销售收入	3203.7	1245.0	215.8	355.1	395.0	953.6	18.8	0.2	4.8	6.5	8.8
3. 商品销售收入	3689.4	1872.8	464.8	82.4	277.7	626.4	21.2	152.0	133.3	53.3	5.6
进出口总额(亿美元)	448.2	126.7	26.6	10.9	23.6	245.5	4.5	2.2	2.0	5.8	0.4
其中:进口总额	240.0	73.8	20.8	4.9	11.2	119.2	3.6	2.1	0.7	3.4	0.1
其中:出口创汇总额	208.2	52.8	5.8	6.0	12.3	126.3	0.9	0.02	1.3	2.4	0.3
实缴税费总额(亿元)	661.6	283.8	51.2	39.4	49.8	200.4	6.4	7.9	9.9	7.4	5.4
其中:实缴增值税	313.1	115.1	14.2	19.8	24.0	124.4	1.9	3.9	3.1	5.1	1.6
其中:实缴营业税	109.7	62.1	16.5	2.8	8.4	13.8	1.7	0.9	3.2	0.1	0.3
其中:企业所得税	182.9	81.9	15.1	13.8	12.4	51.3	2.1	0.8	3.0	1.9	0.7
其中:企业其他税费及附加	55.8	24.7	5.4	3.0	5.1	10.8	0.7	2.3	0.7	0.4	2.8
利润总额(亿元)	1122.4	509.7	122.7	58.2	108.3	270.2	15.3	6.8	19.2	8.6	3.4
资产总计(亿元)	18868.6	9408.2	3213.4	1085.6	1701.9	2508.5	209.2	190.7	355.4	149.9	45.8
科技活动经费筹集总额(亿元)	607.1	375.2	37.4	28.4	71.9	59.9	16.2	11.3	2.9	2.5	1.5
科技活动经费支出总额(亿元)	570.0	353.1	35.8	20.8	66.3	57.5	12.0	10.1	10.8	2.2	1.2
专利申请数(项)	14668	8836	1005	787	1276	890	666	16	1063	56	73
其中:发明专利	9113	6071	576	369	734	524	476	9	303	31	20
专利授权数(项)	6362	3871	334	399	1014	310	240	23	86	38	47

表2 按技术领域统计主要经济指标

主要经济指标＼技术领域	总和	电子信息	生物医药	新材料	先进制造	航空航天	现代农业	新能源	环境保护	海洋工程	核应用	其他
企业数(个)	17355	9805	1078	1133	1765	142	259	1055	671	26	48	1373
年末从业人员(人)	1062345	554068	55506	64805	124662	12746	14100	45693	21184	4406	3474	161701
其中:科技活动人员	321717	210502	13577	15065	28721	4628	3181	13218	6488	768	1711	23858
其中:研究与试验发展人员	136203	60840	10516	10200	20583	2170	2481	8549	3615	472	973	15804
工业总产值(亿元)	4193.0	1874.7	262.8	232.0	710.0	46.0	68.2	691.0	40.9	28.8	22.6	216.1
总收入(亿元)	12995.1	6222.4	497.0	756.3	1457.0	87.1	111.1	1332.5	205.0	30.7	27.2	2268.8
1. 技术收入	2093.7	1275.4	16.3	51.1	109.3	31.3	4.8	141.4	63.5	6.0	3.8	390.8
2. 产品销售收入	5914.0	2721.7	272.6	330.4	1032.1	49.3	88.5	762.3	81.2	24.0	19.9	532.0
其中:新产品销售收入	3203.7	1791.5	87.4	197.7	287.1	25.6	51.6	552.5	45.0	0.7	16.8	147.8
3. 商品销售收入	3689.4	1989.6	196.0	311.1	230.5	3.1	15.9	327.8	32.2	0.3	1.6	581.4
进出口总额(亿美元)	448.2	305.3	9.7	26.9	44.1	3.9	1.6	18.2	1.9	0.03	1.8	34.9
其中:进口总额	240.0	152.0	7.5	19.0	25.2	2.6	0.4	9.3	1.2	0.02	0.5	22.3
其中:出口创汇总额	208.2	153.3	2.1	7.9	18.9	1.3	1.2	8.9	0.8	0.01	1.3	12.6
实缴税费总额(亿元)	661.6	346.3	40.1	24.4	83.5	4.1	3.5	35.0	10.5	1.7	2.1	110.3
其中:实缴增值税	313.1	182.8	26.9	12.4	40.9	1.3	1.4	12.9	4.5	0.5	1.1	28.4
其中:实缴营业税	109.7	56.6	1.0	3.3	10.6	0.3	0.2	4.7	1.8	0.4	0.2	30.8
其中:企业所得税	182.9	81.6	9.0	6.1	22.6	2.0	1.4	13.6	3.2	0.3	0.5	42.4
其中:企业其他税费及附加	55.8	25.3	3.3	2.6	9.4	0.5	0.5	3.8	1.0	0.5	0.3	8.7
利润总额(亿元)	1122.4	523.3	50.6	41.8	136.0	12.8	8.3	97.6	20.3	2.0	2.3	227.5
资产总计(亿元)	18868.6	7628.3	719.8	1698.2	1785.7	254.0	193.4	1834.6	423.1	105.4	46.7	4179.5
科技活动经费筹集总额(亿元)	607.1	394.2	22.6	25.7	61.5	15.8	4.8	30.7	8.9	1.0	3.1	38.7
科技活动经费支出总额(亿元)	570.0	380.2	20.3	22.0	45.7	19.3	4.7	28.8	8.6	0.7	2.8	36.8
专利申请数(项)	14668	7377	1192	1256	1831	91	181	791	464	10	86	1389
其中:发明专利	9113	5471	1090	718	794	41	119	317	234	4	53	2
专利授权数(项)	6362	3226	339	557	1003	68	62	425	238	6	61	377

表3 按企业注册类型统计主要经济指标

主要经济指标＼登记注册类型	总和	国有	集体	股份合作	联营企业	有限责任	股份有限	私营	港澳台	外商
企业数(个)	17355	381	132	283	13	5272	591	8598	494	1591
年末从业人员(人)	1062345	57812	2239	5860	193	316723	148840	192789	90763	247126
其中:科技活动人员	321717	17814	435	1684	50	102469	40632	62271	24595	71767
其中:研究与试验发展人员	136203	9272	331	723	27	50283	19242	20976	8118	27231
工业总产值(亿元)	4193. 0	61. 0	2. 4	8. 6	0. 2	961. 6	434. 6	230. 1	707. 7	1786. 8
总收入(亿元)	12995. 1	658. 1	6. 8	23. 2	4. 3	4338. 3	1832. 8	1095. 7	1554. 9	3480. 8
1. 技术收入	2093. 7	207. 2	1. 2	7. 8	0. 1	728. 9	191. 2	221. 9	183. 5	552. 0
2. 产品销售收入	5914. 0	190. 0	2. 5	10. 4	0. 2	1785. 1	702. 6	414. 1	816. 8	1992. 2
其中:新产品销售收入	3203. 7	93. 1	1. 2	6. 5	0. 1	1019. 4	399. 0	227. 8	342. 7	1113. 8
3. 商品销售收入	3689. 4	94. 3	1. 1	2. 9	4. 0	1348. 8	566. 7	385. 1	462. 8	823. 7
进出口总额(亿美元)	448. 2	32. 4	0. 02	0. 1	0	58. 0	24. 7	7. 2	80. 1	245. 6
其中:进口总额	240. 0	20. 5	0. 001	0. 1	0	32. 4	10. 1	3. 9	49. 6	123. 5
其中:出口创汇总额	208. 2	11. 9	0. 02	0. 1	0	25. 7	14. 7	3. 3	30. 6	122. 1
实缴税费总额(亿元)	661. 6	33. 8	0. 4	1. 3	0. 03	170. 5	75. 4	54. 2	62. 4	263. 5
其中:实缴增值税	313. 1	7. 1	0. 1	0. 6	0. 02	64. 3	31. 3	27. 3	27. 5	154. 7
其中:实缴营业税	109. 7	7. 9	0. 1	0. 4	0. 01	35. 0	15. 6	10. 5	13. 3	26. 9
其中:企业所得税	182. 9	14. 6	0. 04	0. 3	0. 001	53. 8	19. 0	10. 8	18. 1	66. 4
其中:企业其他税费及附加	55. 8	4. 2	0. 1	0. 2	0. 01	17. 3	9. 5	5. 6	3. 5	15. 4
利润总额(亿元)	1122. 4	85. 5	-0. 6	1. 8	0. 02	328. 1	168. 6	57. 0	129. 2	352. 9
资产总计(亿元)	18868. 6	2198. 0	63. 4	33. 0	4. 4	6079. 4	4749. 2	1397. 2	1312. 8	3031. 2
科技活动经费筹集总额(亿元)	607. 1	45. 6	0. 5	2. 7	0. 0	180. 0	64. 9	71. 2	58. 4	183. 7
科技活动经费支出总额(亿元)	570. 0	31. 7	0. 4	2. 0	0. 02	168. 8	61. 5	72. 7	57. 2	175. 6
专利申请数(项)	14668	997	9	70	14	4785	1427	3530	799	2918
其中:发明专利	9113	598	6	36	11	2566	783	2079	540	2388
专利授权数(项)	6362	423	2	16	2	1760	625	1430	579	1381

资料来源:中关村国家自主创新示范区管委会

2009年中关村国家自主创新示范区十大产业主要经济指标一览表

行业代码	企业数量（个）	总收入（亿元）	工业总产值（亿元）	新产品销售占总收入比重（%）	技术收入占总收入比重（%）	利润总额（亿元）	上缴税费（亿元）	出口创汇（亿美元）	从业人员（人）	科技活动经费支出（亿元）
制造业										
电子及通信设备制造业	983	2219.4	1891.7	58.6	1.8	60.0	102.3	134.9	124119	45.9
专用设备制造业	705	683.5	254.7	19.1	1.6	44.0	24.3	8.2	50103	22.1
仪器仪表及文化办公机械制造业	614	932.2	410.2	36.4	1.3	84.7	27.8	4.3	46946	37.5
电器机械及器材制造业	771	658.6	473.0	24.4	7.0	121.9	45.2	6.0	48962	18.5
医药、生物制品制造业	198	242.1	240.5	30.3	0.4	36.4	27.6	0.8	34753	8.3
服务业										
计算机服务业	1724	1538.7	546.3	32.0	16.4	61.9	63.2	18.7	116198	57.2
软件业	4306	1208.8	106.4	15.3	37.1	170.9	92.3	8.5	224364	163.1
专业技术服务业	1038	1277.0	93.3	9.9	23.6	192.1	84.0	18.1	77380	59.5
科技交流和推广服务业	2304	981.1	6.5	24.9	27.4	76.3	41.1	8.0	86351	63.2
电信和其他信息传输服务业	835	526.8	64.6	26.1	50.8	66.0	35.3	0.6	71216	50.5

注：按照国民经济行业分类代码（GB/T4754－2002），依据大类产业的企业数量、经济总量规模、从业人数等指标，综合选定十个产业为中关村示范区十大产业，其中第二产业（主要是制造业）和第三产业（主要是服务业）各占5席。

资料来源：中关村国家自主创新示范区管委会

2009年度北京地区国家科学技术奖获奖成果表

2009年度，北京地区共有76个项目获得国家科学技术奖自然科学、技术发明、科学技术进步三大奖项，占全国三大奖项通用项目获奖总数的比重为26.3%；其中一等奖3项，占全国三大奖项一等奖项目总数的比重为27.3%；前述两个比重均居全国第一。76个项目中自然科学和技术发明奖各11项，科学技术进步奖54项。科学技术进步奖与上年同比增长14.9%，已连续三年持续增长。

2009年度北京地区还首次在自然科学、技术发明、科学技术进步三个奖项上同时获得一等奖，其中由中国科学院植物研究所等单位完成的"《中国植物志》的编研"项目获自然科学一等奖；由北京航空航天大学等单位完成的"空地协同的民航空域监视新技术及装备"项目获技术发明一等奖；由中国电力科学研究院完成的"电力系统全数字实时仿真关键技术研究、装置研制和应用"项目获科学技术进步一等奖。

国家自然科学奖

序号	等级	项目名称	主要完成单位
1	一等	《中国植物志》的编研	中国科学院植物研究所 中国科学院华南植物园 中国科学院昆明植物研究所等
2	二等	非线性科学在心颤机理及系统生物学中细胞周期控制上的应用研究	北京大学
3	二等	非线性偏微分方程的自适应与多尺度计算方法	中国科学院数学与系统科学研究院
4	二等	堆积理论中若干问题的研究	北京大学
5	二等	半导体低维结构光学与输运特性	中国科学院半导体研究所
6	二等	太阳磁场结构和演化研究	中国科学院国家天文台
7	二等	多相体系的化学反应工程和反应器的基础研究及应用	中国科学院过程工程研究所
8	二等	大别山－苏鲁大陆深俯冲及其对华北克拉通的影响	中国科学院地质与地球物理研究所
9	二等	大气颗粒物及其前体物排放与复合污染特征	清华大学 香港科技大学
10	二等	土壤－植物系统典型污染物迁移转化机制与控制原理	中国科学院生态环境研究中心
11	二等	能源动力系统中能的综合梯级利用和CO2控制原理与方法	中国科学院工程热物理研究所

国家技术发明奖

序号	等级	项目名称	主要完成单位
1	一等	空地协同的民航空域监视新技术及装备	北京航空航天大学 民航数据通信有限责任公司
2	二等	超分子结构无铅热稳定剂	北京化工大学
3	二等	尺寸均一、可控的乳液、微球和微囊的制备技术	中国科学院过程工程研究所
4	二等	稀土功能材料用高品质金属及合金快冷厚带产业化技术及装备	北京有色金属研究总院 有研稀土新材料股份有限公司
5	二等	人造板优质高效胶粘剂制造及应用关键技术	北京林业大学 永港伟方(北京)科技股份有限公司) 大亚人造板集团有限公司
6	二等	鸡分子标记技术的发展及其育种应用	中国农业大学
7	二等	近钻头地质导向钻井系统与工业化应用	中国石油集团钻井工程技术研究院
8	二等	渗透汽化透水膜、膜组件及其应用技术	清华大学
9	二等	微波通信用高温超导接收前端	清华大学
10	二等	适用于西部干燥地区的间接蒸发冷水机	清华大学 新疆绿色使者空气环境技术有限公司
11	二等	成体干细胞生物学特性与规模化制备技术	中国医学科学院基础医学研究所 中国医学科学院北京协和医院等

国家科学技术进步奖

序号	等级	项目名称	主要完成单位
1	一等	电力系统全数字实时仿真关键技术研究、装置研制和应用	中国电力科学研究院
2	二等	转炉流程生产优质特殊钢工艺技术的开发与创新	首钢总公司 北京科技大学 钢铁研究总院
3	二等	非牛顿流体流变学特性测试技术研究及应用	北京机械工业学院 北京赛科希德科技发展有限公司 中国石油化工股份有限公司润滑油分公司 北京工业大学
4	二等	复杂磁场分布的高热容与热导无液氦超导磁体技术	中国科学院电工研究所 抚顺隆基磁电设备有限公司 武汉工程大学
5	二等	新型组合剪力墙及筒体结构抗震理论与技术	北京工业大学 同济大学 清华大学
6	二等	呼吸衰竭的发病机理与治疗研究	首都医科大学附属北京朝阳医院 广州医学院第一附属医院 复旦大学附属中山医院
7	二等	白血病表观遗传学基础及临床应用研究	中国人民解放军总医院 香港大学
8	二等	100nm 高密度等离子刻蚀机研发与产业化	北京北方微电子基地设备工艺研究中心有限责任公司 中国科学院微电子研究所 清华大学 北京大学
9	二等	都市型设施园艺栽培模式创新及关键技术研究与示范推广	中国农业科学院农业环境与可持续发展研究所 北京市农林科学院 中国农业大学 北京中环易达设施园艺科技有限公司等
10	二等	中国北方冬小麦抗旱节水种质创新与新品种选育利用	中国农业科学院作物科学研究所 西北农林科技大学 中国科学院遗传与发育生物学研究所农业资源研究中心等
11	二等	中国农作物种质资源本底多样性和技术指标体系及应用	中国农业科学院作物科学研究所等
12	二等	森林资源遥感监测技术与业务化应用	中国林业科学研究院资源信息研究所 国家林业局调查规划设计院 中国科学院地理科学与资源研究所等
13	二等	蛋白质饲料资源开发利用技术及应用	国家粮食局科学研究院 武汉工业学院 北京中棉紫光生物科技有限公司等
14	二等	基于科技资源整合模式的煤炭开发利用技术创新工程	神华集团有限责任公司
15	二等	先进金属材料技术创新平台	中国钢研科技集团公司

续表

序号	等级	项目名称	主要完成单位
16	二等	化学固壁与保护油气储层的钻井液技术及工业化应用	中国石油集团钻井工程技术研究院 长江大学 中国石油大学 中国石油集团西部钻探工程有限公司等
17	二等	大幅度提高油气产量的非平面压裂技术与工业化应用	中国石油大学 中国石油天然气股份有限公司勘探开发研究院廊坊分院等
18	二等	复合型导电纤维系列产品研制与应用开发	中国纺织科学研究院 天津工业大学 中国人民解放军总后勤部军需装备研究所
19	二等	环己酮氨肟化路线己内酰胺生产工艺成套技术	中国石油化工股份有限公司石油化工科学研究院 中国石油化工股份有限公司巴陵分公司等
20	二等	稀土催化材料及在机动车尾气净化中应用	清华大学 华东理工大学 无锡威孚力达催化净化器有限责任公司等
21	二等	无效应低电压铝电解生产技术的开发与工业应用	中国铝业股份有限公司
22	二等	钢铁材料及制品大气腐蚀数据积累、规律和共享服务	北京科技大学 武汉材料保护研究所 宝山钢铁股份有限公司等
23	二等	复杂与高速条件下车载信号安全控制系统关键技术及应用	北京交通大学 北京交大思诺科技有限公司 北京铁路信号工厂等
24	二等	基于数字版权保护的电子图书出版及应用系统	北京大学 北大方正集团有限公司
25	二等	现代钢结构稳定性关键技术研究与应用	清华大学 西安建筑科技大学等
26	二等	碾压混凝土拱坝的新设计理论与实践	清华大学 玛纳斯县塔西河石门子水库管理处等
27	二等	中国分区域生态需水	中国水利水电科学研究院等
28	二等	公路在用桥梁检测评定与维修加固成套技术	交通部公路科学研究所等
29	二等	飞秒激光光学频率梳	中国计量科学研究院
30	二等	中国优秀运动员运动训练的生理生化监控理论与方法	国家体育总局体育科学研究所 北京体育大学等
31	二等	ITU－T 多媒体业务系列国际标准及应用	工业和信息化部电信研究院 上海交通大学 UT 斯达康(中国)有限公司 中兴通讯股份有限公司 华为技术有限公司
32	二等	低能耗膜－生物反应器污水资源化新技术与工程应用	清华大学 中国科学院生态环境研究中心 同济大学 北京碧水源科技股份有限公司

续表

序号	等级	项目名称	主要完成单位
33	二等	SBR法污水处理工艺与设备及实时控制技术	北京工业大学 安徽国祯环保节能科技股份有限公司等
34	二等	工程地质结构研究及重大工程防灾应用	中国科学院地质与地球物理研究所
35	二等	奥运气象保障技术研究及应用	国家气象中心 北京市气象局等
36	二等	中国人群高血压和冠心病遗传资源的收集和利用研究	中国医学科学院阜外心血管病医院等
37	二等	中国药用植物种质资源迁地保护与利用	中国医学科学院药用植物研究所等
38	二等	开郁清热法在2型糖尿病中的应用	中日友好医院 天津天士力集团有限公司等
39	二等	旋提手法治疗神经根型颈椎病的临床和基础研究及应用	中国中医科学院望京医院等
40	二等	中医临床科研信息共享系统	中国中医科学院等
41	二等	TD－SCDMA基站系统关键技术研究、设备研制及产业化	大唐移动通信设备有限公司
42	二等	基于大型通信网络和多业务的综合网管技术及应用	中国移动通信集团公司 亿阳信通股份有限公司等
43	二等	移动通信增值业务网络智能化技术及应用	北京邮电大学 杭州东信北邮信息技术有限公司
44	二等	文物虚拟修复和数字化保护技术的研究与应用	北京师范大学 西北大学 陕西省考古研究院
45	二等	北方一年两熟区小麦免耕播种关键技术与装备	中国农业大学 河北农哈哈机械集团有限公司等
46	二等	南方红壤区旱地的肥力演变、调控技术及产品应用	中国农业科学院农业环境与可持续发展研究所 湖南省土壤肥料研究所等
47	二等	年产600万吨大采高综采成套技术与装备	煤炭科学研究总院 中国神华能源股份有限公司等
48	二等	中国1:100万数字地貌图研究及其应用	中国科学院地理科学与资源研究所等
49	二等	遥感测图业务平台研制及重大工程应用	中国测绘科学研究院 中测新图(北京)遥感技术有限责任公司等
50	二等	颅脑手术中脑认知功能保护的微创神经外科学基础研究与临床应用	首都医科大学附属北京天坛医院 中国科学院生物物理研究所
51	二等	阻塞性睡眠呼吸暂停低通气综合征研究和诊治	首都医科大学附属北京同仁医院 北京市耳鼻咽喉科研究所
52	二等	主动脉夹层治疗新策略研究及应用	中国医学科学院阜外心血管病医院
53	二等	客运专线钢轨成套技术开发与应用	中国铁道科学研究院 西安铁路局 攀枝花钢铁(集团)公司等
54	二等	丁苯酞原料及软胶囊	中国医学科学院药物研究所 石药集团有限公司

2009年北京市科学技术奖获奖成果表

2009年度共受理北京市科学技术奖申报项目589项，包括计算机、医疗卫生、电子通讯仪表、环境保护等15个专业组。经过评审并报请市政府批准，共有283项科技成果荣获2009年度北京市科学技术奖，其中一等奖29项，二等奖60项，三等奖194项。此次奖励的科技成果集中反映了当前首都科技创新的水平与特点，体现了北京市政府对科技工作的导向作用。

北京市科学技术奖一等奖

序号	获奖编号	项目名称	完成单位	主要完成人
1	2009计-1-001	网络软件基础架构平台(网驰ONCE)技术和系统	中国科学院软件研究所 中科软科技股份有限公司	黄涛 冯玉琳 钟华 左春 魏峻 金蓓弘 张文博 叶丹 杨燕 张正 范国阔 虞海江 张波 许舒人 徐罡
2	2009计-1-002	人造板及其制品环境指标的检测技术体系	中国林业科学研究院木材工业研究所	周玉成 程放 井元伟 安源 张星梅 李春 侯晓鹏 闫承琳 徐佳鹤 潘斌 肖天际 杨建华 王晓华
3	2009计-1-003	结合视觉特性的图像视频编码	北京交通大学	赵耀 白慧慧 朱振峰 袁保宗 王安红 林春雨
4	2009计-1-004	测绘信息化关键技术及生态环境应用	北京林业大学 广州南方测绘仪器有限公司 哈尔滨师范大学 北京地林伟业信息技术有限责任公司 北京市测绘设计研究院 北京清华山维新技术开发有限公司 河北中色测绘中心	冯仲科 马超 岳德鹏 杨伯钢 姚山 刘永杰 白立舜 仝慧杰 吴露露 王佳 张冬有 李亦秋 董斌 冯海霞 梁长秀
5	2009电-1-001	7500kVA大功率IGCT交直交变频系统	冶金自动化研究设计院 中国科学院电工研究所 北京金自天正智能控制股份有限公司	李崇坚 李耀华 葛琼璇 朱春毅 王成胜 王晓新 赵如凡 周亚宁 兰志明 李凡 段巍 张树田 杨溪林 路尚书 刘洪池
6	2009电-1-002	先进太阳敏感器技术	清华大学	尤政 邢飞 张高飞 陈非凡 孙剑 丁天怀 毕研刚 李伟 郑志敏
7	2009电-1-003	电磁计算快速精确算法及其应用	北京理工大学 中国科学院电子学研究所	盛新庆 高本庆 潘小敏 郭琨毅 彭朕 任武

续表

序号	获奖编号	项目名称	完成单位	主要完成人
8	2009 电－1－004	网络管理建模、分析与评价技术系列国际标准及应用	北京邮电大学 北京市天元网络技术股份有限公司 北京宜富泰网络测试实验室有限公司	孟洛明 李文璟 亓 峰 高志鹏 王智立 熊 翱 詹志强 王 颖 刘会永 陈颖慧 成 璐 林 巍 张军峰 黄 睿 刘益畅
9	2009 农－1－001	禽畜鹦鹉热衣原体基因工程亚单位疫苗和检测技术的研究	中国人民解放军军事医学科学院微生物流行病研究所 北京市兽医生物药品厂	端 青 朱 虹 宋立华 王文泉 张立昌 何 君 檀 华 左庭婷 李岩伟 张连祥 张 洪 张立杰 段鸿元 邱少富 何 斌
10	2009 农－1－002	南水北调中线北京段西四环暗涵工程关键技术研究与应用	北京市水利规划设计研究院	沈来新 付云升 石维新 韩 宇 刘 勇 欧阳建 张胜勇 张 奇 朱银邦 吴 琼 程翠林 仇文顺 范子训 翟明杰 徐志刚
11	2009 农－1－003	植物杀螨活性物质的研究与示范	北京农学院 山西农科院果树所 北京市园林绿化局 北京市林业保护站 内蒙古永业生物技术有限责任公司 山东农业大学 北京市平谷区果品办 新疆天海绿洲农业科技有限公司	王有年 师光禄 李登科 甘 敬 何忠伟 张海明 任建军 陶万强 谷继成 张铁强 邢彦峰 仝宝生 李照会 李志民
12	2009 医－1－001	细胞、器官衰老的分子机制研究与个体化衰老评价的建立及应用	中国人民解放军总医院 北京大学基础医学院 中国科学院动物研究所 中国医学科学院基础医学研究所 中国医科大学 北京师范大学	陈香美 蔡广研 童坦君 谭 铮 左萍萍 白小涓 张宗玉 丛羽生 冯 哲 王文恭 白雪源 王建中 孙雪峰 张雪光 丁 瑞
13	2009 医－1－002	全机器人远程遥控微创心血管手术的应用研究	中国人民解放军总医院	高长青 杨 明 王 刚 王加利 肖苍松 吴 扬 李丽霞 赵 悦 李伯君
14	2009 医－1－003	心房颤动导管消融的临床研究与推广应用	首都医科大学附属北京安贞医院 中国医学科学院阜外心血管病医院 大连医科大学附属第一医院 上海交通大学附属胸科医院	马长生 张 澍 杨延宗 刘 旭 董建增 马 坚 高连君 王新华 方丕华 刘兴鹏 张树龙 施海峰
15	2009 医－1－004	口腔颌面组织再生及功能重建临床与基础研究	首都医科大学附属北京口腔医院 四川大学华西口腔医院 武汉大学口腔医学院 中山大学光华口腔医学院 上海交通大学医学院附属第九人民医院	王松灵 胡 静 龙 星 廖贵清 俞创奇 刘 怡 王大章 程 勇 苏宇雄 范志朋 邹淑娟 祁森荣 胡 冰 邓末宏 张春梅

续表

序号	获奖编号	项目名称	完成单位	主要完成人
16	2009 中－1－001	复方丹参方活血化瘀作用的分子机制研究	军事医学科学院放射与辐射医学研究所	王升启 周喆 张红胜 高月 田琳琳 邢雅玲 马增春 伯晓晨 张敏丽 李鲁
17	2009 中－1－002	抑郁症中医证候学规律的研究	北京中医药大学 北京大学精神卫生研究所 中国中医科学院广安门医院 北京大学第一医院	唐启盛 曲淼 朱跃兰 周东丰 赵志付 冼慧 包祖晓 裴清华
18	2009 药－1－001	失重的生物学效应研究与应用	中国人民解放军总医院 军事医学科学院基础医学研究所 北京航空航天大学	刘长庭 王常勇 王俊锋 樊尚春 吕双红 李天志 郭占社 段翠密 章烨 郝彤 郝从均 王滟濛 李旭 邱丽媛 王德龙
19	2009 城－1－001	复杂钢结构施工关键技术攻关	北京市建筑工程研究院 北京市机械施工有限公司	刘航 秦杰 游大江 李晨光 乔聚甫 王棣彬 常乃麟 韩朋 吴文奇 范峰 杨学中 王丰 胡鸿志 吕学敢 武岳
20	2009 市－1－001	城市客车多能源一体化混合动力系统及其系列化车型应用	清华大学 北京清能华通科技发展有限公司 北汽福田汽车股份有限公司 湖南南车时代电动汽车股份有限公司 北京科泰克科技有限责任公司	欧阳明高 陈全世 卢青春 张俊智 李建秋 高大威 仇斌 成波 田光宇 王贺武 杨福源 阎东林 李希浩 张禾 刘继红
21	2009 环－1－001	北京地区地面沉降监控关键技术及其工程应用	首都师范大学 北京市水文地质工程地质大队	宫辉力 叶超 李小娟 赵文吉 贾三满 史文中 孙颖 张有全 朱琳 刘久荣 陈蓓蓓
22	2009 工－1－001	甲醇羰基化生产醋酸的新型催化剂	中国科学院化学研究所	袁国卿 宋勤华 钱庆利 邵守言 闫芳 张抒峰 石秀丽 凌晨 李峰波 余兆楼 刁开盛 黄茂开 潘平来
23	2009 工－1－002	高应力强水敏深层钻井围岩稳定技术及工业化应用	中国石油化工股份有限公司石油工程技术研究院 中国石油大学(北京)	曾义金 陈勉 金衍 苏长明 于培志 唐继平 唐世春 刘绪全 王文立 滕学清 鲍洪志 侯冰 梁红军 李宁 安生
24	2009 材－1－001	聚烯烃高性能化的基础研究	中国科学院化学研究所	孙文华 董金勇 王笃金 赵莹 张文娟 张秀芹 牛慧 杨海键 董侠 黄英娟

续表

序号	获奖编号	项目名称	完成单位	主要完成人
25	2009 材 - 1 - 002	整体式介孔硅酸钙吸附材料的先进制造技术	北京化工大学 北京天海工业有限公司	何　静　李　峰　张保国 段　雪　林彦军　解越美 唐明磊　卫　敏　李殿卿 张法智　杨　兰
26	2009 制 - 1 - 001	北京奥运会、残奥会开闭幕式技术系统研究与应用	总装备部工程设计研究总院 中国载人航天工程办公室 武昌船舶重工有限责任公司 山西太重北特机械设备制造有限公司 北京首钢建设集团有限公司 四川长江液压件有限责任公司 四川长江液压天成机械有限公司 北京金立翔艺彩科技有限公司 北京利亚德电子科技有限公司 北京莱特明数码科技有限公司 石家庄伊特物流设备有限公司 北京北方车辆集团有限公司	于建平　陈　威　陆　乐 常春泉　王迎东　刘晓华 曹宗胜　方志刚　尹华钢 常　嵩　樊卫兵　智　浩 贺虎成　任鸿顺
27	2009 制 - 1 - 002	磁性液体密封设计及应用	北京交通大学	李德才　李　建　蔡玉强 何新智　杨文明　张志力 王积尚　陈　燕　黄　彦 李　强　邢斐斐　杨小龙 郝瑞参　兰惠清
28	2009 基 - 1 - 001	金属/半导体超微细颗粒表面和界面化学与光化学反应	中国科学院理化技术研究所	刘春艳　刘　云　张志颖
29	2009 基 - 1 - 002	直接醇燃料电池纳米催化剂的设计,制备及表征科学	北京工业大学 中科院高能物理研究所 清华大学	夏定国　吴自玉　邱新平 陈　戈　朱佩平　王振尧 李　钒　张丽娟　赵煜娟 孙少瑞

北京市科学技术奖二等奖

序号	获奖编号	项目名称	完成单位	主要完成人
1	2009 计 - 2 - 001	2008 北京奥运会安保科技系统	长峰科技工业集团公司 中国航天建设设计研究院(集团) 中国航天科工集团第三研究院 中国航天科工集团第九研究院 华迪计算机集团有限公司 北京电子文献服务中心 中国航天科工集团二院 706 所	郭会明　钟　山　全春来 周　翔　朱　宇　鲍海涛 张德智　田培森　时　旸 林　华

续表

序号	获奖编号	项目名称	完成单位	主要完成人
2	2009 计－2－002	油气井井下压力实时采集装置与井口安全监控系统及应用	中国科学院自动化研究所 中国石化股份胜利油田分公司海洋采油厂	谭　民　鹿洪友　高喜龙　梁自泽　李　恩　侯增广　牟忠波　王　硕　尚继林　赵晓光
3	2009 计－2－003	汉语自然语言处理及机器翻译关键技术研究与应用	中国科学院计算技术研究所	刘　群　吕雅娟　刘　洋　钱跃良　林守勋　骆卫华　米海涛　熊德意　何中军　姜文斌
4	2009 计－2－004	青鸟软件质量保证支撑工具体系	北京大学 北京北大软件工程发展有限公司	谢　冰　王亚沙　张晨东　张　路　赵俊峰　段来盛　李　戈　汤君烽　邹艳珍　杨芙清
5	2009 计－2－005	汉王电纸书	汉王科技股份有限公司	刘迎建　王邦江　闫江震　石　宇　任瑞亭　丁　迎　郑士奇　崔永亮
6	2009 计－2－006	面向无线城市信息应用的融合业务平台	中国移动通信集团北京有限公司 北京邮电大学	张　平　范云军　冯志勇　张平宗　马天舒　胡　铮　肖　欢　纪　阳　李亦农　刘　宇
7	2009 电－2－001	同步辐射高温高压实验平台的建设及应用	中国科学院高能物理研究所	刘　景　李延春　李晓东　胡天斗　阎永廉　谢鸿森　杨世顺　洪　蓉　刘　涛　何　伟
8	2009 电－2－002	奥运宽带移动通信系统的研究与应用	中国移动通信集团北京有限公司	杨晓范　马圣贤　王文明　吴晓梅　盛凌志　杜建凤　赵　鑫　乔　琳　卢亚辉　张志敏
9	2009 电－2－003	时域同步正交频分复用接收机系统	清华大学	杨知行　王　军　王劲涛　彭克武　符　剑　张　彧　潘长勇　宋　健　阳　辉　薛永林
10	2009 电－2－004	多天线正交频分复用无线通信系统的理论研究	北京邮电大学	刘元安　谢　刚　刘凯明　唐碧华　高锦春　曾令康
11	2009 电－2－005	数字内容聚合、管理关键技术研究与应用	中国传媒大学 成都索贝数码科技股份有限公司 北京中科大洋科技发展股份有限公司 新奥特硅谷视频技术有限责任公司	吕　锐　王永滨　张鹏洲　朱立谷　黄祥林　鲁永泉　扈文峰　邓　伟　欧阳睿章　徐晓展

续表

序号	获奖编号	项目名称	完成单位	主要完成人
12	2009 电 -2 -006	碳纤维复合芯导线的自主研发及应用	华北电网有限公司 华北电力科学研究院有限责任公司 山东大学 河北硅谷化工有限公司 北京送变电公司 华北电网有限公司北京超高压公司	马宗林 刘永奇 赵玉柱 巩学海 潘敬东 陈 原 朱 波 宋福如 牛晓民 卢 毅
13	2009 农 -2 -001	基于 MODIS 的中国草原植被遥感监测关键技术研究与应用	中国农业科学院农业资源与农业区划研究所 农业部草原监理中心 中国科学院地理科学与资源研究所 南京大学	徐 斌 杨秀春 覃志豪 刘海启 陶伟国 缪建明 王道龙 杨 智 朱晓华 杨 季
14	2009 农 -2 -002	农业管理决策支持系统	北京市农业局信息中心 北京林业大学 北京地拓科技发展有限公司	阎晓军 王维瑞 史明昌 孙伯川 赵友森 范媛媛 白维生 赖科霞 郑国柱 黎昭咏
15	2009 农 -2 -003	北京市再生水灌溉利用示范研究	北京市水利科学研究所 中国科学院生态环境研究中心 中国科学院地理科学与资源研究所 中国农业大学 北京市农林科学院 北京市大兴区水务局 北京市通州区水务局	刘洪禄 吴文勇 李其军 郝仲勇 徐小元 王子健 陈同斌 武菊英 张凤刚 许翠平
16	2009 农 -2 -004	大型养鸡场循环经济关键技术集成与产业化示范	北京德青源农业科技股份有限公司 中国农业大学 杭州能源环境工程有限公司 中国农业科学院农业资源与农业区划研究所	钟凯民 滕光辉 蔡 磊 赵秉强 蓝 天 刘旭明 李 倩 袁正东 寿亦丰 李燕婷
17	2009 农 -2 -005	北京山区生态公益林高效经营关键技术与示范	北京林业大学 北京市园林绿化局	马履一 甘 敬 徐程扬 蔡宝军 翟明普 杜鹏志 贾黎明 王继兴 王小平 刘 勇
18	2009 农 -2 -006	泛环渤海地区地下水硝酸盐时空变异研究及脆弱性评价	北京市农林科学院植物营养与资源研究所 河北省农林科学院农业资源环境研究所 天津市农业资源与环境研究所 山东省农业科学院土壤肥料研究所 辽宁省农业科学院 河南省农业科学院	赵同科 张成军 刘宝存 李 鹏 张国印 高贤彪 刘兆辉 汪 仁 沈阿林 杜连凤

续表

序号	获奖编号	项目名称	完成单位	主要完成人
19	2009 农 -2-007	A 型流感研究及防控技术	中国检验检疫科学研究院 中国人民解放军军事医学科学院微生物流行病研究所	韩雪清 祝庆余 林祥梅 刘伯华 陈洪俊 李 靖 朱中武 王慧煜 梅 琳 夏玉坤
20	2009 医 -2-001	PPARs 与衰老相关心血管疾病的关系及应用研究	中国人民解放军总医院 中国人民解放军军事医学科学院放射与辐射医学研究所	叶 平 刘永学 盛 莉 骆雷鸣 武彩娥 张秀锦 韩 磊 王 浩 韩春光 尚延忠
21	2009 医 -2-002	听觉传导的神经生物学机制研究	中国人民解放军总医院	杨仕明 苏振伦 于 宁 孙建和 陈 雷 武文明 韩东一 杨伟炎 顾 瑞 姜泗长
22	2009 医 -2-003	以微创及伤害控制理念为指导的四肢创伤救治技术	中国人民解放军北京军区总医院	孙大胜 刘 智 刘树清 胥少汀 李建民 李绍光 李亚非 任继鑫 张建政 郭永智
23	2009 医 -2-004	缺血性脑血管病规范化外科综合治疗模式研究	首都医科大学宣武医院	凌 锋 缪中荣 吉训明 华 扬 焦力群 李慎茂 李 萌 方向华 马 欣 罗玉敏
24	2009 医 -2-005	轻度认知障碍和痴呆的发病机制与临床研究	首都医科大学宣武医院	贾建平 贾龙飞 魏翠柏 左秀美 王 芬 周爱红 秦 伟 刘 峥 许二赫 薛素芳
25	2009 医 -2-006	糖尿病下肢缺血外科治疗的临床研究	首都医科大学宣武医院 中国医学科学院血液学研究所	谷涌泉 韩忠朝 张 建 汪忠镐 黄平平 张 磊 吴英锋 郭连瑞 齐立行 马凤霞
26	2009 医 -2-007	艾滋病免疫重建及适合中国国情的艾滋病抗病毒治疗研究	中国医学科学院北京协和医院	李太生 王爱霞 邱志峰 韩 扬 谢 静 焦 洋 刘正印 马小军 左玲燕 李雁凌
27	2009 医 -2-008	基因组稳定性在恶性肿瘤发生发展中的作用机制研究	中国医学科学院肿瘤研究所	詹启敏 童 彤 宋咏梅 姬峻芳 高 华 汪 洋 付 明 董立佳
28	2009 医 -2-009	“一站式”复合技术在心血管病治疗中的应用研究	中国医学科学院阜外心血管病医院	胡盛寿 高润霖 李守军 李立环 郑 哲 熊 辉 徐 波 蒋世良 杨跃进 张 浩

续表

序号	获奖编号	项目名称	完成单位	主要完成人
29	2009 中 - 2 - 001	治疗骨坏死病 - 健骨生丸的研制与临床应用	北京匡达制药厂 北京朕荣国际生物科技有限公司 北京荣医药研究院	王璐林 王和鸣 张 军 陶天遵 陈燕平 陶树清 沈 霖 石关桐 葛继荣 肖 宏
30	2009 中 - 2 - 002	药品违禁物质检测平台的建设及在中药打假中的应用	北京市药品检验所	王志斌 张 喆 高 青 车宝泉 郭洪祝 王铁松 夏 瑞 戴 红 黄晓君 赵 明
31	2009 中 - 2 - 003	人参皂苷 Rg1 的多靶点作用和机制分析	中国医学科学院药物研究所	张均田 申丽红 刘 忞 王晓英 屈志炜 胡金凤 楚世峰 王玉珠 李君庆 陈 霁
32	2009 药 - 2 - 001	新型高通量药物筛选用蛋白质芯片技术的研究与应用	中国医学科学院药物研究所	杜冠华 周 勇 张天泰 高 峰 刘艾林 方莲花 张 莉 胡娟娟 王月华 何国荣
33	2009 药 - 2 - 002	中草药中低聚芪类成分的化学和药理研究	中国医学科学院药物研究所	林 茂 程桂芳 姚春所 朱秀媛 王 琳 侯 琦 黄开胜 李小妹 李怡棠 白金叶
34	2009 药 - 2 - 003	化学发光免疫分析系统的建立及其应用	北京源德生物医学工程有限公司 北京大学人民医院	杨晓林 孙旭东 吴晓东 吴旭东 于晋生 刘 红 唐 磊 朱琳琳 吴丽金 鲍云罗
35	2009 城 - 2 - 001	液压承载设备研制及立体施工体系的研究应用	中国电力科学研究院	缪 谦 邹玉英 刘 开 布春磊 江 明 温 超 白雪松 夏拥军
36	2009 城 - 2 - 002	高性能纤维增强复合材料在土木工程中的关键技术研究与应用	中冶建筑研究总院有限公司 清华大学 东南大学 北京玻钢院复合材料有限公司 中国京冶工程技术有限公司 华侨大学 香港理工大学	吕志涛 岳清瑞 叶列平 张继文 杨勇新 吴 锋 吴智深 滕锦光 陈小兵 李 荣
37	2009 城 - 2 - 003	北京南站改扩建工程综合技术	中铁建工集团有限公司 中铁电气化局集团有限公司 中铁六局集团有限公司	邱振虎 高从军 陈淑民 毕彦春 张广平 袁禧泉 袁振兴 苏保卫 张 利 刘 浩

续表

序号	获奖编号	项目名称	完成单位	主要完成人
38	2009 城 - 2 - 004	北京首都国际机场 T3 航站楼结构设计关键技术研究与应用	北京市建筑设计研究院 建研科技股份有限公司 同济大学 北京首都机场扩建工程指挥部	朱忠义 柯长华 王春华 王国庆 束伟农 刘 枫 顾 明 冯晓平 秦 凯 王 毅
39	2009 城 - 2 - 005	激光雷达古建筑与代表性建筑精密测量与建模	北京建筑工程学院 故宫博物院 北京天城空间科技有限公司	王晏民 晋宏逵 朱 光 石志敏 胡 锺 陈秀忠 罗德安 朱 凌 王 莫 张瑞菊
40	2009 市 - 2 - 001	铁路应急平台系统	中国铁道科学研究院电子计算技术研究所 北京经纬信息技术公司	王富章 李 平 王英杰 卢文龙 杨峰雁 王石生 沈海燕 解亚龙 邹 丹 张 铭
41	2009 市 - 2 - 002	完全自主知识产权国产地铁电动客车的研制与应用	北京市地铁运营有限公司 长春轨道客车股份有限公司 株洲南车时代电气股份有限公司 北京市地铁运营有限公司车辆厂 北京大成通号轨道交通设备有限公司	谢正光 郭景英 丁荣军 刘 建 高纯友 周桂法 张 元 马奇志 刘可安 王 焱
42	2009 市 - 2 - 003	北京奥运交通规划与运营保障系统	北京市交通委员会 北京交通发展研究中心 北京工业大学 北京市交通信息中心 北京公共交通控股(集团)有限公司 北京市轨道交通指挥中心 北京交通大学 柏诚工程技术(北京)有限公司 北京市公共交通研究所 北京航空航天大学	刘小明 郭继孚 荣 建 冯幸福 战明辉 孙壮志 杜 勇 陈艳艳 温慧敏 刘文韬
43	2009 市 - 2 - 004	隧道开挖诱发工程灾害预防与治理关键技术研究及工程应用	北京科技大学 中铁十六局集团有限公司 北京建筑工程学院 中铁工程设计咨询集团有限公司 北京交通大学	高永涛 吴顺川 黄昌富 张怀静 王艳辉 杨慧林 王立波 史英俊 王 斌 金爱兵
44	2009 环 - 2 - 001	内外双循环流化床烟气脱硫技术	中国科学院过程工程研究所	朱廷钰 荆鹏飞 何京东
45	2009 环 - 2 - 002	废旧产品回收利用标准体系与重要标准研究	中国标准化研究院 中国再生资源回收利用协会 中国家用电器协会废旧电子电器再生利用分会	林 翎 李爱仙 高东峰 黄 进 彭妍妍 陈健华 王 赓 张 新 赵跃进 王若虹

续表

序号	获奖编号	项目名称	完成单位	主要完成人
46	2009 环-2-003	商用车整车噪声测控理论、关键技术及应用	清华大学 北汽福田汽车股份有限公司北京欧曼重型汽车厂 北汽福田汽车股份有限公司北京客车分公司	连小珉 郑四发 杨殿阁 罗禹贡 李克强 王建强 王录山 秦志东 刘国强 张 文
47	2009 环-2-004	微生物高效生物降解微囊藻毒素研究	北京科技大学 中国科学院生态环境研究中心	闫 海 潘 纲 陈 灏 弓爱君 吕 乐
48	2009 环-2-005	太阳能空调、采暖和光伏发电综合系统及示范应用	北京市太阳能研究所有限公司	韩建功 李仲明 谢光明 于 元 罗凯兵 冯 垒 陈子乾
49	2009 环-2-006	京津冀地区火电厂烟气污染物排放信息管理系统	华北电力科学研究院有限责任公司 华北电网有限公司	沈 江 刘永奇 田云峰 谢 开 向 力 吴华成 莫小林 卢 林 贺惠民 韩福坤
50	2009 环-2-007	全玻璃热管真空太阳集热管及热水器	北京清华阳光能源开发有限责任公司 北京华业阳光新能源有限公司	殷志强 李旭光 吴振一 黄哲林 窦建清
51	2009 工-2-001	2008北京奥运会、残奥会主火炬系统关键技术研究与应用	总装备部工程设计研究总院 中国载人航天工程办公室 北京首钢建设集团有限公司 北京市燃气集团有限责任公司 中国建筑设计研究院 中国空气动力研究与发展中心 中国建筑科学研究院建筑防火研究所	于建平 郑志荣 李庭祥 高春梅 邱润冰 陈 立 黄 伟 尚 文 徐小峰 李引擎
52	2009 工-2-002	石油开采透油阻水选择性支撑剂研制与工程应用	北京仁创科技集团有限公司 中国石油大学(北京) 大庆油田有限责任公司采油工程研究院	秦升益 刘 合 张士诚 吴 奇 周宗强 任国平 杨 悦 王 峰 兰中孝 王文军
53	2009 工-2-003	基于稀土f、d电子跃迁发射光致显色和变色包装印刷防伪标识材料	北京工商大学 北京印刷学院	孙家跃 杜海燕 许文才 夏志国 王 葳 李庚申 陈启荣
54	2009 工-2-004	海底管道干式高压焊接维修系统	北京石油化工学院 海洋石油工程股份有限公司	焦向东 房晓明 周灿丰 薛 龙 陈家庆 章怡圣 蒋力培 高 峰 吕 涛 王中辉
55	2009 材-2-001	锂离子电池新型钴酸锂及四氧化三钴电池材料的开发和量产工艺研究	北京当升材料科技股份有限公司	白厚善 陈彦彬 刘亚飞 张慧清 沙 金 胡 杨 宋庆贺 郜万兵 张明祥 谭先能

续表

序号	获奖编号	项目名称	完成单位	主要完成人
56	2009 材 -2 -002	蛭石膨化新工艺及应用技术研究	北京理工大学	刘吉平 李坤启 李燕月 吴长安 曾波 徐文国
57	2009 制 -2 -001	金属件无模化制造技术及装备	机械科学研究总院 北京隆源自动成型系统有限公司	单忠德 冯涛 李新亚 刘丰 战丽 孙建民 董晓丽 曹宇飞 王祥磊 徐先宜
58	2009 制 -2 -002	微型泵(喷)的设计理论与技术基础	清华大学	周兆英 杨兴 冯焱颖 叶雄英 王晓浩 唐飞 江小宁 张毓笠
59	2009 软 -2 -001	京津冀都市圈区域综合规划研究	中国科学院地理科学与资源研究所	樊杰 陈田 张文忠 封志明 王黎明 王传胜 金凤君 刘卫东 董锁成 牛亚菲
60	2009 软 -2 -002	知识管理服务平台研究与应用	北京信息科技大学	刘宇 唐五湘 张健 周飞跃 田肇云 程桂枝 周秀玲 孙静 王斌 何琼

北京市科学技术奖三等奖

序号	获奖编号	项目名称	完成单位	主要完成人
1	2009 计 -3 -001	跨操作系统大型服务式GIS 平台软件	北京超图软件股份有限公司 中国科学院地理科学与资源研究所	钟耳顺 宋关福 王尔琪 梁军 曾志明 陈俊华
2	2009 计 -3 -002	ISR8001 智能高速图像扫描阅读机	北京五岳鑫信息技术股份有限公司	庞志耕 叶方全 陈永志 孙彭彪 唐文
3	2009 计 -3 -003	奥运比赛现场中文信息显示系统	新奥特硅谷视频技术有限责任公司	孙季川 王忠伟 雷振军 李涛 赵海军 胡安春
4	2009 计 -3 -004	网络慧眼数据库审计系统	国都兴业信息审计系统技术(北京)有限公司	徐亚非 陈浙一 于海涛
5	2009 计 -3 -005	暴风影音——中国互联网视频平台	北京暴风网际科技有限公司	冯鑫 韦婵媛 王志鹏 李明杰 黄森堂 刘金鑫
6	2009 计 -3 -006	首钢矿业公司矿山数字化	首钢总公司 首钢矿业公司	郝树华 张云生 齐宝军 李洪革 张立成 蒋文利
7	2009 计 -3 -007	基于汉信码的新生儿疾病筛查管理信息系统	北京市公共卫生信息中心 北京妇幼保健院 华怡合信(北京)科技有限公司	王晖 丁辉 张玉敏 张世红 周保利 杨楚威
8	2009 计 -3 -008	南水北调中线干线工程建设管理门户系统	北京航空航天大学	熊璋 蒲菊华 欧阳元新 李超 陈真勇 芦效峰

续表

序号	获奖编号	项目名称	完成单位	主要完成人
9	2009 计-3-009	猪肉无损检测新技术应用研究	北京工商大学	郭培源 陈天华 肖洪兵 薛 红 鲍 曼 陈 岩
10	2009 计-3-010	静态数据库详单数据高效存储联机检索系统	北京中电达通通信技术股份有限公司 北京西塔网络科技股份有限公司	纪航军 庄徐麟 杨宏亮 祝守宇
11	2009 计-3-011	安全链路接入网关	北京国富安电子商务安全认证有限公司	李飞伯 周君平 周洲仪 施德军 刘德安 曾 华
12	2009 计-3-012	车载智能多媒体系统	高德软件有限公司	姜德荣 肖 军 孙竹平 董振宁 吴跃进
13	2009 计-3-013	IPV6 Ready 测试与认证平台	北京天地互连信息技术有限公司	刘 东 李 震 程 远 李 靖 尹俊令 刘 铭
14	2009 计-3-014	金山词霸 2009 系列产品	北京金山软件有限公司	黎万强 周 焱 徐海龙 张宇峰 陈 妤 梅雅娟
15	2009 计-3-015	面向业务单元的企业级应用基础平台	北京北大软件工程发展有限公司 北京大学	张世琨 赵 文 张君福 相松林 高留杰 冯志明
16	2009 计-3-016	下一代智能安全网络产品研究	神州数码(中国)有限公司 北京航空航天大学	向阳朝 李云春 李 巍 栾钟治 王 锐 钱德沛
17	2009 计-3-017	全国信访信息系统	中国软件与技术服务股份有限公司	程春平 孙迎新 史殿林 张国强 高尽辉 吴誉槐
18	2009 计-3-018	基于保险应用支撑平台的保险核心业务系统的研究与应用	中科软科技股份有限公司	左 春 邢 立 谢中阳 王 欣 孙熙杰 阿孜古丽
19	2009 计-3-019	奥运会主运行中心体系架构研究及技术保障系统建设	北京文化体育科技有限公司	李 薇 周 宏 杨 彬 管建彬 姜迎春 陈嘉翊
20	2009 计-3-020	面向业务综合监控管理平台	北京神州泰岳软件股份有限公司	许 芃 张国波 赵小蓉 仇勇刚 高 晖
21	2009 计-3-021	第 29 届奥林匹克运动会及第 13 届残奥会电子票证查验系统	同方股份有限公司	陈 宇 周洪波 张达明 徐伟杰 黄 硕 王 勋
22	2009 计-3-022	天阳宏业保理业务系统 V1.0	北京天阳宏业软件技术有限公司	潘志田 赵 宏 郎志中 杨振华 韩忠禹
23	2009 计-3-023	面向传统服务业的移动营销服务平台	北京闻言科技有限公司	汤海京 朱红军 彭 煊 彭雪海 王 喆 张金生
24	2009 计-3-024	UAMS 统一认证管理系统	北京数字证书认证中心有限公司	阳俊彪 林雪焰 孙鸿斌 沈 雷 程小苗 张雪彬
25	2009 计-3-025	新型农村合作医疗计算机管理技术研究及推广应用	中国卫生经济学会 卫生部卫生经济研究所	王禄生 游 茂 黄东祖 洪继群 刘建华 李维刚

续表

序号	获奖编号	项目名称	完成单位	主要完成人
26	2009 电 -3 -001	500MHz 超导腔高功率输入耦合器	中国科学院高能物理研究所	潘卫民 马 强 黄彤明 王光伟 赵光远
27	2009 电 -3 -002	以纳米生物医学为核心的多功能微纳尺度三维操作、表征及加工系统	国家纳米科学中心 中国科学院电工研究所	韩 东 韩 立 殷伯华 初明璋 陈佩佩 李勇滔
28	2009 电 -3 -003	大型科学装备远程共享示范研究——离子探针示范系统	中国地质科学院地质研究所 中国计量科学研究院 吉林大学	刘敦一 熊行创 张玉海 方 向 田 地 杨之青
29	2009 电 -3 -004	北京移动奥运通信保障综合管理系统	中国移动通信集团北京有限公司	杨晓范 王文明 吴晓梅 李志杰 刘 南 王群群
30	2009 电 -3 -005	变频调速用干式整流变压器 ZTSFG(H)	北京新华都特种变压器有限公司	嘉陵松琦 李 鹏 张永革 邓旭锋 吕春晓 郑忠红
31	2009 电 -3 -006	船用实时卫星资讯平台产业化	北京海域天华通信技术有限公司	王家齐
32	2009 电 -3 -007	安全认证专用芯片及其应用产品	北京华大智宝电子系统有限公司	程晋格 夏皓如 杨海波 华燕翔 广忠海 刘海剑
33	2009 电 -3 -008	第 24 届人冬会高清国际广播电视中心(IBC)赛事信息共享系统	新奥特(北京)视频技术有限公司	李 军 何宇飞 蔡常军 庞 刚 王弋程 张大勇
34	2009 电 -3 -009	一种变光焊接护目镜用滤光片及其胶合工艺	大恒新纪元科技股份有限公司	沈国卿 沈 滨 李荣源 寇 峰 战 伟 董炜玮
35	2009 电 -3 -010	CDMA 机动式移动通信系统	阳光凯讯(北京)科技有限公司	刘庚山 张金钟 齐士清 尹纯伟 于 阳 代明玉
36	2009 电 -3 -011	动态可重构图像视频信息并行处理机	北京工业大学	贾克斌 吴 强 张延华 孙中华 刘鹏宇 孙恩昌
37	2009 电 -3 -012	多模多目标智能识别与跟踪系统	北京航空航天大学 中国电子科技集团公司第三研究所 北京邮电大学	张 弘 邓中亮 王德奎 韩 可 贾瑞明 王可东
38	2009 电 -3 -013	数字广播电视发射系统中的创新技术与应用	中国传媒大学 北京飞卡科技有限公司	居继龙 隋 强 王轶冬 杜怀昌 车 晴 李增瑞
39	2009 电 -3 -014	高速旋转飞行体姿态敏感技术	北京信息科技大学 北京沃尔康科技有限责任公司	张福学 张 伟
40	2009 电 -3 -015	奥运电力保障体系及技术支持系统的研究	北京市电力公司 深圳市雅都软件股份有限公司 烟台东方电子信息产业股份有限公司	郭 炬 王风雷 杨 超 韩 良 叶 妍 韦凌霄
41	2009 电 -3 -016	并联电容器交接试验方法和设备研究	华北电力科学研究院有限责任公司 华北电网有限公司	刘少宇 马继先 袁亦超 沈丙申 刘连睿 王 剑

续表

序号	获奖编号	项目名称	完成单位	主要完成人
42	2009 电 -3 -017	110 ~500kV 变电站电磁环境特征研究	华北电力科学研究院有限责任公司 清华大学 华北电网有限公司	巩学海 何金良 王 剑 罗 毅 余占清 邓 春
43	2009 电 -3 -018	新一代电力系统自动化通用软件平台	北京四方继保自动化股份有限公司	葛 亮 朱 建 王立鼎 张建华 于晓阳 张云娜
44	2009 电 -3 -019	高性能多模北斗卫星导航接收机及芯片项目	北京东方联星科技有限公司	王瀚晟 张峻林
45	2009 电 -3 -020	宽带奥运"城市通"多媒体综合信息服务系统研发及应用	中国网通集团宽带业务应用国家工程实验室有限公司	唐雄燕 冯立华 马泽芳 何 青 马 铮 李 晖
46	2009 电 -3 -021	汽车轮胎压力传感器芯片开发项目	北京鑫诺金电子科技发展有限公司	郭源生 郭 宏 王立志 王文襄 师 斌 王莉莎
47	2009 电 -3 -022	TD - SCDMA 网络监测系统	北京中创信测科技股份有限公司	贾 林 辛 翔 杨洪陶 王振华 张国锋 马立斌
48	2009 电 -3 -023	电视用 TFT - LCD 工艺技术与相关保障系统研发及产业化研究	中国电子工程设计院 世源科技工程有限公司	王 红 秦学礼 王 立 黄文胜 杨光明 李 强
49	2009 农 -3 -001	生态农业标准体系及重要技术标准研究	中国农业科学院农业资源与农业区划研究所 辽宁省农村能源办公室 四川省农村能源办公室 浙江省农村能源办公室 河北省新能源办公室	邱建军 任天志 王立刚 唐春福 屈 锋 黄 武
50	2009 农 -3 -002	土面液膜覆盖保墒技术	中国农业科学院农业资源与农业区划研究所 北京城市系统工程研究中心(首都山区新农村发展研究中心	蔡典雄 武雪萍 吴会军 王小彬 张建君 査 燕
51	2009 农 -3 -003	紫茎泽兰综合治理技术研究与示范	中国农业科学院植物保护研究所 北京师范大学 昆明科宝饲料科技有限公司 北京清源保生物科技有限公司	曹坳程 何 兰 王秋霞 郭美霞 欧阳华 钱益新
52	2009 农 -3 -004	食用菌品种多相鉴定鉴别技术体系	中国农业科学院农业资源与农业区划研究所	张金霞 黄晨阳 郑素月 张瑞颖 管桂萍 左雪梅
53	2009 农 -3 -005	奶牛优质饲草生产技术研究与示范	中国农业科学院草原研究所 甘肃农业大学 中国农业大学 中国农业科学院北京畜牧兽医研究所 内蒙古农业大学 中国农业科学院饲料研究所	侯向阳 曹致中 布 库 毛培胜 时建忠 孙启忠

续表

序号	获奖编号	项目名称	完成单位	主要完成人
54	2009 农 -3 -006	矫正推荐施肥技术	中国农业科学院农业资源与农业区划研究所 上海市农业科学院 北京市农林科学院 云南省农业科学院 河南省农业科学院	张维理 张怀志 张燕卿 岳现录 张认连 冀宏杰
55	2009 农 -3 -007	玉米雨养旱作节水技术研究与示范推广	北京市农业技术推广站 北京市农林科学院玉米研究中心 北京市气候中心 北京市通州区农业技术推广站 北京市昌平区农业技术推广站 北京市顺义区种植业服务中心	赵久然 宋慧欣 王克武 杨国航 叶彩华 王以中
56	2009 农 -3 -008	膜技术的研究及其在乳制品加工中的产业化应用	北京三元食品股份有限公司	陈历俊 卢 阳 任发政 隋 欣 董翠霞 周伟明
57	2009 农 -3 -009	北京地区稻谷绿色储藏技术研究及推广应用	北京市粮食局 北京市粮油食品检验所 北京市通州区粮油贸易公司 北京市房山窦店粮食收储库 北京宝益粮油储备库 北京市延庆粮油总公司	葛云瑞 尚艳娥 石红兵 刘小青 王彩琴 张启发
58	2009 农 -3 -010	牡丹新品种选育与产业化开发	北京林业大学 北京植物园 洛阳国家牡丹园(洛阳市中心苗圃) 北京世纪牡丹园艺科技开发有限公司 甘肃武阳奥凯牡丹园艺开发有限公司 洛阳市王桥花木种苗公司	成仿云 张佐双 张西方 于晓南 何桂梅 成信云
59	2009 农 -3 -011	腐乳生产关键技术研究及其应用	中国农业大学 北京王致和食品集团有限公司 北京市食品酿造研究所	韩北忠 鲁 绯 王家槐 程永强 王丽英 纪凤娣
60	2009 农 -3 -012	食品质量安全检测方法与可追溯体系建设	中国农业大学 北京信息科技大学 上海出入境检验检疫局 北京市质量技术监督信息研究所 深圳市计量质量检测研究院 北京海雷信息技术有限公司	傅泽田 张 健 张小栓 陈泽勇 王传现 刘丽欣
61	2009 农 -3 -013	有机牛奶关键技术研究与产业化开发	中国农业大学 延庆县科学技术委员会 延庆县动物卫生监督管理局 北京归原生态农业发展有限公司	李胜利 曹志军 李树华 杨敦启 郭成林 任师喜

续表

序号	获奖编号	项目名称	完成单位	主要完成人
62	2009 农 -3 -014	经济林抗旱栽培关键技术研究与应用	北京农学院 北京林业大学 北京市园林绿化局	姚允聪 尹伟伦 付占芳 姬谦龙 苏淑钗 方建辉
63	2009 农 -3 -015	大豆膨化提高 PUFA 转化为 CLA 的作用机理研究及产业化开发	北京农学院 北京市奶业协会 北京三元绿荷奶牛养殖中心	蒋林树 刘文奇 张振新 周 敏 郭玉琴 乔 绿
64	2009 农 -3 -016	优质锦鲤繁育及养殖关键技术研究与应用	北京市水产科学研究所	梁拥军 孙向军 苏建通 李文通 罗 琳 王跃智
65	2009 农 -3 -017	果树优质综合农艺节水技术体系研究	北京市农林科学院林业果树研究所 北京市园林绿化局 北京农学院	魏钦平 王小伟 刘 军 姚允聪 张 强 刘松忠
66	2009 农 -3 -018	奥运蔬菜安全供应保障体系技术研究与应用	北京市农林科学院蔬菜研究中心 北京市农业局 北京首都农业集团有限公司 北京二商集团有限责任公司	李 武 吴宝新 张宝海 王永泉 郑淑芳 陈连武
67	2009 农 -3 -019	重大动物疫病实时荧光 PCR 检测试剂盒研究与应用	北京市检验检疫科学技术研究院 深圳匹基生物工程有限公司 中国兽医药品监察所	张鹤晓 赖平安 高志强 张利峰 宋 立 汪 琳
68	2009 农 -3 -020	新型纳米材料在动植物病毒检测中的开发和应用研究	北京出入境检验检疫局 北京金纳信生物科技有限公司	曾 静 邓从良 魏海燕 周 琦 汪万春 范爱红
69	2009 农 -3 -021	疯牛病防御策略及特殊风险物质检测技术的研究	北京市检验检疫科学技术研究院	马贵平 史喜菊 李炎鑫 李冰玲 杨金良 王 宁
70	2009 医 -3 -001	食管胃静脉曲张出血救治临床与基础系列研究	中国人民解放军总医院	程留芳 李长政 王志强 令狐恩强 蔡逢春 黎 力
71	2009 医 -3 -002	乙型肝炎疫苗免疫策略和免疫效果评价研究	中国药品生物制品检定所 北京大学医学部 北京市疾病预防控制中心 广西壮族自治区疾病预防控制中心 江苏省疾病预防控制中心 开封市疾病预防控制中心	梁争论 庄 辉 吴 疆 李 杰 张 卫 何 鹏
72	2009 医 -3 -003	免疫活性细胞清除肿瘤的效应机理	中国科学院生物物理研究所	范祖森 张红莲 赵同标 吕红霞 杜 颖 华国强
73	2009 医 -3 -004	蛆虫生物清创的临床与实验研究	北京市通州区潞河医院	王江宁 张立彬 王寿宇 童致虹 赵贵庆 王 娜

续表

序号	获奖编号	项目名称	完成单位	主要完成人
74	2009 医 -3 -005	先天性胆道畸形的病因和治疗方法改进的研究	首都儿科研究所 北京大学第一医院 北京儿童医院 北京军区总医院附属八一儿童医院	李　龙　黄柳明　张金哲 吴建新　叶　辉　刘树立
75	2009 医 -3 -006	医学影像存储与传输系统技术开发、临床验证及推广应用	首都医科大学宣武医院 上海岱嘉医学信息系统有限公司	李坤成　翁思跃　梁志刚 赵　欣　杜祥颖　张阅红
76	2009 医 -3 -007	奥运会病媒生物控制技术与策略的研究	北京市疾病预防控制中心 北京市爱国卫生运动委员会 军事医学科学院微生物流行病研究所 中国农业大学	曾晓芃　马　彦　刘泽军 邓　瑛　佟　颖　于传江
77	2009 医 -3 -008	发现 59 个 HLA 新等位基因	北京红十字血液中心	张志欣　单小燕　李　伟 刘　娜　王丽君　何晓玫
78	2009 医 -3 -009	心力衰竭与相关疾病的心脏受体分子机制研究	首都医科大学附属北京朝阳医院 北京诺赛基因组研究中心有限公司 北京大学人民医院	张　麟　沈　岩　胡大一 缪国斌　袁海昕　杨新春
79	2009 医 -3 -010	降低肝硬化上消化道出血病死率临床与基础系列研究	首都医科大学附属北京友谊医院 首都医科大学附属佑安医院 中国人民解放军三零二医院	张澍田　杨永平　丁惠国 于中麟　冀　明　吴咏冬
80	2009 医 -3 -011	儿科临床病理解剖在出生缺陷监测及其诊治中作用的应用基础研究	北京大学 首都儿科研究所	郑晓瑛　邹继珍　裴丽君 吴　莎　蔡玲玲　宋新明
81	2009 医 -3 -012	中国学龄儿童青少年体成分研究及肥胖筛查标准的建立	北京大学	季成叶　陈天娇　国晓燕 徐轶群　王海俊　何忠虎
82	2009 医 -3 -013	乳恒牙牙髓干细胞的分化及儿童牙齿异常松动早失类疾病的基础研究	北京大学口腔医学院	葛立宏　刘　鹤　赵玉鸣 刘宏胜　杨　媛　杨　杰
83	2009 医 -3 -014	子宫内膜癌发病分子机制研究及其初步临床应用	北京大学人民医院	王建六　魏丽惠　李小平 张丽丽　赵丽君　孙秀丽
84	2009 医 -3 -015	双生子人群流行病学研究	北京大学 青岛市疾病预防控制中心 丽水市疾病预防控制中心	李立明　胡永华　曹卫华 詹思延　逄增昌　陈卫建
85	2009 医 -3 -016	膝关节半月板损伤的微创手术治疗及相关研究	北京大学第三医院	余家阔　曲绵域　田得祥 敖英芳　于长隆　崔国庆
86	2009 医 -3 -017	心房颤动的外科治疗研究	首都医科大学附属北京安贞医院	孟　旭　崔永强　李　岩 韩　杰　张海波　曾亚平

续表

序号	获奖编号	项目名称	完成单位	主要完成人
87	2009 医－3－018	冠心病介入治疗技术与国产雷帕霉素洗脱支架的研发与推广	首都医科大学附属北京安贞医院 北京阜外心血管病医院 解放军总医院	吕树铮　杨跃进　徐　波 陈韵岱　乔树宾　宋现涛
88	2009 医－3－019	脑梗死前期和超急性期脑梗死影像新技术平台的建立和应用	首都医科大学附属北京天坛医院	高培毅　林　燕　隋滨滨 薛蕴菁　薛　静　王效春
89	2009 医－3－020	人红细胞降压物质及其结构鉴定	中国医学科学院基础医学研究所	文允镒　胡玉芳 再帕尔. 阿不力孜 张晓春　庞焕　王玉堂
90	2009 医－3－021	建立创新药物临床试验平台的质量管理体系	中国医学科学院阜外心血管病医院	李一石　田　蕾　赵　韡 华　潞　谢　爽　刘玉清
91	2009 医－3－022	系统性红斑狼疮发病机制及诊断方法学研究	中国医学科学院北京协和医院	张奉春　张　烜　曾小峰 赵　岩　唐福林　李永哲
92	2009 医－3－023	国人心肌疾病基因突变谱及发病机制研究与治疗	中国医学科学院阜外心血管病医院	惠汝太　宋　雷　王　虎 邹玉宝　孙　凯　王继征
93	2009 中－3－001	凉血化瘀方抑制老年性黄斑变性新生血管生长及分子机理研究	中国中医科学院眼科医院	唐由之　冯　俊　张　励 王慧娟　于　静　李学晶
94	2009 中－3－002	基于证据的冠心病心绞痛中医诊疗指南研究	中国中医科学院广安门医院 中国中医科学院西苑医院	王　阶　姚魁武　何庆勇 杨　戈　卢笑晖　王师菡
95	2009 中－3－003	路志正学术思想及临证经验研究	中国中医科学院广安门医院	高荣林　李　平　朱建贵 边永君　王秋风　路　洁
96	2009 中－3－004	何首乌炮制科学原理研究	中国中医科学院中医理论基础所 中国中医科学院中医临床基础医学研究所 中国中医科学院医学实验中心	刘振丽　宋志前　吕爱平 张　玲　孙明杰　王　淳
97	2009 中－3－005	密蒙花川芎对糖尿病视网膜病变血管内皮细胞增殖与凋亡的影响	中国中医科学院眼科医院	高健生　接传红　吴正正 巢国俊　张淑春　李　静
98	2009 中－3－006	风哮、风咳理论及其临床应用	中日友好医院	晁恩祥　张洪春　杨道文 罗社文　陈　燕　吴继全
99	2009 中－3－007	多器官功能障碍综合征中西医结合诊治，降低病死率研究	首都医科大学附属北京友谊医院 解放军总医院第一附属医院 首都医科大学附属复兴医院	王宝恩　张淑文　王　红 林洪远　席修明　阴赪宏
100	2009 中－3－008	回阳生肌外治法对慢性皮肤溃疡愈合及局部微环境作用的研究	北京市中医研究所 首都医科大学附属北京中医医院	李　萍　吕培文　何秀娟 李光善　赵京霞　岳晓莉

续表

序号	获奖编号	项目名称	完成单位	主要完成人
101	2009 中 -3 -009	酒精性肝纤维化中医证候表达的临床及生物学基础研究	北京中医药大学	杨晋翔 李志钢 张 伟 张学智 邱 岳
102	2009 中 -3 -010	中国冠心病二级预防研究 - 血脂康调整血脂对冠心病二级预防的研究	中国医学科学院阜外心血管病医院 北京大学首钢医院 伊春林业管理局中心医院 首都医科大学附属北京朝阳医院 辽宁省人民医院 中国医科大学附属第一医院	陆宗良 寇文镕 武阳丰 杜保民 李 莹 于学海
103	2009 中 -3 -011	名医祝谌予治疗糖尿病的学术经验及其传承发展	中国医学科学院北京协和医院	梁晓春 郭赛珊 董振华 潘明政 田国庆 张孟仁
104	2009 中 -3 -012	以α葡萄糖苷酶为靶点发现和诠释中草药治疗糖尿病作用及其机理	中国医学科学院药物研究所	申竹芳 陈若芸 刘玉玲 刘 泉 夏学军 谢明智
105	2009 药 -3 -001	红豆杉细胞培养生产紫杉醇	中国人民解放军军事医学科学院毒物药物研究所 华中科技大学	梅兴国 龚 伟 鲁明波 李志强 胡道伟 刘 凌
106	2009 药 -3 -002	获得高效重组蛋白衍生物的方法和生产工艺	北京诺思兰德生物技术股份有限公司 北京英莱特生物技术开发有限公司	聂李亚 马素永 许松山
107	2009 药 -3 -003	新药注射用尼莫地平的研究与应用	北京四环科宝制药有限公司	曹相林 张建立 王立芹 邓 洁 张 洋 张 钧
108	2009 药 -3 -004	快速全血酮体检测系统	北京怡成生物电子技术有限公司	孙晓亮 李元光 夏桂芳 陈大刚 杨 彬 付铁英
109	2009 药 -3 -005	国家Ⅰ类新药 - 阿德福韦酯	北京双鹭药业股份有限公司	陈 遥 赵紫岭 邵 兵 李学海 张 敬 刘成东
110	2009 药 -3 -006	A8 全自动生化分析仪	北京松上技术有限公司	傅宇光 陆宇清 宋昌亮 张淑英 王小龙 聂乾利
111	2009 城 -3 -001	超大直径深竖井关键施工技术及装备	中交隧道工程局有限公司 同济大学	高崇霖 刘宝许 刘兴国 胡亚峰 丁文其 王 巍
112	2009 城 -3 -002	首都机场 A380 机库钢屋盖整体提升关键技术研究	北京市机械施工有限公司 北京建工集团有限责任公司 清华大学 上海同新电机控制技术有限公司	刘晓泉 胡鸿志 郭彦林 杨京骜 王小瑞 卞永明
113	2009 城 -3 -003	既有居住建筑节能改造成套技术研究与应用	北京住总集团有限责任公司	王宝申 高 杰 鲍宇清 胡颐蘅 周 宁 李 群
114	2009 城 -3 -004	国家体育馆工程施工技术研究	北京城建集团有限责任公司 北京城建五建设工程有限公司 北京市建筑设计研究院 深圳市三鑫幕墙工程有限公司 霍高文建筑系统(广州)有限公司	毛 杰 彭其兵 李全智 黄 唯 邱奕文 王卫东

续表

序号	获奖编号	项目名称	完成单位	主要完成人
115	2009 城 - 3 - 005	国家体育场设备安装、装修装饰及开闭幕式工程关键施工技术研究	北京城建集团有限责任公司 中信国华国际工程承包有限责任公司 北京首钢建设集团有限公司 北京市漆宝斋文化艺术有限公司	徐贱云　李久林　杨庆德 朱景明　王　毅　沈锦丽
116	2009 城 - 3 - 006	奥运村绿色建筑技术研究与应用	国奥投资发展有限公司 北京城建设计研究总院有限责任公司 北京天鸿圆方建筑设计有限责任公司 北京城建集团有限责任公司 清华大学 北京首都开发控股(集团)有限公司	刘　京　徐亚柯　蔡　放 李先庭　肖　燃　刘　安
117	2009 城 - 3 - 007	北京地区不良地层隧道注浆综合技术研究	北京市市政工程研究院 北京市政建设集团有限责任公司	叶　英　孔　恒　夏春蕾 王晓亮　许　鹏　杨新锐
118	2009 城 - 3 - 008	砂卵石地层浅埋暗挖地铁隧道关键施工技术研究	北京市政建设集团有限责任公司 北京交通大学 北京中铁瑞威基础工程有限公司	孔　恒　黄明利　李元晖 钟德文　张继明　刘　明
119	2009 城 - 3 - 009	北京地铁施工对桥基、建筑和管线的影响及控制研究	北京市轨道交通建设管理有限公司 北京交通大学 中铁十六局集团有限公司	罗富荣　项彦勇　黄昌富 张成满　王立波　徐　凌
120	2009 城 - 3 - 010	北京市农村建筑节能关键技术研究和示范	清华大学 北京市可持续发展促进会	杨旭东　邢永杰　叶建东 赵　岩　单　明　杨　铭
121	2009 城 - 3 - 011	基于 IFC 标准的建筑工程 4D 施工管理系统的研究和应用	清华大学 北京城建集团有限责任公司 广联达软件股份有限公司 山东高速青岛公路有限公司 中国建筑股份有限公司	张建平　李久林　刁志中 胡振中　吴大鹏　叶浩文
122	2009 城 - 3 - 012	北京机场线东直门站立体穿越 M13 折返线关键技术研究	北京市市政工程设计研究总院 北京东直门机场快速轨道有限公司 中铁电气化局集团有限公司 北京市轨道交通建设管理有限公司 北京城建勘测设计研究院有限责任公司 上海天演建筑物移位工程有限公司	余　乐　易建伟　孙河川 任栓院　金　淮　乔　峰
123	2009 城 - 3 - 013	《建筑基坑支护技术规程》	中国土木工程学会 北京市勘察设计研究院有限公司 中国建筑科学研究院 北京城建科技促进会 中国科学院地质与地球物理研究所 北京市机械施工有限公司	张　雁　沈小克　杨　斌 周与诚　孙保卫　王建明

续表

序号	获奖编号	项目名称	完成单位	主要完成人
124	2009 城－3－014	北京市多参数立体地质调查	北京市地质调查研究院 北京市地质矿产勘查开发局 北京市水文地质工程地质大队 北京市地质勘察技术院 北京市地质工程设计研究院 北京市地质研究所	魏连伟　卫万顺　吕晓俭 蔡向民　刘学清　郭　萌
125	2009 市－3－001	铁路罐车容积量传系统	中国铁道科学研究院标准计量研究所	傅青喜　闫凤霞　邵学君 杨　琦　朱少彤　周宝珑
126	2009 市－3－002	轨道交通车辆微机控制直通制动系统	中国铁道科学研究院机车车辆研究所	樊贵新　李和平　韩晓辉 王新海　杨伟君　曹宏发
127	2009 市－3－003	铁路客运站车补票系统	中国铁道科学研究院电子计算技术研究所	李健民　史　宏　康增建 方　凯　刘　进　周亮瑾
128	2009 市－3－004	京津城际铁路牵引供电系统集成创新	中铁电气化局集团有限公司 中铁电气化勘测设计研究院有限公司	于　增　韦　国　董安平 孟祥奎　王作祥　许建国
129	2009 市－3－005	铁路行车安全预警系统	北京世纪东方国铁科技股份有限公司	田秀臣　葛鹰龙　熊道权 高如阳　李富超　刘燕妮
130	2009 市－3－006	城市气象精细预报技术研究	北京城市气象工程技术研究中心	张朝林　陈　敏　陈明轩 范水勇　仲跻芹　郑祚芳
131	2009 市－3－007	《城市轨道交通工程项目建设标准》修订与编制研究	北京城建设计研究总院有限责任公司 中国城市规划设计研究院 北京市基础设施投资有限公司 北京市轨道交通建设管理有限公司 北京市市政工程设计研究总院 北京全路通信信号研究设计院	沈景炎　秦国栋　郑　毅 俞加康　孔繁达　于　波
132	2009 市－3－008	《山区公路安全保障工程研究创新与实践》	北京市路政局 交通部公路科学研究院	方　平　高增华　康云霞 吴京梅　高海龙　姜　明
133	2009 市－3－009	震前次声波异常信号的研究	北京工业大学	夏雅琴　李均之　陈维升 白志强　刘程艳　秦　飞
134	2009 市－3－010	2008 年北京奥运场所数字化消防灭火救援动态预案研究	北京市公安局消防局 清华大学 北京宽信信息技术有限公司	李　进　袁宏永　武志强 孙占辉　李建春　吕　颖
135	2009 市－3－011	京津城际综合试验行车指挥与管理	北京铁路局	闫　平　尹长明　阎志强 高　峰　甄　跃　张　易
136	2009 市－3－012	道路交通流信息采集、处理分析、发布系统	北京四通智能交通系统集成有限公司	关积珍　朱雪良　王义生 邹元英　计燕翎　刘　静

续表

序号	获奖编号	项目名称	完成单位	主要完成人
137	2009 环－3－001	区域生态环境遥感综合监测技术及应用	中国测绘科学研究院 首都师范大学 中国土地勘测规划院 中国环境监测总站 北京京北职业技术学院	张继贤 刘正军 宫辉力 王 静 王 桥 燕 琴
138	2009 环－3－002	农村地区环境卫生标准及规范研究	北京市海淀区环境卫生科学研究所 北京城市管理科技协会	霍维周 王五胜 王斯亮 付双立 王 妍 焦 阳
139	2009 环－3－003	大型公建与政府办公楼楼宇节能控管系统	北京博瑞科技发展有限公司	刘 军 沈建中 张丽君 薛殿华 王敬威 鞠洪城
140	2009 环－3－004	对接型三联供优化集成系统	北京恩耐特分布能源技术有限公司	李 锐 汪庆桓 郭晓宇 魏军华 吴卓玲 黄 微
141	2009 环－3－005	城市原生污水源热泵空调集成系统	北京瑞宝利热能科技有限公司	曲玉秀 杨胜东 孔宪珍 华清松
142	2009 环－3－006	通州区全生物无电力农村污水处理技术示范应用	通州区水务局 北京绿色家园环境保护技术工程研究所 北京市通州区生产力促进中心	张冠启 张秀捷 崔 维 杜 伟 曹 岳 金建华
143	2009 环－3－007	华北地区污染处理湿地与湿地生境构建技术	中国林业科学研究院林业研究所 北京市园林绿化局	崔丽娟 高士武 张曼胤 王义飞
144	2009 环－3－008	奥林匹克公园中心区人工生态水景系统	北京市水利规划设计研究院 北京碧水源科技股份有限公司	邓卓智 韩凤霞 沈来新 吴东敏 邵惠芳 刘 勇
145	2009 环－3－009	琉璃河水泥厂余热余压发电关键技术研究与示范	北京市琉璃河水泥有限公司	赵向东 关生林 王贵生 周治平 宋海鹏 张高佐
146	2009 环－3－010	北京市平原区砂石坑综合利用规划研究	北京市城市规划设计研究院 北京市规划委员会 清华大学 北京市地质工程勘察院 北京市水利规划设计研究院 北京市环境保护科学研究院	王 军 姜其贵 周楠森 潘一玲 贾海峰 李志萍
147	2009 环－3－011	北京焦化厂搬迁场地环境风险管理技术研究	北京市环境保护科学研究院 北京市固体废物管理中心 中国环境科学研究院 轻工业环境保护研究所 北京市勘察设计研究院有限公司	姜 林 李立新 宋 云 周友亚 孙保卫 王军玲
148	2009 环－3－012	《奥运工程环保指南》编制与实施跟踪	北京市环境保护科学研究院 中国建筑材料检验认证中心 北京工业大学 北京市园林科学研究所 北京市环境卫生设计科学研究所 北京市劳动保护科学研究所	田 刚 马振珠 刘中良 丛日晨 宋 强 阎育梅

续表

序号	获奖编号	项目名称	完成单位	主要完成人
149	2009 环 -3 -013	一种具有透水功能的钢渣彩色路面砖的制备及使用方法	北京科技大学	刘娟红 倪 文 宋少民 周 佳 杨晓光
150	2009 环 -3 -014	北京平原区浅层地温能资源地质勘查	北京市地质矿产勘查开发局 北京市地质勘察技术院 北京市水文地质工程地质大队 北京市地质调查研究院	卫万顺 郑桂森 蔡向民 王新娟 李文伟 栾英波
151	2009 环 -3 -015	中国北京房山世界地质公园地质遗迹综合考察研究	北京市地质研究所	刘连刚 韦京莲 孙小华 赵忠海 赵 佳 陈铁军
152	2009 环 -3 -016	低温风冷模块热泵机组	同方人工环境有限公司	范 新 谢 峤 孔维利 杨良国 赵 剑 刘长路
153	2009 环 -3 -017	一种创新填埋气收集工艺在高安屯填埋场异味治理工作中的应用	北京市朝阳区垃圾无害化处理中心	吴选辉 王志茹 陆玉梅 秦福浩 任继民
154	2009 工 -3 -001	火山岩气藏精细描述与开发优化设计技术	中国石油天然气股份有限公司勘探开发研究院	宋新民 胡永乐 冉启全 童 敏 王拥军 闫 林
155	2009 工 -3 -002	陕京天然气管道完整性保障技术与应用研究	中石油北京天然气管道有限公司	韩忠晨 董绍华 王联伟 葛爱天 李 安 王永发
156	2009 工 -3 -003	乘用子午线轮胎全自动二次法成型机组及其应用项目	北京敬业机械设备有限公司	刘尚勇 纪 胜 黄 静 李俊明 赵卫红 李世平
157	2009 工 -3 -004	凝结水精处理技术的研究与应用	中国华电工程(集团)有限公司 华电水处理技术工程有限公司	王正平 李永明 马骏彪 彭桂云 沈建永 周保卫
158	2009 工 -3 -005	可循环再生资源(PLA 纤维)针织服装的研制	北京铜牛集团有限公司	漆小瑾 胡 静 黄小云 雷宝玉 祁 材 吴玉峰
159	2009 工 -3 -006	首钢大规格高强度钢绞线用钢的研制	首钢总公司	钱 凯 王全礼 周 德 李永东 孔祥涛 叶少峰
160	2009 工 -3 -007	首钢Ⅲ型无料钟炉顶装备技术	北京首钢国际工程技术有限公司 河北省首钢迁安钢铁有限责任公司	徐 凝 苏 维 靳 伟 张福明 张 建 马金芳
161	2009 工 -3 -008	非微合金化 HRB400 钢筋生产技术研究	首钢总公司	王全礼 鲁丽燕 李艳平 周玉丽 刘志忠 张永青
162	2009 工 -3 -009	高光谱遥感技术在油气勘探中的应用	北京理工大学 廊坊开发区中油油田科技工贸有限责任公司	倪国强 阎世信 陈志勇 许廷发 胡 杰 刘京晶
163	2009 工 -3 -010	聚乙烯醇干法造粒及吹膜技术	北京工商大学 河北方盛塑业有限公司	项爱民 许国志 康智勇 王建超 王向东 张玉霞

续表

序号	获奖编号	项目名称	完成单位	主要完成人
164	2009 工－3－011	极浅海软地基钻井平台研制	中国石油集团海洋工程有限公司	洪学福 张劲松 赵建亭 孙培东 韦嗣超 吴 堃
165	2009 材－3－001	4 英寸低位错锗单晶	北京有色金属研究总院	苏小平 杨 海 冯德伸 黎建明 李 楠 闵振东
166	2009 材－3－002	半导体溅射靶材及电真空钎焊材料制品的产业化关键技术研究与集成	北京有色金属与稀土应用研究所	张 昆 王 炜 马会斌 陈晓宇 史秀梅 张国清
167	2009 材－3－003	脱硫石膏的综合利用	北京金隅集团有限责任公司 中国矿业大学(北京) 北京金企投资管理有限公司	王肇嘉 段鹏选 张增寿 何光明 王栋民 郝俊山
168	2009 材－3－004	锂离子电池用锰酸锂正极材料的产业化	清华大学 北京工业大学 广州鸿森材料有限公司	邱新平 夏定国 申国培 朱文涛 郑 曦
169	2009 材－3－005	复合材料细观结构与力学性能设计理论	北京工业大学 中国科学院理化技术研究所	杨庆生 付绍云 雷 钧
170	2009 材－3－006	镍基水升华器用多孔柱体	北京市粉末冶金研究所有限责任公司	余培良 吴振芳 尹凤霞 曹宇杰 袁汝海 徐 铎
171	2009 材－3－007	纳米材料与技术在口岸检测中的应用	北京出入境检验检疫局 中国科学院电子学研究所 中国科学院化学研究所 中国疾病预防控制中心传染病预防控制所	赖平安 魏传忠 蔡新霞 高明远 汪 琳 柏亚铎
172	2009 制－3－001	高性能宽带钢连续电镀锡生产线的研制开发	北京机械工业自动化研究所	吴小兵 刘 新 张锡东 霍大维 周春临 刘宽信
173	2009 制－3－002	CS－100CN 纸币清分机	北京同方清芝商用机器有限公司	吴 卫 潘必健 姜开亮 汪晓明 林 伟 李森树
174	2009 制－3－003	时代逆变埋弧焊机	北京时代科技股份有限公司 北京航空航天大学 北京工业大学	赵智江 齐铂金 李 力 黄鹏飞 胡清阳 韩 丹
175	2009 制－3－004	新型全封闭大储量圆形料场系统开发及应用	中国华电工程(集团)有限公司 华电重工装备有限公司	王汝贵 白绍桐 李玉民 叶 阜 杨 涛 黄亚夫
176	2009 制－3－005	数字化直接制版机	北京中印周晋科技有限公司	石俊民 郭 巍 石建华 赵培荣 褚庭亮
177	2009 制－3－006	SH 连续墙液压抓斗成槽机系列	北京市三一重机有限公司	黎中银 许晓东 房俊生 赵文武 张福鹏 项腾飞
178	2009 制－3－007	基于可重构技术的高效缝制设备控制系统的研发与产业化	北京兴大豪科技开发有限公司	张兴国 谭 庆 赵玉岭 游文祥 付小根 茹水强

续表

序号	获奖编号	项目名称	完成单位	主要完成人
179	2009 制 - 3 - 008	制动器振动噪声研究	清华大学	管迪华 陈小悦 朱新潮 蒋东鹰 宿新东 林 建
180	2009 制 - 3 - 009	JZ - 660 多晶铸锭炉	北京京运通科技股份有限公司	张志新 王 军 李占贤 袁 静
181	2009 基 - 3 - 001	珍珠母的微结构及其强韧化机制研究	中国科学院力学研究所	宋 凡 白以龙
182	2009 基 - 3 - 002	科技考古研究的若干进展	中国科学院研究生院	王昌燧 胡耀武 杨益民 朱 剑 吴 妍 魏国锋
183	2009 基 - 3 - 003	代数几何中的向量丛	中国科学院数学与系统科学研究院	孙笑涛
184	2009 基 - 3 - 004	复杂数据统计分析的方法与理论	中国科学院数学与系统科学研究院	王启华
185	2009 软 - 3 - 001	北京市基本医疗保险和工伤保险用药调查与防止滥用对策研究	中国人民解放军305医院 首都医科大学附属北京天坛医院 北京市医疗保险事务管理中心 首都医科大学附属北京同仁医院 北京药学会 北京协和医院	贡联兵 赵志刚 黄旭明 郑 杰 赵秀丽 薛立宁
186	2009 软 - 3 - 002	我国国家创新能力建设发展政策及措施研究	中国科学院科技政策与管理科学研究所	穆荣平 许 勤 刘艳荣 孟宪棠 连燕华 沈竹林
187	2009 软 - 3 - 003	铁路基础设施收费定价管理规则及相关问题的研究	中国铁道科学研究院铁道科学技术研究发展中心 中国铁道科学研究院运输及经济研究所	王 烈 任 民 盛 洪 金 颖 梁 倩 何 莹
188	2009 软 - 3 - 004	中国可再生能源配额制政策实施机制研究	国家发展和改革委员会能源研究所	任东明 张正敏 陶 冶 张庆分 秦世平
189	2009 软 - 3 - 005	精神障碍综合干预 - 北京地区抑郁障碍现状和相关服务的现况调查	首都医科大学附属北京安定医院 北京回龙观医院 北京大学精神卫生研究所	蔡焯基 马 辛 曹连元 李淑然 费立鹏 李占江
190	2009 软 - 3 - 006	小额林权抵押贷款及森林保险研究	清华大学	宋逢明 王 珺 冷慧卿 高 峰 孙霄翀 马菁蕴
191	2009 软 - 3 - 007	农村生活垃圾源头分类、资源化利用模式研究	北京市农村经济研究中心	冯建国
192	2009 软 - 3 - 008	北京都市工业在四大功能区的发展定位研究	北京市社会科学院 北京市经济和和信息化委员会(原北京市工业促进局) 北京方迪经济发展研究院	赵 弘 张兰青 李 志 孙学军 赵燕霞 张静华
193	2009 软 - 3 - 009	医疗救助与新农合衔接问题研究	卫生部卫生经济研究所	张振忠 顾雪非 李新伟 毛正中 王云屏
194	2009 科普 - 3 - 001	白金十分钟——急救技术普及篇	解放军总医院第一附属医院	何忠杰 王永刚 彭国球 胡辉莹 黄立锋 王宇玫

1985—2009 年北京地区专利申请一览表

日期(年) \ 项目	发　明	实用新型	外观设计	合计
1985	754	720	66	1540
1986	535	1091	66	1692
1987	523	1796	106	2425
1988	702	2494	146	3342
1989	742	2408	194	3344
1990	830	3214	240	4284
1991	1023	3324	277	4624
1992	1340	4493	483	6316
1993	1483	4931	558	6972
1994	1506	4666	680	6852
1995	1252	4372	738	6362
1996	1441	4255	899	6595
1997	1677	3668	968	6313
1998	1754	3444	1123	6321
1999	2062	4045	1616	7723
2000	3409	4984	1951	10344
2001	4984	5114	2076	12174
2002	5785	5920	2137	13842
2003	7833	6665	2505	17003
2004	8608	6321	3473	18402
2005	12102	6940	3530	22572
2006	14226	8200	4129	26555
2007	18763	8819	4098	31680
2008	28394	11157	3957	43508
2009	29326	15424	5486	50236

资料来源:北京市知识产权局

1985—2009年北京地区专利授权一览表

日期(年) 项目	发　明	实用新型	外观设计	合计
1985	23	20	9	52
1986	20	388	31	439
1987	102	630	44	776
1988	169	1147	60	1376
1989	207	1497	85	1789
1990	216	1932	120	2268
1991	263	1917	189	2369
1992	312	2724	229	3265
1993	530	4780	496	5806
1994	368	3245	301	3914
1995	328	3169	528	4025
1996	246	2563	486	3295
1997	281	2340	706	3327
1998	309	2522	969	3800
1999	573	3948	1308	5829
2000	1074	3463	1368	5905
2001	946	3600	1700	6246
2002	1061	3721	1563	6345
2003	2261	4244	1743	8248
2004	3216	3956	1833	9005
2005	3476	4498	2126	10100
2006	3864	5490	1884	11238
2007	4824	7364	2766	14954
2008	6478	8776	2493	17747
2009	9157	10141	3623	22921

资料来源:北京市知识产权局

2000—2009年北京市区县专利申请一览表

单位:件

年度 区县	2000	2001	2002	2003	2004	2005	2006	2007	2008	2009
海淀	3882	5430	6219	8489	8230	9665	11312	13604	20899	22850
朝阳	2270	2468	2715	2905	3913	5066	5520	6295	7413	9618
丰台	650	678	906	893	918	1545	1734	2039	2343	2542
西城	841	943	820	890	890	1080	1389	2226	2579	2858
东城	514	728	567	714	754	895	1377	1513	2419	2359
宣武	436	386	428	461	414	422	553	491	524	555
崇文	269	182	327	408	856	930	722	272	234	237
石景山	209	219	225	277	232	302	397	412	1762	2045
大兴	271	331	415	459	644	828	798	1349	1958	2195
昌平	260	254	370	383	494	735	1169	1226	1449	222
通州	207	185	206	293	368	307	543	683	827	1207
房山	159	112	139	122	192	163	241	315	277	320
顺义	86	100	127	139	173	185	439	272	446	449
怀柔	67	116	104	134	121	125	124	163	132	363
密云	50	58	58	53	36	45	66	112	79	139
门头沟	50	44	43	56	53	81	74	615	59	114
平谷	36	19	38	25	43	52	41	44	76	107
延庆	34	33	32	37	52	45	56	42	28	57
其他	53	-112	103	265	19	101	0	7	4	0
合计	10344	12174	13842	17003	18402	22572	26555	31680	43508	50236

资料来源:北京市知识产权局

2002—2009年北京市区县专利授权一览表

单位:件

区县＼年度	2002	2003	2004	2005	2006	2007	2008	2009
海淀	2337	2883	4076	4399	5137	6160	7563	10697
朝阳	1506	1576	1881	2295	2416	3174	3764	4464
丰台	486	422	446	465	667	850	1129	1233
西城	473	339	508	514	591	850	1008	1316
东城	406	294	433	498	487	839	901	1198
宣武	184	217	274	207	262	344	290	296
崇文	103	110	115	118	123	158	140	142
石景山	139	106	120	136	192	207	266	377
大兴	248	233	361	386	389	734	841	1004
昌平	147	196	256	324	372	627	737	857
通州	118	131	176	223	192	275	403	481
房山	91	92	77	100	110	155	194	165
顺义	68	82	99	116	100	265	195	340
怀柔	63	101	50	99	92	96	112	117
密云	23	39	20	26	19	48	87	80
门头沟	23	38	33	32	47	61	57	64
平谷	11	22	12	32	15	40	26	58
延庆	23	16	24	27	27	39	32	32
其他	-104	1351	44	103	0	32	2	0
合计	6345	8248	9005	10100	11238	14954	17747	22921

资料来源:北京市知识产权局

附录

Appendix

北京市科技管理机构

中关村国家自主创新示范区领导小组

The Leading Group of Zhongguancun National Innovation Demonstration Zone

为贯彻落实《国务院关于同意支持中关村科技园区建设国家自主创新示范区的批复》(国函[2009]28号)精神,推进中关村国家自主创新示范区建设工作,经市政府同意,将建设中关村科技园区领导小组更名为中关村国家自主创新示范区领导小组,为市政府议事协调机构。领导小组办公室设在中关村管委会,具体承担日常工作。

组　长:郭金龙　市长

副组长:赵凤桐　市委常委、市委教工委书记

荀仲文　副市长

成　员:张志伟　市委组织部副部长

张　工　市发展改革委主任

刘利民　市教委主任

闫傲霜　市科委主任

朱　炎　市经济信息化委主任

杨晓超　市财政局局长

张欣庆　市人力社保局局长

魏成林　市国土局局长

黄　艳　市规划委主任

隋振江　市住房城乡建设委主任

刘小明　市交通委主任

卢　彦　市商务委主任

王　东　市国资委主任

王晓明　市地税局局长

张志宽　市工商局局长

赵长山　市质监局局长

冯俊科　市版权局局长

苏　辉　市统计局局长

霍学文　市金融局副局长

刘振刚　市知识产权局局长

周继东　市政府法制办主任

郭　洪　中关村管委会主任

张伯旭　北京经济技术开发区管委会主任

杨艺文　东城区区长

张建东　西城区区长

牛青山　崇文区区长

王　刚　宣武区区长

程连元　朝阳区区长

林抚生　海淀区区长

游广斌　丰台区代区长

周茂非　石景山区区长

刘云广　门头沟区区长

祁　红　房山区区长

邓乃平　通州区区长

刘　剑　顺义区代区长

李长友　大兴区区长

金树东　昌平区区长

邱水平　平谷区区长

池维生　怀柔区区长

刘福志　密云县县长

孙文锴　延庆县县长

孔繁琪　市国税局副局长

杨国中　人民银行营业管理部主任

楼文龙　北京银监局局长

刘春旭　北京证监局局长

丁小燕　北京保监局局长

周其凤　北京大学校长

顾秉林　清华大学校长

何　岩　中科院北京分院党组书记

干　勇　钢铁研究总院院长

屠海令　北京有色金属研究总院院长

柳传志　联想控股有限公司总裁

邓中翰　中星微电子有限公司董事长

王小兰　中关村协会联席会主席

北京市科学技术委员会

Beijing Municipal Science and Technology Commission

根据中共中央、国务院批准的北京市人民政府机构改革方案和《北京市人民政府关于机构设置的通知》(京政发[2009]2号),设立北京市科学技术委员会(简称市科委)。市科委是负责本市科技工作的市政府组成部门。主要职责是:

(一)贯彻落实国家关于科技工作方面的法律、法规、规章和政策,起草本市相关地方性法规草案、政府规章草案,组织拟订科技发展和科技促进经济社会发展的政策,并组织实施。

(二)组织拟订本市科技发展中长期规划、年度计划,并组织实施;研究提出科技发展布局和优先发展领域;推动科技创新体系和科技服务体系建设,促进科技服务业发展;推进科技北京建设。

(三)组织制定本市应用基础研究、高新技术发展以及重大科技成果应用研究的政策措施;负责统筹协调应用基础研究、前沿技术研究、重大社会公益性技术研究及关键技术、共性技术研究;牵头组织科技促进经济社会发展的重大关键技术攻关。

(四)会同有关部门组织科技重大专项实施中的方案论证、综合平衡、评估验收和配套政策制定,对科技重大专项实施中的重大调整提出意见;负责科技重大专项和重大科技产业工程的组织实施。

(五)制定政策引导类科技计划并指导实施;会同有关部门拟订本市高新技术企业发展、高新技术产业化的相关政策,参与拟订科技金融促进工作的相关政策;提出科研条件保障规划和政策建议;推进科研条件平台建设和科技资源共享。

(六)组织制定本市科技促进农村和社会发展的政策措施,促进以改善民生为重点的农村建设和社会建设;指导可持续发展实验区的建设和发展。

(七)会同有关部门拟订本市促进产学研结合的相关政策,制定科技成果推广政策,指导科技成果转化工作;组织相关重大科技成果应用示范,推动企业自主创新能力建设。

(八)研究制定本市科技体制改革的政策措施;建立健全科技创新体制和机制;研究制定建立新型研究开发机构的政策;按规定审核相关科研机构的组建和调整,优化科研机构布局。

(九)负责本部门预算中的科技经费预决算及经费使用的监督管理;会同有关部门提出科技资源合理配置的政策和措施建议,优化科技资源配置。

(十)制定本市科普工作规划和政策;制定促进技术市场、科技中介组织发展的政策措施;负责技术市场、科技保密管理工作和科技奖励组织实施工作;负责科技信息、科技统计和科技期刊管理工作。

(十一)研究制定本市科技合作交流政策;负责科技外事工作;负责与港澳台的科技合作与交流;会同有关部门组织技术出口和技术引进等工作。

(十二)负责本市科技人才资源的合理配置,会同有关部门拟订科技人才队伍建设规划,提出政策建议。

(十三)承办市政府交办的其他事项。

主　任:闫傲霜
副主任:杨伟光　朱世龙　张继红
　　　　丁　辉(兼任)　田小平(兼任)
纪检组长:李京瑞
委　员:陈力工　张　虹　刘　晖
地　址:北京市西城区西直门南大街16号
邮　编:100035
电　话:66153395
网　址:www. bjkw. gov. cn

内部机构设置:

办公室

负责机关政务工作;负责文电、会务、机要、档案等机关日常运转工作;承担信息、信访、议案、建议、提案、安全、保密、政府信息公开、电子政务、机关财务和资产管理等工作；承担重要事项的组织和督查工作。

电　话:66153395

政策法规与体制改革处

负责机关推进依法行政综合工作；起草科技方面的地方性法规草案、政府规章草案；负责行政执法工作的监督、指导和协调；承担行政复议、应诉的有关工作；承担机关行政规范性文件的合法性审核和有关备案工作；会同有关方面推进科技创新体系建设和科技体制改革，拟订促进产学研结合和促进科技领域知识产权创造的政策措施；按规定承担相关科研机构的组建和调整的审核；负责北京地区科技研究开发机构认定和科技类民办非企业单位的业务审核。

电　话:66153406

发展计划处

研究提出本市科技发展的布局和优先发展领域，组织拟订科技发展中长期规划和年度计划；提出科技计划的协调、综合平衡和经费配置的建议；会同有关方面提出重大创新基地建设规划建议；拟订科技成果和科技项目管理的政策措施；负责本市科技奖励组织实施和科技统计、科技信息和科技期刊管理；会同有关方面组织技术出口和技术引进。

电　话:66153416

重大专项办公室

会同有关方面拟订本市科技重大专项实施办法，审核实施计划，协调解决重大问题，组织评估和验收；承担对接国家科技重大专项的相关协调工作；负责重大科技需求调研；承担科技北京建设和科教方面的相关工作。

电　话:66174050

条件财务处

提出本市科研条件保障的规划和政策建议，推进科研条件平台建设和科技资源共享；会同有关方面提出科技资源合理配置的政策建议；参与开展科技金融促进工作；编制本部门预算中的科技经费预决算，并监督预算的执行；参与拟订科技经费管理办法；监督、指导所属单位财务和国有资产管理工作。

电　话:66153407

高新技术产业化处

拟订本市相关领域高新技术发展及产业化的科技规划和政策；组织实施相关领域高新技术研究发展计划和政策引导类科技计划；承担中关村国家自主创新示范区建设相关工作；推动科技创新创业服务体系建设；推动科技成果转化及企业技术创新能力提升；促进科技服务业和文化创意产业发展；负责高新技术产业孵化基地认定和高新技术企业、自主创新产品认定；指导技术市场管理工作。

电　话:66153439

先进制造与自动化处

拟订本市先进制造技术领域、信息技术领域、新材料领域及空间技术领域科技发展的规划和政策；组织实施相关领域高技术研究发展计划；负责组织推进相关领域重点实验室（基地）建设；促进相关领域科技服务业的发展。

电　话:66153438

生物医药处

拟订本市生物工程、新医药产业、医疗卫生及食品安全领域科技发展的规划和政策；组织实施相关领域高技术研究发展计划；制定实验动物管理的政策措施；负责实验动物安全监管工作；负责组织推进相关领域重点实验室（基地）建设；促进相关领域科技服务业的发展；承担生物工程和新医药产业方面的有关科技工作。

电　话:66153451

农村科技发展处

拟订本市科技促进农村发展的规划和政策；组织实施相关领域高技术研究发展计划；负责组织推进相关领域重点实验室（基地）建设；促进相关领域科技服务业的发展；推动农村科技进步；指导相关重大科技成果应用示范；指导农业科技园区的有关工作。

电　话:66153402

社会发展处

拟订本市社会发展领域科技发展的规划和政策；组织实施相关领域高技术研究发展计划；负责组织推进相关领域重点实验室（基地）建设；促进相关领域科技服务业的发展；推动新能

源和节能环保产业的发展;推进科技对城市建设与管理的支持;指导可持续发展实验区的建设和发展。

电　话:66153392

科技宣传与软科学处(北京市人民政府专家顾问团办公室)

负责本市科普工作,拟订科普工作的规划和政策;负责科技宣传、新闻发布工作;负责软科学研究工作;承担市政府专家顾问团的有关工作;承担综合性文稿起草和地方志、年鉴编纂工作。

电　话:66153431

国际科技合作处

组织拟定本市国际科技合作交流政策;组织实施国际科技合作交流计划;按规定负责在京举办国际性科技学术会议、出国举办科技展览会和邀请外国人员来华进行科技活动的有关工作;承办与港澳台的科技合作交流事宜;负责机关及所属单位的外事工作。

人事教育处

负责机关及所属单位的人事、机构编制和离退休工作;会同有关方面拟订本市科技人才队伍建设的政策措施;负责自然科学研究系列专业技术职务任职资格评定工作;组织实施科技新星计划。

电　话:66153409

机关党委

负责机关及所属单位的党群工作。

电　话:66153410

工　会

负责机关及所属单位的工会工作。

电　话:66153413

纪检、监察处

纪检、监察机构按有关规定派驻。

电　话:66153442

中关村科技园区管理委员会

Administrative Committee of Zhongguancun Science Park

中关村科技园区管理委员会(简称中关村管委会)是负责对中关村科技园区(包括海淀园、丰台园、昌平园、电子城、亦庄园、德胜园、石景山园、雍和园、大兴生物医药产业基地、通州园,以下简称园区)发展建设进行综合指导的市政府派出机构,其主要职责是:

(一)贯彻落实国家有关法律法规和政策,研究提出园区的发展战略和规划,组织研究园区相关改革方案,促进可持续发展。

(二)研究拟定园区发展和管理的相关政策,参与起草相关地方性法规、规章草案。

(三)参与组织编制园区有关空间规划和产业规划。

(四)协调整合各类创新资源,开展高新技术研发及其成果产业化、投融资、人才资源、中介组织、知识产权保护、数字园区建设等方面的促进和服务工作。

(五)配合协调有关机构为园区企业提供世界贸易组织事务方面的服务,促进园区企业开展国际贸易。

(六)承担园区外事、宣传、联络和留学人员创业服务等工作。

(七)负责管理市财政拨付的园区发展专项资金,并协助有关部门监督专项资金的使用。

(八)指导各园的工作,承担建设中关村科技园区领导小组及其办公室的日常工作,负责园区企业家咨询委员会及园区内各类协会组织的联系工作。

(九)承办市政府交办的其他事项。

党组书记:赵凤桐

党组副书记:郭　洪

主　任:郭　洪

副主任:李石柱　周云帆　廖国华　杨建华

纪律检查组组长:蒋苏生

委　员:张茂盛　于凤英　李　翔

地　址:北京市海淀区苏州街 36 号

邮　编:100080

电　话:82690500

传　真:82690506

网　址:www.zgc.gov.cn

内部机构设置：

办公室

负责本机关的政务工作；负责公文处理、信息、议案、建议、提案和信访、档案、保密工作，以及重要会议、活动的组织工作；负责重要文件和会议决定事项的督查工作；负责机关联络接待、服务保障、安全保卫等工作。

电　话：82690500

传　真：82690506

产业发展促进处

参与研究和制订园区产业规划和政策，督促落实发展高新技术企业的各项政策；参与重大高新技术成果产业化项目的认定；协调园区技术研发，重大高新技术企业项目的引进和扶持工作；受国家有关部门委托，负责组织园区企业科研项目和专项资金的申报工作；负责协调园区对外经贸工作。

电　话：82690618

规划建设协调处

研究制订园区发展规划并协调组织实施；参与组织编制园区的空间规划、土地利用规划和生态规划等工作；负责园区重大建设项目信息的收集和分析。

电　话：82690605

传　真：82690419

投融资促进处

负责研究提出园区投融资体系建设方案；研究分析园区投融资发展状况，并提出政策建议，搭建园区投融资政策平台；推动园区企业的股权交易和上市融资工作；组织协调投融资机构为园区产业发展提供支持，发展适合园区企业的多种融资方式，促进科技与金融的结合。

电　话：82690614

传　真：82691705

人才资源处

研究提出园区人才资源发展战略规划和人才市场体系建设的建议；研究拟定园区吸引人才的有关政策，并协调组织实施；负责园区有关留学人员创业的服务工作。

电　话：82691728

中介服务体系建设处

研究提出园区行业协会、中介组织的发展规划，组织制定有关政策；促进园区中介组织发展、信用体系建设等工作。

电　话：82690610

传　真：82691707

信息化工作处

组织研究提出园区信息化建设规划并协调推进实施；负责园区信息统计数据的综合分析利用；负责协调建立统一的园区信息管理与服务体系、预测预导系统、经济运行和企业评测系统；负责管理园区的网站建设，推进园区电子政务和数字园区建设工作。

电　话：82690688

传　真：82691710

国际交流合作处

负责园区的国际交流与合作工作；负责园区派遣人员因公临时出国（境）和邀请外国经贸科技人员来华事项的审批工作；负责园区驻海外联络处的建设、联络和管理工作。

电　话：82690607

传　真：82690633

研究室（世界贸易组织事务与知识产权工作处）

负责园区体制和机制创新及其配套改革措施的研究工作；组织研究园区发展建设中的重要问题，并提出相关对策、建议；负责协调园区知识产权促进和保护工作；配合协调有关机构为园区企业提供有关世界贸易组织事务方面的服务；组织起草贯彻落实《中关村科技园区条例》的有关配套政策，并监督实施。

电　话：82691701

宣传处

负责园区宣传工作，制定园区宣传方案并组织实施；组织园区新闻发布会；组织园区重要活动、重要工作的新闻报道工作。

电　话：82690510

传　真：82690508

财务处

负责园区发展专项资金预算编制和管理工作；协助有关部门监督专项资金的管理使用；负

责园区的建设与发展专项资金的内部审计工作;负责本机关的财务工作。

电　话:82690416

传　真:82690416

人事处

负责中关村管委会机关及所属单位的干部、人事及机构编制管理工作。

电　话:82690500

传　真:82690506

监察处

履行派驻纪检监察机构职责。

电　话:82690518

传　真:82691702

机关党委

负责本机关及直属单位的党群工作。

电　话:82690418

北京市知识产权局

Beijing Intellectual Property Office

北京市知识产权局工作内容和主要职责:

(一)负责组织协调本市保护知识产权工作,推动知识产权保护工作体系建设;会同有关部门建立知识产权执法协作机制,开展有关的行政执法工作;开展知识产权保护的宣传工作。

(二)贯彻落实国家关于专利工作方面的法律、法规、规章和政策;起草本市相关地方性法规草案、政府规章草案,拟订专利工作的政策措施、发展规划和工作计划,并组织实施;会同有关部门拟订并组织实施首都知识产权战略和规划。

(三)承担规范本市专利管理基本秩序的责任。依法处理、调解专利纠纷,查处假冒专利行为;依法监督管理专利代理机构,推进专利中介服务体系建设。

(四)会同有关部门促进本市知识产权产业发展;指导和规范专利技术市场,管理专利权转让合同、专利实施许可合同和专利申请权转让合同备案工作;会同有关部门指导和规范知识产权无形资产评估;推动专利权质押工作。

(五)负责本市专利信息公共服务体系的建设,会同有关部门推动专利信息的传播利用;负责组织建立知识产权预警应急机制;承担专利统计工作。

(六)统筹协调本市涉外知识产权事宜,开展专利工作的国际联络、合作与交流活动。

(七)组织开展专利方面法律法规、政策的宣传普及工作;组织制定本市有关知识产权的教育与培训工作规划,并组织实施。

(八)承办市政府交办的其他事项。

局　长:刘振刚

副局长:王淑贤　潘新胜　周　砚

党组书记:刘振刚

纪检组长:刘卫东

副巡视员:付晓辉　杨久明

地　址:北京市西城区德胜门东大街8号东联大厦二层

邮　编:100009

电　话:84080086

网　址:www.bjipo.gov.cn

内部机构设置:

办公室(国际合作处)

负责机关政务工作;负责文电、会务、机要、档案等机关日常运转工作;承担信息、信访、议案、建议、提案、安全、保密、政府信息公开等工作;负责重要事项的组织和督查工作;组织开展知识产权宣传工作;负责编制部门预决算,管理机关财务及国有资产;负责监督指导所属单位财务和国有资产管理工作;开展专利工作的国际联络、合作与交流活动。

电　话:84080086

电子邮箱:bangs@bjipo.gov.cn

政策法规处

拟订本市专利工作发展规划和工作计划;组织研究知识产权方面的重大问题和国外知识产权发展动态;承担拟订本市知识产权发展战略和规划的有关工作;负责机关推进依法行政综合工作;起草专利方面的地方性法规草案、政府规章草案;负责行政执法工作的监督、指导和协调;承担行政复议、应诉的有关工作;承担机关行政规范性文件的合法性审核和有关备案工作。

电　话:84080090

电子邮箱:tiaofachu@ bjipo. gov. cn

知识产权协调处

承担组织协调全市保护知识产权的有关工作;承担知识产权执法协作机制的相关工作;协调、督办重大侵犯知识产权案件;承担实施本市知识产权战略和规划的有关工作;统筹协调涉外知识产权事宜;承担北京市知识产权办公会议的有关工作。

电　话:84080092

电子邮箱:xietiaochu@ bjipo. gov. cn

产业促进处

承担推动本市知识产权产业发展的有关工作;拟订促进企事业单位专利工作的政策措施并组织实施;指导企事业单位、行业联盟应对有关知识产权纠纷;指导和规范专利技术市场有关工作,促进专利商用化,承担专利权转让合同、专利实施许可合同和专利申请权转让合同备案管理工作。

电　话:84080080

电子邮箱:shishichu@ bjipo. gov. cn

专利管理处

拟订本市专利中介服务体系发展的政策措施并组织实施;依法管理专利代理机构和专利代理人;承担指导和规范知识产权无形资产评估的有关工作;推动专利权质押工作;指导和监督本市专利信息公共服务体系建设工作,组织建立知识产权预警应急机制;拟订有关知识产权的教育与培训工作规划,并组织实施;指导有关行业协会、社会团体的专利工作;承担专利统计工作。

电　话:84080096

电子邮箱:guanlichu@ bjipo. gov. cn

专利执法处

拟订本市专利行政执法的措施办法;负责专利行政执法体系建设工作;依法处理、调解专利纠纷,查处假冒专利行为;统筹协调商品流通领域、展会的知识产权保护工作。

电　话:84080098

电子邮箱:zhifachu@ bjipo. gov. cn

人事处

负责机关及所属单位的人事、机构编制等工作;承担本市专利代理、知识产权管理从业人员的专业技术职务评定有关工作;负责机关及所属单位离退休人员的管理与服务工作。

电　话:84080020

电子邮箱:renshichu@ bjipo. gov. cn

监察处

按市纪委有关规定派驻。

电　话:84080110

电子邮箱:jianchachu@ bjipo. gov. cn

机关党委(工会)

负责机关及所属单位的党群工作。

电　话:84080082

北京市科学技术协会

Beijing Association for Science and Technology

北京市科学技术协会是北京地区科学技术工作者的群众组织,是中国共产党北京市委员会领导下的人民团体,是中国科学技术协会的地方组织,接受中国科学技术协会的业务指导。北京市科学技术协会成立于1963年7月,现有学会155个,基金会14个,区县科协18个,基层组织196个,拥有以科学家、工程师为主体的会员32万余人。北京市科学技术协会始终坚持科学发展,在发挥桥梁纽带作用、繁荣学术交流、普及科学技术、促进科技人才成长和提高、促进科技与经济相结合、建设科技工作者之家等方面做了大量卓有成效的工作。特别是科技周、科普日、学术月、金桥工程、科学技术专家季谈会、青少年科技创新大赛等活动,在首都科技界和公众中具有一定的影响。科协在实施科教兴国和可持续发展战略中,发挥了重要的不可替代的作用,为首都经济建设、科技进步和社会发展作出了重要贡献。

主　席:顾秉林

常务副主席:田小平

副主席:马国馨　方智远　王志珍
　　王渝生　田　文　许达哲

许健民　刘德培　范伯元
林建华　周立军　贺福初
赵继林　贺慧玲　殷　琼

党组书记:田小平

秘 书 长:吕家香

地　址:北京市朝阳区小营育慧里4号

邮　编:100101

电　话:84635008

传　真:84655007

网　址:www.bast. cn. net

内部机构设置:

办公室

负责公文处理、信息、档案、机要、保密、来信来访、安全保卫工作以及重大活动和重要会议的组织协调工作;负责重大决定事项的督察工作;负责本机关的法律事务,指导市科协系统维护科技工作者的合法权益工作,参与北京市有关法规的拟定工作。

电　话:84655007

电子信箱:bastbgsh@ bjkp. gov. cn

调研宣传部

负责市科协科学决策工作,组织决策咨询活动,协调征集、上报科技工作者建议,开展重大课题调查研究,承办上级有关部门交办的调研任务;负责市科协相关重要文件、报告和领导讲话的起草工作,提出、拟定市科协发展战略;负责市科协的宣传工作和新闻报道工作,编辑《北京科协》;负责市科协系统精神文明建设工作。

电　话:84644973

电子邮箱:bastxcbu@ bjkp. gov. cn

学会部

负责市科协学术交流工作,协调组织综合性、多学科、多领域的重点学术活动,指导开展市科协系统学术交流活动;负责对市科协所主管的学会、基金会进行监督管理及业务指导,协调落实"枢纽型"社会组织的任务;负责市科协青年科技人才培养工作,指导学会开展继续教育、办好学术期刊;协调落实自然科学界、社会科学界联席会议相关工作。

电　话: 84644977

电子邮箱:bastxhbu@ bjkp. gov. cn

科普部

负责贯彻落实国家有关科普工作的方针、政策,制定市科协系统科普工作规划;负责联系、指导区县科协、基层组织的工作,组织开展全市性重大科普活动,指导基层科协开展科普活动;负责市科协科普资源共建共享工作,指导基层科普场馆及设施的利用,建设科普志愿者队伍,承办科普表彰奖励工作;承担全民科学素质纲要实施办公室日常工作,督查落实议定事项。

电　话:84634995

电子邮箱:bastkpbu@ bjkp. gov. cn

人事部

负责本机关干部队伍建设工作;负责本机关的人事管理工作;指导直属单位人事管理工作;负责离(退)休人员管理和服务工作;负责协调市科协系统的人才工作;指导市科协系统的组织建设工作。

电　话:84644971

电子邮箱:bastrsch@ bjkp. gov. cn

计划财务部

负责编制机关行政事业费及有关专项经费的预、决算;负责对直属事业单位的财务工作进行指导、监督、审计;负责机关财务及固定资产管理;负责本系统综合统计工作。

电　话:84634998

电子邮箱:bastjcch@ bjkp. gov. cn

机关党委

负责北京市科协机关及所属事业单位的党群工作。

电　话: 84634972

电子邮箱:bastjgdw@ bjkp. gov. cn

国际联络部

负责管理、指导、组织、协调市科协机关及事业单位的外事工作;负责市科协系统的民间国际科技交流与合作;负责组织、协调市科协系统同香港、澳门特别行政区、台湾地区的科学技术交流活动;承办上级部门交办的主要负责开展北京市科协系统的民间国际科技交流与合作;负责组织、协调北京市科协系统同香港、澳门特别行政区、台湾地区的科学技术交流活动；
负责相关及所属事业单位外事工作。

电　话：84644978
电子邮箱：bastgjbu@ bjkp. gov. cn

北京市区县科学技术委员会一览表

The Districts and Counties Science and Technology Commission under Beijing Municipality

单位名称	主　任	电　话 传　真	通讯地址	邮　编	网　址
东城区科学技术委员会	彭　湘	64041867 64009160	东城区藏经馆胡同 11 号	100007	www. dchst. com
西城区科学技术委员会	黄　勇	68010702 68025832	西城区月坛北街甲 1 号—4	100037	www. bjxchst. gov. cn
崇文区科学技术委员会	孙占军	87556016 67110312	崇文区幸福大街 32 号	100061	www. cwkw. gov. cn
宣武区科学技术委员会	张炳田	83528820 83528160	宣武区育新街 2 号	100054	xwkj. bjxw. gov. cn
海淀区科学技术委员会	王际祥	62325613 62318521	海淀区北四环中路 281 号	100083	www. hdkw. gov. cn
朝阳区科学技术委员会	王先勇	65099678 65099677	朝阳区日坛北街 33 号	100020	www. chykw. gov. cn
丰台区科学技术委员会	崔言超	83656411 83656412	丰台区文体路 2 号	100071	www. ftti. gov. cn
石景山区科学技术委员会	王亚迅	68863659 88910825	石景山区八角西街 40 号	100043	sjskw. bjsjs. gov. cn
通州区科学技术委员会	季志会	89526630 69546592	通州区通胡大街 78 号京贸中心 3 层	101101	www. bjtzst. gov. cn
顺义区科学技术委员会	李国震	69443483 69449347	顺义区光明南街 24 号	101300	www. kw. bjshy. gov. cn
门头沟区科学技术委员会	张文波	69865984 69843260	门头沟区新桥大街 40 号	102300	mtg. nczx. cn
房山区科学技术委员会	张海鹏	89350219 89364790	房山区良乡政通东路 1 号	102488	kw. bjfsh. gov. cn
昌平区科学技术委员会	于　泓	69713054 69700663	昌平区东关二条科技中心大楼	102200	www. bjchp. gov. cn
大兴区科学技术委员会	王自学	69244954 69267073	大兴区兴政街 31 号科技大厦	102600	www. dxkw. gov. cn
延庆县科学技术委员会	史绍全	69142014 69142014	延庆县高塔街 58—1 号	102100	www. bjyq. gov. cn
怀柔区科学技术委员会	周怀明	69624893 69624893	怀柔区湖光小区 24 号	101400	www. hrkj. gov. cn
平谷区科学技术委员会	陈占国	69963273 69963273	平谷区府前西街 26 号	101200	Pgkw. bjpg. gov. cn
密云县科学技术委员会	欧玉金	69087854 69044787	密云县西滨河路 2 号	101500	www. mykw. gov. cn

资料来源：北京市科学技术委员会

北京市区县科学技术协会一览表

The Districts and Counties Association for Science and Technology under Beijing Municipality

单位名称	主 席	电 话 传 真	通讯地址	邮 编	网 址 电子邮箱
东城区科学技术协会	胡晓松 王佩立	64033038	东城区东四十一条83号	100007	www. bast. net. cn/qxkx/dongcheng fjhmy@ hotmail. com
西城区科学技术协会	马国馨	82283135	西城区二龙路27号	100032	www. bast. net. cn/qxkx/xicheng xckx@ bjkp. gov. cn
崇文区科学技术协会	桑国卫	67110088	崇文区幸福大街32号	100061	cwkx. cwi. gov. cn cwkx@ bjkp. gov. cn
宣武区科学技术协会	王建一	83976130	宣武区育新街2号	100054	xwkj. bjxw. gov. cn bjxwkx@ 126. com
朝阳区科学技术协会	李春霞	65099722	朝阳区日坛北街33号	100020	www. cykx. org. cn liyanqiang@ 263. net
海淀区科学技术协会	白春礼	82510605	海淀区长春桥路17号	100089	kx. bjhd. gov. cn hdkx@ bjkp. gov. cn
丰台区科学技术协会	龙乐豪	63815841	丰台区镇东安街三条六号	100071	www. ftkx. gov. cn ftkx@ bjkp. gov. cn
石景山区科学技术协会	佟长江	88699142	石景山路18号	100043	www. bast. net. cn/qxkx/sjs sjskx@ bjkp. gov. cn
门头沟区科学技术协会	赵 凯	69843535	门头沟新桥大街40号	102300	kx. bjmtg. gov. cn mtgkx@ bjkp. gov. cn
房山区科学技术协会	祝庆忠	89350084	房山区良乡政通东路1号	102488	www. fskp. bj. cn kexie@ bjfsh. gov. cn
通州区科学技术协会	杜 伟	69542769	通州区玉带河大街30号	101100	www. bjtzkx. org. cn tzkx@ bjkp. gov. cn
顺义区科学技术协会	李国震	69447435	顺义区光明南街24号	101300	www. bast. net. cn/qxkx/shuny sykx@ bjkp. gov. cn
昌平区科学技术协会	李秀生	69742971	昌平东关二条科技中心大楼	102200	www. cpkx. gov. cn cpkx@ cpkx. gov. cn
大兴区科学技术协会	刘月娥	69267065	大兴区兴政大街31号科技大厦	102600	www. dxkw. gov. cn/web/kw dxkx@ bjkp. gov. cn
怀柔区科学技术协会	赵文广	69624068	怀柔区湖光小区24号	101400	www. bast. net. cn/qxkx/huairou hrkx@ bjkp. gov. cn

（续表）

单位名称	主　席	电　话 传　真	通讯地址	邮　编	网　址 电子邮箱
延庆县科学技术协会	陈　杰	69141533	延庆县高塔街 58－1 号	102100	yqkx@ bjkp. gov. cn
密云县科学技术协会	张　敏	69042877	密云县西滨河路 2 号	101500	www. mykw. gov. cn mykw @ bjmyinfo. gov. cn
平谷区科学技术协会	王英杰	89987947	平谷区新开西街 6 号	101200	www. pgkx. gov. cn pgkx@ bjkp. gov. cn

资料来源:北京市科学技术协会

北京市科技服务机构

北京科技协作中心

北京科技协作中心成立于 1983 年,是市政府为发挥首都科技资源优势而设立的由中国科学院、中国工程院、中国机械科学研究院、中国医学(协和医学)科学院等在京科研院所和北京大学、清华大学等高等院校组成的大型综合科技联合体,属事业单位、首都科技集团常设办事机构。中心的主要业务包括:开展技术合同认证服务;组织科技成果推介及项目对接活动;组织项目技术评估和规划论证;组织科技示范工程及协调重大项目实施;提供科技政策咨询、投融资咨询和管理咨询服务;开展国际科技交流和技术贸易;为科技企业的市场开拓提供综合服务等。

地　址:北京市西城区西直门南大街 16 号西楼 10 层
邮　编:100035
电　话:66517145
传　真:66518005
网　址:www. beijingstcc. gov. cn
电子邮箱:luidw@ beijingstcc. gov. cn

北京科学技术开发交流中心

北京科学技术开发交流中心是市政府 1981 年 9 月批准成立的、直属于市科委的事业单位。中心设战略决策部、科技管理服务部、科技项目管理部、科技文化宣传部、国内科技合作一部、国内科技合作二部、国际科技合作部、科技资产管理部和综合办公室等 9 个部门,其主要任务是:科技项目征集、科技项目招标、科技项目监理、科技文化宣传、国内外科技合作交流、科技资金与资本市场合作,以及科技资产管理等。中心先后承担了市科技项目管理工作,掌握了国家各部委、市各委办局以及联合国及美、日、加拿大等国家科技项目申报的渠道信息;先后与 20 余个省市自治区以及美国、英国、法国等国家开展了一系列大型的科技交流合作活动;与中央、国家、有关省市自治区政府部门,20 余个国家驻华大使馆,上百家高等院校、科研院所,上万家高新技术企业,100 余家投资公司建立了长期稳定的合作关系。

地　址:北京市西城区西直门南大街 16 号西楼 6 层
邮　编:100035
电　话:66114517

传　真:66316845
网　址:www. kjjl. bj. cn
电子邮箱:lx. wwj@ 163. com

北京市自然科学基金委员会办公室

北京市自然科学基金委员会的宗旨是根据北京市科技、经济和社会发展的需要,加强和发展相应的基础性研究,发现和培养人才,以促进北京市科学技术进步,持续不断地支持首都经济和社会发展。其主要任务是根据国家科学技术发展方针、政策,结合首都经济和科技发展的需要,编制、发布项目指南;有效地运用自然科学基金资助手段,指导协调北京市基础性研究工作;组织推动重大和重点研究项目;促进研究成果向实用转化;支持有条件的青年科技人员承担项目,促进科技队伍的成长;组织和推动相应的国际合作和学术交流。市自然科学基金委员会实行科学基金制。主要机制是自由申请与定向引导相结合,同行评议,公平竞争,择优支持,辅以"指南"引导,严格选题,突出重点,追踪成效。

地　址:北京市西城区西直门南大街16号西楼
邮　编:100035
电　话:66163562
传　真:66157137
网　址:www. bjnsf. org
电子邮箱:bnsfzy@ 126. com

北京市科学技术奖励工作办公室

北京市科学技术奖励工作办公室是市科委直属事业法人单位,经费由财政拨款。主要承办北京地区科技奖励工作及授奖活动的有关技术性、服务性和辅助性工作;负责科技奖励的统计、数据分析工作;开展北京地区获奖成果的国际交流工作;负责北京地区社会力量设奖的审批和管理工作;市科委交办的科技成果的管理工作及政府部门交办的其他工作。

地　址:北京市西城区西直门南大街16号北楼104室
邮　编:100035
电　话:66188227
传　真:66162876
网　址:www. bjjlb. org. cn
电子邮箱:jlb@ mail. bsti. ac. cn

北京市实验动物管理办公室

北京市实验动物管理办公室是经市政府批准成立、隶属于市科委的独立法人单位,其前身为北京市实验动物管理委员会办公室。市科委主管本市实验动物工作,市实验动物管理委员会负责本市行政区域内实验动物管理的协调工作。经市政府办公厅批准,市实验动物管理委员会成立专家委员会,为本市实验动物科学发展和管理提供咨询。市实验动物管理办公室作为常设机构,负责本市行政区域内实验动物的日常管理工作。其主要职责是:根据《实验动物管理条例》和《北京市实验动物管理条例》及其配套规章的规定,进行行政执法;负责北京地区实验动物许可证管理工作;负责北京地区实验动物及其相关产品的质量管理和从业人员的考核及岗位证书发放工作;受市科委委托,负责北京地区实验动物质量监督员队伍、实验动物质量检测机构、实验动物从业人员培训机构和实验动物屏障设施培训基地的管理工作;受科技部委托,负责全国实验动物许可证的备案管理工作、承担全国实验动物科学研究项目管理和全国实验动物信息网北京镜像站的管理工作;负责北京市实验动物管理委员会及其专家委员会的日常工作;根据实验动物科学发展要求,向市科委和科技部提出工作建议,并承担部分研究课题;组织并完成上级领导交给的其他任务。

地　址:北京市海淀区西三环北路27号北科大厦6层
邮　编:100089
电　话:68722982
传　真:68479601
网　址:www. baola. org(北京)

电子邮箱:baola@ balla. org

北京生物技术和新医药产业促进中心

北京生物技术和新医药产业促进中心成立于1996年6月24日,拥有北京生物工程学会、北京中关村生物工程和新医药企业协会两家专业社团机构,主要任务是面向北京生物工程和新医药产业提供专业化服务。中心下设项目培育与投资管理部、战略研究部、行政与信息环境部、财务部。中心形成了五个专业工作平台,即战略研究平台、项目管理平台、国际合作平台、产业拓展平台、会展策划平台,致力于生物医药产业信息,生物医药领域科技规划、重点方向等研究;通过组团出访及建立稳定的国际合作渠道,促进国际国内的交流合作;整合中心项目管理、战略咨询、培训、专业会议等服务,为中心探索发展模式;组织生命科学领域的专业会议、展览,强化市场意识和生存意识,创造生物中心市场价值。

地　址:北京市海淀区马连洼北路151号院内
邮　编:100094
电　话:62896868
传　真:62899978
网　址:www. newlife. org. cn
电子邮箱:linshi@ newlife. org. cn

北京新材料发展中心

北京新材料发展中心隶属市科委,其宗旨是促进北京新材料产业发展,辅助政府决策,服务新材料产业,营造创新创业环境,成为沟通政府、科研机构、企业和社会的桥梁。主要任务是负责北京新材料领域规划、政策等制定、发展战略研究;负责北京市新材料科技项目组织评估、论证和管理;组织北京新材料领域重大活动,参与北京新材料基地各园区的建设、新材料领域专业孵化器建设等,举办领域内研讨、展览、会议等交流活动。主办面向全国发行的《新材料产业》月刊和新材料产业信息网站。

地　址:北京市海淀区学院路30号方兴大厦5层
邮　编:100083
电　话:62341509
传　真:62333998
网　址:www. materials. net. cn
电子邮箱:infor@ materials. net. cn

北京技术交易促进中心

北京技术交易促进中心是直属于市科委的事业单位。中心通过组织实施"提升技术交易参与者的交易能力、通畅技术交易的渠道与环节、建立健全技术交易服务体系"等各类促进业务活动,以有效带动北京地区技术交易的规模扩大和质量提高,从而促进科技成果产业化和科技与金融的高效结合。中心"依托政府、面向社会、立足科技、促进交易",通过集成与整合技术交易资源,构建权威的技术交易信息网络平台和规范运作的技术交易创新服务联盟,以"创新、敬业、诚信、协作"的精神竭诚为海内外技术交易客户的技术转移、技术融投资提供全面专业的服务。

地　址:北京市海淀区苏州街甲49号
邮　编:100080
电　话:62578706
传　真:62577304
网　址:www. ctmnet. com. cn
电子邮箱:webmaster@ chinatis. com

北京软件与信息服务业促进中心

北京软件与信息服务业促进中心隶属市科委,是市政府为推动"首都二四八重大创新工程",推进北京软件产业发展创建的一个创新服务平台。中心作为北京软件产业基地建设协调会议的日常办事机构,承担北京IT产业的战略规划研究、重大问题协调、支撑体系建设、重点项目策划、种子资金管理、动态信息发布、开展国际交流、管理软件企业认定和软件产品登记等职能,是市政府发展IT产业的决策辅助机构和沟通政府与企业的桥梁。

地　址：北京市海淀区中关村南大街甲56号方圆大厦商务楼7层

邮　编：100083

电　话：82331717

传　真：82332323

网　址：www. bsw. gov. cn

电子邮箱：zhangp@ bsw. gov. cn

北京高技术创业服务中心

北京高技术创业服务中心是市科委直属的具有独立法人资格的事业单位，成立于1989年，是北京市最早成立的科技企业孵化器。地处中关村科技园区，紧邻京昌高速公路与北四环路，交通便利，环境优越。中心现有孵化场地8300平方米，面向国内外各类中小型科技企业，可提供办公科研用房、项目评估、年度审计、政策咨询、投融资咨询、法律咨询、成果鉴定、国内外人才培训、火炬计划项目申报、科技型中小企业创新基金项目推荐受理、国家科技重大项目及国家重点新产品评估监理等服务。

地　址：北京市朝阳区安翔北里甲11号1号楼

邮　编：100101

电　话：64853169

传　真：64873536

网　址：www. bjcy. net. cn

电子邮箱：chyzhx@ mail. bsti. ac. cn

北京市科委农村发展中心

北京市科委农村发展中心主要调查研究京郊农业、农村、农民问题，为市科委农村领域科技管理决策提供科学依据和技术支持；为市科委农村领域科技项目管理提供支撑服务；根据科技部和北京市科委的有关科技政策和科技发展规划，引导和凝聚各类科技资源为郊区建设社会主义新农村提供有效的科技服务。

地　址：北京市海淀区曙光花园中路11号北京农科大厦B座1101号

邮　编：100091

电　话：51502351

传　真：51502361

网　址：www. nczx. cn

电子邮箱：bjnczx@ 126. com

北京生产力促进中心

北京生产力促进中心是由市科委组建并支持的不以营利为目的的社会化科技服务机构，致力于发展传播先进生产力，提升中小企业竞争能力，促进传统产业升级，集成首都生产力促进资源，推进北京生产力促进服务体系建设。该中心面向政府和企业两个主体提供服务。

（一）面向政府的主要服务内容　研究生产力发展的理论、模式及趋势，为宏观决策提供咨询服务；组织实施政府指导性的科技开发计划；对区县生产力促进中心进行资质认证，对地方政府提供区域和产业发展研究；承担政府委托交办的其他事宜。

（二）面向中小企业的服务内容　充分利用现代信息技术，帮助中小企业进行信息化建设，提升企业生产经营管理水平，提高市场竞争力；利用现代技术，帮助企业提高研发及技术创新能力，引入关键共性技术和先进适用技术，改造传统产业；开拓中小企业融资渠道，为中小企业提供中介服务；为中小企业提供企业辅导、生产管理、人力资源管理、财务管理、市场营销、质量管理等咨询服务，帮助企业提高现代管理水平；利用首都大型仪器设备协作网、工程技术中心、重点实验室，为中小企业提供仪器设备资源、工程技术资源、实验条件资源等方面的共享服务，仪器改造和升级服务，使首都资源利用效率最大化；为中小企业开拓国际合作渠道，组织企业出国考察、培训和展览展销，引进海外先进技术和管理人才。

地　址：北京市海淀区北三环中路31号生产力大楼B座8层

邮　编：100088

电　话：82003608

传　真：82003613

网　址:www. bjpc. org. cn
电子邮箱:bjpc@ bjpc. org. cn

北京市可持续发展科技促进中心

北京市可持续发展科技促进中心是市科委直属的具有独立法人资格的事业单位。其宗旨是:为社会经济的可持续发展提供科技引导、技术服务。中心下设能源部、实验区部、科普部、项目部和战略发展部等部门。主要工作为:可持续发展实验区申报、推荐、管理; 可持续发展实验区项目预选、推荐、示范、辐射及推广; 可持续发展工作研究;可持续发展科普宣传;进行社会发展领域(生态环境、能源、减灾防灾、资源利用、社区、社会安全、城乡建设、公用事业、文教体育、城市管理)科技项目(重大项目以外)的评估、项目监督等; 社会发展领域相关调查、工作研究;科普工作联席会议办公室日常工作,联席会议通过计划、项目的具体落实;科普工作研究; 组织各种类型的科普活动,联络区县科普工作联席会议办公室共同开展工作;组织国内外可持续发展实验区考察活动、科普考察活动。

地　址:北京市朝阳区安翔北里 11 号北京创业大厦 B 座 15 层
邮　编:100101
电　话:64841457
传　真:64841456
网　站:www. bsdc. net. cn
电子邮箱:bsdc2008@ 163. com

北京技术市场管理办公室

北京技术市场管理办公室于 1990 年 5 月经市政府批准成立,是市科委直属部门。主要职责是:负责宣传贯彻和组织实施有关技术市场的法律、法规和政策,组织调查研究并制订相应规章制度;负责对技术市场发展与技术交易活动实行规划管理与协调指导,负责技术市场表彰奖励工作;负责管理技术合同认定登记工作,管理技术合同登记机构并办理设立、撤销事宜,审核认定重大技术合同;负责审核技术交易中介服务机构和技术经纪人的资格,培训、考核技术市场经营管理人员;负责管理技术市场发展资金;负责技术市场统计和分析,发布技术市场信息;会同有关部门检查技术交易活动,依法处罚违法行为,调解技术合同纠纷,参与技术合同纠纷的仲裁;会同市财税部门落实技术市场财税优惠政策;会同有关部门开展国内外技术转移和技术市场的研究与交流;负责联系北京技术市场协会。

地　址:北京市西城区西直门南大街 16 号北楼
邮　编:100035
电　话:66161862
传　真:66161862
网　址:www. cbtm. gov. cn
电子邮箱:liujun@ cbtm. ebmail. cn

科技潮杂志社

科技潮杂志社是由北京市科委主管,北京高技术创业服务中心主办的综合科技月刊。《科技潮》杂志以"贴近时代、贴近市场、贴近生活、贴近读者"为宗旨,集宣传科技政策、报道科技精英、介绍高新技术成果、交流技术信息、分析科技动态、进行科普教育等于一身,紧密围绕北京市政府和北京市科委的工作重点,报道北京和全国的科技发展动向、宣讲科技政策、关注前沿科技进展,已成为首都北京与全国各地进行科技工作交流的重要窗口。《科技潮》杂志内容丰富、信息量大、导向性强,主要面向科技界、教育界、工商界、政府管理部门的各级领导干部、科技园区领导和管理人员、科技企业及企业家、科研单位及开发人员、大专院校师生以及关注科学技术发展的各界人士。《科技潮》杂志每期 64 页,大 16 开, 每月 5 日出版。

地　址:北京市朝阳区安翔北里 11 号创业大厦 5 层
邮　编:100101
电　话:64871402
传　真:64862728

邮 箱:kejichao@126.com

北京工业设计促进中心

北京工业设计促进中心1995年5月成立,是隶属于市科委具有独立法人资格的事业单位,是政府实施“工业设计科技促进”专项计划,推动设计创意产业发展的促进机构。主要承担设计产业政策规划研究,组织设计项目申报论证,提供企业设计咨询指导,发布设计产业动态信息,开展国际设计交流合作,承办设计论坛、展览、会议,评选杰出创新设计奖项,举办设计技能专业培训等工作。中心致力于构筑以设计为核心的价值网络和设计资源协作,并通过DRC北京工业设计创意产业基地为社会搭建设计创意、资讯、材料、模型、检测等专业化共享科技条件平台和提供设计师创业孵化设施。

地 址:北京市海淀区北三环中路31号生产力大楼B座912室
邮 编:100088
电 话:82002055
传 真:82004066
网 址:www.bidcchina.com
电子邮箱:cdl@bidcchina.com

北京科学仪器装备协作中心

北京科学仪器装备协作中心成立于1996年10月,隶属市科委。中心的主要职能是:协助政府和主管部门制订和实施北京地区仪器装备的购置计划,并进行相关决策咨询;北京地区仪器装备协作共用的组织、协调和管理;仪器装备的开发、改造、更新、维修和技术服务,促进北京地区科研条件的发展升级;构建北京地区科研条件体系,构建数字化、网络化、专业化的服务平台;开展与仪器装备相关的国际合作,推动仪器装备领域的国际交流。

地 址:北京市海淀区西三环北路27号北科大厦
邮 编:100089
电 话:68488471
传 真:68486239
网 址:www.kytj.com
电子邮箱:master@kytj.com

北京市科委人才交流中心

北京市科委人才交流中心是市科委直属的全民事业单位,主要从事人才交流、人才培训、人事代理、人才推荐等工作。设有北京科技人才网,其信息库以科技与管理人才为主,规模大,信息全,无论是单位招聘还是个人求职,可24小时随时进入本网,查询相关信息,并可在网上发布招聘广告与个人简历。

地 址:北京市海淀区北三环中路31号生产力大楼B座9层
邮 编:100088
电 话:82002237
传 真:82002238
网 址:www.bjkwrc.org.cn
电子邮箱:office@bjkjrc.com.cn

北京软件产品质量检测检验中心
国家应用软件产品质量监督检验中心

北京软件产品质量检测检验中心成立于2002年7月,坐落于中关村软件园孵化器大楼内,是市科委和市质监局联合建立的非营利性的专业软件测试机构。中心为企业提供软件测试、咨询与培训服务,包括对软件产品的评测认证和对企业的测试外包服务,并开展软件测试技术研究,测试工具开发、软件测试规范、标准制定等业务。中心还是北京软件产业基地公共技术支撑体系的管理运营实体,具体负责“三库四平台”的技术服务。

地 址:北京市海淀区东北旺西路8号中关村软件园3A楼
邮 编:100193
电 话:82825511
传 真:82826408
网 址:www.bsw.net.cn www.nast.gov.cn

电子邮箱:info@ bsw. net. cn

中关村高科技产业促进中心

中关村高科技产业促进中心前身为北京市新技术产业发展服务中心,成立于 1998 年,2005 年 2 月 5 日正式更名为中关村高科技产业促进中心,是经市机构编制委员会核准、中关村管委会直属的差额拨款事业单位,服务于园区高新技术产业发展的非营利性独立法人机构。其宗旨及业务范围为:为中关村科技园区高新技术企业提供信息服务、技术服务、咨询服务、培训服务,承办高新技术会展,组织招商活动。通过相关的信息收集和调查研究,编制和组织实施园区留学人员创业服务规划,整合园区留学人员服务工作资源,为留学人员创业、就业提供相关政策咨询和服务。

地　址:北京市海淀区苏州街 49 号盈智大厦
邮　编:100080
电　话:82622051
传　真:82621970

北京国际科技服务中心（北京对外科学技术交流中心）

北京国际科技服务中心(北京对外科技交流中心)是经市政府、市机构编制委员会批准的事业单位,主要业务是主办、承办国际国内科技展览及会议,组织各类国内外科技交流及商务活动,提供相关技术培训、技术交流、技术转移、技术中介服务,同时开展各类会展览设计服务,承接各类科技活动、科普活动的策划、设计、实施服务。中心还从事国内外科技合作项目中介、贸易代理及咨询服务等。1999 年获得科技部、外交部、海关总署等部门联合授予的“关于举办境内国际科学技术展览会的主办单位资格”。

地　址:西城区西直门南大街 16 号西楼 4 层
邮　编:100035
电　话:66161562
传　真:66160676
网　址:www. bstec. net. cn

中关村知识产权促进局

2003 年 10 月 27 日,中关村国家知识产权制度示范园区暨中关村知识产权促进局挂牌成立。该局为实行企业化管理的事业法人,在业务上接受国家知识产权局和市知识产权局的监督和指导,设有办公室、知识产权信息中心、专利技术转移中心、知识产权法律中心。知识产权信息中心负责园区的知识产权信息服务工作。通过建立知识产权信息服务平台,面向园区的高等院校、科研院所、高新技术企业等创新创业主体提供全方位的优质知识产权信息服务。专利技术转移中心负责园区的专利技术转移服务工作。按照市场机制运营方式,利用专利创业专项资金,开展转让、许可、孵化等工作,推动园区专利技术创业,促进其知识产权创新与产业化的良性循环。知识产权法律中心负责园区的知识产权法律服务工作。通过建立知识产权法律服务平台,面向园区的高等院校、科研院所、高新技术企业等创新创业主体提供全方位的优质知识产权法律服务,优化中关村知识产权发展和保护环境。同时,负责高校知识产权办公室和知识产权中介服务联盟的日常工作。

地　址:北京市海淀区知春路 23 号量子银座 3 层
邮　编:100083
电　话:82356358
传　真:82356470
网　址:www. zgcip. org. cn
电子邮箱:bangongshi@ zgcip. org. cn

国家知识产权局专利局北京代办处

国家知识产权局专利局北京代办处经国家知识产权局审核批准, 2004 年 2 月 10 日正式开业,是国家知识产权局专利局在北京市知识产权局设立的专利业务派出机构,主要承担国家知识产权局专利局授权或委托的专利业务及相关服务性工作,包括:专利申请文件的受理、费用减缓请求的审批、专利费用的收缴、专利实施许可合同备案、办理专利登记簿副本及相关业务咨询服务;受北京市知识产权局委托面向全市开展专利资助及相关研究性工作。该代办处获国家知识产权局2006年度"全国代办处质量进步奖"和2007年度全国先进代办处,2008年1月被人事部和国家知识产权局评为"全国专利系统先进集体"。

地　址:北京市海淀区知春路23号量子银座3层
邮　编:100083
电　话:82356358－212
传　真:52356470
网　址:daibanchu. bjipo. gov. cn
电子邮箱:daibanchu@ zjcip. org. cn

北京市知识产权服务中心

2003年5月16日,北京市知识产权服务中心经市政府批准成立。中心是具有独立法人资格的事业单位,其上级主管机关为北京市知识产权局。服务中心下设办公室、合作交流部、法律事务部、信息咨询部。主要职能包括:知识产权宣传及人才培训,全国专利代理人资格考试报名、考务及培训,知识产权法律咨询及诉讼代理,知识产权司法鉴定,知识产权课题研究,专利信息查新检索及统计分析,企业知识产权战略研究,建立企业专利数据库,专利技术分析评估、宣传推广、实施转化,学术交流研讨等。

地　址:北京市西城区西直门南大街16号西楼11层
邮　编:100035
电　话:66187220
传　真:66160108
网　址:www. bjip. org. cn
电子邮箱:sfjd@ bjip. org. cn

北京市专利技术开发服务中心

1992年,北京市专利技术开发服务中心成立。该中心是经市政府批准成立的具有独立法人资格的事业单位,其上级主管机关是北京市知识产权局。中心主要从事专利数据资源的开发利用;知识产权公共信息服务;专利技术合同登记;专利技术交易服务;专利项目评估;专利权质押服务等工作。中心设有综合组:负责行政、人事、财务和后勤管理工作;信息化推进组:负责奥运知识产权信息平台建设、北京市知识产权公共信息服务平台建设的推进;合同登记组:负责技术合同登记、专利实施许可合同备案及专利交易信息服务工作。

地　址:北京市西城区西直门南大街16号西楼11层
邮　编:100035
电　话:68037737
传　真:68037737
网　址:spzzdpg. rsstop. com
电子邮箱:zljskf@ yahoo. com. cn

北京市保护知识产权举报投诉服务中心

2006年6月28日,北京市保护知识产权举报投诉服务中心正式挂牌运行,并开通"12330"举报投诉电话。该中心为市编办批准的、全额拨款事业单位。内设办公室、举报投诉部、信息分析部等。主要职责:负责受理本市知识产权侵权行为投诉举报的接转工作,负责案件处理情况的跟踪和汇总,提供知识产权方面的法律咨询服务。

地　址:北京市海淀区知春路23号量子银座3层
邮　编:100191
电　话:51530125
传　真:51530127
网　址:beijing. ipr. gov. cn(北京子站)

北京国际科技协作中心

北京国际科技协作中心是由市政府批准建立的,市科协直接领导开展对外科技交流的事业机构。主要任务是举办国际科技会议和科技展览会;接待来华进行科技交流的团体和个人;派遣科技人员出国进修、考察和参加国际会议;邀请国外专家和学者来华进行专业性科技交流和培训;对外进行科技咨询和信息交流,为国内厂家从事技术转让、技术开发、投资合资活动提供服务;组织国际科技协作项目;组织国内外技术经济合作业务;派遣农业考察团及农业研修生出国考察学习国外农业科学技术;长期举办日语学习。

地　址:北京市朝阳区育慧里4号
邮　编:100101
电　话:84630170
传　真:84644978
电子邮箱:iadbast@ hotmail. com

北京青少年科技活动中心

北京青少年科技活动中心主要是协调指导市级学会、区县科协的青少年科技工作,组织和管理市科协所属青少年团体,组织北京青少年科技教育、科技竞赛和科学普及等活动,丰富青少年科技知识,开展青少年国际科技交流活动,发现和培养有科技特殊专长的青少年人才,对科技辅导员进行培训,不断提高科技教育和科技活动的水平。

地　址:北京市朝阳区育慧里4号
邮　编:100101
电　话:84634991
传　真:84634991
电子邮箱:501000@ 126. com

北京科技活动中心
北京市科协服务管理部

北京科技活动中心1998年4月成立,主要为北京科技界开展学术交流、科技展览、技术咨询、技术协作、科技培训、科技工作者联谊及会议等服务。服务管理部主要负责市科协机关及部分直属事业单位后勤保障工作,为职工生活提供服务,如机关交通、通讯、办公文具用品、机关办公设备、职工住房、职工餐饮、职工医疗保健、职工福利用品等。

地　址:北京市朝阳区育慧里4号
邮　编:100101
电　话:84635012
传　真:84644976
电子邮箱:hdzx02@ bjkp. gov. cn

北京科技咨询中心

北京科技咨询中心1991年7月成立,是市科协直属事业单位,具有独立的法人地位。该中心主要承接政府和有关部门的咨询业务;承接技术改造、技术引进项目和工程建设项目的可行性研究与评估;提供技术转让、技术开发、技术咨询、技术服务;组织协作攻关与产品开发;组织国内外科技展览与技术交流;开展专业技术与科技管理培训;创办高新技术实体,并进行经营与管理。

地　址:北京市崇文区永外西革新里98号
邮　编:100077
电　话:67235945
传　真:67235953
网　址:www. bstcc. com. cn
电子邮箱:bstcc@ bstcc. com. cn

北京科普发展中心

北京科普发展中心是经市政府批准,市科协领导的事业单位,2002年11月正式成立。中心主要开展科普宣传、科普文化交流和科普培训;举办科普展览和各类科普文化活动;进行科普展的研发、制作和推广;承接国际、国内大型会议及文化交流、研讨活动的策划、组织、实施;开发制作展板、展具;引进、开发、制作科普互动性展示器材、展品及各种教具;举办科普人才培训;制作科普图书、科普资料等。

地　址:北京市崇文区永外西革新里98号
邮　编:100077
电　话:87258923
传　真:87208146

网　址:kpfzzx. bast. net. cn
电子邮箱:bjkpzx@ bjkp. gov. cn

北京市科学技术进修学院

北京市科学技术进修学院于1981年经市政府批准成立,是一所全民所有制高等学院、北京市科技干部的培训基地,也是从事继续教育与学历教育的成人高校,主要培养中、高级科技管理人才,开展文秘、对外贸易、英语、财务会计、法律、计算机软件、计算机应用、信息管理、电子商务等大专、本科学历教育,相关继续教育,同时开展相关培训,科技开发,中介服务等。1989年,该院与北京航空航天大学联合办学。1995年,北航在该院设立了北航继续教育基地,北航在北京地区现代远程教育校外学习中心也设在本院。

地　址:北京市大兴区圣和巷7号
邮　编:102600
电　话:69249686
传　真:69249686
电子邮箱:bastjxxy@ bjkp. gov. cn

北京农村致富技术学校

北京农村致富技术学校1993年9月经市政府批准成立,是由市科协主办的一所面向北京郊区农村传授科学技术,培养农村专业技术人才的学校。主要培养农村乡土科技人才,开展种植、养殖、加工、企业管理等市场经济知识及相关专业的技术培训、推广、服务。学校目前已在7个郊区县建立了分校,形成了“市校—区县分校—乡镇辅导站”为一体的教学网络,拥有一批稳定的热心于农村科技事业的兼职教师队伍。学校根据实际需要设立中级部、初级部、单项技术部和种植、养殖、乡镇企业综合等4个系共25个专业。

地　址:北京市大兴区圣和巷7号
邮　编:102600
电　话:69249686
传　真:69249686
电子邮箱:bastjxxy@ bjkp. gov. cn

北京市科协学会联合办公室

北京市科协学会联合办公室是经市政府批准成立的,隶属市科协的事业单位。主要负责管理市属12个学会(协会、研究会)的财务、统计报表、年审等各项日常工作,以沟通信息,推动各学会广泛开展活动。

地　址:北京市崇文区永外西革新里98号
邮　编:100077
电　话:67235026
传　真:67235035
电子邮箱:bastxhlb@ bjkp. gov. cn

北京电脑天地学校

北京电脑天地学校于1985年经市政府批准成立,现有机房和教室面积600余平方米,微机100余台,是全国计算机等级考试的定点培训单位和考核站,是市人事局、劳动局指定的计算机文字录入处理员等级考试的定点培训单位和第一考核站,是市财政局指定的会计电算化培训单位。主要开展人才培训、等级考核、技术咨询、软件开发、维修服务、对外交流等业务。

地　址:北京市崇文区永外西革新里98号
邮　编:100077
电　话:67235031
传　真:67235031
电子邮箱:bastdnxx@ bjkp. gov. cn

北京市科协信息中心

北京市科协信息中心于2004年10月经市政府批准成立,是隶属市科协的事业单位。主要承担市科协机关局域网建设、维护和管理;承担市科协所属“北京科普之窗”、“首都科技网”、“学生科技网”等网站的ICP工作;为市科协所属单位和群众团体上网、使用电子邮件提供服务、培训和技术支持;提出市科协系统网络工作规划,对学会、基层科协的网络工作进行协调和指导;负责市科协系统网络工作的检查、总结和评比;承担北京市信息化办公室和中国科协信息中心要求完成的任务;组织和实施有关网络科技活动;代表市科协组织全市性科技、科普网站经验交流、培训和奖励活动。

地　址:北京市朝阳区育慧里4号
邮　编:100101
电　话:84649879
传　真:84649879
电子邮箱:bjkx26@ bjkp. gov. cn

北京地区科技类部分协会组织一览表

序号	名　称	成立时间(年)	地　点	邮编	网　址 电子邮箱	电话 传真
1	中关村科技园区协会联席会	2003	海淀区花园路2号牡丹创业楼416室	100083	www. zgcxhzc. org. cn lianxihui@ vip. sina. com	82237602 82237602
2	北京民营科技实业家协会	1987	海淀区上地西路38号时代集团大厦	100085	www. bjmx – online. com bjmx@ timegroup. com. cn	62961182 62960965
3	北京中关村企业信用促进会	2003	海淀区北四环西路67号大地科技大厦	100080	www. ecpa. org. cn ecpa@ ecpa. org. cn	82888208 82886657
4	北京技术市场协会	1992	海淀区苏州街甲49号606室	100080	www. cbtm. net. cn wangqi@ cbtm. net. cn	82621693 82621902
5	北京软件行业协会	1986	海淀区知春路23号量子银座1305室	100191	www. bsia. org. cn bsia@ bsia. org. cn	82358631 82358691
6	北京中关村高新技术企业协会	1991	海淀区四季青路8号郦城工作区609室	100195	www. zgcbj. org. cn gqx@ vip. sina. com	88440565 88440651
7	北京中关村电子产品贸易商会	2003	海淀区苏州街49号盈智大厦1006室	100080	www. bjzetc. org bjzetc@ 163. com	62526073 62526127
8	北京中关村国际孵化软件协会	2004	海淀区学院路35号北航世宁大厦	100191	www. zsoft. org. cn zsoft@ zsoft. cn	82318300 82337088
9	北京中关村不动产商会	2002	海淀区花园路2号牡丹创业楼416室	100083	www. zgcestate. org zgcestate@ sina. com	82237603 82237602
10	北京中关村人力资源经理协会	2002	西城区裕民中路8号北京市林业局院内北办公楼6层613室	100029	www. zgchr. org. cn yucca1108@ sina. com	62022105 62022125
11	北京中关村IT专业人士协会	2000	海淀区苏州街49号盈智大厦305室	100080	www. zitpa. org zitpa@ zitpa. org	62566177 62563533
12	北京中关村生物工程和新医药企业协会	2000	海淀区马连洼北路151号院内	100193	www. zgceabp. org. cn weihuidong@ newlife. org. cn	62896868 62899978
13	北京市闪联信息产业协会	2005	海淀区知春路甲48号盈都大厦B座10层	100098	www. igrs. org fuchen@ igrslab. com	58732555 58732590
14	北京中关村营销总监协会	2005	海淀区北三环中路31号生产力大楼B座2层	100088	www. zgccmo. org cmo@ servezgc. com	82004266 82004112
15	北京中关村自信创新品牌创新发展协会	2006	海淀区中关村大街59号文化大厦1210室	100086	www. zparkbrand. cn admin@ zparkbrand. cn	82500018 82500028
16	北京中关村外商投资企业协会	1990	海淀区四季青路8号郦城工作区329室	100195	zgcafe. mynet. cn zgcfia@ zhongguancun. com. cn	82614774 82614722

续表

序号	名称	成立时间(年)	地点	邮编	网址 电子邮箱	电话 传真
17	北京中关村优联网产业促进会	2005	海淀区北三环中路31号生产力大楼B座10层	100088	www.zuia.org.cn zuia@gei.com.cn	82000975 82000980
18	北京创业孵育协会	2000	朝阳区安翔北里甲11号北京创业大厦A座	100101	www.bjventure.com.cn bbia@bestinfo.net.cn	64843991 64843992
19	北京创业投资协会	1999	海淀区西四环昆明湖南路9号云航大厦5001室	100095	www.vcab.org publicvcab@126.com	62572150 62572151
20	北京科技咨询业协会	1994	海淀区北三环中路31号生产力大楼B座11层1112室	100088	www.bjca.org bjca@bjpc.org.cn	82006045 82006043
21	北京高校毕业生就业促进会	2006	海淀区阜成路北三街6号轻苑大厦11层	100037	www.526job.com 526job@sina.com	68988993 68987369
22	北京中关村科技园区昌平园高新技术企业协会	2002	昌平区超前路9号	102200	www.zgc-cp.gov.cn cpyqy@263.net	69744529 89719107
23	北京市科技金融促进会	1995	朝阳区安翔北里11号北京创业大厦A座224室	100101	www.bjtf.cn bjtf_2007@126.com	64853161 64858451
24	北京发明协会	1985	海淀区增光路甲34号云建大厦10层1008室	100044	www.bj-fm.com bjfmxh@sina.com	68353326 68337026
25	北京电子商会	1993	宣武区槐柏树街2号3号楼137—143室	100053	www.becc.org.cn service@becc.org.cn	63182387 63021895
26	北京知识产权保护协会	2006	海淀区知春路23号量子银座301室	100191	www.bippa.org bippa@126.com	82356387 82356387
27	北京经济技术开发区企业协会	1994	北京经济技术开发区荣华中路15号博大大厦7层	100176	www.bdawalk.com 0qs_0018@sina.com	67881126 67881210
28	北京时分移动通信产业协会	2002	海淀区北四环西路58号理想国际大厦918室	100080	www.tdscdma-alliance.org tdia@tdia.cn	82607490 82607498
29	中国通信标准化协会SCDMA无线宽带论坛	2007	海淀区知春路113号银网中心A座1204室	100088	www.scdmaforum.org info@scdmaforum.org	51905810 51905809
30	北京市海淀区中关村科技中介服务机构协会	2007	海淀区中关村南大街3号海淀科技大厦210室	100081	www.kjzj.org.cn zjlmxh@126.com	68948856 68915238
31	北京市海淀区创意产业协会	2008	海淀区四季青路8号郦城工作区615室	100097	www.hdcy.org chuangyi@zhongguancun.com.cn	88493560 88493560-803
32	北京知识产权代理行业协会	2007	海淀区知春路量子银座三楼301室	100191	www.bipaa.cn bipaa@126.com	51530181 82356387
33	北京信息化协会	2003	海淀区知春路23号量子银座1401室	100191	www.bjit.org.cn cgpx@bjit.org.cn	82358216 82355829
34	中国民营科技促进会	1995	西城区三里河路54号254室	100045	www.china-mykjqy.com cansorg@sina.com	68573743 68515036

资料来源:中关村科技园区管理委员会

中关村国家自主创新示范区区一区十园一览表

名　称	地　址	邮　编	电　话	传　真	网　址
海淀园	海淀区四季青路6号海淀招商大厦6、7层	100089	88499599	88494199	www. zhongguancun. com. cn
丰台园	丰台区南四环西路188号3区13号楼	100070	63702020	63702051	www. zgc－ft. gov. cn
昌平园	昌平区超前路9号	102200	69744527	69745549	www. zgc－cp. gov. cn
电子城	朝阳区酒仙桥路甲12号	100016	64319268	64360367	www. zgc－dzc. com. cn
亦庄园	北京经济技术开发区荣华中路15号	100176	67881380	67881207	www. bda. gov. cn
德胜园	西城区西直门内南小街20号社保大厦	100035	66206302	66206297	www. zgc－ds. gov. cn
雍和园	东城区青龙胡同1号歌华大厦11层	100007	59260100	84187027	www. zgc－yhy. gov. cn
石景山园	石景山八角西街40号	100043	68863659	88910825	www. zgc－sjs. gov. cn
通州园	通州区张家湾镇光华路	101113	61567995	61567995	Zgc－tzp. bjtzh. gov. cn
大兴生物医药产业基地	大兴区天河西路19号	102600	61252853	61252888	www. cbp. net. cn

资料来源：中关村科技园区管理委员会

北京市科协所属学会（协会、研究会）一览表

序号	学会名称	电　话	通讯地址	邮　编
1	北京数学会	62759855	海淀区北京大学数学科学学院	100871
2	北京计算数学学会	62754692	海淀区北京大学数学科学学院	100871
3	北京珠算心算协会	63296960	丰台区右安门外玉林里45号	100069
4	北京运筹学会	68912070	海淀区北京理工大学管理与经济学院	100081
5	北京物理学会	62758139	海淀区北京大学物理楼	100871
6	北京声学学会	63523263	宣武区陶然亭路55号	100054
7	北京光学学会	84024561	东城区东黄城根北街甲20号	100010
8	北京核学会	69357657	房山区新镇中国原子能科学研究院内（北京275信箱65分箱）	102413
9	北京化学会	58807383	海淀区北京师范大学化学系500室	100875
10	北京微量元素学会	64971451	朝阳区安外惠新西街6号楼	100029
11	北京天文学会	51583037	西城区西外大街138号	100044
12	北京气象学会	68400804	海淀区紫竹院路44号	100089
13	北京地球物理学会	68326186	西城区阜外百万庄大街26号	100037
14	北京地理学会	67235026	崇文区永外西革新里98号	100077
15	北京地质学会	51560209	海淀区西四环北路123号地质大厦	100195
16	北京生物化学与分子生物学学会	65296913	东城区东单三条5号	100005
17	北京遗传学会	65250731—210	东城区骑河楼大街17号妇产医院	100006
18	北京生态学学会	62836273	海淀区香山南辛村20号	100093
19	北京植物学会	67020649	宣武区天桥南大街126号	100050

续表

序号	学会名称	电　话	通讯地址	邮　编
20	北京昆虫学会	51503688	海淀区曙光花园中路9号农林科学院植保环保所植保楼311室	100097
21	北京动物学会	67020650	宣武区天桥南大街126号	100050
22	北京实验动物学学会	84922374	东城区安定门外大羊坊6号	100012
23	北京微生物学会	65472339	朝阳区三间房南里4号	100024
24	北京细胞生物学会	62784794	海淀区清华大学医学院C244	100084
25	北京心理学会	62756614	海淀区北京大学心理系	100871
26	北京力学会	62782426	海淀区清华大学工程力学系	100084
27	北京金属学会	88296997	石景山区杨庄大街69号首钢技术研究院417室（特钢院内）	100043
28	北京粉体技术协会	88417670	海淀区西三环北路27号理化测试中心	100089
29	北京腐蚀与防护学会	62183235	海淀区学院南路76号7楼	100081
30	北京电镀学会	82317094	海淀区学院路37号北京航空航天大学内	100191
31	北京硅酸盐学会	80675866	西城区宣武门西大街129号金隅大厦A配楼407号	100031
32	北京粘接学会	82626721	海淀区中关村北大街123号华腾科技大厦1501室(北京2653信箱)	100084
33	北京化工学会	69342616	房山区燕山岗南路1号C座109室燕山石化公司科技部	102500
34	北京日化协会	67113081	崇文区东四块玉南街32号	100061
35	北京科学美容研究会	63746783	丰台区邻枫路5号院怡锦园B座208室	100070
36	北京造纸学会	84615768	朝阳区芍药居14号院2—6—102	100101
37	北京理化分析测试技术学会	68731259	海淀区西三环北路27号北科大厦1层	100089
38	北京膜学会	62782432	海淀区清华大学化工系	100084
39	北京制冷学会	62116811	海淀区西直门外四道口1号	100081
40	北京内燃机学会	87710700	朝阳区广渠路31号北内技术中心	100022
41	北京电机工程学会	88072006	西城区复兴门外地藏庵南巷1号	100045
42	北京电力电子学会	83671666—6306	丰台区科学城富丰路6号	100070
43	北京电工技术学会	67802820	北京经济技术开发区永昌南路5号	100176
44	北京水力发电工程学会	51972516	朝阳区定福庄西街1号北京勘测设计研究院办公室	100024
45	北京热物理与能源工程学会	62571060	海淀区中关村路212号(北京2706信箱)	100080
46	北京煤炭学会	69839418	门头沟区新桥南大街2号	102300
47	北京石油学会	84876262	朝阳区安慧北里安园21号	100101
48	北京能源学会	52052622	朝阳区安外小关东里甲2号北京节能环保中心410房间	100029
49	北京测绘学会	63966138	海淀区复外羊坊店路15号	100038
50	北京工程图学学会	82317093	海淀区学院路37号北京航空航天大学	100191

续表

序号	学会名称	电　话	通讯地址	邮　编
51	北京土木建筑学会	68023484	西城区二七剧场路3号	100045
52	北京市绿色建筑促进会	66016180	西城区西交民巷73号	100031
53	北京水利学会	88613202	海淀区玉渊潭南路普惠北里10号水利局老干部活动站	100036
54	北京公路学会	63012331	宣武区槐柏树后街23号	100053
55	北京交通工程学会	68398458	西城区阜成门北大街1号交通管理局1222房间	100037
56	北京工程爆破协会	51849315	海淀区大柳树路2号铁科院	100081
57	北京照明学会	67736971	朝阳区大北窑厂坡村甲3号北京电光源研究所院内	100022
58	北京环境科学学会	82636257	海淀区车公庄西路14号	100048
59	北京消防协会	82215866	西城区西内大街190号	100035
60	北京人类生态工程学会	82808193	东城区地安门白米北巷7号	100009
61	北京电子学会	88011088	宣武区槐柏树街2号院3号楼134号	100053
62	北京通信学会	66012626	西城区复兴门南大街6号	100031
63	北京邮政通信学会	65196324	东城区建内大街北京邮政管理局	100001
64	北京计算机学会	62761777	海淀区北京大学计算机系理科2号楼2125室	100871
65	北京图像图形学学会	82525258	海淀区北四环西路11号热物理研究所办公楼710号	100080
66	北京自动化学会	64413467	朝阳区北三环东路15号北京化工大学	100029
67	北京仪器仪表学会	62003598	西城区德外人定湖西里12号楼342号	100120
68	北京航空航天学会	82317095	海淀区学院路37号北京航空航天大学内	100191
69	北京宇航学会	68383350	丰台区南大红门路1号9200信箱21分箱	100076
70	北京机械工程学会	65007531	朝阳区工体北路4号市机电研究所	100027
71	北京汽车工程学会	87664291	朝阳区东三环南路25号汽车大厦	100021
72	北京造船工程学会	64832060	朝阳区德胜门外双泉堡甲2号	100085
73	北京铁道学会	51822880	海淀区复兴路6号北京铁路局	100860
74	北京振动工程学会	82316009	海淀区学院路37号北京航空航天大学内	100191
75	北京纺织工程学会	65565349	朝阳区十里堡2号	100025
76	北京烟草学会	84559780	东城区东直门外察慈2号	100027
77	北京真空学会	82548210	海淀区中关村北二条13号(北京市2724信箱)	100190
78	北京乐器学会	67712683	朝阳区劲松中街218号楼	100021
79	北京安全技术学会	64002120	朝阳区安定门外安华里504号A座317室	100011
80	北京工艺美术学会	64220927	朝阳区东土城路13号	100013
81	北京标准化协会	64219731	东城区和平里东街20号	100013

续表

序号	学会名称	电　话	通讯地址	邮　编
82	北京人工智能学会	67396155	朝阳区平乐园 100 号北京工业大学电子信息与控制工程学院	100124
83	北京农学会	51503204	海淀区板井路市农林科学院内	100097
84	北京蔬菜学会	51503200	海淀区板井路市农林科学院蔬菜研究中心	100097
85	北京作物学会	51503341	海淀区板井路市农林科学院作物所	100097
86	北京果树学会	82384989	西城区裕民中路 8 号	100029
87	北京食用菌协会	51503437	海淀区板井路市农林科学院内	100097
88	北京土壤学会	51505739	海淀区板井路市农林科学院营资所	100097
89	北京植物病理学会	67235034	崇文区永外西革新里 98 号	100077
90	北京农药学会	59194087	朝阳区麦子店街 22 号楼农药检定所	100026
91	北京农业工程学会	62736203	海淀区清华东路 17 号中国农大东区	100083
92	北京林学会	62381455	西城区裕民中路 8 号 214 室	100029
93	北京园林学会	62073575	西城区裕民中路 8 号 1 号楼 233 室	100029
94	北京屋顶绿化协会	67115339	朝阳区团结湖路 15 号	100026
95	北京畜牧兽医学会	84929033	朝阳区北苑路甲 15 号 314 室	100107
96	北京水产学会	67582511	丰台区永外角门路 18 号	100068
97	北京农业信息化学会	51503593	海淀区板井路市农林科学院信息中心	100097
98	北京食品学会	62061586	海淀区北土城西路 197 号联大应用文理学院实验楼 108 室	100083
99	北京医学会	65255365	东城区东单三条甲 7 号	100005
100	北京环境诱变剂学会	64407196	海淀区中关村大街 29 号海淀医院融恒环球基因技术有限公司	100080
101	北京生理科学会	67235026	崇文区永外西革新里 98 号	100077
102	北京解剖学会	67235026	崇文区永外西革新里 98 号	100077
103	北京免疫学会	82805055	海淀区学院路 38 号北大医学部免疫 T 细胞室	100191
104	北京药理学会	83198855	宣武区长椿街 45 号宣武医院药理室	100053
105	北京中医药学会	65223477	东城区东单三条甲 7 号	100005
106	北京药学会	64179534	东城区新中街乙 12 号	100027
107	北京生物医学工程学会	62013856	海淀区北三环中路 2 号主楼 801 室	100011
108	北京护理学会	65256418	东城区东单三条甲 7 号	100005
109	北京中西医结合学会	65250460	东城区东单三条甲 7 号	100005
110	北京针灸学会	65594125	东城区东单三条甲 7 号《北京中医药》杂志编辑部	100005
111	北京防痨协会	62252394	西城区新街口东光胡同 5 号	100035
112	北京心理卫生协会	65131245	东城区东交民巷 1 号同仁医院临床心理科	100730
113	北京抗癌协会	88196171	海淀区阜成路 52 号	100036

续表

序号	学会名称	电 话	通讯地址	邮 编
114	北京神经科学学会	82801151	海淀区学院路38号北京大学医学部中心楼	100083
115	北京康复医学会	63460893	丰台区右安门外大街199号	100069
116	北京预防医学学会	64407288	东城区和平里中街16号	100013
117	北京生殖健康研究会	84046004	海淀区西直门北大街58号7号楼305室	100700
118	北京亚健康防治协会	65920668	朝阳区八里庄南里甲1号1—1603室	100025
119	北京营养学会	82801575	海淀区北京大学医学部营养与食品卫生学系	100083
120	北京医师协会	65260165	东城区东单三条甲7号	100005
121	北京老年痴呆防治协会	62103134	东城区安德路甲61号B2609室	100717
122	北京超声医学学会	66939532	海淀区复兴路28号解放军总医院超声科	100853
123	北京自然辩证法研究会	62732437	海淀区圆明园西路2号	100913
124	北京生产力学会	64444015	朝阳区安定门外小关街53号中国化工信息中心C座102室	100029
125	北京创造学会	51201136	朝阳区立水桥北甲1号石化管理干部学院	100012
126	北京系统工程学会	87810506	崇文区永外西革新里98号	100077
127	北京循环经济促进会	82314523	海淀区北京航空航天大学经济管理学院	100191
128	北京知识产权研究会	66175475	西城区西直门南大街16号	100035
129	北京企业技术开发研究会	67235034	崇文区永外西革新里98号	100077
130	北京技术经济与管理现代化研究会	67237754	崇文区永外西革新里98号	100077
131	北京科技政策和管理研究会	68719176	海淀区西三环北路27号北科大厦4层	100089
132	北京民营科技实业家协会	62961182	海淀区上地西路38号时代大厦4层	100085
133	北京项目管理协会	82168249	海淀区中关村南大街乙12号天作国际中心1号楼B座27层	100081
134	北京工程管理科学学会	67256839	宣武区广莲路1号北京建工大厦A座8层818B号	100055
135	北京城市管理科技协会	68515969	西城区三里河北街甲3号408室	100045
136	北京城市规划学会	68018265	西城区三里河东路乙10号	100045
137	北京土地学会	64409581	东城区和平里北街2号704室	100013
138	北京减灾协会	68400821	海淀区紫竹院路44号	100089
139	北京继续教育协会	65260301	东城区台基厂三条3号市人事局	100005
140	北京科技教育促进会	58204815	朝阳区建国路93号万达广场10号楼809室	100026
141	北京科学技术期刊学会	64883611	海淀区德胜门外北沙滩1号	100083
142	北京科学技术普及创作协会	67259422	崇文区永外西革新里98号	100077
143	北京科技记者编辑协会	67259422	崇文区永外西革新里98号	100077
144	北京科技声像工作者协会	67259422	崇文区永外西革新里98号	100077

续表

序号	学会名称	电　话	通讯地址	邮　编
145	北京老科技工作者总会	87255551	崇文区永外西革新里98号	100077
146	北京青少年科技教育协会	84634991	朝阳区小营育慧里4号青少部	100101
147	北京幼儿科普协会	82271034	崇文区永外西革新里98号	100077
148	北京数字科普协会	84634779	朝阳区小营育慧里4号	100101
149	北京体育科学学会	87255470	丰台区东罗园146号北京体育科研所	100075
150	北京科技情报学会	68355751	海淀区紫竹院南路23号国防出版社院内	100048
151	北京学会学研究会	87810506	崇文区永外西革新里98号	100077
152	北京反邪教协会	87267586	崇文区永外西革新里98号	100077
153	北京UFO研究会	64595316	顺义区天竺空港工业区A区天柱路20号	101312
154	北京烹饪协会	65227859	东城区东交民巷新大陆6号	100006
155	北京原创设计推广协会	84599369	朝阳区酒仙桥路4号798艺术区8502信箱	100015

资料来源:北京市科学技术协会

北京地区科技企业孵化器一览表

序号	机构名称	地　址	邮　编	电话 传真	电子邮箱	网　址
1	北京高技术创业服务中心*	朝阳区安翔北里甲11号	100101	64853169 64873178	cyzx@ bjcy. net. cn	www. bjcy. net. cn
2	中关村科技园区丰台园创业服务中心* (北京国际企业孵化中心)	丰台区科兴路9号	100070	63747737 63739269	bjibi@ bjibi. org. cn	www. bjibi. org. cn
3	中关村科技园区海淀园创业服务中心* (北京市留学人员海淀创业园)	海淀区上地信息路26号	100085	82898748 62984933	chuangye @ ospp. com	www. ospp. com
4	北京北医联合生物工程有限公司	海淀区学院路38号	100083	82801730 62050175	bmuupc @ sun. bjmu. edu. cn	www. bio – incubator. com
5	北京北航天汇科技孵化器有限公司*	海淀区北四环中路238号柏彦大厦	100083	82316255 82338204	bbi@ bbi. com. cn	www. bbi. com. cn
6	北京八六三信息安全科技发展有限公司	石景山区石景山路40号信安大厦	100043	68812133 68812468	xuem@ bjisip. com	www. bjisip. com
7	北京望京科技园创业服务中心*	朝阳区望京高新技术产业区利泽中园106号楼	100102	64392019 64392410	wjpioneer@ 263. net	www. wangjing. gov. cn
8	北京理工创新高科技孵化器有限公司	海淀区中关村南大街9号理工科技大厦	100081	68910009 68470073 –8999	liuqiucai@ 126. com	www. bitsp. com. cn

续表

序号	机构名称	地　址	邮　编	电　话 传　真	电子邮箱	网　址
9	清华科技园孵化器有限公司 *	海淀区清华大学学研大厦 B 座	100084	62772742 62780883	incubator @ thsp. com. cn	www. incubator. com. cn
10	北京北内制造业高新技术孵化基地有限公司	朝阳区广渠门外大街 8 号优士阁 A 座	100022	58613206 58613207	bjzzy@ bjzzy. com. cn	www. bjzzy. com. cn
11	北京诺飞科技孵化器有限公司	通州区中关村科技园区通州园金桥科技产业基地景盛北一街 9 号	101102	60595126 60595126	nfkj@ public3. bta. net. cn	www. nfkj. com. cn
12	北京科大方兴科技孵化器有限责任公司 *	海淀区学院路 30 号科技园 A 座 112 室	100083	52752185 52752184	office@ fxti. com	
13	北京中关村国际孵化器有限公司 *	海淀区上地信息路 2 号创业园 D 座	100085	82895166 62974804	scottzwx@ sohu. com	www. incubase. net
14	北京科方创业科技企业孵化器有限公司	海淀区中关村北大街 123 号科方孵化大楼 2509 室	100084	62654985 62538086	office@ co – found. com. cn	www. co – found. com. cn
15	北京新材料孵化器有限公司	海淀区西三旗东建材城西路 16 号	100096	82917247 82926299	swf@ bnbm. com. cn	
16	北京京海科技企业孵化器有限公司	海淀区紫竹院路广源大厦	100081	68415893 68726798	yang _ yizhu @ yahoo. com	
17	北京首特科技孵化器有限责任公司	石景山区古城大街特钢公司办公楼	100043	88919877 88982103	stilxh@ shoute. com	www. shoute. com
18	北京泰思特测控技术公司	海淀区北三环中路 31 号	100088	82001752 82001751	hawh@ bjtest. com. cn	www. bjtest. com. cn
19	北京崇熙科技孵化器有限公司	朝阳区大羊坊路 79 号旌凯大厦 216 室	100122	81503810 81502846	info@ chongxichem. com	www. chongxichem. com
20	北京赛欧科园科技孵化中心	丰台区科学城海鹰路 5 号	100070	83681497 83681790	soky@ bjibi. org. cn	www. bjsoky. com
21	北京海银科医药技术有限公司	海淀区复兴路 83 号东 9 楼	100856	68214721 68214721	postmaster @ hi – inc. com. cn	www. hi – inc. com. cn
22	北京中关村软件园孵化服务有限公司 *	海淀区东北旺西路 8 号中关村软件园 3 号楼	100094	82825187 82825186	spi@ zgcspi. com	www. zgcspi. com

续表

序号	机构名称	地　址	邮　编	电　话 传　真	电子邮箱	网　址
23	北京奥宇科技企业孵化器有限责任公司	大兴区工业开发区金苑路2号	102628	60213415 60213342	aykjfhq@263.net	www.aoyucn.com
24	北京天竺空港科技企业孵化器有限公司	顺义区天竺空港工业区A区蓝天大厦	101312	80489519 80489575	wangbaiz@sohu.com	
25	北京硅普京南科技企业孵化器有限公司	丰台区东高地四营门北路2号	100076	68757488 68754791	yujq@gotoic.com	
26	北京利玛自动化技术公司	西城区德胜门外校场口1号	100011	82023789 62048934	duanshq@riamb.ac.cn	www.limafhq.com
27	北京康华伟业科技孵化器有限公司	西城区德胜门外大街11号	100088	62021146 62021044	lanaiguo@bjkh.com.cn	www.bjkh.com.cn
28	北京北方车辆新技术孵化器	丰台区长辛店镇槐树岭4号院969信箱61分箱	100072	83808128 83803119	wu131@126.com	www.bjnvni.com
29	北京华商置业有限公司	大兴工业开发区科苑路18号	102600	61271941 61271943	msx7060@126.com	www.coeland.com
30	中关村兴业(北京)高科技孵化器股份有限公司	昌平区白浮泉路17号	102200	89717778 89717999	liaolian24@tom.com	www.zgcxy.com
31	汇龙森国际企业孵化(北京)有限公司*	北京经济技术开发区中和街14号	100176	59755396 59755396	hls666@huilongsen.com	www.huilongsen.com
32	北京集成电路设计园有限责任公司	海淀区知春路27号量子芯座	100083	82357175 82357178	zy@bjicpark.com	www.bjicpark.com
33	北京中关村京蒙高科企业孵化器有限公司	海淀区上地东路5号楼	100085	82783865 82783861	dreaming123123@sohu.com	www.newwest.cn
34	北京普天德胜科技孵化器有限公司	西城区新街口外大街28号B座1层	100088	82052111 82052127	ptdsh2002@gmail.com	www.ptdsh.com
35	北京北达燕园科技孵化器有限公司	海淀区中关村北大街116号	100080	58874006 58874005	yd_0806@sina.com	www.beidaincubator.com
36	北京控股高科技孵化器有限公司	昌平区白浮泉路10号北控科技大厦	102200	89760000 89760046	zheng_bl@yahoo.com.cn	www.beht.com.cn
37	北京中自科技产业孵化器有限公司	海淀区中关村东路95号自动化大厦	100190	62541938 82614526	yong.ge@mail.ia.ac.cn	www.caspark.com.cn
38	北京华海基业科技孵化器有限公司*	石景山区石景山路22号长城大厦	100043	68666236 68666207	jwtd123@sohu.com	www.huahaijiye.com.cn
39	北京方和正圆科技企业孵化器有限公司	通州区通州工业开发区光华路16号	101113	61506120 61505151	fhzy29@163.com	www.fhzhy.com
40	北京联东金桥科技孵化器有限公司	中关村科技园区亦庄园光机电一体化产业基地经海7路1号联东商务中心	101111	81508005 81508005		www.liando.cn

资料来源:北京市科学技术委员会高新技术产业化处

注:*为国家级高新技术创业服务中心

北京地区大学科技园一览表

序号	机构名称	地　址	邮　编	电　话 传　真	电子邮箱	网　址
1	清华大学国家大学科技园	海淀区清华大学创新大厦 A 座	100084	62785888 62772777	thsp@ thsp. com. cn	www. thsp. com. cn
2	北京大学国家大学科技园	海淀区海淀路 52 号太平洋大厦 17 层	100080	82667840 82667188	pkusp@ pkusp. com. cn	www. pkusp. com. cn
3	北京航空航天大学国家大学科技园	海淀区学院路 35 号世宁大厦	100083	82319898 82338231	buaa@ buaa. com. cn	www. buaa. com. cn
4	北京理工大学国家大学科技园	海淀区中关村南大街 9 号理工科技大厦 902 室	100081	68470073 68470073 -8999	bitsp@ sohu. com	www. bitsp. com. cn
5	北京邮电大学国家大学科技园	海淀区西土城路 10 号北京邮电大学 178 信箱	100876	62282813 62285259	chensl@ bupt. edu. cn	www. buptsp. com
6	北师大—北中医国家大学科技园	海淀区新街口外大街 19 号	100875	62205230 62206051	kjy@ bnu. edu. cn	park. bnu. edu. cn
7	北京化工大学国家大学科技园	朝阳区北三环东路 15 号 133 信箱	100029	64435482 88587749	sp@ mail. buct. edu. cn	www. buct. edu. cn
8	北京科技大学国家大学科技园	海淀区学院路 30 号科技园 A 座 1 层	100083	52752176 62332975	fxti@ fxti. com	www. ustbsp. com
9	北京工业大学国家大学科技园	朝阳区平乐园 100 号	100022	67392781 67392953	zhangxl@ bjut. edu. cn	www. bjttcam. com. cn
10	北京交通大学国家大学科技园	海淀区高粱斜街 44 号北京交通大学东校区科教楼	100044	51686173 51686173	jdkjy@ center. njtu. edu. cn www. jpsp. com. cn	
11	中国农业大学国家大学科技园	海淀区清华东路 17 号 133 信箱	100083	62736706 62734834	hujy@ cau. edu. cn	www. cau. edu. cn
12	华北电力大学国家大学科技园	昌平区德外朱辛庄华北电力大学 56 号信箱	102206	80798501 80793105	cyjt2000@ 163. com www. ncepu. edu. com	
13	中国人民大学国家大学科技园	海淀区中关村大街甲 59 号文化大厦	100872	62514333 82509959	cspruc@ ruc. edu. cn	www. cspruc. com
14	首都师范大学科技园	海淀区西三环北路 105 号	100037	68907023 68981337	kyc@ mail. cnu. edu. cn kjy. cnu. edu. cn	

资料来源:北京市科学技术委员会

北京地区留学人员创业园一览表

序号	创业园名称	地　址	邮　编	电　话	网　址	创建时间
1	北京市留学人员海淀创业园*	海淀区上地信息路26号	100085	82898748	www. ospp. com	1997. 10
2	中关村国际孵化园*	海淀区上地信息路2号创业园D栋	100085	82895166	www. incubase. net	2000. 12
3	中国北京（望京）留学人员创业园*	朝阳区望京高新技术产业区利泽中园106号楼	100102	64392411	www. wangjing. gov. cn	2003. 04
4	中关村软件园留学人员创业园*	海淀区东北旺西路中关村软件园3号楼	100094	82825186	www. zgcspi. com	2004. 01
5	北京中关村生命科学园留学人员创业园	昌平区回龙观生命路29号孵化科研生产大楼B座	102206	80715731	www. zgcbmi. com. cn	2004. 03
6	丰台园留学人员创业园*	丰台区丰台路口139号	100071	63739256	www. bjibi. org. cn	2004. 04
7	北大留学人员创业园*	海淀区中关村北大街116号北大孵化器2号楼	100080	58874004	www. beidaincubator. com	2002. 09
8	清华留学人员创业园*	海淀区清华大学学研大厦B座	100084	62772742	www. incubator. com. cn	2002. 12
9	北航留学人员创业园*	海淀区北四环中路238号柏彦大厦	100083	82316255	www. bbi. com. cn	2003. 04
10	北京科大留学人员创业园*	海淀区学院路30号科技园A座113室	100083	52752184	www. pioneerpark. cn	2003. 06
10	北京理工留学人员创业园*	海淀区中关村南大街9号理工科技大厦	100081	68470073	www. bitrp. com. cn	2003. 07
11	北邮留学人员创业园	海淀区西土城路10号	100876	62281497	www. buptincubator. com	2003. 12
12	中科院中自留学人员创业园	海淀区中关村东路95号自动化大厦	100080	62579894	www. caspark. com. cn	2005. 04
13	中国农大留学人员创业园	海淀区天秀路10号	100091	62732266	www. cau. edu. cn	2005. 08
14	汇龙森留学人员创业园*	北京经济技术开发区中和街14号	100176	59755396	www. huilongsen. com	2005. 05
15	北工大留学人员创业园	海淀区车公庄西路35号	100044	68458163	www. bjutcyy. com	2005. 12
16	北师大留学人员创业园	海淀区新街口外大街19号	100875	62206051	park. bnu. edu. cn	2005. 12
17	人民大学留学人员创业园	海淀区中关村大街甲59号文化大厦	100872	82509532	www. cspruc. com	2005. 12
18	中关村集成电路留学人员创业园	海淀区知春路27号量子芯座	100083	82357178	www. bjicpark. com	2006. 01

续表

序号	创业园名称	地　址	邮　编	电　话	网　址	创建时间
19	中关村数字娱乐留学人员创业园	石景山区八大处高科技园区实兴东街11号楼北楼1层	100041	88794725	www. dotincubator. com	2006. 01
20	中央财大留学人员创业园	海淀区学院南路39号	100081	62288827	www. cufezcy. com	2006. 12
21	中国政法大学留学人员创业园	海淀区西土城路25号院5号楼101室	100088	58908009	www. cuplsp. cn	2007. 05
22	北京交通大学留学人员创业园	海淀区高粱斜街44号北京交通大学东校区科教楼	100044	51686172	www. bjtupp. com. cn	2007. 07
23	中国矿业大学留学人员创业园	海淀区学院路丁11号中国矿业大学(北京)	100083	51733999	www. zgces. com	2007. 07
24	首都师范大学留学人员创业园	海淀区西三环北路105号	100037	68907023		2007. 09
25	北京市留学人员空港创业园	顺义区天竺空港工业区A区蓝天大厦	101312	80489519		1999. 12
26	北京市留学人员大兴创业园	大兴工业开发区科苑路18号	102600	61271941		1999. 07
27	华北电力大学留学人员创业园	昌平区朱辛庄北农路2号	102206	80798918		2008. 10

资料来源:中关村科技园区管理委员会

* 为市人事局和市科委联合命名的“北京留学人员创业园”

北京地区生产力促进机构一览表

序号	名　称	地　址	邮　编	电　话 传　真	电子邮箱	网　址
1	北京生产力促进中心(国家级示范中心)	海淀区北三环中路31号B座8层	100088	82003608 82003613	bjpc@ bjpc. org. cn	www. bjpc. org. cn
2	北京软件与信息服务业促进中心(国家级示范中心)	海淀区北四环中路238号柏彦大厦12层	100083	82331717 82332323	zhangp@ bsw. gov. cn	www. bsw. gov. cn
3	北京市丰台区技术创新与生产力促进中心(国家级示范中心)	丰台区北大街甲13号	100071	63894698 63894698	ftkqb @ pbllic. bta. net. cn	www. ftipc. org. cn
4	北京市朝阳区生产力促进中心	朝阳区大屯路西奥中心B座22层	100101	64862731 64843012	sandizh@ 163. com	www. cyppc. gov. cn
5	北京市东城区生产力促进中心	东城区藏经馆胡同11号	100007	84039292 64009160	scl@ dchst. com	www. dchst. com
6	北京市西城区生产力促进中心	西城区月坛北街甲1号—4	100037	68010703 68010703	ssylly@ sina. com. cn	www. bjxchst. gov. cn

续表

序号	名　　称	地　址	邮　编	电　话 传　真	电子邮箱	网　址
7	北京市石景山区技术创新与生产力促进中心	石景山区八角西街40号	100043	68863638 88910825	sjskw@263. net. cn	www. hingespace. com
8	北京通州区生产力促进中心	通州区玉带河大街30号	101100	68543252 69546592	tkq @ public3. bta. net. cn	
9	北京市顺义区技术创新与生产力促进中心	顺义区光明南街24号	101300	69460334 69449340	kew@ mail. bjshy. gov. cn	www. kw. bjshy. gov. cn
10	北京市密云县生产力促进中心	密云县西滨河路2号	101500	69044519 69048443	fengke212@126. com	
11	中机生产力促进中心(国家级示范中心)	海淀区首体南路2号	100044	88301718 88301705	info@ pcmi. com. cn	www. pcmi. com. cn
12	中技协生产力促进中心(国家级示范中心)	宣武区南滨河路23号立恒名苑3座2103室	100055	63268422 63268467	ch6834@ sina. com. cn	www. fortunewise. com. cn
13	建筑行业生产力促进中心(国家级示范中心)	朝阳区北三环东路30号	100013	84286025 84280321	cabrkj @ public2. east. net. cn	www. cabr. ac. cn
14	建筑材料行业生产力促进中心(国家级示范中心)	朝阳区管庄东里1号	100024	65750569 65750569	pcbmi@263. net	www. pcbmi. com
15	冶金行业生产力促进中心(国家级示范中心)	东城区东四西大街46号	100711	65133322 —1408 65135864	mippc@ vip. sina. com	www. mippc. net. cn
16	国家服装行业生产力促进中心(国家级示范中心)	朝阳区建国路99号中服大厦	100020	65813501 65813521	ncppc@ public. bta. net. cn	www. cnggc. com
17	兵器工业生产力促进中心(国家级示范中心)	海淀区车道沟10号科技大厦8层	100089	68962094 68962196	webmaster @ techinfo. gov. cn	www. techinfo. gov. cn
18	国家新材料行业生产力促进中心(国家级示范中心)	海淀区中关村南大街2号数码大厦B座702室	100086	82512801 82512803	office@ techcn. com	www. matinvest. com. cn
19	北京轻工生产力促进中心	朝阳区大北窑厂坡村甲3号	100022	67767835 67709369	yqkjc@263. net	
20	北京中轻生产力促进中心	西城区月坛北小街6号	100037	68054036 68052492	zqpc@ sina. com	
21	冶金自动化生产力促进中心	丰台区西四环南路72号	100071	63812255－3203	arim@ public. bta. net. cn	www. arim. com
22	有色金属行业生产力促进中心	海淀区复兴路乙12号	100814	63971828 63979551	postmaster@ cnitdc. com	www. cnitdc. com

续表

序号	名　称	· 地　址	邮　编	电　话 传　真	电子邮箱	网　址
23	热处理生产力促进中心	海淀区学清路 18 号	100083	62954651 62954651	webmaster@ ht. org. cn	www. ht. org. cn
24	国青生产力促进中心	海淀区皂君庙 4 号	100081	82190657 62168930	fx7435@ sina. com	www. zgg. org. cn
25	混凝土砌块建筑技术生产力促进中心	丰台区路口 139 号 611 室	100071	63833230 83820225	sihui@ sihui8. com	www. sihui8. com
26	纺织行业生产力促进中心	朝阳区朝阳门外延静里中街 3 号	100025	65010838 65010837	kfb@ cta. com. cn	www. cta. com. cn
27	农业机械生产力促进中心	朝阳区德胜门外北沙滩 1 号	100083	64882238 64882213	gongczx@ caams. org. cn	www. caams. org. cn
28	皮革行业生产力促进中心(国家级示范中心)	朝阳区将台西路 18 号	100016	64337789 64337789	clfppc@ yahoo. com. cn	www. leather365. com
29	农业部乡镇企业生产力促进中心	朝阳区麦子店 18 号楼	100026	64195053 64195044	cte@ cte. gov. cn	www. cte. gov. cn
30	国家化工行业生产力促进中心(国家级示范中心)	朝阳区亚运村安慧里 4 区 16 楼	100723	84885726 84885052	Jli77@ sina. com	www. cippc. org. cn
31	化工新材料生产力促进中心	朝阳区安外安华里 5 区 18 楼	100011	64262469 64262467	acmljf@ 163. com	
32	中国医药行业生产力促进中心	西城区复兴门内大街 45 号 118 信箱	100801	66095634 66095634	zhangchy@ bbn. cn	
33	国家模糊控制技术生产力促进中心	海淀区学清路 18 号 906 室	100083	62912338 62755367	mhkzzx@ 126. com	www. ncfct. cn
34	CALS 技术生产力促进中心	朝阳区安外小关东里 14 号	100029	64918414 64918420		
35	中商流通生产力促进中心(国家级示范中心)	海淀区海淀南路 32 号中信国安数码港 710 室	100080	51662601 —695 51662601 —666	pxf@ dppc. org	www. dppc. org
36	中国航天科技集团公司军转民生产力促进中心	北京 1408 信箱	100013	68767297 68768174	jmly@ vip. sina. com	www. chinatoptech. com
37	机械工业自动化生产力促进中心	西城区德胜门外校场口 1 号	100011	82285770 82285780	liuxz@ riamb. ca. cn	
38	高分子材料生产力促进中心	朝阳区北三环东路 14 号	100013	59202586 59202586	wenwenyi@ prici. ac. cn	
30	精细化学品行业生产力促进中心	朝阳区安定门外安华里五区 18 楼 504 室	100011	64262348 64262348	cnprc@ 263. net	

续表

序号	名　　称	地　址	邮　编	电　话 传　真	电子邮箱	网　址
40	全国造纸生产力促进中心	朝阳区光华路12号	100020	65817476 65817476	kb@ piric. com. cn	www. cnppri. com
41	交通行业电子商务与现代物流生产力促进中心	海淀区西土城路8号ITS中心楼1层	100088	62355027 62016944	weifeng@ itsc. com. cn	www. cltc. com. cn
42	清洁汽车生产力促进中心	丰台区南四环西路188号总部基地二区7号楼	100070	63702966 —8061 63702964	fxh@ catarc. com. cn	www. chinaev. org
43	中农生产力促进中心	昌平区霍营农业部管理干部学院	102208	81702428 81702210	pengyuan268@ sohu. com	www. cacetc. org
44	航空工业生产力促进中心	朝阳区京顺路7号	100028	64663322 —2256 84482202	leejunsheng@ 126. com	
45	航天科工军转民生产力促进中心	海淀区阜成路甲8号	100037	68373985 68767747	zhangjun@ casec. com	www. casec. cn
46	国家食品行业生产力促进中心（国家级示范中心）	崇文门外大街9号正仁大厦8层	100062	67091546 67091533	hxy85@ sina. com	www. cfipc. com. cn
47	北京工业控制技术生产力促进中心	北京市2729信箱	100080	68379335 62543110	xueli0410@ hotmail. com	
48	北京博远万达电子商务与现代物流生产力促进中心	海淀区紫竹院化工大学图书馆605室	100071	51219775 51219776	mareeg@ 163. com	
49	北京生物技术和新医药产业促进中心	海淀区马连洼北路151号院内	100193	62896868 62899978	info@ newlife. org. cn	www. newlife. org. cn
50	北京新材料发展中心	海淀区学院路30号方兴大厦5层	100083	62341509 62333998	marker@ materials. net. cn	www. materials. net. cn
51	北京市科委农村发展中心	朝阳区安翔北里11号北京创业大厦B座16层	100101	64830180 68430289 6	nczx@ nczx. com. cn	www. nczx. cn
52	北京技术交易促进中心	海淀区苏州街甲49号	100080	62578706 62619816	webmaster @ chinatis. com	www. ctmnet. com. cn
53	北京市中小企业服务中心	东城区东四十条凯龙大厦301室	100700	64065056 64058636	bjsme2005@ sina. com	www. beijingsme. com

资料来源：北京生产力促进中心

北京地区国家重点实验室一览表

序号	名 称	依托单位	领 域	地 址	邮 编	电 话	网 址	建设、验收年份
1	半导体超晶格国家重点实验室	中科院半导体研究所	数理	海淀区清华东路甲35号	100083	82304287	sklsm. semi. ac. cn/semi/cjg/	1988 1991
2	爆炸科学与技术国家重点实验室	北京理工大学	工程	海淀区中关村南大街5号	100081	68913957	www. es. labs. gov. cn	1991 1996
3	表面物理国家重点实验室	中科院物理研究所	数理	海淀区中关村南三街8号	100190	82649428	surface. iphy. ac. cn	1984 1987
4	病毒基因工程国家重点实验室	中国预防医学科学院病毒学研究所	生命	宣武区迎新街100号	100052	63519566		1987 1989
5	病原微生物生物安全国家重点实验室	解放军军事医学科学院	生命	丰台区东大街20号	100071	66948668	www. skl – pbs. com	2004 2006
6	超导国家重点实验室	中科院物理研究所	数理	海淀区中关村南三街8号	100190	82649167		1988 1991
7	城市和区域生态国家重点实验室	中科院生态环境研究中心	生命	海淀区双清路18号	100085	62941033	www. rcees. ac. cn/dse	2006
8	传染病预防控制国家重点实验室	中国疾病预防控制中心	生命	昌平区流字5号	102206	61739580	Sklid. cn	2005
9	磁学国家重点实验室	中科院物理研究所	数理	海淀区中关村南三街8号	100190	82649253	maglab. iphy. ac. cn	1991 1995
10	大气边界层物理和大气化学国家重点实验室	中科院大气物理研究所	地学	朝阳区德胜门外祁家豁子	100029	62041394	www. lapc. ac. cn	1991 1995
11	大气科学和地球流体力学数值模拟国家重点实验室	中科院大气物理研究所	地学	朝阳区德胜门外祁家豁子	100029	82995299	web. lasg. ac. cn	1990 1992
12	蛋白质工程和植物基因工程国家重点实验室	北京大学	生命	海淀区颐和园路5号	100871	62751848	www. pepge. pku. edu. cn	1987 1990
13	蛋白质组学国家重点实验室	解放军军事医学科学院	生命	昌平区生命园路33号	102206	80727777	61. 50. 138. 126/bprc	2007
14	地表过程与资源生态国家重点实验室	北京师范大学	地学	海淀区新街口外大街19号	100875	58805461	www. espre. cn	2007
15	地震动力学国家重点实验室	中国地震局地质研究所	地学	朝阳区德外祁家豁子	100029	62009034	www. eqlab. ac. cn	2003 2007

续表

序号	名　称	依托单位	领域	地　址	邮　编	电　话	网　址	建设、验收年份
16	电力系统及发电设备安全控制和仿真国家重点实验室	清华大学	工程	海淀区清华大学	100084	62792469	www. eea. tsinghua. edu. cn/pages/guozhong	1989 1995
17	动物营养学国家重点实验室	中国农科院北京畜牧兽医研究所	生命	海淀区圆明园西路2号	100193	62816249	www. klan. net. cn	2005 2009
18	多相复杂系统国家重点实验室	中科院过程工程研究所	化学	海淀区中关村北二条1号	100190	62628836	159. 226. 63. 142/mprcas	2006
19	非线性力学国家重点实验室	中科院力学研究所	数理	海淀区北四环西路15号	100080	62561834	www. lnm. cn	1999 2001
20	分子动态与稳态结构国家重点实验室	中科院化学研究所、北京大学	化学	海淀区中关村北一街2号	100190	62588930	ussl. iccas. ac. cn	1988 1991
21	分子肿瘤学国家重点实验室	中国医学科学院肿瘤研究所	生命	朝阳区潘家园南里17号	100021	67723793	www. sklmo. org. cn	1986 1988
22	轨道交通控制与安全国家重点实验室	北京交通大学	工程	海淀区上园村3号	100044	51688193		2006 2007
23	核物理与核技术国家重点实验室	北京大学	数理	海淀区颐和园路5号	100871	62751870	sklnpt. pku. edu. cn	2007
24	化工资源有效利用国家重点实验室	北京化工大学	化学	朝阳区北三环东路15号化工大学98号信箱	100029	64425385	www. gzs. buct. edu. cn	2006 2008
25	化学工程联合国家重点实验室(清华大学萃取分离实验室)	浙江大学、天津大学、清华大学、华东理工大学	化学	海淀区清华大学	100084	62773017		1987 1991
26	环境化学与生态毒理学国家重点实验室	中科院生态环境研究中心	地学	海淀区双清路18号	100085	62849339	et. rcees. ac. cn	2004 2007
27	环境模拟与污染控制国家重点实验室	中科院生态环境研究中心、清华大学、北京师范大学、北京大学	地学	海淀区清华大学	100084	62785001		1991 1995
28	计划生育生殖生物学国家重点实验室	中科院动物研究所	生命	朝阳区北辰西路1号院5号	100101	64807312	www. rpb. ioz. ac. cn	1991 1993
29	计算机科学国家重点实验室	中科院软件研究所	信息	海淀区中关村南四街4号	100190	62661616	lcs. ios. ac. cn	2005 2007

续表

序号	名　　称	依托单位	领域	地　址	邮　编	电　话	网　址	建设、验收年份
30	科学与工程计算国家重点实验室	中科院数学与系统科学研究院	数理	海淀区中关村东路55号	100190	62545820	lsec. cc. ac. cn	1991 1995
31	空间天气学国家重点实验室	中科院空间科学与应用研究中心	地学	海淀区中关村南二条1号	100190	62582648	www. spaceweather. ac. cn	2006 2008
32	煤炭资源与安全开采国家重点实验室	中国矿业大学(北京)	地学	海淀区学院路丁11号	100083	62331854	www. crsm. org	2006
33	模式识别国家重点实验室	中科院自动化研究所	信息	海淀区中关村东路95号	100190	62545671	www. nlpr. ia. ac. cn	1984 1987
34	摩擦学国家重点实验室	清华大学	工程	海淀区清华大学9003大楼	100084	62781379	sklt. tsinghua. edu. cn	1986 1988
35	脑与认知科学国家重点实验室	中科院生物物理研究所	生命	朝阳区大屯路15号	100101	64888778	bcslab. ibp. ac. cn	2004 2007
36	农业虫害鼠害综合治理研究国家重点实验室	中科院动物研究所	生命	朝阳区北辰西路1号院5号	100101	64807068	www. ipm. ioz. ac. cn	1991 1995
37	农业生物技术国家重点实验室	中国农业大学	生命	海淀区圆明园西路2号	100094	62733332	www. cau. edu. cn/agrocbi	1987 1990
38	汽车安全与节能国家重点实验室	清华大学	工程	海淀区清华大学	100084	62785963	www. car. tsinghua. edu. cn	1991 1995
39	人工微结构和介观物理国家重点实验室	北京大学物理学院	数理	海淀区成府路209号	100871	62765884	www. phy. pku. edu. cn/ ~ sklm/html/abstract. html	1990 1993
40	认知神经科学与学习国家重点实验室	北京师范大学	生命	海淀区新街口外大街19号	100875	58806154	psychbrain. bnu. edu. cn	2005 2008
41	软件开发环境国家重点实验室	北京航空航天大学	信息	海淀区学院路37号	100191	82317643	www. nlsde. buaa. edu. cn	1991 1995
42	生化工程国家重点实验室	中科院过程工程研究所	生命	海淀区中关村北二条1号	100190	62561813	www. nklbe. org	1991 1995
43	生物大分子国家重点实验室	中科院生物物理研究所	生命	朝阳区大屯路15号	100101	64888486	www. ibp. ac. cn/c/sites/nlb/index. html	1988 1991
44	生物膜与膜生物工程国家重点实验室	中科院动物研究所、清华大学、北京大学	生命	朝阳区北辰西路1号院5号	100101	64807302	www. biomembrane. ioz. ac. cn	1988 1990
45	声场声信息国家重点实验室	中科院声学研究所	数理	海淀区北四环西路21号	100190	62565617		1987 1990

续表

序号	名　　称	依托单位	领域	地　址	邮　编	电　话	网　址	建设、验收年份
46	水沙科学与水利水电工程国家重点实验室	清华大学	工程	海淀区清华大学	100084	62783337	sklhse. tsinghua. edu. cn	2006 2008
47	天然药物及仿生药物国家重点实验室	北京大学医学部	生命	海淀区学院路38号	100191	82802724	www1. bjmu. edu. cn/skl2003/index. htm	1985 1987
48	湍流与复杂系统国家重点实验室	北京大学	数理	海淀区北京大学	100871	62757944	ltcs. pku. edu. cn	1991 1995
49	网络与交换技术国家重点实验室	北京邮电大学	信息	海淀区西土城路10号	100876	62283412	www. bupt. edu. cn/yuanxi/introduce/jisuanji/nationallab	1991 1995
50	微波与数字通信技术国家重点实验室	清华大学	信息	海淀区清华大学	100084	62784884		1991 1995
51	微生物资源前期开发国家重点实验室	中科院微生物研究所	生命	朝阳区北辰西路1号院3号	100101	64807429	www. im. ac. cn/sklmr	1991 1995
52	稀土材料化学及应用国家重点实验室	北京大学	化学	海淀区北京大学	100871	62751016		1991 1995
53	系统与进化植物学国家重点实验室	中科院植物研究所	生命	海淀区香山南辛村20号	100093	62836101	lseb. ibcas. ac. cn	2004 2007
54	先进钢铁流程及材料国家重点实验室	钢铁研究总院	材料	海淀区学院南路76号	100081	62182907	sklsteel. com. cn	2004
55	新金属材料国家重点实验室	北京科技大学	材料	海淀区学院路30号	100083	62332508	www. ustb. edu. cn/skl	1991 1995
56	新型陶瓷与精细工艺国家重点实验室	清华大学	材料	海淀区清华大学材料系	100084	62782753	www. mse. tsinghua. edu. cn/ceramiclab/	1991 1995
57	信息安全国家重点实验室	中科院研究生院	信息	石景山区玉泉路19号(甲)	100039	88256432	home. is. ac. cn	1989 1991
58	虚拟现实技术与系统国家重点实验室	北京航空航天大学	信息	海淀区学院路37号	100191	82338861	Vrlab. buaa. edu. cn	2007
59	岩石圈演化国家重点实验室	中科院地质与地球物理研究所	地学	朝阳区北土城西路19号	100029	82998240	www. sklable. ac. cn	2004 2006
60	遥感科学国家重点实验室	中科院遥感应用研究所、北京师范大学	地学	朝阳区大屯路甲20号北	100101	64848730	www. slrss. cn	2003 2005
61	医学分子生物学国家重点实验室	中国医学科学院基础医学研究所	生命	东城区东单三条5号	100005	65240803		1991 1993

续表

序号	名　　称	依托单位	领域	地　址	邮　编	电　话	网　址	建设、验收年份
62	油气资源与探测国家重点实验室	中国石油大学（北京）	地学	昌平区府学路18号	102249	89733952	www. prplab. cn	2007
63	有色金属材料制备加工国家重点实验室	北京有色金属研究总院	材料	西城区新街口外大街2号	100088	82241161		2005
64	灾害天气国家重点实验室	中国气象科学研究院	地学	海淀区中关村南大街46号	100081	58995503		2005 2007
65	植被与环境变化国家重点实验室	中科院植物研究所	生命	海淀区香山南辛村20号	100093	62836263	lvec. ibcas. ac. cn	2007
66	植物病虫害生物学国家重点实验室	中国农科院植物保护研究所	生命	海淀区圆明园西路2号	100193	62815922	www. sklbpi. labs. gov. cn	1989 1992
67	植物基因组学国家重点实验室	中科院遗传与发育生物学研究所	生命	朝阳区北辰西路1号院2号	100101	64873428	www. genetics. ac. cn	2003 2006
68	植物生理学与生物化学国家重点实验室	中国农业大学、浙江大学	生命	海淀区圆明园西路2号	100193	62733475	www. cau. edu. cn/sklppb	2001 2003
69	植物细胞与染色体工程国家重点实验室	中科院遗传与发育生物学研究所	生命	朝阳区北辰西路1号院2号	100101	64854467	www. pcce. labs. gov. cn	1991 1995
70	智能技术与系统国家重点实验室	清华大学	信息	海淀区清华大学	100084	62782266	www. csai. tsinghua. edu. cn/	1987 1990
71	重质油国家重点实验室	石油大学（北京）	化学	昌平区府学路18号	102249	89733070	www. heavyoil. cn	1989 1995
72	资源与环境信息系统国家重点实验室	中科院地理科学与资源研究所	信息	朝阳区大屯路甲11号	100101	64889633	www. lreis. ac. cn	1985 1987

资料来源：科技部国家重点实验室网站

北京市重点实验室一览表

序号	名　　称	依托单位	主管部门	组建时间（年）
1	医学物理和工程实验室	北京大学	北京市教育委员会 北京市科学技术委员会	2001
2	空间信息集成与3S工程应用实验室	北京大学	北京市教育委员会 北京市科学技术委员会	2001

续表

序号	名　　称	依托单位	主管部门	组建时间（年）
3	绿色反应工程与工艺实验室	清华大学	北京市教育委员会 北京市科学技术委员会	2001
4	精细陶瓷实验室	清华大学	北京市教育委员会 北京市科学技术委员会	2001
5	3E 能源实验室	清华大学	北京市教育委员会 北京市科学技术委员会	2001
6	城市轨道交通自动化与控制实验室	北京交通大学	北京市教育委员会 北京市科学技术委员会	2001
7	通讯与信息系统实验室	北京交通大学	北京市教育委员会 北京市科学技术委员会	2001
8	现代信息科学与网络技术实验室	北京交通大学	北京市教育委员会 北京市科学技术委员会	2001
9	特种功能材料与薄膜技术实验室	北京航空航天大学	北京市教育委员会 北京市科学技术委员会	2001
10	数字化设计与制造实验室	北京航空航天大学	北京市教育委员会 北京市科学技术委员会	2001
11	网络技术实验室	北京航空航天大学	北京市教育委员会 北京市科学技术委员会	2001
12	粉体技术研究开发实验室	北京航空航天大学	北京市教育委员会 北京市科学技术委员会	2001
13	清洁车辆实验室	北京理工大学	北京市教育委员会 北京市科学技术委员会	2001
14	智能信息技术实验室	北京理工大学	北京市教育委员会 北京市科学技术委员会	2001
15	环境科学工程实验室	北京理工大学	北京市教育委员会 北京市科学技术委员会	2001
16	自动控制系统实验室	北京理工大学	北京市教育委员会 北京市科学技术委员会	2001
17	先进粉末冶金材料与技术实验室	北京科技大学	北京市教育委员会 北京市科学技术委员会	2001
18	腐蚀磨蚀与表面技术实验室	北京科技大学	北京市教育委员会 北京市科学技术委员会	2001
19	新型高分子材料制备与加工实验室	北京化工大学	北京市教育委员会 北京市科学技术委员会	2001
20	生物加工过程实验室	北京化工大学	北京市教育委员会 北京市科学技术委员会	2001
21	智能通信软件与多媒体实验室	北京邮电大学	北京市教育委员会 北京市科学技术委员会	2001
22	地球探测与信息技术实验室	石油大学（北京）	北京市教育委员会 北京市科学技术委员会	2001

续表

序号	名　　称	依托单位	主管部门	组建时间（年）
23	作物遗传改良实验室	中国农业大学	北京市教育委员会 北京市科学技术委员会	2001
24	草业科学实验室	中国农业大学	北京市教育委员会 北京市科学技术委员会	2001
25	果树逆境生理与分子生物学实验室	中国农业大学	北京市教育委员会 北京市科学技术委员会	2001
26	木材科学与工程实验室	北京林业大学	北京市教育委员会 北京市科学技术委员会	2001
27	癌发生及预防分子机理实验室	中国协和医科大学	北京市教育委员会 北京市科学技术委员会	2001
28	中医内科学实验室	北京中医药大学	北京市教育委员会 北京市科学技术委员会	2001
29	中药基础与新药研究实验室	北京中医药大学	北京市教育委员会 北京市科学技术委员会	2001
30	生物资源开发与生物工业实验室	北京师范大学	北京市教育委员会 北京市科学技术委员会	2001
31	环境遥感与数字城市实验室	北京师范大学	北京市教育委员会 北京市科学技术委员会	2001
32	应用实验心理实验室	北京师范大学	北京市教育委员会 北京市科学技术委员会	2001
33	基因工程药物及生物技术实验室	北京师范大学	北京市教育委员会 北京市科学技术委员会	2001
34	应用光学实验室	北京师范大学	北京市教育委员会 北京市科学技术委员会	2001
35	刑事科学技术实验室	中国人民公安大学	北京市教育委员会 北京市科学技术委员会	2001
36	水资源与环境工程实验室	中国地质大学(北京)	北京市教育委员会 北京市科学技术委员会	2001
37	国土资源信息研究开发实验室	中国地质大学(北京)	北京市教育委员会 北京市科学技术委员会	2001
38	岩石混凝土破坏力学实验室	中国矿业大学(北京)	北京市教育委员会 北京市科学技术委员会	2001
39	交通工程实验室	北京工业大学	北京市教育委员会 北京市科学技术委员会	2001
40	先进制造技术实验室	北京工业大学	北京市教育委员会 北京市科学技术委员会	2001
41	多媒体与智能软件技术实验室	北京工业大学	北京市教育委员会 北京市科学技术委员会	2001
42	工程抗震与结构诊治实验室	北京工业大学	北京市教育委员会 北京市科学技术委员会	2001

续表

序号	名　　称	依托单位	主管部门	组建时间（年）
43	传热与能源利用实验室	北京工业大学	北京市教育委员会 北京市科学技术委员会	2001
44	水质科学与水环境恢复工程实验室	北京工业大学	北京市教育委员会 北京市科学技术委员会	2001
45	现场总线技术及自动化实验室	北方工业大学	北京市教育委员会 北京市科学技术委员会	2001
46	植物资源研究开发实验室	北京工商大学	北京市教育委员会 北京市科学技术委员会	2001
47	服装材料研究开发与评价实验室	北京服装学院	北京市教育委员会 北京市科学技术委员会	2001
48	供热、供燃气、通风及空调工程实验室	北京建筑工程学院	北京市教育委员会 北京市科学技术委员会	2001
49	传感器实验室	北京信息工程学院	北京市教育委员会 北京市科学技术委员会	2001
50	机电系统测控实验室	北京机械工业学院	北京市教育委员会 北京市科学技术委员会	2001
51	农业应用新技术实验室	北京农学院	北京市教育委员会 北京市科学技术委员会	2001
52	神经再生修复研究实验室	首都医科大学	北京市教育委员会 北京市科学技术委员会	2001
53	肝脏保护与再生调节实验室	首都医科大学	北京市教育委员会 北京市科学技术委员会	2001
54	纳米光电子学实验室	首都师范大学	北京市教育委员会 北京市科学技术委员会	2001
55	学习与认知实验室	首都师范大学	北京市教育委员会 北京市科学技术委员会	2001
56	资源环境与地理信息系统实验室	首都师范大学	北京市教育委员会 北京市科学技术委员会	2001
57	生物活性物质与功能食品实验室	北京联合大学	北京市教育委员会 北京市科学技术委员会	2001
58	运动机能评定与技术诊断实验室	北京体育大学 首都体育学院	北京市教育委员会 北京市科学技术委员会	2001
59	物流系统与技术实验室	北京物资学院	北京市教育委员会 北京市科学技术委员会	2001
60	印刷包装材料与技术实验室	北京印刷学院	北京市教育委员会 北京市科学技术委员会	2004
61	光机电装备技术实验室	北京石油化工学院	北京市教育委员会 北京市科学技术委员会	2004
62	高电压与电磁兼容实验室	华北电力大学	北京市教育委员会 北京市科学技术委员会	2004

续表

序号	名　　称	依托单位	主管部门	组建时间（年）
63	能源的安全与清洁利用实验室	华北电力大学	北京市教育委员会 北京市科学技术委员会	2004
64	城市油气输配技术实验室	中国石油大学（北京）	北京市教育委员会 北京市科学技术委员会	2005
65	新能源材料与技术实验室	北京科技大学	北京市教育委员会 北京市科学技术委员会	2005
66	多肽及小分子药物实验室	首都医科大学	北京市教育委员会 北京市科学技术委员会	2005
67	兽医学（中医药）实验室	北京农学院	北京市教育委员会 北京市科学技术委员会	2006
68	太赫兹波谱与成像实验室	首都师范大学	北京市教育委员会 北京市科学技术委员会	2006
69	蛋白质药物实验室	清华大学	北京市教育委员会 北京市科学技术委员会	2007
70	眼科学与视觉科学实验室	首都医科大学	北京市教育委员会 北京市科学技术委员会	2007
71	工业过程测控新技术与系统实验室	华北电力大学	北京市教育委员会 北京市科学技术委员会	2008
72	物流管理与技术实验室	北京交通大学	北京市教育委员会 北京市科学技术委员会	2008

资料来源：北京市教育委员会、北京市科学技术委员会

北京地区国家重大科学工程、野外科学观测台站一览表

序号	名　　称	依托单位	主管部门	建成时间（年）
1	中国遥感卫星地面站	遥感卫星地面站	中国科学院	1986
2	H1—13 串列式静电加速器	中国原子能科学研究院	中国科学院	1987
3	太阳磁场望远镜	国家天文台总部（原北京天文台）	中国科学院	1985
4	北京正负电子对撞机	中国科学院高能物理研究所	中国科学院	1988
5	2.16 米光学望远镜	国家天文台总部（原北京天文台）	中国科学院	1989
6	5 兆瓦核供热实验堆	清华大学核能技术设计研究院	教育部	1989
7	大天区面积多目标光纤光谱天文望远镜	国家天文台总部（原北京天文台）	中国科学院	2008.10.16
8	国家农作物基因资源工程	农业部、中国农科院	农业部	2003

续表

序号	名　称	依托单位	主管部门	建成时间（年）
9	北京白家疃地球科学国家野外科学观测研究站	中国地震局地球物理研究所	中国地震局	1955
10	北京房山人卫激光国家野外科学观测研究站	中国测绘科学研究院	国家测绘局	1980
11	北京上甸子大气成分本底国家野外科学观测研究站	北京市气象局	中国气象局	2005
12	北京空间环境国家野外科学观测研究站	中国科学院地质与地球物理研究所	中国科学院	正在建设

资料来源:科技部网站

北京地区国家工程技术研究中心一览表

序号	名　称	挂靠单位	组建、验收时间（年）	地　址	电　话	邮　编	网　址
1	国家高性能计算机工程技术研究中心	中科院计算技术研究所、曙光天演信息发展有限公司	1997 2000	海淀区中关村科学院南路6号	62657255	100190	www. nrchpc. ac. cn
2	国家并行计算机工程技术研究中心	中科院计算技术研究所、江南计算技术研究所	1992 1996	海淀区科学院南路6号	62570431	100190	
3	国家企业信息化应用支撑软件工程技术研究中心	清华大学、华中科技大学	1997 2000	海淀区清华大学华业大厦三区四层	62782208	100084	www. eis. org. cn/index. jsp
4	国家网络新媒体工程技术研究中心	中科院声学所、中国科学技术大学	2007	海淀区北四环西路21号	62540072	100190	www. ioa. ac. cn
5	国家数据通信工程技术研究中心	兴唐通信科技股份有限公司	1992 1995	海淀区学院路40号	62301219	100191	
6	国家遥感应用工程技术研究中心	中科院遥感应用研究所	1997 2000	朝阳区大屯路甲20号北	64889206	100101	www. irsa. ac. cn
7	国家专用集成电路设计工程技术研究中心	中科院自动化研究所	1992 1995	海淀区中关村东路95号	62554297	100190	www. ia. ac. cn
8	国家新药开发工程技术研究中心	中国医学科学院药物研究所	1996 2000	大兴区大兴工业开发区金苑路26号	61273597	102600	www. collab. cn

续表

序号	名　称	挂靠单位	组建、验收时间（年）	地　址	电　话	邮　编	网　址
9	国家医用加速器工程技术研究中心	北京医疗器械研究所	1994 1998	昌平区科技园区创新路21号	69714704	102200	www. cnerc. gov. cn/cnerc _ site/yyjsq/index/index. htm
10	国家生化工程技术研究中心（北京）	中科院过程工程研究所	1996 2000	海淀区中关村北二条1号	62550875	100190	www. nercb. com. cn
11	国家服装设计与加工工程技术研究中心	中国服装集团公司	1993 1996	朝阳区建国路99号中服大厦27层	61558458	100020	www. cnggc. com
12	国家合成纤维工程技术研究中心	中国纺织科学研究院	1992	朝阳区延静里中街3号	65015397	100025	www. cta. com. cn
13	国家肉类加工工程技术研究中心	中国肉类食品综合研究中心	1997 2000	丰台区洋桥70号	67223366	100068	www. cmrc. com. cn
14	国家城市环境污染控制工程技术研究中心	北京市环境保护科学研究院	1994 1998	西城区阜外大街北营房中街59号	88362334	100037	www. cee. cn
15	国家工业建筑诊断与改造工程技术研究中心	中冶集团建筑研究总院	1993 1996	海淀区西土城路33号	82227377	100088	www. yj – nerc. com
16	国家建筑工程技术研究中心	中国建筑科学研究院	1993 1996	朝阳区北三环东路30号	64517000	100013	www. cabr. ac. cn
17	国家住宅与居住环境工程技术研究中心	中国建筑设计研究院	1993 1999	西城区车公庄大街19号	68302801	100044	www. house – china. net
18	国家水煤浆工程技术研究中心	煤炭科学研究总院	1992 1996	朝阳区青年沟路5号	84261742	100013	www. chinacwm. com
19	国家同位素工程技术研究中心	中国原子能科学研究院	1993 1999	房山区新镇	69358569	102413	www. ciae. ac. cn
20	国家新能源工程技术研究中心	北京市太阳能研究所有限公司	1992 1995	朝阳区北苑路大羊坊10号	84932673	100012	www. beijingsunpu. com. cn
21	国家智能交通系统工程技术研究中心	交通部公路科学研究所	1999 2003	海淀区土城路8号	62079526	100088	www. itsc. com. cn
22	国家铁路智能运输工程技术研究中心	中国铁道科学研究院	2000 2004	海淀区大柳树路2号	51849016	100081	www. rails. com. cn

续表

序号	名　称	挂靠单位	组建、验收时间（年）	地　址	电　话	邮　编	网　址
23	国家工业控制机及系统工程技术研究中心	中国航天科技集团公司五院502研究所	1993 1996	海淀区知春路61号康拓科技大厦	62523971	100190	www. controlchina. com
24	国家固体激光工程技术研究中心	中国电子科技集团公司第十一研究所	1992 1995	朝阳区酒仙桥路4号	84321411	100015	www. ncrieo. com. cn
25	国家计算机集成制造系统工程技术研究中心	清华大学	1992 1995	海淀区清华大学中央主楼6层	62783197	100084	www. cims. tsinghua. edu. cn
26	国家特种泵阀工程技术研究中心	中国航天动力研究所	1991 1995	丰台区南大红门路1号	68382215	100076	www. nercspv. com
27	国家冶金自动化工程技术研究中心	冶金自动化研究设计院、东北大学	1992 1994	丰台区西四环南路72号	63898746	100071	www. arim. com
28	国家超精密机床工程技术研究中心	北京机床研究所	2004 2008	朝阳区望京路4号	64736742	100102	
29	国家金属矿产资源综合利用工程技术研究中心（北京）	北京矿冶研究总院	1995 1998	西城区文兴街1号	88399109	100044	
30	国家玻璃深加工工程技术研究中心	中国建筑材料科学研究总院	1999 2003	朝阳区管庄东里1号	51167361	100024	www. cbma. com. cn
31	国家磁性材料工程技术研究中心	北矿磁材科技股份有限公司	1992 1995	丰台区南四环路188号6区5号楼	67537184	100070	www. magmat. com
32	国家非晶微晶合金工程技术研究中心	钢铁研究总院	1996 1999	海淀区学院南路76号	62183317	100081	www. amorphous. com. cn
33	国家碳纤维工程技术研究中心	北京化工大学、中国石油天然气股份有限公司吉林分公司	1992 2008	朝阳区北京化工大学34信箱	64435913	100029	
34	国家通用工程塑料工程技术研究中心	北京市化学工业研究院	1991 1995	海淀区中关村北大街123号华腾科技大厦5层	62640827	100084	www. bciri. com. cn
35	国家纤维增强模塑料工程技术研究中心	北京玻璃钢研究设计院	1992 1995	延庆县康庄北京261信箱	61162414	102101	

续表

序号	名　称	挂靠单位	组建、验收时间（年）	地　址	电　话	邮　编	网　址
37	国家有色金属复合材料工程技术研究中心	北京有色金属研究总院	1992 1996	西城区新街口外大街2号	82241220	100088	www. grinm. com
38	国家昌平综合农业工程技术研究中心	中国农业科学院作物研究所	1991 1995	海淀区中关村南大街12号	68975179	100081	
39	国家淡水渔业工程技术研究中心北京中心	北京市水产科学研究所、中国科学院水生生物研究所	1999 2003	丰台区角门路18号	67586098	100068	test. sino－b. cn/test/scyjs/web/news
40	国家花卉工程技术研究中心	北京林业大学	2005 2008	海淀区清华东路35号	62338279	100083	www. bjfu. edu. cn
41	国家蔬菜工程技术研究中心	北京市农林科学院蔬菜研究中心	1992 1995	海淀区板井路	51503032	100097	www. bvrc. com. cn
42	国家节水灌溉（北京）工程技术研究中心	中国水利水电科学研究院、中国灌溉排水发展中心	1999 2002	海淀区车公庄西路20号	68786542	100048	www. nceib. iwhr. com
43	国家农业信息化工程技术研究中心	北京市农林科学院	2002 2005	海淀区板井路	51503473	100097	www. nercita. org. cn
44	国家农业机械工程技术研究中心	中国农业机械化科学研究院	1999 2002	朝阳区德胜门外北沙滩1号	64882238	100083	www. caams. org. cn
45	国家饲料工程技术研究中心	中国农业大学、中国农业科学院饲料研究所	2000 2004	海淀区圆明园西路2号	62133466	100193	www. nferc. org
46	国家奶牛胚胎工程技术研究中心	北京三元集团有限责任公司	2004 2008	朝阳区清河南镇北京奶牛中心	62948010	100085	www. bdcc. com. cn
47	国家板带生产先进装备工程技术研究中心	北京科技大学	2008	海淀区学院路30号	62332598—6308	100083	
48	国家作物分子设计工程技术研究中心	北京未名凯拓农业生物技术有限公司	2008	海淀区上地西路39号北大生物城	62986799	100085	

资料来源：国家工程技术研究中心信息网

北京地区专利代理机构一览表

序号	机构名称	地　　址	邮　编	负责人	电　话	网　址
1	北京国林贸知识产权代理有限公司(涉外)	朝阳区建国门外大街24号华侨村1—2—3	100022	李桂玲	65150103	www.glmipo.com.cn
2	北京路浩知识产权代理有限公司(涉外)	海淀区大柳树路17号富海国际港707室	100081	谢顺星	62196988	www.cnkip.com
3	北京中创阳光知识产权代理有限责任公司(涉外)	海淀区花园路13号道隆商务会馆112室	100088	尹振启	62063602	www.suncrt.com
4	北京中建联合知识产权代理事务所	西城区车公庄大街19号	100044	朱丽岩	58933504	www.zlzlzl.com
5	北京律诚同业知识产权代理有限公司(涉外)	海淀区知春路甲48号盈都大厦B座16层	100098	梁　挥	58733366	www.lecome.com
6	北京邦信阳专利商标代理有限公司(涉外)	朝阳区建国门外大街永安东里甲3号通用国际中心1号楼5层	100022	张秋生	58793300	www.boss-young.com
7	北京市中实友知识产权代理有限责任公司(涉外)	西城区德外大街安德路112号楼0119室	100011	张少宏	62366429	
8	北京金富邦专利事务所有限责任公司	朝阳区小关街53号	100029	孙伯庆	64249828	
9	北京英特普罗知识产权代理有限公司(涉外)	西城区车公庄大街9号5栋大楼C座11层	100044	胡　棋	88395588	www.intellecpro.com
10	北京华夏正合知识产权代理事务所(涉外)	西城区西外大街1号西环广场2号楼17层C5、C6室	100044	韩登营	58301655	www.czipa.com
11	北京德琦知识产权代理有限公司(涉外)	海淀区知春路1号学院国际大厦7层	100083	宋志强	82339088	www.deqi-iplc.com
12	北京中原华和知识产权代理有限责任公司(涉外)	朝阳区北辰东路8号汇宾大厦A座909室	100101	寿　宁	64993855	www.huahe.com.cn
13	中科专利商标代理有限责任公司(涉外)	海淀区王庄路1号清华同方科技大厦B座25层	100083	廖玉珍	82378686	www.csptal.com
14	北京振安创业专利代理有限责任公司	海淀区花园东路30号花园商务会馆6402室	100083	祁纯阳	82029709	
15	中国国际贸易促进委员会专利商标事务所(涉外)	西城区复兴门内大街158号远洋大厦10层	100031	李　勇	66412345	www.ccpit-patent.com.cn
16	北京知本村知识产权代理事务所	宣武区牛街东里一区8号楼1603室	100053	周自清	63894911	www.ccro.com.cn
17	北京乾诚五洲知识产权代理有限责任公司(涉外)	朝阳区裕民路18号北环中心A座1008—1009号	100029	付晓青	82250113	www.faithfulaw.com
18	北京北新智诚知识产权代理有限公司(涉外)	西城区西直门南大街16号东楼6层	100035	赵郁军	66168467	www.bpta.com.cn
19	北京市柳沈律师事务所(涉外)	海淀区彩和坊路10号瀚海国际大厦10层	100080	吴秉芬	62681616	www.liu-shen.com

续表

序号	机构名称	地　　址	邮　编	负责人	电　话	网　址
20	北京太兆天元知识产权代理有限责任公司(涉外)	海淀区知春路6号锦秋国际大厦A座701室	100088	张　韬	82800237	
21	北京万慧达知识产权代理有限公司(涉外)	海淀区中关村南大街1号友谊宾馆颐园写字楼226室	100873	白　刚	68948018	www. wanhuida. com
22	北京天昊联合知识产权代理有限公司(涉外)	西城区西长安街88号首都时代广场718室	100031	张天舒	83913598	www. teehowe. com
23	北京恒久联达知识产权代理有限公司(涉外)(未通过2008年年检)	朝阳区曙光西里甲1号A2108号	100028	林继恒	58220758	
24	北京宇生知识产权代理事务所	朝阳区惠新西街15号401室	100029	倪　骏	64938280	www. bjys85. cn
25	北京永创新实专利事务所	海淀区学院路37号	100083	周长琪	82338110	
26	北京三友知识产权代理有限公司(涉外)	西城区金融街35号国际企业大厦A座16层	100140	李　强	88091921	www. san - you. com
27	北京海虹嘉诚知识产权代理有限公司(涉外)	海淀区北四环中路283号智凯大厦902室	100083	张　涛	82384870	www. haihongjc. com
28	北京华科联合专利事务所	西城区西直门外南路5号华审宾馆2303室	100044	王　为	68314404	www. huakepatent. com
29	小松专利事务所	宣武区前门西大街8号楼1002室	100051	陈祚龄	63172986	
30	北京博浩百睿知识产权代理有限责任公司	海淀区知春路甲48号C座4单元10F	100098	宋子良	58732381	
31	北京同汇友专利事务所	大兴区黄村镇兴政街31号	102600	高云瑞	69242225	
32	北京金之桥知识产权代理有限公司(涉外)	海淀区知春路6号锦秋国际大厦A座1008室	100088	林建军	82800716	www. goldenbridgeip. com
33	北京三高永信知识产权代理有限责任公司(涉外)	朝阳区安立路60号润枫德尚大厦B座1204—1205室	100101	何文彬	64986656	www. sangaopatent. com
34	北京科龙寰宇知识产权代理有限责任公司(涉外)	海淀区知春路6号锦秋国际大厦A座1303室	100088	孙皓晨	82800568	www. kelong - ip. com
35	北京君尚知识产权代理事务所(涉外)	海淀区北四环西路68号左岸工社大厦1317室	100080	余长江	82529027	www. joyshine. com. cn
36	北京清亦华知识产权代理事务所	海淀区清华园清华大学照澜院商业楼301室	100084	廖元秋	62792171	qingyihua. 51. net
37	北京思海天达知识产权代理有限公司(涉外)	朝阳区平乐园100号知新园4层	100124	张　慧	67392381	
38	北京英赛嘉华知识产权代理有限责任公司(涉外)	海淀区知春路甲48号盈都大厦A座19层	100098	王达佐	58732666	www. insightip. com
39	北京同立钧成知识产权代理有限公司(涉外)	朝阳区北辰西路69号峻峰华亭A座902室	100029	刘　芳	58773108	www. infopatent. com. cn
40	北京华谊知识产权代理有限公司	海淀区学院路30号北京科技大学科技园A座107室	100083	刘月娥	62332031	

续表

序号	机构名称	地　　址	邮　编	负责人	电　话	网　址
41	北京纽乐康知识产权代理事务所(涉外)	海淀区西直门北大街联慧路99号海云轩大厦A座183室	100028	田　磊	62277819	www. neuracom - ip. com
42	北京轻创知识产权代理有限公司(涉外)	海淀区花园路2号牡丹科技大厦A座3层	100191	王新生	82282626	www. keycom - ip. com
43	北京申翔知识产权代理有限公司(涉外)	西城区西直门南小街国英1号大厦0429室	100035	周春发	58561176	
44	北京三幸商标专利事务所(涉外)	朝阳区北辰东路8号汇欣大厦B座0811号	100101	刘激扬	84976188	www. sankoco. com
45	北京思创毕升专利事务所(涉外)	朝阳区北三环东路14号	100013	韦庆文	64201667	www. sch - ip. com
46	中原信达知识产权代理有限责任公司(涉外)	西城区金融街19号富凯大厦B座11层	100140	穆德骏	66576688	www. chinasinda. com
47	北京捷诚信通知识产权代理有限公司（涉外）	西城区三里河1区5—5	100045	庞炳良	68589998	www. pscu. com. cn
48	北京元中知识产权代理有限责任公司(涉外)	西城区北三环中路甲29号2号楼尊邸1103室	100029	汪诚芝	82023296	www. yuanzhong. org
49	北京金阙华进专利事务所(涉外)	朝阳区东大桥路8号尚都国际中心A座2312室	100020	吴鸿维	58702027	www. goldengatepatent. com
50	北京金信立方知识产权代理有限公司(涉外)	海淀区紫竹院路116号嘉豪国际中心B座11层	100097	张晓晨	58930011	www. kingsound - ip. com. cn
51	北京中知法苑知识产权代理事务所	海淀区北三环西路11号首都体育学院高德写字楼107室	100088	陈俊由	82090902	www. zzfyip. cn
52	北京集佳知识产权代理有限公司(涉外)	朝阳区建外大街22号赛特大厦7层	100004	于泽辉	85115588	www. unitalen. com. cn
53	北京市汇泽知识产权代理有限公司(涉外)	海淀区知春路6号锦秋国际大厦A座18层	100088	赵　军	82961618	www. ipr - jzhz. com
54	北京金言诚信知识产权代理有限公司	海淀区知春路111号理想大厦809室	100086	王亚轩	82665269	www. jycx. com. cn
55	北京万科园知识产权代理有限责任公司(涉外)	海淀区北三环中路77号	100088	张亚军	82076997	www. wky. com. cn
56	北京慧泉知识产权代理有限公司(涉外)	海淀区蓟门里和景园1号楼1单元302室	100088	王顺荣	82023315	www. huiquanip. com
57	北京科兴园专利事务所	朝阳区酒仙桥路13号	100016	王　蕴	64355266	
58	中国商标专利事务所有限公司(涉外)	西城区月坛南街14号月新大厦	100045	李彦章	68570096	www. trademarkpatent. com. cn
59	北京市广友专利事务所有限责任公司	海淀区北三环西路11号高德写字楼206室	100088	王荃璇	82090980	
60	北京博圣通专利事务所	海淀区北四环中路229号海泰大厦1706室	100083	黄　薇	82884000	

续表

序号	机构名称	地　址	邮　编	负责人	电　话	网　址
61	北京天平专利商标代理有限公司(涉外)	朝阳区朝外大街16号中国人寿大厦1808室	100020	王　怡	65883010	www. wang - associates. com
62	北京康信知识产权代理有限责任公司(涉外)	海淀区知春路甲48号盈都大厦A座16层	100098	余　刚	58731888	www. kangxin. com
63	北京双收知识产权代理有限公司(涉外)	朝阳区安贞西里仟村商务大楼B座506—507室	100029	吴忠仁	82041081	www. sspatent. com
64	北京诺孚尔知识产权代理有限责任公司	海淀区北洼西里颐安嘉园14栋	100089	白　帆	68430973	www. nova - ip. com. cn
65	北京银龙知识产权代理有限公司(涉外)	海淀区西直门北大街32号枫篮国际中心2号楼10层	100082	郝庆芬	82252547	www. dragonip. com
66	北京市合德专利事务所	海淀区北三环中路77号90号信箱	100088	李本源	82047898	www. heraldpatent. com
67	北京纪凯知识产权代理有限公司(涉外)	西城区宣武门西大街甲129号金隅大厦602室	100031	赵蓉民	66411409	www. jeekai. com
68	北京众合诚成知识产权代理有限公司(涉外)	西城区车公庄大街甲4号物华大厦A座1707室	100044	黄家俊	68003961	www. bjzhcc. com
69	北京市中咨律师事务所(涉外)	西城区平安里西大街26号新时代大厦6—8层	100034	贾　军	66091188	www. zhongzi. com. cn
70	北京中安信知识产权代理事务所(涉外)	海淀区清华东路2号金码大厦A座712室	100083	张小娟	82837725	www. citicip. com
71	北京中恒高博知识产权代理有限公司(涉外)	西城区车公庄大街6号3号楼313室	100044	刘　震	68001852	www. chinagoub. com
72	北京三聚阳光知识产权代理有限公司(涉外)	西城区裕民路18号北环中心A座502室	100029	张　杰	62382785	www. ipsunshine. com
73	北京科迪生专利代理有限责任公司	海淀区中关村816楼1202室	100080	关　玲	82615576	
74	北京维澳专利代理有限公司(涉外)(未通过2008年年检)	朝阳区建国门外大街22号赛特广场M层30112	100004	翟向红	65598871	www. pacificchinaip. com
75	北京中北知识产权代理有限公司(涉外)	西城区月坛北街2号月坛大厦16层1号	100045	袁世寰	68081365	www. bta. com. cn
76	北京连城创新知识产权代理有限公司	海淀区北三环西路48号北京科技会展中心1号楼B座6B	100086	刘伍堂	62146667	www. liancheng. net
77	北京市商泰律师事务所(涉外)	朝阳区朝外大街10号昆泰大厦1219室	100020	郭　华	65995719	www. stlss. cn
78	北京市金杜律师事务所(涉外)	朝阳区东三环中路7号北京财富中心写字楼A座40层	100020	王俊峰	58785588	www. kingandwood. com
79	北京正理专利代理有限公司(涉外)	西城区车公庄大街甲4号物华大厦A座	100044	诸葛北华	68001882	www. janlea. com. cn

续表

序号	机构名称	地　　址	邮　编	负责人	电　话	网　址
80	北京东方亿思知识产权代理有限责任公司(涉外)	东城区东长安街1号东方广场东方经贸城东2座1601室	100738	高卢麟	85189318	www.eastip.com
81	北京金硕果知识产权代理事务所	海淀区西土城路13号蓟门文体招待所	100088	张　玫	62379509	www.jinshuoguo.com
82	北京凯特来知识产权代理有限公司(涉外)	海淀区大柳树路甲2号中铁科大厦8层南区	100081	郑立明	62197221	www.cataly-ip.com
83	北京市尚公律师事务所(未通过2008年年检)	东城区东长安街10号长安大厦3层	100006	李尚公	65288888	
84	北京安信方达知识产权代理有限公司(涉外)	海淀区学清路8号科技财富中心B座3层305A	100085	郑　霞	82730790	www.anxinfonda.com
85	北京高默克知识产权代理有限公司(涉外)	西城区月坛北街2号月坛大厦A座308室	100045	黄坤益	68083081	www.gmkip.com
86	北京华夏博通专利事务所(分部)	海淀区紫竹院南路23号国防出版社院内	100048	刘　俊	68451009	www.bjhxbt.com
87	北京挺立专利事务所(涉外)	西城区宣武门西大街129号金隅大厦804室	100031	叶树明	66416908	www.dingli.net
88	北京尔海知识产权代理事务所	海淀区文慧园北路9号今典花园2号楼2505室	100082	姜丽辉	62265669	www.jiangpa.com
89	北京嘉和天工知识产权代理事务所(涉外)	朝阳区八里庄西里98号住邦2000商务中心3号楼1201室	100025	甘　玲	85869056	www.arete-ip.cn
90	北京派特恩知识产权代理事务所	海淀区知春路甲48号3号楼1单元9D	100098	张颖玲	58731298	
91	北京安博达知识产权代理有限公司(涉外)	海淀区蓟门里小区和景园1号楼3单元102室	100088	徐国文	62379723	www.anboda.com
92	北京富天民宏济知识产权代理事务所	海淀区阜成路甲75号院北平房	100036	刘寿椿	88152049	
93	北京中博世达专利商标代理有限公司(涉外)	海淀区大柳树路17号富海大厦B座501室	100081	申　健	62123380	www.zhongbo-ip.com
94	北京同恒源知识产权代理有限公司(涉外)	海淀区知春路6号锦秋国际大厦A座511室	100088	王维绮	82800977	www.tidytend.com
95	北京市浩天知识产权代理事务所(涉外)	朝阳区光华路7号汉威大厦东区	100004	金卫文	52019988	www.hylandslaw.com
96	北京林达刘知识产权代理事务所(涉外)	海淀区清华大学学研大厦B座903室	100084	刘新宇	62790522	www.lindapatent.com
97	北京连和连知识产权代理有限公司(涉外)	朝阳区安定路33号化信大厦A座1008室	100029	胡荣瑜	64442168	www.lianandlien.com
98	北京中誉威圣知识产权代理有限公司(涉外)	东城区建国门内大街7号光华长安大厦2座818室	100005	曹来禧	65171299	www.globelaw.com.cn

续表

序号	机构名称	地　址	邮　编	负责人	电　话	网　址
99	北京泛华伟业知识产权代理有限公司(涉外)	西城区西直门外大街西环广场2号楼18层5—6号	100044	徐　舒	58302268	www. panawell. com
100	北京明和龙知识产权代理有限公司(涉外)	海淀区中关村南大街17号韦伯时代中心C座1505室	100081	郁玉成	88570772	www. mlipa. com
101	北京中海智圣知识产权代理有限公司(涉外)	海淀区知春路1号学院国际大厦602室	100083	曾永珠	51266917	www. zhzs. cn
102	北京润平知识产权代理有限公司(涉外)	海淀区北四环西路9号银谷大厦509室	100190	刘国平	62800922	www. runping. com
103	北京北翔知识产权代理有限公司(涉外)	海淀区学院路35号世宁大厦908室	100191	姜建成	82311199	www. peksung. com
104	北京铭硕知识产权代理有限公司(涉外)	海淀区上地五街7号昊海大厦5层	100085	韩明星	82896186	www. mingsure. com
105	北京律盟知识产权代理有限责任公司(涉外)	西城区东长安街1号东方广场西一办公楼10层1008室	100738	王允方	85187141	www. chinaleaven. com
106	北京瑞成兴业知识产权代理事务所	西城区德胜门外大街11号44号楼A座718室	100088	李　慧	82025963	
107	北京信慧永光知识产权代理有限责任公司(涉外)	海淀区知春路9号坤讯大厦1106室	100083	王维玉	82335586	www. beijing – sunhope. com
108	北京同达信恒知识产权代理有限公司(涉外)	西城区裕民路18号北环中心A座2002室	100029	黄志华	82254645	www. tongdaxinheng. com
109	北京怡丰知识产权代理有限公司(涉外)	朝阳区曙光西里甲1号东域大厦第三置业B3003	100028	于振强	58220250	www. finefields. com
110	北京五月天专利商标代理有限公司	海淀区西直门北大街47号院迈豪时代1幢131室	100044	吴宝泰	62225161	www. mayskyip. com
111	北京市建元律师事务所	西城区阜成门北大街6号国际投资大厦C座7层	100034	王　隽	66579966	www. genesislawfirm. com. cn
112	北京东方汇众知识产权代理事务所	海淀区西土城路13号蓟门文体招待所1层1号	100088	朱元萍	62367180	
113	北京鑫媛睿博知识产权代理有限公司	宣武区白广路枣林前街37号北京裕隆苑宾馆107室	100053	龚家骅	83540218	
114	北京泛诚知识产权代理有限公司(涉外)	西城区南礼士路66号建威大厦1914室	100045	文　琦	68086266	www. fsiplaw. com
115	北京市卓华知识产权代理有限公司	朝阳区安翔北里11号创业大厦C座209室	100101	丁永华	64830754	
116	北京瑞盟知识产权代理有限公司(涉外)	西城区西直门南大街16号西楼11层16室	100035	王友彭	66157651	www. rimoon. com. cn
117	北京汇智英财专利代理事务所(涉外)	海淀区大柳树路17号富海国际港902室	100081	郑玉洁	62155155	
118	北京市德权律师事务所(涉外)	东城区东直门南大街14号保利大厦写字楼8层A区	100027	房德权	65081195	www. dequanlawfirm. com

续表

序号	机构名称	地址	邮编	负责人	电话	网址
119	北京方韬法业专利代理事务所	海淀区增光路甲34号云建大厦9层9号	100037	吴景曾	86410972	www.findto.net
120	北京信远达知识产权代理事务所	朝阳区建国门外大街24号京泰大厦1508室	100022	王学强	65150407	
121	北京君智知识产权代理事务所	海淀区中关村南大街乙8号中监所内老办公楼314室	100081	向　华	62137220	www.jzpa.com
122	北京市德恒律师事务所(涉外)	西城区金融街19号富凯大厦B座12层	100140	王　丽	66575888	www.dhl.com.cn
123	北京紫金联合知识产权代理事务所(未通过2008年年检)	西城区月坛北街26号恒华国际商务中心C座1202室	100045	戴武军	86329977	
124	北京元本知识产权代理事务所	海淀区花园路12号时代玉成大厦403室	100088	李　斌	62361567	www.yuanben-ip.com
125	北京亿腾知识产权代理事务所	海淀区紫金数码园3号楼7层	100190	陈　霁	62262772	www.etone-ip.com
126	北京立成智业专利代理事务所	朝阳区樱花西街18号贵州大厦内1009室	100029	张江涵	64421808	
127	北京天悦专利代理事务所	朝阳区北苑路36号14号楼2528室	100012	田　明	84934084	www.tianyueip.com
128	北京必浩得专利代理事务所	海淀区紫竹院路116号嘉豪国际中心C座9层	100097	张亦华	51709020	www.besthold.cn
129	北京市铸成律师事务所	西城区北展北街华远企业号A座8层	100044	司义夏	88369999	www.ctw.com.cn
130	北京戈程知识产权代理有限公司(涉外)	东城区东长安街1号东方广场东三办公楼19层	100738	程　伟	85188598	www.gechengip.com
131	北京国昊天诚知识产权代理有限公司	朝阳区东三环中路59号富力双子座A座2605室	100022	顾惠忠	58622266	
132	北京一格知识产权代理事务所	海淀区花园路12号时代玉成大厦207室	100088	钟廷良	82013217	www.igreat.net
133	北京汉耐特知识产权代理事务所	朝阳区朝外大街19号华普国际大厦708室	100020	于淑惠	65881619	
134	北京法思腾知识产权代理有限公司(涉外)	海淀区中关村东路66号世纪科贸大厦C座1801室	100190	杨小蓉	62672128	www.bjfastip.com
135	北京润泽恒知识产权代理有限公司	海淀区学院南路34号西区大厦515室	100088	李　欣	62276442	
136	北京王景林知识产权代理事务所	海淀区中关村大街27号中关村大厦515室	100080	王景林	82381044	www.ip8610.com
137	北京市京大律师事务所	海淀区海淀路52号北大太平洋科技发展中心705室	100080	李光松	82689930	
138	北京尚诚知识产权代理有限公司(涉外)	西城区宣武门西大街甲129号金隅大厦6层	100031	龙　淳	66412615	

续表

序号	机构名称	地　址	邮　编	负责人	电　话	网　址
139	北京市隆安律师事务所（涉外）	朝阳区建国门外大街21号北京国际俱乐部188室	100020	张炳崑	82689930	
140	北京金恒联合知识产权代理事务所（涉外）	海淀区志新东路5号鸿基世业商务酒店A609	100083	李　强	82373196	www. jinheng – ip. com
141	北京中伟智信专利商标代理事务所	海淀区蓟门里小区东10楼1门0102室	100088	张　岱	62366545	
142	北京市路盛律师事务所	朝阳区建国门外大街甲12号新华保险大厦1604A室	100022	张再平	65693038	
143	北京鸿元知识产权代理有限公司（涉外）	朝阳门外大街19号华普国际大厦519室	100020	李瑞海	66018031	www. granderip. com
144	北京汉德知识产权代理事务所	东城区和平里七区16号531室	100013	庄一方	64215141	
145	北京龙双利达知识产权代理有限公司（涉外）	海淀区市丹棱街16号海兴大厦C座1108室	100080	朱　勤	82606695	
146	北京市立方律师事务所	东城区东四十条甲22号南新仓国际大厦A1105室	100007	谢冠斌	64096099	www. lifanglaw. com
147	北京新博知识产权代理有限公司	西城区金融街35号国际企业大厦B座16层	100140	黄锦阳	88093118	
148	北京品源专利代理有限公司	西城区莲花池东路5号11栋楼505—1室	100038	张诗琼	66034644	
149	北京兆君联合知识产权代理事务所	昌平区西环南路钰阳商业楼A单元2层	102200	初向庆	89745363	
150	北京国帆知识产权代理事务所	石景山区八大处高科技园西井路3号三号楼	100043	王　俊	82037380	
151	北京汇信合知识产权代理有限公司	海淀区中关村大街甲59号文化厦1206G	100872	符彦慈	51260867	
152	北京市磐华律师事务所（涉外）	朝阳区建国门外大街22号赛特大厦901—902室	100004	董　巍	65594091	www. pcassociates. cn
153	北京市盛峰律师事务所	海淀区中关村大街27号中关村大厦5层	100080	于国富	51656805	www. lawyer8. com
154	北京挚诚信奉知识产权代理有限公司	海淀区西直门北大街32号枫蓝国际中心2号楼1010室	100082	张习义	62220567	
155	北京市安伦律师事务所（涉外）	朝阳区呼家楼京广中心商务楼711室	100020	安晓地	65975210	www. atzp. com
156	北京天奇智新知识产权代理有限公司	海淀区中关村南大街12号天作国际中心18层1号楼2109室	100081	胡　芳	81630664	
157	北京锐思知识产权代理事务所	西城区西直门外大街135号北展宾馆写字楼5112室	100044	李　涛	13810886697	

续表

序号	机构名称	地　址	邮　编	负责人	电　话	网　址
158	北京市汉衡律师事务所(涉外)	朝阳区东三环中路39号建外SOHO社区8号楼31层	100022	冯　波	58691166	
159	核工业专利中心	海淀区阜成路43号	100037	高尚梅	68410206	
160	中国航空专利中心	朝阳区安外小关东里14号	100029	杜永保	64918183	
161	中国航天科技专利中心	东城区和平里滨河路1号	100013	安　丽	68373447	
162	信息产业部电子专利中心	石景山区鲁谷路35号电科大厦	100040	赵天武	68632928	
163	中国兵器工业集团公司专利中心	海淀区车道沟10号	100089	刘东升	68961701	
164	中国航天科工集团公司专利中心	海淀区永定路50号	100854	岳洁菱	68386595	
165	中国船舶专利中心	海淀区学院南路70号	100081	缪　蕾	62180545	
166	中国有色金属工业专利中心	西城区西直门内西章胡同9号	100035	李迎春	62229257	
167	中国人民解放军空军专利服务中心	丰台区南苑9236信箱	100076	张列刚	66712322	
168	中国人民解放军总后勤部专利服务中心	丰台区丰台体育中心南路2号	100071	杨学明	66888795	
169	中国人民解放军第二炮兵专利服务中心	海淀区清河镇清河大楼丁三	100085	李兴文	62841531	
170	国防专利服务中心	海淀区阜成路26号	100036	钱立亚	66357069	
171	中国人民解放军海军专利服务中心	丰台区六里桥北里4号	100073	李　坚	66952536	
172	中国人民解放军防化研究院专利服务中心	海淀区花园北路35号西楼	100083	刘永盛	66748499	
173	首钢总公司专利中心	石景山区首钢技术研究院	100041	李永东	88292092	
174	北京理工大学专利中心	海淀区中关村南大街5号	100081	仇蕾安	68912328	
175	中国和平利用军工技术协会专利中心	海淀区花园路7号新时代大厦7层	100088	陈晶晶	82803105	

资料来源:北京市知识产权局

北京地区技术合同登记机构一览表

序号	登记处名称	地　址	邮　编	电　话
1	北京技术交易促进中心技术合同登记处	海淀区苏州街甲49号	100080	62577125
2	北京市科学技术协会技术合同登记处	崇文区永外西革新里98号	100077	67235944
3	北京市经委经济技术市场发展中心技术合同登记处	东城区鼓楼东大街48号	100009	64019720

续表

序号	登记处名称	地　址	邮　编	电　话
4	北京市职工技术协会技术合同登记处	宣武区虎坊路13号	100052	83551557
5	北京市知识产权局技术合同登记处	西城区西直门南大街16号西楼11层	100035	66127237
6	中国航空工业科学技术总公司技术合同登记处	朝阳区西大望路甲2号6层	100025	65016246—8015
7	核工业科技开发咨询中心技术合同登记处	西城区月坛西街乙2号院5号楼	100045	68021966
8	中国科学院信息咨询中心技术合同登记处	海淀区北四环西路33号6D	100080	62568696
9	中国科学技术咨询服务中心技术合同登记处	海淀区学院南路86号	100081	62137487
10	中国电子工业科学技术交流中心技术合同登记处	西城区新街口外大街8号	100088	62383340
11	朝阳区科学技术协会技术合同登记处	朝阳区日坛北街33号区政府南2楼5层507室	100020	65099728
12	顺义区科学技术委员会技术合同登记处	顺义区光明南街24号	101300	69444902
13	东城区科学技术委员会技术合同登记处	东城区金宝街52号东城区行政服务中心13号窗口	100005	65258800—8116
14	西城区科学技术委员会技术合同登记处	西城区月坛北街甲1号—4	100037	68010703
15	海淀区科学技术委员会技术合同登记处	海淀区北四环中路281号	100083	62325612
16	崇文区科学技术委员会技术合同登记处	崇文区幸福大街甲39号德惠写字楼B座308室	100061	67136504
17	北京市经济技术合作办公室技术合同登记处	朝阳区中纺街30号9层	100020	65014090
18	石景山区科学技术委员会技术合同登记处	石景山区实兴大街区工商局1层	100041	88794457—217
19	中关村科技园区昌平园管理委员会技术合同登记处	昌平区超前路9号	102200	89701437
20	通州区科学技术委员会技术合同登记处	通州区通胡大街78号	101100	89526652—3083
21	密云县科学技术委员会技术合同登记处	密云县西滨河路2号	101500	69048443
22	房山区科学技术委员会技术合同登记处	房山区良乡政通东路1号	102488	89350223
23	宣武区科学技术委员会技术合同登记处	宣武区育新街2号	100054	83532965
24	中关村科技园区丰台园管理委员会技术合同登记处	丰台区科兴路9号	100070	63740110
25	北京市科技协作中心技术合同登记处	西城区西直门南大街16号	100035	66517146
26	中关村科技园区海淀园管理委员会技术合同登记处	海淀区四季青路6号招商大厦	100089	88496990
27	北京市科学技术研究院技术合同登记处	海淀区紫竹院南路23号国防出版社院内429室	100048	68343152
28	大兴区科学技术委员会技术合同登记处	大兴区黄村兴政街31号	102600	69243835
29	丰台区科学技术委员会技术合同登记处	丰台区北大街甲13号	100071	63894698
30	中关村科技园区电子城科技园管理委员会技术合同登记处	朝阳区酒仙桥路甲12号	100016	64310422

续表

序号	登记处名称	地　　址	邮　编	电　话
31	北京产权交易所有限公司技术合同登记处	西城区金融大街甲17号	100140	66295773
32	昌平区科学技术委员会技术合同登记处	昌平区东关二条科技中心大楼	102200	69744174
33	北京版权保护中心技术合同登记处	海淀区知春路23号量子银座1405室	100083	82357087
34	朝阳区科学技术委员会技术合同登记处	朝阳区大屯路西奥中心B座22层	100101	64862731
35	平谷区科学技术委员会技术合同登记处	平谷区府前西街26号	101200	69961909
36	怀柔区科学技术委员会技术合同登记处	怀柔区湖光小区24号	101400	69697671

资料来源：北京技术市场管理办公室

北京地区质量技术监督检验检测技术机构一览表

序号	名　　称	服务内容	地　址	邮　编	电　话	电子邮箱
1	国家中文信息处理产品质量监督检验中心	中文信息处理产品	朝阳区育慧南路3号	100029	84654173	zjs@ bjtsb. gov. cn
2	国家应用软件产品质量监督检验中心	应用软件产品	海淀区中关村软件园区3A楼	100094	82825511	zjs@ bjtsb. gov. cn
3	国家食品质量安全监督检验中心	食品及食品有害物质分析	海淀区永丰产业基地丰德东路17号	100094	82479300	cfqs@ cfqs. org
4	北京市产品质量监督检验所	家用电器、电子电工、低压电器、电气环境实验、食品、乐器、眼镜、信息类产品、网络线、电线电缆、电磁兼容、应用软件评测、网络测试、信息交换用中文汉字、珠宝玉石、室内空气检测等产品质量的委托检测、监督检验、仲裁检验	朝阳区育慧南路3号	100029	84654179	zjs@ bjtsb. gov. cn
5	北京市纺织纤维检验所	纺织品、纤维	朝阳区八里庄西里甲15号	100025	65585719	xjs@ bjtsb. gov. cn
6	北京市计量产品质量监督检验一站	计量产品	朝阳区安苑东里1区12号	100029	64916380	jly@ bjtsb. gov. cn
7	北京市东城区产品质量监督检验所	眼镜	东城区和平里五区甲12号	100013	84210014	dcjzjs@ bjtsb. gov. cn
8	北京市朝阳区产品质量监督检验所	汽车配件，家具、石材、板材、食品	朝阳区高碑店路1438号	100022	87741688	cyjzjs@ bjtsb. gov. cn

续表

序号	名　称	服务内容	地　址	邮　编	电　话	电子邮箱
9	北京市海淀区产品质量监督检验所	卫生用品、煤、车用燃油、纸制品、食品及食品有害物质分析	海淀区永丰产业基地丰德东路17号	100094	82479300	cfqs@ cfqs. org
10	北京市丰台区产品质量监督检验所	糕点、面包、糖果、饮料、肉制品等食品	丰台区丰台镇文体路6号	100071	63837652	ftjzjs@ bjtsb. gov. cn
11	北京市石景山区产品质量监督检验所	煤、车用燃油、润滑油	石景山区杨庄东路73号	100043	68827679	sjszjs@ bjtsb. gov. cn
12	北京市门头沟区产品质量监督检验所	煤炭	门头沟区新桥大街60号	102300	69828742	mtgjzjs@ bjtsb. gov. cn
13	北京市房山区产品质量监督检验所	建筑材料、煤炭、油品	房山区良乡拱辰大街84号	102401	80356958	fsjzjs@ bjtsb. gov. cn
14	北京市通州区产品质量监督检验所	车用防冻液、制动液、润滑油、食品	通州区运河大街东路甲1号	101100	89580603	tzjzjs@ bjtsb. gov. cn
15	北京市顺义区产品质量监督检验所	煤炭、油品、食品	顺义区府前东街19号	101300	81482494	syjzjs@ bjtsb. gov. cn
16	北京市昌平区产品质量监督检验所	食品、饲料、化妆品、洗涤用品、建筑涂料、煤炭、车用汽油、车用柴油、皮革、家具、门窗、水泥、水嘴阀门、建筑装饰材料等	昌平区东关环岛东	102200	89702449	cpjzjs@ bjtsb. gov. cn
17	北京市大兴区产品质量监督检验所	糕点及糕点制品、煤炭、石油化工产品	大兴区海子角	102600	61245309	dxjzjs@ bjtsb. gov. cn
18	北京市平谷区产品质量监督检验所	复合肥、粮食及制品	平谷区平谷镇文化南街7号	101200	69976714	pgjzjs@ bjtsb. gov. cn
19	北京市怀柔区产品质量监督检验所	面包、糕点、碳酸饮料、酱油	怀柔区北大街53号	101400	89682352	hrjzjs@ bjtsb. gov. cn
20	北京市密云县产品质量监督检验所	糕点、饼干、面包等食品	密云县鼓楼东大街5号	101500	69087607	myjzjs@ bjtsb. gov. cn
21	北京市延庆县产品质量监督检验所	煤炭、面粉、植物油、汽油	延庆县湖南东路20号	102100	69103006	yqjzjs@ bjtsb. gov. cn
22	北京市条码质量监督检验站	条码	东城区和平里东街20号	100013	64290363	xxs@ bjtsb. gov. cn
23	北京市食品及酿酒产品质量监督检验一站	饮料、食品、酒	崇文区永定门外沙子口路70号	100075	67261247	99jiu@ sohu. com
24	北京市食品质量监督检验二站	调味品、豆制品、香辛料	宣武区禄长街头条4号	100050	63036270	bjfoodnz@ public3. bta. net. cn
25	北京市食品质量监督检验三站	禽肉制品、冷冻饮品、水产品	丰台区洋桥70号	100068	67264821	cmrcsys@ 263. net
26	北京市食品质量监督检验四站	肉、肉制品，蛋、蛋制品，水产品	丰台区南四环西路188号7区7号楼	100070	63702219	sheshengjin815 @ sohu. com

续表

序号	名　称	服务内容	地　址	邮　编	电　话	电子邮箱
27	北京市粮油及复制品质量监督检验站	原粮和原粮制品、食用油产品	大兴区西红门路46号	100162	60245708	Shangyan4828@sina.com
28	北京市饮料及食品添加剂质量监督检验站	饮料、食品添加剂	朝阳区平乐园100号	100124	67391667	bgdzjz@etang.com
29	北京市乳品质量监督检验站	乳品及乳制品	朝阳区清河南镇北京奶牛中心	100192	62948037	rupin@btamail.net.cn
30	北京市茶叶质量监督检验站	茶叶	大兴区西红门路8号	100076	60222968	teazhijian@sina.com
31	北京市服装质量监督检验一站	服装	朝阳区松榆西里29号楼	100021	67356435	bcqsts@china.com
32	北京市服装质量监督检验二站	服装	宣武区前门大街掌扇胡同甲2号	100051	63014173	fzzj2@263.net
33	北京市针织品质量监督检验站	针织制品	朝阳区朝外金台里27号	100026	85992984	zzzj01@263.net
34	北京市毛麻丝织品质量监督检验站	毛、麻、丝原料及织品	海淀区清河小营西毛纺城内	100085	62940614	mms@vip.163.com
35	北京市纺织产品及染料助剂质量监督检验站	纺织产品、染料助剂产品	朝阳区朝阳北路175号401室	100026	65086018	frjjz@263.net
36	北京市地毯质量监督检验站	地毯	朝阳区望京湖光中街8号	100102	64752924	ditanjiancezhan@sohu.com
37	北京市鞋帽质量监督检验站	鞋帽产品	崇文区天坛路89号	100050	67021246	bjmzj@china.com
38	北京市木材家具质量监督检验站	木家具	丰台区大红门西路4号	100068	67274103	mczjz@126.com
39	北京市玻璃陶瓷产品质量监督检验站	玻璃陶瓷产品	朝阳区南豆各庄黄厂路	100023	87399686	glassnes95@163.com
40	北京市家用电器质量监督检验站	家用电器	宣武区下斜街29号	100053	63037367	zzbgs@sohu.com
41	北京市轻工产品质量监督检验一站	日用五金、文化百货、儿童用品	丰台区角门东里79号	100068	67564486	zhijianyizhan@hotmail.com
42	北京市日用化学产品质量监督检验站	化妆品、洗涤用品	崇文区东四块玉南街32号	100061	67161289	kyzxxl@public.bta.net.cn
43	北京市首饰质量监督检验站	首饰	朝阳区大屯路甲2号	100101	64871971	njc@a-l.net.cn
44	北京市珠宝玉石质量监督检验站	珠宝玉石及其制品	朝阳区安定门外大街小黄庄路19号	100013	84273637	gems@163bj.com
45	北京市燃气及燃气用具产品质量监督检验站	燃气用具	朝阳区安定门外外馆东后街35号	100011	64257122	bpoi@public.east.cn.net

续表

序号	名　　称	服务内容	地　址	邮　编	电　话	电子邮箱
46	北京市烟草质量监督检测站	烟草	朝阳区北三环东路樱花西街 10 号	100029	64436071	bjyczjz@ sina. com
47	北京市烟花爆竹质量监督检验站	烟花爆竹	海淀区冷泉东路 16 号	100095	62488831	hbhpjcz@ sohu. com
48	北京市钟表质量监督检验站	钟表	东城区交道口菊儿胡同 7 号	100009	64034320	watchclock@ sohu. com
49	北京市机械产品质量监督检验站	机械产品	朝阳区工体北路 4 号	100027	65070095	jixiezhan@ sina. com
50	北京市建设机械与材料质量监督检验站	建筑机械、建筑材料	西城区展览路 1 号	100044	68322351	jjj@ bicea. net. cn
51	北京市建筑材料质量监督检验站	建筑材料	石景山区金顶北路 69 号	100041	88724984	ftang@ public. fhnet. cn. net
52	北京市煤炭产品质量监督检验站	煤炭	朝阳区安外小关东里甲 2 号	100029	52052637	mtzhjzh@ 263. net
53	北京市汽车质量监督检验站	汽车及配件	丰台区方庄南路 9 号院	100079	67629678	bari @ public. bta. net. cn
54	北京市水泥质量监督检验站	水泥及水泥包装材料	房山区琉璃河车站前街 1 号琉璃河水泥厂院内	102403	89382980—2575	bjsnzjz@ sina. com. cn
55	北京市饲料质量监督检验站	饲料	朝阳区北苑路甲 15 号	100107	84932778	wangyyue@ yahoo. com. cn
56	北京市肥料质量监督检验站	化学肥料	海淀区板井路市农林科学院植物营养与资源研究所 1 楼	100097	51503322	liushanjiang@ 263. net
57	北京市新型肥料质量监督检验站	有机、无机化肥，果蔬中有害物质	朝阳区惠新里高原街 4 号	100029	84635727	zhuli64@ sina. com
58	北京市塑料制品质量监督检验站	塑料制品、塑料包装材料	西城区旧鼓楼大街 47 号	100009	64034801	slyjs@ public. bta. net. cn
59	北京市化工产品质量监督检验站	化工产品	朝阳区东四环大郊亭桥东南角	100124	67754816	Cnrublab @ cnrublab. com
60	北京市消防产品质量监督检验站	消防用品	西城区西直门内大街 190 号	100035	62241188—3203	bjxfzhjzh@ 163. com
61	北京市冶金产品质量监督检验站	冶金产品	朝阳区北苑路 40 号	100012	84925117	yjzjz@ sohu. com
62	北京市医疗器械产品质量监督检验站	医疗器械	海淀区北三环中路 2 号	100011	62013862	nmsc2@ yeah. net
63	北京市饮服食品机械质量监督检验站	食品加工机械	昌平区昌平科技园区超前路 12 号	102200	80111267	ccetc2000@ 163. com
64	北京市种子质量监督检验站	种子	海淀区北太平庄路 15 号	100088	62056471	zjzzzjz@ sohu. com

续表

序号	名　称	服务内容	地　址	邮　编	电　话	电子邮箱
65	北京市高分子材料质量监督检验站	工程塑料、黏合剂、树脂等	海淀区中关村北大街123号	100084	62563472	zjz@bciri.com.cn
66	北京市信息产品质量监督检验站	信息产品、电子元件	崇文区广渠门内大街9号	100062	67115519	dianzi@betc.com.cn
67	北京市化学试剂产品质量监督检验站	化学试剂	朝阳区东四环南路大郊亭桥东南角	100124	67718953	jiancezhongxin9485@sina.com
68	北京市石油产品质量监督检验一站	车用油、柴油、煤油、齿轮油等	朝阳区小武基路6号	100023	67369931	olizjz@263.net
69	北京市黑色冶金产品质量监督检验站	生铁、精矿粉、铁合金	石景山区首钢技术研究院内	100041	88296463	sgjsbbz@fm365.com
70	北京市印刷工业产品质量监督检验站	印刷产品	朝阳区南皋乡南皋村塑料三厂内	100015	64339451	yinshuazhijian@sina.com
71	北京市照明电器产品质量监督检验站	照明产品	朝阳区大北窑厂坡村甲3号	100022	67708989	bjlightzljd@sohu.com
72	北京市农业机械产品质量监督检验站	农业机械及配件	丰台区南方庄甲60号	100079	67696851	yoot@noongli.com.cn
73	北京市建筑五金水暖产品质量监督检验站	建筑五金材料及产品	丰台区大红门西路4号	100068	87810805	zhiliang1612@sohu.com
74	北京市工程管道及桥梁构件质量监督检验站	工程管道、桥梁构件	西城区大帽胡同26号	100035	66114337	epbmqais@sina.com
75	北京市劳动保护用品质量监督检验站	劳动保护用品	宣武区陶然亭路55号	100054	63524198	lbzjbj@263.net

资料来源：北京市质量技术监督局

北京地区质量技术监督法定计量检定机构一览表

序号	名　称	服务内容	地　址	邮　编	电　话	电子邮箱
1	北京市计量检测科学研究院	提供长度、温度、力学、电学、光学、理化、电磁辐射等专业的计量检定、校准及检测服务；承接部分计量产品的质量监督检验及仲裁检验；授权开展部分计量产品的型式评价和样机试验以及进口计量器具的售前检定；承接企业、事业单位计量人员的技术培训；授权开展最高计量标准考(复)核、计量器具制造许可证考核等工作；房屋面积测量、室内环境监测；其他技术服务工作	朝阳区小关北安苑东里一区12号	100029	51669268	jly@bjtsb.gov.cn

续表

序号	名　称	服务内容	地　址	邮　编	电　话	电子邮箱
2	北京市东城区计量检测所	提供长度、电磁、光学、力学、热工、无线电、时间频率、物理化学等专业的计量检定、校准及检测服务	东城区和平里五区甲12号	100013	84222314	dcjjls@ bjtsb. gov. cn
3	北京市西城区计量检测所	提供长度、热工、力学、电磁、光学、物理化学、无线电等专业的计量检定、校准及商品量检测服务	西城区展览馆路8号	100044	68332721	xcjjls@ bjtsb. gov. cn
4	北京市崇文区计量检测所	提供长度学、温度学、力学、电学、物理化学等专业的计量检定、校准及检测服务	崇文区南岗子街58号	100061	67120246	cwjjls@ bjtsb. gov. cn
5	北京市宣武区计量检测所	提供长度、力学、电磁、温度、理化等专业的计量检定、校准及检测服务	宣武区鸭子桥路29号	100054	83976934	xwjjls@ bjtsb. gov. cn
6	北京市朝阳区计量检测所	提供长度、温度、湿度、力学、电学、物理化学等专业的计量检定、校准及检测服务	朝阳区高碑店路1438号	100022	87744032	cyjjls@ bjtsb. gov. cn
7	北京市海淀区计量检测所	提供长度学、温度学、力学、电学、物理化学、光学等专业的计量检定、校准及检测服务	海淀区双清路68号	100083	62324427	hdjjls@ bjtsb. gov. cn
8	北京市丰台区计量检测所	提供长度学、力学、电学、温度等专业的计量检定、校准及检测服务	丰台区北大地文体路6号	100071	63860399	ftjjls@ bjtsb. gov. cn
9	北京市石景山区计量检测所	提供长度学、温度学、力学、电学等专业的计量检定、校准及检测服务	石景山区杨庄东路73号	100043	68875389	sjsjjls@ bjtsb. gov. cn
10	北京市门头沟区计量检测所	提供长度学、力学、物理化学等专业的计量检定、校准及检测服务	门头沟区新桥大街60号	102300	69828742	mtgjjls@ bjtsb. gov. cn
11	北京市房山区计量检测所	提供长度学、温度学、力学、电学、物理化学等专业的计量检定、校准及检测服务	房山区良乡拱辰大街84号	102401	69351826	fsjjls@ bjtsb. gov. cn
12	北京市大兴区计量检测所	提供长度学、温度学、力学、时间频率、物理化学等专业的计量检定、校准及检测服务	大兴区黄村东里	102600	69243965	dxjjls@ bjtsb. gov. cn
13	北京市通州区计量检测所	提供长度学、温度学、力学、电学等专业的计量检定、校准及检测服务	通州区玉带河大街32号	101100	69543525	tzjjls@ bjtsb. gov. cn
14	北京市顺义区计量检测所	提供长度学、温度学、力学、电学、物理化学、时间频率等专业的计量检定、校准及检测服务	顺义区府前东街19号	101300	69421897	syjjls@ bjtsb. gov. cn
15	北京市怀柔区计量检测所	提供长度、力学、无线电等专业的计量检定、校准及检测服务	怀柔区北大街53号	101400	89684683	hrjjls@ bjtsb. gov. cn
16	北京市平谷区计量检测所	提供长度学、温度学、力学、物理化学、电离辐射等专业的计量检定、校准及检测服务	平谷区文化南街7号	101200	69962830	pgjjls@ bjtsb. gov. cn

续表

序号	名　　称	服务内容	地　址	邮　编	电　话	电子邮箱
17	北京市昌平区计量检测所	提供长度学、温度学、力学、物理化学、电学等专业的计量检定、校准及检测服务	昌平区东关环岛东	102200	89700854	cpjjls@ bjtsb. gov. cn
18	北京市密云县计量检测所	提供长度学、力学、电学、物理化学等专业的计量检定、校准及检测服务	密云县鼓楼东大街5号	101500	69042252	myjjls@ bjtsb. gov. cn
19	北京市延庆县计量检测所	提供长度学、温度学、力学、电学等专业的计量检定、校准及检测服务	延庆县湖南东路20号	102100	69104357	yqjjls@ bjtsb. gov. cn
20	华北电网有限公司北京电力公司	电能表计量检定	丰台区莲花西里28号	100073	67206009	jlzhxyhp@ 163. com

资料来源:北京市质量技术监督局

北京地区认证咨询机构一览表

序号	证书编号	机构名称	电　话 传　真	地　址	邮　编	批准业务范围	证书有效期限
1	CNCA－Z－01Q－2005－001	北京东方易初标准技术有限公司	58700666 58700688	朝阳区东大桥路8号尚都国际中心23层	100020	质量、环境、安全、食品安全管理体系、有机、汽车行业质量管理体系、信息安全、医疗器械管理体系认证咨询	2013.12.29
2	CNCA－Z－01Q－2005－002	北京万丰伟业质量认证咨询有限公司	85863716 85863659	朝阳区八里庄西里远洋天地69号楼301—308	100026	质量、环境、安全、食品安全管理体系、有机、QS9000/TS16949、信息安全、医疗器械管理体系认证咨询	2013.12.29
3	CNCA－Z－01Q－2005－003	北京寰发启迪认证咨询中心	64477696/ 9864477708	朝阳区西坝河西里28号国展国际英特公寓B座30D	100028	质量、环境、安全、食品安全管理体系、QS9000/TS16949管理体系认证咨询	2013.12.29
4	CNCA－Z－01Q－2005－004	北京福迪信企业管理顾问有限公司	82056050 82053106	西城区新外大街28号	100088	质量	2014.06.20
5	CNCA－Z－01Q－2005－005	北京中标世纪认证咨询有限公司	64823636 64823889	朝阳区惠新东街11号紫光发展大厦B座3单元902室	100055	质量、环境、安全、QS9000/TS16949、有机	2013.12.30

（续表）

序号	证书编号	机构名称	电　话 传　真	地　址	邮　编	批准业务范围	证书有效期限
6	CNCA - Z - 01Q - 2005 - 007	北京标智咨询有限公司	59693481/82/83 59693485	朝阳区广渠路21号金海国际综合楼2号楼1306室	100124	质量、环境、安全、食品安全、QS9000/TS16949认证咨询	2013.12.28
7	CNCA - Z - 01Q - 2005 - 008	北京辉标族质量体系认证咨询中心	83559418 51600916	宣武区广安门南街36号天缘公寓B座608室	100054	质量、环境、安全、食品安全管理体系、有机、CMM、QS9000/TS16949 、信息安全、医疗器械管理体系认证咨询	2013.12.28
8	CNCA - Z - 01Q - 2005 - 011	北京瑞华馨园技术咨询有限公司	63324769 63395724	宣武区建工西里1号楼2505室	100054	质量、环境、安全、食品安全管理体系、有机	2013.12.28
9	CNCA - Z - 01Q - 2005 - 012	北京中油东方诚信认证咨询有限公司中心	62217881 62218786	海淀区联慧路99号海云轩大厦B043	100088	质量、环境、安全	2013.12.28
10	CNCA - Z - 01Q - 2005 - 013	北京华路达环保工程有限公司	65828653 65828705	朝阳区白家庄东里42号院	100026	质量、环境、安全	2014.06.20
11	CNCA - Z - 01Q - 2006 - 014	世纪万安科技（北京）有限公司	84264019/84264018 84264016	朝阳区和平街13区煤炭科技苑小区35号楼煤炭大厦1701室	100013	质量、环境、安全	2014.01.10
12	CNCA - Z - 01Q - 2006 - 015	北京中标联企业管理顾问有限公司	64466705 64466705	朝阳区西望京西路48号院金隅国际G座801室	100102	质量、环境、安全认证咨询	2014.01.10
13	CNCA - Z - 01Q - 2006 - 016	华超信和管理咨询（北京）有限公司	88470876 88454102	海淀区蓝靛厂西路金夕园4号楼17 - A	100089	质量、环境、安全、食品安全管理体系、信息安全管理体系认证咨询	2014.01.10
14	CNCA - Z - 01Q - 2006 - 018	北京中标经略质量认证咨询有限公司	68047571 68059133	海淀区中关村南大街甲56号方圆大厦B座703室	100044	质量、环境、安全、食品安全、汽车行业质量管理体系、有机、医疗器械质量管理体系认证咨询、环境标志产品认证咨询	2014.01.19
15	CNCA - Z - 01Q - 2006 - 019	北京国环咨询中心	51616191/92 51616193	海淀区北四环中路211号太极大厦9层	100083	质量、环境、安全、食品安全管理体系、QS9000/TS16949、信息安全管理体系认证咨询	2014.1.19

（续表）

序号	证书编号	机构名称	电话 传真	地址	邮编	批准业务范围	证书有效期限
16	CNCA－Z－01Q－2006－020	北京津桥优凯思管理技术咨询有限公司	62105285/89 62105316	海淀区知春路108号豪景大厦A座203室	100086	质量、环境、安全认证咨询	2014.1.19
17	CNCA－Z－01Q－2006－022	北京质安环质量认证咨询有限公司	64466559 64466569	朝阳区西坝河南路甲1号新天第大厦B座1905室	100028	质量、环境、安全、食品安全管理体系	2014.01.19
18	CNCA－Z－01Q－2006－023	北京华企联技术发展中心	63850083 63850084	丰台区丰台镇东安街3条6号	100071	质量、环境、安全	2014.01.19
19	CNCA－Z－01Q－2006－024	北京恒标智业认证咨询有限公司	63514809 63547957	宣武区白纸坊西街6号院1号楼903室	100054	质量、环境、安全	2014.01.19
20	CNCA－Z－01Q－2006－025	北京食安管理顾问有限公司	63170426 83120221	宣武区广义街4号2层205室	100053	质量、环境、安全、食品安全、有机认证咨询。	2014.03.08
21	CNCA－Z－01Q－2006－027	北京中机天腾认证咨询中心	68799039 68799050	海淀区首体南路9号主语国际4号楼11层	100048	质量、环境、安全	2014.02.08
22	CNCA－Z－01Q－2006－029	北京东方五洲认证咨询有限公司	51805193 51803873 51803873	丰台区京铁家园三号楼三区3门608室	100039	质量、环境、安全、食品安全、汽车行业质量管理体系、有机、信息安全管理体系认证咨询。	2014.02.23
23	CNCA－Z－01Q－2006－030	北京北方博业认证咨询有限公司	85863797/38 85863800 85863800	朝阳区八里庄西里远洋天地73号楼504室	100025	质量、环境、安全、食品安全、QS9000/TS16949认证咨询	2014.01.26
24	CNCA－Z－01Q－2006－031	北京中电企联技术咨询有限责任公司	63494511 63494511	宣武区广安门外大街201号及甲201号205室	100055	质量、环境、安全	2014.02.08
25	CNCA－Z－01Q－2006－033	环科通达（北京）认证咨询有限公司	67013281 67013281	崇文区天坛东里中区甲14号	100061	质量、环境、环境、环境标志产品认证咨询	2014.02.10
26	CNCA－Z－01Q－2006－034	北京质环安管理标准技术中心	87872610 87873501	丰台区永外果园43号珠江骏景中区17单元1205室	100068	质量、环境、安全	2014.02.10
27	CNCA－Z－01Q－2006－035	北京世纪拓普顾问有限公司	84291163 64204299	海淀区大柳树路17号富海中心E座1405（D）室	100081	质量、环境、安全	2014.02.10

（续表）

序号	证书编号	机构名称	电　话 传　真	地　址	邮　编	批准业务范围	证书有效期限
28	CNCA－Z－01Q－2006－036	北京鸿安德龙技术有限公司	68185625 84833431	朝阳区北四环东路108号千鹤家园3号（住宅）楼1006室	100029	质量、环境、安全、食品安全管理体系、汽车行业质量管理体系认证咨询	2014.02.10
29	CNCA－Z－01Q－2006－038	北京卓越同舟咨询有限公司	62717644 62719467	西城区北三环中路甲29号华龙大厦A座2005室	100029	质量、环境、安全、食品安全管理体系、汽车行业质量管理体系认证咨询、信息安全理体系认证咨询。	2014.02.23
30	CNCA－Z－01Q－2006－040	北京莱格企业管理咨询有限公司	64899650 64899650	昌平区北七家镇名佳花园三区43号楼3单元321室	102209	质量、环境、安全、食品安全、QS9000/TS16949认证咨询	2014.02.16
31	CNCA－Z－01Q－2006－041	北京恒基智业管理咨询有限公司	51616163 51616163	海淀区卧虎桥甲六号工作区（南）65号建筑901室	100083	质量、环境、安全、食品安全、汽车行业质量管理体系、信息安全管理体系认证咨询	2014.06.20
32	CNCA－Z－01Q－2006－042	北京经典智业认证咨询中心	64215617 64257959	朝阳区外馆斜街甲1号泰利明苑写字楼A座2层211室	100011	质量、环境、安全、食品安全管理体系、有机、汽车行业质量管理体系、信息安全管理体系认证咨询	2014.02.23
33	CNCA－Z－01Q－2006－043	北京高科圣德认证咨询中心	58607119 58607295	东城区安定路20号院2号楼908室	100029	质量、环境、安全、HACCP、有机	2014.02.23
34	CNCA－Z－01Q－2006－049	北京国研趋势管理咨询中心	58690911 58691499	朝阳区东三环中路39号建外SOHO第14座0906室	100022	质量、环境、安全、食品安全管理体系、QS9000/TS16949、信息安全、医疗器械	2014.04.29
35	CNCA－Z－01Q－2006－050	北京经纬方正技术咨询有限责任公司	68034205 68036764	西城区月坛北小街2号院1号楼	100830	质量、环境、安全、医疗器械质量管理体系	2014.05.30
36	CNCA－Z－01Q－2006－051	北京星智城管理咨询有限公司	66706410 66706409	海淀区复兴路83号东九楼423室	100856	质量、环境、安全	2014.06.20
37	CNCA－Z－01Q－2006－052	北京大成新华认证咨询有限公司	63363376 63363003	丰台区太平桥西里38号14幢6层东侧	100073	质量	2014.03.27
38	CNCA－Z－01Q－2006－055	北京中水大禹技术咨询有限公司	83131946－810 83131946－805	宣武区南滨河路23号立恒名苑3号楼1505室	100054	质量、环境、安全、汽车行业质量管理体系、能源管理体系认证咨询	2014.05.30

（续表）

序号	证书编号	机构名称	电话 传真	地址	邮编	批准业务范围	证书有效期限
39	CNCA－Z－01Q－2006－056	北京中企联企业管理顾问有限责任公司	64809824 64809824	朝阳区安立路68号阳光广场C2座1301—1303室	100012	质量、环境、安全、食品安全管理体系、汽车行业质量管理体系认证咨询	2014.05.14
40	CNCA－Z－01Q－2006－057	北京中电力企业管理咨询有限责任公司	83541230 83548321	宣武区广安门内大街6号A8—1201室	100053	质量、环境、安全、信息安全	2014.05.15
41	CNCA－Z－01Q－2006－060	北京时代同方科技服务中心	67975551 67971334	丰台区南苑警备东路六号三区第十九干休所综合楼	100076	质量、环境	2014.05.15
42	CNCA－Z－01Q－2006－061	北京中质环宇管理体系认证咨询中心	83661230 67672776	丰台区顺三条21号2号楼12B12	100071	质量、环境、职业健康安全、食品安全、汽车行业、医疗器械、信息安全管理体系认证咨询、有害物质管理体系认证咨询。	2014.05.30
45	CNCA－Z－01Q－2006－064	北京汇智经典管理咨询有限公司	85322789 85322768	朝阳区力源里8号楼3102号	100025	质量、环境、安全、HACCP、有机、QS9000/TS16949 、医疗器械、信息安全、QC080000有害物质管理体系认证咨询	2010.07.20
46	CNCA－Z－01Q－2006－065	北京比瑞思科技服务中心	64915295 64927067	朝阳区惠新里241号	100029	质量、环境、食品安全、有机	2014.07.20
47	CNCA－Z－01Q－2006－066	北京信和特瑞科技发展有限公司	64285037 64284965 64287667	海淀区五道口东升园华清嘉园13座2号底商	100813	质量、环境、安全、HACCP	2010.07.24
48	CNCA－Z－01Q－2006－067	北京英伦金典管理体系咨询中心	88512023 88512123	海淀区西三环北路50号豪柏大厦A1—206室	100044	质量、环境、安全、食品安全管理体系、汽车行业质量管理体系、医疗器械质量管理体系、信息安全管理体系认证咨询	2014.07.24
49	CNCA－Z－01Q－2006－068	北京乃俊质量管理咨询有限公司	65518018/19 65516860	东城区王家园10号商之苑大厦616室	100027	质量、环境、安全	2010.10.08
50	CNCA－Z－01Q－2006－069	北京纳威尔格质量咨询有限公司	66410036 66410039	西城区宣武门西大街甲129号	100031	质量、环境、QS9000/TS16949	2010.10.08
51	CNCA－Z－01Q－2006－070	北京世纪放歌企业管理咨询公司	88462211/2233/2255 88468515	海淀区曙光花园智业园B—10F	100089	质量、环境、安全	2010.11.06

（续表）

序号	证书编号	机构名称	电　话 传　真	地　址	邮　编	批准业务范围	证书有效期限
52	CNCA - Z - 01Q - 2006 - 071	北京帝凯星认证咨询有限责任公司	88452003 88468515	海淀区蓝靛厂金夕园 3 号楼 17Q	100089	质量、环境、安全	2010.11.06
53	CNCA - Z - 01Q - 2006 - 072	北京科标纪元管理咨询公司	87278238 87278237 87278237	丰台区西罗园三区甲 1 号汇达公寓 A 座 102—106 室	100077	质量、环境、安全、HACCP	2010.11.15
54	CNCA - Z - 01Q - 2006 - 073	北京石创爱思欧咨询有限公司	84064786 84064785	东城区东直门内北小街 2 号楼 905 室	100007	质量、环境、安全	2010.11.27
55	CNCA - Z - 01Q - 2006 - 074	北京讯诚达咨询有限公司	68305849 /46 68308659 68308411	西城区展览路 14 号中俊酒店 224 室	100044	质量、环境、安全	2010.12.25
56	CNCA - Z - 01Q - 2007 - 075	北京曼尼格尔企业管理顾问有限公司	58570298 58570292	西城区新外大街 34 号观河锦苑 3 号楼 5—101 室	100088	质量、医疗器械管理体系认证咨询	2011.01.11
57	CNCA - Z - 01Q - 2007 - 76	北京标兴业质量体系认证咨询中心	64957405 64895657	朝阳区安慧东里 15 号 1708 室	100101	质量、环境、安全、食品安全	2014.02.08
58	CNCA - Z - 01Q - 2007 - 77	北京恒世通信息咨询有限公司	82612651 13381060805 62632461	海淀区中关村 89 号恒兴大厦 17F	100080	质量、环境、安全	2011.2.15
59	CNCA - Z - 01Q - 2007 - 78	北京道当思国际管理咨询有限公司	66120955 66179776 13501069099 52107166	西城区西直门南大街 16 号	100035	质量、环境、安全	2011.03.07
60	CNCA - Z - 01Q - 2007 - 79	北京科理环管理体系认证咨询中心	68350383 68350383	西城区西外大街新兴东巷 15 号洲际华侨酒店 1 号楼 1408 室	100044	质量、HACCP	2011.04.17
61	CNCA - Z - 01Q - 2007 - 80	北京科信诚达管理技术咨询有限公司	64278068 64278068	朝阳区北三环东路 18 号	100013	质量、环境、HACCP	2011.06.06
62	CNCA - Z - 01Q - 2007 - 81	北京志成诚认证咨询有限公司	83152471 63168324	宣武区长椿街西里 7 号东楼 5 层	100053	质量	2011.07.25

（续表）

序号	证书编号	机构名称	电　话 传　真	地　址	邮　编	批准业务范围	证书有效期限
63	CNCA－Z－01Q－2007－82	北京九域方舟管理顾问有限公司	84501390—602 84501390—604	朝阳区芳园西路7号1007室	100016	质量	2011.07.25
64	CNCA－Z－01Q－2007－83	北京中宏创科技有限公司	58130816 13621288329 64287667	朝阳区南湖中园一区112号7楼302室	100102	质量、环境、安全	2011.07.25
65	CNCA－Z－01Q－2007－084	北京海博智业企业管理咨询有限公司	67949228 13801195003 67949229	丰台区和义西里一区6号楼302室	100076	质量、环境、安全	2011.08.06
66	CNCA－Z－01Q－2007－085	中航卓越生产力促进（北京）有限公司	64663322—2272 84512762	朝阳区京顺路7号	100028	环境、安全	2011.08.06
67	CNCA－Z－01Q－2007－086	北京三骏标质量认证咨询有限公司	69728075 69728075	昌平区鼓楼东大街69号	102200	质量	2011.08.21
68	CNCA－Z－01Q－2007－087	北京博越同舟质量认证咨询有限公司	52186321 52186323	东城区新中街乙12号新中园写字楼415室、210室	100027	质量、QS/TS16949、疗器械质量管理体系认证咨询	2011.10.22
69	CNCA－Z－01Q－2007－088	北京奥希斯环保技术有限责任公司	51874213 51893412	海淀区大柳树路2号	100081	环境、安全	2011.12.24
70	CNCA－Z－01Q－2008－089	北京理尔邦企业管理顾问有限公司	64787756 64787735	朝阳区望京西路48号院金隅国际G座801室	100102	质量、环境、安全、HACCP	2012.04.03
71	CNCA－Z－01Q－2008－090	北京中铁质量体系咨询中心	51875345 51875444	海淀区北蜂窝路18号	100038	质量	2012.09.01
72	CNCA－Z－01Q－2008－091	北京华商东明管理咨询有限公司	85913380 85913380	朝阳区十里堡甘露园2号楼408室	100025	质量、环境、安全、HACCP	2012.10.13
73	CNCA－Z－01Q－2008－092	北京绿奥诺建筑板材咨询中心	84238148—14 84238150	东城区和平里东街18号国家林业局3号楼120室	100714	质量、环境、森林认证咨询	2012.10.29

（续表）

序号	证书编号	机构名称	电　话 传　真	地　址	邮　编	批准业务范围	证书有效期限
74	CNCA－Z－01Q－2008－093	北京康迅伟业质量认证咨询有限公司	51733836 13910897818 51733620	海淀区清华东路16号艺海大厦1105室	100031	质量、环境 、安全、HACCP、QS9000/TS16949	2012.12.09
75	CNCA－Z－01Q－2008－094	北京经典智业管理顾问有限公司	64215617 64215617	北三环东路18号楼206号	100013	质量、环境 、安全、HACCP、QS9000/TS16949	2012.12.09
76	CNCA－Z－01Q－2009－095	北京同心创业投资顾问有限公司	13810017578 58694493 —109	朝阳区东三环中路39号建外SOHO 2号楼1506室	100022	质量、环境、安全	2013.2.26
77	CNCA－Z－01Q－2009－096	北京国经兆维管理咨询中心	63392326 —100 63391975	丰台区西二环菜户营东街甲88号鹏润园静苑大厦A座105号	100054	质量、环境、安全、HACCP 、QS9000/TS16949、CMM 评估、有机、医疗器械、信息安全、	2013.3.18
78	CNCA－Z－01Q－2009－097	中认通（北京）管理顾问有限公司	13601119860 65536369	东城区新中街68号聚龙花园1号楼612室	100027	质量	2013.4.8
79	CNCA－Z－01Q－2009－098	北京润成国际标准技术有限公司	81524766 81524899 81524077	通州区云景东里15号楼1801室	101100	质量、环境、安全、食品安全、汽车行业质量管理体系认证咨询、有机、医疗器械、信息安全管理体系认证咨询	2014.01.06
80	CNCA－Z－01Q－2009－099	北京儒商创业企业管理顾问中心	64916941 63331978	丰台区西二环菜户营东街甲88号1A2911号	100054	质量、环境管理体系认证咨询	2013.12.25
81	CNCA－Z－01Q－2009－100	北京伟业中天管理顾问有限公司	84832009 84831232	朝阳区北四环东路106号5号楼320室	100101	质量、环境管理体系认证咨询	2014.1.18
82	CNCA－Z－01Q－2010－101	北京中继瑞行管理顾问中心	87874409 13521805977 87874309	丰台区南三环中路70号1幢A701室	100077	质量、环境管理体系认证咨询	2014.06.20

中关村国家自主创新示范区驻海外联络处一览表

名称	地　址	电　话	传　真	电子邮箱
硅谷联络处	4633 Old Ironsides Dr. #403 Santa Clara, CA 95054, USA	001（408）-727-0088	001（408）-727-7888	ftan@ zgc - usa. com
东京联络处	东京都中央区日本桥蛎殻町1丁目37—12 PARK AXIS 日本桥 STAGE 大楼1207房间	0081(3)-3664-1388	0081(3)-3664-1136	zgc@ z - park. jp
伦敦联络处	74B Colindale Avenue London NW9 5ES United Kingdom	0044(20)-8200-6571	0044-20-8200-6571	zgcspbj@ yahoo. com
多伦多联络处	4 St Moritz Way #5 Markham, Ontario Canada L3R 4E8	001(905)-305-8298	001(905)-305-7698	zgc_canada@ hotmail. com
华盛顿联络处	6525 Belcrest Road, Suite 615, Hyattsville, MD 20782, USA	001(301)-683-2121	001(301)-864-9397	zhq97552000@ yahoo. com

资料来源：中关村科技园区管理委员会

北京地区中国科学院院士一览表

数学物理学部

序　号	姓　名	工　作　单　位	当选年份
1	丁伟岳	中科院数学与系统科学研究院	1997
2	丁夏畦	中科院数学与系统科学研究院	1991
3	万哲先	中科院数学与系统科学研究院	1991
4	于　敏	北京应用物理与计算数学研究所	1980
5	于　渌	中科院理论物理研究所	1999
6	马大猷	中科院声学研究所	1955
7	马志明	中科院数学与系统科学研究院	1995
8	文　兰	北京大学数学科学学院	1999
9	方守贤	中科院高能物理研究所	1991
10	王乃彦	中国原子能科学研究院	1993
11	王　元	中科院数学与系统科学研究院	1980
12	王诗宬	北京大学	2005
13	王恩哥	中科院物理研究所	2007
14	王梓坤	北京师范大学数学系	1991
15	王鼎盛	中科院物理研究所	2005
16	王绶琯	中科院国家天文台	1980
17	甘子钊	北京大学物理学院	1991
18	田　刚	北京大学数学科学学院	2001

续表

序号	姓名	工作单位	当选年份
19	白以龙	中科院力学研究所	1991
20	石钟慈	中科院数学与系统科学研究院	1991
21	艾国祥	中科院国家天文台	1993
22	邝宇平	清华大学物理系	2003
23	吕　敏	解放军总装备部系统工程研究所	1991
24	庄逢甘	中国航天科技集团公司	1980
25	朱光亚	解放军总装备部科学技术委员会	1980
26	朱邦芬	清华大学物理系	2003
27	孙昌璞	中科院理论物理研究所	2009
28	严加安	中科院数学与系统科学研究院	1999
29	何泽慧	中科院高能物理研究所	1980
30	何祚庥	中科院理论物理研究所	1980
31	吴文俊	中科院数学与系统科学研究院	1957
32	吴岳良	中科院理论物理研究所	2007
33	应崇福	中科院声学研究所	1993
34	张　杰	中科院物理研究所	2003
35	张仁和	中科院声学研究所	1991
36	张宗烨	中科院高能物理研究所	1999
37	张恭庆	北京大学数学科学学院	1991
38	张焕乔	中国原子能科学研究院	1997
39	张殿琳	中科院物理研究所	2001
40	李方华	中科院物理研究所	1993
41	李邦河	中科院数学与系统科学研究院	2001
42	李荫远	中科院物理研究所	1980
43	李家明	清华大学原子分子测控科学中心	1991
44	李家春	中科院力学研究所	2003
45	李惕碚	中科院高能物理研究所	1997
46	杨　乐	中科院数学与系统科学研究院	1980
47	杨应昌	北京大学物理学院	1997
48	杨国桢	中科院物理研究所	1999
49	汪承灏	中科院声学研究所	2001
50	苏肇冰	中科院理论物理研究所	1991
51	陆启铿	中科院数学与系统科学研究院	1980
52	陈木法	北京师范大学数学系	2003
53	陈式刚	北京应用物理与计算数学研究所	2001
54	陈佳洱	国家自然科学基金委员会	1993

续表

序　号	姓　名	工　作　单　位	当选年份
55	陈和生	中科院高能物理研究所	2005
56	陈建生	中科院国家天文台	1991
57	陈难先	清华大学	1997
58	冼鼎昌	中科院高能物理研究所	1991
59	周光召	中国科学技术协会	1980
60	周毓麟	北京应用物理与计算数学研究所	1991
61	林　群	中科院数学与系统科学研究院	1993
62	欧阳钟灿	中科院理论物理研究所	1997
63	范海福	中科院物理研究所	1991
64	郑厚植	中科院半导体研究所	1995
65	姜伯驹	北京大学数学科学学院	1980
66	洪朝生	中科院理化技术研究所	1980
67	贺贤土	北京应用物理与计算数学研究所	1995
68	赵光达	北京大学物理学院	2001
69	赵忠贤	中科院物理研究所	1991
70	郝柏林	中科院理论物理研究所	1980
71	徐叙瑢	北京交通大学	1980
72	郭尚平	中国石油勘探开发研究院	1995
73	郭柏灵	北京应用物理与计算数学研究所	2001
74	席南华	中科院数学与系统科学研究院	2009
75	崔尔杰	北京空气动力学研究院	1999
76	章　综	中科院物理研究所	1980
77	黄祖洽	北京师范大学	1980
78	程开甲	解放军总装备部科学技术委员会	1980
79	童秉纲	中科院研究生院	1997
80	谢家麟	中科院高能物理研究所	1980
81	解思深	中科院物理研究所	2003
82	戴元本	中科院理论物理研究所	1980

注:表内人名按姓氏笔画排序,下同

化学部

序　号	姓　名	工　作　单　位	当选年份
1	万立骏	中国科学院化学研究所	2009
2	王　夔	北京大学医学部	1991
3	王方定	中国原子能科学研究院	1991
4	王佛松	中国科学院	1991

续表

序号	姓名	工作单位	当选年份
5	白春礼	中国科学院	1997
6	刘元方	北京大学	1991
7	刘若庄	北京师范大学化学系	1999
8	朱起鹤	中科院化学研究所	1995
9	朱道本	中科院化学研究所	1997
10	江　龙	中科院化学研究所	2001
11	江　雷	中科院化学研究所	2009
12	江桂斌	中科院生态环境研究中心	2009
13	何鸣元	石油化工科学研究院	1995
14	佟振合	中科院理化技术研究所	1999
15	张礼和	北京大学药学院	1995
16	张存浩	国家自然科学基金委员会	1980
17	张　希	清华大学	2007
18	张　滂	北京大学	1991
19	李洪钟	中科院过程工程研究所	2005
20	李静海	中科院过程工程研究所	1999
21	闵恩泽	石油化工科学研究院	1980
22	陆婉珍	石油化工科学研究院	1991
23	陈冠荣	国有资产管理委员会	1980
24	陈家镛	中科院过程工程研究所	1980
25	周同惠	中国医学科学院药物研究所	1991
26	周其凤	北京大学化学与分子工程学院	1999
27	段　雪	北京化工大学	2007
28	费维扬	清华大学化学工程系	2003
29	赵玉芬	清华大学化学系	1991
30	姚建年	中科院化学研究所	2005
31	唐有祺	北京大学化学与分子工程学院	1980
32	柴之芳	中科院高能物理研究所	2007
33	徐光宪	北京大学化学与分子工程学院	1980
34	徐晓白	中科院生态环境研究中心	1995
35	郭慕孙	中科院过程工程研究所	1980
36	梁敬魁	中科院物理研究所	1993
37	高　松	北京大学	2007
38	黄　量	中国医学科学院药物研究所	1980
39	黄志镗	中科院化学研究所	1991
40	黄春辉	北京大学化学与分子工程学院	2001
41	程津培	科学技术部	2001

生命科学和医学学部

序　号	姓　名	工　作　单　位	当选年份
1	方荣祥	中科院微生物研究所	2003
2	方精云	北京大学	2005
3	王大成	中科院生物物理研究所	2005
4	王文采	中科院植物研究所	1993
5	王世真	中国协和医科大学	1980
6	王志珍	中科院生物物理研究所	2001
7	王志新	中科院生物物理研究所	1997
8	田　波	中科院微生物研究所	1991
9	石元春	中国农业大学	1991
10	刘以训	中科院动物研究所	1999
11	匡廷云	中科院植物研究所	1995
12	孙曼霁	军事医学科学院毒物药物研究所	1991
13	孙儒泳	北京师范大学生物系	1993
14	庄巧生	中国农科院作物育种栽培研究所	1991
15	庄文颖	中科院微生物研究所	2009
16	朱作言	北京大学生命科学院	1997
17	许智宏	北京大学	1997
18	阳含熙	中科院自然资源综合考察委员会	1991
19	汪忠镐	首都医科大学附属宣武医院	2005
20	吴　旻	中国协和医科大学	1980
21	吴阶平	中国医学科学院	1980
22	吴祖泽	军事医学科学院	1993
23	吴常信	中国农业大学	1995
24	孟安明	清华大学	2007
25	张树政	中科院微生物研究所	1991
26	张新时	中科院植物研究所	1991
27	李季伦	中国农业大学生物学院	1995
28	李家洋	中科院遗传与发育生物学研究所	2001
29	李振声	中科院遗传与发育生物学研究所	1991
30	杨焕明	中国科学院北京基因组研究所	2007
31	杨福愉	中科院生物物理研究所	1991
32	沈　岩	中国医学科学院基础医学研究所	2003
33	邱式邦	中国农业科学院	1980
34	陆士新	中国医学科学院肿瘤研究所	1997
35	陈文新	中国农业大学生物学院	2001
36	陈可冀	中国中医研究院西苑医院	1991

续表

序　号	姓　名	工　作　单　位	当选年份
37	陈宜瑜	国家自然科学基金委员会	1991
38	陈润生	中科院生物物理研究所	2007
39	陈　霖	中科院研究生院	2003
40	武维华	中国农业大学	2007
41	尚永丰	北京大学	2009
42	郑光美	北京师范大学生命科学学院	2003
43	郑儒永	中科院微生物研究所	1999
44	洪德元	中科院植物研究所	1991
45	赵进东	北京大学	2007
46	贺福初	军事医学科学院	2001
47	饶子和	中科院生物物理研究所	2003
48	唐守正	中国林业科学研究院资源信息研究所	1995
49	梁栋材	中科院生物物理研究所	1980
50	常文瑞	中科院生物物理研究所	2005
51	隋森芳	清华大学	2009
52	强伯勤	中国医学科学院基础医学研究所	1991
53	曾　毅	中国预防医学科学院	1993
54	蒋有绪	中国林业科学研究院森林生态环境与保护研究所	1999
55	童坦君	北京大学	2005
56	韩启德	北京大学	1997
57	韩济生	北京大学神经科学研究所	1993
58	翟中和	北京大学生命科学学院	1991
59	薛社普	中国医学科学院基础医学研究所	1991
60	魏江春	中科院微生物研究所	1997

地学部

序　号	姓　名	工　作　单　位	当选年份
1	丁仲礼	中科院地质与地球物理研究所	2005
2	丁国瑜	中国地震局科技委	1980
3	马　瑾	中国地震局地质研究所	1997
4	马宗晋	中国地震局地质研究所	1991
5	丑纪范	北京气象学院	1993
6	王铁冠	中国石油大学(北京)	2005
7	王鸿祯	中国地质大学(北京)	1980
8	邓起东	中国地震局地质研究所	2003
9	叶大年	中科院地质与地球物理研究所	1991

续表

序 号	姓 名	工 作 单 位	当选年份
10	叶笃正	中科院大气物理研究所	1980
11	田在艺	石油勘探开发科学研究院	1997
12	石耀霖	中科院研究生院	2001
13	吕达仁	中科院大气物理研究所	2005
14	任纪舜	中国地质科学院地质研究所	1997
15	刘光鼎	中科院地质与地球物理研究所	1980
16	刘昌明	中科院地理科学与资源研究所	1995
17	刘振兴	中科院空间科学与应用研究中心	1995
18	刘嘉麒	中科院地质与地球物理研究所	2003
19	孙 枢	中科院地质与地球物理研究所	1991
20	孙鸿烈	中科院地理科学与资源研究所	1991
21	朱日祥	中科院地质与地球物理研究所	2003
22	许志琴	中国地质科学院地质研究所	1995
23	吴国雄	中科院大气物理研究所	1997
24	吴新智	中科院古脊椎动物与古人类研究所	1999
25	张本仁	中国地质大学(北京)	1999
26	张弥曼	中科院古脊椎动物与古人类研究所	1991
27	李小文	北京师范大学遥感与GIS研究中心	2001
28	李廷栋	中国地质科学院	1993
29	李崇银	中科院大气物理研究所	2001
30	李德生	石油勘探开发科学研究院	1991
31	杨文采	中国地质科学院地质研究所	2005
32	杨 起	中国地质大学(北京)	1991
33	汪集旸	中科院地质与地球物理研究所	1995
34	邱占祥	中科院古脊椎动物与古人类研究所	2005
35	沈其韩	中国地质科学院地质研究所	1991
36	肖序常	中国地质科学院地质研究所	1991
37	陆大道	中科院地理科学与资源研究所	2003
38	陈 颙	中国地震局	1993
39	陈运泰	中国地震局地球物理研究所	1991
40	陈俊勇	国家测绘局	1991
41	陈梦熊	国土资源部科技咨询研究中心	1991
42	周秀骥	中国气象科学研究院	1991
43	林学钰	北京师范大学	1997
44	於崇文	中国地质大学(北京)	1995
45	郑 度	中科院地理科学与资源研究所	1999

续表

序号	姓名	工作单位	当选年份
46	侯仁之	北京大学	1980
47	姚振兴	中科院地质与地球物理研究所	1999
48	姚檀栋	中科院青藏高原研究所	2007
49	赵柏林	北京大学	1991
50	赵鹏大	中国地质大学(北京)	1993
51	钟大赉	中科院地质与地球物理研究所	2001
52	徐冠华	科学技术部	1991
53	涂传诒	北京大学	2001
54	秦大河	中国气象局	2003
55	贾承造	中国石油天然气股份有限公司	2003
56	莫宣学	中国地质大学	2009
57	陶　澍	北京大学	2009
58	陶诗言	中科院大气物理研究所	1980
59	巢纪平	国家海洋环境预报中心	1995
60	符淙斌	中科院大气物理研究所	2003
61	黄荣辉	中科院大气物理研究所	1991
62	曾庆存	中科院大气物理研究所	1980
63	曾融生	中国地震局地球物理研究所	1980
64	童庆禧	中科院遥感应用研究所	1997
65	翟明国	中国科学院地质与地球物理研究所	2009
66	翟裕生	中国地质大学(北京)	1999
67	穆　穆	中科院大气物理研究所	2007
68	滕吉文	中科院地质与地球物理研究所	1999
69	魏奉思	中科院空间科学与应用研究中心	2005
70	戴金星	石油勘探开发科学研究院	1995

信息技术科学部

序号	姓名	工作单位	当选年份
1	王　圩	中科院半导体研究所	1997
2	王　越	北京理工大学	1991
3	王占国	中科院半导体研究所	1995
4	王守武	中科院半导体研究所	1980
5	王守觉	中科院半导体研究所	1980
6	王阳元	北京大学微电子学研究所	1995
7	王启明	中科院半导体研究所	1991
8	包为民	中国航天科技集团公司第一研究院	2005

续表

序 号	姓 名	工 作 单 位	当选年份
9	叶培大	北京邮电大学	1980
10	吴一戎	中科院电子学研究所	2007
11	吴宏鑫	中国空间技术研究院	2003
12	吴德馨	中科院微电子中心	1991
13	宋 健	中国工程院	1991
14	张 钹	清华大学	1995
15	张效祥	解放军总参谋部第五十八研究所	1991
16	李 未	北京航空航天大学	1997
17	李启虎	中科院声学研究所	1997
18	李志坚	清华大学微电子研究所	1991
19	李衍达	清华大学	1991
20	杨芙清	北京大学	1991
21	陆元九	中国航天科技集团公司科技委	1980
22	陆汝钤	中科院数学与系统科学研究院	1999
23	陈定昌	中国航天科工集团科技委	2009
24	陈俊亮	北京邮电大学	1991
25	陈翰馥	中科院数学与系统科学研究院	1993
26	周炳琨	清华大学无线电电子学研究所	1991
27	周巢尘	中科院软件研究所	1993
28	怀进鹏	北京航空航天大学	2009
29	林惠民	中科院软件研究所	1999
30	罗沛霖	信息产业部	1980
31	侯朝焕	中科院声学研究所	1995
32	夏建白	中科院半导体研究所	2001
33	夏培肃	中科院计算技术研究所	1991
34	秦国刚	北京大学	2001
35	郭 雷	中科院数学与系统科学研究院	2001
36	高庆狮	北京科技大学	1980
37	梁思礼	原中国航天工业总公司	1993
38	黄民强	解放军总参谋部第五十八研究所	2005
39	黄 琳	北京大学	2003
40	黄纬禄	原中国航天工业总公司	1991
41	董韫美	中科院软件研究所	1993
42	简水生	北京交通大学光波技术研究所	1995
43	戴汝为	中科院自动化研究所	1991

技术科学部

序　号	姓　名	工　作　单　位	当选年份
1	于起峰	国防科学技术大学	2009
2	王大中	清华大学	1993
3	王自强	中科院力学研究所	2009
4	王光谦	清华大学	2009
5	王希季	中国空间技术研究院	1993
6	王补宣	清华大学热能工程与热物理研究所	1980
7	王崇愚	清华大学物理系	1993
8	王淀佐	北京有色金属研究总院	1991
9	卢　强	清华大学电机工程与应用电子技术系	1991
10	叶培建	中国空间技术研究院	2003
11	任新民	原中国航天工业总公司	1980
12	刘竹生	中国航天科技集团公司第一研究院	2009
13	刘宝镛	中国航天科技集团公司	2001
14	孙家栋	原中国航天工业总公司	1991
15	师昌绪	国家自然科学基金委员会	1980
16	庄逢辰	装备指挥技术学院试验工程系	2001
17	朱　静	清华大学	1995
18	朱森元	中国运载火箭技术研究院	1995
19	过增元	清华大学	1997
20	严陆光	中科院电工研究所	1991
21	余梦伦	中国运载火箭技术研究院	1999
22	吴良镛	清华大学建筑与城市研究所	1980
23	吴承康	中科院力学研究所	1991
24	宋家树	北京应用物理与计算数学研究所	1993
25	张　泽	中科院物理研究所	2001
26	张光斗	清华大学	1955
27	张兴钤	北京应用物理与计算数学研究所	1991
28	张楚汉	清华大学水利水电工程系	2001
29	李敏华	中科院力学研究所	1980
30	杨　卫	清华大学工程力学系	2003
31	肖纪美	北京科技大学材料物理系	1980
32	邵象华	钢铁研究总院	1955
33	闵桂荣	中国空间技术研究院	1991
34	陈创天	中科院理化技术研究所	2003
35	陈祖煜	中国水利水电科学研究院	2005
36	周　远	中科院理化技术研究所	2003

续表

序　号	姓　名	工　作　单　位	当选年份
37	周干峙	建设部	1991
38	周孝信	中国电力科学研究院	1993
39	周国治	北京科技大学	1995
40	周锡元	中国建筑科学研究院工程抗震研究所	1997
41	林秉南	中国水利水电科学研究院	1991
42	欧阳予	中国核工业集团公司科技委	1991
43	范守善	清华大学物理系	2003
44	郑哲敏	中科院力学研究所	1980
45	俞鸿儒	中科院力学研究所	1991
46	柯　俊	北京科技大学	1980
47	柳百新	清华大学材料科学与工程系	2001
48	胡文瑞	中科院力学研究所	1995
49	胡聿贤	中国地震局地球物理研究所	1991
50	胡海昌	中国空间技术研究院	1980
51	赵仁恺	中国核工业集团公司科技委	1991
52	徐建中	中科院工程热物理研究所	1995
53	徐性初	国家机械工业联合会专家委	1993
54	顾秉林	清华大学	1999
55	顾逸东	中科院光电研究院	2005
56	顾诵芬	航空科学技术研究院	1991
57	高镇同	北京航空航天大学	1991
58	屠守锷	原中国航天工业总公司	1991
59	曹春晓	中国航空工业第一集团公司北京航空材料研究院	1997
60	黄克智	清华大学工程力学研究所	1991
61	温诗铸	清华大学精密仪器与机械学系	1999
62	葛昌纯	北京科技大学材料科学与工程学院	2001
63	谢光选	中国运载火箭技术研究院	1991
64	路甬祥	中国科学院	1991
65	蔡其巩	钢铁研究总院	1980
66	蔡睿贤	中科院工程热物理研究所	1991
67	潘际銮	清华大学机械系	1980
68	潘家铮	原国家电力部	1980
69	颜鸣皋	中国航空工业第一集团公司北京航空材料研究院	1991
70	薛其坤	中科院物理研究所	2005
71	魏寿昆	北京科技大学	1980

资料来源:中国科学院网站

注:表内人名按姓氏笔画排序

北京地区中国工程院院士一览表

机械与运载工程学部

序　号	姓　名	工　作　单　位	当选年份
1	丁衡高	解放军总装备部	1994
2	于本水	中国航天科工集团公司	2001
3	王永志	解放军总装备部	1994
4	王哲荣	中国北方车辆研究所	2001
5	王　浚	北京航空航天大学	2001
6	冯培德	中国航空工业第一集团公司	2001
7	龙乐豪	中国运载火箭技术研究院	2001
8	关　桥	北京航空制造工程研究所	1994
9	刘大响	北京航空航天大学	1995
10	刘永才	中国航天科工集团第三研究院	2009
11	刘兴洲	中国航天科工集团公司第三十一研究所	1995
12	朵英贤	北京理工大学	1999
13	张彦仲	中国航空工业第二集团公司	2001
14	张福泽	北京航空工程技术研究中心	1995
15	李椿萱	北京航空航天大学	1997
16	闵桂荣	中国空间技术研究院	1994
17	陆元九	中国航天科技集团公司科技委	1994
18	陈福田	中国航天科技集团公司第一研究院	2007
19	陈懋章	北京航空航天大学	1999
20	周　济	教育部	1999
21	范本尧	中国航天科技集团公司第五研究院	2005
22	柳百成	清华大学机械工程系	1999
23	胡正寰	北京科技大学	1997
24	钟群鹏	北京航空航天大学	1999
25	徐滨士	中国设备管理协会	1995
26	顾国彪	中科院电工研究所	1997
27	顾诵芬	中国航空工业第一集团公司科技委	1994
28	高金吉	北京化工大学机电工程学院	1999
29	屠善澄	中国航天科技集团公司第五研究院	1994
30	崔国良	中国航天科技集团公司科技委	1999
31	戚发轫	中国航天科技集团公司第五研究院	2001
32	黄瑞松	中国航天科工集团公司科技委	2003
33	曾广商	中国运载火箭技术研究院	1999
34	路甬祥	中国科学院	1994
35	管　德	中国民用航空总局	1994
36	臧克茂	装甲兵工程学院	2007

注：表内人名按姓氏笔画排序

信息与电子工程学部

序　号	姓　名	工　作　单　位	当选年份
1	于　全	总参谋部第六十一研究所	2009
2	方滨兴	国家计算机网络与信息安全管理中心	2005
3	毛二可	北京理工大学	1995
4	王　越	北京理工大学	1994
5	王小谟	中国电子科技集团电子科学研究院	1995
6	邓中翰	北京中星微电子有限公司	2009
7	韦　钰	中国科协	1994
8	叶铭汉	中科院高能物理研究所	1995
9	刘韵洁	中国联合通信有限公司	2005
10	孙家广	清华大学	1999
11	朱高峰	中国工程院	1994
12	许祖彦	中科院物理研究所	2001
13	邬贺铨	信息产业部电信科学技术研究院	1999
14	何新贵	北京大学信息科学技术学院	2001
15	何德全	国家信息化专家咨询委员会	1994
16	吴　澄	清华大学自动化系	1995
17	吴佑寿	清华大学	1995
18	宋　健	政协全国委员会	1994
19	张尧学	教育部	2007
20	张钟华	中国计量科学研究院	1995
21	张履谦	中国航天科技集团公司	1995
22	李三立	清华大学	1995
23	李伯虎	中国航天科工集团公司	2001
24	李国杰	中科院计算技术研究所	1995
25	李德毅	解放军总参谋部第六十一研究所	1999
26	汪成为	解放军总装备部科技委	1994
27	沈昌祥	海军计算技术研究所	1995
28	陆建勋	中国舰船研究院	1995
29	陈左宁	国家并行计算机工程技术研究中心	2001
30	陈良惠	中科院半导体研究所	1999
31	陈俊亮	北京邮电大学	1994
32	陈敬熊	中国航天科工集团第二研究院	1995
33	周炯槃	北京邮电大学信息工程学院	1995
34	周立伟	北京理工大学	1999
35	周仲义	解放军总参谋部	1994
36	周寿桓	中国电子科技集团公司第11研究所	2003

续表

序　号	姓　名	工　作　单　位	当选年份
37	林永年	解放军总参谋部第五十一研究所	1995
38	罗沛霖	信息产业部	1994
39	金国藩	清华大学机械工程学院	1994
40	金怡濂	国家并行计算机工程技术研究中心	1994
41	姚骏恩	北京航空航天大学	2001
42	姜景山	中科院空间科学与应用研究中心	1999
43	胡光镇	总参谋部第五十八研究所	1997
44	胡启恒	中国科学院	1994
45	赵伊君	中国国防科技信息中心	1997
46	钟　山	中国航天科工集团公司第二研究院	1999
47	倪光南	中科院计算技术研究所	1994
48	郭桂蓉	解放军总装备部科技委	1995
49	梁骏吾	中科院半导体研究所	1997
50	黄培康	中国航天科工集团公司第二研究院	2005
51	童志鹏	中国电子科技集团电子科学研究院	1997
52	蔡吉人	北京电子技术研究所	1997
53	戴　浩	总参谋部第六十一研究所	2005
54	魏正耀	总参谋部第五十八研究所	1999

化工、冶金与材料工程学部

序　号	姓　名	工　作　单　位	当选年份
1	干　勇	钢铁研究总院	2001
2	才鸿年	北京理工大学	2001
3	毛炳权	北京化工研究院	1995
4	王淀佐	北京有色金属研究总院	1994
5	王震西	北京中科三环高技术股份有限公司	1995
6	左铁镛	北京工业大学	1995
7	刘伯里	北京师范大学	1997
8	刘炯天	中国矿业大学	2009
9	孙传尧	北京矿冶研究总院	2003
10	师昌绪	国家自然科学基金委员会	1994
11	朱永濬	清华大学核能与新能源技术研究院	1995
12	吴慰祖	总参谋部第五十五研究所	1999
13	张国成	北京有色金属研究总院	1995

续表

序号	姓名	工作单位	当选年份
14	李大东	中国石油化工股份有限公司石油化工科学研究院	1994
15	李东英	中国有色金属工业总公司	1995
16	李正邦	钢铁研究总院	1999
17	李龙土	清华大学	1997
18	李恒德	清华大学	1994
19	杨启业	中国石化工程建设公司	1997
20	汪旭光	北京矿冶研究总院	1995
21	汪燮卿	中国石油化工股份有限公司石油化工科学研究院	1995
22	沈德忠	中国非金属矿工业(集团)总公司人工晶体研究院	1995
23	邱定蕃	北京矿冶研究总院	1999
24	邵象华	钢铁研究总院	1995
25	闵恩泽	中国石油化工股份有限公司石油化工科学研究院	1994
26	吴以成	中科院理化技术研究所	2005
27	陈丙珍	清华大学	2005
28	陈立泉	中科院物理研究所	2001
29	陈国良	北京科技大学	1999
30	陈蕴博	机械科学研究院	1999
31	金　涌	清华大学	1997
32	赵振业	中国航空工业第一集团公司北京航空材料研究院	2005
33	侯芙生	中国石油化工集团公司	1995
34	徐匡迪	中国工程院	1995
35	徐更光	北京理工大学	1994
36	徐承恩	中国石化工程建设公司	1994
37	殷瑞钰	钢铁研究总院	1994
38	袁晴棠	中国石油化工集团公司科技委	1995
39	顾真安	中国建筑材料科学研究总院	1997
40	翁宇庆	中国金属学会	2009
41	曹湘洪	中国石油化工集团公司	1999
42	屠海令	北京有色金属研究总院	2007
43	舒兴田	中国石油化工股份有限公司石油化工科学研究院	1999

能源与矿业工程学部

序号	姓名	工作单位	当选年份
1	于润沧	中国有色工程设计研究总院	1999
2	马永生	中国石油化工股份有限公司油田勘探开发事业部	2009
3	毛用泽	解放军总装备部防化研究院	1995

续表

序　号	姓　名	工　作　单　位	当选年份
4	王思敬	中科院地质与地球物理研究所	1995
5	刘广志	国土资源部咨询研究中心	1995
6	安继刚	清华大学	2005
7	朱光亚	解放军总装备部科技委	1994
8	朱建士	北京应用物理与计算数学研究所	1995
9	许绍燮	中国地震局地球物理研究所	1999
10	阮可强	中国原子能科学研究院	1995
11	张光斗	清华大学	1994
12	张信威	北京应用物理与计算数学研究所	2005
13	杜祥琬	北京应用物理与计算数学研究所	1997
14	杨奇逊	华北电力大学	1994
15	杨裕生	解放军总装备部防化研究院	1995
16	沈忠厚	中国石油大学(北京)	2001
17	苏义脑	中国石油天然气集团公司科技委	2003
18	邱中建	中国石油天然气集团公司	1999
19	陈森玉	中科院高能物理研究所	2001
20	陈毓川	中国地质科学院	1997
21	岳光溪	清华大学热能工程系	2009
22	周永茂	中国中原对外工程公司	1995
23	周守为	中国海洋石油总公司	2009
24	范维唐	中国煤炭工业协会	1994
25	范维澄	清华大学公共安全研究中心	2001
26	郑绵平	中国地质科学院矿产资源研究所	1995
27	洪伯潜	北京中煤矿山工程有限公司	1997
28	胡见义	石油勘探开发科学研究院	1997
29	胡思得	北京应用物理与计算数学研究所	1995
30	赵仁恺	中国核工业集团公司	1994
31	赵文津	中国地质科学院	2001
32	倪维斗	清华大学	1999
33	唐西生	解放军第二炮兵装备研究院	1997
34	徐旭常	清华大学	1995
35	袁士义	石油勘探开发研究院	2005
36	钱绍钧	解放军总装备部科技委	1995
37	钱皋韵	中国核工业集团公司	1994
38	彭士禄	中国核工业集团公司	1994
39	彭先觉	北京应用物理与计算数学研究所	1999

续表

序　号	姓　名	工　作　单　位	当选年份
40	彭苏萍	中国矿业大学	2007
41	曾恒一	中国海洋石油总公司	1997
42	童晓光	中国石油天然气勘探开发公司	2005
43	蒋洪德	清华大学燃气轮机研究中心	1999
44	韩大匡	中国石油勘探开发研究院	2001
45	韩英铎	清华大学电力电子工程研究中心	1995
46	翟光明	中国石油天然气集团公司	1995
47	裴荣富	中国地质科学研究院矿产资源研究所	1999
48	潘自强	中国核工业集团公司科技委	1997

土木、水利与建筑工程学部

序　号	姓　名	工　作　单　位	当选年份
1	马国馨	北京市建筑设计研究院	1997
2	王梦恕	北京交通大学隧道及地下工程试验研究中心	1995
3	王瑞珠	中国城市规划设计研究院	2003
4	王　浩	中国水利水电科学研究院水资源研究所	2005
5	冯叔瑜	中国铁道科学研究院	1995
6	龙驭球	清华大学	1995
7	朱伯芳	中国水利水电科学研究院	1995
8	刘先林	中国测绘科学研究院	1994
9	刘济舟	交通部	1995
10	关肇邺	清华大学建筑学院	1995
11	江　亿	清华大学建筑学院	2001
12	李　玶	中国地震局地质研究所	1999
13	李道增	清华大学建筑学院	1999
14	吴良镛	清华大学建筑学院	1995
15	何华武	中华人民共和国铁道部	2009
16	杨秀敏	解放军总参第四研究设计所	1995
17	沙庆林	交通部公路科学研究所	1995
18	邹德慈	中国城市规划设计研究院	2003
19	陈志恺	中国水利水电科学研究院	2001
20	陈厚群	中国水利水电科学研究院	1995
21	陈肇元	清华大学	1997
22	周　镜	中国铁道科学研究院	1994
23	周干峙	建设部	1994
24	孟兆祯	北京林业大学	1999

续表

序　号	姓　名	工　作　单　位	当选年份
25	郑哲敏	中科院力学研究所	1994
26	施仲衡	中国地下铁道设计咨询公司	1999
27	钱七虎	解放军总参军事科学技术委员会	1994
28	钱正英	全国政协	1997
29	崔俊芝	中科院数学与系统研究院	1995
30	梁应辰	交通部三峡办公室	1994
31	黄　卫	建设部	2007
32	黄熙龄	中国建筑科学研究院	1995
33	傅熹年	中国建筑设计研究院	1994
34	韩其为	中国水利水电科学研究院	2001
35	雷志栋	清华大学	2007
36	潘家铮	原电力部	1994

环境与轻纺工程学部

序　号	姓　名	工　作　单　位	当选年份
1	丁一汇	国家气候中心	2005
2	王文兴	中国环境科学研究院	1999
3	曲久辉	中国科学院生态环境研究中心	2009
4	任阵海	国家环保总局气候影响研究中心	1995
5	孙宝国	北京工商大学	2009
6	刘鸿亮	中国环境科学研究院	1994
7	汤鸿霄	中科院生态环境研究中心	1995
8	许健民	中国气象局国家卫星气象中心	1997
9	李泽椿	中国气象局国家气象中心	1995
10	张　懿	中科院过程工程研究所	1999
11	陈联寿	中国气象科学研究院	1999
12	周国泰	解放军总后勤部军需装备研究所	1999
13	季国标	国务院国有资产监督管理委员会	1994
14	金鉴明	国家环境保护总局	1997
15	孟　伟	中国环境科学研究院	2009
16	郝吉明	清华大学	2005
17	侯立安	第二炮兵工程设计研究所	2009
18	唐孝炎	北京大学环境科学系	1995
19	钱　易	清华大学	1994
20	顾夏声	清华大学	1995
21	徐祥德	中国气象科学研究院	2009
22	梅自强	中国纺织科学研究院	1995
23	魏复盛	中国环境监测总站	1997

农业学部

序　号	姓　名	工　作　单　位	当选年份
1	尹伟伦	北京林业大学	2005
2	方智远	中国农业科学院蔬菜花卉研究所	1995
3	王　涛	中国林业科学研究院	1994
4	冯宗炜	中科院生态环境研究中心	1999
5	卢良恕	中国农业科学院	1994
6	石元春	中国农业大学	1994
7	石玉林	中科院地理科学与资源研究所	1995
8	刘　旭	中国农业科学院	2009
9	孙九林	中科院地理科学与资源研究所	2001
10	张子仪	中国农业科学院畜牧研究所	1997
11	李文华	中科院地理科学与资源研究所	1997
12	李　宁	中国农业大学	2007
13	汪懋华	中国农业大学	1995
14	沈国舫	北京林业大学	1995
15	陈俊愉	北京林业大学	1997
16	范云六	中国农业科学院生物技术研究所	1997
17	郭予元	中国农业科学院植物保护研究所	2001
18	曾士迈	中国农业大学	1995
19	曾德超	中国农业大学	1995
20	董玉琛	中国农业科学院作物品种资源研究所	1999
21	戴景瑞	中国农业大学农学与生物技术学院	2001

医药卫生工程学部

序　号	姓　名	工　作　单　位	当选年份
1	于德泉	中国医学科学院	1999
2	巴德年	中国医学科学院	1994
3	王士雯	解放军总医院老年心血管病研究所	1996
4	王永炎	中国中医研究院	1997
5	王忠诚	北京市神经外科研究所	1994
6	王琳芳	中国医学科学院基础医学研究所	1997
7	王澍寰	北京积水潭医院	1997
8	卢世璧	解放军总医院骨科研究所	1996
9	史轶蘩	北京协和医院	1996
10	付小兵	解放军总医院第一附属医院	2009
11	刘　耀	中国法医学会	2001
12	刘玉清	中国医学科学院阜外医院	1994

续表

序　号	姓　名	工　作　单　位	当选年份
13	刘彤华	中国医学科学院	1999
14	刘德培	中国协和医科大学基础医学院	1996
15	孙　燕	中国协和医科大学	1999
16	庄　辉	北京大学医学部基础医学院病原生物学系	2001
17	朱晓东	中国医学科学院	1996
18	邱贵兴	中国医学科学院北京协和医院	2007
19	吴阶平	中国医学科学院	1995
20	吴德昌	军事医学科学院放射医学研究所	1994
21	张金哲	北京儿童医院	1997
22	李连达	中国中医研究院西苑医院	2003
23	沈渔邨	北京大学精神卫生研究所	1997
24	沈倍奋	军事医学科学院基础医学研究所	1997
25	沈家祥	北京市集才药物研究所	1999
26	肖培根	中国医学科学院药用植物研究所	1994
27	肖碧莲	国家人口计生委科学技术研究所	1994
28	陆道培	北京医学院人民医院	1996
29	陈君石	中国疾病预防控制中心营养与食品安全所	2005
30	陈香美	解放军总医院	2007
31	陈冀胜	解放军防化研究院	1999
32	侯云德	中国疾病预防控制中心病毒病预防控制所	1994
33	俞永新	中国药品生物制品检定所	2001
34	俞梦孙	空军航空医学研究所	1999
35	洪　涛	中国疾病预防控制中心病毒病预防控制所	1996
36	胡亚美	北京儿童医院	1994
37	赵　铠	北京生物制品研究所	1997
38	桑国卫	中国药品生物制品检定所	1999
39	秦伯益	军事医学科学院	1994
40	翁心植	北京市呼吸疾病研究所	1997
41	郭应禄	北京大学泌尿外科研究所	1999
42	高守一	中国疾病预防控制中心传染病预防控制所	1994
43	高润霖	阜外心血管病医院	1999
44	盛志勇	解放军第304 医院	1996
45	黄志强	解放军总医院	1997
46	黄翠芬	军事医学科学院生物工程研究所	1996
47	程　京	清华大学医学院	2009
48	程书钧	中国医学科学院肿瘤研究所	1999
49	程莘农	中国中医研究院针灸研究所	1994
50	甄永苏	中国医学科学院医药生物技术研究所	1997

工程管理学部

序　号	姓　名	工　作　单　位	当选年份
1	王　安	中国中煤能源集团公司	2009
2	王礼恒	中国航天科技集团公司	2003
3	王陇德	中华预防医学会	2009
4	王基铭	中国石油化工股份有限公司	2005
5	孙永福	铁道部	2005
6	刘源张	中科院数学与系统科学研究院	2001
7	李京文	北京工业大学经济与管理学院	2001
8	沈荣骏	装备指挥技术学院	2005
9	栾恩杰	国家国防科技工业局	2009
10	徐寿波	北京交通大学	2001
11	傅志寰	铁道部	2001

资料来源:中国工程院网站

2009年度北京市科技新星计划入选人员一览表

A类

序　号	姓　名	工　作　单　位	序　号	姓　名	工　作　单　位
1	郭雪峰	北京大学	19	张卫冬	北京科技大学
2	杜世宏	北京大学	20	董超芳	北京科技大学
3	岳伟华	北京大学第六医院	21	赵大龙	北京科莱博医药开发有限责任公司
4	邓　敏	北京大学第三医院	22	张景瑞	北京理工大学
5	范东伟	北京大学第三医院	23	吴　川	北京理工大学
6	何　菁	北京大学人民医院	24	黄华国	北京林业大学
7	路德春	北京工业大学	25	麻　柱	北京奶牛中心
8	李　敏	北京航空航天大学	26	周景升	北京市老年病医疗研究中心
9	傅　健	北京航空航天大学	27	申长军	北京市农林科学院北京农业信息技术研究中心
10	蒲菊华	北京航空航天大学			
11	安　立	北京呼吸疾病研究所	28	宋　伟	北京市农林科学院玉米研究中心
12	王洁欣	北京化工大学	29	王守现	北京市农林科学院植物保护环境保护研究所
13	杨　晶	北京化工大学			
14	张　磊	北京济普霖生物技术有限公司	30	隋滨滨	北京市神经外科研究所
15	孙会君	北京交通大学	31	李建荣	北京市心肺血管疾病研究所
16	艾　渤	北京交通大学	32	赵京霞	北京市中医研究所
17	郭文杰	北京京仪椿树整流器有限责任公司	33	万宇平	北京望尔生物技术有限公司
18	张鸣剑	北京京仪世纪电子股份有限公司	34	彭木根	北京邮电大学

续表

序号	姓名	工作单位	序号	姓名	工作单位
35	续洁琨	北京中医药大学	54	钟 琦	首都医科大学附属北京同仁医院
36	韩振蕴	北京中医药大学东方医院	55	尚东浩	首都医科大学附属北京友谊医院
37	刘崇茹	华北电力大学	56	李 鹏	首都医科大学附属北京佑安医院
38	卫 勃	解放军总医院	57	石和鹏	扬子江药业集团北京海燕药业有限公司
39	王 静	解放军总医院	58	阎秀兰	中国科学院地理科学与资源研究所
40	李岩峰	解放军总医院第一附属医院	59	山世光	中国科学院计算技术研究所
41	姜 颖	军事医学科学院放射与辐射医学研究所	60	张洪艳	中国科学院理化技术研究所
42	钱 露	军事医学科学院基础医学研究所	61	武延军	中国科学院软件研究所
43	李艳华	军事医学科学院野战输血研究所	62	孙哲南	中国科学院自动化研究所
44	林波荣	清华大学	63	丁向东	中国农业大学
45	张 嘎	清华大学	64	吴会军	中国农业科学院农业资源与农业区划研究所
46	周庆莉	首都师范大学	65	万云洋	中国石油大学(北京)
47	张 玲	首都医科大学	66	孟祥海	中国石油大学(北京)
48	李 莉	首都医科大学	67	杨 剑	中国医学科学院病原生物学研究所
49	张海波	首都医科大学附属北京安贞医院	68	李聪然	中国医学科学院医药生物技术研究所
50	林 梅	首都医科大学附属北京朝阳医院	69	赵 宏	中国医学科学院肿瘤医院
51	郑 颖	首都医科大学附属北京口腔医院	70	应建明	中国医学科学院肿瘤医院
52	沈慧聪	首都医科大学附属北京天坛医院	71	贾宝辉	中国中医科学院广安门医院
53	周 永	首都医科大学附属北京天坛医院	72	阿里穆斯	中央民族大学

B 类

序号	姓名	工作单位	序号	姓名	工作单位
1	周京华	北方工业大学	15	王文静	北京交通大学
2	叶 敏	北京大学	16	金 莹	北京科技大学
3	李 华	北京大学第三医院	17	李方兴	北京理工大学
4	陶 勇	北京大学人民医院	18	姚 华	北京农学院
5	王蓓蓓	北京地坛医院	19	王晓燕	北京市环境卫生设计科学研究所
6	陈 戈	北京工业大学	20	徐瑞龙	北京市建筑工程研究院
7	陈东升	北京工业大学	21	代宝乾	北京市劳动保护科学研究所
8	赵丽娇	北京工业大学	22	关云谦	北京市老年病医疗研究中心
9	王莉莉	北京航空航天大学	23	魏翠柏	北京市老年病医疗研究中心
10	苏志强	北京化工大学	24	张 萍	北京市林业工作总站
11	石 峰	北京化工大学	25	肖 波	北京市农林科学院北京草业与环境研究发展中心
12	宋宇飞	北京化工大学			
13	李 庭	北京积水潭医院	26	朱华吉	北京市农林科学院北京农业信息技术研究中心
14	张成平	北京交通大学			

续表

序号	姓名	工作单位	序号	姓名	工作单位
27	张俊环	北京市农林科学院林业果树研究所	40	丁召路	首都医科大学附属北京儿童医院
28	周　莹	北京市农林科学院植物保护环境保护研究所	41	王冬青	首都医科大学附属北京口腔医院
			42	田永吉	首都医科大学附属北京天坛医院
29	冯　英	北京市农业机械研究所	43	牛延涛	首都医科大学附属北京同仁医院
30	姜　鹏	北京市神经外科研究所	44	梁远波	首都医科大学附属北京同仁医院
31	廖日红	北京市水利科学研究所	45	赵新颜	首都医科大学附属北京友谊医院
32	汤日波	北京市心肺血管疾病研究所	46	刘存志	首都医科大学附属北京中医医院
33	刘　静	北京市营养源研究所	47	卢　洁	首都医科大学宣武医院
34	袁永一	解放军总医院	48	张　洋	中国科学院电工研究所
35	王铁峰	清华大学	49	刘　敏	中国科学院计算技术研究所
36	权　力	首都儿科研究所	50	陈金平	中国科学院理化技术研究所
37	王亚平	首都医科大学	51	张常青	中国农业大学
38	张　铭	首都医科大学附属北京安贞医院	52	张纯萍	中国兽医药品监察所
39	蔡　军	首都医科大学附属北京朝阳医院	53	赵　峻	中国医学科学院北京协和医院

索引

Index

说　明

1. 本索引采取主题索引也称内容分析索引法编制，索引词以《北京科技年鉴 2010》正文出现的专业名词、名词词组、机构名称及表格名称为主。

2. 特载、大事记、政策法规的内容不在索引标引之内。

3. 本索引按汉语拼音音序排列。汉字的 HS2 标目（索引词）按首字的音序、音调依次排列，首字相同时，则以第二个字排序，以此类推。以阿拉伯数字打头的索引词，列于最前面；英文字母打头的检索词，列于其次。

4. 本索引的文字部分为标目，即所要查找的内容，标目之后的数字，表示该标目所在正文中的页码（地址页）。

A

B

C

D

F

J

L

G

K

H

M

N

Q

S

T

图书在版编目(CIP)数据

北京科技年鉴 2010/北京市科学技术委员会组编.--北京：北京科学技术出版社，2010.12

ISBN 978-7-5304-3870-1

Ⅰ.①北… Ⅱ.①北… Ⅲ.①科学研究事业-北京市-2010-年鉴 Ⅳ.①G322.71-54

中国版本图书馆 CIP 数据核字 (2010) 第 259216 号

北京科技年鉴2010

组　　编：北京市科学技术委员会
责任编辑：吴　建
封面设计：樊润琴
出 版 人：张敬德
出版发行：北京科学技术出版社
社　　址：北京市西城区西直门南大街 16 号
邮政编码：100035
电话传真：0086-10-66161951 (总编室)
0086-10-66113227 (发行部)　0086-10-66161952 (发行部传真)
电子信箱：bjkjpress@163.com
网　　址：www.bkjpress.com
经　　销：新华书店
印　　刷：三河国新印装有限公司
开　　本：787mm×1092mm 1/16
字　　数：758 千
印　　张：28.5
插　　页：8
版　　次：2010 年12 月第 1 版
印　　次：2010 年12 月第 1 次印刷

ISBN 978-7-5304-3870- 1/ G·1146

定　价：92.00 元